中国近代人物文集丛书

黄绍箕集

（上）

谢作拳 点校

中华书局

图书在版编目(CIP)数据

黄绍箕集/谢作拳点校. —北京:中华书局,2018.9
(中国近代人物文集丛书)
ISBN 978-7-101-13333-2

Ⅰ.黄… Ⅱ.谢… Ⅲ.黄绍箕(1854~1908)-文集
Ⅳ.Z425.2

中国版本图书馆 CIP 数据核字(2018)第 144015 号

书　　名　黄绍箕集(全二册)
点 校 者　谢作拳
丛 书 名　中国近代人物文集丛书
责任编辑　李闻辛
出版发行　中华书局
(北京市丰台区太平桥西里 38 号　100073)
http://www.zhbc.com.cn
E-mail:zhbc@zhbc.com.cn
印　　刷　北京瑞古冠中印刷厂
版　　次　2018 年 9 月北京第 1 版
2018 年 9 月北京第 1 次印刷
规　　格　开本/850×1168 毫米　1/32
印张 34⅛　插页 6　字数 760 千字
印　　数　1-2000 册
国际书号　ISBN 978-7-101-13333-2
定　　价　118.00 元

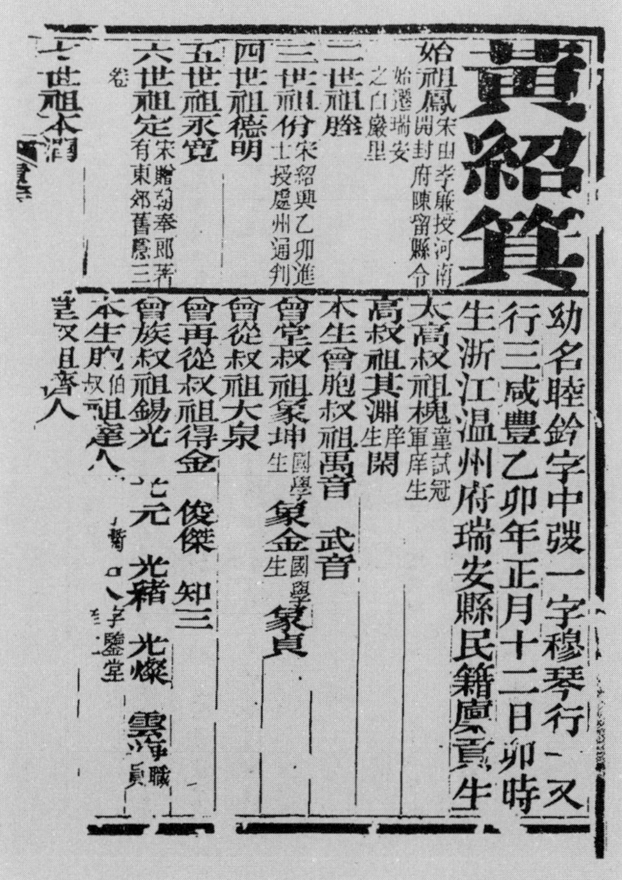

黃紹箕

幼名睦鈴字中弢一字穆琴行一又
行三咸豐乙卯年正月十二日卯時
生浙江温州府瑞安縣民籍廩貢生

始祖鳳 宋由孝廉授河南開封府陳留縣令始遷瑞安之白巖里
二世祖滕
三世祖份 宋紹興乙卯進士授處州通判
四世祖德明
五世祖永寬
六世祖定 宋贈迪功郎著有東郊舊聞三卷
七世祖本潤

太高叔祖槐 童試冠軍庠生
高叔祖其淵 庠生 閎
本生曾胞叔祖禹音 武音
曾堂叔祖象坤 國學生 象金 國學生 象貞
曾從叔祖大泉
曾再從叔祖得金 俊傑 知三
曾族叔祖錫光 光元 光精 光燦 雲淨 職員
本生胞伯叔祖

庚辰会试朱卷履历

《潞舸词》手稿

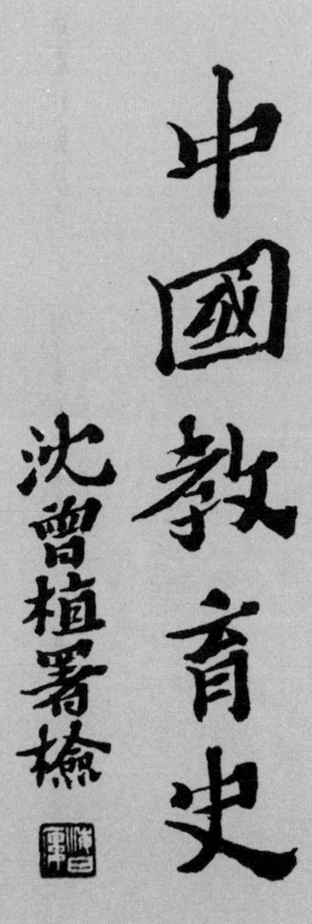

《中国教育史》书影

翰林院侍講臣黃紹箕謹議

《〈校邠庐抗议〉签议》书影

目　录

上　册

黄绍箕集

下　册

二　书信函电

三 黄绍箕年谱

前　言

黄绍箕(1854—1908),幼名睦钤,字仲弢,又字穆琴,晚号鲜庵,别署匒斋居士、斤竹山人、鱼羊山人等,浙江瑞安人。黄体芳子,幼承家学,后受业于陆尔熙之门,又从南皮张之洞学。光绪五年(1879)参加己卯科顺天乡试,中式第十九名,保和殿覆试一等第一。六年参加会试,中二甲第六名进士,改庶吉士,充武英殿协修。九年四月散馆,得一等第一名,授职编修。十一年三月充本衙门撰文,五月任四川乡试副主考,十二月,充国史馆协修官。十二年五月充教习庶吉士。十三年十一月充会典馆协修官。十五年二月因恭办大婚典礼保奏加侍讲衔,十二月充会典馆图上帮总纂官。十六年五月二充教习庶吉士。十七年京察一等,六月充会典馆图上总纂官。十八年三月充武英殿总纂官。二十年京察一等,奉旨记名以道府用,十二月充会典馆书上总校官。二十一年正月充会典馆图上帮提调官,三月请假回籍修墓。二十三年六月充湖北乡试正考官。二十四年四月补授翰林院侍讲,五月三充教习庶吉士,九月补授左春坊左庶子,十月充京师大学堂总办。二十五年二月,补授翰林院侍讲学士,充日讲起居注官。三月,充咸安宫总裁。五月授翰林院侍读学士。七月,会典告成请奖,奉旨赏加二品衔。三十年九月充编书局监督,次年正月兼充译学馆监督。三十二年简放湖北提学使。三十三年十二月二十三日（1908年1月26日）病逝于湖北。

一　爱国士大夫

早在光绪六年，因日本侵占琉球，而清政府只妥协退让，黄绍箕就已赋诗："中山世泽附滕邾，王赫雷霆怒觊觎。已报金缯输冒顿，岂容弓钺逭倭奴。故乡草木知多警，上国威灵不可渝。战备因循和议误，圣人原不薄迂儒。"对日本的侵略表示极大愤慨，同时也对朝廷的懦弱提出了严厉的指责，表达其爱国热忱。光绪十年中法战争爆发后，黄绍箕倍加关注。在战争的后期，黄绍箕抵京销假后，在京师把得到的消息写信告知江苏学政任上的父亲黄体芳，内容涉及中法战争的各个战场，有镇海之战援台二轮被击沉的真相；广西镇南关失守与收复；台湾二刘不和；张之洞拨军饷给刘永福；张之洞对张佩纶马江战役失事的看法；清廷谋求与法议和的种种迹象等。并借张之洞之言"何以不责十馀年之总督，而专责到防数月之会办"，为与父亲关系密切的张佩纶辩解。

中法战争中国不败而败之后，清政府日益腐败，外患日逼，慈禧太后掌握国柄，光绪没有实权，随着中国社会半殖民地化的加深和封建统治阶级的分化，不满后党的官僚、文人、名士日益增多，翁同龢等竭力结纳以清议见长的士大夫，黄绍箕与文廷式、张謇、沈曾植、盛昱、丁立钧等时相过从，形成帝党。在政治活动中，逐步提出自己的主张。光绪二十年九月，黄绍箕与张謇、丁立钧等申议联络英、德以抗日,由文廷式领衔上奏《奏请密连英德以御倭人折》,随之黄绍箕又附名上奏《豫阻和议公疏》。十一月,附名上奏《劾海军罪帅公疏》《进呈地营图说公疏》,十二月,附名上奏《阻议和遣使公疏》。二十一年,马关议和,割地赔款,黄绍箕与同仁联名上奏《豫争和款割地公疏》与《统筹和战事宜请开廷议公疏》,反对割地赔款,指出如"割东三省之地,则俄必随之;割海口之地,则英必随之;割南省之地,则法必随之"。后果就是"非惟永远无自强之日,抑且旦夕无苟安之时"。体现其爱国情操及敏锐的政治洞察力。在《致胡宝仁书》中指出:"东事外误于北洋,内误于政府,败坏决裂,遂致不可收拾。现在议战无方略,议和无界限,议迁无章程。当轴处置军事,料惴敌情无一不极昏谬。"对清政府的无能昏谬,进行无情的批判。

光绪二十一年三月,黄绍箕侍父请假回籍修墓,于九月下旬抵达江宁,适康有为抵南京说服署两江总督张之洞支持开办强学会的南方各分会,上海强学会由黄绍箕、梁鼎芬、康有为等人先办。由于黄绍箕患足疾,梁鼎芬准备回湖北,上海强学会实际由康有为一人主持。十月初十日,黄绍箕、梁鼎芬、康有为三人联名的电报通过两江总督署发出:"诒在京师,与洪右丞、沈子培、杨叔峤诸君开强学会,专讲中国自强之学,朝士集者百数。今来金陵,与南皮言,南皮力主之。顷分设沪局,集天下贤士夫,刊布公启,必欲得公名,以光此举,立候电复。金陵督署绍箕、鼎芬、祖诒。"广邀天下有志于"自强之学"的贤士夫参与。黄绍箕还参与《上海强学会章程》的议定,并负责康有为与张之洞之间的联系工作。十一月二十八日(1月12日),由康有为主持的《强学报》第一号在上海刊行,刊登"同人公启",列名者有黄体芳、康有为、黄绍箕、黄绍第、梁鼎芬、黄遵宪、张謇、汪康年等人。又由于《强学报》使用了孔子纪年，并刊发廷寄，引起张之洞的极大不满。十二月初八日黄绍箕从南京来到上海，此时康有为已回广东为母祝寿，黄绍箕不得已于次日致信康有为："报纸二叶已诵讫，首列孔子卒后年月日，此为学西法，仍未毕肖，则责以违国制，已无可辞。于实事无丝毫之益，而于吾党恐有邱山之损。""廷寄之件，止可云得之传闻。今直书某日军机字寄云云，一似有所受之者。家君在都，每闻人述时政，自诩为秘密消息，辄深恶之。况此竟列入会报，将来果有秘密消息，亦谁复肯以告我，以重其刺探漏泄之咎乎？"针对此二事的严重性做出分析，最后做出了"已告局中停报勿出，并议暂废此会"的决定。表明了黄绍箕虽然有维新思想，但不像康有为这般激进。

光绪二十二年(1896)，黄绍箕在湖北，拟创办学会，已拟定大略章程，且"已奉旨准行，拟即仿京师之例，名曰书局……或称时务书局……或……自强学堂官书局"。终因九月需进京，在张之洞赠言"各自考求，随方联络，遥为声援"后决定暂不开办。

光绪二十四年(1898)，康有为组织保国会，自任总理，黄绍箕出任常议员、宣讲员，积极投身维新变法运动。四月二十三日(6月11日)，光绪皇帝诏定国是，决定变法，推行新政。六月初一日，黄绍箕入对，进呈张之洞所著《劝学篇》，奉饬广为刊行，实力劝导。全书贯穿"中体西用"精神，为光绪帝所接纳，又为慈禧太后所欣赏，体现了双重色彩。光绪帝还有意复古宾师之礼，将开懋勤殿，择康有为、梁启超、黄绍箕等八人待制，燕见赐座，讨论政事。说明黄绍箕虽支持维新变法，但思想上仍倾向于张之洞所持的立场。

戊戌变法期间，光绪皇帝下令将冯桂芬《校邠庐抗议》重新刷印一千部，发给部院卿寺堂司各官签注意见，或加以评论。黄绍箕对各条一一进行签议，认为“冯桂芬此书，准古揆时，运心至密。惟是时势迁变，弊习日深，就办法观之，则其不可行者似不少；就用意审之，则其可行者又似甚多。往往紬绎再三，殊难以一言遽决其可否，即臣所见以为可行，其中办法尚有宜别择者，有宜变通者，有宜推广者，故论说不能不稍加详，既逐篇系说，复揭其大旨，标于目录之下，以期简明”，其中对《制洋器议》发表以下评论：“南北洋之制造局，闽鄂之船厂、铁厂，业经先后开办，此议于今已验。惟官款支绌，扩充为难。拟请谕令海疆督抚，劝谕富商，自立工艺学堂，又制造必须机器。而制造机器之机器谓之机母，亦宜劝商设厂。凡事皆有本末，机器为制造之本，机母厂为机器之本，而工艺之学，又用机母以造机器之本也。”表明黄绍箕对发展近代工业已经有了相当知识。对《汰冗员议》的评论：“捐例盛行，每省道府以下少者数百，多几逾千，有不营缺而营差者，有缺之冗员可稽，无缺之冗员不可稽，蠹国殃民，莫此为甚。”《筹国用议》的评论：“近年通海漏卮，为旷古之奇变，姑就光绪年间计之，以洋关税册进出货值相抵外，每年漏出银数有多至二千馀万者，而购船械、雇洋人及交涉偿款等数尚不在内。统计二十三四年中，漏卮总在五万万内外。”毫不留情地揭露了当时清朝吏治腐败、财政困窘的严重情况。

八月六日（9 月 21 日），政变发生，百日维新失败。此前一天，黄绍箕获悉确切消息，设法告知了康有为，建议康易服出京，北走蒙辽，于天未明离开，直奔山东，不要经过荣禄的辖地天津。后来康有为在英国官员帮助下逃往香港，幸免遇害。《康南海自编年谱》记载此事。黄绍箕逝世后，康有为流亡海外，曾做长诗《哭前翰林院侍读学士、湖北提学使黄君仲弢》来悼念他。题下小记和诗，并载此事，诗称：“衔杯浙绍馆，泣语至深更。劝吾夜密走，胡服或为僧。"题下记:"戊戌出奔,赖公告难。劝吾微服为僧,北走蒙辽。夜宴浙绍会馆,把酒泣诀。今幸更生,皆君起死人而肉白骨也。为服缌衰,东望奠祭,不知其哭之恸也。"而黄绍箕本人亦因与康有为等人的密切交往,险被慈禧太后治罪,赖大学士徐桐以百口保全始得免祸。

黄绍箕的政治才能深得张之洞欣赏,《郑孝胥日记》(光绪二十七年十一月初五日)载:"渡江至学务处,与仲弢同在抱冰堂饭,南皮从容言曰:'今欲行新政,得数人亦可举耳,陈璧、张百熙、李盛铎、钱恂,及座间郑(孝胥)、黄(绍箕)二君。用此六人,可成小贞观矣。'"同年十二月初一日张之洞在《胪举人才折》中这样评价黄绍箕:"该员品端学博,沉细不浮,于中西政治纲领、学校规制实能精思博考,而趣向纯正,力辟邪诐之说,洵为今日切于世用之才。"张之洞更倚重黄绍箕等人起草《江楚会奏变法三折》。

二　教育实践者

黄绍箕视教育为"身心性命之事",提倡兴办新学,谓"不通西学,不足以存中学"。光绪二十四年正月二十五日(1898 年 2 月 15 日),诏谕开办京师大学堂。由梁启超起草《代总理衙门奏拟京师大学堂章程》,明确以"中学为体,西学为用,中西并重,观其会通"为办学方针。五月十五日(7 月 3 日),朝廷正式批准设立京师大学堂,任命吏部尚书、协办大学士孙家鼐为管理大学堂事务大臣,刑部候补主事张元济为大学堂总办,黄绍箕等人任大学堂提调。张元济辞去总办后,由李盛铎接任,不久李氏出使日本,十月,由黄绍箕接任。伍铨萃《黄绍箕传》评云:"时学务萌芽,科举未废,士夫或茫昧莫知其原。绍箕本中国教法,参考东西洋学制,手定管理教授规则,是为中国有学堂之始。"京师大学堂的创办,开中国高等学校新学之先河,为我国综合性大学树立了楷模。

光绪二十六年(1900),黄绍箕丁父忧期间,受张之洞之聘,来到两湖书院,"讲堂操场,每日亲自督课,寒暑不辍",使校风大有改进。同时负责选派优等生三十馀人赴日攻读师范,并亲自护送至上海。这批学生学成回国后,作为教育骨干,又先后培养了数千名中小学教师,以适应创办新学的需求,为鄂、湘两省解决了师资不足的困难,对当时教育的改革和振兴起到难以估量的作用。在辅佐张之洞期间,倡议建立湖北省学务处,总揽全省教育事业,被张之洞所采纳。在湖北实施并取得经验的基础上,光绪三十年向全国十八个行省推广。

光绪三十二年(1906),旅京浙江人士推举黄绍箕出任浙学堂总理,陈黻宸副之。四月(1906年5月),黄绍箕出任湖北提学使。学部大学士荣庆以黄氏学博中西,兼具外交才干,推为考察团长,率各省提学使赴日考察。六月,黄绍箕率团抵达日本,在日期间,认真听取日本文部省安排的课程,有关"日本教育之沿革""论欧美教育制度与日本之比较""日本兴学之经验""各国学制及其变革""日本现行教育制度"等内容。之后参观了日本的小学、师范学校、大学、女学校、商业学校等各类学校,以及图书馆、植物园、东京市政府、银行、医院、法院、监狱等场所。还频繁参加各类学术活动,发表重视教育的演讲,引起强烈反响。先后结识日本井上哲次郎、加藤宏之等教育家、汉学家,为中日文化教育的交流,开辟了新径。

回国后,因日本学制完备,人才济济,颇有感触,首捐廉俸二千馀金,充为教育经费,创办湖北师范学堂、湖北实业专门学校和武昌初等小学。并以武昌试点,在城区内外划分二十八个学区,动员各学区子弟就近入学。此举措在当今仍具有现实意义。他曾在文普通中学堂的开学演说中提到“环球各强国,所以能自立而日益强盛者,其真实力量全在国民”,如“通国皆成国民,必可出力扶助国家,我国无论到何地位必有翻身之一日”,表达了教育的重要性。

基于黄绍箕在教育方面所展现的才能,光绪三十二年十月二十二日,光绪帝下谕,著张之洞与黄绍箕筹办曲阜学堂,三十三年黄绍箕还兼任湖北存古学堂提调。

在办学过程中,黄绍箕严格按照章程,激励学子好好学习,维护学生的权益。如在译学馆监督任上,有学生道上为俄兵殴伤,召俄教习谕之曰:“贵国兵伤吾学生,吾为君愧之。如兵官背法律,公使不顾国体,吾将译登西报,与文明各国判曲直,辞退贵教习,罢遣游学贵国学生。此监督权力所有,吾能任之,不复与君共事一堂矣。”俄教员愧惧,告诸俄使署。俄使知无礼,乃诘责兵官,登门谢,治犯者如律。但一旦发生学生闹事等不符章程之事时,亦据章办理,维护正常的办学秩序。黄绍箕听闻北路高等小学堂丁班学生罢考,即开除带头六名学生,对其他学生则从宽处理,不予追究。

黄绍箕十分关注家乡的教育事业。早在光绪二十一年(1895),侍父归里后,就曾与孙诒让、黄绍第等联手创办瑞安算学书院(后改名学计馆),设立数学、物理、化学等课程。该馆为我国最早专习算学的专科学校之一,由张之洞题写“学计馆”三字校牌。之后还从上海等地聘请英语教师,在薪金、住宿方面一切从优。当办学经费不敷时,他与黄绍第致函浙江布政使恽祖翼转陈巡抚,建议从温州盐局解款中提取白银四千两,存典生息,以弥补学计馆办学经费短绌的困难。光绪二十八年(1902)瑞安学计馆与方言馆合并为瑞安普通学堂(即今瑞安中学前身),公推黄绍箕为总理,孙诒让为副总理。

光绪三十一年(1905)浙江布政使兼省学务处总办宝棻反对设立温处学务分处,于是两府学界联合公电京师学务大臣,温州在京官员集合声援,推黄绍箕、徐定超为代表就近进言,管学大臣张百熙、孙家鼐认为可权宜办理以顺民情,并电浙江学务处特准分设。光绪三十二年三月十三日(1906年4月6日),《厚庄日记》载:"小垞与君雅信言灵溪事,道府均批县集讯。又云郡城中学堂,黄仲弢侍读、徐班侯部郎、陈介石主政来电,举孙仲丈为正监督,余为副监督。"

孙诒让在担任温处学务分处总理期间,遇到种种阻力,曾叹"众谤辟疑,纷然四集","荆棘丛生,极难措手",曾多次得到黄绍箕的援助。

黄绍箕对教科书的撰写也提出了严格要求。光绪三十年,黄绍箕出任京师编译局监督,即手定《条例》:"宗旨必归于中正,凡奇邪偏宕之词,概从屏绝。""教科书不可过于繁多,亦不宜失之漏略。""国之所以成立,必有本原,一国之制度、风俗亦必有相承之习惯,其初皆自教育而来,故东西洋各国皆有教育史,日本所纂《内外教育史》兼述中国支那教育史略,则述而未详,于古圣先贤教育之要义未能发明,亟应自行编纂。俟书成时,令各处师范学堂先讲中国教育史,再讲外国教育史,以次及管理教授法,方为合宜。"并订定《编纂中小学堂教科书五要》,即忠君、尊孔、尚公、尚武、尚实。

其后被学部明文宣示为学堂教育宗旨。

随着科举制度的取消,新式学堂的兴起,教科书的编写提上了日程。时任京师编译局监督的黄绍箕率先提出“乡土”的概念,由光绪三十一年编订完成《乡土志例目》,由学务大臣上奏,下发到全国各地,成为编纂乡土教材的指导方案,“今之纂教科书者咸饷遗于是”。在传统的教育方式发生大变革之际,黄氏提出的这个纲领性的例目,使乡土教材“以为小学课本,庶可成完全之学科,迪童蒙之知识”,让小孩子了解自己家乡的历史、人物、地理、物产,激发爱乡热情,“他日进学成才皆基于此”,开辟出一条成才之道。

黄绍箕在教育方面的业绩,深受国内外称颂。日本教育会曾颁赠“奖状”“奖牌”,举其为“汉学统一会”名誉会长。光绪三十三年十二月二十三日(1908 年 1 月 26 日)黄绍箕逝世后,湖北学界送殡者数千人。伍铨萃《黄绍箕传》称:“今日海内学校如林,教科成立,皆绍箕首先提倡之力。”日本学界推尊为“仲尼后一人”。

三　教育名著的作者

《中国教育史》是黄绍箕毕生教育经验的总结和教育指导思想的结晶,本着“中体西辅”的指导思想,于光绪三十年(1904)着手编撰。

《中国教育史》五卷约十馀万字。发掘我国古代教育学说,介绍外国先进教育理论并用以评判前者。“自上古迄孔子,本实事求是之旨,多采诸子及古注旧说,间及阎百诗、阮芸台、汪容甫、焦里堂、章实斋诸人之绪论，而以西学说附益之。”夹叙夹议。不但材料丰富，又能以黑格尔、康德以及东西洋的教育思想去分析，被人们认为“论断精确，考据详核，俾人知教育原理，中西未尝不同”。

《中国教育史》划分了先秦教育的发展阶段并揭示其基本特点：认为“三代学制，惟周大备”，“周道衰，学校废”，说明教育在春秋时期发生巨变。并出现了代表人物——孔子，“孔子之教学者，实三代后一大变局也”。并以较大篇幅叙述孔子的教育思想及实践，指出孔子“毕生之宗旨，在‘学’‘教’二字”。并对孔子的五段教授法十分推崇。

《中国教育史》还初步确定了中国教育史的研究对象与范畴。把重点放在周代教育上，而周代教育的重点又在西周的官学制度与孔子的私学。书中还尝试运用体育、德育和智育范畴，考察中国古代教育的实施过程，指出“周代教育实兼体育、德育、智育三义”，“学校之重体育，主于养人之身体，尚武，其馀义也”；“德育之重，盖惧民之务胜而力征也”；“体育、德育不能使人不陋，治陋之法，非施智育不可，此三者并重，不可缺一之因也”。书中不但指出要德智体三育并重，并提出“情育”为“进德之基”。

黄绍箕十分重视社会教育，提倡“家庭教育、社会教育与学校教育相为表里”，甚至提出了“母教”“胎教”等问题。还提倡女子教育，“女子教育之责重于男子”。更一针见血地指出“教男而不教女……此中国教育衰颓之一巨因”，无疑是进步的。

还对中国古代教育的特质，指出“古代教人最重德育，故言德即可赅教”。并从教育目标、内容、方法等方面说明中国传统教育的德育本质。

《中国教育史》所引用的史料十分翔实，广泛征引先秦两汉经书子书及汉魏唐宋学者注疏和《史记》《汉书》《后汉书》《竹书纪年》等，尤其是清人戴震、阮元、汪中、段玉裁、孙诒让等的考据之作，兼及诸多国外理论著作，做到了无一说无出处。对西方学者的论著征引亦很丰富，康德、黑格尔、斯宾塞等人的思想材料都有引用，涉及的学科众多，有哲学、历史学、社会学、人类学、民俗学、民族学、教育学、教育心理学、教育病理学、德育心理学等。黄绍箕融通中西文化思想的意图十分明显，认为日本学者汤本武比古所著《孔子五段教授法》，"融会东西圣哲之名言，标举吾国教授之良法"，予以节取著录。

当然，由于所处的时代，书中也存在着不足之处，需要我们辩证地看待。

《中国教育史》的作者，一直以来都署黄绍箕。但是二十世纪八十年代以来，柳诒徵后人连续著文将第一部《中国教育史》列于柳诒徵著作目录中。1999 年潘孟甫先生曾撰《谁著〈中国教育史〉》一文，根据柳诒徵书后手跋"仲弢嗜博，无暇著书，在鄂时尝拟纂此史，写一目示陈善馀，未尝按目为书也。比身殁，端方与陈议补其书，陈以嘱余，缀辑两载，未知符原意否？端方督直，携余之清稿去，度即以付兰孙、厚卿等。今所印，校余原草，固无一字增损也"，认为"真正的著作权就属柳诒徵一人无疑"。2011 年福建教育出版社出版的《中国教育史》，撰著者将黄绍箕、柳诒徵并署。于是就产生了一个问题——《中国教育史》究竟出自谁手？

柳氏后人著文中，柳诒徵之女柳定生著《柳诒徵传略》，附有"柳诒徵著作目录"，其中有"《中国教育史》五卷。1905 年。铅印本。（题黄绍箕撰）"。《文献》1981 年第 7 辑载《柳诒徵自传及自述》，附有"柳诒徵主要著作目录"，其中有"《中国教育史》。一九〇七年铅印本(题黄绍箕撰)”。

众所周知,《中国教育史》乃黄绍箕殁后,端方嘱陈庆年继编,而陈转嘱柳缀辑的。柳诒徵接手《中国教育史》当在1908年以后的事,怎么可能在1905年、1907年就已出版?或许可说明另一种可能,就是黄绍箕在撰著过程中,柳诒徵就已经参与,故柳氏后人才有此种误记。那么柳诒徵或许就是黄绍箕致信陈庆年请其推荐“南中有笃学之士……引以自助,此为助查编《教育史》计”之“南中笃学之士”,亦未可知。如果是这样,柳诒徵作为黄绍箕生前编撰此书的专门助手,对该书的意图、观点、材料、体例等应是最熟悉、最了解的。柳氏在缀辑此书中也一定尽力体现黄氏的初意,才会发出“未知符原意否”之问。

另,柳诒徵长孙、复旦大学中文系教授柳曾符《柳诒徵传略》一文,提到“(《中国教育史》)至一九一〇年五月始毕,一九二五年出版,此当为我国教育第一部专史”。另文《介绍柳诒徵先生早年三部历史著作》,也说黄绍箕死后,柳诒徵受命补其书,约在1910年完稿,“从1909年起他的日记中逐日有记载”。据此,《中国教育史》完稿于1910年,当为可信。

十五年后,黄绍箕长子曾延交付商务印书馆排印成书,请叶尔恺作序,沈曾植题签,撰者署瑞安黄绍箕。林大同《致杨志龄师书》:“黄学士所编《教育史》已归商务印书馆排印,闻原稿本尚有字迹模糊之处,将来校对时或须寄呈函丈审定也。”“黄学士所编之《教育史》,兰孙表弟已付商务印书馆排印矣。书上题签及序文皆培师笔也。近来排字印本年内可以出版,索价不昂,此书印一千部,价仅三百元耳。兰孙继承先志,将先人遗著付之剞劂,可谓能读父书矣。”亦明确提出《中国教育史》为黄绍箕所编。

《中国教育史》在柳诒徵手中完稿，是毋庸置疑的。那么黄绍箕在此书上起到什么作用？真的只是“无暇著书”，“写一目示陈善馀，未尝按目为书也”？答案是否定的。

黄绍箕撰《采辑中国教育史长编略例》，明言仿日人长谷川乙彦《教育制度论》之例，“欲定教育制度，当先研究教育史”，“纂《中国教育史》，先辑《长编》，以资甄择，其采录之类，略分为二大类”：“一、关于教育之制度事实；一、关于教育之议论理想。就四部书依类采录，以时代为次。”温州博物馆现存部分长编，采辑《管子》三十四篇六十二节，采辑《荀子》九篇十七节，为撰写《中国教育史》准备充分的史料基础。1904 年黄绍箕致函陈庆年，提到得王兆芳所著《教育原典》，“深足为拙撰《教育史》之助”。同年，在答张之纲书中提出“弟不与其事，学务处所辖之编译局，梁武昌事忙，未暇料理，弟亦不问，惟专任编纂《中国教育史》一事”。均明确提出正在编纂《中国教育史》。

根据《中国教育史》中所引多种古籍和叙述内容，同黄绍箕的著述相对照，亦可找出他们之间的内在联系。

黄绍箕在答张之纲书中提出：“‘中国’之古义亡，而圣人之政教、学术与之俱亡矣！弟请陈君将其说编撰成篇，尚拟举一二义证助之，将来即以冠诸《中国教育史》之首，盖‘中国’二字即古圣人教育之大义也。”《中国教育史》第一章即《中国古圣人教育大义》。

1906 年黄绍箕《谕游学日本子侄书》中提及：“余编《教育史》，首卷拟置一条云：‘《易·象》曰：“君子以教思无穷，容保民无疆”，谓教育之思想无有穷尽，所保安人民者无有疆界也。’”此句亦在《中国古圣人教育大义》一章中有所体现。

1907 年春黄绍箕在湖北文普通中学堂的开学演说中提到：“必

先力学，使人格具足，乃是真正国民。人格者，谓人之资格，必有三事皆完具，而后成其为人，品行、知识、技能三者是也……中国古圣教育最重之《学记》曰：'七年视论学取友，谓之小成；九年知类通达，强立而不反，谓之大成。'小成、大成，指成人之程度而言。"再对照《中国教育史》第三章《成人》所说："人必具有高尚之知识及道德，始合人格……《学记》曰：'七年视论学取友，谓之小成。九年知类通达，强立而不反，谓之大成。'小成、大成，皆在二十入大学以后之事。"据此推断，《教育史》第三章《成人》成稿在前，开学演说辞发挥在后。

黄曾延等人《哀启》："拟上自三代，下迄宋元明，勒成《中国教育史》，自周以前，属稿甫定，馀亦剬缉略备，积卷盈箧，天不假年，赍志以殁。"在黄绍箕去世后不久，从弟黄绍第在《致卞薇阁书》中提到"所撰《教育史》，自周以前属稿甫定，馀已具有揣制，未及排比整齐。午帅意欲成之，嘱陈庆年续其事"。妹丈林向藜《追悼黄鲜庵学士内兄》诗中句"一囊教育空留史，有《教育史》待梓"。黄绍箕的儿子、从弟、妹丈均为其最亲近之人，所言应无差。可知黄绍箕生前已完成周以前的草稿，馀下的亦"积卷盈箧""未及排比整齐"，并非"无暇著书"。只是天不假年，英年早逝。故黄绍箕的著作权应没有问题。就连柳诒徵先生也认为"余为黄公补此书""此书应署瑞安黄绍箕草创，镇江柳诒徵辑补"，没有否定黄绍箕的著作权，承认他只是"辑补"而已。我们应当尊重柳先生的说法。

四　多才多艺的儒者

黄绍箕多才多艺，学术上兼综汉宋，精于考据、词章、金石文字、书画、目录校雠之学，善弈。著作宏富，但多不传。

在经学方面，曾写过《尚书今古文篇目考》，可惜已失传。

孙诒让撰《墨子间诂》，请黄绍箕为之校稿，举正十馀事，孙氏以为精确，多引入《墨子间诂》中，黄氏还识跋于后。

在金石文字方面，潘祖荫得克鼎，孙诒让谓鼎文"扰远能执"一语，谓以"扰"为"柔"，"执"为"迩"，绍箕为举《尚书》"执祖"即"祢祖"以证其议。吴大澂刻《说文古籀补》成，绍箕举失检十许条，繁征博引，金石专家每敛衽推服。另著有《散氏盘释文》《静彝释文》《汉洗拓片跋》《说毁》《说釞》《跋意园所藏〈阙特勤碑〉拓》《题匋斋尚书〈秦权铭〉》等。

善书法，篆、行、楷书皆为世人所重。黄绍箕为徐定超母寿所书的书法，为世人所推崇。亦善书法理论。光绪二十一年，侍父归家途中，得康有为《广艺舟双楫》，边读边记，在天头留下了七十馀条评论，发表了许多有关书法理论的精辟见解，是对康书的重要补充，也是研究我国书法源流和书法理论很重要的文献。

在收集古籍方面，批注了《邵懿辰标注四库简明目录》、为岛田翰《古文旧书考》题长跋、为《啸堂集古录》题跋。清史馆传稿评论其文："古文奄有水心（叶适）、士龙（薛季宣）、龙川（陈亮）之长，于止斋（陈傅良）尤近。骈体文兼宗初唐，不专主汉魏。"

其诗作虽不多，但“诗似北宋诸家”，典赡雅正，为评论家所推崇。陈衍在《石遗室诗话》中评到：“黄仲弢学使绍箕少承家学，工骈体文，金石字画皆精于鉴别。诗不多作，又散落殆尽，其游宜昌三游洞诸处，题咏皆佳，今不可得矣。有《题恽南田像》《题顾亭林像》云云。举止稳藉，语有称量，极似《广雅堂集》中咏史诸作。鲜庵固广雅入室弟子也。”汪辟疆在《光宣诗坛点将录》书中称其游三游洞诗数章最工，“皆能守唐宋诸贤矩矱者也”。并在其《近代诗人小传稿·黄绍箕》中讲到：“仲弢博学工文辞，善鉴别书画。尤爱才好士……既少承家学，又为广雅入室弟子，工骈体文，兼精于金石书画目录之学。诗不多作，有作亦不自珍惜，散落殆尽。今所传之《鲜庵遗稿》，吐语蕴藉，卓然雅音。其七言古诗尤兼有庐陵、眉山、道园之胜。虽不隶河北省，而诗学典赡雅正，足为广雅、篑斋张目，故列入河北诗派。”汪辟疆将黄氏诗归入河北派：“不著籍北方，而其论诗与所作，足为南皮、丰润桴鼓之应者，莫如吴观礼、黄绍箕二氏。”徐世昌《晚晴簃诗汇》亦收录了黄绍箕《题王幼霞〈秋暮怀人图〉》《题黄山谷三游洞题名》《题欧阳公三游洞题名》《缦庵合装欧黄题名悬斋壁，并题一诗即以为别》《题〈林文忠日记〉》《题陶斋所藏秦权》《题李文石太守〈明湖秋泛图〉》《留别编书局同人》《留别译学馆同事诸君》《留别译学馆诸生》《迁居学署答梁节庵同年》《过卢生祠作》等诗。

黄绍箕善弈，“嗜收谱”，“藏旧谱较多”，撰有《范西屏、施定庵二先生年表》，与蒯光典辑有《海昌二妙集》。张之洞《致黄体芳书》中亦提及“令郎善围棋”。

还曾与刘崧英、陈寿彭等译辑《种植丛书》一册，有活字印本，提要见《续修四库全书总目(稿本)》。又著《汉书艺文志辑略》《楚辞补注》,均未成稿。

诗文有《蓼绥阁文集》《潞舸词》等存世。1914 年,冒广生合编黄绍箕、黄绍第遗稿,取名《二黄先生集》,辑入《永嘉诗人祠堂丛刻》。杨绍廉编《瓯海集》,收录其遗稿。1921 年,杨嘉收集其遗稿,合编《鲜庵文辑》。1931 年,黄群续编《二黄先生集补遗》,辑入《敬乡楼丛书》。今人俞天舒辑有《黄绍箕集》(瑞安文史资料第十七辑,1998 年)。

五　整理经过

1998 年俞天舒编《黄绍箕集》(瑞安文史资料第十七辑)非正式出版,对黄绍箕作品第一次进行系统整理,整合了《二黄先生集》《二黄先生集补遗》《鲜庵文辑》《瓯海集内编》等内容。在当时学术界引起很大的反响,促进了对黄绍箕的研究。然而笔者在整理馆藏文物时,发现馆藏《黄绍箕家书》九通及其它一些信札未被收录。随着工作的展开,陆续发现一些新的资料,且在阅读、利用《黄绍箕集》的过程中,发现集子中有许多舛误,于是萌发了重新整理的念头。

《温州文献丛书》在整理时,总编胡珠生先生曾打算整理《黄绍箕集》,终因俞天舒先生《黄绍箕集》已经存在,故没有收入丛书,而是嘱托笔者另行整理。

从产生整理此集的念头算起,已经十年时间过去了。先搜集馆藏所有有关黄绍箕的资料,包括手札、书法、友朋来函、友朋题诗等，并到温州市图书馆翻阅黄绍箕的诗文集，以及其同时好友的集子、日记，从中发现许多新的材料。随着各地文集的出版，与黄绍箕有关的材料不断出现。经过不懈的努力搜集，终于汇成现在这本集子。名为《黄绍箕集》，由笔者点校。是书分两大部分，一为黄绍箕的集子，有奏疏、论著、序跋、书信一百六十馀通，诗词一百一十馀首，《中国教育史》等；二为附录，收录了友朋的诗词（包括挽诗等）一百一十馀首、挽联一百一十馀对、来信二百馀通等内容，最后附笔者编著的黄绍箕年谱。

在收集资料的过程中，得到许许多多友人的帮助，在此致以崇高的敬意。由于笔者才识浅薄，书中难免存在错误、疏漏之处，敬请方家指正。

谢作拳

二〇一四年

卷一　奏疏

请罢斥李鸿章坚持战备折[①]

1894 年 10 月 5 日

翰林院掌院学士臣宗室麟书、臣徐桐跪奏，为据呈代奏，恭折仰祈圣鉴事。

窃据编修丁立钧、李桂林、管廷鹗、周克宽、张星炳、朱福诜、黄绍箕、马吉樟、丁仁长、李葆实、黄桂鋆、华辉、高觐昌、沈曾桐、徐世昌、冯煦、陈田、鹿瀛理、周承光、陈遹声、余朝绅、朱绵、吴嘉瑞、陈嘉言、王安澜、杜彤、汪诒书、叶尔恺、尹铭绶，检讨梁銮藻、阎志廉，庶吉士吴敬修、梁士诒，编修王祖同、李盛铎呈称：

伏惟倭人肇衅，变乱藩封，恭读七月初一日宣战诏书，仰见我皇上不得已而用兵之意，仁义兼尽，薄海同钦。乃者两月以来，事机屡变，偾军失地，警报迭闻，朝野震惊，人心岌岌。恭读八月二十六皇太后懿旨，以干戈未戢，停办颐和园受贺典礼，深宫焦劳之意，感动中外，敷天率土，切齿同仇。而祸变之从来，事机之贻误，始终本末可得而言，敢为我皇上披沥陈之。

---

① 录自戚其章主编《中国近代史资料丛刊续编·中日战争》（中华书局，1989 年）第一册第 300—305 页。题为《吏部尚书麟书等据呈代奏编修丁立钧等陈请罢斥李鸿章坚持战备折》，光绪二十年九月初七日。

窃闻倭人国势兵力不能与西洋各国同年而语，国债多而民力困，则根本未坚也。有快船而无巨舰，则武备不足也。兵出于猝募，非训练之师也。权纷于党论，非划一之政也。兵事之兴，凡曾经战阵之士，通达夷情之人，莫不以为螳臂挡车，应时立碎，虽西人亦凿凿言之。而事竟有大谬不然者，韩城失矣，未几复败于牙山；成川弃矣，未见复溃于平壤。汉江之沉舰不归，鹿岛之战船覆毁。威、旅为海门锁钥，今则游弋不禁矣；义州为奉天屏蔽，今则藩篱尽撤矣。用一卫汝贵而百战之淮军化为叛卒，用一丁汝昌而大枝之铁甲尽属漏舟。朝鲜不可复，方且急图门鸭绿之防；仁川不可窥，方且忧大沽北塘之警。谁总师干，谁司进止？以大御小，以强敌弱，溃败决裂，一至于此！此不能不太息痛恨于昏庸骄蹇丧心误国之李鸿章也。李鸿章受命东援，而阴勒诸将密为钳制，既故不为先事之防，复屡掣其临时之肘，统计小浦之战，牙山之战，平壤之战，鹿岛之战，皆我军端坐拱手以待倭人之围攻。其实决不能以此望和，而事机一失，徒以损国威而张敌势。倭人唯事事先发，故能制我之死命；我唯事事后发，故始终为倭人所制，迁延坐误，全局瓦解。此天下所太息痛恨者一也。

兵行千里，转运为先，内地尚设粮台，何况出师疆外？至于外洋各国相角，尤以枪炮为急需，李鸿章更历兵事三十馀年，岂其虑不及此？而牙山之军，缺军火、缺粮饷于前，平壤之军，缺军火、缺粮饷于后。长夫不备，军驮无资，兵自负粮，枪无馀弹，以致饥军掠食，结怨韩民，战士死绥，徒手相搏。以二十年朝廷所注意、海内所仰望之重军，徒以无粮无械，束手就毙。皆职李鸿章任信私人，不肯早设粮台之故。此天下所太息痛恨者二也。

倭人甘心韩地，蓄志有年。今岁春初萌芽已露，北洋于外事消息最灵，岂竟一无闻见及乎？事之将起，袁世凯深悉倭情，屡腾密报，若使倭韩形势早达朝廷，则先事图维，必不至如后来之仓卒。无如李鸿章始则模糊影响，讳莫如深。继则扬厉铺张，肆其恫喝，直到事机决裂，而倭人阴谋之本末疆臣知之，朝廷仍不尽知。闻朝旨召询袁世凯，而李鸿章展转禁锢，不使至京。代陈各路电奏时，删改以就。该督意旨务使真实详情不得上闻，庙算指挥无凭遥度，奸欺蒙蔽罪不胜诛。此天下所太息痛恨者三也。

比年以来，天下之利权李鸿章绾之，天下之兵权李鸿章主之。朝廷倚重李鸿章为长城，李鸿章广蓄私人，以欺罔朝廷。盛宣怀为耳目，张士珩[①]为腹心，丁汝昌、卫汝贵为爪牙，龚照玙、刘含芳[②]为羽翼。此数人者，皆天下所姗笑指目，而李鸿章以之分布于海关、电报、粮台、军械最关军国重兵之区。窟穴深固，牢不可拔，平时病民蠹国，事皆堕坏于冥冥之中。及乎有事之秋，诪张为幻，不惟助李鸿章以欺罔朝廷，抑且卖李鸿章以邀利而有所不恤。而李鸿章方且卵翼濡沫之，为之仇抵言官，变乱黑白，甚至奉谕撤退之丁汝昌而抗不遵旨，坐使数千里藩封断送于三五小人之手。此天下所太息痛恨者四也。

尤有甚者，倭米船则放之，倭运开平煤则听之。倭谍被获，除或明纵或私放外，有海关寺傍居民王姓，经天津县获究，而李鸿章

---

① 张士珩（1857—1917），字楚宝，又字治衲，号弢楼，安徽合肥人。李鸿章的外甥。光绪十四年（1888）举人，直隶候补道，以道员领军械局，兼武备学堂。后主山东学务处、武备学堂，续主江南制造局。著《崂山甲录》。

② 龚照玙（1840—1901），字鲁卿。安徽合肥人，由监生捐纳同知、知府、道员。1890年经李鸿章推荐，总办旅顺船坞工程，并会办北洋沿海水陆营务处。甲午战后，以“统兵将帅失守要港罪”判处其死刑，后开释出狱。　刘含芳（1840—1898），字芗林。安徽贵池人。任山东登莱青兵备道。在清朝海防建设中功绩卓著。

之子前出使日本大臣李经方为之说情。倭奸石川氏及军械所刘姓被获，供词牵涉李经方及军械所局员，而盛宣怀述李鸿章意，勒天津县李振鹏改供，为李振鹏所驳斥。军械所历年所储枪炮多被监守盗卖。及东事已起，犹检出不合用之前膛枪子卖与日本，得银四十万两，局员明分，而李鸿章为之补给领字。外间并有传闻，李鸿章有银数百万寄存日本茶山煤矿之公司。李经(芳)〔方〕又在日本各岛开设洋行三所。以故李鸿章利令智昏，为倭牵鼻，闻败则喜，闻胜则忧。虽道路传闻，而万口同声，岂得无因而至？此天下所太息痛恨者五也。

综论此次败衄之故，由海军之不得力。而海军则丁汝昌主之，从前避倭不敢当敌，及至渡送铭军仓卒接战，而致远船冲锋独进，无一舰继之者，则丁汝昌之督师为有方乎？斩先逃之济远管带[①]，而独宽统帅之罚，则于法为未平海军之气，窃恐断不能振陆军之败。由卫汝贵望风先逃，而叶志超继之。闻先败之数日，左宝贵密电北洋，有如撤回卫汝贵一军，则诸军尚可致死，否则同归于尽之语。盖卫军虐遇韩民，奸淫掳掠无所不至，以至韩人视我为仇，大军无所得食。军败之时，卫汝贵父子伏丛苇中，几被其下所杀。此又平时克扣粮饷，虐遇军士所致。种种罪状，罄竹难书。然而天下之人知朝廷必不能诛此两人也。李鸿章一日不去，北洋则两巨奸者一日不能伏法，三军之气一日不能振作，溃败之局一日不能挽回。何也？三军之气视统帅之赏罚为鼓舞，如海军刘步蟾被劾，而李鸿章反使护水督；林国祥[②]力竭船沉，而李鸿章反请暂革。甚且

① 指方伯谦，字益堂，福建闽县人。

② 林国祥（约1851—1908），又名瑞喜，广东新会人。时任北洋水师济远舰管带。甲午战败后被议革职。后起任广东水师舰队副统领。

以首先溃退贻误大局之卫汝贵，而李鸿章以为得力。种种颠倒功罪，务使敢战之士人人气沮。如此，而三军之众有不解体者乎？倭主出居广岛，亲自督师，八月初间，即闻有限廿日取平壤之说，而平壤渠于十六日失守。今又闻以四礼拜取奉天矣，又闻限九月内破津沽矣。敌兵号称九万，大举入寇朝鲜不已，进而盛京津沽不已。则京师重地，所必窥伺，我战守之备无一足恃，而专委命于一昏庸骄蹇丧心误国之李鸿章，如此而谓陵寝之必无震惊，京师之必无警动，谁能保之？军事初起之时，若宋庆，若刘永福，皆忠勇愤发，请赴前敌，而皆阻于李鸿章之壅遏。即淮军一聂士成，津人一曹克忠，号称能战，于诸将中为优，而李鸿章必党其私人以遏抑之。顷间命宋庆节制前敌诸军矣。若仍以李鸿章为后路，逞其妒忌之心，行其阻挠之计，文书之呼应不灵，饷械之接济多缺，平壤覆辙可为寒心。天下士民公论谓：李鸿章如不以严谴去津，则天下之精兵猛将必不能得其死力，以挽回既溃之局，故李鸿章一人之去留，实于宗社安危生民休戚大有关系。伏惟皇上乾断，立赐施行，若再囿于庸议，迁就迟疑，则士气仍前衰葸，而奉天之震动，威旅之不守，皆在意中。万一陪都有失，近畿告警，变起仓卒，虽食李鸿章之肉于事奚裨？且恐以罪人不去之故，致朝廷日下急诏，而天下之兵观望不前，有非臣子所忍言者。此所为同声感愤，而不敢不泣陈我皇上之前者也。如蒙皇上采择刍言，断以行之，请量简知兵大员，老成宿望，星驰往代，速筹守备。非不知临敌易帅，兵家所慎，但以李鸿章怙私纵敌，后患孔长，断难再事姑容，坐视大局糜烂。再，日来外间传闻，李鸿章与日本私行议约，有愿弃朝鲜、割台湾，并赔兵费数千万以求和之说。果尔，则弃祖宗之疆宇，竭中国之脂膏，土崩瓦解可立而待。此虽道路之言，未为实据。而推李鸿章之居心行事，有不如此之悖谬而不已者。伏乞将李鸿章迅赐罢斥，然后宗社可安，军气可振，东藩亦可冀恢复，天下生民幸甚等语。恭请代奏前来。

臣等公同阅看，系为时事紧急起见，不敢壅于上闻。谨照录原呈，伏祈皇上圣鉴。谨奏。

奏请密连英德以御倭人折[①]

1894 年 10 月 7 日

日讲起居注官翰林院侍读学士臣文廷式等跪奏，为敌情叵测，宜出奇计以弭兵衅，恭折密陈，仰祈圣鉴事。

窃维自古驭夷之道，不出和、战二端：能和而不能战，则和亦不可恃；战败而遂求和，则国必不复振。故孙子之论兵法曰：“善败者不亡。”盖操纵之方，补救之法，诚有转败以为功者也。

朝鲜为我之藩属，有乱请兵，何能不应？倭人无礼，多所要求，未即允从，遽尔生衅。在中国毫无欲战之心，而彼遂有失和之举。其敢于出此者，封疆大臣不能折其气，在廷大臣不能戢其谋，使彼有以窥我之短长，盖无论如何曲从，而识者知其必出于战矣。顾筹战之事未可轻易，而议和之举则非战胜之后，尤所难言；仓卒而成，必有贻无穷之患者。道路传闻，以为赔款割地之举。朘生民有限之脂膏，蹙祖宗世传之基业，度圣明在上，必不肯出此不策，以偷安一时。

然倭人乘胜之时，震惊陪都，窥伺近甸。我虽布置严密，尤虑瑕隙未周。比闻倭将以倾国之兵，道出黄海。此时李鸿章既有暮

① 据《光绪朝中日交涉史料》，转引自《文廷式集》，题作《联衔密陈敌情叵测宜出奇计以弭兵衅折》，作于光绪二十年九月初九日。

气，而所调诸将，或多新募，或未成军。且闻倭人军械船只，多由西贡拨来，则其藉兵法人，已属共闻共见。彼既私合他国以谋我，我何能以一国独受其弊？

战国之时，秦攻齐，则韩、魏救之；攻韩、魏，则赵救之。唐之藉兵远及大食；宋之谋金兼约西辽。此时倭人得志，势将不利于英；法人与其兵谋，德国亦所深忌。故闻英人颇有藉端与倭开衅之志，兵船五十馀号已尽集南洋。德人亦特厚于我，凡将弁之效力于中国者，其主皆特赏宝星；又任中国购买军火，藉资驭敌——此非偏有所厚也，卫我即所以自卫也。臣等愚见，以为宜及此时，特派亲信重臣与之商议，资其兵费，使伐倭人。闻英、德使臣皆已微示其意，湖广督臣张之洞亦经密与商谋，大约不过二千万金上下，便可遵办。倭人既暗约法、俄，何能禁我之密连英、德？且与其议和而用为赔费，何如战胜而出以犒师？得失甚明，可无疑议。虽他日或有恃功之意，如回纥之需索于唐，然两祸相权，其轻于受侮于倭则已多矣。

事贵早图，若及倭兵已薄榆关，则恐缓不济急。用敢合词吁请宸断，速定戎机；转危为安，在此一举。闻北洋又待俄使言和；前已为其所误，今将更受其欺蒙。迁延岁时，寇且日迫，然后责其误国之罪，其可及乎？臣等愚昧，际此时事艰迫，固当知无不言，不胜悚惶待命之至。谨合词恭折具陈，伏乞皇上圣鉴。谨奏。光绪二十年九月初九日。

日讲起居注官翰林院侍读学士臣文廷式、翰林院侍讲学士臣文海、日讲起居注官翰林院侍讲学士臣秦绶章、日讲起居注官翰林院侍讲臣樊恭煦、翰林院编修臣陆系辉、臣丁立钧、臣黄绍箕、臣周克宽、臣华辉、臣冯煦、臣沈曾桐、臣陈遹声、臣徐世昌、臣周承光、臣陈田、臣吴炳、臣柯劭忞、臣李盛铎、臣周树模、臣费念慈、臣王同愈、臣熙瑛、臣余诚格、臣吴嘉瑞、臣恽毓鼎，检讨臣陈曾佑、编修臣叶昌炽、臣吴荫培、臣余朝绅、臣曾广钧、臣鹿瀛理、臣谢佩贤、臣杨捷三，检讨臣阎志廉、编修臣汪诒书、臣蔡元培，修撰臣张謇，编修臣尹铭绶。

豫阻和议公疏

1894 年 10 月 25 日

奏为东事重要□,通筹中韩全局,早定战计,恭折仰圣鉴事。

窃惟平壤之挫,全韩瓦解,皇上赫然震怒,起恭亲王会办军务,以宋庆节制前敌诸军,中外臣民咸晓然于皇上之欲恢复东藩也。乃近日传闻,忽有赔款议和之说,始则谓李鸿章主之,继更谓廷议主之,众口沸腾,群心惶骇。夫以我皇上之圣明,烛照万里,断无昧于利害,轻准款仇之事。然窃有虑者,近来人心不古,诪张为幻,不肖士大夫率以私意,造作议论,邪说横行。此次援韩失利,以为李鸿章之贻误者天下之公论,而亦有一种比匪之徒各腾异议:有谓朝鲜本中国赘疣,不早弃之,以贻此患者;有谓倭人本意欲与我共治朝鲜,乃我先开兵端,以致失和者;有谓倭人意仅图韩,可划鸭绿江为界,而即无事者;有谓倾中国之兵不能御倭,不如忍辱求和,徐图后举者。种种谬说,别具肺肝,而私为李鸿章者率以为此次败衄,非将帅之过,乃兵单所致。又谓北洋兵力本薄,不能抗倭,皆连年朝廷不发重款,有海军衙门之名而无其实所致。凡此妄言,殆不足辨。惟是近日所闻,竟有款议将成之说,佥谓数大臣私谋密议,为隐忍偷安之策,人言藉藉,事匪无因,万一邪说流行,上荧圣听,一或不察,堕其术中。窃恐仓卒之间,款议遽定,则亏国体，重后患，有将来悔之无及者。臣等请历排前说，为我皇上一一陈之：

夫谓朝鲜中国之赘疣者，不知天下之大势者也。朝鲜为吉奉屏蔽，吉奉为京师根本，苟一举足，全局动摇。故我太宗文皇帝力征经营，列圣相承，罔弗加意。光绪初年，朝鲜苦倭逼甚矣，朝廷命李鸿章以绥靖东藩，李鸿章任用私人之言，信一马建忠，而有十年、十一年撤兵之事；信一俄使韦孛，而有本年五月迁延不救之事；信一卫汝贵，而有本年八月平壤不守之事。惟李鸿章素梗一弃朝鲜之意于胸中，故一误再误，以至今日。推原祸本，为赘疣之议者，我祖宗神灵之所恫也。至于兵衅之开，倭实背约，即以接仗。论仁川之战，我船渡送援军，未先犯倭也，而倭先击沉我高升船；牙山之战，我军往平韩乱，未先犯倭也，而倭自汉城来蹙我；大东沟之战，我船渡送铭军，未先犯倭也，而倭自仁川来，乘我及平壤之战。我军先到月馀，然未尝越平壤一步，如此而致败，如此而失和，乃议者犹归咎于朝议主战之故。夫所谓主战者，必可以战、可以不战之局，而议者言战，然后谓之主战，若敌人节节见逼，迫我以不得不应，尚何主战之足言？今倭人逼我甚矣，必如议者之意，将束手待毙，而后谓不开兵端乎！今日之事非我致，敌实凌我，我军已退渡鸭绿江，尽失奉天门户。九连城距朝鲜义州才数十里，中间江面宽者才三四里，褰裳可渡，且鸭绿江长亘千馀里，一无险要可守，我如沿江设防，虽五六万众不敷分布，亦断断无此兵力。稽诸史册，南北朝争徐海，南宋争淮扬，魏吴争濡须。今日之势，平安为奉天门户，咸镜为吉林门户，保奉天而防鸭绿，如勿防也，必以平安为障蔽，而后凤皇门可守，保吉林而防图们，亦如勿防也，必以咸镜为锁钥，而后宁古塔可安。我皇上如勿弃吉奉两省，断无不规复朝鲜之理;规复朝鲜,断无不克日进兵渡江之理。比闻叶志超电奏遵旨全军内渡,是因大军新挫,仓皇退避,既已大误于前,若不及时进占,使敌人得以休息兵力,徐图守备,日来倭兵不动,当必于平安、咸镜之地分据险塞,建筑炮台。彼备一修,则将来我军进攻愈难得力。刻下前敌诸军兵力不为单薄,宜谕令及时进剿,以赴戎机。夫平壤之败,败于卫汝贵之十六营望风先逃,岂以兵单致衅,即以为将图大举,稍待后援,亦宜步步为营,量移进占,得寸则寸,得尺则尺。如决不督令进战,恐诸□误会。日前退渡之谕旨谓:朝廷已无意朝鲜,将帅灰复仇之心,士卒阻敢死之气,军不欲战,敌起乘之祸,败有不忍言者。且三军之战,胜在士气,士气之鼓舞在上心。法越之役,我军进攻得手,遽徇李鸿章请率定和约,征南将士闻之,人人阻丧,有痛哭流涕者,然犹以战胜在后,许和在先,捷报未通,以至于误。今若万里征兵,不为战用,则事机坐失,更非昔比,窃恐天下人心妄测上意,从此无出力效死之将,从此无欣然赴召之兵,疆臣之心,知朝廷之必不一战也,而备御勿修;耽视之邦,知中国之必不一战也,而觊觎竞起。皇上独不为中国万年计乎!夫人心所系,宗社之安危视之是,宜及今可用之锋,早定自强之计。如其不然,人心涣散,后患方长,即今遣散之募兵,已足致戎于伏莽。至于不战遂和之害,益觉不可胜言。倭人雄据全韩,朝发夕至,得我兵费,则益充其战守之资;散我师徒,则益肆其进攻之计。不多为之备,则辽、沈、燕、齐在在有可陷之隙。若概设重镇,则军大粮饷骎骎有自敝之虞。明季聚天下精兵以备北边,而流寇以起,殷鉴不远,可为寒心,若不大予惩创,使倭人不敢轻视中国,则皇上何有安枕之日?生民将罹涂炭之祸,此臣等深维全局,不能不痛心疾首于议款者之误国殃民也。

且即以赔款言之,法兰西之国势数倍于倭,而越南一役不闻有兵费之说,何至于倭而畏之如此,今且倾国帑,借洋债,以储战备矣。乃不思定威复地,而一切委置无用之处,更筹巨款以饷雠仇。试问一款之后,能保倭十年不犯中国乎？即有他国居间,而事过谁能相保,《天津专约》甫七年耳,乃有兵取韩京之事,能保倭遂不背今盟乎？竭生民之膏血以求旦夕之安,而安终不可恃。且既和之后,仍须办防,悉索既空,费从何出？是不更示人以瑕而速致敌兵乎？夷情狡诈,如彼一面进兵,而姑易和,以懈我军心,缓我守备,岂不重为所绐,以贻笑万国乎？此尤不可不长虑却顾者也。凡此所陈,实因道路流言日甚一日,事关重要,深切杞忧,明知危苦之言,不无过虑,然愿臣等伏妄言之罪,不欲朝廷贻轻举之羞。至于筹战机,宜谨陈管见四条恭呈御览:

一、作勇敢兵,以勇往直前,生气势,坐而待,敌锋锐必销,故善守者或雕剿以慑敌心,或分枝以牵敌势,故抚臣胡林翼有言:“不能战者必不能守”,此更事之至言,兵家之要论。平壤之败,我惟呆守,彼则活攻,步步进逼,我军几无驻足之处,一战而溃,布置失也。近九连城驻守之军不敢逾鸭绿一步,侦候不远,哨探不行,似此情形,恐蹈平壤覆辙,请电饬诸军相机度势,防剿兼施,毋得株守以致坐困。

一、筹进取东征之军,奉调而至者数且十万有馀矣。据此一隅,虽多奚益,宜分作数枝,责奉吉诸军以规咸镜,责淮豫诸军以复平安,责海军以略仁川,责南洋出兵舰以袭釜山。虽刘永福“直捣长崎之说”仓卒难行,亦不妨先令回乡募勇,以备临时听调,似此水陆并进,约期同举,正化呆兵为活兵之法。且倭人专尚虚声,我即因其着而应之,亦足以牵掣敌兵,张我形势也。

一、侦洋情。窃观今日情形，与法越前事大异，当日军情利弊不独在建议外，而封疆守吏、出洋公使以至微员末秩，莫不各效见闻，集益既多，运筹自易。洋人向明而背暗，见我纤微毕了，故亦乐助转圜，是唯轻于许和一节，为一大失着。而事前则军火有资，事后则兵费罢议，未尝不资群策之功。今之敌情军势，惟北洋一人之口是凭，惟津海关道数行之报是据，模糊脱略，考辨无从。而疆臣轺使钳口结舌，无敢出一语以仰赞庙谟者，以此筹战，战固不能，以此筹和，臣等亦断断知其和之无策。是宜严饬枢译各臣，于洋情军务用心考求，毋胶成见。并电谕各省督抚、出使大臣等随时探访，各效忠谋，明目达听，群策并进，庶以绝壅蔽而资赞助。

一、严督责偾军之叶志超奉旨查办矣。而外间覆奏尚在迁延督运之周馥奉旨东行矣，而后路粮台仍未奏设，以及谕查军火则核实无期，命购船炮则垂成辄变，煌煌明旨视若弁髦，似此心存，玩忽军务，安有转机？应请戒谕内外大臣，一切特旨指挥务须实力奉行，如有稽迟，即加谴责。至荼毒韩民、首先溃退之卫汝贵，天下人咸以为亟应正法，而查覆迟迟，难保无避重就轻、希图脱罪情事。应请再申严谕，立正典刑，以慰韩民之心而申必罚之意。以上四条臣等愚虑所及，伏乞皇上圣鉴训示施行。谨奏。

光绪二十年九月二十七日

再，查大东沟之战，邓世昌致命于前，汉(诺)〔纳〕根[①]力战于后，海军战状明白有征，诸将不无微劳。丁汝昌实无一事可录，即

---

① 汉纳根 Von Hanneken(1855—1925)，德国人。陆军大尉，中国海关税务司德璀琳女婿。光绪二十年，应李鸿章之聘以花翎总兵衔入北洋水师充总教习兼副提督。黄海海战爆发后，汉纳根与丁汝昌在旗舰定远舰指挥作战。战后清廷特颁谕旨，以"洋员汉纳根在海军当差，教练有方，此次大东沟之战，奋勇效力，深堪嘉奖。加恩赏给二等第一宝星，以示鼓励"。后赏加双眼花翎提督衔。

其所陈受伤之处，忽而在胁，忽而在股，支离掩饰，情实可疑，免予严诛，已属大幸。而李鸿章忽于胪陈诸将战迹之内，厕其名于简末，巧乞恩施，闻者骇然，不无疑虑。在李鸿章意存尝试，无非以该员屡经弹劾，藉此略为湔雪，预为他日之转圜，但似此劣员滥邀军赏，不独诸将为之无色。即大东沟之役，天下皆疑其出于捏饰矣！应请将该员交部议叙之处，特予撤销，以昭公论而肃军心，谨合词附片具陈，是否有当，伏乞皇上圣鉴。谨奏。

劾海军罪帅公疏

1894 年 11 月 28 日

奏为罪帅一日不诛，军事一日不振，伏请宸断，立正典刑，恭折仰祈圣鉴事。

窃惟东事之兴，国家倚海陆两军为指臂，陆军虽丧城失地，转战伤亡，然奉命必到防，遇敌必接仗，是兵犹不失其兵，将犹不失其为将也。海军则敌未来而豫避，敌将至而潜逃。敌之所利，必曲成之，敌之所忌，必暗让之；上不奉庙算之指挥，下不顾军情之缓急，独往独来，于荒陬穷岛之间，忍耻偷生，迁延首窜，被天下之恶名、万国之讪笑，而夷然有所不屑，此真古今未有之奇闻，不可谓非国家异常之妖孽已日者。我皇上赫然震怒，将临敌退缩之卫汝贵拿问治罪，而诸军感愤效力，咸思死敌。大高岭之聂士成、吕本元①等疮败之馀，犹能奏捷矣。旅顺之姜桂题、徐邦道②等饥疲之卒，居然制胜矣。由此观之，天威至重，军法至严，但使罪不幸逃，则即贪偷骄惰之人，心

① 吕本元（？—1910），字道生，安徽滁州人。清末淮军将领。历任四川重庆镇总兵、天津镇总兵、直隶提督等职。

② 徐邦道（1837—1895），名金锡，字剑农，号邦道，四川涪州人。参与镇压太平军、捻军、回民起义等。1878 年擢提督；1880 年调驻天津军粮城；1889 年授正定镇总兵。甲午战争中曾打退了日军的进攻，后死于军中。

一变而激昂于忠义，转移至易，激发至神。陆军既有明征，则皇上欲处得海军之用，其必在谴责丁汝昌无疑义矣。丁汝昌一切罪状，屡经言官弹劾，早在圣明洞鉴之中，其尤可恨者皮子窝，未经失事之前，倭于大连湾，北方小岛休兵牧马，经旬累月，而丁汝昌匿不以闻。迨至旅顺有惊，倭船在大连湾与我军相遇，鼓轮北向，整队徐行，而丁汝昌避之竟去，既不肯送援旅之兵船，又不能运济旅之饷械。姜桂题等孤军捍垒，血肉横飞，而该提督方且安然晏坐于蓬莱阁重帷密室之中，姬妾满前，纵酒呼庐，而视如无事。在该提督诞妄性成，且自谓内有奥援，纵白简盈廷，绝不能损其毫发，而军中舆论则谓外通强敌，敌万一事机危急，不难借海外以为逋逃，人心汹汹，虑生他变。盖自汉纳根篱船以后，更无人能强之用命，镇远之伤、林泰增[①]之死，情节隐约难明，益无人能测其为鬼为蜮之所底，止事机至此，深可隐忧，此薄海臣民所为拊膺仰首，以企望皇上一怒之神威。而臣等度势揆时，不能不极力言之，以蕲皇上一朝之宸断者也。应请特派干员前往海军，将丁汝昌锁拿来京，交刑部严行治罪，以伸公愤而警效，尤事宜密速，以防该提督线索潜通，预谋逃叛，臣等不胜迫切，待命之至，谨合词恭折具陈，伏乞皇上圣鉴施行。谨奏。

---

① 林泰增，林则徐从孙。北洋海军左翼总兵兼镇远舰管带。

进呈地营图说公疏①

1894 年 12 月 7 日

日讲起居注官翰林院侍读学士冯文蔚等跪奏,为寇深事急,亟宜避短用长,谨进呈滇军地营图说,请旨通饬诸军仿办,以资战守,恭折仰祈圣鉴事。

窃惟倭人肇衅以来,我军屡挫,其遇敌溃散者固由将领非人,士无斗志,藏奸纵寇,罪不容诛。而在事将帅如宋庆,偏裨如马玉昆等,忠义激发,奋往无前,卒不能遏敌之锋者,良由倭以火攻逼蹙,而我惟肉薄相持,无所藉以御彼之长,故无所乘以蹈彼之隙也。西洋营垒其术至繁,非一时所能猝办。臣等熟思,仓卒御敌之法,莫如仿效滇军开挖地营以守寓攻,百举而百当,敢为我皇上详晰陈之:

前此法越之役,故督臣岑毓英等始皆败溃,其后能转败为胜者,开挖地营之效也。地营之法:深挖地窖,或圆或方,四围植立直木,密排枪眼,上盖大木填筑浮土,中容战士二十人或十数人,一里之内可设数十座。若地旷人繁,则多多益善。每营四旁开通地道,钩贯连络,此击彼应,互相声援。此地营之大略情形也。

臣等闻倭人所用新式枪炮最能及远,每次交绥我军辄先受伤,

① 录自戚其章主编《中国近代史资料丛刊续编·中日战争》(中华书局,1989 年)第一册第 670—672 页。

虽壮士亦为之夺气。若使距我军三四里之外，而遥望地营二尺馀之高，与坡陀起伏，无以大殊，势难命中。即令开花炮弹堕击营上，一遇浮土下有大木支撑，亦炸裂四散，无由伤人。我军伺敌前来，量我炮力枪力之所能及，齐发而迭攻，彼既不能不为进搏之谋，而又别无善避之法，虽以勇夫持利器亦将九死而一生。兵法所谓“致人而不致于人”，此以弱胜强之一大利也。倭人见我备多力分，往往悉其精锐以多击少，两军对垒，多者之势易张，少者之气易馁。若令密处地营，则我军兵力之厚薄彼无由窥，如仍恃众直前，则枪炮并施，伤亡必甚。每营与地道相通之要口，由营官哨官持刀把守，敢退者斩，虽欲溃遁而无由，自然人怀死志。且子药取诸俯拾，无携带罄尽之虞；战士可以番休，无力倦枪热之弊。兵力虽单，亦足自立。兵法所谓“形人而我无形”，此又以少胜多之一大利也。

臣等闻法越之役，法人枪炮坚利远过倭人，然滇军临洮之战，前锋地营战士韦云青、李应珍等仅数十人，法人大股炮队来扑，势将灭此朝食。我军潜伏不动，俟其近前，排枪齐发，应丸而倒，馀众大惊，披靡遁去。及至宣光之围，我军步步为营，四面进占，直逼城下，法人屡思冲突而皆阻遏于地营，乃以竹筒蜡书顺流乞援，复为我军所得。若和议再迟数日，则穷蹙就缚靡有孑遗？是则地营之法非独中国言战功者所盛称，亦并为西人究兵事者所推服。

臣等谨据滇军地营大略形势，绘图列说，恭呈御览，伏祈谕饬前敌及近畿援防诸军一律仿照开挖，步步为营，多多益善，以人力济地利之穷，似于军务不无裨益。臣等闻北洋大臣李鸿章不信地营之说，诸将未经见敌亦尚附合其词，每谓北方地多沙石，藉词推诿。而聂士成等之在高岭与倭相持日久者，则已颇藉筑垒挖坑之用，故得以创败之馀支持旦夕。信地营者抵御火攻不易之良法也。

近日都中言地营者又或采洋法参己意为之，不如滇法之简便易行。窃惟滇军战事至近，收效至明，其物料沿途可采，其工程一夜可成，健卒羸兵无人而不能办，平原险道无地而不可行。

臣等博访深思，窃以为救急良无逾于此。谨合词缮折具陈，伏乞皇上圣鉴施行。谨奏。

翰林侍读学士冯文蔚、编修丁立钧、黄绍箕、陈荣昌、莫辉、丁仁长、黄桂鋆、熊亦奇、沈曾桐、徐世昌、陈田、鹿瀛理，检讨阎志廉，编修宝熙。

阻议和遣使公疏

1894 年 12 月 28 日

奏为邪说误国，请奋宸断，收回成命，以全国体，恭折仰祈圣鉴事。

窃以倭人犯顺，残我属国，偪我陪都，凡在臣民各怀灭此朝食之愤。前闻有议和之说，旋经停止，仰见皇上天威独断，小丑指日可平。乃近忽传谕旨以张荫桓、邵友濂[①]为全权大臣，诣倭乞和，举朝震惊，同声悲愤，不知何人敢为皇上主此议者，恐大事从此去矣。日来传闻，倭意不愿邵友濂，指名须李经(芳)〔方〕前往。夫堂堂中国，偶因兵事小挫，遂屈体于蕞尔之邦，至于我之遣使由彼为政，彼气愈骄，我颜愈赧，彼方偃蹇，而不顾我更匍匐而乞怜，伊古以来，有此国体、有此人情乎？圣德如天于物何所不容，但恐为邪说所误，未深思其祸患耳。臣等窃谓此事若行，有足以立致危亡者十端，敢为皇上披沥陈之：

夫今之降，心相从者必首曰：偿兵费也。当三空四尽之秋，求

---

① 邵友濂(1841—1901)，字筱春，又作小村，浙江余姚人。同治四年(1865)举人。光绪五年(1879)署理俄国钦差大臣。历任河南按察使、台湾布政使、湖南巡抚兼署湖南提督、台湾巡抚等职。二十年，调补湖南巡抚。甲午战败后，与张荫桓为全权大臣赴日乞和。

累万盈千之款，虽竭四海生灵之膏血，不足以给之。财匮力尽，怨叛将兴，边隅之患方殷，内讧之祸又起，其足致危亡者一。

倭既得我兵费，益将厚集师徒，增修戎备，是谓为虎傅翼，助敌自攻。倭当穷饿，我尚不支；纵令富饶，将焉御？其足致危亡者二。

而议者犹恐赔费为未足也，则必割地以媚之。我之疆宇有限，彼之贪壑无涯，所谓抱薪救火，薪尽而火不止；以肉喂虎，肉尽终必噬人，其足致危亡者三。

见他国见我之易与也，援均沾之例，以竞相效尤，今日某国要某省，明日某国要某府。现帕米尔、西藏、缅甸界务皆未勘定，明年又俄法换约之期，势必乘机要挟，一倭尚不敢校，百倭更复奈何！坐使二万里完善之山河一朝破碎，其足致危亡者四。

夫兵者易发而难戢者也，陈涉兴于戍徒，李闯发于驿卒，今征师且十万矣。既和则无所用，无所用则必资遣之所费衣粮犹其小也，资遣一有不慎，则散为游勇，恣行流剽，合十数省敌忾同仇之士，一变而为揭竿亡命之徒，剿之不忍，纵之不能，设更教民煽动其间，则且祸炽燎原，势成滋蔓，江宁约定而粤匪乱，生前鉴照然，其足致危亡者五。

幸而安遣得所不生他变矣，而万里征行不令见敌而返，朝廷以干戎为儿戏，将士视诏旨如弁髦，他日复有征调，必至观望游移，坐视君父之急而不救，骊山烽火可勿鉴乎？其足致危亡者六。

始以电议不谐，遂至遣使；遣使不已，必至纳质；纳质不已，则凡臣子所不忍设想之言何，莫非史册显有明征之事，蒙垢忍辱，终必由兹，其足致危亡者七。

况倭人狡黠绝伦，见我迫切求和，彼且将计就计，阳款以怠我士气，阴进以乘我勿防，行人在途，敌兵已集，应敌则虑于失好敛手,则惟有胥歼,其足致危亡者八。

即曰倭人力卷罢兵而不我侵,而主议诸臣必自居保卫之功,愈便其恫喝之计,向犹蝇营狗苟,施狡狯于冥冥之中耳。今且权势日重,党援日多,明目张胆,恣无顾忌,无事则挟夷以为重,有急则卖国以求荣,势将使威柄下移,积重不返。外则为赧献之受制于权臣,内则为唐宗之受制于家奴。啜泣何追,噬脐已晚,其足致危亡者九。

张荫桓一邪佞小人耳,平时惟存富贵利达之心,临事安有扶危定倾之力?使其衔命求成,必致召侮辱国。至李经方前使日本,与倭人深相结纳,以资本数百万至彼国贸易。今年开衅之后,私运大宗煤米潜往济寇。现在私匿上海洋行中,改姓为许,收买金叶数万两,托他国公司船运至日本,用意殊不可测。且闻倭人之意,直欲以刘豫、张邦昌待之,此次指名相索,其意可想。若使赴倭,势必与之合谋要挟,隐遂其不臣之心,其足致危亡者十。

一举事而十祸随,章章如是,其他非理之要求,无厌之婪索,犹不能悉数焉!虽甚昏愚,犹知不可,而简书之使臣竟敢企竦而承命,秉钧之群辅竟忍缄默而怀欺,诚不料我国家养士数百年,乃士气沮丧,人心苟且一至于此。而皇一不得已而徇其请者,岂以为军无斗志,将鲜成功,遂忍出此欤?臣等以为军无斗志,将鲜成功者,有致误之道三:一误于战事之有名而无实,二误于奸臣之结党而营私,三误于溃将之稽诛而玩法。为今之计,惟简军、命帅、练器、储粮、合散队以为大军,蓄全力以资大战。庙算之指挥一定,诸军皆奋往无前,如是则一误去矣。外斥李鸿章,内去一意主款之大臣等,则表里为奸者无所施其伎俩,忠愤勇往者乃得效其谋谟,如是则二误去矣。败坏海军之丁汝昌，失守要隘之龚照玙、卫汝成、赵怀业[①]等，毋因李鸿章之曲请而稍宽其诛，使将士知避敌者必死，则必震栗畏罪，踊跃赴敌，如是则三误去矣。去此三误，将人各致死战，必有功此，而犹有敢以款议荧惑圣听者，臣等不之信也。伏愿皇上亟申乾断，收回成命，毋贪旦夕之苟安，如不自振作，旦夕不可安也。毋冀豺狼之我怜，虽俯首就地，豺狼不我怜也。以卧薪尝胆，激发二十省忠臣义士未灰之心，以整军经武，缵承二百年圣祖神宗无竞之烈，则恢复何足道？小寇不足平天下幸甚！所有昧死激切吁恳缘由，谨合词恭折具陈，伏乞皇上圣鉴谨奏。

再倭以第二军、第三军扰我辽沈，其第一军探报均称出海，而夷情狡狯，迄今尚不能测其所向之方。议者或谓其将犯江南，然窃以兵情地势揆之：山海为畿辅咽喉，威海为内洋门户，彼欲进窥山海，必先得威海，而后伸缩自如，此理势所必然。故言津防者不能不顾东防也，威海左右岛屿纷歧，浅港、沙滩处处可以登岸。近闻倭于荣成之间测水量沙，将复逞皮子窝之故技，守将戴宗骞[②]、张文宣[③]等颇思邀击，而丁汝昌奉北洋之命力阻其行，夫不击之于数十人初登岸之日，而击之于数千人成列之时，难易较然，愚智共晓。丁汝昌拥兵纵寇，所不必言，独不识李鸿章何心，而下此养痈成患

① 卫汝成，安徽合肥人，淮军将领，记名提督衔总兵。盛军统领卫汝贵之弟。甲午战争中与龚照玙临阵弃军逃走。　赵怀业，又名怀益。字少山，号小川，安徽合肥人。甲午战争爆发后，奉命防守大连湾，晋提督。战争中不战而逃，被革职查办。

② 戴宗骞（1842—1895），字孝侯，安徽寿县人。光绪六年（1880），随吴大澂督办吉林防务兼屯垦事宜，擢升知府。后督办威海防务，论功晋道员。甲午战争爆发后，提出“宁力战图存，勿坐以待困”，威海失守后自杀。

③ 张文宣（？—1895），字德三，安徽合肥人，同治十年（1871）武进士。光绪十三年（1887），调防至威海，率亲军驻刘公岛。先后三次擢升，至总兵记名简放，并赏技勇巴鲁图勇号。甲午战争中守刘公岛，以自杀殉国。

之军？今必欲使威海之防等于旅顺之防，一溃而不可收拾也。诸将非必无战志，有大帅为之掣肘，虽智勇亦何所施，待其既败，骈首而戮之，孰若先其未败指挥而用之乎？为今之计，不烦周折，但由督办军务处发一电报，饬令守将见贼即击，毋令一人登岸，即已三军用命效死无贰矣。此事发端甚微，关系甚大，仰乞皇上饬下督办，处立予施行，以固东防。谨附片具陈，伏祈皇上圣鉴。谨奏。

豫争和款割地公疏[1]

1895 年 3 月 3 日

翰林院掌院学士臣宗室麟书、臣徐桐跪奏，为据呈代奏恭折仰祈圣鉴事。

窃据编修黄绍箕、丁立钧、陈遹声、沈曾桐、徐世昌、王安澜、检讨阎志廉等呈称：

窃惟上年十二月，朝廷因军事失利，寇警频仍，从美使田贝之说，遣张荫桓、邵友濂往倭议和；不料倭人还我国书，拒我使臣，不容开议，狂悖无礼，一至此极！乃近日李鸿章来京，外间复传有奉使求和之说，并谓倭人要挟之意，偿费而外，割地为先。窃惟兵败求成，亏损固不能免；然即以偿费论，国家岂能竭有限之脂膏，填无穷之溪壑？为数过巨，断不能迁就曲从。至于割地之举，则尤有必不可行者，请为我皇上详晰陈之。

倭人所垂涎者，台湾也。台湾自康熙年间始隶版图，我圣祖仁皇帝平定抚绥，深劳庙算；非第为东南之藩镇，实乃据中外之喉襟。近百年来，民稠物阜，文教渐兴，浸同内地。光绪十年建设巡抚，专治其地，每遇兵荒，捐赈捐防，数逾百万。论形势，则我先朝所经

① 此折曾被邵循正主编《中日战争》（上海人民出版社，1957 年）第三册第 489–492 页收录。

营,以屏南服;论规制,则我皇上所增廓,以控重瀛;论物产,则赋税有逾于边省;论民情,则输将几埒于常供。何罪何辜,而沦为异域?此必不可行者一也。

奉天为国家根本,陆则九连城其门户也,海则旅顺、大连湾其门户也,兴京、沈阳壤地相接,列圣陵寝在焉。倘使倭人据有尺寸之地,牧马樵苏,举足即至,我祖宗在天之灵,岂能安然无恫乎?此必不可行者二也。

自构兵以来,望风逃溃者,李鸿章二十馀年所培养之淮军也;竖旗就缚者,李鸿章十年来所整理之海军也。至于百姓,忠义之心则固自在矣:海城以拒倭而被害者二万馀人,柳庄以杀寇而被屠者二千馀人。夫百姓亦岂真恶生而乐死哉?彼诚自以为我乃大清之赤子,与倭贼不共戴天者也。今若割地,则必并其民而割之。是遇难之民,因李鸿章之淮军、海军而死;而未死之民,又使李鸿章委而弃之也。交地以后,倭人勒以易服截发,而不从,势必使数万生灵尽遭惨戮,我皇太后、皇上如天之仁,岂忍出此?此必不可行者三也。

近年民穷俗敝,伏莽潜滋,自各路募兵以来,凡无业之穷民,大半束身归伍,化暴为良,非徒便于谋食之私情,亦实激于同仇之公愤;盖敌王所忾,率土同情,虽败警叠闻而接踵不绝。设使朝廷不惜沿海之版图,亦何惜于腹地二十三省之人民?谁无身家,谁无志气,其能忍辱吞声,坐视男为人臣、女为人妾乎?义愤之气,激极变生,寇乱内讧,翘足可待。倭人越在东瀛,异服异言,断难浃洽,即彼亦自知之,特以此约一定,彼得土地,而我失民心,大变必因之以起,而彼乃蓄锐养精,而乘其敝耳。此必不可行者四也。

东事初起,西洋各国无不曲倭之肇衅,而恶倭之骤强,其使臣屡劝我国大臣以制胜之谋，为讲和之地。即至我军屡挫，而我苟执国敝不从之志，示众怒难犯之形，使各国自出而居间，则据理解纷，彼倭奴亦岂敢贪求无艺？今乃不计攻陷城邑之仇，不恤拒绝国书之耻，无不能忍之辱，无不可受之亏，则彼各国者复何所顾望，不灰心而变计争利而分肥乎？割东三省之地，则俄必随之；割海口之地，则英必随之；割南省之地，则法必随之。昔土耳其与俄割地议和，定约之时，凡阴助土之国，亦各割土之属地以去。然俄土之役，曲本在土，而土之强大亦本远不如俄，徒以人性坚悍，虽削弱而不亡。若中国因朝鲜之事割地与倭，他国效尤，尚复何令不从，何求不得？窃恐麇集蜂聚，瓜剖豆分，虽欲求为土耳其而不可得也。此必不可行者五也。

倭人贪狡无厌，较西洋为尤甚。去年传闻拟款五条，虽普鲁士之胜法兰西、智利之胜秘鲁，亦未闻出此狂悖诞妄之言，稍有人心，闻之无不发指。傥使水陆得有驻足之地，必且造铁路，聚兵轮，朝发则夕至，夕发则朝至，不知此后复有何兵之可御、何地之可割？恐不旋踵而将以待朝鲜者待我也，此必不可行者六也。

现在李鸿章语及和局，辄以不愿割地之说遍告于众人。窥其用意，必欲使此议出自宸断，然后定约之后，天下士论，民心愤怨不平之气，尽归于朝廷，而于己无与。此岂妄为逆亿故为深文哉？光绪十一年朝鲜之约，李鸿章所亲定也：撤驻防之兵，杜教练之路，没属国之名，事事曲徇倭意，使彼得从容布置，一举而覆我东藩。夫李鸿章何德于倭、何仇于国？其本意不过苟且无事，希图贻祸于后人；及身而败坏决裂一至于此，则固彼所不及料也。今日事机愈棘，神智愈昏，恐仍袭故技以欺朝廷，冀幸目前缓兵息事。而不知割地之议所关尤大，为祸至速，上则九庙神灵所降鉴而怨恫也，下则百万苍赤所环吁而呼号也。愿我皇上仰以达之深宫,俯以谕之政府,申饬李鸿章,举割地之议,悬为厉禁,庶可答祖眷而系民心。

夫安居乐业,人有同情,诚可偷一日之安,亦谁乐阻挠和议?然所以议和者,美其说而文言之,则曰徐谋自强;究其极而质言之,则曰暂图苟安。若就今日情势而论,割地之约果定,非惟永远无自强之日,抑且旦夕无苟安之时。用是旁皇焦灼,不得不披肝沥胆,剀切上陈等语,恭请代奏前来。臣等公同阅看,系为时务紧要起见,不敢壅于上闻,谨照录原呈,恭折具陈,伏乞皇上圣鉴。谨奏。

统筹和战事宜请开廷议公疏[1]

1895年3月20日

翰林院掌院学士臣宗室麟书、臣徐桐跪奏，为据呈代奏，恭折仰祈圣鉴事。

窃据编修丁立钧、黄绍箕、丁仁长、陈荣昌、陈遹声、徐世昌、冯煦、检讨阎志廉呈称：

窃惟《尚书》论治道之要曰："人无于水监，当于民监"，又曰："天视自我民视，天听自我民听"。伊古圣君、贤相未有不询谋佥同，而辄决大疑，定大计者也。日来朝廷以倭氛不靖，遣李鸿章东渡行之，朝野闻之人心愤懑，各切忧疑。夫人情未有好危而恶安者也，特以道路传闻，赔费割地各节，几有一蹶不振之势。故人人拊膺太息，以为卒随倭奴奸计之中。夫使李鸿章果中国保障之臣，则奉使议和，自能全国体，折倭贪，宜敌所畏忌而不欲也。岂有讽示微旨必需该大臣前往开议之理？赔款之多，外间不能灼知的数。所传闻者，似较去年二十千万之数而又倍之。是役也，美国居间。美国洋人之言，有中倭和议将成，愿贷我以巨款之说，核其数目岁息约需三千万，与倭人要我之数若合符节。是倭美之合以图我也。

---

① 戚其章主编《中国近代史资料丛刊续编·中日战争》（中华书局，1989年）第二册第485—488页。题作《吏部尚书麟书代奏编修丁立钧等时务重要宜战不宜和呈文折》。

美方贷倭以巨款，而倭地小产薄，不能遽偿，故转而取偿于我。查中国岁入八千万，而岁出亦相当。即使极力节省，凡养兵、造械、购战船、修炮台，所以整军经武，为将来自强计者，一切不办而重捐加赋，所以竭穷民之脂膏者搜括无馀，如此筹画，恐尚未能岁赢二千万之款以偿敌人。即曰能之，而偿倭之款需时二十年。今倭人财力已穷，万万不能久待。必如美人之议，则倭所负于美者可一朝清还，而美所贷于我者罄我悉索岁赢之数，仅以偿其岁息，既永无还本之日，则亦终为割地之偿。日蹙情形及今已定，此则赔费多寡之宜详议者也。

割地一事，台湾之富饶称最，奉天与韩地毗连，彼族垂涎匪伊朝夕。夫以列祖列宗所开辟经营之土宇，休养生息之人民，一旦割以与人，固事理所不可。且即以利害言之，中国见侮洋人，事皆误于创始。英首通商以渔中国之利，而各国随之，然犹未及土地也。俄取哈萨克而不问，于是开割我属部之例。其后乌梁海、布鲁特、坎巨提、哲孟雄之事相继起矣。倭灭琉球而不救，于是开割我属藩之例。其后法取安南、英取缅甸，以及今日朝鲜之事，相因至矣！幸向来尚无割地成例耳。如使此例一开，各国见而竞起，横生衅隙，坐辟封疆，一举而弃一省。窃恐二十三省之地，不足供封豕长蛇之荐食。目前为剜肉之创，旋踵致噬脐之害，后虽追悔庸有及乎？夫西国用兵通例，既赔兵费，即反所占据城池。英法虽强，在中国时亦谨守此例。我既允赔费一款，即应当将我所失金、旅等地一概退还，尊俎折冲，善言和者当于此竭其才力。若概从割弃，无论凤城、海、盖等地密迩祖陵，万难逼处。即此威、旅一隅，神京门户,若听敌人驻兵占据,则朝发夕至,我宗社宫庭晏然居此[①],其能一日而安枕乎?此则割地不可之宜详议者也。

大抵和议之兴,朝廷亦岂乐于亏损顾忍而出此者?诚以仁川肇衅以来,失地丧师,无一胜算。以诸将战守之不力,贻庙堂以含垢之羞[②],凡属臣民,同深愤悒,然其中亦有机括焉。中倭国势大小悬殊,谓二十三省之兵力不能当倭军六七万人,似不在情理之内。盖倭以素蓄狡谋而胜,我以仓皇不备而败;倭以大队猛攻而胜,我以散军失势而败;倭以将师得人而胜,我以不幸倚任一李鸿章而败。历数去年失事之军,无一非李鸿章所辖之军;溃逃之将,无一非李鸿章所遣之将。倭人奸狡,知我海军、淮军之能走而不能战,故专一抵瑕蹈隙,侥幸成功。今宋庆、聂士成等军与倭人接仗既久,虽以众寡不敌,时有伤亡,而大势尚能支柱。近来急攻海城反致堕其奸计,牛庄失利,覆败相寻。若此时前敌诸军避其朝锐之锋,专为拒守之计,俟各路调军陆续到齐,配足枪械,然后整队并进,再图恢复之机。如此以守为战,不急急于旦夕之功,似尚合于兵家主以制客之道。闻倭奴所费军资近亦逾数千万,国计既渐形支绌,贷款则无可抵偿,恐兵事持久之情形,小国虽强而气究促,不如大国之虽弱而气则宽也。拟请皇上特诏激励前敌诸将,以至榆关内外、津沽南北防剿各军,协力同心,严密守备,不急于攻坚,而专一设险以自固,不务为散击,而专一合队以相持,坚壁清野,使敌无可因之粮,高垒深沟,使敌无可乘之隙。如此半年,即不必获一大胜,而敌焰不张,兵锋自钝,主客之势彼必不能久支。尔时再议修和,断不至如目前亏损之多,或可望同法越之事。否则,急于催

① 《中日战争》所录文为“我之居此”。

② 《中日战争》所录文为“宵旰之忧”。

战，精锐多伤，局外游谈，遂谓中国用兵之一无足恃。征调太缓，责效太急，盖两失之。明季孙、熊诸将之败，史事昭然，深可鉴戒。此则战守机宜之宜详议者也。

伏惟咸丰年间，粤匪初起，亦以无备之故，不数月而陷数省。其后命将克复，先后十有馀年。彼时无兵无饷，危迫情形视今为甚，终以庙谟镇定，指挥群策，克奏全功。今军兴未及一年，筹备饷械尚足相持，何遽不能稍待？盖敌人所以恫喝我，与我所私心自危者，实在于津沽一路，藩篱太薄，馀地无多耳。刻下曹克忠①、聂士成、程文炳②、董福祥诸军节节云屯，防御不为不密，顾谋国有备御不虞之义，即遇变有权宜因应之方。日来都人士切切私谈，佥谓神京临近海疆，为战为和总觉窘于因应。今日之事，议款稍有参差，难保不借端内犯。万一津防有失，则咸丰庚申之事，思之可为寒心。夫庚申之警，诚为事出非常，幸当日自丰徂洛，早有权宜应变之方，故能宗社乂安，无惊匕鬯。其后我皇太后垂帘听政，开同治中兴之治者，罔不由此。此固天下臣民之所共知也。今倭人久怀叵测，观兵问鼎之虑，西人屡为曲突之谈，实事虚声，总难臆度。故我之筹备于万一者，不必有其事，要不可无其议如故，使敌人闻之，或亦伐谋之一助乎？有备无患，古训昭然。此又备御不虞之宜详议者也。

要之，战本非驭夷长策，而备战正以善和，和原求旦夕之安，而割地适以速祸。如使天威不屈，其威、旅要隘尚有一日恢复之机。则即暂时劳费，而将来事定之后，修整海军，严固备御，神京重地，

① 曹克忠（？—1896），直隶天津人。历任河州镇总兵、甘肃提督。光绪九年，募六营防山海关。十年，授广东水师提督。二十年，治天津团练，统津胜军。

② 程文炳（1833—1910），字从周，谥号壮勤，安徽阜阳人。历任九江总兵、湖北提督。甲午战争起，奉诏守张家湾。后迁福建提督。光绪二十六年（1900），节度浙江、江西、江苏、安徽勤王师，次年升长江水师提督。诰封光禄大夫。

尚可为一日之安。若遽委金、旅于敌人,则邦畿有累卵之危,岂复有宫府臣民安居无患之一日哉?伏望圣明赐加审察。夫以固守要隘,悉力持久为战,则战虽不可恃,而可恃以不任割地,不多赔费,为和则和,虽受亏而不至甚亏。即以为和战俱穷,须防意外,则万有一,然之筹备亦不得不豫事图维。

窃谓以上各端,事体至重,安危所系,尤宜集思广益,以决从违。伏念同治年间,皇太后武功耆定,凡遇军国重计,无不大开廷议,博访周咨。光绪初年,法越前事,和议之定,国体无亏,其时亦屡有会议之事。伏愿皇上仰承懿烈,以皇太后之政为政,以天下臣民之心为心,请旨饬下政府王大臣以及向章,与议之廷臣,各自详议具奏,务及和议未开之日,早定大计。则宗社幸甚!天下生民幸甚等语。恭请代奏前来。

臣等公同阅看,系为时务重要起见,不敢壅于上闻。谨照录原呈恭折具陈,伏乞皇上圣鉴。谨奏。

呈请代奏圣像被毁宜速责德使惩办折[①]

1898 年

呈为圣像被毁，正教可危，众怒难测，宜速责德使惩办，以维教化而平人心，合词乞代奏祈圣鉴事。

窃本年正月，山东即墨县文庙圣像突被德国兵丁残毁，并将先贤仲子像双目抉去，士民闻之不胜愤恨。惟中国二千馀年，人伦明而小民亲，上下辨而民志定，凡有心知，咸识大义，孔子之教也。现当极贫积弱之秋，外侮狎至，灾歉频仍，然而人心犹有所维系而不遽离析者，列圣尊崇，孔子之效也。

自海禁大开，朝廷不得已准西人传教内地，遇有民教相争之案，恤费赔款，贪索无厌，甚且戮我子民，割我土地，以偿其欲。至胶、澳之约，尤为中外所骇闻，今更肆行无忌，辱及先师，若仍曲加含忍，以后必将燔我经籍，灭我彝伦。凡朝廷祀典之所列，与夫郡邑之祠庙，私家之祏主，任意摧残，更复何所不至。夫孔子之教，本乎天理之自然，合乎人心之大同，穷天地、亘古今而不可变。西士之稍明事理者，往往牵附圣言，援儒入墨。上年驻京西使，有援中国守制之例，不贺年赴宴者；其教士，有闻其亲之讣而星奔回国者。

---

① 录自《蓼绥阁文集》抄本，温州市图书馆藏。

然则圣教猝遭横逆，纵使置若罔闻，譬如日月之明，尘雾暂蒙，久而必复。惟大义不伸，人心因此解散，其于我皇上宰世之大权为患，有至巨且速者，不可不察也。现在会试公车咸集都下，语及此案，皆以为彼既毁我圣像，我何不可毁彼教堂，人人攘臂切齿，誓欲得而甘心。转瞬回籍，纷纷传播，势必借端雪恨，且将波及他邦。

伏乞饬下总理衙门大臣，速与德国使臣严切理论，责令将犯事兵丁赶紧逐出，置之重典，并与定约，嗣后约束兵丁并教士，不得再有此等情事。如彼恃强怙恶，盛气相凌，则可明告以泰西诸国，每目横悖无理者为野蛮无教化之国。若彼甘心以此自认，则我即以彼自认之言布告各国，置不与较。若犹腼然以大国自居，则彼重彼教，我亦尊我教；彼不肯保护我教，我以后亦岂能保护彼教？此乃公理公法，至浅至明，岂复能诡词相夺？并请谕令总理衙门，遍告各国使臣，以此事为普天所同愤，若德人不速查办，将来寻衅复仇牵累必多，我国家实难遍加防范。各国见曲直之情既如彼，利害之形又如此，断无抑我而助德者。但令始终坚持与之辩争，德虽横强必不能不理穷气折。俟其悔服之后，即严侮圣之诛，庶几众愤可平，效尤可杜。

至山东巡抚张汝梅[①]，才守本属平常，闻其每遇洋务，茫无所措。此事起于春初，既不据理诘责，复不据情入告，揣其居心，惟思一味顺从异类，不惜身为叛教之徒。彼既不知有先师，岂复知有皇上？朝廷即不肯遽于重惩，亦岂宜置之不论？近广西复出教案，闻起事之初，因士民不愿入教，地方官听从教士之言，以访拿绅士为逼人入教之谋，致激民怒，戕杀教士。伏乞严旨戒饬张汝梅，以

① 张汝梅，字翰仙，河南密县人。历任山西右江道、山西按察使、陕西布政使。光绪二十三年(1897)山东巨野教案后，继李秉衡任山东巡抚。

后遇有交涉事件，务须酌持情理之平，庶不至因畏夷媚夷而转酿事变，似于大局不无裨益。为此合词，乞代奏请圣鉴，不胜迫切之至。

奏报湖北提学使到任日期折[1]

1907年1月

为恭报微臣到任日期，叩谢天恩，仰祈圣鉴事。

窃臣于本年四月蒙恩补授湖北提学使，五月恭请圣训，荷蒙诲谕周详，莫名钦感。六月遵旨前赴日本考察学务，十月事竣回国到鄂，十二月初八日，奉湖广总督臣张之洞派员赍送部颁印信前来，臣当即恭设香案，望阙叩头，祗领任事。

伏念臣浙东下士，学陋才庸，此次东渡观学，加意访查，并于政治所关，如裁判、警察、税关、银行等处，略经浏览。见其学制完备，人才众多，男女无不识字之人，官商无非成学之士，其全国实业学校已有三百馀所，近更发帑资助，益图扩张，国势盛强，殆难臆测。及进考其三十年前变法之初，则教员之缺乏，财政之困难，人情之群起阻挠，办法之屡见疏失，以视中国现在情形，殆有过之，全赖政府极力主持，文部尽心经画，所有学员皆切实奉行，始有今日。

臣窃谓湖北人文素盛，兴学最先，自督臣先立书院，后开学堂，教科渐次完全，而始终以圣经为根本，故宗旨为最正。自近来水陆交通，四方辐辏，风气虑或稍杂，故管理为最难。臣惟有恪遵谕旨，

---

① 录自《鲜庵遗文》。

以中学为主,西学为辅,随时禀承督臣,认真经理,务使人知爱国以挽浇风,士皆成材以应急用,庶冀仰答高厚鸿慈于万一。所有微臣接印任事日期,理合缮折具陈,叩谢天恩,伏乞皇太后、皇上圣鉴。谨奏。

卷二 论著

说 𣪘[1]

𣪘，从殳、从皀。簋，从竹、从皿、从皀。二字以殳、竹、皿为偏旁，而皆以皀为主，一望可知。皀，谷之馨香也。《说文》："𣪘"上多一笔，古器亦时有比[2]𣪘者。"簋"下云：古文作匭，𣪘[3]亦时有从食者。此文之合也。

敦字，从攴、从𦎫。宋人见隶书"𣪘"字与"𣪘"仿佛形似，遂以当之，实则"享"本非"皀"，"攴"又非"殳"，迥然不同。此文之不合也。所见𣪘拓及摹刻𣪘文几三四百种[4]，右偏皆从"殳"，无一从"攴"者。若谓古"敦"字或从"殳"，诸经"盘敦"及他敦字，亦不下百馀见，无一从"殳"者[5]。不应为后人改尽无一字[6]。况左旁之"享"与"皀"本不合也。

𣪘，读如九，马厩字从之得声。簋，古亦读如九。《说文》：簋，

---

① 录自王懿荣辑《翠墨园语》。《蓼绥阁文集》抄本亦有收录。

② 《蓼绥阁文集》抄本为"作"字。

③ 《蓼绥阁文集》抄本前有"古器"二字。

④ 《蓼绥阁文集》抄本此句作"所见皀拓百馀种"。

⑤ 《蓼绥阁文集》抄本无"者"字。

⑥ 《蓼绥阁文集》抄本有"之留"二字。

古文作[1]匭、机。《仪礼》:簋,古文𠤳轨,皆从九。《诗》"陈馈八簋"与"舅[2]咎"均是其确证。此声之合也。

敦,从辜声,从亯,乃隶省,非声。陈侯午及因资錞,从金、辜声,是敦之正[3]字,与𣪘,声绝远[4]。此声之不合也。

右以文考之,而知𣪘之是簋,而非敦也。

簠、簋方圆,许、郑之说不同。然二器一方一圆,断无疑义。今所见固[5]皆方无一圆者,所见𣪘皆圆无一方者,知郑说为不谬。此形之合也。

因资錞以三环为小足,二环为耳,与今所见之𣪘绝无一同,今指为簋者之𥁋,其形广当长之太半,而挫其四角,似圆非圆,似方非方。此形之不合也。

簋器最多,用最广。自天子至于士庶,人皆用之;自祭祀、宾客至于饔飧皆用之。少则二簋,《易》言"二簋可用享"是也;又尊酒簋贰,今所见古器多砖𣪘连文,亦一证。多则十二簋,《周礼·掌客》"公侯伯子男,簋皆十有二"是也。此外,言四簋、六簋、八簋及簠簋连文者[6],不殚述,今所见古器𣪘为最多。又时有一人所作数器同文者。此数之合也。

敦字,惟《仪礼》屡见,然与簋字多相混,疑隶写时[7]已多讹乱别有说甚长,兹不录。他经则所见甚少。《周礼》《左传》之"盘敦""堲

① 《蓼绥阁文集》抄本有"[illegible](据段本)"四字。
② 《蓼绥阁文集》抄本为"友"字。
③ 《蓼绥阁文集》抄本为"专"字。
④ 《蓼绥阁文集》抄本为"声类绝远",以此为是。
⑤ 《蓼绥阁文集》抄本为"簠",以此为是。
⑥ 《蓼绥阁文集》抄本此句作"四簋、八簋及簠簋连言者"。
⑦ 《蓼绥阁文集》抄本无"时"字。

侯两鐔"是其遗器。若以毁为敦，敦不应若此之多；以𥂢[①]为簠，簠又不应如此之少。此数之不合也。

右以器考之，而知毁之是簠，而非敦也。

以毁为簠，无一不合；以毁为敦，无一而合。向怀此疑，嗣见钱献之、韩履卿[②]皆先有此说，而略无疏证，故具为申之。

① 《蓼绥阁文集》抄本为"敦"字。

② 钱献之(1744—1806)，名坫，号小兰、十兰，江苏嘉定(今属上海)人。乾隆三十九年(1774)举人，累官知乾州、兼署武功县。工篆书。著有《十经文字通正书》《汉书十表注》《十六长乐堂古器款识考》《浣花拜石轩镜铭集录》等。　韩履卿(1783—1860)，名崇，字符芝、元之，别称南阳学子。元和(一作吴县)人。曾官山东洛口批验所大使。嗜金石。工书。著有《宝铁斋诗录》一卷《续录》一卷。

说　鈚[①]

吴平斋[②]所藏齐侯两器，自阮文达[③]后皆误称罍，近吴氏《说文古籀补》改名壶。按：壶文皆自著其名，如“自匕壶”“匕某某壶”“匕隮壶”“匕醴壶”之类。此文明言“用铸尔羞鈚”，与“史賓”之“鈚”相似而略省，犹“齐侯镈，‘妣’省‘匕[illegible]’”耳。然则此器当名“鈚”，而非壶也。

潘尚书[④]谓古器，壶或从金，“鈚”是“鐘”字范缺。绍箕按：此器范不甚精，有缺笔，有羡笔。然互校亦略可见，第一器篇末文有复出“鈚”字甚明，其一“匕鈚”，小异；第二器“匕鈚”口似泐痕，非口字，细审拓本可见，与“鐘”字皆不相似，且文中有“两壶八鼎”之语。同一壶字，不应前二字皆不以金，范又皆不缺，后三字皆从金，且其金旁皆可仞，独壶旁范又皆缺不可仞也。总之，以器为罍，于文为

---

① 录自王懿荣辑《翠墨园语》。

② 吴平斋（1811—1883），名云，字少甫，号平斋，安徽歙县人。举人，曾官苏州知府。好古，精鉴赏，喜收藏，工书画篆刻。著有《两罍轩彝器图释》《二百兰亭斋金石三种》。

③ 阮文达指阮元。

④ 潘尚书指潘祖荫（1830—1890），字东镛，号伯寅，江苏吴县（今苏州）人。咸丰二年（1852）探花。同治年间任工部侍郎、户部侍郎。光绪间授大理寺卿，任工部、刑部尚书。光绪八年任军机大臣，后任兵部尚书、工部尚书，兼任顺天府尹，晋太子太保。卒后赠太子太傅，谥文勤。辑《滂憙斋丛书》等。

不辞，于器为不类。称壶，器则似矣，于本文仍不相应，惟谓"史赏"所乢同器，则"釿"之形本似壶，"釿"之字又似"釿"，较为近之。录此以俟说礼器者审定焉。

称壶，《筠清馆金文》已言之，不始古籀补也。绍箕自记。

散氏盘释文[①]

散氏盘与阮录所载“鬲攸从鼎”同时之器，此文之[illegible][illegible][illegible]即作“鼎之鬲”。“攸从鬲”，以邑为氏，与散氏同，其地与散邑相比近，因封界之事，来为质证，故盘文称“鯈从鬲”，犹言攸从之鬲邑也。攸从兄弟亦以分田邑及卫牧事告于王，王使虢旅治之，亦以誓辞著于鼎、盘。乃“夨”作“夨六”，国邑名，但其地不可考。篆法亦与盘同，但稍敛耳。虽与散盘未必即系一事，然其时相去不远，炤然无疑。鼎文首称：“惟卅又一年，王在周康宫。”王氏昶《散盘释文》录汪氏肇龙[②]之说，谓“殷人作誓，疑是殷季物”，殆不可信也。盘文当依阮说，分三节读。

“[illegible]”字，疑古“封”字。《说文》：“封，云爵诸侯之土也。从㞢、从土、从寸，守其制度也。”𡉚，古文封省，𡊜，籀文从丰。按：《说

① 录自温州博物馆藏手稿。《瓯风杂志》之《鲜庵遗文》有载。散氏盘，高 20.6 厘米、腹深 9.8 厘米、口径 54.6 厘米、底径 41.4 厘米。重 21312 克。铭文共十九行三百五十七字。记载的是西周晚期的土地契约。位于今日陕西宝鸡凤翔一带的散国，被西北方的某国侵占了土地，两国议和，戡定国界，某国割地赔偿，过程与合约均铸在盘上，作为证明。于康熙年间在陕西凤翔出土，与毛公鼎、大盂鼎、虢季子盘并称四大国宝。

② 汪肇龙（1721—1780），字松麓，一字稚川，原名肇漋，安徽歙县人。乾隆二十七年（1762）中副榜。二十五年补学官弟子。与程邃、巴慰祖、胡唐齐名，并称“歙县四大篆刻名家”。著名考据学家，精通经史、古文字。

文》㞢部，㞷，草木妄生，读若皇，与"封"字声义绝远，许氏据篆为说，不无可疑。古文省寸，则直与草木妄生之字无别。惟籀文从"丰"，即其所从得声，与"邦"字同，似为得之小篆。古文之"圭"，疑皆"丰"之传讹。小篆从丰，盘文从屮，丰与屮通，其实皆无异也。盘文"丰"中有一点，与康侯鼎"封"作"丯"，彼"丰"字点在下，此盘文丰点在中，此其确证。《周礼·大司徒》："凡造都鄙，制其[1]地域而封沟之。"《左传》："子产使田有封洫。"季孙曰："吾有四封之地。"以四境为四封。此文云一封、二封、三封，即《戴记》其封域之界也。奉字，即从"丰"得声。

𤔲即辞字，《吕刑》："罔差有辞"，"鳏寡有辞于苗"，此"有𤔲"，即"有辞"也。司字、辞字通作"𤔲"。"不得"以下"司徒、司马、司工"同文为疑。

王氏释第一节封界，历引《汉志》，大约多在今直隶山东毗连之地，证鬲，汉属平原，今在德州。阮氏《攸从鼎释文》引《路史》说，谓近鬲津，亦与王氏合。夨亦地名，虽不知何在，当不甚相远。[2]

第二节记地相比近者，来为质证之事。

《王制》"大国三卿疏"，引崔氏云三卿者，"依周制而言，请立司徒兼冢宰之事，立司马兼宗伯之事，立司空兼司寇之事"。故《春秋左传》云："季孙为司徒、叔孙为司马、孟孙为司空，此是三卿也。"《王制》又云："成狱辞，史以狱成告于正，正听之。正以狱成告于大司寇，大司寇听之棘木之下。大司寇以狱之成告于王，王命三公参

---

① 《鲜庵遗文》误为"大"字。

② 此段手稿无，据《鲜庵遗文》补。

听之。”此铭上称司工某、下称司徒、司马、司工,是大国三卿之制,疑当时天子以此事属大国诸侯治之,犹攸从鼎之使虢旅即虢叔旅治之也。鼎文虽约而括,首尾完员。此文虽繁,然止详载封界及质证誓词。其前告王命王某,今文不具载,故主治此事诸侯,莫能详其为何国君。前后司工人名不同,疑前之司工某,乃其副贰治司寇之事者。孔子为鲁司寇,此处亦以此职事名之,准之三卿之制,即司工之副贰耳。狱辞之成,复命司寇、司马、司工,命听之,即《王制》听狱之法,此其明证矣。故盘文即就其所统□□三卿称为司空,崔氏所谓“司空兼司寇之事”是也。

《周礼·司士》:“凡属责者,以其地傅而听其辞。”注:郑司农云:“谓讼地畔界者,田地町畔相比属,故谓之属责。以地傅而听其辞,以其比畔为证也。”元[1]谓:“属责,转责使人归之,而本主死亡,归受之数相抵冒者也。疏云:见转责者死亡,诉言所受时少。以其地之人相比近,能为证者来,乃受其辞为治之。”二郑说解稍异,而大意略同。

此文上言某某有辞,乃司工之贰以地相比近者为证而成狱辞也,下又言某某有辞,攸从即在其列。乃三卿参听之时,又别以他人之地比近者为证而成狱辞也,盖听讼之详慎如此。上言十又五夫,下言十夫,按《周礼注》引《司马法》:“亩百为夫”,但其意云何?不可详耳!

第三节记誓辞及画图铭器之事。

“夨俾某某誓曰云云,某某则誓。”下文又言“乃俾西宫某某誓曰云云,某某则誓”。攸从鼎文云:“乃使攸卫牧誓曰云云,鬲从其

① 指郑玄。

且射分田邑，则誓，攸卫牧则誓。”两器详略稍异，而文法正同。周时约剂之式如此。《周礼·司约》：“凡大约剂书于宗彝，小约剂书于丹图。”注：丹图未闻，或有雕器簠簋之属有图象者欤！此文云：“乃[illegible]图。”既书之图，又书此器，或此器即是丹图。如郑君之说，疑不能定也。

此器有三足，吴氏指称为鼎，阮氏谓与款足之鬲迥异，疑为敲鬻之类①，而仍从钱氏大昕说，言为盘。其实则亦非盘也，大器之不知名者不独此矣！

“夨王”，“王”字，即《诗》“莫敢不来王”之“王”。

史[illegible]即史正。《王制》云：“成狱辞，史以狱成告于正，正听之。正以狱成告于大司寇，大司寇听之。”注：史，司寇吏也。正，于用乡师之属。此文第一节，“白夨，人有辞”以上，疑即史、正所听之辞，由史、正递上至三卿参听，而始成约剂，以铭于器，仍令史、正观之。《周礼》“司约，即司寇吏也”。

右就旧释所未及者，以臆见②说之如此。此文犹今日公牍，及界碑、地契之类格式，与他文不同，尤难正读。地名、人名多不见经传，亦不敢强解，一仍其旧释，可从者不具载，可疑者亦不悉辨也。

李笠跋文

右文乡先辈黄仲弢先生遗稿也。先生当清季，其时金文之学方昌。先生服官京邑，视学两湖（曾任湖北提学使），宦辙所至，收藏既富，造诣遂深。王懿荣跋先生《说殷》后云：“自陈寿卿一言，而自宋至今之所谓‘彝’者，皆变为

① 《鲜庵遗文》此句作“阮氏谓与款足之鬲□，款为殷鬲之类”。

② 《鲜庵遗文》作“意见”。

‘毁’。自黄仲弢一言,而自宋至今之所谓‘毁’者,又变而为‘簋’矣。”王氏释毁所见,与先生颇有差池,而立论影响之大,虽王氏亦不能不推服先生也。此文以鬲攸从鼎释《散氏盘》,以金文证金文,剖析旧纷,宿疑冰释,非斫轮老手讵能臻比。先生遗文未有专集,王懿荣《翠墨园语》载遗文三篇,不及此。曩见杨丈志林撰《瓯海集》,网罗亦未及。此文及《古籀补跋》《积古斋款识释》三篇,手稿存林丈同庄许,而此稿文字尤为潦草,涂乙之多,令人目眩。会邹君敬栻、马丈一浮亦校此文,爰因林丈移录副本,比对爬梳,为校定如右,移写既竟,爰识颠末以示不敢掠美也。二十二年六月十九日,李笠。

静彝释文[①]

静字，依吴清卿[②]前辈释“[illegible]”为京字；阮元释“[illegible]”为京旁，谓即古“邦”字异文；潘尚书曰此“丰”字也，从方，得声，丰、方一声之转，丰，多丰草，故从茻，或从[illegible]。绍箕谨案：此说甚精确。因悟《诗·六月》“侵镐及方”，方为“[illegible]”之省，即“侵镐及丰”也。郑笺云：“镐、方皆北方地名。”孔[③]疏云：“以北狄所侵，知之。”王肃以为镐京，王基驳曰：“据下章‘来归自镐，我行永久’”，故刘向曰：“千里之镐，犹以为远。”以上皆孔疏语。

案：《诗》曰：“猃狁匪茹，整居焦获。侵镐及方，至于泾阳。”《尔雅·释地》：“周有焦获。”郭[④]注云：“今扶风池阳县瓠中是也。”晋，池阳县在今西安府三原，今三原、泾阳二县之间有焦获泽，即

---

① 录自《鲜庵遗文》。

② 指吴大澂（1835—1902），字止敬、清卿，号恒轩，晚号愙斋，江苏吴县人。同治七年（1868）进士，官至广东、湖南巡抚。著《说文古籀补》《愙斋诗文集》等。

③ 孔指孔颖达（574—648），字冲远、仲达，冀州衡水（今河北衡水）人。隋唐间儒家学者，经学家。隋炀帝大业初年，举明经高第，授河内郡博士。入唐后为李世民著名的“十八学士”之一。历任国子博士、国子司业、国子祭酒等职。著《五经正义》等。（《毛诗正义》郑玄笺，孔颖达疏）

④ 郭指郭璞。

此，在丰、镐东北百馀里，郑氏[1]之〔丰〕在丰水西，镐在丰水东，相去二十五里。《诗》言：玁狁既据焦获，遂逾泾而侵逼镐京、丰京，复还涉泾而掠地泾阳者。笺所谓大□，《史记》所谓“居泾渭之间，侵暴中国”也，故宣王命吉甫伐之。

如疏说，则别有镐、方，去镐京东北千里之远，则其地更在焦获东北八九百里，必早沦为异族，何得仅言侵及？又为之解？《诗》云镐、方，确在焦获之下，不必先焦获，乃侵镐、方，不亦太迂曲乎？孔疏又云：引《出车》毛传以证传、笺同义。案：《出车》云“往城于方”，又云“城彼朔方”，探下文而省一“朔”字，古书文每多此例，故毛训“方”为朔方。若镐、方对举，而以“镐”为地名，“方”为朔方，不词甚矣！《诗》又言“来归自镐，我行永久”者。案：《车攻》序云：“宣王能内修政事，外攘夷狄，复文、武之境土，修车马，备器械，复会诸侯于东都，因田猎而选车徒焉。”是时，戎、狄逼近京室，宣王命将出师，皆在东都，自镐至雒，尚及千里，故《诗》言“我行永久”，刘向又云“千里之镐”。刘向世习鲁诗，必有所本，若“镐、方”以为北方地名，而实不详其所在，又何从而断其为千里乎？

《左传》：“康，有酆宫之朝。”服虔云：“酆宫，成王庙所在也。”《阮氏款识·非敦》：“余佳命汝，尸嗣[illegible]京宫。”[illegible]宫即酆宫，此又一证也。丰本因水得名，以其为都，故或从邑。《诗》“丰草”，毛传“丰茂也”。《尔雅》：“茂丰也。”其本字当作“[illegible]”。

丰、方声转，犹邦、邹声转。方之作“[illegible]”，犹邦之作“[illegible]”，又多茂草。《诗》言“丰水有芑”是也，故又作“[illegible]”，此皆取其文繁缛美

[1] 郑氏指郑康成。郑玄(127—200)，字康成，山东高密人，精通今文经学和古文经学，为汉代经学的集大成者，号称“郑学”。曾注释《诗经》《国礼》《仪礼》《礼记》等。

观耳。

自释"[illegible]"为"丰",而《诗》"侵镐及方"之语,始得其解。古器足以证经,岂虚语哉!《文子·九守篇》"工与芳韵",《吕氏春秋·乐成篇》"旁为公韵",芳、旁皆从方声,此亦"方"转为"丰"之一证也。

齐子中姜镈释文[①]

绍箕按：拓本“枼”字下细审无重画，“万”字与上“永命万年”“万”字同。“ ”是“至于”二字甚明无疑。辝即台字，《尔雅》：“台，我也。”辝之为台，犹《韩诗》之训仪为我也。秦《诅楚文》曰：“枼万子孙，毋相为不利。”潍陈氏所藏陈侯因資錞曰：“ 即枼字万子孙，永为典尚。”薛帖齐侯镈曰：“至于枼曰武灵成，子孙羕保用享。”此文曰“枼万至于辝孙子，勿或俞改”，文法正相类。盖当时常语。诸家释似皆未妥。

是台即以字，下是辝，辝即台字，亦即以字与辝孙子“辝”字异训。与上是台同，古人同音之字多通用，如《书》：“舜让于德，弗嗣。”“嗣”或作“怡”，或作“台”。

是求字，与石鼓字同，但起笔略少一曲耳。薛帖齐侯镈“辝”释“辥”，盖据《说文》：“辥，籀文作辝。”不知亦即训我之台。如镈文云：“女敬共辝命”，犹言“敬共朕命也”；云“余命女辞辝釐邑”，犹言“司朕釐邑也”，释辥便不可通。若释作司，则当训为司司釐邑，更不词矣。

---

① 录自温州博物馆馆藏《攀古楼彝器款识目录》(二)签条。

汉洗拓片跋[①]

此盘与“鬲攸从鼎”同时之器，二器皆约剂之书，于宗彝者文法相似，字形亦相似，皆为分田邑而作。此文第十三行之“[illegible]”即作“鼎之鬲”。攸从鬲，盖以邑为氏。曰“攸从鬲”者，犹言“攸从之鬲邑”，此即《周礼》郑注所谓“以其地相比近而来为辞也”。余向有说□一篇，以文繁不及具录。

今鬲鼎归吾浙归安陆氏，而此器则不知所往。原拓在世者有日减无日增，仿铸及摹刻略存形似，此石印本骤见不能辨，几于夺真，可云精绝。

德轩五兄属题，黄绍箕。

---

① 录自中国嘉德2005年春季拍卖会图录：古籍善本——汉洗拓片。http://www.zhuokearts.com/artist/art_display.asp? keyno=255380。

跋意园所藏《阙特勤碑》拓[①]

意园跋尾极精博，乙盦[②]申证"阙"字益坚确，碑题云："故阙特勤[③]"，犹免碑之称"故某官也"。文云"君讳阙特勤"者，沿常语书之，避不成词耳。第六行"积厚德于上"，"积"字；十行"发挥遐壤"，"壤"字，重黎[④]释文皆缺，盖石本摸粘致然，此本二字皆可识，纸拓之视布拓固较胜也。

瑞安黄绍箕识。

---

① 录自《瓯海集内编》。《鲜庵遗文》亦有著录，题为"跋意园所藏阙特勒碑拓"。阙特勤墓碑高 3.75 米、宽 1.2 米，是唐玄宗为突厥大将军立的墓碑。《旧唐书》载："阙特勤死，诏金吾将军张志逸、都官郎中吕向赍玺书入着吊祭，并为立碑，上自为碑文，立物其中，图画死者形仪。"墓碑的一面为汉文碑文，碑题"故阙特勤碑"，碑文记述了唐朝与北方游牧民族的关系。墓碑的另一面是古突厥文字母，是迄今发现最早的突厥文字。1893 年，俄罗斯使臣喀西尼，以俄人拉特禄夫《蒙古图志》中所载唐阙特勤碑数种之洋布拓本，送总理各国事务衙门，嘱为考释。而后乌里雅苏台参赞大臣志锐见此碑，用绵纸拓片碑文寄给盛昱，光绪丙申年(1896)盛昱为之作跋，后出示黄绍箕，亦跋之后。

② 《鲜庵遗文》为"乙庵"。乙盦、乙庵均指沈曾植(1850—1922)，嘉兴人，字子培，号乙庵，晚号寐叟。光绪六年(1880)进士，历任刑部主事、员外郎、郎中，江西广信、南昌知府，总理衙门章京，安徽提学使等职。

③ 《鲜庵遗文》为"阙特勒"。

④ 指袁昶。

《说文古籀补》跋[①]

1886年

吴愙斋[②]前辈初撰此书，王丈廉生[③]闻之，以为籀书失传，势难臆定。《说文·叙》明言"郡国往往于山川得鼎彝，其铭即前代之古文，皆自相似"，宜改题为《说文鼎彝古文补》，乞潘尚书致书告之，吴氏不从。余以古籀相承，形多孳乳，鼎彝之多古[④]文，可意而知，今但檃括存之，不别其孰为古文，孰为籀文，则即署今名，固未为大舛也。及读其书，上据许君[⑤]字例之条，下推吴氏补辑之意，其不合者约有数端，试略言之：

许书所采古籀，壁中之本，周史之篇，张苍所献，甄丰所定，张敞、杜业诸人之所言，具列叙中，咸有依据。今吴氏所据之古器，晚出为多，非惟吕、薛所未闻，抑又阮、吴所未录，自宜别撰器目一篇，

① 录自《瓯海集内编》，据余杭褚氏藏传钞本。《鲜庵遗文》、王懿荣辑《翠墨园语》亦有收录。

② 吴愙斋，即吴大澂。

③ 指王懿荣(1845—1900)，山东福山人。字正儒，又字濂生、廉生，号古现村人、养潜居士，谥号文敏。光绪六年进士，历官编修、侍读、国子监祭酒。八国联军入侵时任京师团练大臣，自尽而死。发现与收藏殷墟甲骨之第一人。

④ 《翠墨园语》字"籀"字。

⑤ 许君指许慎，字叔重。东汉经学家、文字学家，汝南召陵(属今河南郾城)人。曾任太尉南阁祭酒等职。著《说文解字》《淮南子注》等。

附书刊行，以谕承学。乃玩其叙例，于同时藏器之家曾不一及，无征不信，使学者疑，其失一也。

字书之例与属辞之法，截然不同。属辞形声通借[①]，变动无方，字书则分别部居，不相杂厕。如《说文》“疋”，古文以为《诗》大雅字；“爰”，古文以为车辕字。而“雅”“辕”二字下不复出，“疋”“爰”物从其朔，名从主人，理则然也。今本字、借字两类互见，已不合矣。乃“古”“雩”诸字，特注“故”“粤”重文，而屯部“卿”“考”诸字，则又不注。“邾”之借“鼄”，叠载三文，而本字止载其一。“吴”借为“虞”，说附注中，而“虞”下忽又不载。至“[illegible]”即“易”字，为蜥蜴之象形，竟为同声假借之“锡”字，所专并不载[②]本字。例非义起，歧中有歧，其失二也。

字同形异，乃为重文。如“[illegible]”为“[illegible]”，“住”为“姓”，此之类从，固无疑义。乃“[illegible]”为“格至”之专字，“[illegible]”为“昧爽”之专字，正宜补入“辵”部、“日”部，以见古人之制字义有专归。今止列“各”“爽”二字之下，拾遗补缺，于义何居？其失三也。

“[illegible]”当即“封”字，与籀文“[illegible]”之从“[illegible]”同，而以为表字。“[illegible]”当即“絅”字，与师至父鼎之“冋”之通，而以为“[illegible]”字。“[illegible]”当是地名，与趩鼎之“[illegible]”字通，而以为“雪”字。此犹可曰姑从偶[③]释也。乃“[illegible]”本“屯”字，迟敦可证，而谓象蔽体之“裳”。“[illegible]”本“扬”字，封敦可证，而谓象拳玉之形[④]。“[illegible]”之从“[illegible]”，意不可晓。“[illegible]”之从“[illegible]”，乃“司”之省文，而谓“[illegible]”“[illegible]”皆象治丝之器。望

① 《翠墨园语》此句作“属辞之法，形声通借”。

② 《翠墨园语》有“其”字。

③ 《翠墨园语》作“旧”字。《鲜庵遗文》亦作“旧”字。

④ 《翠墨园语》作“奉玉之奉”。

文生训，穿凿无稽，其失四也。

吴氏藏器真赝参半，陶器晚出伪造尤多，今不加别裁，一一入录。如“韶”虽后出字，然例以宋公钟之“䪯”字，仆儿钟之“訸”字，则从音之字，未为讹俗，乃据为坶文，谓“韶”本从“言”，汉儒误改从“音”。信向壁虚造之古[①]文，疑隶古相承之偽[②]艺，其失五也。

“郗”字见《左传》，“嫺”字见《广雅》，“鬻”字见《玉篇》，“郜”字见《广韵》，若斯之类，文字采之鼎彝，音训[③]征之传记，庶几甄微索隐，厥谊可传。今但云《说文》所无，绝不说解声义，其失六也。

许书古文，有正文不列，而附见注中者，此录不采象形。而“戉”字注仍附“戉”形，以见制字本意，可谓斟酌尽善。乃他文不能称是，而“干”字象形仍列正文，并执干之手形而亦摹入，又何说耶？其失七也。

古文之与小篆，有同者，近者，有异者，远者，据形系联，宜具微旨，或沿委以溯源，或缘本而逮末，庶几形声流变，灿然可观。今先后任情，略无甄叙，其失八也。

字形小殊，例当备载。今盂鼎散盘之字，尚有夺漏，不论其他，其失九也。

同形之字，众器屡见，即当遍举器名，不胜举者亦明著之，既可知古器习见之文，亦以[④]见书必同文之治。今一字止举一器，罣漏殊多，其失十也。

《说文》所无之字，有音义未审而偏旁可知者，或次同部之后，

---

① 《翠墨园语》作“野”字。

② 《翠墨园语》作“旧”字。

③ 《鲜庵遗文》作“信”字。

④ 《翠墨园语》无“以”字。

或置附录之中，去取两岐，未知可[①]断，其失十一也。

编录专据原拓，至为谨严，乃复斋[②]《款识》，久毁于火，而仍录勒武钟[③]之文，将谓元明及国朝儒者递经审定其为真古文无疑。何以他器之文又不编入？其失十二也。

每字首列小篆[④]，而注中又屡言小篆作某，重复无义，其失十三也。

许书于汉诸帝之名，凡未祧庙，皆云上讳，段氏疑篆文为后人补书。国朝避讳之律较汉尤严，今皆直书其文，不注庙讳。既违功令，兼乖古法，其失十四也。

至于附录之文，臆说尤多，例在载疑，置不复论。

窃谓乾嘉以降，小学盛兴，然专以款识补订《说文》，实惟庄葆琛、严铁桥、王箓友[⑤]三家。王氏《释例》以六书推究古文，最得本旨。庄氏《古籀疏证》更张偶本[⑥]，近于骇俗惊奇，然取古籀偏旁为部首，以存仓史之遗要，以[⑦]自成家学。惟严氏之《说文翼》与此录

① 《翠墨园语》作“何”字。

② 复斋，指王厚之（1131—1204），字顺伯，浙江诸暨人。乾道二年（1166）进士。历任平阳尉、望江令、淮西通判、江南东路提点刑狱公事。除直显谟阁，食冲佑观禄，进宝文阁致仕。著《钟鼎款识》等。南宋著名金石学家。

③ 《翠墨园语》作“动武钟”。

④ 《说文古籀补跋》此句作“每前缀列小篆”。

⑤ 庄葆琛（1750—1816），名述祖，江苏武进人。乾隆四十五年（1780）进士，选山东乐昌知县，累授桃源同知，不一月，乞养归。著有《文钞》《诗钞》等。　严铁桥（1762—1843），名可均，字景文，浙江乌程（今湖州）人。嘉庆五年（1800）举人，官建德教谕。研究文字音韵之学，撰《铁桥漫稿》等，辑有《全上古三代秦汉三国六朝文》等。　王箓友（1784—1854），名筠，字贯山，山东安邱人。道光元年（1821）举人。曾任山西乡宁、徐沟、曲沃等县知县。清代文字学家。著有《说文释例》二十卷、《说文解字句读》三十卷、《说文系传校录》三十卷。

⑥ 《翠墨园语》作“旧部”。《鲜庵遗文》作“旧本”。

⑦ 《翠墨园语》作“亦”字。

最相近,而其书不传[1]。吴氏生诸家之后,说文、款识两家专门之学,成书略具,足历燕、齐、秦、晋之郊,皆鼎彝所自出地,好古而力足聚之。归安吴氏、潍陈氏、吴潘氏、南海李氏,皆在师友之例,富于收储,得器拓铭,必以相示。旧拓金文自朱建卿、沈均初[2]诸人所辑藏,尽归箧衍。视庄氏、王氏之专拓[3]刻本不免传讹者,盖又迥不侔也,将欲究洞微旨,遵修旧文,理而董之,以晓学者,其志可谓甚盛。而顾疏舛若斯,将急于成书,不暇审耶,抑作者甚难而言之,易易固未可一概论也。然近世好古文者,以[4]过于求详,未遑稽撰,吴氏独奋然为之,不假佽助,又所见既多,触类引伸,时有所[5]得,如"陟、降、出、反"四字之说,精凿不刊,"沙、静、丰、爽"诸字,亦为确释,足正沿讹。至于摹写之工,殆是一绝,以视《汗简》《古文四声》均终当驾出其上,斯亦小学家必不可废之书也。故辄就愚管,条其得失,著于此篇,以承俟[6]学治古文者论定焉。

---

① 此处有杨绍廉按:"绍廉按:孙渊如跋临宋写本《历代钟鼎彝器款识法帖》云:曾与严铁桥约为说文□□书,依许氏本例采集鼎古篆,条举件系,而说其六义,以明先秦三代绝学,则是书以钟鼎文字考证许书,俾□学者得以窥小学源流,当远胜于吴氏矣。惜其书不传也。"

② 朱建卿,名善旗,字大章,清道光咸丰间浙江平湖人,收藏家朱为弼之子。曾任国子监助教,精于金石。 沈均初(1832—1873),名树镛,号郑斋,南汇人。咸丰九年(1859)举人,官至内阁中书。亦好金石,与赵之谦交善。著《汉石经室丛刻目录》《汉石经室跋尾》。

③ 《翠墨园语》作"文据"字。

④ 《翠墨园语》前有"率"字。

⑤ 《翠墨园语》作"心"字。

⑥ 《翠墨园语》作"以俟成"。

题匋斋尚书《秦权铭》[1]

1902 年

权铭“则”字，匋斋尚书引《说文》“等画物”为说，干臣太守[2]又引《考工记》注训“准”证之。按“等画物”今不可考，疑即古准绳之“准等画”，即今几何家所谓平行线也。绳生准、绳直准平，一画引长为直线，乃绳之象，就直线别作画，与之相等为平行线，则准之象矣！“歉疑”即“嫌疑”，音近通借。《汉书·赵充国传》：“偷得避慊之便”，师古注：“慊亦嫌字”，是其例。《史记·秦本纪》[3]载刻石之辞凡六，屡言法度、法式，又言仪则。《琅琊刻石》云：“器械一量”，又云：“除疑定法之罘。”《东观》云：“远迩同度”，《会稽》云：“人乐同则。”凡事物可为法式者，其字义皆可引申通用，刻石之“定法”“同度”“一量”“同则”，即指明壹之诏而言，诏云“法、度、量、则”，乃随举四字以该一切，盖当时语也。“不壹”谓歧异者，“嫌疑”谓近

---

① 录自《蓼绥阁文集》抄本，温州市图书馆藏。原注“壬寅”，当作于 1902 年。端方《秦权拓本跋》云：“……权所刻始皇二世诏文，黄仲弢学士、李文石观察各有诠释，仲弢说尤精确，皆发前人所未发。今南归，当得举以相质，特拓全形一幅，介仲弢奉寄仲颂先生，冀求赐教。光绪壬寅正月，端方题记。”

② 王仁俊（1866—1913），一名人俊，字捍郑，亦作杆郑、干臣，江苏吴县人。清代辑佚家、史学家、金石学家。光绪十八年进士。俞樾弟子，张之洞门人。曾任宜昌知府、苏州存古学堂教务长，至京师任学部图书局副局长兼大学堂教习。

③ 查《史记》，应为《秦始皇本纪》。

似者。《东观刻石》云:"作立大义,昭设备器,咸有章旗。职臣遵分,各知所行,事无嫌疑。"惟皆明壹之故。事无嫌疑,此"歉疑"即"嫌疑"之明证也。始皇诏载"状绾"名,二世诏载"斯去疾"等名,即《会稽刻石》所谓"运理群物,考验事实,各载其名"也。《说文·叙》:"七国田畴异亩,车涂异轨,律令异法,衣冠异制,言语异声,文字异形。秦兼天下,李斯奏同之,罢其不与秦文合者。"自古制度纷错,无甚为战国,秦始皇二十六年置廷宫中,一法度衡,不丈尺。王绾、冯劫、李斯等初言"法令由一统",系李斯复言"别黑白而定一尊"。盖自并兼以后,专以此为治天下之宗旨。刻石与颂语多夸张而颇事实,史公具载全文以存实录,非后世史家之辑录浮词,取盈篇帙者比也。

权铭"阙"字多一笔,与鼎、彝文合,"法"字与周礼合,"鼎"字秦书中之大篆,为八体之一,与《说文》籀文合。绍箕往尝与盛伯羲祭酒论李斯作小篆,不过整齐画一之耳,非独同文之义,兼有存古之功。至燔《诗》《书》《百家语》以愚黔首,则真千古之罪人矣。

此权初为吴愙斋中丞所得,近归匋斋尚书,秦权无大于此者,定为石权致为确当,文石观察①释二世诏,宿疑豁然,辄拾遗义,具说于右。

---

① 指李葆恂(1859—1915),字宝卿,号文石,别号红螺山人,直隶易县(今属河北)人,直隶候补道。著《无益有益斋读画诗》、《偶园所见书画录》(一名《海王村所见书画录》)、《红螺山馆诗钞》等。

移录王筠校本《说文解字篆韵谱识语》跋[①]

1887 年 11 月 16 日

右王菉友先生手校函海本[②]识语也，后附脱文、羡文、重文、错见各字，皆依韵编录。每韵目如东、冬、钟、江等字，则以朱书别之。翁覃溪[③]先生校语又汇录于卷末，王氏自附案语，多所引申、订正。

惜书估居奇，价太昂，不可得。文繁又仓卒不能遍录，辄取识语一篇移写于此书之首页，文中首举二疑，亦足与冯序三证相发也。

光绪丁亥十月初二日，黄绍箕记于都中宣武门外下斜街之寓庐。

---

① 录自孙延钊《瑞安五黄先生系年合谱》。《说文解字韵谱》乃五代徐锴所著。徐锴（920—974），字楚金，江苏广陵（今扬州）人。文字训诂学家。仕于南唐，起家为秘书省校书郎，后主李煜时，迁集贤殿学士，终内史舍人。

② 指李调元汇编《函海》本。李调元（1734—1802），字羹堂，号雨村，四川罗江县人，乾隆二十八年（1763）进士，历官吏部员外郎、广东学政、直隶通永兵备堂。后被削职为民，遣回原籍。汇编《函海》，印行问世。

③ 翁覃溪（1733—1818），名方纲，字正三，晚号苏斋，直隶大兴人。乾隆十七年（1752）进士，曾主持江西、湖北、江南、顺天乡试，又曾督广东、江西、山东学政，官至内阁学士。精于考据、金石、书法之学。

王筠识语

汉阳叶润臣以大徐《说文韵谱》相诒，又以翁覃溪阁学钞本相假，筠读之匝月，不得其要领，爰献疑以谘润臣。案：前序所云则是楚金所作，鼎臣特为之序而已；而后序所云则别以切韵编之，恐此自是鼎臣韵谱，而楚金之作已湮没无传矣，其可疑一也。前序时楚金故在，知其作于南唐，因已云以切韵次之；后序作于雍熙，乃云又得李舟所得切韵，然则前序之切韵将毋即其奉敕校定《说文》所用之唐韵，而以陆法言切韵之名沿加之耶，其可疑二也。前序云《玉篇》切韵所载，习俗虽久，要不可施于篆文，其说是矣；后序则云，其间有《说文》不载而见于序例注义者，必知脱漏，并从编录，大背其初旨，且不见于序列注义者，亦复参错其间，将勿毫及之耶？其可疑三也。此书特为读《说文》者设，一检字法耳，于韵学无与也，乃有两收、三收者，遂似举切韵而全载之，而所收之字只一万一千二百二十六文，何以如此固陋？其可疑四也。既补益矣，既复收矣，乃《说文》本有之字反失收者尔许，岂远则能照，近顾不见耶？其可疑五也。爰是区分族居，都为一通，即或误举，亦便检校其本有而失载者，目以脱文，凡二百八十六字；其本无而羼入者目以羡文，凡百三十四字；其重复者，目以重文，凡二百六十七字；更有孙愐《唐韵》、李舟《切韵》所隶不同者，目以错见，凡百八十八字，亦附于后。润臣其为我料简审定之。至于李雨村序文全同翁阁学，阁学作序在乾隆癸巳，雨村刻书在辛丑，此则无疑，不须问也。道光十二年九月，筠记之。

跋薛季宣《地理丛考》后[①]

1889年11月

右薛艮斋先生《地理丛考》，萍乡文舍人廷式[②]从《永乐大典》卷一万四千三百八十五“冀”字下录出，余从舍人转写得之。

谨按：先生此书，《宋史·艺文志》著录一卷，而本传不载。陈文节撰《行述》，吕成公[③]撰《志》，具列所著书，亦无此目，惟《行状》称《九州图志》[④]止若干卷，馀未就。《志》亦云《九州图志》稿方立而未究。今观此册所载，上起虞夏，下讫唐宋，而皆不出古幽、冀之域，意他州义例亦必如是。盖当时最录以备《图志》之要，《志》《状》所云《图志》未就之稿，其即此书，灼然无疑矣！

---

① 录自张良权点校《薛季宣集》（上海社会科学院出版社，2003年）。《蓼绥阁文集》抄本亦有收录。薛季宣（1134—1173），南宋哲学家。字士龙，号艮斋，学者称常州先生，永嘉（今温州）人。有《浪语集》等。《地理丛考》内容见《薛季宣集》页556—560。

② 文廷式（1856—1904），字道希（亦作道羲），号云阁（亦作芸阁），江西萍乡人。光绪十六年（1890）进士，授编修，升翰林院侍读学士，兼日讲起居注。

③ 吕成公指吕祖谦（1137—1181），字伯恭，学者称东莱先生。浙江婺州（今金华）人。隆兴元年（1163）进士，复中博学鸿词科。授太学博士，官至直秘阁、著作郎兼国史院编修。宋理宗时追爵开封伯，赐谥曰成。

④ 应为《九州岛图志》。

《浪语集·答君举书二》云:“八州地图,别后都不暇料理。”[①]《答君举书三》云:“州图纳去,荆州、南交二纸,抄毕早希寄示。扬、冀草具未补,梁州和夷,未曾释地,幽、雍都未下手,幽经却备。幸而不为事夺,一两月间冀可成矣。”[②]今按:此册合幽、冀为一,与《答陈文节书》略殊,殆其后重经移道他州,或未及理董成编,而先生遽殁,故止以草稿传世耳!

明杨士奇[③]等编《文渊阁书目》来字号第一厨有《地理丛考》一册,张萱等《内阁书目》[④]无之,然则正统中此书当存,至万历乃亡。今虽从《永乐大典》录出,而止及幽、冀,馀皆阙如。幽、冀说存,而图亦尽佚,兹又重可惜矣。又,按《永乐大典》例,以书名依韵编录,此册在“冀”字下,意当时所据原书《地理丛考》之外,必别有冀州标题。焦竑[⑤]《国史经籍志》有《幽州图经》一卷,不著撰人,疑即此书。杨《目》以书合为一册,焦《志》以图分为二卷,或一书兼具二名,《地理丛考》为大题,《冀州图经》为小题,亦未可知。惜原书已亡,无从质证。翰林院所藏《永乐大典》散佚,仅存五百馀册,幽、冀以外,他州有无遗存,亦无可钩索矣。

先生于学无所不通,而尤邃于舆地。集中书札,讨论兵事、水利,皆凿然可见诸施行。宋自绍兴南渡,国势日蹙,此册所载尽为异域,庙堂之上,视若固然,而先生独综揽边远,条贯古今,沿革形胜,了如锥画,虽厥施不竟,书亦未就,而远志闳略,按籍可推,又岂

---

① 《蓼绥阁文集》误为“答君举书一”。全文见《薛季宣集》页313—315。

② 全文见《薛季宣集》页315—317。

③ 杨士奇(1365—1444),名寓,字士奇,号东里,江西泰和人。官至文渊阁大学士。赠太师,谥文贞。正统六年(1441)编成《文渊阁书目》。

④ 万历三十三年(1605),张萱以中书舍人领衔校理内阁藏书,编定《新定内阁藏书目录》八卷。

⑤ 焦竑(1540—1620),字弱侯,号澹园,江宁(今南京)人。万历十七年(1589)殿试第一,官翰林院修撰。《明史》有传。著《国朝献征录》《国史经籍志》等。

第为考古而已哉！

移幅既毕，深喜乡先哲之遗著仅而得存，而感念往事，抑又累欷不置也。

光绪十有五年冬十月，瑞安后学黄绍箕谨识。

校《墨子间诂》跋[①]

1894 年

《汉志·墨子》书列在为墨学者《我子》及《随巢子》《胡非子》之后，其叙录称“墨家出于清庙之守。茅屋采椽，是以贵俭；养三老五更，是以兼爱；宗祀严父，是以右鬼；以孝视天下，是以上同。及蔽者为之，见俭之利，因以非礼，推兼爱之意，而不知别亲疏”。其文盖出《别录》。然则详刘向之意，七十一篇之书多弟子所论纂，孟、荀、孔鲋诸所据以排斥墨氏者，抑亦有蔽者增附之言，其本师之说，不尽如是也。

墨子生当春秋之后，战国之初，愤文胜之极敝，欲一切反之质家，乃遂以儒为诟病。其立论不能无偏宕失中，故传其说者益倍谲不可训，然其哀世变而恤民殷之心，宜可谅也。南皮张尚书尝语绍箕曰：“荀卿有言‘矫枉者必过其直’。诸子志在救世，浅深纯驳不同，其矫枉而过直一也。自非圣人，谁能无过？要在学者心知其意斯可矣。”自太史公叙六家，刘向条九流，各以学术名其家，独墨家乃系以姓，岂非以其博学多方，周于世用，儒家之匹亚，异夫一曲不

① 此据《墨子间诂》一书收录。《鲜庵遗文》亦有载。《墨子间诂》乃孙诒让著。孙诒让(1848—1908)，字仲容，号籀庼，瑞安人。与俞樾、章太炎并称清末三学者。有朴学大师之誉。同治六年(1867)举人，官刑部主事。著《周礼正义》等。

该姝姝自悦者与？

今观其书，务崇俭约，又多名家及兵技巧家言。备城门以下二十□篇今亡九篇，《汉志·兵技巧家》注云“省墨子”，不言篇数。省者，别录有而志省也。西汉诸子多别行本，篇数多寡不一，观《管子》《晏子》《孙卿书录》可见。任宏因杨仆兵录之旧，专辑兵书，与刘向所定箸未必一本。《汉志·兵家》都数注云“省十家二百七十一篇”，以兵权谋家省九家二百五十九篇计之，则技巧家之墨子仅十二篇，疑字有脱误。《明鬼》《非命》，往复以申福善祸暴之义，与佛氏果报之说同。《经上》以下四篇，兼及几何、算学、光学、重学，则又今泰西之所以利民用而致富强者也。然西人覃思艺事，期于便己适用，为闳侈以自娱乐而已，墨子备世之急，而劳苦其身，又善守御而非攻，而西人逐逐焉，惟兼并之是务，其宗旨盖绝异。今西书，官私译润，研览日众，况于中国二千年绝学、强本节用、百家不能废之书，知言君子其恶可过而废之乎？

往读镇洋毕氏注本[①]，申证颇多，而疑滞尚未尽释。盖《墨书》多引古书古事，或出孔子删修之外，其难通一也；奇字之古文，旁行之异读，讹乱移窜，自汉以来，殆已不免。加以诵习者稀，楮椠俗书，重貤牲谬，无从理董，其难通二也；文体繁变，有专家习用之词，有雅训简质之语，有名家奥衍之旨，有兵法、艺术隐曲之文，其难通三也。江都汪氏中，武进张氏惠言[②]，皆尝为此学，勒有成书，而传本未觏。

世丈孙仲颂先生，旁罗异本，博引古书，集毕氏及近代诸儒之说，从善匡违，增补漏略，取许叔重《淮南间诂》之目，以署其书。太史公曰：“书缺有间，其轶乃时时见于他说。”郑康成《尚书大传叙》

① 指毕沅著《墨子注》，有乾隆四十八年校刊本。

② 张惠言（1761—1802），原名一鸣，字皋文，江苏武进人。嘉庆四年（1799）进士，改庶吉士，授翰林院编修。清代词人、散文家。著《茗柯文编》《茗柯词》等。

曰:"音声犹有讹误,先后犹有差舛,重以篆隶之殊,不能无失。数子各论所闻,以己意弥缝其间,别作章句。"所谓"间"者,即指音声之讹误,先后之差舛,篆录之殊失而言。弥缝其间,犹云弥缝其阙也。先生此书,援声类以订误读,宷文例以移错简,推篆籀隶楷之迁变,以刊正讹文,发故书雅记之暗昧,以疏证轶事。其所变易,灼然如晦之见明;其所弥缝,奄然若合符复析。许注《淮南》,全帙不可得见,以视高诱、张湛[①]诸家之书,非但不愧之而已。

绍箕幸与校字之役,既卒业,窃喜自此以后,孤学旧文,尽人通晓,亦渊如先生所云,不觉僭而识其末也。黄绍箕谨跋。

《墨子间诂》中采用黄绍箕语

《兼爱中第十五》"焚舟失火"……黄绍箕云:"御览引作'焚其室',窃疑本当作'焚舟室'。《越绝外传记越地传》云:'舟室者,句践船宫也',盖即教舟师之地,故下篇云:'伏水火而死者,不可胜数也',言或赴火,或蹈水死者甚众也。后人不喻舟室之义,则误删'舟'字,校本书者又删'室'字,遂致歧互矣。"案:黄说亦通。

《备城门第五十二》"治裾诸"……黄绍箕云:"'裾'当为'椐'之讹。《释名·释宫室》'篱以柴竹作之,青徐之闲曰椐。椐,居也,居于中也'。《广雅·释宫》'櫖,杝也'。《玉篇·木部》'櫖,藩落篱'。《广韵·九鱼》'櫖,枯藩篱名'。《说文》无'櫖',即'椐'之后出字。"案:黄说是也。

《备蛾传第六十三》:"凡杀蛾傅而攻者之法,置薄城外"……黄绍箕云:"《说文·草部》'薄,林薄也,一曰蚕薄'。《荀子·礼论篇》,杨倞注云'薄器,竹苇之器'。此书所云椐,盖即编木为藩杝。'椐'为古声孳生字,'薄'为甫声孳生字,二字同部,声近义同。"案:黄说是也,亦详前《备城门篇》,毕说失之。

---

① 张湛,东晋学者,字处度,高平(郡治在山东金乡西北)人。仕至中书侍郎、光禄勋。著有《列子注》。

《古文旧书考》跋[①]

1905 年 6 月

自汉刘向校定群书为《七略别录》[②]，子歆又撮其要为《七略》，后世目录家推为鼻祖。其书亡于唐末，赖《汉书·艺文志》粗见梗概，宋郑樵作《校雠略》，讨论义例，我国朝章学诚又为《校雠通义》，引而申之，皆就班书以求刘氏之法，断断于部类出入之间，或执刘法以绳班。

余以为刘、班二家之法判然不同，未可混而为一也。刘氏辨章学术，剖析条流，凡第录一书，必取其可览观者，又往往合中书、太常书、太史书、臣某某书各若干篇[③]，删并复重乃始定著，付缮写，盖颇有所抉择去取。《别录》言“一人读书，校其上下，得谬误，为校；一人持本，一人读书，若怨家相对，曰雠”。故后世称为校雠家，实则刘氏之撰《录》《略》，删定之业也，曰校雠者，谦不敢承尔，是儒家述圣之事也。章氏发明“互著”“别裁”二例，其意善矣，而所以为说则非也。刘《录》并著者，惟兵家内有十种，与儒、道、墨、纵横、杂家彼此互见，盖刘向校

---

① 录自《瓯海集内编》，《鲜庵遗文》亦有收录。《古文旧书考》，日本汉学家岛田翰（1879—1915）所著。他于 1907 年 4 月，从陆树藩手里将皕宋楼等三处藏书全部买走，藏于日本东京的静嘉堂文库，写成《皕宋楼藏书源流考》。

② 刘向，西汉经学家、目录学家、散文家。《七略别录》是最早的分类目录学著作。

③ 《鲜庵遗文》作“编”字。

九流，任宏校兵书，同一书而有两本，各有司存，两著之未必别有深意。《汉志》记掌故而辄为省并，此班氏之疏也。至"别裁"一例，章氏据《孔子三朝记》并入《大戴礼》。《三国志注》《艺文类聚》引《别录》又云："今在《大戴礼》，是知《三朝记》旧有单行本，非刘氏裁出也。"然刘氏自有裁出者。《汉志》小说家《鬻子说》十九篇本注云："后世所加。此为《别录》原文，盖旧与道家之《鬻子》二十二篇同为一书，刘氏以为后世所加，故裁出归入小说家。"又有《伊尹说》二十七篇本注云："其语浅薄，似依托。"《黄帝说》四十篇本注云："迂诞，依托。"此二书旧亦并附于道家《伊尹》五十一篇及杂《黄帝》五十八篇之内，为刘氏裁归小说家，与《鬻子说》例同，此皆章氏未及详也。班氏则史也，其所撰《艺文志》，簿录家也。当时儒臣之校录，广内之弃藏，于是①征之，存掌故而已，与《礼》《乐》《刑法》《食货》诸篇等，虽稍有增省出入，顾职志不在此，是诚目录之鼻祖，而史氏之支流矣。

说者又谓刘有《七略》，班删《辑略》，存六略，亦非也。刘以辨章学术为主，故以《辑略》冠首，班以记录掌故为主，故分散《辑略》附于各目之后，颜师古所谓"诸书之总要"是已。虽袭旧为规，而貌同心异，微旨具存，此足见前贤之作，义各有当，非苟焉而已也！

自时厥后，荀勖之《中经簿》、王俭之《七志》、阮孝绪之《七录》，代有纂辑，而书多散亡。宋《崇文总目》解题亦佚，仅有辑本。晁公武之《郡斋读书记》、陈振孙之《书录解题》，粗具《录》《略》遗意，顾学识不逮向、歆远甚。而私家藏目，亦自是日以蕃滋，学者遂忘校雠家法之尊严，一切归之于目录家矣。若夫历代史家，如于志宁等撰《隋书·经籍志》，据王《志》、阮《录》；刘煦撰《旧唐书·经籍志》，据《开元四部书目》，犹不失班书之旨。自馀则措心于部类义例之间，又博采旁搜，取盈卷帙，使后世读之，不知其书之存于何

① 《鲜庵遗文》是后有"乎"字。

所,其目之出于何书,反不如私家藏目,质实可征焉。乖史官记事之体,违班氏创例之意,殆所谓甚难而实非者矣。惟我国朝乾隆间纪昀等撰《四库全书总目提要》,复撮其要为《简明目录》,浩博精审,乃真得《录》《略》之家法。于时通儒硕学,与夫嗜古好事之徒闻风蔚起,以多蓄旧椠为贵,以博校精勘为能,书录、题跋、记之类,先后著录者以数十计,近稍稍衰矣。然收藏家尚不绝踵,常熟瞿氏、归安陆氏、聊城杨氏,其最著者也。杨氏[①]之《楹书隅录》,详于板本;陆氏之《皕宋楼书目》,兼载序跋;瞿氏之《铁琴铜剑楼藏书目录》,并斠异文,较为详核。

今日本安井君,教授我邦,以《古文旧书考》见诒,其中表岛田君所著也。所录旧针[②]卷子本,或系隋唐原钞,或旧时转写,而渊源出隋唐以前,其馀旧椠本亦多我中土所未见者。至于考书册之源流变迁,辨文字之异同得失,表章幽隐,申畅疑滞,皆确有据依,绝无臆说[③]。东望神山,殆委宛琅嬛,为之神往。又每校一书,参考诸本,旁及它籍,于我中土校勘家之旧说,订伪补逸,符验灼然,使乾嘉诸老见之,当有入室操戈之叹。由其夙承家学,获窥秘藏,益以师友见闻,故能博涉闳览,抑亦非笃志劬学,好深湛之思,殆未能若斯之盛也。近儒校本谬误最甚者,卢文弨据曹之毅正德钞本校《方言》,顾观光据张佳允刻本校《华阳国志》,皆以明人而误仞为宋。卢后见南宋李孟传刻本,为《补遗》一卷,然终以曹本为主,不能尽从之。李刻归亡友宗室盛昱,真宋本也。刘台拱遗书中有《校补方言》一卷,即用卢本,以意勘定,往往有言它本是、宋本非者。余借盛藏李刻核之,则所谓他本是者,皆与李刻合;所谓宋本

① 指海源阁藏书楼第二世主人杨绍和。

② 疑为“钞”之误。

③ 《鲜庵遗文》作“确有依臆,绝无据说”。

非者,乃卢所据之明曹之毅钞本。究不详其所从出也,乃知阮咸识律,自有神解。凡学贵博考,尤贵精思,二者殆缺一不可。

去年,嘉纳君[①]寄赠竹添先生[②]所著《左(传)〔氏〕会笺》,其书博观而约取,具有断裁,可称善本。今读君书,乃知作者于井井书屋,在亲炙之列。《会笺》之成,左右采获,与有力焉。君年未及壮,而所就[③]已如此,它日覃精研思,网罗放失,整齐百家,镜学术之源流,定群言之得失,于以轶轨兰台,追纵[④]都水,不难矣。

余学殖芜浅,近益衰病,故书雅记十不省一,重违安井君之意。辄述所见以谂君,亦足见其荒陋寡闻,不足与于斯事之末也。

大清国光绪三十一年五月瑞安黄绍箕跋。

---

① 嘉纳治五郎(1860—1938),日本柔道家、教育家,讲道馆、柔道的创始人,人称"柔道之父"。曾任东京高等师范学校校长。

② 指竹添井井(1842—1917),本名进一郎,又名光鸿,字渐卿。历任天津领事、朝鲜常驻公使等职。后在东京大学讲授汉学。著《栈云峡雨日记》《毛诗会笺》《论语会笺》《左氏会笺》。

③ 《鲜庵遗文》误作"孰"字。

④ 《鲜庵遗文》作"踪"字。

《啸堂集古录》跋[①]

1905 年 12 月

余旧得《啸堂集古录》，系明复宋本，藏家不多见，颇自珍秘，今睹此册，殆如裴将军之见真虎矣。册末有元人手迹二跋，盖当时矜贵若此。宜征、北平两先生诧为至宝。惜明复本在故乡，异日取来，当借此本详勘，匋斋尚书其许我乎？光绪乙巳十一月黄绍箕记。

① 录自《蓼绥阁遗集》。宋刻本《啸堂集古录》是宋代金石学著作，著录商周迄秦汉的青铜器铭文三百馀种。书凡二卷，上卷录鼎、尊、卣、壶、爵、斝、觚、卮、觯，下卷录角、敦、簠、印、镜、洗等。卷中摹印各器铭文，并附楷书释文，不附图像。作者王俅，字子弁，生平不详。卷末有宋淳熙曾机跋，为元人传写。另有元统元年干文傅手跋，清代翁方纲、阮元、黄绍箕跋，滕用亨题款及近代名藏书家朱文钧跋。

乡土志例目[①]

1905 年

奏定《学堂章程》所列初等小学堂科，于历史则讲乡土之大端故事，及本地古先名人之事实；于地理则讲乡土之道里、建置及本地先贤之祠庙、遗迹等类；于格致则讲乡土之动物、植物、矿物，凡关于日用所必需者，使知其作用及名称。盖以幼稚之知识，遽求高深之理想，势必凿枘难入。惟乡土之事为耳所习闻，目所常见，虽街谈巷论，一山一水、一木一石，平时供儿童之嬉戏者，一经指点皆成学问，其引人入胜之法，无逾此者。然必由府厅州县各撰乡土志，然后可以授课。海内甚广，守令至多，言人人殊，虑或庞杂，用是拟撰《例目》，以为程序，守令虽事繁，但能征本地读书能文者二

---

① 录自《蔘绥阁文集》抄本，温州市图书馆藏。于光绪三十一年六月甲子(二十二日)由学务大臣上奏："据编书局监督翰林院候补侍读学士黄绍箕咨称：'查初等小学堂章程：历史、舆地、格致三科，均就乡土编课，用意至为精善。谨遵照定章，编成《例目》，拟恳奏请饬下各省督抚，发交各府厅州县，择士绅中博学能文者，按月考查，依例采录，地近则易详，事分则易举，自奉文日始，限一年成书，由地方官径将清本邮寄京师编书局，一面录副详报本省督抚，庶免转折迟延。并令各省地方官先将本省通志及府厅州县志，邮寄编书局，以资参考。各处乡土志辑稿送到，由局员删润画一，呈请学务大臣审定，通行各省小学堂授课。又各省前次绘送会典馆地图，并需各寄一分，以备编纂之用。如无印本，可照底稿摹绘寄京各等因。'臣等察核各节，均为编辑课本力求翔实起见，谨附片具陈，报闻。"(《光绪朝东华录》五三七〇页)。

三人,按月考查,依例编撰,不过数月,即可成书。事必求其详核,文必期于简雅。俟采辑成编,一面清本邮寄京师编书局,一面录副详报本省大吏,以免转折迟延,经局员审定删润,俾归一律,订成定本,并各种教科书发交各府、厅、州、县,以为小学课本,庶可成完全之学科,迪童蒙之知识,他日进学成才皆基于此,贤守令幸勿忽视。

乡土凡分为四:曰府自治之地所辖之州县不与焉、曰直隶州自治之地所辖之县不与焉、曰州、曰县,今于四者均名曰本境。

历史

本境何代何年置,所谓本境者即现在之府、州、县名也。未置本境以前,唐、虞、夏、商、周属何州,春秋战国属何国,秦汉以降何代属何郡县,何代改何州名、县名,既置本境以后,何代属何郡、何州、何府。

政绩

官本境者有惠政,均记之以年月,先后为次,约分三大端通古今而言,后仿此:兴利、去害、听讼。

兵事

有全在本境者,或本郡有何叛党,或他境有何叛党来犯本境,均录其事之本末。有涉及本境者,如一大兵事,或在本境为战地,或以本境为险要,或在本境屯驻,则节录在本境一段要事。

耆旧

以本境之乡贤为后学之感劝。约分为二:事业以实行为凭,孝善于父母、友善于兄弟、睦亲于九族、姻亲于外亲、任信于友道、恤恤赈忧贫是也。学问以著述为凭,经、史、子、集、小学、校勘、舆地、算学、医学、理化是也。

凡历代名儒、名臣、功臣、名将、循吏、忠节为本境人者,均应收入，惟已见正史及国史有传者，不必详录全传，但著录姓名，注明见何史、何传，其事迹果能感动人心者，亦须录一二；不见正史、国史者应稍详。

附名宦祠、乡贤祠忠义节烈祠附入。

人类

本境于旗、汉户口外，有他种人者，务考其源流，叙其本末，世系现户口若干，聚居何村、何山，其风俗大略，均应编入。其种约分回、番、畲、猓、猺、獞、苗、狑、犽、狼、四狭、打牲[①]、貂、黎、土司。如土司不属府、州、县者，则由布政司查明编辑。

户口

本境户口丁数，务查明现在实数编入，如有兵荒、疾疫，及因农商各事情形变迁，致与生齿盛衰、聚散有相关之故者，详悉载入，并查近年来本境旗户男口、女口若干，汉户男口、女口若干。

氏族

本境有何大姓，某姓如何受氏，何时自何处迁居本境，至今传几代。

宗教

本境所有外教，务查明编入。回教人若干，回教与回种有分别，回种系真阿剌伯人，可编入人类门，回教有真阿剌伯人，有旗、汉人，入教者均编入此。喇嘛黄教、红教人若干，天主教人若干、耶稣教人若干。

实业

凡齐民不入他教者，务查明。实业分而为四：士若干、农若干、工若干、商若干。

地理

---

① “猓”指彝族，“猺”指瑶族，“獞”指壮族，“狑”指仡佬族，“打牲”指锡伯族。

本境在省城之何方向，若干里，凡言方向，分四正、四隅，言里数以人行道计。在府城之何方向，若干里，凡府与直隶州自治地无此条。本境四界系何境，如本境之界不止四境者，则以四隅向明之。本境分为若干区，或名为乡、或名为村、或名为图、或名为里，各就其旧称记之。何区在城之何方向、若干里，区之四界系何区。城内、区内有何市镇、桥梁、学堂及古迹、祠庙、坊表。

山

某山在本境治所之何方向、若干里，何区内，或盘亘数区。山之何方距何水若干里，指最近处，如近山有数水均详之。山内有何水源，其水向何方流。

水

叙水道之源委，约分为四：有源委全在本境者，某水源出本境治所之何方向、若干里，何区、何山，其水向何方流，经历何区、何市镇，至何处与何小水会，其小水发源何区、何山，向何方流，经历何处来会，又向何方流，至何处入何水，约行若干里。有源委均不在本境者，某水发源何境、何山、何方，流至何处入本境，入本境处在本境治所之何方、若干里。向何方流，至何处有何水自何方来注，又何方流，过何城、何区、何镇市、何大山之麓，须明山之何方向。至何处出本境，出本境处在本境治所之何方、若干里。入何境、行境内若干里。有源在本境而委在他境者，叙法略同源委全在本境者，但后不言入何水，而言至何处出界入某境，行境内若干里耳。有源在他境而委在本境者，叙法略同源委均不在本境者，但后不言出本境，而言入何水、行境内若干里耳。

又有人力沟通之水道，务载明何方自何处，上承何水，向何方行，过何地，至何处注何水。凡水之可通舟楫者，务注自委上溯至何区、何地可行大船；自何区、何地，至何地可行小船，可以所载之石计大小。或可行筏。凡濒海之境则须明海岸之湾曲港，及所辖之岛屿，并注明海岸之湾港何处可泊轮船、何处可泊民船。濒长江、太湖之境，亦须记江湖之港、何处可停泊。凡山间之水道，可行船者，务注明何处为急流、何处为平流，有春夏涨而秋冬枯者，须分别注明。

道路

自本境治地起出城之何方，行若干里为何地，每十里必记一地名。又行若干里逾何山岭、渡何水，至何地与何支路会。其支路何方自何地来，经何地，过何山、水，行若干里来会。本路又向何方行，若干里，逾山、渡水、过何地，同前。至何地，或左或右分一支路，向何方行，计里，逾山、渡水、过地，同前。至何地，或会何路，或出界、或止本境。路又向何方行，若干里同前，至何地、出何界与何界、何路接。

物产

分天然产、制造产二端。天然产：动物、植物、矿物是也；用三者之本质制成器物，则制造产也。今以天然产列上、制造产列下。

动物：动物制造。植物：植物制造。矿物：矿物制造。制造之品虽多，其本质不外动、植、矿三类。如虎、豹、牛、羊皆天然动物产也，其骨、革、齿、毛所制之物，皆动物造也。丝出于蚕，蚕为动物，丝则为动物制造。布出于棉，棉为植物产，布则为植物制造。他如金、银、铜、铁、锡、玉石所制之器皆然。兹举一二，以概其馀，或有合数质为一器者，则取其多数而归类焉。惟天然产、制造产均应分大宗常产、特产而注记之。又有本境之天然而在他境制造者，或他境之天然而在本境制造者，尤应分别详载。

商务

本境所产之物，所制之品，何项在本境销行，每岁若干，何项运出本境，注明水运、陆运。在何地销行，每岁若干。自他境何地运入本境之何货物，注明水运、陆运。在何地每岁销行若干。

编纂中小学堂教科书五要[1]

忠君:欲谋普及教育,宜取开国以来列祖列宗缔造艰难,创垂之宏远,外患之所由乘,内政之所亟,捐除忌讳,择要编辑,列入教科。

尊孔:无论大小学堂,宜以经学为必修之科目,作赞扬孔子之歌,春秋释乐及孔子诞日,必在学堂致祭作乐。其经义之贯彻中外,洞达天人。经注经说之足资羽翼者必条分缕析,编为教科,颁之学堂。中小学堂以下,则取其浅近平实,切于日用,而尤以身体力行,不尚空谈为要旨。

尚公:必于各种教科之中,于公德之旨,团体之效,条分缕析,辑为成书。总以尚公为一定不移之标准。

尚武:凡中小学堂各种教科书,必寓军国民主义。国文、历史、地理等科宜详述海陆战争之事迹,绘画炮台、兵舰、旗帜之图形,叙列戍穷边、使绝域之勋业。于音乐一科,则恭辑国朝之武功战事,演为诗歌,其后先死绥诸臣尤宜鼓吹提扬,以励其百折不回、视死如归之志。

---

① 录自温州博物馆藏手稿。光绪三十二年三月初一日,学部奏定教育宗旨。其宗旨为:忠君、尊孔、尚公、尚武、尚实。

尚实：凡中小学堂之教科书宜取浅近之理与切实可行之事以训谕诸生。修身、国文、算术各等科皆举其易知易从者，劝之以实行，课之以实用。

卷三　批注　序跋　公牍

《邵懿辰标注四库简明目录》批注[①]

缪荃孙[②]序：……位西居京师，购书甚富，案头置简明目录一部，所见宋元旧刻本、钞本，手记于各书之下……想见京秩甚闲，同志搜讨之乐，令人神往。幼嘉此册，钞自董君绶金，书眉又撮录周季贶、黄仲弢、王茀卿、孙仲容诸人加考，均与荃孙同志。今再同、季贶、茀卿墓有宿草，仲弢、仲容近亦淹忽……光绪戊申江阴缪荃孙序。

卷第一

经部一

《十三经古注》二百九十卷，明崇祯中金蟠、葛鼐、葛鼒合刊。

黄绍箕批注：葛刻即永怀堂本，葛板近有杭州重修补印本。

《十三经古注》，……又有仿宋相台岳氏本《五经古注》九十四卷，乾隆四十八年武英殿刊。

批注：岳本五经，有明翻及清江南、贵阳、广州、成都诸翻刻本。殿本有考证。

---

① 录自邵懿辰撰、邵章续录《增订四库简明目录标注》（中华书局，1959 年）。

② 缪荃孙（1844—1919），字炎之，一字筱珊、小山，江苏江阴人。光绪二年（1876）进士，授编修。历任国史馆总纂，提调等官。又任钟山书院总教习、江南图书馆及京师图书馆监督。1915 年任清史馆总纂。

十行本《十三经注疏》三百五十卷。

批注:殿本经疏,乾隆四年刻,每卷后附考证。同治十年,广州复刊。

易类

《子夏易传》十一卷。

批注:《子夏易传》,有孙冯翼《问经堂丛书》,张澍《二酉堂丛书》,马国翰《玉函山房丛书》诸辑本。

《周易正义》十卷,唐孔颖达撰。一名兼义。

批注:陆[①]有宋刊本《周易兼义》十卷,《音义》一卷。

《周易集解》十七卷,唐李鼎祚撰。

批注:陆有张绍仁校宋本《易传》十卷,附略例一卷。

《易数钩隐图》三卷,附《遗论九事》一卷,宋刘牧撰。

批注:陆有明人影钞宋藏本。

《周易口义》十四卷,宋倪天隐述其师胡瑗之说,故曰口义。

批注:陆有明刊本,题《安定先生周易口义》,十五卷。

《紫岩易传》十卷,宋张浚撰……拜经楼吴氏有旧钞本。

批注:吴本今归陆氏。

《泰轩易传》六卷,宋李中正撰。

批注:《皕宋楼藏书志》:董浩作董洪。

《周易玩词》十六卷,宋项安世撰。

批注:陆有影元钞本。

吕祖谦《古易音训》二卷。

批注:陆有吕祖谦《周易系辞精义》二卷,旧钞本。

① 陆指陆心源,著名藏书家,建“皕宋楼”“十万卷楼”。

《周易传义附录》十四卷，宋董楷撰。

批注：陆有元刊本，周松霭旧藏，每叶二十四行，行二十一字，小字双行，每行二十二字，小黑口。

《周易集说》四十卷，元俞琰撰。

批注：陆有元刊元印本，不分卷。上经钞补，每叶二十四行，行二十字，板心有“存存斋刻”四字。

《读易举要》四卷，元俞琰撰。

批注：陆有元刊本《易图纂要》二卷。

《易本义附录纂疏》十五卷，元胡一桂撰。

批注：陆有《周易本义附录集注》十卷，影写元本，题云“建安后学中溪张清子纂集”，盖元人。此书四库未收，经义考注未见。周松霭旧藏。

《易原奥义》一卷，《周易原旨》六卷，元保八撰。

批注：陆有朱竹垞所藏旧钞本。

《易学滥觞》一卷，元黄泽撰。

批注：钱氏《小万卷楼丛书》本。

《周易集传》八卷，元龙仁夫撰。

批注：陆有影写元刊本，云周松霭旧藏，每卷末有“男阳寿校刊”五字。

《周易爻变义蕴》四卷，元陈应润撰。

批注：陆有汪启淑所藏旧钞本。

《易象钩解》四卷，明陈士元撰。

批注：陆有明刊本。

《易学象数论》六卷，清黄宗羲撰。

批注：《象数论》有南雷门人新安汪瑞龄刊本，卷首标题无“易学”二字，疑不当有，亦不宜入经部。

《易图明辨》十卷，清胡渭撰。

批注：钱熙祚《守山阁丛书》本、伍崇曜《粤雅堂丛书》本。张惠言《易图条辨》二卷，《茗柯全集》本。

卷第二

经部二

《尚书正义》二十卷，旧本题汉孔安国传，唐孔颖达疏。

批注：陆有明刊九行本，又有明覆宋八行大字本，陆有宋刊十行本《附释音尚书注疏》二十卷。

《尚书表注》二卷，宋金履祥撰。

批注：张藏残本六卷，今归陆氏，陆又有秦文恭所藏金注十二卷旧钞本，已刊入《十万卷楼丛书》。

《尚书集传纂疏》六卷，元陈栎撰。

批注：陆亦有元泰定本，云汲古旧藏。

《尚书辑录纂注》六卷，元董鼎撰。

批注：陆有元翠岩精舍刊本，每半叶十一行，行二十字，小字行二十五字。序后有□□甲午孟夏翠岩精舍新刊本记。引用诸书后，有“建安后学余安定编校”一行。元至正十四年岁在甲午，所缺盖“至正”二字也。

《读书管见》二卷，元王充耘撰。

批注：千顷堂本，今归陆氏。

经部三·诗类

《毛诗正义》四十卷，汉毛亨传，郑玄笺，唐孔颖达疏。

批注：嘉庆甲子木渎周氏刊《毛诗》三十卷，附《诗谱》一卷，《音义》三卷，《毛诗校字记》一卷。陆有宋刊本《附释音毛诗注疏》

四十卷。

《毛诗本义》十六卷，宋欧阳修撰。

批注：《毛诗本义》，陆有明刊本。

《诗集传》八卷，宋朱熹撰。……海昌吴氏拜经楼有不全宋本八卷。

批注：吴氏本今归陆氏，自蓼莪注“则无所恃”四字起，至大雅板篇影钞，系宋刊宋印本，每半叶七行，行十五字，注文双行，板心有字数及刻要姓名。又有明正统内府本，亦系二十卷。

《吕氏家塾读诗记》三十二卷，宋吕祖谦撰。

批注：陆有宋宜春李公凯仲容撰《毛诗句解》二十卷，宋刊本。《新刊直音旁训纂集东莱毛诗句解》，四库未收，每半叶十三行，行二十四字，注双行，有朱竹垞手跋。

《续吕氏家塾读诗记》三卷，宋戴溪撰。

批注：钱氏小万卷楼本。

《刘氏诗说》十卷，宋刘克撰。

批注：陆有旧钞十二卷足本，云系马玉堂旧藏。

《毛诗要义》四十卷，宋魏了翁撰。

批注：陆有影写宋刊本。陆又有《毛诗举要图》一卷，宋刊本，不著撰人名氏。

《诗考》一卷，宋王应麟撰。

批注：陆有元泰定单刊六卷本，每叶二十行，行二十二字，大黑口，又有元刊元印本一卷。

《诗地理考》六卷，宋王应麟撰。

批注：陆有元刊本。

《诗传通释》二十卷，元刘瑾撰。

批注：陆有元至正刊本，卷后有至正壬辰仲春日新堂梓木印。

《诗集传附录纂疏》二十卷，元胡一桂撰。

批注：陆有元泰定丁卯刊本，题《朱子诗传纂集大成》，亦二十卷，每叶二十二行，行二十字，小字双行，行二十三字，小黑口。

附录

《韩诗外传》十卷，汉韩婴撰。

批注：陆有明芙蓉泉屋刊本。有薛来序。

经部四·礼类

《周礼注疏》四十二卷，汉郑玄注，唐贾公彦疏。

批注：陆有《周礼》残本二卷，宋蜀大字本，有黄氏手跋，即百宋一廛中所谓"周礼一官者"也，每叶十六行，行十六字，有蒙古文印。又有《纂图互注周礼》十二卷，宋麻沙本，半叶十二行，行二十一字，注双行，行二十五字。又有《附释音周礼注疏》四十二卷，宋刊十行本，又有明刊九行本。张孝达师云："明仿岳本三礼，嘉靖间徐氏刻，今不多见。"

《礼经会元》四卷，宋叶时撰。

批注：陆有元刊本。上周礼之属。

《仪礼注疏》十七卷，汉郑玄注，唐贾公彦疏。

批注：陆有宋刊本，附景德三年中书门下牒，又有明覆宋本，又有明刊注疏九行本，汪文盛刊注疏十行本。

《仪礼图》十七卷，《仪礼旁通图》一卷，宋杨复撰。

批注：《东湖丛记》有宋刊本。陆有宋刊本。

《仪礼逸经传》二卷，元吴澄撰。

批注：陆有元刊本。

《仪礼集说》十七卷，元敖继公撰。

批注:陆有元刊元印本,每叶二十四行,行二十八字,板心有字数及刻工姓名,字体遒劲,每卷后有考异一叶,元板中之最精者。

《经礼补逸》九卷,元汪克宽撰。

批注:陆有弘治本,题十卷,附录一卷。上仪礼之属。

《礼记正义》六十三卷,汉郑玄注,唐孔颖达撰。

批注:陆有《纂图互注礼记》二十卷,《礼记举要图》一卷,南宋麻沙宋印本,季沧苇旧藏。每半叶十一行,大二十一字,小二十五六字不等。郑注下附陆氏释文,释文后为重言重意。"让"字缺笔,盖孝宗时刊本也,字体与三山蔡氏《陆状元通鉴》《北史》《新唐书》同,当是麻沙本之最精者。又明覆宋单注二十卷本,又有宋刊十行本《附释音礼记注疏》六十三卷,又有明刊九行本《注疏》六十卷。

《礼记纂言》三十六卷,元吴澄撰。

批注:陆有元刊元印本,每叶二十行,行二十字,字大而遒,纸质莹洁,元板中精品也,有汲古阁印记。又有吴澄《三礼考注》六十四卷,明刊本。

《云庄礼记集说》十卷,元陈澔撰。

批注:陆有元刊本。

附录

《大戴礼记》十三卷,汉戴德撰,周卢辩注。

批注:陆有明覆宋本,梁上佐旧藏,有手跋。按郑元佑《大戴礼卷后跋》,见《侨吴集》卷七。上礼记之属。

《礼书》一百五十卷,宋陈祥道撰。

批注:陆有元刊本,云南宋刊本,元人重修,冒为己有,吴小帆观察所藏,印较后,乐书后陈跋,改"庆元"为"至正","陈岐"为"林光大",此则初印本,每叶二十六行,行二十一字,小字双行,每行三十四字，板心有字数，间有刻工姓名，其板明时尚存南监，见《古今书刻》。然明印本脱叶数百。此本有断板而无缺叶，犹元时印本，季沧苇旧藏，有印记。

《仪礼经传通解》三十七卷，续二十九卷，宋朱熹撰，其门人黄干续。

批注：《仪礼经传通解续祭礼》十四卷，宋杨复撰。陆有宋刊本，每叶十四行，行十五字，小字双行，板心有字数及刻工姓名，原本十四卷，八十一篇，今卷三全缺，卷一、卷十四亦不全，以吕留良刻本校之，脱落羼错，妄删妄增，竟无一合。上通礼之属。

《家礼》八卷，旧本题宋朱熹撰，据王懋竑《白田杂著》所考，盖依托也。

批注：《东湖丛记》有宋刊纂图集注本。上杂礼书之属。

卷第三

经部五·春秋类

《春秋左传正义》三十六卷，周左邱明撰，晋杜预注，唐孔颖达疏。

批注：陆有宋刊蜀大字本《春秋经传集解》三十卷，每叶十六行，行十七字，小字双行，行二十四字，板心有字数及刻工姓名。又有宋刊建大字残本十五卷，又有宋相台岳氏刊配明覆本三十卷，黄荛圃旧藏，每叶十六行，行十七字，小字双行，每卷末有“相台岳氏刊梓荆溪家塾”十字篆文椭圆木记，左线外标某公几年，板心有字数及刻工姓名，鱼尾全墨，上鱼尾之上，下鱼尾之下，有细墨线，即所谓小黑口。又有明覆宋相台本，明覆宋小字本，宋刊注疏十行本。

《春秋公羊传注疏》二十八卷，旧本题周公羊高撰，实高所传述,而其玄孙寿及胡毋子都录为书,汉何休注,唐徐彦疏。

批注:陆有宋刊十行本,明九行本。

《春秋穀梁传注疏》二十卷,周穀梁赤所述,而传其学者录为书,旧题赤撰,亦非也,晋范宁注,唐杨士勋疏。

批注:陆有宋刊十行,明九行本。

《春秋集传纂例》十卷,唐陆淳撰。

批注:陆有明嘉靖刊本。

《春秋年表》一卷,不著撰人名氏。

批注:《春秋二十国年表》,陆有明永乐刊本。

《春秋尊王发微》十二卷,宋孙复撰。

批注:陆有钱遵王旧藏钞本,有吴兔床跋。

《春秋通义》一卷。

批注:小万卷楼丛书本。

《春秋经解》十三卷,宋孙觉撰。

批注:陆有朱竹垞旧藏钞本。

《春秋集解》十二卷,宋苏辙撰。

批注:陆有元刊元印本,首题"三楚隐士子荆萧楚著,临江后学性善周自得校正"。

《春秋比事》二十卷,宋沈棐撰。

批注:《东湖丛记》云:"元刊本有嘉定辛未谭卿月、至元已卯王显仁跋,首题'沈先生春秋比事'。"

《春秋分纪》九十卷,宋程公说撰。

批注:陆有朱竹垞藏旧钞本。

《春秋集注》十一卷,纲领一卷,宋张洽撰。

批注:陆有影写元刊本十九卷,陆藏写本后有道光甲午乌程张鉴跋云:“此书元时两刊,此为在后校正补刊之本。”《东湖丛记》以严久能所得为宋刊本,即十九卷本,盖未确,严久能购书时,与钱广伯、朱朗斋往来书札,俱云宋刊。

《春秋左传句解》七十卷,宋林尧叟撰。

批注:陈仲鱼跋云:“每卷题云:音注全文春秋括例始末左传句读直解,凡七十卷。”《东湖丛记》云:“尝见元刊四十卷本,题云:春秋正经全文左传增注句解,次行梅溪林尧叟唐翁,后学林仲连校定,每叶二十二行,行二十一字。”陆有元刊本,与陈跋同。

《春秋纂言》十二卷,总例二卷,元吴澄撰。

批注:陆有张隽藏旧钞本。

《春秋诸国统记》六卷,目录一卷,元齐履谦撰。

批注:陆有朱卧庵旧藏钞本。

《春秋谳义》九卷,元王元杰撰。

批注:陆亦有旧钞本十二卷,完全。

《春秋诸传会通》二十四卷,元李廉撰。

批注:陆有元刊元印本,每叶二十四行,行二十四字,后有“至正辛卯腊月崇川书院重刊”木记。

《春秋师说》三卷,元赵汸撰。

批注:陆有元刊本。

《春秋属词》十五卷,元赵汸撰。

批注:陆有元刊本。

《春秋左氏传补注》十卷,元赵汸撰。

批注:陆有元刊本。

《春秋金锁匙》一卷,元赵汸撰。

批注:《东湖丛记》有残元本《春秋透天关》,存卷三、卷四,共二卷，不著撰人，又云："补元史艺文志，有杨维贞《春秋透天关》十二卷。"《千顷堂书目》有晏兼善《春秋透天关》十二卷，此未知何本。

经部六·孝经类

《孝经正义》三卷，唐玄宗注，宋邢昺疏。

批注：陆有明宣德刊本。

《孝经定本》一卷，元吴澄撰。

批注：陆有明刊吴澄注四卷。

经部七·五经总义类

《六经奥论》六卷，旧本题宋郑樵撰，考书中引见樵说，称夹漈先生，又称朱子为文公。盖托名也。

批注：陆有明钞本，后有道光庚戌七月二十日瓜纻外史章愫手跋云："向为杭堇甫、卢抱经所藏，陆云此即《六经奥论》之原本。"

明本排字《九经直音》二卷，不著撰人名氏，刻于元世祖至元丁亥。

批注：陆有元刊本。

卷第四

经部八·四书类

《孟子正义》十四卷，汉赵岐注。

批注：陆有宋刊本，题《孟子注疏解经》。又有明刊九行本。

《论语集解义疏》十卷，魏何晏等注，梁皇侃疏。

批注：陆有日本旧钞本，单集解，云有"钱遵王"印记。黄丕烈、翁广平跋日本正平本集解，近遵义黎莼斋已在日本覆刻，姚子让曾以见赠。

《论语正义》二十卷，魏何晏等注，宋邢昺疏。

批注：陆有十行本，题《论语注疏经解》。

《论语拾遗》一卷,宋苏辙撰。

批注:陆有明刊本。

《大学章句》一卷、《论语集注》十卷、《孟子集注》七卷、《中庸章句》一卷,宋朱熹撰。

批注:《大学章句或问》《中庸章句或问》《论语集注》,陆有宋刊本,明周九松旧藏,每卷有音考,每叶十四行,行十五字,板心有字数。

《读四书丛说》四卷,元许谦撰,原本二十卷。

批注:《东湖丛记》有元刊本八卷,每半叶十六行,行二十四字,陆有旧钞本,八卷完全,《大学》一卷,《论语》三卷,《中庸》《孟子》各二卷。

《四书经疑贯通》八卷,元王充耘撰。

批注:此书余家有钞本,有潢川吴氏收藏印记。

《四书待问》二十二卷,元萧镒编。

批注:《东湖丛记》有元刊本,每半叶十四行,行二十三字。

经部九·乐类

《皇佑新乐图记》三卷,宋阮逸、胡瑗撰。

批注:陆有影写宋刊本。

《乐书》二百卷,宋陈旸撰。

批注:陆有宋刊元修本,建安杨文敏公旧藏,每叶二十六行,行二十一字,板心有字数,又有明人蓝格钞本。

经部十·小学类

《尔雅注疏》十卷,晋郭璞注,宋邢昺疏。阮氏所据,有黄丕烈藏宋刊单疏本,半叶十五行,行三十字……顾广圻仿明吴元恭刊本,佳……

批注:单疏本,近吴兴陆氏十万卷楼已付刊。顾仿吴本,今扬州有重刻本。

卷第五

史部四·别史类

《逸周书》十卷……卜世昌、何中允刊本。

批注:“中允”当作“允中”。

卷第七

史部十一·地理类

《咸淳毗陵志》三十卷,宋史能之撰。

批注:《毗陵志》有赵味辛刻本。

《武功县志》二卷,明康海撰。

批注:《武功朝邑》二志,并有得月簃续刊本,三长物斋丛书本。

《滇略》十卷,明谢肇淛撰。

批注:有云南备征志本。

《历代山陵考》二卷,明王在晋撰。

批注:借月山房本。上都会郡县之属。

《水经注》四十卷。

批注:《全校水经注》灵石杨氏刊本,未成。今京师印行者,止百馀叶,张孝达师云。

《水经注释》四十卷,朱笺刊误十二卷,清赵一清撰。

《水经注释地》四十卷,《水道直指》一卷,《补遗》二卷,清张匡学撰。

批注:董佑诚《水经注图说残稿》四卷,董方立遗书本。

《治河图略》一卷,元王喜撰。

批注:麟庆《河工器具图说》四卷,道光丙午刻本。

《三吴水利录》四卷,明归有光撰。

批注:有借月山房本。

《重浚江苏水利全案二十一款》十二册,道光初年蒋攸铦、陶澍同撰。

批注:陶澍《江苏水利图说》二十一卷,江苏官刻本七种。

《海塘通志》二十卷,清方观承撰。

批注:新译西洋人《海塘辑要》十卷,上海制造局本。上河渠之属。

《关中胜迹图志》三十二卷,清陕西巡抚毕沅监修。

批注:顾炎武《昌平山水记》二卷,亭林遗书本。徐松《唐两京城坊考》五卷,连筠簃本。周城《宋东京考》二十卷,有刊本。上古迹之属。

《元长春真人邱处机西游记》二卷,有近时刊本。

批注:此指杨氏连筠簃丛书本。

《海国图志》五十卷,清魏源撰。道光癸卯活字板印本,己酉刊本六十卷。

批注:最后刊定本一百卷,咸丰壬子刊于广州。上外纪之属。

卷第八

史部十二·职官类

《明宫史》五卷,旧本题芦山赤隐吕毖校次,盖明季宦官也。此书一名《酌中志》。

批注:此书粤中海山仙馆刊本,亦题《酌中志》。上仪制之属。

《捕蝗考》一卷,清陈芳生撰。

批注:《东湖丛记》云:"芳生著《先忧集》五十七卷,《捕蝗》乃其第十七篇,全书有刊本。"上邦计之属。

《历代兵制》八卷,宋陈傅良撰。

批注:有扬州刻单行本。上军政之属。

史部十四

目录类

《崇文总目》十二卷,宋王尧臣等撰。

批注:粤雅堂刻辑释本。

《国史经籍志》六卷,明焦竑撰。

批注:粤雅堂本。

《万卷堂书目》六卷,明朱睦㮮撰。

批注:《东湖丛记》有《万卷堂艺文目》八卷,钞本。

钞本《降云楼书目》一册,陈少章手批。

批注:陈评本粤中伍氏刊入丛书。

《绣谷亭书录》八册,可分数十卷。

批注:黄丕烈有《读未见书斋书目》,《东湖丛记》引之。上经籍之属。

《宝刻丛编》二十卷,宋陈思撰。

批注:按此书有吴氏式芬刊本。

《求古录》一卷,清顾炎武撰。

批注:罗镜泉以智有重校定本,未见。

《观妙斋金石文考略》十六卷,清李光映撰。

《金石苑》六卷,道光间刘喜海辑。

批注:《金石苑》六册,不分卷,皆蜀中古刻,首册曰"三巴汉石存"。上金石之属。

史部十五·史评类

《唐书直笔》四卷,宋吕夏卿撰。

批注:小万卷楼本。

卷第九

子部一·儒家类

《傅子》一卷，晋傅玄撰。聚珍板本，朱修伯曰“卢抱经、严铁桥有校补本”。

批注：指海本。

《太极图说述解》一卷，《通书述解》一卷，《西铭述解》一卷，明曹端撰。

批注：李光地《通书注》一卷，榕村集本。

《朱子语类》一百四十卷，宋黎靖德编。

批注：日本有刊本。

《朱子全书》六十六卷，康熙五十二年李光地等撰。

批注：贵阳、成都均有仿刻本。

《绎志》十九卷，明末胡承诺撰，道光间李兆洛校刊本。

批注：杭州书局刻本。

卷十九

集部八·部集类

《乐府诗集》一百卷，宋郭茂倩编。

批注：张孝达师、王廉生编修均有元刊本，余近亦收得一元本，内有明补板。

王懿荣跋文

光绪甲申，长夏无聊，从瑞安黄仲弢同年借得，属诸城尹伯园及族子为承照抄。闻朱修伯宗亟与其长子子澄观察，别有增益批注本，在厂中某贾手，续当借取补录。眉上称孙注者，瑞安孙比部诒让，字仲容；称黄注者，瑞安黄编修绍箕，字仲弢。仲弢以陆氏皕宋楼藏书，摘录眉上，旋悔之。并来语云：乾嘉老辈往往以明仿宋本，误认为宋椠旧本，又每以宋元牵混，审定不真，近人著录亦多不足据，非亲见原书不可率信等语。颇为着实。朱笔所记，则鄙人自治之学，能自信者，然亦忽忘太半矣。福山王懿荣。

《广艺舟双楫》[1]评论

1895 年

卷首

叙

原文:康子[2]戊己之际,旅京师。

评论:长素戊子游京师,遍上书贵人,无所遇,欲由国子监都察院上封事,亦不得达,而颇为多口所憎。余与子培劝其少见人,少发议论,遂键户读碑,旬月聚数百通。(余)曾至南海馆访之,见其插架琳琅,张壁摊案,过目如电,间评骘一二,皆悬解冥会,妙析条流,顾未知其遂有斐然之志也。

---

① 又名《书镜》,康有为 1889 年著,为书法理论著作,共六卷二十七章,论述书法源流和籀篆隶楷的变迁;阐发重视南北朝和隋碑刻的理论、流变及品评碑刻书法的艺术性;叙述书法用笔技巧和自己学习书法的经验和榜书、行草、干禄体的书写要领等。书中提倡南北朝的碑刻书法,总结了清代的碑学。黄绍箕的评论,卷首至卷三,录自原本,温州市图书馆藏。其后录自他人抄本。

② 康子指康有为(1858—1927),又名祖诒,字广厦,号长素,广东南海人。1898 年与梁启超等发动戊戌变法运动。变法失败后,逃亡国外。著《新学伪经考》《孔子改制考》等。戊子为光绪十四年(1888)。

卷一

原书第一

原文：以其身峙立，首函清阳，不为血气所熏，故智独灵也。

评论：容足之地无几，而能植立不倾侧，重学家以常术测之，不得其解，谓造物别有妙理，不知以首函清阳，故佛家能出世，亦以此故。

原文：文字之始，莫不生于象形。

评论：余有英德人辑《释埃及古文》两册，象人物之形，纤微毕肖，不若中国古文之简易。盖今所传鼎彝文，当日皆承用已久，略具形似，以为标识而已。仓颉初造时，亦必曲肖也。古书称仓颉始作画，盖画即象形之支流，亦所谓六艺附庸蔚成大国者也。埃及文中往往联合数形，旁作识别，略如代数之式，当即指事、会意之例，此亦理势所必然者，其中象人坐立向背，及动物种类，并各器具之属，余每作画观之。闻西人所释，亦未详确，然以此知埃及之文明，亦已古矣。

原文：以人之灵而能创为文字，则不独一创已也。

评论：余又得一拓本，象形较少，而字画迅利，颇具行势，类毫书，不类漆书，闻系石椁残刻，记其人生前事迹，若中国碑志之属。人心之灵，真不相远哉！

原文：古文为刘歆伪造，杂采钟鼎为之。

评论：《说文》中古文大半甄丰改定之字，与鼎彝多不合，谓刘歆采钟鼎造古文，无征，吾不敢信也。刘韵见钟鼎文必不如鄙人之多，此说长素信之否乎？亦决不如长素之多，长素不必谦也。

原文：若钟鼎所采，自是春秋战国时各国书体，故诡形奇制。

评论：钟鼎有西周之文，有春秋时之文，有战国之文，春秋时尚未杂，战国则杂矣，此事非一二语所能了。余颇嗜此学，所藏金文亦尚不鲜，欲著一书而未果，惜无暇发匧征文，与长素从容论之。

原文：而中国之书中行。

评论：钟鼎文及石刻，往往有直下而右行，如国书之式者。

原文：中国自有文字以来，皆以形为主，即假借行草亦形也，惟谐声略有声耳，故中国所重在形。外国文字，皆以声为主。即分篆隶行草亦声也。惟字母略有形耳。中国之学，无义不备，故极繁而条理不可及，外国之字，无声不备，故极简而意义亦可得。盖中国用目，外国贵耳。然声则地球皆同，义则风俗各异。致远之道，以声为便，然合音为字，其音不备，牵强为多，不如中国文字之美备矣。

评论：外国以声为主，而形从之；中国以形为主，而声从之。惟其主形也，故文日繁而声日少，然字母一变，即渺不知为何语。若中国今日上读二千馀年前之钟鼎文，尚可得十之六七，此犹可曰古篆隶真迁流递嬗也。至埃及古文，其流久绝矣，然西人亦尚能推见梗概，非主形何由得此？故行远以声为便，垂久以形为便。其实谐声一例，与字母配合，体异而用同，且古书两字合音者，不可枚举，但积久而不能不偏重形耳。

譬之算术，主声为数学家，主形为几何家。

原文：声学盛于印度，故佛典曰：我家真教体，清净在音闻。又以声闻为一乘，其操声为咒，能治奇鬼异兽，盖声音之精也。

评论：中国圣人以文寓形，以乐寓声，故古乐亡而无复陶冶人心之具矣。

购碑第三

原文：学者欲能书，当得通人以为师。然通人不可多得，吾为学者寻师，其莫如多购碑刻乎！扬子[①]云曰："能观千剑，而后能剑；

① 扬子指扬雄（前53—18），字子云，西汉蜀郡成都人。西汉学者、辞赋家。著《法言》《太玄》《方言》等。

能读千赋,而后能赋。”仲尼、子舆[①]论学,必先博学详说。夫耳目隘陋,无以备其体裁,博其神趣,学乌乎成!若所见博,所临多,熟古今之体变,通源流之分合,尽得于目,尽存于心,尽应于手,如蜂采花,酝酿久之,变化纵横,自有成效,断非枯守一二佳本《兰亭》《醴泉》所能知也。右军[②]自言:见李斯,曹喜,梁鹄,蔡邕石经,张昶华岳碑,遍习之。是其师资甚博,岂师一卫夫人,法一《宣示表》,遂能范围千古哉。学者若能见千碑而好临之,而不能书者,未之有也。

评论:唐张从申[③]书负盛名,然当时论者即讥其“右军之外,一步不窥”。长素之言是矣!

原文:又有谓学书须专学一碑数十字,如是一年数月,临写千数百过,然后易一碑,又一年数月,临写千数百过,然后易碑亦如是。因举钟元常[④]入抱犊山三年学书,永禅师学书四十年不下楼为例。此说似矣,亦谬说也。

评论:自古书家,未有泛涉浅尝而能大就者,徐季海[⑤]云:“‘书

---

① 仲尼指孔子。子舆指孟子。

② 王羲之,被尊为“书圣”。王羲之《题笔阵图后》云“予少学卫夫人书……见李斯、曹喜等书;又之许下见钟繇、梁鹄书;又之洛下,见蔡邕石经,三体书;又于从兄洽处见张昶华岳碑,始知学卫夫人书徒费年月耳。遂改本师,仍于众碑学习焉”。　李斯(?—前208),秦朝著名政治家、书法家。官至秦朝丞相。　曹喜,东汉书法家,字仲则,扶风平陵人。建初中官为秘书郎。善小篆。　梁鹄,东汉书法家,字孟皇,安定乌氏人。汉灵帝时官至选部尚书,迁幽州刺史。

③ 张从申,唐吴郡人,擢进士第,尝官大量司直检校礼部郎中,书学二王。《李玄靖碑》为张书中最烜赫者。

④ 钟元常(151—230),名繇,官侍中尚书仆射,封东亭武侯;魏国初建,迁相;明帝即位,迁太傅,人称钟太傅。工书,师法曹喜、蔡邕、刘德升,兼善各体,尤精于隶、楷。与张芝、王羲之齐名,并称“钟张”“钟王”。

⑤ 徐季海(703—782),名浩,浙江绍兴人。唐中期书法家,与颜真卿齐名。历任国子祭酒、工部侍郎、吏部侍郎、集贤殿学士,封会稽郡公。著《论书》(又称《法书论》)一篇。擅长八分、行、草书,尤精于楷书。

无百日工’，此悠悠之谈也，当终身以之，岂可百日乎！”长素此书，乃一时游艺遣兴之作，恐学者泥于小道，故其言如此。

原文：六朝碑之杂沓繁冗者，莫如造像记，其文义略同，所足备考古者盖鲜，陈陈相因，殊为可厌。此盖出土之日新，不可尽究者也。造像记中多佳者，然学者未能择也，姑俟碑铭尽搜之后，乃次择采之，故造像记亦可缓购。

评论：官造像可收者，尚不少，若寻常民间之刻，当从披拣。

卷二

体变第四

原文：元、明两朝，言书法者日盛，然元人吴兴首出，惟伯机[①]实与齐价。文原[②]和雅，伯生[③]浑朴，亦其亚也。惟康里子山[④]，奇崛独出，自馀揭曼硕、柯敬仲、倪元镇[⑤]，虽有遒媚，皆吴兴门庭也。自是四百年间，文人才士，纵极驰骋，莫有出吴兴之范围者。故两朝之书，率姿媚多而刚健少。香光代兴，几夺子昂之席，然在明季，邢

---

① 伯机指鲜于枢（1256—1302），字伯机，号困学山民，蓟州人。官至太常侍典簿。元代著名的书法家，与赵孟頫齐名。　前句中“吴兴”即指赵孟頫。

② 邓文原（1258—1328），字善之，一字匪石，人称素履先生，四川绵阳人。工书，与赵孟頫齐名。官至集贤直学士兼国子监祭酒。谥文肃。《元史》有传。

③ 伯生指虞集（1272—1348），字伯生，世称邵庵先生，四川仁寿人。元代著名学者。工书，真、行、草、篆，皆有法度，古隶为当代第一。

④ 康里子山（1295—1345），名巎巎，号正斋、恕叟，又号蓬累叟，色目康里部人。官至翰林学士承旨、奎章阁大学士、礼部尚书等，卒谥文忠。与其兄康里回回同为当时名臣，世称“双璧”。工书，善真、行、草书。

⑤ 揭曼硕（1274—1344），名傒斯，号贞文，龙兴富州（今江西丰城）人。官升至侍讲学士，赠护军，追封豫章郡公，谥文安。与虞集、杨载、范梈并称“元诗四大家”。《元史》有传。元代著名文学家、史学家、书法家。　柯敬仲（1290—1343），名九思，号丹丘生，浙江仙居人。元书画家、书画鉴赏家。官至奎章阁鉴书博士。　倪元镇（1301—1374），名瓒，号云林，别号幼霞生、荆蛮民、奚元朗等，无锡人。元代画家，与黄公望、吴镇、王蒙并称“元四家”。

侗子愿、张瑞图二水、董、米万钟①四家并名,香光仅在四家之中,未能缵一统绪。又王觉斯②飞腾跳踯其间,董实未胜之也。

评论:《黄石斋〔先生〕文集》③于同时书家,倾服倪鸿宝④、王觉斯二家甚至。

吴仲伦⑤论明人书,最尊杨忠愍⑥,此前人所未道。

香光晚年得意之作,其积画攒簇处,出于《王秘监口授铭》,捺法顿挫,则得之《龙藏寺》及褚书《圣教》与《房玄龄碑》。但意在无垂不缩,无往不收,乃往往未垂而即缩,未往而即收。又略作欹侧之势,以为收缩之地。自古真行名家,皆与篆隶相通,惟香光书势绝不相入,其骨韵实能超轶明贤,其机栝足以牢笼后进,然真行之变则穷矣。

分变第五

原文:《汉志》称《史籀篇》者,周时史官教学僮书也。

---

① 并称“明末四大书家”。邢侗(1551—1612),字子愿,号知吾,山东临青人。万历二年(1574)进士,官至陕西太仆寺少卿。明代书画家。 张瑞图(1570—1644),字长公,号二水,福建晋江人。万历三十五年(1607)探花,官至武英殿大学士。工书善画。 董其昌(1555—1636),字玄宰,号香光居士,上海华亭人。官至南京礼部尚书,加太子太保致仕。谥文敏。明代画家、书法家。著《画禅室随笔》等。 米万钟(1570—1628)字仲诏,号友石、湛园等。米芾后裔。万历二十三年(1595)进士,历官太仆寺少卿、江西按察使等。

② 王觉斯(1592—1652),名铎,一字觉之,号十樵,一号嵩樵,河南孟津人。天启二年(1622)进士,擢礼部尚书。入清官至大学士,擢礼部尚书。工书善画。

③ 黄石斋指黄道周(1585—1646),字幼玄,号石斋,福建漳浦人。天启二年(1622)进士。抗清被俘杀。学问渊博,工书善画。

④ 倪鸿宝(1593—1644),名元璐,字汝玉(或玉汝),浙江上虞人。天启二年进士,官至兵部右侍郎、户部尚书兼翰林学士。善行草书,工画山水、竹石。

⑤ 吴仲伦(1767—1840),名德旋,江苏宜兴人。师事姚鼐。有《初月楼文诗钞》。少时笃好韩愈诗文,于书法绝不措意,三十岁后,有所激发,于书亦甚嗜之。包世臣谓其行书“能品下”。

⑥ 杨忠愍指杨继盛(1516—1555),字仲芳,号椒山,河北容城人。嘉靖进士,历任兵部员外郎、刑部员外郎、兵部武选员外郎等。曾上书劾严嵩。谥忠愍。有《杨忠愍集》。

评论:《汉〔书〕· 艺文志》全本七略小学家叙后半,有孟坚[①]增入语,此二句则刘《略》原文也。

原文:秦之为篆,不过体势加长,笔划略减,如南北朝书体之少异。盖时地少移,因籀文之转变,而李斯因其国俗之旧,颁行天下耳。

评论:战国文字异形,李斯止是整齐画一之耳,人诟其蔑古,吾谓其中亦有复古之功焉。非惟李斯,即《史籀》亦止因其时之文整齐画一之,非创造之谓也。吾读鼎彝文而得之,故就其存古而论之,非独籀文中多古文,即小篆中亦多古文也。就其变古而论之,非独小篆不尽合《六书》本义,即籀文亦不尽合《六书》本义也,且即籀篆中承用之古文,亦多中古渐变,不尽可以《六书》本义绳之者也。

近人说鼎彝文,或好执象形、指事之例,穿凿附会,吾甚恶之。《原书篇》谓人心之灵,一好变,一趋简便。好变者以为美观也,趋简者以为适用也。是二者似不相兼也,而实相因而相成也。仓颉初造古文,凡象形、指事之属,必不能甚简,久而人人相习,厌其繁重,则必趋简易矣。又久而厌其太简,竞趋繁缛,《史籀》从而整齐画一之,而籀文出焉。周末文字奇变杂揉,人心亦必厌苦矣,李斯从而整齐画一之,而小篆出焉。

因其厌简趋繁,而整齐画一以作籀文,以为美观也,而未尝不适用也;因其厌繁思简,以作小篆,以为适用也,而未尝不美观也。且无论繁简而整齐画一之意,皆以为适用也。然作书之人,必待善书者而始行,亦以为美观也。故苟违事势而戾人心,欲别创一书以令天下,虽帝王之力不能行也。故凡天下之事,苟乘时势之迁变,导人心之自然,则适用、美观相因而至,此文质循环之理也。此亦

① 孟坚即班固,著《汉书》。

可以与《原书》之旨相发明也。

说分第六

原文:《封禅国山碑》苏建书

评论:禹陵窆石残字,与《国山》相似,当从孙渊如说,定为吴刻。

原文:奇伟则《天发神谶》,雅健则《封禅国山》,而茂密浑劲,莫如《少室》《开母》。

评论:《神谶》出锋处具分势,《国山》落笔处有真意,惟《少室》《开母》乃真正篆书也。

原文:钟鼎为伪文,然刘歆所采甚古。

评论:前言刘歆采钟鼎以伪古文,此又似言采古文以伪钟鼎,无论如何作伪,必有一真者矣,其果孰真孰伪乎?又何从而别之乎?

原文:自少温[①]既作,定为一尊,鼎臣兄弟[②],仅能模范……国初犹守旧法,孙渊如、洪稚存、程春海[③]并自名家,然皆未能出少温范围者也。完白山人[④]出,尽收古今之长,而结胎成形,于汉篆为多,

---

① 少温指李阳冰,河北赵县人。唐代文字学家、书法家。精工小篆,被誉为李斯后小篆第一人。

② 鼎臣兄弟指徐铉与徐锴,是当时最杰出的篆书书法家,被称为"二徐"。徐铉(916—991),字鼎臣,江苏扬州人。五代宋初文学家。早年仕于南唐,官至吏部尚书。后随李煜归宋,官至散骑常侍,世称徐骑省。擅长李斯小篆,也工于隶书。下文"徐常侍"亦指他。　徐锴(920—974),字楚金,世称"小徐"。官内史舍人。

③ 孙渊如指孙星衍。　洪稚存指洪亮吉(1746—1809),字君直、稚存,号北江、更生居士,江苏阳湖人。乾隆五十五年(1790)榜眼。历任翰林院编修、文颖馆纂修、贵州学政、咸安宫总裁等职。清经学家、文学家。有《洪北江全集》。　程春海(1785—1837),名恩泽,字云芬,安徽歙县人。嘉庆十六年(1811)进士。由翰林院编修历官贵州学政、侍读学士、内阁学士至户部侍郎。清代著名学者、诗人。有《程侍郎遗集》。

④ 完白山人指邓石如(1743—1805),原名琰,字石如,号顽伯,安徽怀宁人。碑学书家巨擘,擅长四体书,精篆刻。

遂能上掩千古,下开百祀,后有作者,莫之与京矣。完白山人之得处,在以隶笔为篆,或者疑其破坏古法,不知商、周用刀简,故籀法多尖,后用漆书,故头尾皆圆,汉后用毫,便成方笔,多方矫揉,佐以烧毫,而为瘦健之少温书,何若从容自在,以隶笔为汉篆乎?完白山人未出,天下以秦分为不可作之书,自非好古之士,鲜或能之。完白既出之后,三尺竖僮,仅解操笔,皆能为篆。吾尝谓篆法之有邓石如,犹儒家之有孟子,禅家之有大鉴禅师,皆直指本心,使人自证自悟,皆具广大神力功德,以为教化主,天下有识者,当自知之也。吾尝学《琅琊台》《峄山碑》无所得,又学李阳冰《三坟记》《栖先茔记》《城隍庙碑》《庾贲德政碑》《般若台铭》,无所入。后专学邓石如,始有入处。后见其篆书,辄即收之,凡百数十种,无体不有,无态不备,深思不能出其外也。于是废然而返,遂弃笔不复作者数年。近乃稍有悟入处,但以《石鼓》为大宗,钟鼎次之,《琅琊》为小宗,西汉分体辅之。驰思于万物之表,结体于八分以上。合篆、隶陶铸为之,奇态异变,杂沓笔端,操之极熟,当有境界,亦不患无立锥之地也。吾笔力弱,性复懒,度不能为之,后有英绝之士,当必于此别开生面也。

评论:石刻精者,下真迹一等,此自为真、行言之耳,以其波拨转折,显露有迹,可由体势以会其精神也。篆书古尚藏锋,以导源漆简,故虽改用毫书,仍不敢背高曾规矩,固违适时之宜,而尚不失遵古之义。然惟其藏锋之故,即得真迹,亦必须细审熟观,而后能得其笔意。昔人谓徐常侍书,向日映之,画中皆有一线,盖反复寻求而后得之。若一经入石,其精神脉络所凝注,无从摹勒,何由而知之,更无论翻刻矣。少温结字不如《琅琊》之遒密,亦不及《峄山》之宽博,其篆法又多不合《六书》,此诚不无遗议。然今所传如《三坟》《先茔》《城隍》《德政》诸碑，皆系翻刻。《谦卦》本俗体，又屡翻，《滑台残石》恐并非从原迹翻刻，此二种更不足道。惟《舜庙》及《颜家庙碑额》系原石，而为字无多。《般若台》及《怡亭铭》翻本虽多，原石尚存。《般若》原拓，亦仍不能见其精采。尝得《怡亭》原拓稍旧者，乃觉灏气回荡，有笔可屈铁之妙，视翻本焕然改观矣。因以此意微会《三坟》诸刻，窃意其潜气内转，妥适精能，必有不可及者。《窦臮赞》以家传孝义，气感风云，必多见真迹，乃有斯言，非妄叹也。故长素谓"完白如儒家之有孟子，禅家之有大鉴禅师"，吾谓少温乃释家之律宗，于儒家则程朱也。若譬之养生家，完白用顺，少温用逆，用逆难于用顺，藏锋难于出锋也。完白自言吾篆不及少温，盖能出力而不能藏棱，真得失心知之语耳。吾邱衍[①]正是摹仿石刻，一落笔而即病其出锋，乃烧笔尖以求肖，不知古人之意，而又不求本心之安，譬削趾以适屦，截鹤而为凫，彼自谬妄耳，于少温何与焉？

原文：吾邱衍曰："篆法扁者最好，谓之蜾扁。徐铉谓非老手不能到《石鼓文》字。"[②]唐篆《美原神泉铭》，结体方匾，大有《石鼓》遗意。李枢、王宥《谒岳祠题记》，吾宁取之。《浯台铭》《浯溪铭》，参用籀笔，戈戟相向，亦自可人。《碧落碑》笔法亦奇，不独托体之古，阳冰见之，寝卧数日不去，则过阳冰远矣。近世吴山子作西汉分，体态朴逸，骎骎欲度骅骝前矣。若加奇思新意，虽笔力稍弱，亦当与顽伯争一席地。

---

① 吾邱衍(1272—1311)，一作吾衍，字子行，号贞白，世称贞白先生。原作吾丘衍，清初为避孔丘讳而改。元代篆刻家，浙江龙游人。嗜古学，通经史百家言，工篆隶，谙音律，著有《周秦石刻释音》《学古编》等。

② 出自吾丘衍《学古编·三十五举》之七举。《学古编》成书于大德庚子(1300)年，卷一为《三十五举》。《三十五举》为此书主体，阐述篆隶演变及篆刻知识，甚多创获，故后人往往直呼该书为《三十五举》。

程蘅衫、吴让之[①]为邓之嫡传，然无完白笔力，又无完白新理，真若孟子门人，无任道统者矣。陈潮思力颇奇，然如深山野番，犷悍未解人理。左文襄笔法如董宣强项，虽为令长，故自不凡，近人多为完白之书，然得其姿媚靡靡之态，鲜有学其茂密古朴之神。然则学完白者虽多，能为完白者其谁哉！

评论:《石鼓》结字，方圆长短，无所不备，其格实系长方。翁覃溪所记分寸，可覆核也。其字形亦长者为多，间有横宽之字，不得以扁论。盖中国文字，自上蝉联而下，结体稍长，乃理势之自然，汉隶始变横扁之势，然其格仍多用长方，故行款横处甚密，而直处甚疏。阮文达谓“以篆格作隶书”是也。

余初见吴山子篆书楹帖，喜其有《石鼓》遗意，因与可庄相约，每日用油纸影摹《石鼓》数行，见其新奇间出，神化无方，相对辄愕眙嗟叹，乃不知所以称之，回视吴山子书，几无是处，盖其离合伸缩，别有妙理。吾尝临《琅琊台》，苦无入处，以《石鼓》较之，乃觉整齐、局促，如时下折卷书，“如来三昧，迦叶不知；迦叶三昧，阿难不知”，岂是诳语。惜与可庄皆苦其峻绝，未久即弃去，至今未尽明其立法之根也。昔人所称有十二种法外巧妙者，惟《石鼓》足以当之。

近人有以字形方扁为学《石鼓》者，止见其手足拘挛，不调畅耳。东野为诗囚，此真字囚矣。

原文:吾见先师朱九江[②]先生，出其前明九世祖白岳先生讳完者手书篆隶，结体取态，直与完白无二，始叹古今竟有暗合者。

---

① 程蘅衫，乃邓石如临终之年(1805)所收门生。　吴让之(1799—1870)，原名廷飏，字熙载，后改字让之，江苏仪征人，包世臣的学生。清代书画篆刻家。篆刻学邓石如。

② 朱九江(1807—1882)，名次琦，字子襄，一字稚圭，南海九江人。道光二十七年(1847)进士，曾任襄陵县知县。后归乡讲学礼山草堂二十馀年。

评论：余藏元泰不华[1]篆《临海王贞妇碑》，又尝见元周伯琦[2]，明滕权、徐霖[3]篆书真迹，出锋取姿，与完白波澜莫二，但结体稍方，而行笔无其恣肆耳。盖宣城梅氏藏弆甚富，完白主其家时，必曾涉览及之，正不独秦汉当额是其觞源也。

原文：杜工部不称阳冰之篆，而称李潮。吾邱衍谓潮即阳冰，人或疑之。《唐书·宰相世系表》：雍门子，长湜；次澥，字坚冰；次阳冰，潮之为名。与湜、澥相类，阳冰与坚冰为字相类。甫诗曰："况潮小篆逼秦相。"而欧阳《集古》、郑渔仲《金石略》俱无潮篆，其为一人，无可疑也。

评论：坡公《墨妙亭诗》[4]驳杜陵"书贵瘦硬"之说，即指《赠潮诗》[5]，

① 泰不华(1304—1352)，字兼善，伯牙吾台氏，原名达普化，元文宗赐名泰不华，随父定居临海。至治元年(1321)进士，授集贤殿修撰，累迁至礼部侍郎。至正元年(1341)，出任绍兴路总管。后升礼部尚书兼会同馆事。封魏国公，谥忠介。《元史》有传。善篆隶，学徐铉，又稍变其法，自成一家。

② 周伯琦(1298—1369)，字伯温，号玉雪坡真逸，饶州人。以荫授南海县主簿，后转为翰林修撰。博学工文章，而尤以篆、隶、真、草，擅名当时。著有《六书正讹》《说文字原》二书。

③ 徐霖，字子仁，一作子元，号九峰道人，又自号髯仙，明代吴县人。徙居南京，有快园，也号快园叟。擅长画山水、花卉、松竹、礁石。

④ 即苏轼《孙莘老求墨妙亭诗》："兰亭茧纸入昭陵，世间遗迹犹龙腾。颜公变法出新意，细筋入骨如秋鹰。徐家父子亦秀绝，字外出力中藏棱。峄山传刻典刑在，千载笔法留阳冰。杜陵评书贵瘦硬，此谕未公吾不凭。短长肥瘠各有态，玉环飞燕谁敢憎。吴兴太守真好古，购买断缺挥缣缯。龟趺入座螭隐壁，空斋昼静闻登登。奇踪散出走吴越，胜事传说夸友朋。书来乞诗要自写，为把栗尾书溪藤。后来视今犹视昔，过眼百世如风灯。他年刘郎忆贺监，还道同时须服膺。"

⑤ 杜甫《李潮八分小篆歌》："苍颉鸟迹既茫昧，字体变化如浮云。陈仓石鼓又已讹，大小二篆生八分。秦有李斯汉蔡邕，中间作者寂不闻。峄山之碑野火焚，枣木传刻肥失真。苦县光和尚骨立，书贵瘦硬方通神。惜哉李蔡不复得，吾甥李潮下笔亲。尚书韩择木，骑曹蔡有邻。开元已来数八分，潮也奄有二子成三人。况潮小篆逼秦相，快剑长戟森相向。八分一字直百金，蛟龙盘拏肉屈强。吴郡张颠夸草书，草书非古空雄壮。岂如吾甥不流宕，丞相中郎丈人行。巴东逢李潮，逾月求我歌。我今衰老才力薄，潮乎潮乎奈汝何。"

而中有“千载笔法留阳冰”之句,此亦潮即阳冰之一旁证。欧录潮碑多隶书,而今所传阳冰篆碑,无一自署潮者,此又不能无疑。

本汉第七

原文:后人推平原之书至矣,然平原得力处,世罕知之。吾尝爱《郙阁颂》体法茂密,汉末已渺,后世无知之者,惟平原章法结体独有遗意。

评论:颜出于褚,《孟法师》《伊阙》二碑,结法与颜绝似,是其确证。惟颜多中含,褚书间有外拓之笔。至《圣教序》《房玄龄碑》,则酝酿神化,然外拓之势更多矣。

原文:又书法每苦落笔为难,虽云峻落逆入,此亦言意耳。

评论:闻张廉卿每举《天发神谶》以为八面出锋之式,亦此意也。

原文:《孔宙》《曹全》是一家眷属,皆以风神逸宕胜。《孔宙》用笔旁出逶迤,极其势而去,如不欲还。《冯君神道》《沈君神道》亦此派也。

评论:《沈君神道》旁有界线,“沈”字、“道”字末笔,皆引出界外极长,汉洗往往有此式。余尝戏谓:此是蜀中书势。伯羲附和其说。他处实罕见此式也。

原文:然唐隶似出《夏承》为多。王恽以《夏承》飞动,有芝英、龙凤之势,盖以为中郎书也。吾谓《夏承》自是别体,若近今冬心、板桥之类,以《论语》核之,必非中郎书也。

评论:《夏承》虽不敢定为中郎书,然中郎有言:“笔软则奇怪生焉。”惟《夏承》足以证之。翻刻多不足观,曾见潘文勤藏本,号称原拓,亦未可信,然决非近翻,(一见)已觉神采奕奕矣!

国初傅青主、郑谷口、万九沙①诸家，皆似有意步趋，相去奚啻万里，谓唐隶出《夏承》，亦所不解。

《鲁峻》有《夏承》丰伟之意，而无其奇变，《夏承》之亡，吾甚惜之。安吴云："境无所触，识且不及，况实证乎！吾未见《夏承》，胸中断无其意境也。"

原文：若《华山碑》实为下乘。

评论：《华山庙碑》以题目论，亦必是当时名手所作。此论未公，我不凭。

卷三

传卫第八

原文：《述书》所称，皆亲见笔迹。晋六十三人、宋二十五人、齐十五人、梁二十一人、陈二十一人。而北朝数百年，崔、卢之后，工书者多，绝无一纸流传，惟有赵文深兄弟，附见陈人而已，岂北士之笔迹尽湮耶？得无秘阁所藏，用太宗之意，摈北人而不取邪！

评论：南朝士大夫习气有二种，一曰门第之见，一曰畛域之见，论书亦然。书评之少，北人不自唐始也。

隋有妙楷台，藏晋宋以来名书妙迹，见《隋·经籍志叙》，于时南北混合，右军书法，尚未定一尊，今所传《开皇兰亭》赝造不足道，其所收或博于贞观欤！

---

① 傅青主(1607—1684)，名山，字青竹，后改青主。书法出颜真卿，被时人尊为"清初第一写家"。所画山水、梅、兰、竹等，均精妙，被列入逸品之列。 郑谷口(1622—1693)，字汝器，江苏上元人。工书。学汉碑达三十馀年，为访河北、山东汉碑，倾尽家资。对后来汉碑之学的复兴起了重要作用。 万九沙(1659—1741)，名经，字授一，浙江鄞县人。万斯大子。康熙四十二年(1703)进士，官编修。博通经史性理及金石家言。增补万斯大《礼记集解》数万言，重修万斯同《列代纪年》。工隶书，著有《分隶偶存》。

宝南第九

原文:南碑所传绝少。

评论:《洛阳伽蓝记》,盛言郑道昭宅第闳侈,意其取多用宏,必多藏南朝妙迹矣。

原文:南碑当溯于吴。吴碑四种,体分则有《封禅国山》之浑劲无伦,《天发神谶》之奇伟惊世,《谷朗》古厚,而《葛府君碑》尤为正书鼻祖。四碑皆为篆、隶、真、楷之极,抑亦异矣。晋碑如《郛休》《爨宝子》二碑,朴厚古茂,奇姿百出,与魏碑之《灵庙》《鞠彦云》皆在隶、楷之间,可以考见变体源流。《枳阳府君》茂重,为元常正脉,亦体出《谷朗》者,诚非常之瑰宝也。

评论:谢灵运《石门诗刻》,在浙江青田县,结字略长,锋棱俱平漫,未见遒美之致,故论者多疑之。然标题及衔名式样,与郑道昭①《观海诗》合,又有唐人题名大字盖其上,似非伪造。"疏峰抗高馆"句,"抗"字作"枕",与《文选》异。

《梁敬太妃墓志》,在吴潘文勤家,文勤尝出以诧客,余得见之。《旧馆坛碑》在山东王氏,曾见照本数行,拓手不精,与今所传双钩本异。今南朝真书大碑,惟《始兴王》一石,《敬太妃》《旧馆坛》二刻,书品实高出其上,非独以罕见珍,此论南碑所必当及之者,惟猝不易见。长素成书太速,亦未暇详也。

取隋第十一

原文:统观《豆卢通造像》《赵芬残石》《仲思那造像》《巩宾墓志》《贺若谊碑》《惠云法师墓志》《苏慈碑》《舍利塔》《宋永贵墓志》《吴俨墓志》《龙藏寺碑》,莫不有洞达之风。

---

① 郑道昭(?—516),字僖伯,号中岳先生,开封人。官至秘书监,卒谥文恭。北魏书法家。

评论：隋刻小字洞达者，无过《元公》《姬氏》二志[①]。

原文：《舍利塔》运笔爽达，结体雍容茂密，而有疏朗之致，诚为《醴泉》之先声。上可学古，下可干禄，莫若是碑。

评论：隋《舍利塔》不一种，此指河东首山道场之碑，为贺德仁书。德仁见新旧《唐书·文苑传》，其书上承贺朗，而下开贺知章。今越中《龙瑞宫记》，乃秘监书，与《舍利塔》相近。《舍利塔》虽在北，而德仁会稽人，亦略可见南朝之流风，贺氏之家法也。

原文：《赵芬残石》。

评论：《赵芬碑》乃薛道衡文。新刻《古逸丛书》中《文馆词林》，载其全篇，薛书本入品，疑即其所书也。亦可宝矣！

原文：永叔跋《丁道护碑》。

评论：临川李氏藏《丁道护》《启法寺碑》，今有石印本，遒丽天成，决非唐人所能及，真妙迹也。

卑唐第十二

原文：论书不取唐碑，非独以其浅薄也。平心而论，欧、虞入唐，年已垂暮，此实六朝人也。褚、薛笔法，清虚高简，若《伊阙石龛铭》《石浣序》《大周封禅坛碑》，亦何所恶？良以世所盛行，欧、虞、颜、柳诸家碑，磨翻已坏，名虽尊唐，实则尊翻变之枣木耳。若欲得旧拓，动需露台数倍之金，此是藏家之珍玩，岂学子人人可得而临摹哉！况求宋拓，已若汉高之剑、孔子之履，希世罕有，况宋以上乎！然即得信本墨迹，不如古人，况六朝拓本，皆完好无恙，出土日新，略如初拓，从此入手，便与欧、虞争道，岂与终身寄唐人篱下，局促无所成哉！识者审时通变，自不以吾说为妄陈高论，好翻前人也。

---

① 指《太仆卿元公墓志铭》《太仆卿夫人姬氏墓志》。

评论:此说须分别言之。初拓之妙,非磨翻所能有;墨迹之妙,又非石刻所能尽。学碑有得,仍当浏览墨迹以为广益之资。即元、明名迹,亦不可不观。余尝见唐人写经,及苏、黄、米、赵真迹,神采飞动,波澜老成,令人惊叹,忘其结体之不古。用笔与结体本相因,精言之则为两事。宋、元以后,书家止坐沉溺帖学,不肯问途古碑耳,其中固未尝无杰出抗古之才也。

原文:余若王知敬[①]之《李卫公碑》。

评论:王知敬书《金刚经》,似学欧,去书《李卫公碑》时已二十年,盖其晚年之变境,转趋朴直。《明征君碑》[②]行书、篆额衔名一行乃其自书,非高正臣笔,亦可观其由《卫》而变之蹊径。

卷四

体系第十三

原文:薛稷得于《贺若谊》而参用《贝义渊》肆恣之意。

评论:此当指薛曜,若薛稷书碑,可见者唯《升仙太子碑》,碑首标题,碑尾年月,及碑阴衔名耳,与《贝义渊》不类。

原文:《诚悬》虽云出欧,其瘦硬亦出《魏元预》《贺若谊》。

---

① 王知敬,唐代怀州河内(今河南沁阳)人。官太子家令。武后时为麟台少监。史称“王家令”。工正行书,尤善署书。与殷仲容齐肩。《李卫公碑》即《李靖碑》,全称《大唐故尚书右仆射特进开府仪同三司上柱国赠司徒并州都督卫景武公之碑并序》,亦称《卫景武公碑》。许敬宗撰,王知敬正书。为昭陵陪葬碑之一。唐显庆三年(658)五月刻。碑阳正书,三十九行,行八十二字。碑阴刻宋元祐四年游师雄等题名十三行,行二十字。

② 《明征君碑》,位于南京栖霞寺山门外侧。碑为唐上元三年(676)所立,全名《摄山栖霞寺明征君之碑》。文是唐高宗李治所撰,高正臣书,王知敬篆额。碑背面刻有高宗亲笔“栖霞”二字。碑文通篇四六韵文。碑高2.74米,宽1.31米,厚0.26米。明征君指明僧绍,字承烈,山东人。刘宋时历任征直郎、参军、正员外郎等,人皆称其为“征君”。南齐时隐居,后舍宅为寺,称栖霞寺。

评论:唐碑惟《张琮》最近《贺若谊》。

原文:殷令名、包文该,颇能学《贾思伯》。

评论:殷令〔名〕与颜氏有连,平原,殷令名之甥也。《裴镜民碑》鲁公似有采取,不足为《贾思伯》之嗣,包文该《兖公颂》略有《穆子容》之意。

原文:《李超碑》体骨峻美,方圆并备,然方笔较多,亦出卫宗。《司马元兴》《孟敬训》《皇甫抆》《凝禅寺》体皆相近。《解伯达造像》亦有奇趣妙理,兼备方圆,为北碑上乘。至隋《宋永贵》,唐《于孝显》《李纬》《圭峰》,亦其裔也。

评论:余尝见《凝禅寺》旧拓,神采迥非近拓可比,但与《李超》似非一家眷属。

《于孝显》有欧意,《李纬》有褚意,《圭峰》有柳意,皆略似而远不及。裴休与柳同时,而颇有名,未必相师,势而相近耳。

原文:《张黑女碑》雄强无匹,然颇带质拙,出于汉《子游残碑》,《马鸣寺》略近之,亦是卫派。唐人寡学之,惟东坡独肖其体态,真其苗裔也。

评论:东坡《职志》在平原门庭,则《季海观墨妙亭诗》可见,未必学《马鸣寺》,《张黑女》尔时更未出土,然竟坐以真赃现获,恐坡公亦相视而笑,不能置办也。

原文:《吴平忠侯》。

评论:梁东宫学士孔敬通,创反左书,号众中清闲休,《吴平忠侯阙》反左书,未必其遗迹也。见《法书要录》。

导源第十四

原文:褚河南《伊阙石龛》出于《吊比干文》《齐武平五年造像》,皆八分之遗法。

评论:《贾思伯》碑阴宋温益题记谓:登善学此碑。当时碑必完好,今则锋棱多磨灭,不能尽见其笔意矣。宋人论唐书出于北碑者,仅见于此,其说颇有意,可思也。

原文:若《李卫公碑》《昭仁寺碑》,则《刁遵》《法生》《龙藏寺》之嗣音也。

评论:《李卫公碑》出于《丁道护》《启法寺》及《龙门药方》《昭仁寺碑》,郑渔仲以为虞书,子培力证其不谬。与《龙藏寺》和峻迥异,而有相通处;与《龙藏寺》前半尤相近,若《刁遵》则皆不类也。

原文:《刁遵志》《王士则》《李宝成碑》,则赵吴兴之高曾也。

评论:吴兴以《李宝成》为枕秘安吴,此说不谬,若推之《刁遵》则非也,必若所云,使当日书人见之,必曰:"似我者俗,学我者死。"

原文:张乎、张轸、张景之,则吴荷屋所螟蛉也。

评论:吴荷屋学欧,而尤用力于《虞恭公》,其得意之作,乃上窥《贝义渊》矣。

十家第十五

原文:《华岳碑》为赵文渊书。

评论:赵文渊压于王褒,而传于后者又止隶书,可惜也。

十六宗第十六

原文:《敬显俊》为静穆茂密之宗,《朱君山》《龙藏寺》辅之。

评论:《龙藏寺》虽晚出,而当别为一宗。新出《刘碑造像记》字多极完密,与《敬显俊》逼似,圆密不及,而中有朴质严重之意,又似过之,可以为辅矣。

原文:《高植》为浑劲质拙之宗,《王偃》《王僧》《臧质》辅之。

评论:《王偃》结字完措,画瘦,浑而不劲,与《高植》不似。

原文:《杨大眼》为峻健丰伟之宗,《魏灵藏》《广川王》《曹子

建》辅之。

评论:《温泉颂》,鄙意当为《杨大眼》之辅,但稍加缛丽耳。

原文:《刁遵》为虚和圆静之宗,《高湛》《刘懿》辅之。

评论:《刘懿》为北齐之先声,寓峻整之意,翻本骤看极似,然转折处皆改圆矣,与《刁遵》不类,或以《崔敬邕》易之,然《崔敬邕》与《李超》亦相通。

碑品第十七

原文:《葛祚碑额》

评论:是碣类,向称"碑额",误。

馀论第十九

原文:包慎伯以《般若碑》为西晋人书。

评论:《般若碑》是齐刻,《魏默深诗集》中曾及之。

原文:柳诚悬《平西王碑》学《伊阙石龛》而无其厚气,且体格未成。

评论:《平西王碑》是翻刻,与《伊阙佛龛》不相近。

卷五

执笔第二十

原文:朱九江先生《执笔法》曰:"虚拳实指,平腕竖锋。"吾从之学,苦于腕平则笔不能正,笔正则腕不能平,因日窥先生执笔法,见食指、中指、名指层累而下,指背圆密,如法为之,腕平而笔正矣。于是作字体气丰匀,而筋力仍未沉劲。先生曰:"腕平,当使杯水置上而不倾;竖锋,当使大指横撑而出。夫职运笔者腕也,职执笔者指也。"如法为之,大指所执愈下,掌背愈竖,手眼骨反下欲切案,筋皆反纽,抽掣肘及肩臂,抽掣既紧,腕自虚悬,通身之力,奔赴腕指间,笔力自能沉劲,若饥鹰侧攫之势,于是随意临古碑,皆有气力。

始知向不能书，皆由不解执笔。以指代运，故笔力靡弱，欲卧纸上也。古人作书，无用指者。《笔阵图》曰："点、划、波、撇、屈曲，须尽一身之力而送之。"夫用指力者，以指拨笔，腕且不动，何所用一身之力哉！欲用一身之力者，必平其腕，竖其锋，使筋反纽，由腕入臂，然后一身之力得用焉。或者乃谓拨镫法，始自唐人，六朝无不参指力者，可以《笔阵图》说证之。遍求六朝，亦无用指运笔之说也。

学者欲执笔，先求腕平，次求掌竖，后以大指与中指相对擫管，令大指之势倒而仰，中指之体直而垂。名虽曰执，实则紧夹其管。李后主所云在大指上节下端，中指着指尖，名指在爪甲肉之际也。

评论：此书力辟以指运掌之说，而尊邓、张为集成，完白笔法见包氏《述书》，及《邵生墓碣》。廉卿笔法，吾尝亲叩其大略，其弟子亦有传其遗说者，皆运指也。

原文：夫以数指俯仰运送，其力有几？

评论：有力无力，只论腕臂之力，能否到指，指力能否到毫尖耳。何子贞临《道因碑》，自谓冬月汗流浃背。然张廉卿谓道州书，使尽笔力，多是标劲。此语可以细参，若大字用笔，自不能不与小字有异耳。

缀法第二十一

原文：圆笔用绞，方笔用翻。

评论：姚仲虞《一经庐丛书》末附《论笔法》一卷，发挥"翻绞"二字，以尽方圆之义，盖本慎伯之说，而申畅之致为详明。

卷六

榜书第二十四

原文:《云峰山石刻》,体高气逸,密致而通理,如仙人啸树,海客泛槎,令人想象无尽。若能以作大字,其秾姿逸韵,当如食防风粥,口香三日也。

评论:此说至美,令我神往。然恐不能,郑道昭自作《白驹谷》等字,即移步换形矣。惟“当门坐石”数字,有《观海诗》及《赤松子》等题字之意,然亦不及其超隽也。

原文:宋人数寸书,则山谷至佳。

评论:山谷正书《伯夷庙碑》,取裁于雁塔、同州两《圣教》,行书则参以薛曜,而尤肆力于《瘗鹤铭》与《观海》《论经书》诸刻,纵横不同,而气韵相出入,故山谷有近似处。

行草第二十五

原文:披其简牍,与正书无异。

评论:安吴谓佳者仅成稿行,盖嘉道以前已如此,国朝此事,不能不让安吴独步矣。

原文:学草书先写智永《千字文》、过庭《书谱》千百遍,尽得其使转顿挫之法。形质具矣,然后求性情。笔力足矣,然后求变化。乃择张芝、索靖、皇象之章草,若王导之疏,王珣之韵,谢安之温,钟繇《雪寒》《丙舍》之雅,右军《诸贤》《散势》《乡里》《苦热》《奉橘》之雄深,献之《地黄》《奉对》《兰草》之沉着,随性所近而临仿之,自有高情逸韵,集于笔端。若欲复古,当写章草,史孝山《出师颂》致足学也。

评论:唐碑行书甚多,草书极少。武后《升仙太子碑》,草书绝佳,未可因人而废。安吴用意之作,逼似之,疑即其《枕中秘》,如吴兴之于《王士则》也。安吴酷好草法，而《论书》不及此碑，吾疑也焉。

原文：学《兰亭》，但当师其神理奇变。

评论：《兰亭》神理，未能质言。窃意《高湛》《龙藏寺》当近之，此未可以面貌论，亦未可以真、行分也。

干禄第二十六

原文：赵壹《非草》曰："乡邑不以此较能，朝廷不以此科吏，博士不以此讲试，四科不以此求备。"诚如其说，书本末艺，即精良如韦仲将，至书凌云之台，亦生晚悔。则下此钟、王、褚、薛，何工之足云。然北齐张景仁，以善书至司空公，则以书干禄，盖有自来。唐立书学博士，以身、言、书、判选士，故善书者众。鲁公乃为著干禄字书，虽讲六书，意亦相近。于是，乡邑较能，朝廷科吏，博士讲试，皆以书，盖不可非矣。

评论：龚定庵《干禄新书》，有录无书，其叙、传特滑稽，寓言耳。长素此作，真乃现宰官身而为说法矣。

原文：郭兰石、张翰风二家。

评论：翰风隶书，气体峻洁，在黄小仲、吴让之之间，此自指张岳崧，笔误耳。

郭书佳者，尚有裴镜民遗意，但薄弱耳。

原文：近有《樊府君碑》，道光新出，其字划完好，毫芒皆见，虚和娟妙，如莲花出水，明月开天，当是褚、陆佳作。

评论：此是褚派，决非褚作，陆柬之则益不近矣。

原文：《张兴碑》秀美绝伦，《河南思顺坊造像记额》丰美匀净，《韦利涉造像》精美如绛霞绚采，《南阳张公夫人王氏墓志》婉美，《太子舍人翟公夫人墓志》遒媚，《王留墓志》精秀无匹，《李纬墓志》体峻而笔圆,《一切如来心真言》和密似《刁遵》,《马君起浮图记》体峻而美,《崔璀墓志》茂密,《罗周敬墓志》整秀峻爽。

评论:《房山石经》释慧琬书,其人享大年,自齐至唐初,随写随刻,方整腴畅,又甚易购,足为趋时之助。

陕西新出《宝梁经》,亦唐石小楷之至精美者。

节庵同年以此书见诒时,适患足疾,倚枕读之,愚管所及,随笔识于上方,约七十馀则,聊遣病怀。曩所阅碑拓书评,多省意不具,不能尽也。光绪乙未十月初七日,習斋居士黄绍箕记于金陵寓馆。

《校邠庐抗议》签议[1]

1898 年

臣谨案:故中允冯桂芬此书,准古揆时,运心至密。惟是时势迁变,弊习日深,就办法观之,则其不可行者似不少;就用意审之,则其可行者又似甚多。往往䌷绎再三,殊难以一言遽决其可否。即臣所见以为可行,其中办法尚有宜别择者,有宜变通者,有宜推广者,故论说不能不稍加详,既逐篇系说,复揭其大旨,标于目录之下,以期简明,谨具签如左:

目录

《公黜陟议》:宜择事另办,似可试行。

《汰冗员议》:办法宜择要,似可行。

《免回避议》:利多弊少,似可行。

《厚养廉议》:甚有关系,似可行。

《许自陈议》:办法宜变通,似可行。

《复乡职议》:于民较便,似可行。

《省则例议》:现奉旨饬行,应无庸再议。

---

① 中国第一历史档案馆编《清廷签议〈校邠庐抗议〉档案汇编》(线装书局,2008年)第三册第1301—1354页。封面题“翰林院侍讲臣黄绍箕谨议”。目录下略议,每条下详议。

《易吏胥议》:办法宜变通,似可行。

《折南漕议》:利多弊少,似可行。

《利淮鹾议》:今昔情形不同,似不可行。

《改土贡议》:恐有窒碍,似不可行。

《罢关征议》:今昔情形不同,似不可行。

《节经费议》:有利无弊,似可行。

《筹国用议》:办法宜推广,似可行。

《杜亏空议》:办法宜变通,似可行。

《复陈诗议》:恐涉烦琐,似不可行。

《变科举议》:现奉旨改章,应无庸再议。

《改会试议》:恐有窒碍,似不可行。

《广取士议》:取士之途已广,应无庸再议。

《停武试议》:现奉旨饬议改章,应无庸再议。

《减兵额议》:现奉旨饬行,应无庸再议。

《严盗课议》:恐少实效,似不可行。

《制洋器议》:办法宜推广,似可行。

《善驭夷议》:甚有关系,似可行。

《采西学议》:有资实用,似可行。

《重专对议》:甚有关系,似可行。

《变捐例议》:现奉旨议停,应无庸再议。

《绘地图议》:专家之学太少,似可缓行。

《兴水利议》:专家之学太少,似可缓行。

《均赋税议》:与绘地图相因,似可缓行。

《稽旱潦议》:与绘地图相因,似可缓行。

《改河道议》:与绘地图相因,似可缓行。

《重酒酤议》:恐滋烦扰,似不可行。

《收贫民议》:办法宜推广,似可行。

《劝树桑议》:有利无弊,似可行。

《一权量议》:恐滋烦扰,似不可行。

《稽户口议》:与复乡职相因,似可并行。

《崇节俭议》:宜务其大,似可行。

《复宗法议》:恐少实效,似可缓行。

《重儒官议》:恐少实效,似可缓行。

《裁屯田议》:于事较便,似可行。

《寓兵于工议》:非通法,似不可行。

《通道大江运米运盐议》:无关重要,似可缓行。

《垦荒议》:有利无弊,似可行。

《上海设立同文馆议》:早经举办,应无庸再议。

《用钱不废银议》:今昔情形不同,似不可行。

《以工巧为币议》:非通法,似不可行。

正文

《公黜陟议》:

臣谨案:此议立义甚古,近西国公举议员,即用此法。然利大而弊亦大,中国近来风气渐漓,是非或鲜定论,好恶尤多私情,断难仿行。惟有一事可以试办:朝廷锐意振兴商务,而商不信官,断难望有起色,拟请饬海疆督抚劝令富商各举一人,不拘现官绅士,择荐举最多者,奏明派充商务局督办,稍假以事权。如此则官商之情通,而商务可期振作矣。俟届三年,再行另举,如仍系原举之人,可令连任,行之有效。凡农务、工务皆可照办,或亦便民之一道。谨就原议别筹办法,似可试行。

《汰冗员议》:

臣谨案:裁减冗员,当先综核名实,去其虚縻。最甚者海运行则漕督以下皆可废,治河以利漕耳。且河道皆系督抚辖境,是河督以下亦可裁,河漕弁兵可汰弱留强,归地方官管辖,督抚同城和衷者鲜裁并有利无弊,不独省费已也。关督、织造均宜归并督抚,以节浮费。然又有最要一义,自捐例盛行,每省道府以下少者数百,多几逾千,有不营缺而营差者,有缺之冗员可稽,无缺之冗员不可稽,蠹国殃民,莫此为甚。故正本清源,必以停捐为第一义。谨就原议酌举其要,似可行。

《免回避议》:

臣谨案:定例教官止避本府,武员则并不回避。此议府厅州县选近省县丞以下,不出省,情形较熟,道路之费亦较省,公私尚为两便,似可行。

《厚养廉议》:

臣谨案:嘉庆初年,仁宗睿皇帝谕:查州县陋规,明以予之。嗣以疆吏覆议不果行。同治年间,胡林翼抚湖北,沈葆桢抚江西,左宗棠抚福建,光绪七年张之洞抚山西,皆曾裁减陋规,明给公费,时论称善。惟他省未及仿行。至于京官满汉一品以下,每季俸银共止十万金,论者每谓帑项支绌,断不能议给养廉。夫阁部院寺为天下政治所总汇,今购一兵舰,动需百馀万金,足抵满朝文武六七年之俸项,传之外人,亦非政体。夫苟覆餗素餐,罢斥之可也。若俯仰不能自给,复安能专心竭力,思职趋公乎?此议所陈,关系非小,似可行。

《许自陈议》:

臣谨案:捐输之例,可以自便者甚多,独于正途限制甚严,似非,所以昭平允。然过宽则又开趋避之门,拟请京官自部院司员以下,外官自府厅州县以下,生平有专习何学,长于何事者,许其自行陈明,请旨特派大员秉公察看,面加询考,再试以文字。如果言副其实,可调以对品相宜之职分。此程子所谓“用人者问才之所长,不问志之所欲”是也。谨就原议酌加变通,似可行。

《复乡职议》:

臣谨案:乡官之制,意美法良,隋文帝始罢之,自是官民隔绝矣。如汉啬夫,职听狱讼,收赋税。今听讼则投状,有费差传,有费审结,有费收赋税。则钱粮有耗羡,米折有盈馀,浮收私派,莫可究诘。游徼循禁盗贼,今州县规避处分,讳盗累民,汉以前无是也。

雍正七年,御史龚健飏请设乡官,为疆臣所驳。夫世变亟则必复古,现奉旨令在籍绅士开办学堂,已兼汉三老教化之责。似宜添设保甲局,附以自新所、戒烟局,择公正绅士督办,经费由官绅合筹,无乡官之名而有其实,庶查户口、除盗贼、儆游惰,事事不难责实,似可行。

《省则例议》:

臣谨案:现已奉旨饬行,应无庸再议。

《易吏胥议》:

臣谨案:吏胥之害,人人知之,而不能去者,以六曹无专门之学故也。此议改用幕友,量与出身。然今日幕友多与吏胥勾结,积习已深,骤难洗涤。窃谓新进士到部,向有学习三年之例,不过对本而已,档案并不得见。现奉明旨删减,则例似宜令各就所司,稽核旧牍,其有功课勤奋,能明习律令者,期满之后,由堂官优加委任。下科进士分部并外官到省试用,事同一律,均宜实力督课。如此则舞文弄墨之徒,无所施其技,以渐去之,不难矣。谨就原议酌加变通,似可行。

《折南漕议》:

臣谨案:此事言者屡矣。揆之事势,自以折解为便。此议所条办法甚详晰,尚有二义,平时当讲农学以垦荒,则公私可以有备;偶歉当严海禁以杜漏,则招买不至为难,庶几无窒碍矣。似可行。

《利淮鹾议》:

臣谨案:近来川盐质良,而价亦较廉,已侵淮界。且淮商屡次捐输,成本益重,疏畅为难。此议情形与今稍异,似不可行。

《改土贡议》:

臣谨案:土贡折价解部,乾隆、咸丰中均曾行之,不为定例。近年山西䌷绢纸张亦经奏准折解,惟各省情形及物料货色不能尽同,如有流弊,去其太甚可耳,若一律折解,恐多窒碍,似不可行。

《罢关征议》:

臣谨案:此议欲以税入厘,盖发于厘捐未极弊之时,至今日而各省厘捐抽例纷歧,弊端百出,总税务司至议用三连单并厘捐入洋务,固由外人欲攘我利权,亦其极弊有以招之也。关征固宜整顿,然与其罢关征,不如裁厘捐较为简便。似不可行。

《节经费议》:

臣谨案:拨闲田兴屯垦之法,往时富俊、孙嘉淦、武隆阿、英和诸臣皆曾言之。故大学士沈桂芬抚山西时,疏陈办法尤详切。现在西北铁路渐次推广,农学成法颇多,仿办亦易,拟请谕饬奉直山西各省大臣勘拨闲地,挑选旗丁之膂力不及格不能为兵者,给资迁往屯垦,准作世业,既开地利,兼纾国用,实为两便,似可行。

《筹国用议》:

臣谨案:近年通海漏卮,为旷古之奇变。姑就光绪年间计之,以洋关税册进出货值相抵外,每年漏出银数有多至二千馀万者,而购船械、雇洋人及交涉偿款等数尚不在内。统计二十三四年中,漏卮总在五万万内外。循此以往,岂堪设想。日本自光绪四年至七年,此四年中,多出二千馀万,其后五年乃多进五千馀万,近更增至三倍馀,盖讲求农工商学之明效也。此议树桑、树茶、开矿,皆为急务,嗣后各省民间如有创立农学、工学、矿学学堂者,拟请谕旨明加奖厉。学有成效,就其所长,破格录用,庶于国匮民穷,不无裨补。谨就原议酌加推广,似可行。

《杜亏空议》:

臣谨案:亏空之弊,由于朦蔽。此议榜册示众,及飞骑侦察之法,仍恐别滋流弊。窃谓近来报馆既多,宜令州县各按所属都图造一细表,明注征收实数,登报传布,虽未能详尽,而要略已具,究不敢相去悬殊。至于豁免恩旨,尤宜及早登报,以杜压阁朦征之弊。此至简至易、有利无弊之法也。谨就原议酌加变通,似可行。

《复陈诗议》:

臣谨案:此议与设报馆之意同,现在官报、民报均奉旨允行,并得进呈御览。报纸之质实明畅,胜于陈诗之迂曲烦琐矣。似不可行。

《变科举议》:

臣谨案:现已奉旨改定章程,应无庸再议。

《改会试议》:

臣谨案:乡试中式后有磨勘覆试之例,此议恐有窒碍,似不可行。

《广取士议》:

臣谨案:现已奉旨变通科举章程,又开特科以求才,设学堂以造士。取士之途已广,应无庸再议。

《停武试议》:

臣谨案:现已奉旨饬议改章,应无庸再议。

《减兵额议》:

臣谨案:现已奉旨饬行,应无庸再议。

《严盗课议》:

臣谨案:复乡职则盗风自戢,否则必择吏得其人乃可耳。若仅严盗课,而谓吏不能讳,恐未必然也。似不可行。

《制洋器议》:

臣谨案:南北洋之制造局,闽鄂之船厂、铁厂,业经先后开办,此议于今已验。惟官款支绌,扩充为难。拟请谕令海疆督抚,劝谕富商,自立工艺学堂,又制造必须机器。而制造机器之机器谓之机母,亦宜劝商设厂。凡事皆有本末,机器为制造之本,机母厂为机器之本,而工艺之学,又用机母以造机器之本也。谨就原议酌加推广,似可行。

《善驭夷议》:

臣谨案:外交宜审大势,方有办法。近来欧洲思吞噬亚洲,与我同洲者断不能无唇亡齿寒之惧,日本是也。亚洲以外与我悬绝,而无越国鄙远之志者,美是也。至于欧洲,则俄国东跨亚洲上游,俄愈强盛,则商务最大之国必先受亏,英是也。故今日中国宜与联络者,首日本、次美、次英。虽然铁甲丛谈,有言必我能自强,而后各强国始肯引与为伍,此真药石之忠言。否则彼日与美英于我岂有爱哉?此议情形略殊,而宗旨具合,似可行。

《采西学议》:

臣谨案:化学、矿学、光学及种植、制造诸学,《周礼》已具。我圣祖仁皇帝采西法，改时宪、造仪器、制巨炮，皆列在《会典》。四十四年曾谕令翰林习外国语言文字，御纂《几暇格物》，编《数理精蕴》，于格致之学、几何之理，孜孜讲求。诚以凡事苟合于理，而适用于不能，以不出于我而屏斥之也。现既奉旨采新法开学堂矣，然有治法，尤贵有治人。曾国藩尝言："惟忠臣谋国，百折不回；勇士赴敌，视死如归。"此亘古不可变革者。至器械形势，正赖君子，因时变通，以匡不逮。此议云习其语言文字者多，必有正人君子、通达治体者出其中，知本之言，互为经纬。似可行。

《重专对议》：

臣谨案：专对之选，当兼四事，一曰志虑忠纯，二曰才辨敏给，三曰熟悉外国情形，四曰能通语言文字。忠纯、敏给，在朝廷平时垂意访求。至熟情形、通语文，则由于学力，但能劝导栽培之，必可得矣。四者不可得兼，则宜择忠纯之人，使之讲求洋情，必可委任。此议所述吉尔杭阿之事，亦由实有忠心，故能据理以折敌气也。似可行。

《变捐例议》：

臣谨案：欲汰冗员，当自停捐输始。现已奉旨饬部议奏，应无庸再议。

《绘地图议》：

臣谨案：会典馆所集各省地图疏密亦不一律，盖办此者未必皆精于测绘之学也。此议立法诚简便，然究其实，总以能测天空经纬度数，能绘地面平视之图，始为合格。俟学堂办有成效，多测绘专家之才，方可大办。似可缓行。

《兴水利议》：

臣谨案：水利最为急务，然往往未能兴办，即办亦鲜成效者，以测量之才难，而防浚之费巨故也。现在西人以种树为消水患之法，其理甚精微，而有实据。此事亦须俟水学、农学盛兴之后，方可大办。似可缓行。

《均赋税议》：

臣谨案：此议与绘地图相因，似可缓行。

《稽旱潦议》：

臣谨案：此议与绘地图相因，似可缓行。

《改河道议》：

臣谨案：此议与绘地图相因，且今昔情形又稍不同，似可缓行。

《重酒酤议》：

臣谨案：此议亦《周礼》"靡者使微"之意，然酿酒为秫米，销路之大宗。近来鸦片盛行，若重酤之，恐有改业者。种秫米不愈于种鸦片乎？似不可行。

《收贫民议》：

臣谨案：近来收贫民之最有成效者，一曰制造厂局也，一曰自新所也。自新所江宁、湖北皆有之，而前安徽按察使赵尔巽办理最为得法，无赖游手，皆勒令入其中，学习手艺，共分二十馀行。臣亲见之，乃知天下真无废材也。至沿江沿海各厂局，所用工人少者数百，多则千馀，皆受约束，绝少滋事，不独养民生，兼可静民气。谨就原议酌加推广，似可行。

《劝树桑议》：

臣谨案：西人谓中国桑质之良，蚕力之大甲于地球。然近乃为意、法、日本诸国渐夺其利。盖种桑尚未尽其法，而不知防蚕病，受害尤深也。然无锡兴办蚕桑未久，丝逊湖产，而岁值已及四五百万元。近来易州试办，亦甚获利。拟请谕饬顺天府尹、直隶总督拨给官荒地亩,令京官中有志农桑之学者,自行鸠资,设立农会。现在轮船畅行,桑秧、蚕子购运甚便,中外精农学者延聘亦不难。行之有效,民间闻风取法,裨益非浅。似可行。

《一权量议》:

臣谨案:民间沿习已久,若改画一,恐转滋烦扰。且通海以来,凡官所用器具,或以外洋权量计算,仍不能一也。似不可行。

《稽户口议》:

臣谨案:此议与复乡职相因,似可并行。

《崇节俭议》:

臣谨案:俭为美德,如为百姓除害兴利,自当不惜巨款。至不急之务,无名之费,朝廷必当首罢之。以为倡率臣民,未有不默化潜移者,不仅在区区规条之末也。谨就原议举其大要,似可行。

《复宗法议》:

臣谨案:宗法最为要义,然世官世业之法久失,庶民迁徙无常,止能各就地方情形,随宜劝导,若一律行之,恐务虚名而鲜实际也。似可缓行。

《重儒官议》:

臣谨案:现在奉旨令各省督抚,择在籍绅士品学兼优,能符众望者,经理学堂事务,若行之有效,此议不难举办。至移书院于明伦堂侧,实效不必在此也。似可缓行。

《裁屯田议》:

臣谨案:海运畅行无弊,东南屯田多虚糜,少实济,自以裁撤为是。似可行。

《寓兵于工议》:

臣谨案:此议为苏州一郡而发,苟善行之,亦备患之一道,惟他处恐不能一一照办也。似不可行。

《通道大江运米运盐议》:

臣谨案:近来长江轮船运米,习以为常,但未运盐耳,将来必渐行之。此自然之势,似可缓行。

《垦荒议》:

臣谨案:此议专就苏州言,近来当已垦熟,所云用利器以垦地,则近日农学之急务也。似可行。

《上海设立同文馆议》:

臣谨案:上海早设广方言馆。近来京外讲此学者颇多,应无庸再议。

《用钱不废银议》:

臣谨案:现在情形不同,似不可行。

《以工巧为币议》:

臣谨案:工巧无过于洋法铸钱,然终以轻重论值,此议非通法也。似不可行。

瑞安新开学计馆序[①]

1896 年 4 月

光绪乙未，东事甫定，中国贤士大夫始矗然有国威未振之惧。于是京都及南洋皆有强学书局之举。而瑞安同人亦议于邑城卓忠毅公祠开学计馆以教邑之子弟，皆以甄综术艺，培养人材，导厥涂彻，以应时需，意甚盛也。夫时局之艰难，外变之环伺而沓至，斯天为之也。然人材之衰薾，学艺之不讲，朝野之间，岌焉有不可终日之虑，则人事或不能无过矣。

瑞安褊小，介浙闽之间，僻处海滨，于天下形势，不足为重轻。然储材兴学，以待国家之用，而出其绪馀以泽乡里，则凡践土食毛者皆与有责焉，固不容以僻远而自废也。

学计馆之开，专治算学，以为致用之本。盖古者小学六艺之一端，而造乎其微，则步天测地，制器治兵，厥用不穷。今西人所为挟其长以雄视五州[②]者，盖不外是。

吾乡自宋元迄有明，惟忠毅精通历算，而未有传书。道咸而

① 光绪二十五年冬，黄绍箕、黄绍第、孙诒让、项芳兰、周拱藻、洪锦标、王恩埴、鲍锦江、杨世环九人，列名发起开办瑞安学计馆。由孙诒让撰序、草订规程。因与黄绍箕有关，故予收入。

② 原稿如此。

后，几山项先生[①]芳兰先王父、菊潭陈先生[②]始研治宣城梅氏[③]之书，以通中西之要。迩来颖伟之士，又广涉代微积之学，以究其精眇，盖彬彬盛矣。设馆以教，俾后生小子，有所津逮，以启发其智慧，群萃以广其益，积久而通于神，则魁杰雄卓之材，或出于其间，尽人以胜天，而不以惰窳隳其志气，斯固贤士大夫之所乐也。至于中材谨士，志域凡近，理财习艺，以自殖其身家，则小试小效，固亦若操左契，斯又无俟于扬搉已。丙申三月。

瑞安黄绍箕、黄绍第、孙诒让、项芳兰、周拱藻、洪锦标、王恩埴、鲍锦江、杨世环

瑞安县令谕

钦加同知衔赏戴花翎特授温州府瑞安县正堂加三级纪录十二次苏，为出示晓谕事：据算学书院司事增生鲍锦江、生员杨世环等禀称：

窃维《周礼·保氏》以六艺教国子，九数居其一。汉、宋以来，皆设算学，与儒艺同科，称四门博士。我朝修明律数，超轶前代。圣祖仁皇帝、高宗纯皇帝天亶聪明，乾坤合契，钦定数理精蕴、仪象考成诸书，妙契天元，精研化本，于中西两法，权衡至当，垂范万年。圣泽涵濡，人文蔚起，治经之儒，皆兼治算，周髀九章，几乎家置一编。查定制，国子监额设算学，肄业生满蒙汉各若干人，分年教授。而各省学政，于岁科试，亦加试算学，行之已久。光绪十三年三月二十五日，军机大臣恭遵慈禧端佑康颐昭豫庄诚皇太后懿旨，会同吏部、礼部议奏，请旨饬下各省学臣，于岁科试时，生监中有报考算学者，于考试经古场内，

---

① 几山指项傅霖（1798—1858），字叔雨，一字亢宗，瑞安人。清代藏书家，从兄雁湖学。道光二年（1822）举人，官富阳教谕。有《几山笔记》传世。

② 菊潭指陈润滋（1816—1897），又名润之，字菊潭，瑞安人。专研天文数学，融贯中西。著有《割圆弧矢捷法》《古今朔闰表》《东瓯星晷表》等。

③ 梅氏指梅文鼎（1633—1721），字定九，号勿庵，安徽宣城人。是清初著名的天文、数学家，为清代“历算第一名家”和“开山之祖”。

另出算学题目。果能通晓算法,即将原卷咨送总理各国事务衙门,复勘注册,俟乡试之年,按册咨取,赴总理衙门试以格物、测算及机器制造,水陆军法、船炮水雷或公法条约、各国史事诸题,择其明通者录送顺天乡试,每二十名于额外取中一名,以示奖励人才之意。钦奉俞允,钦遵举行,崇尚算学,可谓至矣!国家因时变通,破除成格以取士,原欲广事甄陶,有裨实用。声教所被,陬澨向风,承学之士,尤当争自濯磨,以供采择。惟是算书义理精奥,非得良师教授,索居冥搜,事倍功半。且算式繁赜奇幻,非童而习之,演数断难谙熟。现议于本邑城内,创设算学书院,挑选聪颖子弟,身家清白、质地端谨、粗通文理者入院,按期轮班肄业,延聘院长,晨夕到院,日讲指画,设立课程簿、功过簿各一册,考工计程,随时勘验。现因经费未充,规模粗立,收纳学徒额数,以三十名为准。限于十日内,开具三代、年貌、籍贯、住址来院报名注册,由司事等查访无异,给予凭单,准其进院肄业。诸学徒务期志趣远大,不域于小就,由是而格致之理,制器尚象之法,兼综条贯,因材授学,数年之后,必有瑰异者出乎其中,以副朝廷破格求才之至意。第事属创始,立法宜详,粘呈章程,公请出示晓谕等情到县。据此除批示外,合行出示晓谕为此,示仰合邑士民人等知悉,尔等如有聪颖子弟,年十三岁以上二十岁以内,愿习算学者,照章先期开列三代、年貌、籍贯、住址送院注册,倾单入院谒师肄业,各宜遵照毋违,特示。光绪二十二年二月十三日给。

算学书院章程　一十六则

一、本书院创立伊始,其经费蒙各宪倡捐各绅富助捐集赀存典,仿宾兴章程,按月八厘起息,典商具有领状存案,又立有合同印簿院典分执,每岁以息钱为束脩及一切开费,只许提息,不准提本,嗣后地方无论何项公事,不准移借,免致虚悬。

一、本书院之设专以算学为主,院长由司事公议聘请,品学兼优,别无他事,得以专心讲授者,先期具送关书束脩,节敬由本书院分端午、腊月两季恭送。学徒每年初来院备受业柬一副、贽敬一缄,谒见院长。

一、进院须有妥人举荐，由学徒开明籍贯三代年貌住址，受荐者亲笔注册并署荐者姓名，本徒父兄及家塾师不得亲自荐送，无荐者不收。

一、本书院专为造就童蒙而设，仍照都会各学堂式限定年例十三岁以上至廿岁为止，年例不符者不收。

一、学徒额数以三十名为率，倘报名溢额，以文理较优暨出赀助捐者先行充补，其馀登簿存记，俟有缺出酌量序补。

一、有年格入选志在工贾者准其一例来院肄业，但文理未谙者不得滥收，以示限制。

一、本书院之设专为学算与考试，本无关涉如外籍有聪颖子弟年格入选者能出赀助捐亦准其入院肄业。

一、本书院屋舍狭窄，不便住宿，起爨如有乡间子弟愿来就学者，须自行赁居自备伙食。

一、嗣后在院诸生须于年终放假之前，由原荐人订定来岁去留。新生来院限开馆前十日，开明年岁住址向礼房报名备册送呈县宪给发凭单。

一、本书院专雇院夫一人，以备差遣及经管一切对象，工食概归院中自给。

一、各徒岁出茶水洋壹元，于填册时带缴，以为茶水雇工之资，点心归各徒自备。

一、每年腊月司事将一切用账分列四柱清单，抄揭院墙，以昭核实。

一、本书院公置书籍、图器暨一切器皿逐渐增多，立查验簿一册，分类登记于本条下，注明购置年分。司事每年六月曝书，十二月放馆时各查验一番，遇有修整，亦注明年分。

一、本书院学徒在院肄业时，获隽应出彩银以裨院款，入泮彩洋壹拾元，补廪贰拾元，乡榜伍拾元，会榜壹佰元。学成出院后获隽，不论年数远近，各缴一半。

一、本书院虽为幼学而设，然规模不欲域于卑近，将来逐渐扩充，经费尤宜充足，尚冀好善诸君子随时佽助，以收宏益。

一、本书院为邑中创举，刊立碑记，胪陈颠末，贻之方来所收官绅捐款，应仿汉碑出泉之例，书衔名捐数于碑阴，以彰好义急公之美意。

丁西湖北乡试录叙[①]

1897 年 9 月

光绪二十三年[②]丁酉举行乡试礼，臣以湖北考官请得旨，命臣黄绍箕偕臣熊亦奇[③]往典厥事。伏念臣东瓯下士，承乏词垣，学浅材庸，惧弗胜任。谨于恭谢天恩后，偕臣熊亦奇星驰就道，届期入闱，时监临则头品顶戴湖北巡抚臣谭继洵[④]，外提调则头品顶戴湖北布政使克勇巴图鲁臣王之春，外监试则二品衔湖北按察使臣马恩培，内提调则二品衔调署湖北盐法武昌道、安襄郧荆兵备道臣朱其煊，内监试则二品衔湖北补用道臣殷李尧，内帘监试则保送分发湖北补用知府臣连捷，收掌官则罗田县知县臣陈树屏。恪恭将事，乃进湖北提督学政臣庞鸿文，所录士一万有奇。扃闱三试之臣黄绍箕、臣熊亦奇率同同考官：同知衔教习知县臣文炳彝、同知衔截

---

① 录自《瓯海集内编》，原稿有字蛀损。《鲜庵遗文》亦有收录，题作《丁酉湖北乡试录叙》。

② 《瓯海集内编》误写为“光绪三十二年”，径改。

③ 熊亦奇（1849—？），字余波，江西新昌人。光绪五年（1879）举人，九年进士，由庶吉士授翰林院编修，十三年充十二游历官之数赴泰西游历。二十年任顺天乡试同考官，二十三年湖北乡试副考官。晚年隐居无锡，著《清代野记》。

④ 谭继洵（1823—1901），字敬甫，湖南浏阳人。谭嗣同父亲。咸丰九年（1859）进士。历官甘肃按察使、布政使，光绪十五年任湖北巡抚。

取知县臣杨文勋、四品衔长乐县知县臣巢序镛、同知衔宜都县知县臣陈长櫄、即用知县臣王光棣、保送分发湖北补用直隶州知州臣冯庆春、试用知县臣陆震福、三品衔蕲州知州臣凌兆熊、四品衔南漳县知县臣虞煊、教习知县臣唐监金、同知衔蕲水县知县陈夔麟、同知衔调补东湖县知县臣夏时泰等。悉知校阅，得士如额，择其言尤雅者，恭呈御览，臣例得缀言简端。

臣惟古者取贤敛才之法，德进、事举、言扬而兼及曲艺，后世取士专以言，而所谓言者，又一寄之于文字，积久而弊生，必然之势也。国朝科举沿明制，用四书文，又[①]再三试之经艺、策问，以觇其学识，立法郅详，故文体虽屡变而不离其宗，名臣硕儒，肩项相望。比年风气日新，士务速化。于是，有为支离怪诞之词以希弋获者，议者断断焉，思返之于清真雅正。臣窃以为支离怪诞者，空疏庸滥之变态也，欲洁其流，不澄其源，此又必不可得之数也。臣尝恭读圣祖仁皇帝[②]《西苑试士诗》，有曰："文章随世转，经史得人安。"至哉言乎！斯诚操业之科绳，衡文之准的矣！当康熙盛时，圣神天纵，垂精典籍，网罗百家，承学之士，靡然向风，道术昌明，群材辐辏，殊方并进，囊括八荒，兹非经史之效之大，彰明较著者哉！

湖北为古荆州之域，江汉炳灵，代产英杰，晋习凿齿[③]叙论人物，欲抗青齐而上之。臣往观楚国钟鼎彝器文字，瑰玮恢奇为诸国最。近年以来，省会之中，横舍林立，峨峨俊彦，吐辞闳丽，称其山

---

① 《鲜庵遗文》为"而又"二字。

② 指康熙帝。

③ 习凿齿(？—383)，字彦威，襄阳人。东晋著名文学家、史学家。著有《襄阳耆旧记》《逸人高士传》《习凿齿集》等。

川，盖数千年磅礴郁积，久而常新，地势然也。今海宇多故，时事孔艰，视康熙之治固已远矣！朝廷经纬万端，必以楚地为神州赤县之枢纽，将欲陶冶学术，檃括[①]人心，翳士大夫实赖。然则乘輶轩，操三寸弱翰，翘秀旌异而进之京师，其恶可以浮伪无实之徒充其列乎？

臣谨遵圣祖试士之旨，自四书五经文外，发策皆依于经史，大义终之于理学，而归之于自强。凡空疏庸滥，与夫支离怪诞之文悉屏不录。诸所甄拔，其用力于六籍群[②]史，益亦有浅深之不同要，必尝稍涉览焉，凯[③]其由此扩充随方以致用耳矣！虽然专以文字取士，而谓可以尽天下之人才，此非智者所敢任也。况臣之愚陋，又恶足与于知言之选，惟冀朝廷忧勤惕厉之精神，与士林愧愤激发之志气，隐相感召，庶几有魁垒奇杰为国桢干者出乎其中。此则臣所不敢期，必而日夜祷祀求之者尔！

维时官斯土者则头品顶戴湖广总督臣张之洞，镇守荆州将军、奉恩将军臣宗室祥亨，湖北提督绷僧额巴图鲁臣吴凤柱，湖北郧阳镇总兵官臣陈基湘，尚未到任、署理湖北郧阳镇总兵官臣樊国泰，湖北宜昌镇总兵官精勇巴图鲁臣傅廷臣[④]，长江水师汉阳镇总兵官臣周芳明，二品顶戴湖北督粮道臣岑春(萱)〔蓂〕，二品顶戴湖北分巡汉黄德道、监督江汉关臣瞿廷韶，署分巡安襄郧荆兵备道臣黎嘉兰，湖北分巡荆宜施兵备道、监督荆州钞关、宜昌税关臣俞钟颖例得备书。

---

① 《鲜庵遗文》缺“括”字。
② 《鲜庵遗文》为“郡”字。
③ 《鲜庵遗文》为“睹”字。
④ 《鲜庵遗文》为“傅延臣”。

丁酉湖北乡试录叙

翰林院侍讲衔编修、武英殿总纂、会典馆总纂、本衙门撰文、臣黄绍箕谨叙。①

题黄仲弢先生丁酉典试湖北改墨原稿②

马一浮

1928 年

明艾南英③深诋杨起元④以禅学入举业，由是士习日肆，以今观之，盖未必也。然清自咸同以后，朝野哗然，以时务相矜。张南皮选《江汉炳灵集》⑤，已为《时务报》之滥觞，不及卅年，而夷言夷行遍于中国，谁谓举业不关人心哉？今之宣传固犹是昔之举业也。使南英生于清末，又未知当作何语。顾亭林谓“欲一道德同风俗，必自士人不倡游言，始亦为举业”，言之不诬也。此为黄仲弢先生典试湖北时，手改举子之卷，其勤乃过于塾师，乃知学校科举之制，系之在人，其利病正未易言耳！

戊辰三月，湛翁马浮。

---

① 《鲜庵遗文》无此落款。

② 录自温州博物馆藏原件。马一浮（1883—1967），名浮，字一浮，号湛翁，以字行世，浙江会稽人。中国现代思想家，与梁漱溟、熊十力合称为“现代三圣”，被部分学者认为是现代新儒家的早期代表人物之一。

③ 艾南英（1583—1646），字千子，江西东乡人。天启四年（1624）在乡应举，因对策有讥刺魏忠贤语被罚。后创豫章社。清兵南下后，入闽见唐王，陈《十可忧》疏，授兵部主事，后改御史。有《天佣子集》。

④ 杨起元（1547—1599），字贞复，号复所，广东归善人。万历五年（1577）进士。历任编修、国子监祭酒、南京礼部右侍郎、南京吏部右侍郎摄吏部、礼部尚书事。万历二十六年为北京吏部右侍郎兼侍读学士，因母卒未任。谥文懿。

⑤ 张之洞于同治九年（1870）在湖北学政任上，将乡试中优秀墨卷汇集成册。

题黄鲜庵学士宗丈丁酉典试湖北改墨原稿[①]

黄式苏

1928 年

江夏才名压日边，一家领袖玉堂仙。妙年早播词章誉，轶事早传校士篇。丈先德漱兰侍郎督学江南，刻有《江左校士录》，丈与幕僚共点窜成之。

果然星使出词曹，驿路皇华度汉皋。多少珊瑚齐入网，量才衡鉴似公高。

一篇跳出万人中，点窜居然夺化工。想见聚奎堂夜坐，金针度尽烛花红。

欲火群经罢写官，科场文字早灰寒。老迂自笑真风汉，犹作人间国故看。

戊辰首夏，乐成迂叟黄式苏

题黄仲弢先生丁酉典试湖北改墨原稿[②]

许邓起枢

1930 年

玉尺衡量锁院深，良工心苦度金针。由来禀秀东瓯久，江夏无又噪艺林。学士中光绪己卯顺天乡试第十九举人，山阴傅子莼部郎③选其闱艺刊入直省乡墨，批尾有"知其禀秀东瓯久矣"之语。乘轺巴蜀早蜚声，学士乙酉曾典试四川。江汉风□沆瀣情。自是武昌无限柳，乔彝解副亦峥嵘。张固《幽闲鼓吹》：乔彝解试京兆府，因醺醉改作渥洼马赋，斯须而就，主、同曰"乔彝峥嵘甚宜，以解副荐之。"鸾掖文章旧价高，承家簪笔冠词曹。才名小宋联翩上，桃李门墙我亦叨。余于光绪癸巳乡举，正考官为黄叔颂师，即学士介弟，瑞安称为二黄者是也。凤咮堂前重校刊，洛阳

① 录自温州博物馆藏原件。黄式苏（1874—1947），字仲荃，号胥庵，晚年改名迂，字仲迂，号迂叟，乐清人。光绪二十八年举人，光复会成员。历任温州师范学堂监督、两广方言学堂讲席，浙江遂安、福建泰宁、宁德等县知县。著《慎江草堂诗集》。《黄式苏集》收录此诗时题为"题宗鲜庵提学丈丁酉湖北乡试元墨改本绝句四首"。

② 录自温州博物馆藏原件。许邓起枢（1868—1934），派名泽颐，字仲期，行二。湖南湘乡人。光绪二十四年（1898）进士，光绪三十三年至宣统元年间任台州知府。

③ 傅钟麟（1840—？），字趾仁，又字子淳，号芳洲，浙江山阴人。同治四年（1865）进士。曾任袁州知府。辑《光绪己卯科直省元墨合抄》。

纸贵万人看。回思廿八年前事，翦烛宵深玉漏残。向例闱墨必先由主司房官修改，然后付刊。光绪癸卯余襄校顺天乡试，第十名胡彤恩出余房，系山阴尚书葛勤恪公①所敢中，勤恪先送请余点窜，余为涂改数处，复于末段增易十馀句，事毕已鱼更三跃矣，今睹斯帧，追思往事，不觉怃然。棘闱荒草郁寒烟，劫后残灰覆瓿怜。莫笑千金珍敝帚，旧闻野获亦成编。

守雅②同学吾友，以黄仲弢学士所改湖北闱艺稿本见示，为题诗如右。

庚午季秋，许邓起枢识于杭州旅次。（钤“许邓起枢”朱方）

黄仲弢学士丁酉典试湖北改墨原稿跋③

戴炳骢

1930 年

累掌文衡学士家，流传稿本自皇华。汉皋持节县明鉴，博浪挥椎有副车。金在冶时才解跃，玉经琢后始无瑕。追怀高会群仙日，不尽词流笔灿花。

回首名场三十年，一朝文字诋回缘。金针度世何妨暗，玉尺量才讵有偏，犹剩云章征故事。莫将科举薄前贤，沧桑劫后风流尽，遗墨摩沙倍黯然。

此八股文，光绪丁酉科吾乡黄仲弢学士典试湖北所取副榜第一名陈应昌之作，经学士点窜刻入闱墨故事。闱作改本多秘藏不出，鼎革后始流露人间，同郡黄仲荃孝廉亦得数本，曾题绝句四首，余亦效颦作二律，付之装池。八股取士虽为世诟病，然为剩清一代掌故，且为仲弢师手改真迹，弥足宝贵。

庚午季秋，戴炳骢跋。（钤“戴炳骢”朱文、“守雅”白文）

---

① 葛勤恪公指葛宝华(1843—1910)，山阴人。光绪九年(1883)进士。历任左副都御史、兵部左侍郎、户部左侍郎、工部尚书、刑部尚书、礼部尚书等职。谥勤恪。

② 指戴炳骢(1877—?)，字守雅，瑞安人。光绪贡生。民国二年(1913)，浙江公立法政专门学校法律科毕业，次年起历任山西永和县公署政务科科长，浙江省第一师司令部军法处军法员，鄞县地方审判厅书记官，淳安、诸暨、桐乡、武义、松阳、仙居等县承审员。

③ 录自温州博物馆藏原件。

题黄仲弢先生丁酉典试湖北改墨原稿①并跋

池源瀚(仲霖)

1942年

缅维晚清间,光绪丁酉岁。吾乡黄学士,出典鄂州试。策士四书文,命题有深意。在昔熙宁朝,变法树新帜。青苗暨保甲,纷扰为民厉。岂知宣圣言,道在同民利。择事始劳民,民始消怨气。鄂中多文士,奋笔贡闱艺。学士遴其尤,削改本经筹。以此出临民,庶奏太平治。清代诸伟人,大半出科第。乃知选士方,贵在切时势。科学与学校,何须多更制?学士玉堂仙,飘飘好家世。先德通政公,迭掌辅轩使。吴鲁校士篇,金丹浚慧智。是编出闱中,细稿蝇头字,想见至公堂,烛花灿绮丽。雅抱真怜才,通人免沦滞。蒙愧章句儒,秋赋屡摈弃。东坡岂眯目,方叔空陨涕。披读此遗编,甄拔意独挚。感士赋不遇,临风增歔欷。烽火扫巢痕,墨宝信可贵。

仲弢学士典鄂试时,以"因民之所利"之四语命题,又手改举子闱艺甚佳,其原本为令甥同庄君②所得,同庄转贻黄迂叟。余过慎江草堂,迂叟出以见示,并索题句。时科举废已多载矣。追思踏槐觅举时,倏忽前尘已如梦幻,而迂叟复殷殷持示属题,余亦不揣顽旧,为撰古风一章,以志感喟。白头宫女,闲话天宝,风汉之讥,当与迂叟争头衔矣。拈毫记墨,曷禁胡卢,迂叟想亦掀长髯为之大笑也。

壬午孟陬月,苏翁池源瀚并识,时年七十有一。

---

① 乐清张炳勋先生提供。

② 指林大同(1880—1936),字同庄,瑞安人。入南洋公学特班,后东渡日本入帝国大学土木工程科。1909年毕业归国任浙江铁路公司工程师。并应清廷留学生考试,中工科举人,次年廷试一等,赐进士出身,授内阁中书。入民国任浙江水利委员会主任兼技正、浙江水利局长等。著《鉴止水斋随笔》。

题黄仲弢先生丁酉典试湖北改墨原稿①

朱镜宙

1946年

右黄仲弢学士手窜湖北举子试卷八纸，为老友林君同庄所贻，当请同庄略记其原委而逊谢。至再谓当转请于马先生云，未几而予有陇上之行，同庄乃于匆遽间应命，而仍不自居其名，谦光让德，有如是者。今距同庄之殁亦十馀年，重抚此卷，益增人琴之感。闻适冷生②自长籀园图书馆，搜集乡先贤遗泽甚勤，虽寇乱频年而无片纸之帙，厥功尤伟。兹承枉顾，乃举以贻，愿藏之馆阁，永与六万人士共宝之。

丙戌七月既望，乐清朱镜宙谨识。

---

① 录自温州博物馆藏原件。朱镜宙（1890—1985），字铎民，晚号雁荡白衣，又号雁荡老人，乐清人。章太炎女婿。早年从事报业工作。后任中国银行福建分行副行长、北伐军军需处处长、甘肃省财政厅长兼禁烟局长、陕西省政府委员兼财政厅长、川康区税务局局长等职。著《英属马来群岛》《咏莪堂全集》等。

② 梅冷生（1895—1976），名雨清，以字行，温州人。早年毕业于东瓯法政专业学堂。创办《瓯海潮》周报、“慎社”文学团体等。任籀园图书馆馆长、温州市图书馆馆长、温州市文管会副主任等。著有《劲风阁遗稿》等。

瑞安务农支会序[1]

1898年1月

士农工商为四民，此古今之通义也。商之用多资于工，而农又为工商之根本。若夫明理创法，非士不能。汉、晋以降，占毕之儒，大率高者空言义理，卑者沉溺词章，视农工商之事懵然漠然，若参商、胡越之渺不相属。嗟乎！吾上览古在昔，而旁考之外九州岛，盖不如是矣！《周礼·大司徒》"以土会辨五土之物生"[2]。自馀掌原野、山林、稼穑、树艺之官，率以上中下士为之，《草人》《柞氏》所言化土使和美之法，纲要略存，今博识者不能尽通其说也。周衰，官司分散，农官之属派别为农家者流。暴秦燔书愚民，兼及百家语，种瓜骊山，期诸儒集议而坑之。汉兴，稍采辑农书，著之《录》《略》，今其佚，时见于他说。然则周盛时所司之具有成法，至精且备，抑可知也。自时厥后，公私研涉，就所见闻，代有甄叙。农民不能读，学士亦鲜究心者，积千有馀年。而泰西勃兴，学术竟盛，农学之家特立大会，由国家主持，以大臣领其时，萃一时才俊之士博考潜思，一切新理新法，日出而愈精，推用而不竭。其言地所受太阳之热，若尽其力，每一英里可养一万六千人。法国饶饫之菜圃，每

---

① 录自孙延钊《瑞安五黄先生系年合谱》。

② 《周礼·大司徒》原文为"以土会之法，辨五地之物生"。

亩岁产有值银七千五百两者。乃至沙漠弥望，能种深根之野草而变为膏腴；水患累年，能植沿山之茂林而消其涨溢。瓜果当风雨飘荡之时，能用人工而使之实；芙蕖值冰雪凌兢之候，能筑暖房而使之花。神奇变化，不可方物。实则有理可究，有法可循。日本一海岛小国耳，锐意西学，仅二十年，而我国线茶大利没为所夺。凡此非农夫能为之也，皆习农学之士之为之也。

光绪丁酉三月，江浙诸君子创农学会于沪上，裒录中外农籍为报以诒承学，而译东西洋书报为尤详。自海宇多故，荐绅先生始言兵，次言商，又次言工。久之，瞿然求本富之术。嗟乎！史公之传《货殖》，中垒之录农家，微旨深识，夐绝近古，学者至今日乃稍稍知之也。

吾郡南去赤道二十七度太半至二十八度有奇，地质多胶泥、植物泥、灰泥及沙相杂之泥，凡温带内之植物何生不育。瑞安一邑为四五十馀万亩，濒海沙涨荡业亦不下三千馀万亩。野无惰农，山巅水涯无荒土。然而中稔之年裁足自给，稍有歉征，人心惶遽，懦者析粒而忍饥，强者攫食而煽乱，其至此何也？曰：不辨土质也，不考热力也，不察物性也，不讲肥料也，选种不精也，取材不广也，利用之器不备也，防害之法不周也。笃哉嵇氏[①]之论曰："谓商无十倍之价，农无百斛之望，此守常而不变者也。"查上年《洋关税册》，温州一口以进出货值银相抵，计多进货三十七万馀，实银之数，计多出口四十三万馀，循此以往，纵复年岁屡丰，海波清晏，民穷财尽，何以聊生？

---

① 嵇氏指晋代嵇康(223—262)，字叔夜，谯郡铚县(今安徽宿州)人。"竹林七贤"之一。著名的文学家、思想家、音乐家。官至中散大夫。此句出自其《养生论》一文，是我国古代现存文献最早的养生学专著。

昔者樊迟[①]请学稼圃，其语不可详。观孔子"襁负而至"之训，殆其时赋役烦扰，民散田荒耳。若夫赋轻役简，地辟人满，既庶矣，不加之富，教将焉施。孔子之为乘田也，曰"牛羊茁壮长"。夫畜牧之学亦农家者流也。且周公，圣相也，以明农诞保；卫文，贤侯也，以训农中兴。使古圣贤处今日，补救之法将奚先？亦岂有他术乎？吾邑同志诸君有见于此，议于戊戌之春设立务农支会，匄资试办，势孤力薄，日暮途远，汤年一溉，何补时艰。虽然，天佑中夏，俾得从容讲求，积微成著，人思取法，则小用小效，其于沿海民生之计必有裨益。如其不然，则有一日姑尽一日所能为之事，使农学不绝于世，他日奇杰诞生，欲得所藉手以为富国强种之助，其必自兹始，断断无疑也。是则我同人区区之志也。

光绪丁酉十二月黄绍箕叙。

① 樊迟，孔子学生。

书何丹邱《临虔礼〈书谱〉》卷后[①]

1892 年 5 月 12 日

往岁于厂市得丹邱道人书册——《临怀仁〈集王圣教序〉》[②]，笔意乃与米海岳[③]绝相近，其源盖出于唐高宗书《李英公碑》。岂以叙后记笺，皆高宗作，意势遂尔关通，抑离形得似，又别有冥解耶？

此卷《临虔礼〈书谱〉》，心貌两合，开帙烂然。观跋语，知作书在卜居东渚之后，册跋不署年月，而云"为孙辈临"，殆又在其后矣。

---

① 录自杨绍廉、张㭎辑《叶蓉楼所藏书画题跋》，《蓼绥阁遗集》《瓯海集内编》卷四亦有录。何丹邱指何白（1562—1642），字无咎。自称丹邱生，又号鹤溪老渔，浙江乐清人。明末布衣诗人，前半生出外游幕，北游榆林，西穷武当，后半生隐居闲适。擅长书法绘画。　虔礼指孙过庭（648—703），字虔礼，江苏吴郡人。唐代书法家、书学理论家。官至率府录事参军。《书谱》为孙过庭撰文、书写，是一篇极具艺术价值的书法理论著作，也是"书法纵逸，多得天趣"的书法巨作。

② 《集王圣教序》，是玄奘在大慈恩寺翻译五百七十六部佛经后，请唐太宗所写的序文。此序赞扬玄奘西天取经的行动和成果，概括了佛道的崇高意义。唐太宗在书法上极力推崇王羲之，并成为王羲之书风的践行者，搜集内府所藏王羲之墨迹，请弘福寺和尚怀仁以王羲之行书集成《圣教序》全文。怀仁用了二十年时间完成。此碑现存于西安碑林中。

③ 米海岳指米芾（1051—1107），初名黻，字符章，号襄阳漫士、海岳外史等。宣和时擢为书画学博士。宋代四大家之一。

明初书势尚沿松雪[①]馀波，至文徵仲[②]而一变，至董思白[③]而大变，众靡成风，略可千纸一类。丹邱与思白并时，而下笔必规唐风，不涉二家庭户，其志趣高远，即此可见。

叔方姻丈寄示索题，因为书此。是夕宿东安门外王丈廉生编修日光室。同观者又有前辈宗室伯羲祭酒[④]。

光绪十有八年四月十六日，瑞安黄绍箕，试初颐园磨性砚，洪北江著书墨，并记之。

伯羲祭酒藏朱文公[⑤]自书《秋日怀友诗》，是吾乡叶文修[⑥]公家故物，至明中叶有石公回者跋语，述其家藏弆原委綦详，而郡、县志均无其人。叔方丈留意乡邦文献，此尤关叶氏故实，其稽之家牒，具以告我，当为双钩入《永嘉帖》中，因睹何氏真迹，牵连及之。

---

① 松雪指赵孟頫(1254—1322)，字子昂，号松雪道人，湖州人。元代书画家。以南宋遗逸出仕元朝，仁宗时晋升为翰林学士承旨、荣禄大夫，官居从一品。工书法，精绘艺。善各体书，尤以楷、行书著称于世。有《松雪斋文集》等。

② 文徵仲(1470—1559)，原名壁，字徵明，更字徵仲，别号衡山居士，江苏长洲(今苏州)人。曾任翰林院待诏。明代著名书画家。

③ 董思白，名其昌，注见前。

④ 伯羲指盛昱(1850—1900)，字伯熙，或伯希，号意园，爱新觉罗氏，满洲镶白旗人。光绪三年(1877)进士，历官编修、侍讲、侍读，十年出任国子监祭酒，十四年任山东正考官。有《郁华阁集》等。

⑤ 朱文公指朱熹(1130—1200)，字符晦，号晦庵，徽州婺源(今属江西)人。绍兴十八年(1148)进士，历仕高宗、孝宗、光宗、宁宗四朝。谥曰文，寻赠中大夫，特赠宝谟阁直学士。理宗宝庆三年(1227)，赠太师，追封信国公，改徽国公。宋代理学的集大成者，诗人、哲学家。

⑥ 叶文修指叶味道(1167—1237)，初名贺孙，以字行，更字知道，永嘉(今温州)人。从朱熹学。嘉定十三年(1220)进士，调鄂州教授。差主管三省架阁文字，迁宗学谕兼崇政殿说书。端平元年(1234)在著作佐郎任致仕。谥文修。著《四书说》等。《宋史》有传。

跋董香光真迹[1]

1896 年 4 月

香光晚年得意之作，笔涩而意淡。然随方酬应间，亦不免率尔操觚。此册以字里金生，行间玉润之姿，并层台缓步，高谢风尘之致，行草导北海而出以虚和，临兰亭乃参用颍上黄庭法，当是中年用意之作。莲舫兄竺嗜名书，藏弆甚富，精于鉴别。书此奉贺，亮不河汉斯言。光绪丙申三月黄绍箕获观并识。

① 录自《瓯海集内编》，据瑞安林氏藏真迹。光绪丙申为二十二年，即 1896 年。《鲜庵遗文》亦有收录，无落款。

题赠鹤亭《冒巢民〈鞠饮倡和诗卷〉》[①]

灵鹣阁主[②]化去仅七日，弆藏闻已散出。此卷持赠鹤亭侄婿，可谓得所。往年，裴伯谦[③]得明王文恪[④]遗像，介余归其孙芾卿[⑤]户部，今芾卿墓木拱矣。读此殊有山阳邻笛之感。

---

① 录自张扬《鲜庵先生年谱初稿》。鹤亭指冒广生(1873—1959)，号疚斋，江苏如皋人。光绪二十年举人，任刑部郎中、农工商部郎中。民国时，历任财政部顾问、农工商部全国经济调查会会长、瓯海关监督等职。新中国后受聘为上海市文管会顾问。黄绍第女婿。　　冒巢民(1611—1693)，名襄，字辟疆，江苏如皋人。明末清初的文学家，明末四公子之一。擅书法，师事董其昌，擘窠大字特妙。间作山水花卉，书卷之气盎然。冒广生先祖。

② 灵鹣阁主指江标(1860—1899)，字建霞，又字师鄦，号萱圃，苏州人，光绪十五年(1889)进士，次年由庶吉士改授翰林院编修，二十年任湖南学政。编有《灵鹣阁丛书》。

③ 裴伯谦(1854—1926)，名景福，安徽霍丘人。光绪十二年(1886)进士，，授户部主事，改官南海知县。有《睫暗诗钞》。收藏极富，编有《壮陶阁书画录》。

④ 王文恪(1450—1524)，名鏊，字济之，号守溪，江苏苏州人。成化十一年(1475)殿试探花，授编修。正德元年官至户部尚书、文渊阁大学士。次年晋少傅兼太子太傅、武英殿大学士。谥文恪。《明史》有传。

⑤ 芾卿指王颂蔚(1848—1895)，字黻卿，号蒿隐，江苏长洲人。王鏊第十三代世孙。光绪六年(1880)进士，官至庶吉士、户部郎中。有《写礼庼遗著》等。

题《张季子荷锄图》[①]

1900 年夏

季子与绍箕生同岁，家相去千馀里而皆近海，又颇习农家言，自爱其乡土沃衍可耕相若也。季子尝营田园，习树艺，井井有条矣，而不能终岁自课治。绍箕去年奉先大夫讳，置墓田数亩，种树三百馀，思稍斥广，庐其侧，躬耕以终焉。而以无力故，不能不出游，乃为《墓图》自随。余汲汲谋食，季子贫而思于物有济，其迫于不得已而不能躬耕则一也。题《荷锄图》讫，辄奉《墓图》求季子一言，以志余之悲也。光绪庚子夏黄绍箕记。

① 此据原件照片及刻石所录。此图原件现存张謇在台湾的后人处。张謇去世后，其后人将图刻上青石，此石现藏南通博物苑。张季子指张謇（1853—1926），字季直，号啬庵，南通人。光绪二十年（1894）状元，授翰林院修撰，二十一年总办通海团练，创通州大生纱厂。宣统三年（1911）任中央教育会长、江苏议会临时议会长、江苏两淮盐总理。入民国，任实业总长、北洋政府农商总长兼全国水利总长。

设立瑞安务农支会呈县禀[①]

1898 年初

窃以强敌环伺，时局艰危，各省官绅，扼腕痛心。深筹富强之策，咸谓中华民族号称四万万，而务农者十居七八，然则欲求富强，必以广兴农业为首务。故近者湖广督宪张，议于武昌建立农务学堂，而江浙绅亦开农学会于上海，摭西学之精微，培中华之地宝，规模宏远，嘉惠无穷。

瑞邑地处海滨，鱼米之乡，本非硗瘠，而商拙工窳，出产毫无，各乡农民虽勤稼穑，开荒遍穷山之巅，报涨极洋岛之表。麦禾遍野，地力似亦无馀。然于选种肥土之学，弭灾捍害之方，懵然勿讲。水旱听之天时，虫螟纷于祈禳。终岁胼胝，仅足一饱。偶遇偏灾，便成哗扰，抱此愚拙，长与终古。贫窘日增，无术自振，斯殆亦老公祖所为会之而不能释然者也。

绅等忝同里闬，深念斯弊，议略仿鄂、沪成规，自集股分以为经费，于本城设立务农会，购置附郭田园，试种湖桑、瓯柑，略采欧美种植之方，以兴本邑自然之利。闻之西人农学之书，轻养之气潜滋于地质，光热之力，上资于太阳，博采精求，厥利靡罄。故西国一亩

① 录自孙延钊《瑞安五黄先生系年合谱》。标题后加。此禀乃孙诒让起草，黄绍箕附名其后，故予以收录。

之获，值或百金。即以本邑而论，附郭菜圃之松芥，湖乡之柑桔、烟叶，港乡之甘蔗，较之稻谷，利皆逾倍。今纵不能步武泰西，而研究农学，广求佳种，较其所收，必有奇赢。将来办有成效，再为扩充，广购机巧之农具，研究化电之微学，俾邑民互相观效，舍旧图新，则农务必可大兴。似于致富之图不无少补。为此，佥祈老公祖大人念农学为富强之本，其于本邑尤为急务，察核批准出示，详请抚藩道府宪立案，以垂久远。附粘章程呈览。至于此次试办，不募富户之捐，不派贫工之力，并无争利之心，自无招怨之虑，惟是事属创始，人未经见，诚恐无知愚民于初办之际，或有意阻挠；办成之后，复恣行作践，则诸多扰累，利益难收。是必仰赖宪筹，严立禁条，维持保护，俾克成此美举，以惠地方，则阖邑幸甚！

瑞安务农支会会友题名

孙诒让	字仲颂，刑部主事	黄绍箕	字仲弢，翰林院侍讲衔编修
黄绍第	字叔颂，翰林院编修	项芳兰	字申甫，户部主事
周拱藻	字中龙，戊子举人	沈凤锵	字桐轩，壬午举人
许黼宸	字竹友，己丑举人	孙诒泽	字中恺，分省补用知县
孙诒谌	字忱叔，增生	孙诒揆	字季恒，附生
洪炳文	字博卿，岁贡生	洪炳枢	字星卿，廪生
洪炳锵	字藻卿，国学生	洪锦淮	字小湘，岁贡生
洪锦濂	字莱仙，廪生	项方倩	字葱畦，恩贡生
项方良	字小石，监贡生	项方昕	字月丹，附生
项方纲	字涤秋，廪贡生	孙　范	字锡卿，丁酉拔贡
杨世环	字笑沧，附生	戴庆良	字小植，岁贡生
王镜澄	字小泉，附贡生	王镜江	字紫塍，国学生
王恩植	字雪璞，廪贡生	王镜寿	字芍如，附贡生

黄绍裘	字小蓉,廪贡生	章明申	字梅士,廪贡生
吴诒寿	字子寿,候选府经历	吴诒训	字幼樵,附生
林向藜	字若川,附贡生	周屏翰	字幼仙,廪生
林调梅	字和叔,附生	鲍锦江	字稚琴,增生
董式莹	字玉如,平阳廪生	陈兆熊	字子祥,国学生
胡赞元	字杏村,附生	金　□	字慎三,附生
吴冠藻	字幼芹,附生		

瑞安务农支会试办章程

一、是会为广利须开风气起见,禀请地方官通详立案,会所暂设城中之卓忠毅公祠内,创办会友共五十馀人,照沪上总会定章,开具姓名衔秩,专函通知,为沪会之支会,以收联络翊助之益。

一、会友办事略分五项:甲、总理:掌详定章程及会外交涉之事,并收发会籍股簿。乙、司钱务:内分三项:曰总司收存,曰总司账务,曰轮司细账。丙、司种植:内分三项:曰总司种植,常川巡视;曰轮司种植,轮流巡视;曰考求种植新法。丁、司笔墨,兼理会务,掌公私票札及会内外往来问答之事。戊、司采访,博求一切书籍事物之有益于农务者。惟司种一项,事务过繁,酌酬薪水,馀悉从省以节经费。

一、总理诸友或因事远出,人数太少,应归总司钱务及总司账务之会友摄行。

一、诸会友相视平等。各项执事既经议定分任,当照章实事求是,不得互相推诿,亦不得固执己见,致误大局。总理等项执事是否称任,俟试办一年后,或接办,或更换,再由会友公同议定。

右设会

一、会股以银洋十圆为一股,开办诸友自集八十股,每年每人出会资二圆为会友,此外入股者为股友。不限股数。办事诸友由会友会举分任,股友年初由会中同单通知,到会阅看章程,年终查核用款,平时均可到会,考验种植诸事。股分交齐时，由总司银钱之会友填给股票，亲笔签字，交会股诸友收存，以为将来支取股利之据。

一、本会经费系各同志自认股分，与募捐略有不同。既已书簿，当提款时想无延误，惟事关要需，不得不严定章程，以免临时较论推诿，拟定于会议之日酌提几成，前五日出具知单，各乡股友亦须函达。届日会、股诸友将应支之款亲交会中司钱务之友，掣取收条，不得转交别友，致有舛错。如当日不变，即于次日差人向索。如仍不支，即是故违会章，于后五日通知同会，注销会股，以后会事不得干涉，已收会股入公，不得付还。如有一时无款，托同会友人代为担认，亦须于次日即为垫缴，不得空言搪塞。如担认不缴，即将代认之人一并注销。如有司钱务之友人曲循情面，以未收作已收，除责成赔缴外，两人均注销出会。会友之会资亦于开会时缴讫。如股分已交，而不缴会资者，即出会籍，作为股友。

一、会友如有在外招股，兜收股金入己者，查出立即注销出会，已收股金追出给还原主。如有私家购买货物应交税厘者，不得影射本会之名希图漏免，犯者均注销出会，股分入公。

一、会股诸友如有自己田园假托会名，与人侵夺，或替他人出头假冒，一经查出，除将会籍注销、股分入公外，再议重罚。倘有诸友之戚好在外招摇，假托该友，实不知情，准会友联名禀究。该友不退股分，亦不得委曲回护，如有回护，仍照章注销会籍，股分入公。

一、交股款以收条为凭。倘有已付未取收条，而钱务簿又无收款者，即以未缴论，责令缴楚。若系经手舛错，由该友自向追查有无兜收情弊，照章办理。

一、嗣后办事会友不足，当于股友中公举入会，仍须补出当年会费。其会友中途有欲出会者听便，但不得给还会费。

一、股票须填本人姓名并注明住址，如一人数股，可合填一张。会股诸友不得将股票私抵债项。如有转售，须将所售之人预先告知会中，若公同议允，即行换给股票，否则本会不能承认。万一失落股票，票内须注明缘由。否则本会不能承认。

一、此次入会共八十股,各友均系志同道合。开办以后陆续入者,须于会议之时与同会各友公同酌议,必众议允洽,方准入股。至股金每逾一年,加息二成,以示区别。如己亥年入股,即须交股金十二元,以后按年递加。其会籍、股簿均归总理收掌。续准入股之人须由总理亲笔登簿。会友股友不得贪收股分,以致股友自生嫌隙。如入会以后或因事故结怨,与会事无涉者,不得因一人私嫌,强令出会。

一、会友赴任应试,及以他事远道者,应于临行时到会说明,会事应托何人代议,各听其便。如有未提之股款,须嘱眷属或戚友代付,如无人代,即是有违会章,应注销出会,已收股金入公。

一、本会以五年为试办之期,期内无论有无成效,不得私议散会,五年之后,为日既久,如果办理未善,毫无成效,则准公议散会,将会中产业估价,照股均分,赢绌共见,不得异议。如五年无效,会友仍欲接办,总视从违之多寡为准。如议接办者多,而少数人不愿接办者,准其出会,惟须公同核算开用,照数扣除外,所馀股金给还出会,以后本会获利之日,与彼毫不相涉。

右集股

一、试办五年以后,如有赢利,临时公议,酌提若干为办事之费,又提若干为实在办事之会友酬资,其馀按股均分以归一律。但议提办事之资当以从少为主,在各股既已得利,则另招股分亦必踊跃。

一、创办诸友所出会资以三年为限,议定五年后分利时先行提还,万一办无成效,公议散会时,产业估价均分,亦当先尽会资,其馀按股均分,以昭平允。

一、植物收成之后,酌中定价,先尽会、股诸友购买。桑叶除会中蚕务自用外,诸友来购,视售与外人价略从减,惟须查验诸友的系养蚕者,方可减价,会中会外人来购,均须现钱,不得赊欠。

一、此次试种之地,多系百主之业,照常赁租,议定五年后,遇有得利时,每年每亩酌给花红银若干。

右股利

一、本会创办之始,宜集思广益,择善而从,从友既多,不免意见未洽,拟十日一会，公议应办之事，各抒所见，详细辩论，以期尽善。会中置议事簿一册，诸友或自带说帖交会粘入，或临时辩论，择要登簿，如不欲自书，可请他人代记，所议之事，或当时酌定，或迟至下期，总以详妥而不延误为主。如所论未经登簿，下期不复提及，该友不得以置若罔闻转责他友，每次会期，止备清茶，不供饭点。

一、会中有重大要事须遍行通知，由司笔墨处缮具节略，出单，饬人遍送各友，书知届期，以可否多少之数为办不办之凭。庶有误不致以未知推诿却过，无误亦不致以私见横腾谤议。

一、会中有重大要事，其主事或出自一人，或已告知诸友，而会友中有思得办法者，撰具节略，不拘长短，以明晰易解为主，封送会所。惟事既重要，则所关利害尤巨。若稍循情面，或别存意见，即不能虚心商酌以期妥善。今拟一办法：会友于送节略时不署姓名，由司笔墨处照缮一纸，粘单通知。各友或可或否，于会期糊名投匭，或亲投，或遣人代投均可。定议后，节略、说帖及可否人数，并姓名，均入议事簿，以凭异日查核。现在会所预印本会图记若干纸分给诸友，各存数分，节略中附粘图记为凭，以免外人假托之弊。糊名书字之式亦须均归一律。若节略所说之事非甚关重要者，即于每月常会之期交诸友议定，不必特开会议。

一、会中分给各友花息，以股分多者为最优，万一办理不善，则受累者亦以股分多者为尤重。所有议事签名，决定从违，亦应以股分多少略示区别。今拟全会八十股，即作为八十字，签名者每一股作一“知”字算，十股即作十“知”字算，照此通同核算。学计馆股份由院长书知。总以书“知”得四十字以上者为可行，四十字以下者为不可行，四十字下期再议，以昭公允而平权利。

一、钱务、账务、种植等项应议之事，该项诸友当随时聚议。如有紧要事宜，不待会期，由该项会友出单通知特会。他友如有所见或送说帖，或当面告知均可，若所议之事与他项有相涉者，则该项诸友会议酌定入记事簿，以备会期诸友公阅。

一、年初年终，各择日大会一次，由总司钱务出单通知会股各友。平时月会以逢十为期，月小则以下月朔日为期，不再通知。万一办事舛错，各友不得以未到为辞，在外指斥。种植开办以后，公议以神农庙为会地。如有要事项会议者，仍在城中之卓公祠内会所。

一、股友如有所见可以裨益农务者，亦可具说帖送至会所，入议事簿，俟会期公阅。

一、诸友议事项切实和平，如有辩驳之处，亦不宜厉争曲诋，致碍和衷之谊。

一、到会诸友，专讲农务，不得谈论地方公事，及会友、股友私事，并一切游戏无益之事。

右议事

一、总司收存之会友二人，各友股款交到时，先付收条，足一股收回各次收条，换取股票，亲笔签字为凭。存款多者交典生息，少则暂存钱庄。

一、轮司细账之会友四人，每人三月结账交代，由总司之会友公同查核。

一、总司账务之友会四人，专管出入总账。每月将收存处收数、细账处付数查核清楚。又就收存及细账两外总结分写四柱清册，年终一大结，限次年新正开会时缮明出入清单，宣贴会所。

一、凡银钱出入，以提条为凭，司账处提款备用，以一圆为限。俟用讫再提。倘有一项过一圆外者，当随时而提。但每次提款须写一提条，亲盖戳记，送司账外支取，司账即将此条留为月结、年结时备查。司账向收存处亦照此办理，但提款备用以十圆为限。倘有一项过十圆外者，亦当随时而提。

一、司账处每月一小结，三月一次，即择月会之期，到会诸友当公同阅看查核，如有亏缺，查系无心之误，应责司账赔补，如有弊窦，除责赔外，仍注销出会。至钱务诸友，均不得以会款移作私家之用，亦不准私借与人，违者责赔出会。

一、每年新正开会，须预先议定当年用款约略若干及稽查上年出入盈绌并账目有无情弊。

右钱务

一、现在试种之地，除民田照常赁租外，所有官荒隙地，业据湖南王先谦祭酒桑社报垦二营马厂成章,认税承佃,禀请立案。拟并就神农庙藉田六亩,仿古人区田之法,试种嘉谷以符定制。

一、植物以桑为大宗,柑次之,二项略估,约占所有地亩十之七八,其馀试种他物,不拘中西,中国种桑旧法略有异同,《农学报》又采录洋法,并拟划出地亩一二分兼做中西各法以资考验。

一、总司种植之会友四人,须时常巡视。如下种及收成,尤须互相料理,平时或一日四人齐到,或前后日互换同到。惟事务至繁之时,须每日四人齐到;事务至简之时亦须有一人必到。因桑、柑生长以数年计,与一年一获之物不同也。轮司种植之会友八人,每日到一人,周而复始,终年一律。事务至简之时,可与总司诸友约明早晚分必至神农庙。司种所置簿一册,每人亲笔书"到"。他友出城阅看,亦一律书"到"。各友如实有要事,不能按期来亲到者,当与同司之友换班。

一、总司种植四人,公议每年合酬薪水银洋六十圆,免出会资八圆,饭点由各友自备。轮司种植八人,每年免出会资十六圆。将来统计本利时,均仍作出会资计算。

一、雇种人工须有公正肩保,所种各物即着看管。另雇督耕一人,须老农可靠者,躬亲操作,兼察各工勤惰。工食酌定若干,按月给发。至各植物收成时,须暂添雇工日夜轮守者,临时酌议。

一、司种所须置备切用农书及《农学报》,随时考证,兼置寒暑表、风雨表、燥湿表,另仿旁行斜上式刻印格纸,每日早、午、晚三时登记以备查验。遇骤寒骤暖、大风雨、或久雨将晴之时,记录加详。此事须令督耕之人能略识字,按式于夜间记之,尤为适宜。

一、本会购置洋式农具及考验仪器,价值既重,自不宜借出以防损坏也。如果有借作研究,或愿仿造,或拟自购者,又不宜阻其试验之美意。今拟变通办理,有借仿者,准本会友人亲手书函,切实保认,并查原价若干,折半缴存会中作押。俟原器缴还日,验明毫无损坏,仍将押款发还。否则以押款先抵赔,款不足,仍责成保认之人补足。农具如可出租,保认及押款亦照此办理。

一、仿用新法之中西植物,或有随意栽植亦具生机,而加意求精转致窒碍者,此考求中常有之情形。会中诸友不得责备嘲诮,庶俾专精不倦,以期必成。一切种法须逐日登簿。其仿新法者,尤宜加详。

一、种植之处禀具出示,严禁作践、偷折等情,并谕地保随时开导。如有违禁,由会友禀送重惩以儆将来。

一、植物除应时修剪及剖析试验外,至收成之时,由司种定期督工修采。会、股诸友均须约束子弟及仆役人等,不得擅行采折。如有此等情事,当照章禁止,告知会友从严责戒。如再违禁,当按情事之轻重议罚。司种诸友尤须严察工人有无弊端。无诸己而后非诸人,禁令之行必自此始。

一、会、股诸友自有田园,来问种植诸法,须开诚相告,诸友亦当以试验情形详告司种,互相考证。

一、乡间老农有愿传授要诀并亲为料理者,当视收效之大小由会中酌送联匾酬谢。如用意甚勤且久,利益甚大,当查通州张季直修撰为某老农请给顶戴之案援办,以示破格奖励。各乡农民如有植物嘉种及益虫、害虫送至会中试验,酌给脚力并优加招待。

一、各植物嘉种随时采储,分寄沪上总会,以收联络翊助之益。

一、凡有关种植之事及养蜂、养鱼、畜牧诸事,诸友随时聚议,或在会所,或在同种所,悉从其便。

右种植

一、司笔墨兼理庶务,不拘人数,须有一人常住会所,其馀轮流到会,会中记事簿、议事簿及钱务、种植等项有须用禀函事件,均归料理。

一、会友、股友各家有关于农务之事,欲询沪上总会,或托购植物种子、书器,均由司笔墨处代办。惟专函寄沪者,先付信资,购运植物、种子、书器之费亦当估值先付为定。否则不能代办。

右笔墨

一、采访不拘人数,每人自置农学采访册,凡植物及种法并农书、农器,不论中外新旧,但求有益实用,随笔记录,通知司种,以备采择。

一、城乡有研究农务之人,不拘士农,当留意访求,告知会所。倘得赞助之力,裨益不浅。

一、采访各友诵览所及,如有农学大义古法,并当记录入册。若能以近日所见闻疏证引申,送入会所阅看,亦昌明中国微学之要务也。

右采访

以上所拟章程凡五十二条,如有未臻妥善之处,俟试办一年后再行公议修改。但现在一经公同订定,以后必以实力遵守为第一要义。收效虽缓,考求新法虽难,水旱虫灾意外之事虽无把握,皆不足为虑。惟不守定章,则虽使尹都尉、氾胜之之徒及欧美两洲之农学士为农师、园令,亦必利少而弊多。两人每办一事,必得大利,当议办时,亦以可否之多少为断。及既议定之后,则虽为否者亦必竭力赞助。其章程每屡次修改,然小修改之前,则虽有不便之处,亦无任意违背。然则获利不获利之最要关键,一言以蔽之曰:守定章与不守定章而已矣。凡我同人,于祭告于神农之日,先以力守定章为誓。如此,则习气自破除,意见自融化,于地方风气亦有裨益,不独种植之可获大利也。

咨请拨款情事[1]

为咨呈事，本局现在开办，所有局员及供事、夫役、薪工、火食，本局外约订帮同编译审定各员笔资，购置中国新旧书籍，寄购东西洋教科、参考各种图书，选派十人赴日本学习印刷术，种种开用，需费颇繁。前奉贵大臣谕，将官书局归编译局监督兼理，支销经费即由监督转行等因。据官书局提调龚编修称“铅字经大学堂分取后缺少甚多，随时刊补，糜费误工。现拟亲赴上海添购，计三号铸字铜模并炉机等件，需银六百馀两；另购铸图泥模，需银元一百元；石印机器添配大镜头，并石板皮带等件，需银六百馀两；纸张仅数月馀之用，拟多购备用，需银一千两。至二号铅字亦多缺少，若再购铜模，较三号铜模为尤贵”等语。查本局小学教科书成，必须用二号字排印，方为合格，必不可省，合计应购各件约需三千馀金之语。官书局存款扣至本月底止，不足二千馀金，数月以后，该局一切薪工、火食均由本局开支、统计，局用需款尤巨。为此咨请贵大臣，即饬支应处拨款三万金以备应用，每月终由本局、官书局分别造册报销呈提，相应备文咨呈，请烦查照施行，须至咨呈者。

---

① 录自温州博物馆藏手稿件，用“大学堂编书局”卷格纸，半叶 21×9 格，共 1.5 叶。标题另加。

翻译兼润色条例[1]

谨拟《翻译兼润色条例》呈请鉴核：

一、教科中如博物科、物理科、化学科、法制及理财科并历史科之外国史地、理科之外国地理、图画科之用器画，均应译用洋文书，如已有译本，即可择其善者润色应用，惟仍以多译为贵。缘近年各国科学之理后出愈新，课本之法后出愈善故也。

一、教科书译毕，即宜续译参考书，以备教员之用，此虽较繁难而甚切要，教员必须研究参考书方能旁通曲畅，易于启导学徒也。

一、东西文均访求善本付译，西文以英文以主，东文书译自西书，非日本人自纂者仍当购求原本，以备参校。

一、译学以画一名词为第一要义，近年官私译本名词错出，往往有一书内前后屡歧者，谨按《译学馆章程》附有《编纂文典章·第十节》云："其随时审定之名词，虽未成书，可知照译书局"等语。文典处现已开办，应援章移咨，将已定之名词随时知照本局，以为依据，其有未备，则由本局自行翻译，无论译义译音均以华文洋文并列为表，各种书即据此编译，以归画一，书成附表刊行。今将教科书略分三类如左：

---

① 录自温州博物馆藏手稿件，用"大学堂编书局"卷格纸，半叶 21×9 格，共 3 叶。

一、为历史、地理之类，此类如人名、地名多用译音，列表时人名则注明某时代及某国人，地名则注明经纬若干度分及某国地，小地名未详度分者暂缺之，其译音一以官音为准，各科书均仿此。

一、为物理、化学之类，此类或用译义或译音，大率中国常见之物质多译义，未见则多译音，如化学中之原质，从前京师、上海、广东译本名词即不免歧出，近东文书又有异同。应令中国之素讲理化者会同详议参酌，中文、东文立一定名，而列所从出之西文于右，明著其所以定名之故，理化学中名词应画一者甚多，此为最要，他可递推，将来书成颁发时，由学务大臣谕令各学堂，无论中、东教习均用此名词讲授，以免纷歧。

一、为政治、法律之类，此类多用译义，惟近来各国政法条理繁密，其事之例与其意义或非中国所有，今用中文数字或一二语檃括比附之译述时，亦殊费斟酌，中学堂所编法制及理财教科书仅举大意，尚非深曲繁赜，然其要义略具，亦应将名词并列华洋文以资考览，如译自东文书，则无须列表，但择其名词之罕见难解随文疏释可也。

一、任译务者以不欺为第一要义，译洋文难，译科学书尤难。即以西人译西书，非深于专门之学者亦不能一目了然。上海制造局译本即不能全无讹漏，译述时稍有疑义，宜加考求，如仍未明了，当记出以待详查博访，万不可辄行删削，或以意附会成文。盖不知则阙，弗明弗措，乃虚心好学之美德，非独学者受益，即译者亦进益不浅。（下缺）

示方言学堂学生[1]

1907 年 1 月

昨据方言学堂监学面禀:诸生中有并不请假擅自离堂者。去住自由,有乖规则,殊堪诧异。前该堂学生请行毕业考试,本司以年限与章程不符,议禀请宫保督宪改为修业升班考试,并允给与文凭。乃闻诸生中犹有以未得毕业字样,私持异议者。此次擅自出堂,显系有人从中播煽挟制。

查《奏定章程》"译学馆学生习普通二年,再习专门学三年,方准毕业"。方言学堂事同一律。现在仅习普通,岂有遽事毕业之理?国家设学以造真才为主,诸生入堂以适实用为归,年限长则程度高,将来办理交涉及教育等事方有把握。故真正求学之士,不以毕业不速为忧,而以所学未足为虑。

本司前办京师译学馆,其中诸生大半曾在外间各学堂肄业,洋文程度有已学至二三年及四年者,普通学亦多有途径,今在馆已三年矣,从未闻以促期毕业为请。现在该堂议行升班考试,并分别给与优等、最优等名目,原系体念诸生勤学有年,藉此以示鼓励。诸生等意仍不足,真所不解,岂其中有急于谋利之人,希得"毕业"二

---

① 录自《蓼绥阁文集》抄本,温州市图书馆藏。下注"丙午十二月",即光绪三十二年十二月(1907 年 1 月)。

字欺人，以自增声价耶？志趣若此，甚非所望于学生也。宫保督宪设立该堂，岁糜巨万，期望甚厚。本司仰体宫保养士之意，苟按之事理，稍可通融，亦岂肯故为刻薄？若未习专门而遽望毕业，其要求为《奏定章程》所无。未经请假而擅自离堂，其举动又为学堂规则所必不许，是真有意败坏法律，设非有素不安分之人从中播煽，断不至此。

本司无爱学生之心则已，苟尚有爱学生之心，岂忍坐视其破律败群，而不一为整顿耶？学堂管理，责在监学，设平时遇事认真，当不至有此等气习，嗣后务须加意约束，弗以姑息为爱，是所切望。现姑格外从宽，著令出堂各生赶向本堂监学报明事由，入册存查，以年内为限，如违不报，定即开除，切弗俟[1]延自误。至升班考试，年内为日无多，当俟明春举行，务于正月十五日一律到堂，听候示期，应考可也。特示。

---

① 原稿作“挨”，径改。

拟定农业毕业奖励并升学办法呈张督宪说帖[1]

1907 年

一　谨议农业学堂头班学生，上年考验补习普通并豫科毕业，查系合格，应请援章，酌予奖励，升入高等农业学堂。

一、毕业　谨按《奏定章程》“高等农业学堂计年入学章”第一节内开“此时创办，难得此合格之学生，应变通选年十八岁以上、二十二岁以下，品行端谨，文理明达者先补习普通中学二年”等语。又“高等农业学堂立学总义章”第一节内开“豫科一年毕业”等语，查农业学堂头班学生进堂先后略有不齐，自入补习普通科并豫科，至上年秋冬间有已及四年者，馀皆已满三年，荷蒙宪台亲临考验，分别最优等十二名，优等十四名，给予文凭。查核教科按之定章，除外国语一科，原注英语、德语易以东文、东语为便，于教授起见外，馀均相符，其豫科各项程度均由日本各专门教员参定，为升入高等之豫备，自系照章合格。

二、奖励　谨按《奏定章程》有各学毕业奖励章程，惟补习普通并豫科毕业奖励，未见明文。查农业豫科定章内既有毕业字样，自

① 录自《蓼绥阁文集》抄本，温州市图书馆藏。

应援照办理。现在山东、江苏、河南各省请奖之案颇多，此次农业普通豫科毕业生程度较中学堂少逊，而视高等小学略优，其毕业奖励亦应参酌办理，以昭核实而资鼓励。至该堂各教员上年毕业均蒙颁给奖品，惟坐办屈德泽①、监学胡会昌、马继良三员未经给予，据该堂监督黄道称，曾奉宪台面谕，俟将来酌量请奖，应请钧核办理。

三、升学 谨按《奏定章程》“实业学堂计年入学章”第一节内开“先补习普通二年，再升高等各实业学堂”等语，“高等农业学堂立学总义章”第一节内开“豫科一年毕业，农学四年毕业，森林学、兽医学、土木工学三年毕业”等语。今农学头班学生，补习普通并豫科均经毕业，应照章升入高等农业学堂。查豫科定章有外国语一科，注云：“英语愿入农学科者兼习德语”，是英语一科，例当补习，至德语教习颇难，其人应由该堂监督斟酌禀办。现在农业学堂止能预备农业、林学两科，拟令毕业生分入两科学习。查定章内两科仅举科目，未经分年排列功课，应令日本各教员按照时限预算课程，以凭讲授，并便稽核。至农业、化学教员必应添聘，似不可少。

---

① 屈德泽（1876—1940），号春波、恩波，宜昌人。早年就读两湖书院，光绪二十五年（1899）留学日本，入东京帝国大学农科，1905年毕业回国，任湖北高等农业学堂坐办。后参加留学生殿试，奖农科举人及二等嘉禾章。入民国，历任湖北省水利局长、湖北省实业司司长、湖北省第一高级农业学校校长、中央农桑部顾问、宜昌县志局局长等职。

拟定方言学堂毕业奖励并升学办法呈张督说帖[①]

1907 年

一、谨议方言学堂旧班学生应请于暑假前行升班之考验，合格者酌予赏物奖励，升入专门班。

一、毕业 谨按《奏定章程》"译学馆、方言学堂入学毕业章"第三节内开"以五年为毕业之期，应于外国文外兼习普通学，二年之后，兼习交涉理财教育各专门之学"等语，第五节内开"五年之内有因事旷课不能及格者，应仍留馆中补习一年"等语，是定章必须普通、专门一律，肄习完竣方准毕业。本司前充京师译学馆监督，上年五月底出京时，将届三年期满，从未议及试验毕业之事，学生亦无以此事为请者。现在本省方言学堂头班学生入学多在三年以上，次班学生本年冬间亦满三年，查诸生虽程度不齐，而中文、洋文功课较优者，颇尚不乏。所有普通学科，按之定章，已渐完具，应请于暑假前举行修业升班之试验，给予文凭。至该学堂监督所请"准予普通毕业"一节，核与"农业豫科定章"有毕业二字明文者不同，应无庸议。

二、奖励 毕业不合定章，奖励自难仿办。拟援《学务纲要》"赏

① 录自《蓼绥阁文集》抄本，温州市图书馆藏。

罚规条”内“实物奖励”之例，给予文凭外，恳请分别等次，酌赏物品，以示嘉奖。定章“译学方言毕业奖励”视各高等学堂为优，自不宜于专门毕业以前，先请行普通毕业之奖励也。

三、升学 谨按《奏定章程》“译学馆、方言学堂学科程度章”第二节内开“先授以缀字读法、会话文法、作文诸法，二三年后兼授各国历史及文学大要”等语，又“表说”内开“前二年于语言文字外兼习普通学，后三年于语言文字外兼习交涉理财教育专门学，而普通学之最要者亦兼习之”等语，“入学毕业章”语同详绎，定章前言“二三年后授各国史及文学大要”，系指用洋文讲授而言。二年后习专门学，是专门功课必须三年，至少亦二年以上，方能合格。现在方言头班学生亦逾三年，次班将满三年，除德文教员已用德文授外国史，馀皆专授普通，计五年毕业之期论，年限则所馀无多，论程度则深虑不及。缘该堂教员时有更易，外国文教员尤难其选，间或因病请假，权代无人，不免稍有延旷。现在亟宜进习专门，以期应用，拟请于考验后合及格者升入专门班，并请将外国文功课钟点加多，而普通学之最要者仍照章兼习。其毕业时期当以程度为准，不能专以年限为断，务使升班学生专速用功，再满二年，其所学庶能应用，方为合格，否则仍须照章补习一年。

拟定文普通中学堂毕业奖励并升学办法呈张督宪说帖[①]

1907 年

一 谨议文普通中学堂头班学生应请于本年冬间行毕业之试验,合格者照章奖励,升入高等学堂。

一、毕业 谨按《奏定章程》“中学堂程度章”第二节内开“中学堂学习年数以五年为限”等语,现在方言头班学生自光绪二十九年秋间开学,至本年暑假前已满四年,共八学期,详查功课,核之定章,惟本朝史、法制理财大意二科开课未久,物理学尚未授毕,习篆一科未经指授,其馀各科均已学习完竣,算学一科能算□学级数,视定章所列,实已过之。查该堂开学之初,专就生员中择优[②]考选,中学皆略有门径,各教员更换无多,功课甚为切实,故全班程度较纯。未完各课中惟本朝史最为重要,而善本甚少,惟京师译学馆所编最有条理,而嘉道以后未具,尚须续纂。本司已向译学馆购到若干部发交该堂,属监督及历史教员,将此科及法制理财大意、习篆两科,并物理未经授完之各课,逐课分排,核算钟点,计至冬间必可

① 录自《蓼绥阁文集》抄本,温州市图书馆藏。原稿标题“文”字误抄为“之”字,径改。

② 原稿作“尤”字,径改。

一律完竣。论年限则共合四年半,尚少一学期;论程度则悉符定章,可称完全无缺。算学更有过之无不及,应请于本年冬间举行毕业之试验。

二、奖励 谨按《奏定章程》中学堂毕业奖励列有专章,如试验合格,应请照章奖励。

三、升学 谨按《奏定章程》"中学毕业奖励章"内开"考列最优等、优等、中等者均准保送升入高等学堂、优级师范学堂、高等实业学堂"等语。

拟定支郡师范毕业办法呈张督宪说帖[①]

1907 年

窃省城内支郡师范学堂,原定以三学期共一年半为毕业之期,甲丙乙丁四堂前年腊月开学,戊堂上年春初开学,至今年暑假前已满三学期,照章应予毕业。现拟自二十六日起逐日分科试验,惟己堂自上年四月初三日开学,计届今年暑假前尚少两个月有馀。据该堂杜监督宗预[②]称,学之初曾谕诸生"以四月初开学,届暑假止,可作为半学期,若加增钟点,多办功课,可与前五堂同时毕业"等语。本司当即调取该堂每日功课表,细加核算,除上年五月内有两星期,及十月至十二月有七星期照常每日授课六点钟外,馀皆逐日加课一点钟,较之前五堂功课所少有限,拟令再学一个月至五月底止,于六月初旬再行考验,似于定章三学期本意尚不违背,是否有当,恭候核示遵行,谨禀。

---

① 录自《蓼绥阁文集》抄本,温州市图书馆藏。

② 杜宗预,湖北贡生,内阁中书衔候选知县,署汉阳府训导。经心书院肄业,曾任湖北存古学堂斋务长兼史学并外国史教员。

拟定工商中学暨理化讲习所章程呈张督宪说帖[1]

1907 年

窃维湖北学堂之盛甲天下，工场之盛亦甲天下。近年教习之才沾丐各省，而工场未尝用学生，则以文辞之人才成就众多，而实科之人才尚需养成故也。伏念宪台经营各学堂已及十年，屡经修改，近农业学堂规模已具，数年以后成效可以操券。现在如权量[2]之于商业，范鸿泰之于工业，陈文哲[3]之于理化，可谓极一时之选。权量试办商业小学堂，颇有条理，且开通学之先声。范鸿泰坚苦力学，办事务实而有恒。陈文哲毕业日本高等师范理科，编译书籍多种，皆极有用。该员等深愿及时自效，以报宪台历年培养之深恩，以副振兴实业之盛意。谨以《推广商业学堂章程》《开设工业学堂章程》《开设理化讲习所章程》各一扣，恭呈裁夺。本司谨将该员等

① 录自《蓼绥阁文集》抄本，温州市图书馆藏。

② 权量（1875—?），原名志煐，字谨堂，号适园，湖北武昌人。毕业于日本东京高等商业学校。曾任湖北劝业公所总务科科长，京师商科大学监督，工商部秘书。入民国，历任北京政府农商部秘书，交通部参事，代理交通部次长，署交通部总长，吉会铁路督办兼吉长铁路管理局局长等职。

③ 陈文哲（1873—1931），字象明，广济（今武穴）人。两湖书院毕业，留学日本东京高等师范学校。曾任两湖理化学堂堂长、学部员外郎、教育部图书编辑处主任。译有教科书《物理学》《化学》《矿物学》。著有《引机化学命名草案》。

所拟章程撮举大要，条列如下[①]：

一、堂舍

商业中学堂内附商业小学堂，拟借用道师范学堂；工业中学堂内附工业小学堂，拟借用府师范学堂；理化讲习所，拟借用支郡师范学堂之已毕业者，前经陈文哲阅看两处，其可改成理化讲堂合法适用者甚少，容再详酌。以上堂舍、器具皆本完备，可省开办之费。

一、经费

商业学堂：现办之商业小学堂月支一百三十元，如开中学豫科一班，每月须增给三百元，如豫科开两班，须再增给二百元，俟豫科毕业升入本科，其经费另请酌量增加。

工业学堂：上年道师范学堂每月支款一千六百馀元，现经毕业停办将近一年，拟请恩施逾格，谕饬将此款移作工业学堂经费，仍拟恳请札派盐道充工业学堂监督，以便稽核而专成。

理化讲习所：陈文哲人品纯正，毕业专门，可否派为理化讲习所堂长？每月薪水一百元，敬求宪核。其馀教员，如日本博物理化教习稻井、三泽、臼井、森川等，所订合同，空馀之钟点甚多。本司曾与谈及此事，皆踊跃赞成，自称必当尽心教授，可以不费分文。至学生，皆就支郡师范毕业生中，取其中学本优，已具普通知识而有志求深者，自应仍以师范生相待，住堂膳宿，如赔款捐提成章程。荷蒙宪饬施行，其费即由公所发给，否则仍援支郡师范成案，由[②]本籍按名拨解。

一、章程

商业学堂、工业学堂，均遵《奏定章程》办理，一律通学，不供膳

---

① 原文作“左”，今改为“下”。

② 《蓼绥阁文集》作“内”，径改。

宿。其图书、衣服、纸墨等费，仍由学生自备。理化讲习所，拟援照《奏定师范选科章程》，参用《日本高等师范理化选科章程》，斟酌办理。学生并开二班，以三年为毕业之期，照师范生例，一概膳宿。

以上各节，敬求宪核批示遵行。

条陈通学奖励办法呈张督宪说帖①

1907 年

谨禀者,窃湖北学务现在有亟宜筹定者二事,谨列如下②:

一、通学　部章非通学即收费,设非通学,而图书、衣服等费仍由学生自备,现虽奉谕暂缓开校,而为时终属无自,应否一律改办通学,抑或另有斟酌之处,务恳宪台从速宣示,俾管理员及学生有所适从。否则学生一入学堂,既未奉不收膳宿费之明文,又未奉征收学费之谕示,各堂管理员甚属为难。无论或通学或收费,均难办到。查省城各学堂屡经本司饬令,切实核减经费。据五路高等小学堂刘总提调暨各堂长禀开《切实节减清折》,并将本堂所备膳宿费一概扣除,合并计算,从前每堂每月支费二千四百元,现可减至一千二百元。至方言学堂自今春起每月已经节减二百元。若遵办通学或收膳宿费,每月可节减一千元。至添请俄、法洋教习,其费本在原办豫算之外,拟由学务公所暂行贴补,于下学期招考新生征收学费,尚可藉资补助。文普通可月减经费九百馀元,农业学堂省费八百元,均列有核减细目,另容开呈。惟农业学堂孤寄城外,除本堂收缴膳宿费,拟令每生月收四元为度,曾与黄监督商定,据称

① 录自《蓼绥阁文集》抄本。

② 原文作"左",今改为"下"。

可行。惟通学一事,办法并不难,而欲各堂学生皆指定一住宿之处,则颇属为难,山后尚易,山前甚难。惟支郡师范乙丁两堂现均毕业停办,房已腾空,但该处房屋原系向民间租赁,每月租钱三百五十串,每年约须四千五百串,所费甚巨,似不合算。

本司愚昧之见,可否请将东西南北四路学堂一律改为通学办法。其文普通、方言仍从收费办法,准其住宿,一律收费,暂行试办一学期,其收费数目亦照现在农业学堂例,每月四元或改为三元六角,令农业学堂亦减作此数,以期划一。惟此节必须由宪台明谕宣示,方能实行。再查外国学堂原以通学为普通办法,但亦有变通办法,如一学堂具有数班学生,择令一班膳宿,本堂征收各费,下年挨次换班,住[①]宿亦令缴费。其意盖欲使为学生者总有一年受学堂之管理,且可藉以考察其性情品行,此法未知可否参用？伏乞钧核。

一、奖励　农业学堂第一次毕业生,现经缮具说帖呈请奏奖;其第二次毕业生暨五路高等小学堂、两湖总师范附属高等小学堂毕业生节经催令,赶紧缮送姓名、分数册到司,转呈宪台核定,咨部奏奖,大约四五日内必可备齐。其最要者,湖北旧办学务人员必应优加奖励,前蒙宪台殷殷垂念及此,本司春间即发教员履历样纸,令本人自行填报。惟屡经催促,仍未一律填送,即已经填送者,于年岁籍贯仍多遗漏,外府教员填报者尤属寥寥。现将已填学员履历若干册,并以年分、迟速,分前后一并恭呈钧览,伏恳饬发梁臬司、纪监督、刘监督悉心酌核,择其应请奖励者呈请宪核。梁臬司暨纪、刘两监督于湖北学务情形最为熟悉,有遗漏、错误必可补正,万不致有向隅之叹也!

---

① 原稿误作"往",径改。

再陈通学办法呈张督宪说帖[①]

1907 年

谨禀者，窃通学之法，本司前呈说帖，奉谕饬下臬司会同两监督核议，现梁臬司等亦无定见，而暑假期满已二十日，亟须开学，不宜再延。本司之意拟请将高等小学堂试办通学，其文普通中学堂并方言学堂仍给膳宿，遵照部章，每月征收膳宿费四元，免收学费，与农业学堂一律办法，如嫌稍多，则三学堂一律每月征收三元六角，似亦可行。如方言学堂添收新生，仍用通学办法，其图书、纸笔、衣服等费，无论何项，学堂统归学生自备。

通学之法所以分别办理者，一则为人数太众，外间不敷居住，若指定一住宿之所，则官所馀之房舍必不能如此之多，即专住高等小学生亦属为难。尚当与各堂长、监学详细相度腾挪，方能定局。一则为高等小学生年少，尤宜习劳。

至文普通与方言学生年齿较长，深虑群聚一处，久之或有聚众演说、私自立会等事，虽派员监察耳目，亦恐难周。以此之故，文普通、方言与高等小学必须分别办理，尚或可行。

至初办时学生必多不愿，或聚众要求，或竟不到堂，或应收之

① 录自《蓼绥阁文集》抄本，温州市图书馆藏。

费延欠不纳,此皆事所必有。惟有镇静坚持一年以后,自可渐就范围。本司身任学务,必当黾勉办成,以纾廑念。

以上办法是否可行,伏乞钧核批示遵行,不胜迫切待命之至。谨禀。

札天门县高等小学堂文[①]

1907 年

为札饬事,据禀,该县高等小学堂学生罢课、堂长离堂各情形,均已阅悉。查《奏定学堂章程》“学堂禁令章”第六节内开:“学生不准聚众要求,藉端挟制,停课罢学。犯者除立行斥退外,仍分别轻重,酌加惩罚”等因。据禀,此次发端,不过因饶教员所出试题未经教授,且闻学生有不受临时检查情事,而竟聚众罢学。风气嚣张,已可概见。乃该县于学生则称:亲临讲堂,在自习室温习旧课,甚为安静。而于邵方溶、郑德润等纠众至操场演说,拦阻上堂各情,一字不提,且全禀绝无聚众罢学等字样。而于堂长,一则谓其责学生不应下堂,再则谓其以前事相责备。意似此等学生不应责斥者,必欲纵容劣生,败坏学务,不知是何居心?怪谬至此,真可骇叹!

此案经本司细加查访,自前堂长宋蟠因故辞退,学风已渐放纵,不能不亟加整顿,以图挽回,但亦不为已甚。邵方溶、郑仁即郑德润、曹映笙、倪嘉铨、郑秉钧、倪鑫六名,照章即行斥退,不准改名再入他处学堂,并责成该生父兄及原保人,追缴历年学费,以示惩

① 录自《蓼绥阁文集》抄本,温州市图书馆藏。

儆。其馀各生姑免深究。至堂长王家凤，身任管理全堂之责，不顾职守，因学生不遵约束，竟率同监学、教习各员擅即离堂，大属不合。现值学期将满，岂能遽行辞退？已另饬率同监学、教习各员迅回该堂，补行上半年学期之考试。其诸生所旷功课，将来须展长期限，按照定章所列时刻，逐课补足，方准考验毕业。如学生中再有藉端滋闹，或有人从旁唆耸，本司自有办法。为保全学务大局起见，亦不能有所顾惜也，并将此意传谕诸生知之。

文普通中学堂开学演说[①]

1907 年

现在环球各强国，所以能自立而日益强盛者，其真实力量全在国民。中国士人涉猎新书，见闻稍广者，便自命为国民，不知欲成国民，宜先讲人格。现奉明诏开办学堂，正欲养成国民。诸生既入此堂，必不可不以国民自待。然却不可遽然自谓已成国民，必先力学，使人格具足，乃是真正国民。人格者，谓人之资格，必有三事皆完具，而后成其为人，品行、知识、技能三者是也。

各国谓小学为国民教育，诸生皆各府、州、县生员，入学之初又屡经考试，就文笔论，较各国寻常小学生不必论，即高等小学生亦必有过之。惟外国小学生于各科学皆有门径，诸生尚待补习。此即知识、技能尚多未具，即是人格尚未完全。人格之意，即古所谓成人。中国古圣教育最重之《学记》曰："七年视论学取友，谓之小成；九年知类通达，强立而不反，谓之大成。"小成、大成，指成人之程度而言。《书》称"商耇成人"，《诗》称"老成人"。其人格完具皆在早年，至耇老时学问更深，阅历更多，才识更老练，故国家倚以为重。《孟子》曰："孔子之谓集大成。"孔子答子路成人之问，谓兼智、

① 录自《蔘绥阁文集》抄本，温州市图书馆藏。

廉、勇、艺，而文以礼、乐，亦可以为成人。成人之程度虽不同，然至小成则人格已具矣。《冠义》曰："已冠而字之，成人之道也。"又曰："孝弟忠顺之行立，而后可以为人。"古者二十而冠，其礼最重。计其学年，正在小成之际。今诸生年岁大率二十左右，中学普通程度，适与小成相当。

现在世界风气大开，竞争之祸最烈，所应具之知识，所必需之技能，较古时为更多。若无品行，虽有知识、技能，皆不足论；若止讲品行，而无知识、技能，无论心地如何好，气概如何盛，要做忠臣孝子断断做不成，无论宗旨或旧或新，皆是无益而且有害。

鄙人向来最爱学生，最敬重学生，今所期望于诸生者，有极平常的六字，曰"守规矩、办功课"。能守规矩，则品行自立，有必应为之事，有必不为之事；能办功课，则专心科学，知识、技能自然日长一日，将来毕业后入高等学堂，长进更多，成就更大。

再有一义敬告诸生，诸生责任极为重大，不可不知。湖北居长江之中，又居南北铁路之中，长江为天然的地理，铁路为政治的地理，其中心点皆集于武汉，武昌尤为省会重要之地。张宫保师帅累年在鄂，经营百端，于学堂尤为注重，兼院与宫保师帅同心协力，不问款项如何支绌，必欲办成今日之局。而各位官长又竭力赞助，延请中外各位教习先生，皆深通各科学，素讲教育理法。就目前各省学堂论，实不能不以湖北为称首我大清国。现在时局危急万分，就地势人事论，一线生机亦实不能不首望之于湖北，而湖北生机即在诸生身上。若数年后全堂学生人人学成人格，其感化必甚速。省城文武各学堂，各师范学堂，各路小学堂，各府、州、县中小学堂现已次第开办，必能使通国皆成国民，必可出力扶助国家，我国无论到何地位必有翻身之一日。外国教育学家称学生为"第二班国民”，盖以文明之国，无人不学，其已学成者皆是国民，故称学生为“第二班国民”。中国人民多不知学，我极望诸生专心成学。敬以四字奉颂曰“头班国民”，愿各自勉励毋怠！

金华祝筹设二程学堂经费办法禀批[1]

1907 年

禀悉。据二程先贤奉祝生程炳廷等禀称“澜柴湖地方本二程所遗，有案可凭。嗣捐入前川高等小学堂，但求不没，岁时祭费”等语，是在先贤仍留祭费之用，而在地方可助兴学之资，敬教、劝学二义俱备，实为顺理成章之事。

兹据禀称“澜柴湖本系滨江荒土，现因近傍铁路，售价约三万金左右，拟售作前川学堂基本金”等语，自系为急谋学堂成立起见，具见苦心。惟该处地价既涨，自是有用之地。若别筹他项办法，或开设货栈、客店等项，或招商开设而岁收其租息，虽所入稍微，然为公众永远不动产，与骤得三万金而将来存放，或难保不别滋弊端者，其短长得失，似亦须详加审酌者也。

金教员深通学务，治事勤敏，仰即回邑一行，会同该邑公正通达之绅士悉心筹议，商承该县令妥定办法，禀复以凭核办。总之，务求有利无弊，勿令利速而弊亦易滋。至二程名义与其祭费万不可没。尊贤、爱乡，此国粹也，无此根本，兴学不必言矣！

---

① 录自《蓼绥阁文集》抄本，温州市图书馆藏。

刘凤章、蔡念萱条陈学务说帖批[①]

1907 年

权利之说，深中人心，而道德日以沦丧，拟复宋明诸儒讲学之风，挽回士习，转移学风，看似空言，实乃要中之要，须以真实精神贯注，方有转机。此鄙人神明中所深自疚者也。

今学界多为人诟病，然即就目前湖北各属学堂论，必有用心正大、办事坚苦之人，或为人所排挤不得行其志，或委曲从事而人不知其苦心维持，此一等人必须查明，竭力扶助，学务乃渐有生机，省视学于此等人切须留意访察。自明季始拟开一讲习会，略仿宋明讲学之意，令各教员均来听讲。但所以未敢遽行传布者，此事至少必须有两人担任，视为身心性命之事。鄙人自应分任，但恐公事忙，且多病，不能按期必到耳。

总之，此事有十分精神必有十分效验，有一分精神必有一分效验，则此一季毫无益处，虽久病不支，此心未死。切望诸公代为筹画，即可实行。

---

① 录自《蓼绥阁文集》抄本，温州市图书馆藏。刘凤章（1859—1935），亦名华铨，字文卿，晚号耘心、岱樵，湖北黄陂人。光绪举人，执教于两湖书院、经心书院、文普通中学堂及方言学堂等。一度供职于学务公所。曾赴日本、上海、南通等地考察教育。入民国，历任武昌中华大学教育长、湖北省立第一师范学校校长。著《周易集注》《伦理学》等。

卷四　寿序　表　祭文

孙止庵侍郎七秩寿序①

1886 年

缅夫开元千秋之节，始记诞辰；香山九老之图，乃张宴会。辑皇宋之礼志，著于国史之篇；讽前明之寿文，附于私家之集。固知铁牙金齿，权舆于焦氏之书；绛树元芝，演赞于葛仙之语。其麋括都凡也，则沿传以为体；其鞶绣固实也，则缘颂以述容。然而，雕琢瞑蹎，掞张职植。刻缯折彩，类巫祝之谀词；傅粉施朱，近俳优之戏术。论文之士，往往嗤之。

若夫簪笏恬忽，巍然洛下之英；绅带委蛇，蔚矣河汾之业。如我师孙蕖田先生者，盖能膺平格之符，协永贞之祝焉。先生发德鱺辰，表姿丱日，执经太学，夙号奇童，射策甲科，旋登高第。参词垣之侍从，预讲幄之论思。文宗御极之元年，湘乡相国，以秩宗典礼之官，建经筵讲书之议。当时论者谓双日只日之制，重勚圣躬；二月八日之期，虚循故事。先生以具茨诹道，折节大隗，衢室礼贤，纡

① 录自《蓼绥阁遗集》。《瓯海集》亦有收录，题为《诰授通议大夫蕖田先生七秩寿序》。孙止庵指孙锵鸣（1817—1901），字绍甫，号蕖田，瑞安人。道光二十一年（1841）进士，入翰林，二十七年充会试同考官，李鸿章、沈葆桢均出其门。二十九年任广西学政。同治元年擢侍读学士，二年为武会试副考官，三年罢官。后主苏州紫阳书院、金陵钟山书院、惜阴书院、上海龙门书院等院。著《东瓯大事记》等。

尊善绻。汉平讲艺之奏，而萧梁以儒术闻；唐置集贤之官，而褚马以师资重。斯则陶甄帝学，宣畅儒风。赞皇六首之箴逊其闳识，伊川三事之对宏此远模已。

自柱官世守，遂为问礼之宗；谒者旁求，始广献书之路。属膺盛世，卓越前朝。圣祖天纵多能，综百家之钤键；高宗几馀典学，罗四库之缥缃。凡礼堂写定之书，皆天府珍藏之秘。先生以《泰誓》后出，未列学官，《论衡》虽成，稀传中土，甄采幽隐，句集散亡。太初赐金，衍汉河间之绪；开皇赉帛，从牛秘书之言。遂乃七略毕臻，九流牣积。侍中《解诂》写藏秘馆之中；洨长《说文》待诏掖门之下。国史辑通经之彦，于焉取材；儒生丐稽古之荣，益知向学矣。

协洽之岁，恭膺简命，分校礼闱，前侯官沈公①，今合肥李公，皆先生所识拔也。夫贤良策士，江都发藻于儒林；进士得人，荥泽姚声于经书。前史所孅，论者荣之。未有身任安危，才兼文武。英雄入彀，拔禁署之牧颇；将相储材，开特科之管乐。狄梁公②之荐士，俱为名臣；郑从谠③之同年，并称儒帅。用能削平巨憝，翊赞中兴。光赤伏于云台，皆悬星象；配元都于烟阁，俱画丹青。至今畿辅喉衿，资相公之锁钥；江淮草木，慑旧镇之威名。

既乃拥节桂林，衡文棘院。出阊阖之中使，观采风谣；察州郡

---

① 指沈葆桢（1820—1879），福建闽侯人，字翰宇，又字幼丹。道光二十七年（1847）进士。同治元年（1862），升江西巡抚。五年调任福建船政大臣，主办福州船政局。十三年为钦差大臣，办理台湾等处海防。有《沈文肃公政书》。

② 指狄仁杰（630—700），字怀英，太原人。武则天时期宰相，死后被追赠为梁国公。

③ 郑从谠（？—888），唐宰相。字正求，荥阳人，会昌二年（842）进士。历任河东节度使、岭南东道节度使。僖宗召为刑部尚书，擢同中书门下平章事，进门下侍郎。后以宰相秩复为河东节度兼行营招讨使。谥文忠。

之茂才，抽导幽滞。于是朝廷以楚粤毗连之境，颇杂猺獞；汉唐记载之书，罕详文物。将使南方豪杰，化言子之弦歌；蜀郡诸生，传文翁之教令。寻膺特简，督学兹邦。乃者征侧弄兵，驿骚交趾；智高煽乱，窟穴昆仑。先生旁涉韬钤，固持扃鐍。墨子设距攻之策，般械靡施；来侯存固死之心，嚣围乃解。犹复櫜弓卧鼓，肄马上之诗书；设乐投壶，习军中之俎豆。光禄题咏，高风镌独秀之崖；太守归装，清节载郁林之石。先生履王阳之畏道，读束皙之补诗。越兹报政之期，遂有陈情之请。属四郊多垒，二溟犹波。驿骑囊书，既蔓延于腹地；丛祠篝火，亦窃发于井闾。诏以先生督率乡兵，捍卫邑境。毁家纾难，楚令尹之棐忱；收族从军，耿伯山之丕绩。贸宫中之环佩，潭母教忠；执郊外之干戈，锜童殉义。援师麇集，会楼船上将之军；义旅龙骧，继东部都尉之烈。事平还朝，仍领旧职。

先生以家室仳离之后，民气未苏；闾阎愁恨之声，官邪宜警。会孔桑计利，朘削脂膏；张赵任刑，滋章法令。国家方勤求民隐，澄叙官方，遂乃旁采风闻，竦诵奏版。傅元捧简，台阁生弹击之风；韦澳进书，州郡撰处分之语。猥因大吏曲庇私人，少卿忧国之心竟遭抑压。太傅去官之日，弥极光荣。翳岂无推毂巨公，弹冠契友。或欲徐为申理，复少翁之旧阶；略作留宿，夺季明之雅尚。

先生甫闻朝命，趣治归装。嘉陆子之优繇，慕夏侯之涡濑。矧能甄明儒业，师表人伦，藉抽簪之馀间，绍编牒之盛事。奉经神于高密，争游通德之门；隐贤士于吴差，遂成讲学之市。相如归郡，巴蜀之道乃通；长孺居家，邹鲁之风斯盛。至乃耆名高义，光景遐方，悲色礼颜，虚迟邻境。金华银朴，晞大匠之开莹；丹桂洪桃，俟春风之扇发。

且夫埙篪之奏，庸有升沉；酥酪之珍，略分文质。而先生之于伯兄太仆公[①]也，陆氏东西之屋，早岁齐民；何氏大小之山，暮年偕隐。粤自二刘师法，探伊洛之真传；三郑儒宗，开永嘉之别派。多导源于家学，乃接秀于乡耄。先生白首同欢，黄经相励。讲文节[②]之经制，掌故俱谙；诵水心[③]之文章，事功争茂。服膺曩哲，垂范后生。岂直鲁氏同师，传申公之绝学；秦君竞爽，号班史之名家。

昔鲁女贤踪，寝门庀业，梁妻高躅，赁庑分劳。先生内助得人，光益家道。小星知命，旁均篚室之恩；渥水呈材，大启充闾之庆。况乃邓侯家法，六艺分通；戴氏乡望，万钱足敌。高阳题里，玉昆金友之英；秀才成村，员水环林之俊。行见桓君《章句》缵门业于太常，驺氏《春秋》赓家传于京兆。其荣名也如彼，其福备也如此。允矣在三之鸿业，敛五之祥礽已。

今者，阉茂纪年，青阳入律。揆申生之初度，延亥算之曼龄。异荂薑蔏，雨润孔坛之杏；蕃枝茂豫，风清杨市之槐。奏女伎之笙竽，揄扬寿乐；陈大官之肴馔，交道宾筵。某等伏舍受经，扬亭问字，或附通家于孔李，或叨枝戚于朱陈。近依绛帐之光，与厕斑衣之列。以为琅书斗检，恢方士之寓言；牙笏绯衫，演老人之荣贶。徒工修禄，类近浮夸。故乃芟削蔓词，钻仰景行。窃徐干著书之

① 指孙衣言（1815—1894），字韶闻，号琴西，瑞安人。道光三十年进士，后以翰林院编修升为侍讲。咸丰六年（1856）任安庆知府，同治二年（1863）权庐凤颍兵备道，十一年任安徽按察使。光绪元年（1875）任湖北布政使，三年调任江宁布政使，五年召为太仆寺卿。著《瓯海轶闻》等。

② 文节指陈傅良（1137—1203），字君举，号止斋，瑞安人。南宋乾道八年（1172）进士，官至宝谟阁待制，永嘉学派创始人之一。卒谥文节。有《止斋文集》等。

③ 水心指叶适（1150—1223），字正则，号水心，瑞安人。淳熙五年（1178）进士。历仕于孝宗、光宗、宁宗三朝，官至权工部侍郎、吏部侍郎兼直学士院。他力主抗金，反对和议。是永嘉学派集大成者。有《水心先生文集》等。

旨，扬厉声闻；援奚斯作颂之篇，呕吟令德。商芝馨洁，味甘菊水之泉；郑草芬芳，荫茂祈沦之木。扇洪辉于儒肆，泰阶光处士之星；添嘉话于词林，寿世炳太平之瑞。

汪母关宜人六十寿颂并序[①]

1891年8月

国朝久道化光，文儒滋萃。至于妇学之盛，跨越千古，注《列女》者有两家焉。琅邪淑媛，畅茂教于前；安定硕人，阐徽音于后。所以激扬管炜，扇发帨芬，申都水之绪言，纂曹虞之绝业，详哉微矣！

绍箕束发读书，倾衿方雅，既获交福山王正孺编修、仁和汪穰卿[②]孝廉，乃知郝儒林之室王宜人者，正孺之从祖姑也；汪乡贤之室梁恭人者，穰卿之叔祖母也。二君蔚起南北，时之俊髦，而皆有贤母康强寿考，实符乎在昔，作范于当时。窈窕女师，继世名贵。夫夜光之宝，实产沧渊；瑶玉之珍，是生昆圃。《语》有之曰："亡则书，在则人。"岂不然欤！

---

① 录自《蓼绥阁文集》抄本，温州市图书馆藏。据汪诒年撰《汪穰卿先生传记》载："同治四年，余六岁时，先府君及关宜人均三十四岁。""光绪二十六年，十一月母关宜人卒。"知汪母关宜人生于道光十二年(1832)，卒于光绪二十六年(1900)，享年六十九岁。六十寿辰当在光绪十七年(1891)。

② 王正孺指王懿荣。　汪穰卿(1860—1911)，名康年，浙江钱塘人。光绪二十年(1894)进士。早年入张之洞幕，执教两湖书院。二十二年，与梁启超、黄遵宪等创办《时务报》，宣传资产阶级民权思想。二十四年，创办《时务日报》，旋易名《中外日报》。三十三年又创办《京报》，后又创办《刍言报》。

汪母关宜人六十寿颂并序

穰卿先德奉政公①，与家大人有齐年之雅，绍箕兄弟又与穰卿重有笙磬之契，习闻内训，可得略言。我年伯母关宜人，毓粹华宗，含章笄岁②，于归君子，逮事尊章爱敬，自天检无违度，属四郊多垒，家道屡屯。奉政公初以校官敷衽景宁，席不暇暖，寻乃转徙江右，筮仕岭南。宜人奉慈姑，携幼息，间关跋涉，左右劬心，遂得离寇攘之危机，叙天伦之乐事。既而鋻教云遵，楹书载授，假举累万，黾勉有无，卒能檃括无方，不堕门业，使芝玉生于庭阶，环珥称其家儿。内自妇女，外逮臧获，夙莫效绩，咸有定程，法绳之而无间言，恩煦之而无废事。雍雍乎，秩秩乎！九族承规，三宗赓矩，可谓闺门之德象，中馈之礼宗者也。

岁躔单阏③，月中应钟④，实维周甲之辰，将举祝延之礼。谨按刘氏编录《列女》⑤篇系，以颂厥后。陈思之美，表仪左嫔之称；神智优游，彬蔚率踵于前。规夫母氏难老，齐镈蕲年之语也；寿母燕喜，鲁宫祝嘏之文也。蘿蒲盛周，其来已古，引年介祉，于斯制为尤宜。穰卿斐然有述作之志，妙析条流，或有取尔。其辞曰：

川由原广，山自基崇。亹亹鼎门，笃生女宗。昔睹图传，今闻德容。匪直有述，模宪在躬。猗欤宜人，内则是效。蕙性内涵，瑶资外照。敬以事上，孝乎惟孝。慈以抚下，义方之教。其孝惟何，

① 奉政公指汪曾本，字养云，咸丰元年(1851)举人。据汪诒年撰《汪穰卿先生传记》载："同治四年，余六岁时，先府君及关宜人均三十四岁。""光绪八年，十一月十一日，先府君去逝。"得知汪曾本生于道光十二年(1832)，卒于光绪八年(1882)。

② 笄岁，指女子十五岁。谓及笄之年。

③ 《尔雅》曰："太岁在卯，曰单阏。"即指辛卯年(1891)。

④ 应钟乃古乐律名，十二律之一。古人以十二律与十二月相配，应钟与十月相应。

⑤ 指西汉刘向所编《列女传》，是一部介绍中国古代妇女行为的书，共分七卷，母仪传、贤明传、仁智传、贞顺传、节义传、辩通传和孽嬖传，记叙了一百〇五名妇女的故事。

君子偕庄。陔华言洁，涧藻斯湘。怡声下气，淑问孔章。时靡有定，我心则常。□□君子，为贫而壮。悠远山陬，寂寥海涘。母也倚闾，子则陟屺。焉得谖草，言树之背。虑遐涂迩，诚重劳轻。既见君子，母心实平。烽燧无警，膳羞有盈。隆矣天笃，至哉地贞。其教维何，抚是藐孤。营成家道，予手捋荼。言俟其实，毋玩其华。范我驰驱，毋饰其舆。贤哉有子，劬学无斁。如日出光，振绮之泽。蜚声横舍，贡秀京洛。英英三珠，荫于松柏。惟若母仪，行表言义。子孙成业，以渐教化。惟若贤明，廉正以方。咸晓事理，知世纪纲。于传有之，宜人以之。思齐先姑，宜人似之。曩疾良已，云神所愈。神则何亲，惟德是主。鉴兹塞渊，俾尔寿耉，俾尔炽昌，保艾尔后。瞻辰揆度，印婺齐光。林梅有馥，湘水方长。情殷拜母，路阻登堂。请歌此词，用侑琼觞。

广雅尚书南皮张公寿言[①]

1896 年

天以我大清世德克肖，笃生硕辅作镇于楚，楚人士感而慕之者至矣。岁丙申八月初吉，为我公六十崧辰，书院诸生，谋随荐绅先生后为文以寿之。

夫寿者公一人之福也。公道德渊懿，坚却繁文，懔懔乎程子“生辰不宴会”之义，其不以一人之福，容士类以贡谀，夫人而知之矣。既而思之，公天下之一人也，公之寿，天下苍生之幸，非一人之福也。而吾楚适承其荫，部民之颂祷、舞蹈，情理之至而难已也，而况士之亲受乐育甄陶者乎！

居尝盱衡大局，私谓“世变不足忧也，可忧在天下之无才；时危不足惧也，可惧在天下之无治”。其或有其才矣，而遇合之故，事所难言，则又未不感慨于圣主良时之难也。

公以明德之胄，博极古今，自其少时，已掇巍科，结□主知，大廷对策、力破成格，天子览而韪之。海内之士承望，下风者以先睹为快，故甲科众矣，有公而后，天下知甲科之重。

公为学使者，再以朴学倡，多士浅中躁进者摒不录，得人之盛

① 录自《蓼绥阁文集》抄本，温州市图书馆藏。

称最。今武昌经心书院，公督鄂学时建也。公生平教学之旨，粗具《輶轩语》及《书目答问》中，则督川学时纂也。湘乡曾文正尝曰："近今文宗，当以张督学为宗主"，闻者谓为知言，故学使众矣，有公而后，天下知学使之重。

公以名翰林直讲，帷回翔坊局，自同治中兴，朝廷与天下相休息，侍从诸臣，率以雍容揄扬为事。公议《俄约》一疏，为挽回全局枢纽，当时外倚左文襄，内则公之力也，故词臣众矣，有公而后，天下知词臣之重。

公持节太原，其时大歉之馀，民贫学废，公至而困者立苏，废者立举。旋奉总制两广之命，两广处交趾要冲，气浮而靡。公以为民之命悬于吏，吏不学，生灵之患也，于是有课吏馆之设。民之转移，视乎士，士不学，风俗之患也，于是有广雅书院之设。吏治矣，士兴矣，而武备未善，君子耻焉。已而法人渝盟，朝野震慑，公筹兵筹饷，动中机要不逾时，凉山诸将接踵以捷告矣。法人衔公能，随以偿款恫喝之，公声色不动，折以片纸，而奸谋立沮，煌煌名论，具详于《续经世文编》中，可读而知也，故巡抚总制众矣，有公而后，知天下巡抚总制之重。

乃者棨戟临楚，六七年于兹矣，楚为偏僻地，故智自封，睹公矿务及机器各局，始而疑之，继而谤之，久遂寒得以衣，饥得以食，则相率而言曰："公向之，劳我者，活我也。"公之德至矣。公自视欿然，方率群僚以益勤厥职。湘抚陈佑帅，公之旧属也，公尝曰："吾以兄礼接之。"密折奏闻者屡矣，今名望动华夷，而湘省实先托宇下，则是公之有造于吾楚者，不第于其身，而又其知人之不可及也。自公至时，吏肃年丰，百废具举，因虑楚之士囿于闻见，为奏置两湖书院，廪之、饩之、振之、作之，抑扬而鼓舞之，俾寒畯得扩所未睹，穷乡下邑得以渐开风气，此则楚之士无而不至，皆公之教之所波及也，吁何其盛也。

且夫破成格，制强敌，罗英俊，才也。澄吏治，扩新政，植学校，治也。此自强之切务，而大臣职分所当尽之责也。方今敌国外患，凭陵蹂躏，我公自甲午冬权制两江以来，方积其精忠慷慨之气，激昂不平，藉愓虩以图补救，举普天共愤之耻，聚而为一人之负荷，公之歉仄深矣，何才与治之足言，所最异者，众人不知其当尽而置之，即知其当尽而仍置之，此则公不自异，人乃不能不以此异公矣。

曩者林文忠精明强毅，经济甲天下，可谓有其治；胡文忠高掌远跖，推中兴人材之冠，遐迩无异词，可谓有其才，公皆心仪之，比于诸葛之自同管乐。然林困流递，胡志业未竟，天下惜之，独公兼其治与才，蔚为硕望，而又纯嘏之锡，宠眷之隆，迥出林、胡两公之上。于此见我朝气运之厚，天之佑我元老，以旋乾而转坤，为笃且至也。

生等沐化雨之日久矣，稔知公质直深纯，铺张扬厉之谈，深恶痛诋，故谨质言之，盖欲使举世之瞻望山斗者，睹厥绪馀得以油然作其忠愤之气，又以使忧世伤时者，知公在而天下事之尚可为也。异日者，吾楚士子容有不自菲薄，抒忠说于殿廷，俾我公寿身、寿世、寿国、寿民之泽益，垂诸无穷。是又书院诸生之责，而公所乐以持慰圣皇者乎！

诰授光武大夫广雅尚书制府六十寿序代谭继洵作[①]

1896 年

皇帝御极之二十年，以海疆有事，特命湖广总督广雅尚书张公移镇建业，提控南溟。越二十二年春，事平还治于是，距公始[②]去武昌之时盖二稔矣[③]。陶汤武[④]屯军夏口，实惟指使之年；杜当阳[⑤]返节荆州，爰届杖乡之岁。军民额手，僚史[⑥]欢愉。其秋八月初吉，为公揽揆之辰，将举祝延之礼。公超然荣观，抑此德隅。祈爵献功，卫睿武戒宾之旨；忘家为国，霍景桓辞第之言。继洵窃以为寿耇之词，纷纶于雅颂；屯录之语，纬繣于钟彝。仲任稽諭于太平，御寇揆元于多乐，此延龄之常致，益算之恒言。若夫砥柱郁盘，激洪流而

---

① 录自《瓯海集内编》。《鲜庵遗文》题为"张南皮尚书六十寿序代"，《蓼绥阁文集》题为"广雅尚书南皮张公寿言代"。

② 《鲜庵遗文》作"使"。

③ 《蓼绥阁文集》抄本开头作"光绪二十二年春，广雅尚书南皮张公还镇武昌"。

④ 《蓼绥阁文集》抄本作"陶扬武"，以此为是。指陶侃(259—334)，字士行，或作士衡，东晋时期名将，大司马。曾以扬武将军屯夏口。永嘉五年(311)任武昌太守。建兴元年(313)，任荆州刺史。后任荆江二州刺史，都督八州诸军事。指使之年为男子六十岁。

⑤ 杜当阳指杜预(222—285)，字元凯，西晋学者兼军事家。历官河南尹、度支尚书、镇南大将军、当阳县侯，官至司隶校尉。杖乡之岁亦为男子六十岁。

⑥ 《蓼绥阁文集》抄本作"吏"，以此为是。

永屹;乔松峻茂,凌皎雪而弥昌。无逸享年,理通乎臣下;肇敏锡祉,效博于戎公。辅皇极之会归,非康强不能逢吉;赞大乾之资始,非贞固不能起元。在昔,秦有番良,周多莪士,而川游共济,则思平格之棐忱;日迈弗来,则念荣怀之黄发。继洵协恭夙夜,相保岁寒,以古方今,请附斯义。

夫运会周,则世复隆古;事变极,则天生大才。自炎汉以还,迄于近代,伟人间出,奇杰踵生。莫不奋英声以迈前徽;抗绝足以挥来轸。然而师贤儒道,歧轨于书林;武达文通,殊科于册府。良以去圣久远,与时推移,源窒于未分,势穷于积重。将欲纲维道艺,甄冶刚柔,总制埏垓,冥符三五,旷期应会,其殆在我公乎?

公生韬灵鉴,夙挺殊姿。方就傅而通经,甫成童而领解。毅皇御极,亲策茂才。始用直言,褎然异等。董相天人之对,为河北之大师;贾生政事之书,是洛阳之才子。夫其沉酣六籍,探综百家,雅好深思,惟[①]求要义。《易例》兼苞乎象数,《诗话》[②]先式乎威仪。审定书文,起梅阎之隐漏;覃研礼服,申卜郑之渊微。比事属辞,证经传于《左氏》;改元受命,发墨守于《公羊》。又以《鲁论》廿篇,九流孳乳。合同以异,则一曲有殊功;害意以辞,则巨儒有驳义。矫枉过直,荀祭酒之精言;舍短取长,刘更生之通论。纂义多成于欧夏,质疑时志于逸商。是以朝列奉为礼宗,馆生推其士表。太常之议庙祀,就张纯而访仪;东观之续儒林,待刘珍而发例。迨贰司成之职,详参大礼之文,上考古经,下诹今律,纠汉后诸儒之执一,述高宗圣训之持平。遂使新都悔其失中,庐陵惭其无术。九重报本,隆天笃而匪私;万叶观型,范人伦而立极。帝之仁也,公有力焉。

① 《蓼绥阁文集》抄本作“推”。

② 《蓼绥阁文集》抄本、《鲜庵遗文》均作“诗诂”。

属西旅要盟，行人辱命。平章眙愕，典属依违。公条上便宜，累陈备御。爰承懿命，俾与谘商。弛张动中于机牙，攻距务存于形始。莱兵却舞，而汾阳之侵地归；戎索正疆，而皋鼬之载书改。盖温公方为学士，俨然公辅之资；谢傅未假安东，早负苍生之望。已洎乎并州持节，粤峤建牙，一摄吴疆，久藩楚服，经事综物，莅官治戎，声施烂然，略可陈说。王政之本，先洽民心。用兵决胜于人和，觇国戢谋于众附。公太和在抱，惠泽及人，酌金布以省征徭，建石仓以待荒蓄。亭疑析愿，师陈宠之务宽；禁悍锄奸，法国侨之用猛。郧侯奏开之道，峻坂方驰；白傅议筑之堤，奔涛四偃。绝乌香之毒种，晋国无饥；收白脚之闲民，楚材效用。自公莅此，前后六年，五谷顺成，兆人和乐。比以江北患潦，乞籴邻封，卒回偏歉之征，遂致屡丰之瑞。襄阳耆旧，知请雨止雨之诚；荆楚岁时，应温风凉风之节。斯乃公之所以笃民生也。

且夫安民之道，以察吏为先。大臣之谊，以荐贤为重。迩者六条化远，四行风微，良干有闻，循声间起。若高俭之设条教，马臻之讲农田，于定国之无冤民，李君奭之有异政。朝廷加之方任，天下仰其器能，登凯举元，繄公实赖。至于素丝绳直，白简霜寒，黜徇货以儆官邪，穷徙文以惩吏巧。推廨钱之法，广厉廉隅；复幕掾之规，亲稽才性。理枝必循其干，举网[①]必振其纲。道在布公，故严而不怨；事归核实，故宽而不欺。笼内参苓见蓄，争勤于奋效；腹中鳞甲被除，或绝于怼言。斯乃公之所以征[②]吏治也。

食货为八政之首，币馀为九赋之终。因地制宜，则民不匮，适时合变，则道不穷。据表里之山河，宜秉四人之令；跨东南之岭海，

① 《蓼绥阁文集》抄本、《鲜庵遗文》均作“纲”，应为笔误。
② 《蓼绥阁文集》抄本作“澂”，《鲜庵遗文》作“惩”。

兼翻九府之篇。凡夫总秸常供,牢盘正荚,关泉山贡,船算海租。司市靡害之征,廛人质罚之布,莫不重轻互用,本末兼权。厘诐墨之钱通,塞涓流之卮漏。守尚父因俗治民之训,参传家反经合道之言。内委度支,外填军府。刘士安常平之法,收厚而众不知;陈亨伯经制之模,积微而人无害。若乃沮漳望国,杞梓名邦,匪曰地腴,实云天险。川原锗辖,人物喉衿。神枢默运乎寰中,美利周流于天下。化石田为金穴,易槁壤为宝山。新拓织图,敌阿罗之幅布;别开圜法,回王面之金钱。波及诸方,犹其馀义。斯乃公之所以纾国计也。

通海以后,边警频仍。班生述其天骄,非小礼所能驭;管子谓之日变,非常智所能观。往者西瀊波扬,南交云扰。图数寸而千里,刘安虑其行难;廪一人而五升,李固忧其饷匮。公遐规滇桂,旁应闽台,驱策群材,辑和诸将。抚田横之义士,收马援之流人。鼓角鸣于地中,楼船横于海上。山川弹压,发踪于筹笔之楼;士马饱腾,仰给于凝香之寝。卒使渠魁就馘,重标铜柱之封;劲旅凯旋,别置金城之戍。已而韩藩告急,倭岛称兵,曲突薪然,甘泉烽及。远交近攻之计,兵法所必先;重利轻害之衡,权家所必择。韦孟之梦争有恨,绕朝之赠策何心。观其使节所经,军筹略举。珠门列垒,既南讫于琼儋;铁瓮增屯,复东连于崇宝。割弧望准,测线沙详,引亦思马,以置佛郎,用申巫臣,以教乘广。虽复事多经始,义俟引申,而研虑精微,发端闳远。彻桑阴雨,屡诵戒于鸮勤;采藿深山,终建威于虎猛。斯乃公之所以壮军谋也。

自丱人之司存于礼籍,铁官之议列于儒家,远则伯益写山海之图,近则马彪撰郡国之志,具陈朴产,取备金工。今者官失在夷,货弃[1]于

① 《蓼绥阁文集》抄本作"弃货",误。

地，吴士之求越甲，楚金之铸郑兵。因缘为奸，缓急难恃，家珍自失，利孔滋多。于是招西域之锻工，发南荆之宝藏。辨磁英而物地，操神斧以缒幽。泼水生光，彭城炭出，惊雷迸响，沛郡炉开。仿红衣而演连珠，营武库而储百炼。一穿三十札，不足喻其精；二冶千万斤，不足方其富。然后轮人造轨，野庐治涂，跨谷腾川，连辕接轸，南从汉渚，北达神京，属砥道平，布金地满，千辟万灌，四辟六通。拟奇肱之驭飞车，轶造父之驰赤骥。有事则万里指挥于堂闼，以威四夷；无事则百货奔辏于郊衢，以济天下。天财地利，谊公于颍上之遗书；物曲人官，法密于河间之古记。盖自咨名黄帝，见荣匪止于千山；御气元天，生濒殆逾于亿祀。取锱铢而遗山岳，执橐籥而眩阴阳。其未发也，惧非常之原；其既成也，藏不竭之府。非至仁勇，孰与于斯。斯乃公之所以宏远略也。

惟学可以广才，惟器可以载道。要驾千里，何如加调驭之功；中流一壶，岂若讲操舟之用。公文衡稠叠，经术修明，益部搜珍，荆山采璞。广受经于石室，申劝学于兰陵。自总兼圻，益恢横舍。法律与算书并习，仰准唐规；经义与治事分斋，俯遵湖学。犹复震惊立武，洴澼求方。召爻间门外之舌人，罗汉护府中之译长。别国之方言次集，专家之技巧成图。通三十六国语言，非无朱育；第五十九篇形势，不废由余。外纪分篇，早录写官之副；旁行累画，重征辅使之书。务使[1]坟植归陶，乔条就墨。上之贯三才之理，次之知四国之为。外之充使绝域之材，内之得将万人之选。分曹奏技，知效一官，博物著书，证明诸子。构众材以扶大厦，则虽危而不倾；积跬步以赴修途，则虽远而必至。斯乃公之所以造人才也。

---

① 《蓼绥阁文集》抄本作“令”。

加以清标绝俗，高气迈伦。桐枝无旁附之缘，薏苡乏传讹之谤。抚绥侨旧，惠浃指囷，周给宗枝，恩沦散廪。敦崇名节，推衿多顾及之英；宏奖风流，著牒尽文儒之彦。秦输晋粟，恤灾靡间于畦町；楚夺吴桑，防患潜消于萌蘖。宣公奏议之集，恳到切深；武侯教令之篇，丁宁烦悉。横流边幅，齐心画于苏黄；万象端倪，共操持于李杜。园葵示朴，符周子之说莲；堂桂思贤，媲屈骚之颂橘。濠梁之性，无歉于真游；山泽之仪，常形于燕处。

自夫莘莘逢掖，济济彯缨，袭其一长，躬其一行，皆足以希风往哲，腾实方来，而公渊默雷声，海涵地负。德业具，而皇皇若弗及；智勇全，而粥粥若无能。宜乎帝赖羽仪，世资镜检。中兴魁宿，瞻国器而心倾；后进英髦，望人宗而景附。乌洛侯之贵胄，纡辔输忱；被列地之首臣，赠环表敬。太尉之节楼，月上将佐乐其登临；西门之官柳，荫成父老爱其芨憩。于以弥纶天綡，亭毒化源，为邦家之光，协神人之福。经言“令德受禄”，语云“美意延年”，盖公之谓欤！然而时有康屯，势有险易，志有广惬，量有洪纤。《周颂》存养晦之文，《春秋》大复仇之义。殷忧所以启圣，盘错所以别才。公之古谊忠肝，深谋伟略，旋乾转坤之力，移山填海之诚，或犹告而未行，或旁皇而待发。薮泽何关于寥廓，泰山仅落其毫芒。方且吹律回温，撮尘障决，厉劲翮以横绝徼，奋高掌以擘巉崖。白石烂而志不灰，元霜零而音不辍。规橅远算，指千祀以为期；排斥群疑，亘万世而不顾。使夫畴人子弟还复于门墙，百世条流朝宗于官礼。然后披山经而械贰负，廓王会而隶[①]权扶。挂弓若木之巅，绁马阆风之苑。造五兵之悍族，投戈于南指之车；衍八线之巧人，焚椠于东来之法。

① 《蓼绥阁文集》抄本作“棣”。

文穷质复，斠三统以谒素王；外攘内尊，控九洲以环赤县。群圣之微言大义，悬日月而不刊；皇家之丕律上仪，与天地而无极。其神远矣，其愿宏矣。天佑圣清，锡公纯嘏。帝自强而不息，臣日起而有功。则竭生聚教训之谋，二十年而方始；襄乐利畏神之盛，三百岁而未涯。坐鬻熊于帷幄之中，自称少齿；授方叔以师干之试，佥曰壮犹。阿衡之弼德，胥匡寿逾夫大耋；太保之迪光，率俾数迈乎期颐。今之缀缉丹青，宣扬宫征。铺其亮伐，将辍[①]简而方滋；介其蕃厘，虽腐毫而靡究。蠡莛之喻，所不辞焉。

① 《鲜庵遗文》作“缀”。

张母李太淑人七十寿序[①]

1903 年

古者王政自内始，后妃掌阴教，而妇学之法，司之九嫔。凡卿大夫之女子，皆有师保。《春秋传》所载嘉言淑行，不可胜记。曾南丰[②]所谓："有道之所畏，而女子能之者也。故曰妇顺备，内和理，而后家可长久。"逮汉以降，学校不能复古，而妇学遂亡。然自刘都水[③]撰次《列女》，为母仪贤明写传，以资法戒，《列史》因之。近儒刘氏开[④]，乃专取其可法者为《广列女传》，其间践妇道、备母德者，大率暗合于古四德之教，其身往往寿考，而其子孙亦多贤而昌，理固然也。

我外姑李太淑人，家为景州望族，幼习图史，兼精女红，自于归我外舅中议公[⑤]，即偕赴黔中，逮事君舅光禄公[⑥]孝敬无违，睦于娣

---

① 录自《蓼绥阁文集》抄本，温州市图书馆藏。张母李太淑人指张之渊夫人，黄绍箕岳母。

② 曾南丰指曾巩(1019—1083)，字子固，南丰(今属江西)人。宋嘉祐二年(1057)进士。唐宋八大家之一。

③ 指刘向，曾官护左都水使者，故称。

④ 刘开(1784—1824)，字明东，又字方来，号孟涂，桐城人，散文家。著《刘孟涂诗文集》《论语补注》等。

⑤ 中议公指张之渊(1835—1882)，直隶南皮人，字蓉江，张之洞二兄，官至湖北安襄荆郧道。屠寄《安襄郧荆兵备道张公墓志》云："光绪六年，署安襄郧荆兵备道。未几，奉檄委修漕运剥船三百艘。工成，押解入运，触暑上道，旧疾血动，行至扬州，卒，时年四十有八。"

⑥ 指张锳，张之洞父，诰赠光禄大夫。

姒。咸丰季年中议公为贫而仕，需次武昌，太淑人家居，习劳茹苦凡六年。已而中议公以廉正勤慎为大吏所器任，乃迎至鄂，先后官均州、枣阳、孝感县，襄阳同知，安襄荆郧道，皆偕之任所，而勤俭如故，性慈祥而明于大义。其在襄阳，捻匪窜扰，众情汹汹不为动。惟所属顽民，有刑鞫者，闵之，辄惨然不乐。中议公以有内助得一心吏事，故所至有声，此一时也。

光绪壬午[1]，中议公解漕驳船北上，率诸女侍行，积劳触暑，捐馆于扬州。而太淑人先以春间率黄楼[2]、白泉两内弟归应试，至而黄楼适卧病，困甚，太淑人日夕饮泣，护持藐孤，稍扶掖能行，即挈之星奔至扬。既北归，居岁馀，黄楼病未愈转剧，乃复挈之就医于大通，首尾三年，南北数千里，往返数四，其间家运之蹇屯、人事之乖违，有非恒情所能堪者。而太淑人于忧伤憔悴之中，坚忍强抑，遇事必详酌于理势之间，无憾而后即安，卒能保其身，鞫育其子以有成立，此又一时也。

中议公训子严，择师必审，待之必诚且敬。太淑人一如其旨，婚嫁之礼，毋或侈逾，惟延师脩脯必丰无吝色。黄楼兄弟以己丑同举于乡，时太淑人在粤节署，宫保师举酒相庆，贺其善教，而喜中议公之有子也。白泉溺苦于学，秀而不实，黄楼乃瞿然为禄养计，以曹郎乞外官湘，寻又改官吴中。去年春，宫保师又迎太淑人至鄂，盖至是春秋渐高，家亦稍足自给矣，而勤俭仍如故。下接子妇，逮于藏获，夙莫效绩，左右劬心。法绳之而无怨言，恩煦之而无废事。雍雍如也，秩秩如也，此又一时也。

---

① 即光绪八年，公元 1882 年。

② 黄楼指张彬(1869—?)，张之渊次子，光绪十五年举人，先后捐内阁中书、兵部郎中，二十一年捐知府，指陕西补用。

综其生平，相夫以礼，知世纪纲历常变而不渝其度，非古所谓贤明者乎？若乃教子义方，营成家道，使世继其美而不居其名，虽古之母仪，何多让焉！

今岁三月，太淑人年七十，宫保师谋所以为寿，适奉诏北上①，乃命子姓举祝延之礼，而绍箕为之辞，抑绍箕窃有感焉！自亲炙宫保师，获闻光禄公家法之严肃，居官之刚正，爱民如子，而治事精断如神明。其在兴义，值苗乱，誓以家属与城俱存亡，赖战守有方，围寻得解，太淑人亦时时言之。往者绍箕侍我先父通政公归里，我先祖母年八十矣，常道咸丰末土匪围城事，时通政公邑绅耳，我先祖母亦在围中，其情事乃绝相类。至于我先祖自处之清约，授徒之竭诚，成材之众多，每一闻之，累日而感不绝于予心也，今不可复闻矣。回视太淑人，耳目聪明，眉寿未艾，如古所称仙真人常在人世间。辄叹慕黄楼以为天伦乐事不可及也。

夫事与时并，道穷则变，故立法必取其新，若夫报本大节，老成人有典型焉。家之所以长久，国之所以盛强，于是乎，在斯则穷天地，亘古今而不可变者也。我两家子弟宜如何修学砥行，以绍家业而报国恩，是又太淑人之所冀望而乐闻者也。既备陈盛德，乃谨述此以为太淑人寿，其忻然而进一觞乎！

① 据《张之洞传》：光绪二十九年(1903)二月，清政府电诏张之洞赴京，参与清政府与英、美、日、葡、德、意等国商约的谈判。三月张之洞应诏入京。五月任会订学务章程大臣，拓修畿辅先哲祠。九月奏定《约束出洋游学生章程》《奖励游学生章程》。议定中美、中日商约。十二月，与张百熙、荣庆会订《奏定学堂章程》即“癸卯学制”。于次年二月回鄂督任。据此断定本文作于光绪二十九年(1903)。

李母彭太夫人七十寿序[①]

同治中兴之初，湘中豪杰，率以儒生兼擅武略，又往往兄弟并兴，忠义勋业，炳在天壤，若湘乡曾氏、李氏，新宁江氏，其尤著者也。间尝考其闺门之教，乃亦多有淑德懿行，为世女宗云。往余读《曾文正文集》，述母江太夫人相夫训子之德甚具。及为江忠烈[②]之父母寿序，则又称其母陈太孺人，承阙绀匮，壹秉夫志，累岁食粥，而养亲以旨甘，窃欲以为士大夫之所难。

李思芹[③]明府，李勇毅公之孙也，其祖母彭太夫人今年七十矣。明府宦浙，以吏事至瓯，余数与往还，乃复得闻太夫人言行之详。

---

① 录自《蓼绥阁文集》抄本，温州市图书馆藏。

② 江忠烈指江忠源(1812—1854)，字常孺，号岷樵，湖南新宁人。道光十七年(1837)举人。二十九年署浙江秀水知县，旋补丽水知县。咸丰元年(1851)太平天国起义后，募勇参加镇压太平军。三年出任湖北按察使、安徽巡抚。四年，太平军攻克庐州时投水自杀，追赠总督，谥忠烈。有《江忠烈公遗集》。

③ 李思芹(1875—1908)，名前泮，湖南湘乡人，李续宜(勇毅)孙。光绪二十四年(1898)闰三月任东阳知县。为政精勤。后任奉化知县、温州知府。　李勇毅指李续宜(1823—1863)，字克让，号希庵，湖南湘乡人。李续宾弟。咸丰九年(1859)授荆宜施道，后任安徽按察使、安徽巡抚、湖北巡抚等职。同治元年(1862)代为钦差大臣，督办安徽全省军务。谥勇毅。

始太夫人之嫔于勇毅公也，舅光禄公[①]姑萧太夫人在堂，子妇执业，各有常程。太夫人婉顺承之，室无弃物，身无暇晷，尺布寸缕，皆一手纫缀，灯火荧荧，每至夜分。浣濯鲜洁，洒扫必躬，庭所之间穆如也。

勇毅公与兄忠武公[②]，从罗忠节[③]讲求正学。咸丰军兴，投袂讨贼，奋绩师中，迭膺显位。太夫人经营操作，不渝其初，家无仆婢，款宾承祭，逮三党吉凶遣问，一准诸礼。萧太夫人晚岁病痿痹，饮食坐卧，需人扶持，太夫人服勤逾三年不懈而益虔，贤孝闻于里党。太夫人母毛，毛家故贫，有子早卒，迎养数十年如事姑焉。性俭约，好施予，乡党之穷乏来告者，累施而不倦，惠不多而心常有馀也。当勇毅公再任皖抚[④]，迎养光禄公暨萧太夫人，以年老惮于远行，太夫人亦竟不敢离侍养。勇毅公在军中十年，得以一心兵事，无内顾之忧者，太夫人之力也。

勇毅公尽瘁国事，哲嗣峻斋直刺年才十一，太夫人内外兼综，教以义方。金陵克服，推恩功臣，直刺得特赏直隶州知州，及岁引见，选授安徽滁州。板舆迎养，方逾年而直刺卒，时思芹明府亦年才十一，叶祥上舍仅七岁耳。茕茕两孤，太夫人挈之还湘，又以教子者教两孙，俾克成立。明府先官江南，摄高淳、青浦县事，今又令

① 指李续宾之父李登胜（1789—?），字振庭，一字南轩，岁贡生，工近体诗，精书法。家中资而好施予，喜文燕。尤重有道安贫之士，亦教授门徒以为乐。娶萧氏。赠封荣禄大夫，复以续宾殁于国事，特加光禄大夫。

② 李忠武指李续宾（1818—1858），字如九，又字克惠，号迪庵，湖南湘乡人。历官直隶州知州、安庆知府、浙江布政使等。与太平军作战死，谥忠武。

③ 罗忠节指罗泽南（1808—1856），字仲岳，号罗山。湖南湘乡人。咸丰元年（1851）由附生举孝廉方正。太平军起义，率乡勇与战，积功由训导至布政使。后与太平军作战死，谥忠节。著有《小学韵语》《姚江学辨》等。

④ 时在咸丰十一年（1861）。

吾浙东阳，循声浸起。上舍获隽黉序，曾孙五人，长者向学恂恂，又皆太夫人之力也。

自勇毅公初抚鄂[1]，继抚皖兼提督事，有一二品夫人之诰。己丑[2]太后归政，命妇皆有宠锡，太夫人与焉。明府权摄高淳，恭遇覃恩，亦得上邀封典，盖至是实受三世诰命，可谓安富尊荣矣。而太夫人之约其身以及其子若孙者，帅初而不改。去年就养东来，江行时辄览观风物，以为笑乐，亲故见者，咸谓貌加丰，精神益强，固不类七十老人。

明府之称觞祝延，征文为寿，非独家之庆，抑邦之光也。余尝闻曾文正之引重江忠烈，至及观其寿忠烈父母之文，述忠烈之自疚与翁之戒子，其语皆绝悚切。文正之自为辞则曰："南面而君一邑，当自惕不当自憙。"所以，相勖者复周且挚。是忠烈亦吾浙一县令也。余又闻忠武公既效节，胡文忠虑勇毅公假归不出，则迎荣禄公及萧太夫人至武昌节署，定省一如己亲，当时以为美谈。夫孝于亲者，务得人人之欢心，以事其亲，天下之通义也。明府以盛年为浙令，与江忠烈同，愿以曾文正之勖江忠烈者自勖，远承先志，近秉慈训，劳心抚字，恩洽化行，使吾浙之士大夫、耆老、妇孺爱敬我明府，咸欲效胡文忠之待勇毅公者，以祷祝我太夫人曼寿之祥，俾炽俾昌之应，其庸有艾乎！

---

① 时在咸丰十一年(1861)。

② 光绪十五年，公元1889年。

范西屏、施定庵二先生年表[①]

1895年

【编者按】:范西屏(1709—?),又称范西坪,名世勋,浙江海宁人。被誉为“棋圣”。著《桃花泉棋谱》。

施定庵(1710—1770),又名绍闇,字襄夏,浙江海宁人。被誉为“棋中杜甫”。著《弈理指归》。

昔阎百诗以黄龙士[②]为十四圣人之一,与黄南雷[③]、顾亭林诸大儒并称,若范、施二先生之于弈,盖犹人伦之有周、孔乎!西屏少颖悟,而定庵自幼性拙,及其成功一也,顾定庵自言非弈人。志称其工诗善琴,沈归愚[④]有二十五孝之目。而毕弇山[⑤]之称西屏也,曰

① 录自《蔘绥阁文集》抄本,温州市图书馆藏。在“范西屏”下注:“《灵岩山人诗序》作‘坪’。”“施定庵”下注:“各本弈谱或作‘安’。”“先生”下注:“浙江海宁人,《弈妙题检》以施为余杭,《吴塈弈序》称海盐,皆误。”

② 黄龙士(1652—?),名虬,又名霞,字月天,江苏泰县人。清代围棋十大家之一,著有《弈括》和《黄龙士全图》。

③ 黄南雷指黄宗羲(1610—1695),明末清初思想家、文学家。字太冲,号梨洲,又号南雷,余姚人。抗清斗争失败后,从事著述。为清代史家之开山祖。还对经学、天文、历算、数学、音律诸学都有很深造诣。著《明夷待访录》等。

④ 沈归愚(1673—1769),名德潜,字确士,清代诗人,江苏长洲(今苏州)人。乾隆四年(1739)进士,官至内阁学士兼礼部侍郎。有《沈归愚诗文全集》等。

⑤ 毕弇山(1730—1797),名沅,字秋帆,一字纕蘅,又号灵岩山人,江苏镇洋(今太仓)人。乾隆二十五年(1760)状元。历官陕西、河南、山东巡抚,卒于湖广总督任。赠太子太保。有《灵岩山人文集》《灵岩山人诗集》等。

"倜傥任侠,潇洒不群",袁随园[①]又以"醰粹拟之,所好者道也,进乎技矣,岂不亮哉"。余独惜二先生之轶事不概见,稍刺取其可考者为表如左,其不能确定为何年者姑檃括,前后书之,而辨其诬罔之说,附之下方。起康熙季年,讫于乾隆之中叶,于时物阜人和,异能间出,览者将有感于斯焉。

康熙四十八年　　己丑(1709)

西屏生。西屏名世勋,父以好弈破其家,弈卒不工。《海昌备志》[②]、袁随园《西屏墓志》。

康熙四十九年　　庚寅(1710)

定庵生。定庵名绍闇,字襄夏,父工诗文,擅书法,兼画兰竹,晚岁家居,常焚香抚琴,对客围棋。《海昌备志》、定庵《弈理指归自序》。

《指归自序》云:"西屏长予一岁。"张世达《指归图序》云:"先生年甫舞象,闻吾郡钱丈东汇嗜弈,雍正甲辰从其师俞君长侯来游。"张梦喈《序》谓:"定庵幼时谒东汇。"据此则定庵甫十五岁即游松江,其年在雍正甲辰,以此逆推盖生于康熙庚寅。西屏长一岁,生于己丑。

《扬州画舫录》[③]云:"定庵父殁,从母改适范氏,生西屏。"案:西屏长定庵一岁,据墓志及自序,二先生幼时其父均尚存,乌有从母改适之事。此必忌者诬蔑之词,不可不辨。

---

① 袁随园(1716—1797),名枚,字子才,号简斋,钱塘人。乾隆四年(1739)进士,授翰林院庶吉士。曾任江宁、上元等地知县。后在南京购置隋氏废园,改名"随园",世称随园先生。著《小仓山房集》《随园诗话》等。

② 清代钱泰吉所纂,共五十二卷。钱泰吉(1791—1863),清方志学家,嘉兴人,居海宁多年,主讲学,多藏书,纂《海昌备志》。

③ 清代李斗所著的笔记集,共十八卷。李斗,字北有,号艾塘,江苏仪征人。乾隆年间诸生。自乾隆二十九年(1764)至六十年间,写成《扬州画舫录》,书中详细记载了扬州一地的园亭奇观、风土人物等情况,以及戏曲、小说等史料。

《海昌备志》称定庵父病刲股,其事在何年,惜不可考。

康熙五十年　　辛卯(1711)

西屏三岁,定庵二岁。西屏见父与人弈,辄哑哑然指画之。《墓志》。

康熙五十三年　　甲午(1714)

西屏少颖悟,自髫年爱习前贤之谱,罔不究心。《灵岩山人诗序》《桃花泉棋谱·自序》。

康熙五十五年　　丙申(1716)

是年,徐星友[1]著《兼山堂弈谱》成。星友名远,钱塘人,时年逾七十。金懋志辑刻《围棋近谱初集》。

康熙五十六年　　丁酉(1717)

定庵秉性纯孝,自幼入塾,性拙,喜静,羸弱多病,先学琴,后复嗜弈。《海昌备志》《指归自序》。

康熙五十九年　　庚子(1719)

西屏十二岁,定庵十一岁。西屏幼从俞长侯学弈,是年与师齐名,定庵慕而亦从学焉,受三子。长侯名永嘉,山阴人。《指归自序》

康熙六十年　　辛丑(1721)

西屏十三岁,定庵十二岁。定庵与西屏争先,遇徐叟星友,受三子,得《兼山堂谱》,潜玩经年。《指归自序》。

《弇山诗序》谓:"范年十三成国工。"案:西屏智过其师,故是时有国工之目,其大成当在十六岁。

雍正元年　　癸卯(1723)

西屏十五岁,定庵十四岁。西屏与长侯对弈,受先,累局皆胜。

---

① 徐星友,名远,钱塘人,清顺治、康熙间棋手。善书法、绘画,尤擅围棋。师从黄龙士。著《兼山堂弈谱》。

相传西屏与长侯弈，受先十局，长侯皆北，自是师弟不复对垒。西屏稍出与人弈，所向无前。今所传俞、范七局，即其遗图也。其事当在西屏将成第一手之前。今姑系之是年。

雍正二年　　甲辰(1724)

西屏十六岁，定庵十五岁。西屏成第一手。西屏、定庵从长侯游松江。《墓志》。

张梦喈《指归图序》谓西屏、定庵幼时谒钱东汇[①]。案：定庵十五岁从长侯游松江，西屏至松江当亦在是年，故张序并云幼时。

雍正三至七年　　乙巳至己酉间(1725—1729)

定庵成第一手。

张世达《指归图序》云：定庵甲辰来游，未数年遂为当代第一手。是，定庵成国工，当在此数年间，但遇梁、程尚受先耳。

雍正八年　　庚戌(1730)

西屏二十二岁，定庵二十一岁。定庵游湖州，于唐改堂使君署中遇梁魏今、程兰如[②]两前辈，定庵受先。《指归自序》。

雍正十年　　壬子(1732)

西屏二十四岁，定庵二十三岁。定庵偕魏今游岘山，见山下山泉，闻魏今言有悟，遂与诸前辈分先角胜，时魏今已耄矣。(《指归自序》)

案：岘山在乌程南，此数年中定庵常客吴兴，故游迹至此，非荆州之岘山也。

---

① 钱长泽，号东汇，华亭人，其活动约在康乾间。与徐星友、程兰如、范西屏相友善。著《残局类选》。乾隆三十七年，演绎施定庵《弈理指归》成《弈理指归图》。

② 梁魏今，字会京。回族人，江苏淮安人。善围棋，雍正、乾隆间，与程兰如、范西屏、施定庵合称“四大家”。　程兰如(1690—?)，名天桂，又名慎诒，字钝根，安徽歙县新安人。精弈事。

《自序》又云：三十年来薄游吴楚。其游楚何时，不可考矣。

雍正十一至十三年　　癸丑至乙卯（1733—1735）

西屏、定庵俱游京师。

鲍鼎《国弈初刊·序》引胡敬夫说，谓范、施当湖十局之前，曾于京师对弈十局。惟所云"定庵忌害西屏"，疑系传闻之误。辩见附录《国弈初刊·序》后。《墨馀录》亦云："范生二十馀年至都，与黄某弈。"是二先生游京师当在此数年间。

乾隆四年　　己未（1739）

西屏三十一岁，定庵三十岁。西屏、定庵对弈于当湖，凡十局。胜负相当。近谱《国弈初刊·序》。

乾隆五年　　庚申（1740）

西屏三十二岁，定庵三十一岁。西屏游松江，钱长泽与西屏晨夕参究，成《残局类选》。

钱长泽《残局类选序》云：康熙庚子获交徐星友、程兰如，略为研论，后二十年与西屏晨夕参究，迄今又三十年矣。钱序作于庚寅，合前后推之，正在是年。

乾隆十一年　　丙寅（1746）

西屏三十八年，定庵三十七岁。西屏游太仓，主毕见峰家，见峰之孙弇山尚书与西屏弈，受三子。时弇山年十七岁。《灵岩山人诗序》《弇山毕公年谱》。

乾隆十五年　　庚午（1750）

西屏四十二岁，定庵四十一岁。毕弇山赋《秋堂对弈歌》赠西屏。《灵岩山人诗序·年谱》云追纪其事。

松江蒋昂霄招李良同学弈于定庵。李良《指归续编序》

乾隆十七年　　壬申(1752)

西屏四十四岁,定庵四十三岁。定庵游扬州,八月与黄及侣弈于卢雅雨[1]运使署中,及侣役二子。《施黄对局》传抄本。

乾隆十九年　　甲戌(1754)

西屏四十六岁,定庵四十五岁。是年程兰如偕韩学元、黄及侣自扬州谒高东轩于晚香亭,三人对弈共十五局,兰如评骘,为《晚香亭谱》。兰如,新安人,名慎诒,字钝根,时年逾六十。高东轩《晚香亭谱序》传抄本。

乾隆二十年至二十三年　　乙亥至戊寅(1755—1758)

西屏游江宁,与李步青弈六局,步青受二子。

《弈理析疑》吴修圃评云:"三十年前,步青遇西屏于金陵,受二子,六局胜负参半。越二年后于吴对弈,受先四局,亦互有胜负。"

案:《松龄序》谓:庚戌新正属修圃,推勘是评语,所云三十年前,当即在此数年间。

乾隆二十四年　　己卯(1759)

西屏五十一岁,定庵五十岁。定庵复客扬州,教授诸弟子。卢雅雨《弈理指归序》。

乾隆二十五至二十六年　　庚辰至辛巳(1760—1761)

西屏至苏州,复与步青弈四局,步青受先。

按:此四局遗谱惜未见。

乾隆二十七年　　壬午(1762)

西屏五十四岁,定庵五十三岁。定庵客扬州四年,著《弈理指

① 卢雅雨(1690—?),名见曾,字抱孙,号雅雨山人,山东德州人,卢道悦之子。康熙六十年(1721)进士。雍正三年(1725)为四川洪雅县知县。累官至两淮盐运使。著有《雅雨堂诗》八集。

归》成。（卢雅雨《弈理指归序》）

乾隆二十八年　　癸未(1763)

西屏五十五岁,定庵五十四岁。卢雅雨序《弈理指归》,为刊行之。

《扬州画舫录》载:施、范尝与村童子弈,皆不胜。又范游甓社湖,与担草者弈,不胜,问姓名不答,曰:今盛称范、施,然第吾儿孙辈耳云云。钱泳[1]取其说,入《履园丛话》。

乾隆二十九年　　甲申(1764)

西屏五十六岁,定庵五十五岁。西屏客扬州,卞文恒[2]学弈于二先生,以定庵《指归》布衍,与西屏参阅,西屏拣择变化,著《桃花泉棋谱》。是年无锡吴氏选刻《弈妙》,定庵鉴定。卞文恒《弈萃序》、吴駉《弈妙序》《弈妙题检》。

案:毛孝光称范、施弈艺神化,诸凡负时名者当之无不披靡。此等谰言,必妄人被创怀恨者所为,可发一噱。两书定庵皆作本庵,亦误。

乾隆三十年　　乙酉(1765)

西屏五十七岁,定庵五十六岁。高立斋[3]为西屏刊行《桃花泉棋谱》。是年以后定庵屡游松江,常主张世达家,定庵游金阊、主汪

---

① 钱泳(1759—1844),原名鹤,字立群,号台仙、梅溪居士,无锡人。弱冠时游幕直隶、鲁、豫、鄂、赣、皖、浙、闽等省。著《履园丛话》二十四卷。内容涉及典章制度、金石考古、文物书画、人物轶事、风俗民情、鬼神精怪等。

② 卞文恒,字立言,江都人。乾隆年间的著名棋手。祖孙三代均以弈名。有《弈萃》传世。

③ 高立斋,名恒,满洲镶黄旗人,大学士高斌子。乾隆二十二年(1757)授两淮盐政。二十九年,授上驷院卿,仍领两淮盐政。三十年署户部侍郎。寻授总管内务府大臣。三十二年,署吏部侍郎。

秩似园[①]家数月，为校订《弈隅通会》二卷。《桃花泉棋谱·自序》、《桃花泉棋谱·高恒序》、张世达《指归图序》、《弈隅通会序》。

乾隆三十二年　丁亥(1767)

西屏五十九岁，定庵五十八岁。定庵客苏州，著《弈理指归续编》，授李良。李良《指归续编序》。

乾隆三十五年　庚寅(1770)

西屏六十二岁，定庵六十一岁。定庵卒。钱长泽演《弈理指归图》，两年而成，至是刊行，并以《残局类选》付梓。

张世达《指归图序》云："图成而施先生已逝。"李良《指归续编序》云："先生下世，忽忽数年。"张序作于庚寅仲冬，李序作于戊戌，相距九年，李序云下世数年，似至久不及十稔，疑定卒即庚寅春夏间也。

乾隆四十二年　丁酉(1777)

平湖张氏刻《三张弈谱》。《三张弈谱序》。

乾隆四十三年　戊戌(1778)

李良序刻《弈理指归续编》。李良《指归续编序》。

西屏卒年无考，《墨馀录》云："嘉庆初范曾至沪。"计是时范年当近九十。然随园卒于嘉庆二年，其《文集》生前早经刊行，第五卷已有《西屏墓志》，是《墨馀录》之误无疑。朱雨苍附评，又谓西屏晚年仙曾与弈，以呕血死，则与《扬州画舫录》所载同为诞妄不经之语。

---

① 汪秩，字似园。于嘉庆三年(1798)刊棋谱《弈隅通会》。嘉庆十三年，刻棋谱《弈理妙悟》，由毛孝光作序。嘉庆十五年辑《受子谱》。毛孝光，名初文。

《海昌二妙集》小引

浮昙末斋主人

1897 年

是集为斤竹山民①原辑，山民不喜与人对弈而好观局，尤嗜收谱，于范、施遗图至心醉也。以余习于弈家、掌故家，藏旧谱较多，时从访求，颇资采掇，同好诸君又时以所得遗之，积久裒然成帙矣。乙未岁乃尽举以相畀原辑之例，每局必注所出，各谱数见则备列其名，局中有异同亦为标出。以随得随录，间有遗漏，余藏谱多为人携去，亦未一一校补也。

年来复就所见稍加附益，朋好诧为弈林大观，屡乞假录，恐遂散佚，辄授梓人。卷首采摭谱目，依刻本时代先后叙录。《空中楼阅谱》获见较迟，故列于后，无锡邓氏四大家谱，当时止见初刻本，近年续刻，搜罗甚富，以集已付刊不及补述。传钞本或系旧钞或辗转钞录，所见甚夥，率无谱名，无从叙例。年谱有数事尚须钩考补入。年谱后有附录一卷，凡范、施遗事轶闻及诸家评论之语，悉行裒录。惜原稿佚去，山民性疏懒，近不复留意于此，统俟他日补辑续刊，以厌观者之意焉。

浮昙末斋主人识。

① 斤竹山民，黄绍箕别署名之一。

儒林郎福建直隶州州同黄府君墓表[1]

1901 年

余官京师时，家菊襟[2]孝廉以礼部试与余相见于邸舍，过从甚殷，视余以尊甫昆南府君诗文集。其散体文汪洋浩瀚，极韩、苏之肆纵，诗尤横恣哀绵，不名一体，读之心折。未几，余奉讳归，菊襟具府君行述，乞余表其墓，于是府君葬有日矣。

府君世为乐清人，曾祖讳贯，祖讳森林，父讳理中，皆例贡生。府君生而孤，依外家成立。幼颖悟，长劬于学，不詹詹为经生家言。顾数奇，屡绌有司试，以例贡生终。

府君既不得志，益肆力于诗古文词。家故素封，于所居屋东偏辟小楼三楹，庋书数万卷，日坐其中，恣意朱墨。心有所感，辄发于诗。每当春秋佳日，折柬招朋辈，轰文字之饮，戛尔汝之歌，酣嬉淋漓，宾主欢甚。酒阑微酡，出诗读之，吟声四起，杂沓喧阗，与丝管相和答。长洲江湜，诗才跨大江东南，于当世少许可，以鹾尹羁乐清长林场，读府君诗，大加叹赏，遂定交焉。尝语人曰："如黄某者，

---

① 录自郑笑笑、潘猛补主编《浙南谱牒文献汇编》第三辑（香港出版社，2008 年），据乐清沙川《黄氏宗谱》。

② 黄菊襟（1867—1924），名鼎瑞，乐清人。光绪十一年（1885）举人。俞樾弟子，清末曾任乐清劝学所所长，民国时期，历任温州军政分府咨议、乐清教育科长，《浙事新闻报》主笔。

始可与言诗也已。”鹾尹去官，府君赋诗送之，吾乡孙蕖田太史见之，惊曰：“不意海邦中有此大作手，是当与乡诗人李五峰、朱荡南①二公颉之颃之矣！”其为名流所推许如此。

府君为人伉爽，尤笃友谊。同里生郑一环才而贫，遇岁除夕，索逋者麇集，辄走避府君家。索逋者迹得之，府君斥囊中金，一二如其数庚之。有族子某赴试，绌于资，欲请贷府君，而嗫嚅不敢言。府君廉得其情，即畀以钱，趣其行。乡前辈翁稚川、洪光斗两先生诗集散佚，尝为搜辑，刊行于世，士论多之。

呜呼！乐清山水奇秀，自宋迄明，代产闻人。洎入国朝，求其蓄道德而能文章者，士盖鲜见。惟府君不汩于科举之学，而敦砺行谊，所著诗文集卓然自成一家，亦可谓独挺流俗也已！

府君讳梦香，字子兴，昆南其号也。生于道光壬辰年八月初一日戌时，以同治丁卯年乡试九月初三日申时卒于杭，年仅三十有六。所著有《雪鸿书屋诗》四卷、《午窗梦呓词》二卷。以子贵，赠如其官。

配郑安人，抚孤守节，尤明大义，延师课子，不遴脩脯，故诸子皆得成名。后府君三十年而卒，得旌于朝。子四：长芝瑞，次云瑞，皆县学生；三鼎瑞，即乙酉举人、候补福建直隶州州同；四庭瑞，廪贡生。女一，同邑廪贡生郑鼎彝。孙八：式琳，国学生；试苏，廪贡生；君佩、君俊、君信、君俦、君佑、君伟，业儒。孙女七。曾孙一，尚志。曾孙女三。以光绪癸巳十月廿二日葬于二都米筛山之原。

光绪辛丑五月表，宗侄翰林院侍讲绍箕拜撰。

---

① 李五峰(1285—1350)，名孝光，字季和，乐清人。官至奉训大夫秘书监丞。元朝文学家。著《五峰集》。　朱荡南(1455—1541)，名谏，字君佐，乐清瑶岙人。弘治九年(1496)进士。历任歙县、丰城知县，继升赣州、吉安郡守。著有《李诗选注》《荡南诗集》和《雁山志》。

奉孙太仆、孙侍郎两先生神主崇祀学渊书院祭文[①]

1902年

盖闻纯儒表里，经神尊通德之门；退老教乡，乐祖重瞽宗之祀。况复梓桑修敬，棣萼联辉，媲美四林，绍徽三郑。讲求经济，永嘉之绝学重昌；眷念乡闾，集善之旧居未改。生则读书，论世尚友古人；没则合食，同龛宜光盛典。

伏维先儒太仆卿孙公、先儒侍郎孙公，一门孝友，四海魁耆。先儒侍从之臣，百世人伦之表。簪毫记注，高才远轶乎郊祁；抗疏论思，亮节上侪乎坡颍。搜许刘叶陈之遗著，学综文儒；历吴皖楚粤之名邦，泽兼教治。早年共墨，同讲诵于山中；晚岁联床，并优游于林下。固宜楷模朝士，圭臬儒林。至于考伊洛之编，阐幽光于道学；细曲台之记，刊定本于礼书。钟鸣铎应之符，无间于绵祀；薪尽火传之感，弥切于近居。往哲赖其表章，后生资其启迪，既仰山而景行，咸饮水而思源。兹择于本月二十五日，虔奉神主，崇祀学渊书院，祔于先儒知阁门事谢公、先儒编修孙公[②]之次，礼也，杖履一堂，瓣香千古，缨绥咸集，俎豆维馨。善行善言，闻见未忘于故老；

---

① 录自《瓯海集内编》，《鲜庵遗文》亦有收录。学渊书院位于瑞安集善乡二十五都澄江。光绪二十三年(1897)孙诒让创建。

② 谢公指谢佃，孙公指孙希旦。

某山某水，钓游如接乎前尘。肃祀事而孔明，幸典型之尚在。绍箕等忝同里闬，夙景表仪。北海诸生绪论，侧闻乎六艺；高阳群从雅游，屡与乎二方。奉手横经，多再传之弟子；垂髫执业，亦私淑之门人。所冀华表神归，讲庐泽溥，儒风远扇，化雨时沾。徘徊石室之图，循复礼堂之录。没祭于社，念功德之在士林；书传其人，愿弦诵之绵学统。释奠者必有合知庠养校教之从同，闻风者莫不兴与山高水长而无极。神其昭格，鉴此微忱。

赠太仆寺卿南皮张公遗爱祠碑代①

《周礼》司勋掌诒六功，皆祭于大烝，大司乐又有瞽宗之祀，凡有道有德而任教事者与焉！《记·祭法篇》称法施于民之属，凡得祀者，其类有五。说礼家颇与六功相比附，顾所举农稷、后土诸人，皆古帝之神圣，不纯于为臣，盖崇德报功之典，发于人心之自然，所从来远矣！

封建之世，士大夫皆仕于宗国，其殁，而于法得祀者，各以名义，或配食于庙堂，或附于古神圣之专祀，后世配享从祀之法犹其遗意。惟夫牧民之官，有功德入人深者，制不时备，百姓辄私立祠，官因之列于典祀，自两汉时已然，其后稍稍轶滥，复为法令以限制之。然观《宋书·礼志》，称诸葛武侯殁后，所居各请主庙，不许，百姓遂私祭之，人情所不能已者，圣人勿禁，无古今一也。

我朝道光之季，粤逆肇乱，海宇骚动，我黔被扰最先，而乱平乃最后。厥初实赖我南皮张公支柱其间，先后凡七年，虽谋不用、功不竟，而我郡人思之至今而勿忘云。公初以儒家试吏，究心律学，

① 录自《蓼绥阁遗集》。南皮张公指张锳(1793—1856)，字又甫，号春潭，南皮人。张之洞父亲。嘉庆十八年(1813)举人。道光六年经大挑补贵州安化知县，后迁贵筑知县，升兴义府知府，晋贵东道衔。在兴义任知府期间，深受百姓爱戴。后兴义百姓为他镌立了“赠太仆寺卿前任贵州修补道署贵东道原任兴义知府南皮张公遗爱祠碑记”。

历任诸县，最后权贵东道，而守我兴义为最久。粤逆初起，即上书黔抚请用李化龙[①]八道进兵之策，不果用。贼有阑入南盘江者，虏其渠，自此遂不敢窥黔界。滇回起东川，公在署贵西道任内，募兵越境会剿，诣督部条划事宜，用其策，而东川平。咸丰四年遵义教匪杨凤[②]猖乱，连陷诸县，进攻兴义，时郡中兵调发略尽，公率士民守城，而以身当北门贼冲，□家人登城楼厝薪，曰：城陷即自焚。城内回民数千家，官绅虑内讧，公召其长尉勉之，委以西面城守。回捍力拒贼，炮火苦攻三昼夜，公不为动，阴缒死士下城，绕贼后击败之。攻稍缓，公遂出城号召民团，三日内集者数万人，复下令解散胁从，贼众解体，一战擒其魁丹秉成等，斩之，不一月境内悉平。明年凤掠安顺，将薄兴义境，公以民兵三千人越境渡花江迎击之。

凤既灭而苗乱复起，大吏议奏派大员剿贼，司道无应者，乃以属公权贵东道，时公已病，巡抚亲诣，公强起之，绅民皆固请，乃与台司约：征兵五千、募兵五千、饷十万，诛赏进退用便宜，勿遥制。龙贵贼从万数，公独以新募五千人行，贼来犯者辄败之，乃议合他军三道并进，一军龙贵间，一扼旧县，一自贵定东出贼背。议既定，而台司悔前约，惟旦夕赴战，贼虽逼近，公从容指挥，奇正互用，屡击却之，遣平越州生员陈汉钦招各县儒士，以忠义相激劝，龙贵、平越、瓮安之民皆受旗札，分路蹙贼，贼屡被创，不得逞。又请于院司，若民团灭两县贼

① 李化龙（1554—1611），字于田，号霖寰，明大名府长垣县（今属河南）人。万历二年（1574）进士，历任南京工部主事、右通政使、工部右侍郎、兵部侍郎，秩满，加柱国，少傅兼太子太保。谥襄毅。万历二十八年，总督川、湖、贵州军务，率军分八道进兵，平定了西南地区播州土司杨应龙叛乱，结束了杨氏在贵州长达八百馀年的统治。

② 杨凤，又名杨龙喜，贵州桐梓人。咸丰四年（1854）八月，与遵义人舒光富在桐梓九坝场发动起义，舒光富为皇帝，杨凤为都督大元帅，建号“江汉”。咸丰五年四月，杨凤举家殉难于石阡的葛彰河边。

者，复百姓今年租，众益欢，杀贼无算，贼多化于民。

当是时，省会戒严，而总督适自滇至，有所欲不惬，挠公劝他军，遂不得用，饷又不时给，所部饥甚，公毁家哺军，士卒感泣，得不溃，久之得饷乃进军。师行一年，驻军必在山野，雨湿风厉，加以忧劳，病益甚，然犹亲自督战，以次攻克茶山、湖子峒、瓮朗诸贼巢，虏其巨酋王登元、杨重妹等，军声大振。方谓贼平有日矣，而公病愈剧，遂不起。自是下游团练解散，贼大炽，蔓及上游，苗亦叛，教匪又乘之糜烂通省，纷纭十七年而后定。

方杨凤之初平也，公策苗必反，请移主客各胜兵讨苗，弗遣归，别择良吏抚民，鹿壮节公[①]亦力言之，巡抚意稍为动，为云南盐法道王承潞所尼，卒不行。夫诚足以感回族而被间于同僚，义足以激饥军而见挠于大吏，扼公一身使赍志以殁，而汉苗千百万之命随之，天乎！人乎！谓我黔人欲不思公其乌可得也！

公廉明公恕，断狱如神，好读书，在郡修《府志》，增修珠泉书院以教士，又建十八先生祠、祀明季忠臣吴贞毓[②]等士，争以文章节义相切靡。我郡僻远，好学者鲜，文化之兴，公之功也，公既殁，而厥后大昌。

今南皮宫保经术、政治为世宗仰，扬历封圻二十馀年，麾节未尝一莅黔。然我郡人以计偕赴京师，或游宦至其治所，宫保必与饮食，笑语款款如家人，所以优待之者，无不至以宫保之相爱，而知公

---

① 鹿壮节指鹿丕宗，直隶定兴人。官至都匀知府，死于苗难，谥壮节。鹿传霖是其第五子。

② 吴贞毓（1618—1655），字符声，江苏宜兴人。崇祯十六年（1643）进士。任户部主事、太常卿、郎中、吏部左侍郎。永历四年（1650），任户部尚书、东阁大学士。清兵南征，孙可望谋反，于永历九年（1655年），贞毓等十八人为孙可望所杀害。后赠为太子太师、吏部尚书、中极殿大学士，谥文忠。

之爱我黔人深且远也。宫保负中外重望,天下倚为安危,然遇时事艰棘,或不得行其志,往往焦劳忧愤,非常人所堪论者,谓有古大臣忧国之风,我父老闻之,辄想见公治军时情状,感叹欷歔不能自已。夫世事之变百出而不穷,而人心之常亦百折而不改,国家之所以维系而不忘,天地之所以恒久而不息,赖有此耳。宫保之忠孝继志,固天性使然欤?抑不可谓非公之教也。

公殁后八年,巡抚韩果(毅)〔靖〕公[①]以状闻,诏赐恤赠太仆寺卿。我郡士民请祠,名宦以殁三十年,格于例而止,继又以子孙官九卿以上者不得请祠,乃私立祠尸祝之,而以刻石之文嘱某。窃惟公政绩战功,他日必在惇史,谨就见闻所及,举其荦荦大者,以寄我郡士民遗爱之思,以示后人,使永永无忘盛德云尔。系以铭曰:

功有洪纤,德有深浅。星物屡迁,民情乃见。岳岳张公,儒家之豪。鸣琴慕偃,读律继皋。教我严师,扶我慈文。俾我鬼方,跻跻邹鲁。运丁元二,乃奋厥武。意气明信,入人心脾。饥卒五千,化为虎螭。以民为兵,以士为将。一呼万震,旁县内向。诚感殊族,威詟遐壤。坏我长城,孰居其上。鞠躬尽瘁,比于葛君。氓庶野祠,于古有闻。有道有德,有功则祀。望祭无所,哀我赤子。鸠资庀材,不谋而同。翁斤儿锯,作此寝宫。士女冠褰,岁时钟鼓。公灵在天,为雷为雨。辟彼不若,消疵锡佑。滔滔牂牁,长与终古。

---

① 韩果靖指韩超(1799—1878),字寓仲,号南溪,昌黎人。道光甲午副贡,官至贵州巡抚。谥果靖。有《韩果靖遗诗》。

赠中宪大夫忠义潘卿云先生祠记[1]

呜呼！此表忠教孝之所,潘刺史文铎[2]奉赠公忠义卿云先生者也。先生讳□□,字□□,系出辽东沈阳,为□□州驻防右族,祖□□、父□□,世有隐德,皆以刺史贵,赠□□官,祖妣□□、妣□□赠恭人。

先生幼有大志,忠孝性若夙成,嗜读书,惟求大义,不屑屑章句。雄伟慷慨,赴人急如己事,戚友有疑难多就决焉,与人交久而益敬,喜谈因果,尤能以善化人,若《八旗志·忠义传》载先生于陈某一事,其尤著者也。顾负才不遇,年三十馀始选为旗吏,典书计。道光己酉、庚戌间[3],洪逆倡乱,蹂躏东南诸行省,咸丰甲寅[4]□□州会匪起应之,势张甚,扰近城数十村落,逼扑省垣,大吏遣兵讨御。先生本文吏不在选,力奋袖请行,曰:此吾我报国日也。每战必先,遂屡捷,以七月二日师次唐夏乡,众寡不敌被围,军覆死之。先生

① 录自《蓼绥阁文集》。

② 潘文铎(1844—?),字左阶。同治十年(1871)进士。光绪间任奉天安东知县。光绪九年至十年任复州知州,后又任开原、海城等知州。(但1980年上海古籍出版社出版的《明清进士题名碑录索引》,此人无载。)《翁同龢日记》载:“戊辰翻译进士。”

③ 道光己酉为道光二十九年,公元1849年。庚戌为公元1850年。

④ 即咸丰四年,公元1854年。

生于嘉庆癸酉①六月二十一日，年四十有二矣。刺史甫十一龄，闻变恸仆，随两兄走求先生以葬，寇氛梗道不得前，阅旬馀，则乡人已群捡忠骸瘞之萧冈壶卢嘴陇侧，其馀同殉者多不复可辨识，当事裒葬西得胜山前，今东望垒然，人称忠勇墓者是也。先生之配李太恭人，誓以身殉，遇救乃解，劬苦艰贞，抚诸孤有成立。刺史以同治辛未②成进士，由工曹乞外，宰奉天安东，历权复州、开原、海城各州县事，所至循声四达，先生之教也。

光绪癸巳③，刺史以李太恭人年跻大耋，告养归，侍奉之暇，辄徘徊曩年先生殉节地。春露濡，则怆然以悲；秋霜零，则泣然以涕。茫茫四顾，如无所归。爰仿昔人造祠战场之例，即其地购田□十亩，中建飨堂三楹以妥先灵，傍翼丙舍为子子孙孙祭毕饮脤之地。拓祠道门，启东出周缭土堤，蕃植嘉木美竹，辟其前为偃月池，俾灵之来格徜徉乎其间，前左为亭，施茶庇暍，盖推先生生平所以赴人急者，亦犹行先生之志也。夫古不墓祭，祭有堂，礼也，魂气则无不之记，所谓“于彼乎？于此乎？”是也。

先生子三人，长文达，次文庆，文铎其季也，先生于诸子中爱之尤笃，甫就塾，归辄令覆所读书，时举《论语》“学而”“弟子”两章，切近指示，勖以身体力行。暇则挈之游先贤名宦诸祠，历数某忠臣、某义士、某名儒、名臣学行政绩，谆谆然命之，至今刺史诵述其言，犹哽咽不能成语。尝疾困，自虑不起，特举朱柏庐④“读书志在

① 即嘉庆十八年，公元1813年。

② 即同治十年，公元1871年。

③ 即光绪十九年，公元1893年。

④ 朱柏庐（1627—1698），名用纯，字致一，江苏昆山人。著名理学家、教育家。明诸生。入清居乡教授学生，康熙十八年（1679）坚辞不应博学鸿儒科。著有《辍讲语》《朱子治家格言》《四书讲义》《困衡录》《愧讷集》等。

圣贤,为官心存君国"二语嘱诸子,语不及他,盖其中之所存,无久暂常变一也。武而不遂,夫岂邂逅以成名者欤?厥志伟矣!自先生殉节十八年而刺史以官显,又二十馀年而斯堂以成,先生之以言教者如此,其周且至也;以身教者又如此,其明且烈也。山高水长,祠宇翼然,行路之人为之感泣,而况奉几筵,守彝训,岁时瞻拜于其庭者乎!《记》曰:思贻令名,必果。《语》曰:求忠臣于孝子之门。潘氏子孙其敬念之哉!

卷五　时文

光绪己卯科顺天乡试朱卷

中式第十九名举人黄绍箕，浙江温州府瑞安县民籍，廪贡生

同考官 翰林院编修记名御史武英殿总纂国史馆总纂 李（肇锡子嘉）阅：

荐

批：气机条畅，经策渊懿。

考试官 刑部右侍郎 钱（宝廉平甫）：

取

批：风度端凝，经策该洽。

考试官 经筵讲官礼部右侍郎上书房行走实录馆副总裁稽查京通十七仓大臣　殷（兆庸谱经）：

取

批：才华彪炳，经策光昌。

考试官 吏部右侍郎镶白旗满洲副都统实录馆副总裁 志（和）：

取

批：词旨浑雅，经策详敷。

考试官 经筵讲官礼部尚书管理户部三库事务实录馆副总裁徐（桐荫轩）：

中

批:格律谨严,经策闳整。

本房

原荐批:

无语不确,无字不练,而一种深厚静穆之气,阅之令人神怡,次、三亦佳。

覃思骏敏,结体麟彬,五艺一律,足征根柢盘深。

气息深稳,笔意疏宕,纯从古文得来,不徒以援据该博见长。

聚奎堂原批:

精理名言,络绎奔赴腕下,是谓大含细入,次有书有笔,研练新警;三息深达亹,静穆之气扑人眉宇。诗稳秀。

第一场:四书文三篇、五言八韵试帖诗一首

子贡曰:如有博施于民而能济众,何如?可谓仁乎?子曰:何事于仁,必也圣乎[①]

言仁而极之于施济,非圣莫与属矣!夫博施济众,岂惟仁不足当之乎?子亦于无可必之中而必之以圣耳。且仁道所以不绝于古今者,非逐物而计其效也。使极其效始予以名,则古今与此选者亦寥寥矣。盖器重道远,侈言之而愿望无穷,而德盛化神,极推之而

① 题出于《论语·雍也》:"子贡曰:'如有博施于民而能济众,何如?可谓仁乎?'子曰:'何事于仁,必也圣乎!尧舜其犹病诸!夫仁者,己欲立而立人,己欲达而达人。能近取譬,可谓仁之方也已。'"

功修有尽，遽以宇宙内事为性分内事，识者不议其待世过厚，窃虑其自待过高尔。今夫随在各足者仁之理，故圣人与夫妇共知；能无远弗届者仁之功，故圣德与乾坤同覆载。不意子贡求仁，转远视乎仁之理而易视乎仁之功也。日者以博施济众之说进，处品物流形之内，四顾而恤焉，惊以为高言性命胞与尽空谈，曷若显证经纶，治安多明效也。则即敷布以征仁德，直欲本圣功为陶育，与民生游熙皞之天。读帝王经世之书，自返而惶然，骇以为补敝救偏，抚绥仍小惠，曷若厚生正德，康保见全模也。则合遐迩以验仁恩，直欲溥圣治于垓埏，为民物弭阴阳之憾。实指曰能，固知其不易有也。虚拟曰可，尚疑其未必仁也。噫！仁也，而顾以施济求之乎？博施济众也，而仅以仁当之乎？夫苟直探乎仁之理，则一物未交，仁固无损；即群生在宥，仁亦无加。未施济不必非仁，既施济又何尝非仁也？其本原有合焉者矣！而苟递计乎仁之功，则外观仁化，广狭攸分；即内考仁心，浅深攸判。施济足以尽仁，仁固不足尽施济也。其境地有超焉者矣！夫子曰："赐乎，尔以施济处仁，将何以处圣乎？"降衷同此恒性耳，众囿于偏，而圣独得其全，聚千百族之身家，而相依以性命，此其诣亦不数逢矣。信如赐言，皇建有极，事称物以平施；民说无疆，道法天而下济，斯何如规模哉！假令降格以待，尚有循途渐及之一时，亦岂愿绝人仰企者，无如圣以下无可几希也，其惟首出神灵，能奏兹雅化乎？学力亦有穷期耳。众具其端，而圣独造其极，轶千百年之品类，而别奉以主各要之量，亦至是止矣。信如赐言，博厚配乎地，丕冒者出日，海隅众往，谓之王遍德者，群黎百姓，此何如景象哉？假令取法愈高，别有操券，而偿之绝诣，岂不更满志踌躇者！无如圣之上，无可议拟也。其惟亶听元后，能宏此远图乎？何事于仁，必也圣乎？盖虽圣犹不能无歉也。子贡乃欲以施济求仁哉!

德为圣人,尊为天子,富有四海之内[①]

极子职之至难,可先为古帝递举焉。夫德至为圣人而止,尊至为天子而止,富至有四海之内而止。而舜独躬备之,不已见其大孝欤!子若谓:父母所望于子而未能遽偿者,亦人事之常然者乎?望其绍我志而不必贤也,望其荣我身而不必贵也,望其养我口体而不必丰厚也。惟夫以至庸之行,开至奇之局。重华称协帝而徽号彰焉,辑瑞朝群后而势分崇焉,成赋奠中邦而美利聚焉,事至难而致之若甚易,可先为大孝之舜历举之已。一征之德,高堂顽嚚,既无由济美而象贤,即敉首同心,相助为善,而衅开井廪,且莫调伯仲之埙篪,故论德于舜有难焉者。然则舜固卓然为圣人矣!文明浚哲之资,经历试观型而益征其底蕴。前则深山木石,渊默以凝神;后则大麓风雷,从容以养性。德之隆而帝念升闻,臣钦诚感,肇开十六字之心传焉。夫世儒厉行读书,论者每推原家法,况其德冠百王乎?盖至底豫允若,克家不传干蛊之名;大杖小捶,后世如奉义方之训。即其德而孝可思已!一征之尊,少日交游,类不过耕夫与牧竖,虽穷蝉世系本出古皇,而降在侧微,几莫考天家之谱牒,故论尊于舜有难焉者。然而舜固巍然为天子矣!宾门纳麓以还,迨类帝禋宗而更崇其体统。身居帝座,松云生栋牖之辉;手定朝仪,藻火绘衣裳之彩。尊之至而继唐勒典,先夏巡方,亲致三十载之盛治焉。夫下士登朝释褐,见者谓克显前光,况其尊无二上乎?盖至拜

① 题出于《中庸》第十七章:"子曰:'舜其大孝也与?德为圣人,尊为天子,富有四海之内。宗庙飨之,子孙保之。故大德必得其位,必得其禄,必得其名,必得其寿。故天之生物,必因其材而笃焉。故栽者培之,倾者覆之。诗曰:"嘉乐君子,宪宪令德,宜民宜人。受禄于天,保佑命之,自天申之。"故大德者必受命。'"

手赓歌，率廷臣以娱色笑；鼓琴被袗，偕帝女以博欢心。即其尊而孝可知已。一征之富，空山糗草，早自分食苦而安贫，即贰室馆甥，迭承隆觃，而礼修宾主，岂望膺川岳之贡珍，故论富于舜又有难焉者。然而舜固居然有四海之内矣。成地平天而后，至食膏饮醴，而大集其菁华。为九重蓄不贪之宝，捐及金珠；为万年开不涸之仓，纳先秸穗。富之极而玭鱼东至，橘柚南来，坐享十二州之玉食焉。夫庶人致腆牵车，闻者谓克供子职，况其富统万方乎。盖至绝域殊珍，尽入晨昏之羞膳；深宫燕玩，闲披山海之图经。即其富而孝又可想已。而犹不止此！

孔子，圣之时者也[①]

以时拟至圣，千古之定论也。盖圣之诣，以时为极，非孔子不足当之！非孟子乌乎知之？若谓天道无言，阐行生之妙绪，物情得所悟，翔集之真机，孔子不敢居于圣，独常与门弟子言时何哉？盖将圣之名，在当日早惊天纵，而因时之用，虽易世未必群知，望洙泗而景遗徽。窃愿于出类拔萃之馀别为论定尔。试继伯夷、伊尹、柳下惠之圣而言孔子，宇宙灵秀所钟，每以殊量而见美。乃至孔子而禀赋独奇，畀以刚介之气，而不一于清；畀以远大之才，而不一于任；畀以含宏之度，而不一于和。若易测，又若难测，觉参三才而立极，几将穷于议拟之词。人生品学所底，各有成迹之可求。乃至孔子而规模独异，观其进退之节而有似乎清，观其悲悯之衷而有似乎任，观其安怀之志而有似乎和，若无常又若有常，觉赞两大以成能，几莫究其运行之妙。则尝远而验古今之运会，忠敝而质，质敝而文。当夫沿革递殊，而穷则变，变则通，愈以见极宜之悉当，无他，

① 题出于《孟子·万章》："孟子曰：'伯夷，圣之清者也；伊尹，圣之任者也；柳下惠，圣之和者也；孔子，圣之时者也。'"

时则然也。又尝近而观岁月之迁流，暑极而寒，寒极而暑。当夫新故代谢，而往必来，剥必复，愈以征气化之无穷，无他，时则然也。而因以思孔子德盛者无容心，只默尽其不厌不倦之常，而圣不自圣。化神者无滞象，遂协乎当止当行之则，而时乎其时。吾读《大易》，而知孔子之道所从出。昧乎交易之义，见道必浅而不深，时则有交易之义焉；昧乎变易之义，守道必拘而不化，时则有变易之义焉。孔子默体之矣。人第见出处语默之间，几难推求以常例，而不知龙见可卜，用必与时偕行；蠖屈未伸，舍亦待时而动。如四时之不忒，其裁制有精焉者也。此合天地阴阳之撰者所为言，先天不违而继以后天奉时也夫。吾读《中庸》，而知孔子之道所由传。凡道之偏者每狭而不能广，时则至中而不倚焉；凡道之奇者每暂而不能常，时则至庸而不易焉。孔子躬备之矣。人第见富贵贫贱之遇，无人不畅其天机，而不知量等于天渊，本时出而不竭，理通乎内外，更时措而咸宜。譬四时之错行，其迹象有浑焉者也。此溯祖述宪章之学者所为言，下袭水土，而先以上律天时也夫。

赋得郊原远带新晴色得晴字五言八韵①

一幅新图画，郊原望里晴。澄辉初映带，映色自纵横。天洗罗云净，田交乡壤平。龙鳞秋水涨，鸦背夕阳明。接树青无界，环村绿有情。断岚遥岭续，斜月大江生。野陌催耕景，邮亭送别程。时旸逢圣世，乐岁庆西成。

① 题出于陆游《送客至江上》："多事经旬不出城，今朝送客此闲行。郊原远带新晴色，人语中含乐岁声。天际敛云山尽出，江流收涨水初平。故园社友应惆怅，五岁无端弃耦耕。"

第二场:五经文五篇

初九:拔茅茹,以其汇征吉①

阳以类进,众贤庆同升矣。夫泰之初九,三阳在下,相连而进,拔茅茹之象也,以其汇征吉,不亦宜乎?且圣天子之御宇也,萝图席瑞,蒿陛凝厘,一时紫脱华朱,英秀阶蓂,纪闰厨莛,摇风祎哉,茂豫桐生,靡月所诎已。顾考休征于甲坼,同荣异色,聿占庶草之蕃庑;而俞蔚起于寅恭,博采遐搜,共幸群材之跄济。光增观国而庆兆升庭,睹朝暮之取,尤知山林无匿秀矣。今夫品汇繁生,物与人形殊而义合;草茅伏处,上与下道协而情通。明乎此,可观泰初九之象矣!硕果孤悬,待阳机之渐复;枯杨已老,期大器之晚成。惟昭质兮无亏,寂寂者谁为扬?厥采乎芫秽未芟,而菁华不出,奚自芩琴苹瑟,履周行而承君子之筐。苞桑固系,惧正位之难常;苋陆滋生,愠独行之无偶。念同根兮相倚,纷纷者谁为擢?厥长乎孤姿蒙赏,而众秀潜藏,保无蕙带荷裳,遁幽谷而结美人之佩。若夫泰以九居初位,则贤者发迹之秋也。纳甲适逢干首,喜奋轧之相乘;爻辰又值岁初,悟勾萌之毕达。催之泰之,贞为乾华分木果,上承雨露之涵濡,其为拔茅〔茹〕之象也有然。抑且泰以初起三阳,则众正盈朝之验也。内互兑而川泽丛生,既兼资乎毁折;外互震而洊雷振

① 题出于《易经·泰卦》:"象曰:天地交泰,后以财成天地之道,辅相天地之宜,以左右民。""初九:拔茅茹,以其汇征吉。"

动,遂类取乎蕃鲜。推之初之,变为升义合木生,隐协风云之际会,其为拔茅茹之象也又有然。是可即升汇越蕃,为圣主上吉祥之颂焉。夫行封禅于云亭,藉圭敬荐;修贡珍于淮海,包匭遥来。国家厚泽历数百年,岂其有物华而无人杰。兹何幸葭霜方溯,而萧露旋赓乎拔之哉!向也化雨普胶庠,释菜重上丁之礼;今也德星会奎壁,燃藜增太乙之辉。视拔十得五之科,倍征簪盍矣!盖汇之为言聚也。萃聚而上,庶其慰茂育时物之心尔。是可即月征日迈,为众贤兴蔼吉之歌焉!夫江干吟讽,托萧艾以言情;庭户扫除,感蓬蒿之满目。贤相望恒数千里,孰不喜类合而慨群分?兹何幸葑采无遗,而兰言共契乎拔之哉!此也高冈丹凤,菶萋焜乎朝阳;彼也空谷白驹,苗藿絷维于永夕。知荐异拔幽之后,共辅栋隆矣。盖征之为言进也,渐进有功,斯不虞草昧经纶之陋尔。

安民则惠,黎民怀之①

惠以御下,兆民允怀矣。夫民罔常怀,怀于有仁,安民则惠,非兹之怀而谁属欤?禹告皋陶若曰:“闻之天下大器也,群生重畜也。爱恶相攻,利害相夺,其势常也。”“器大者不可以小道治,势动者不可以争竞扰。”皇风炳焕,帝载缉熙。怀仁圣之懿德,兼二仪之化育,夫然后群生涵濡,洋溢乎方外,棉区浃宇,遐至迩安。我泽如春,民应如草,神圣之事赅,而帝王之道备矣。粤自太极之元,两仪始分,沉浮交错,庶类混成,肇命民主,五德初起,逾绳越契,寂寥而靡诏者,系不得而缀也。厥有氏号,绍天阐绎,虽文质异时,功业不同,及其安民立政,其揆一也。尔其画八卦,正人伦,斯乃伏羲之所以定民性也;艺五谷,辨百药,斯乃神农氏之所以奠民依也;兴蚕

① 题出于《尚书·皋陶谟》:“知人则哲,能官人。安民则惠,黎民怀之。”

事，制金刀，斯乃黄帝氏之所以利民用也；司天属神，司地属民，则高阳氏之遐轨焉；顺天之义，知民之急，则高辛氏之宏规焉。历选列辟，以迄于今，考声教之攸被，验神人之允孚，畴若淑而不昌焉，凉薄而能遂。向使威灵纷纭，武节飙逝，有囊括四海之意，并吞八荒之心。凭怒雷震，执敲扑以鞭笞，天下殊方绝域，莫不陆詟水慄，奔走而来宾，然而百姓钳口结舌，思诉所天，如室斯筑而去其凿契，如水斯积而决其堤防，如火斯畜而离其薪燎也。由此观之，积基树本，经纬礼俗，节理人情，恤隐民事，岂故为是羁縻云尔哉！基广则难倾，根深则不拔，理节则不乱，胶结则不迁，理势然也。且夫王者之于民，固未有不始于忧勤而终于逸乐者也。苍赤舛次，木土斁叙，为之正天维、理地轴以安之；宇宙睢盱，人物曶昧，为之张皇纲、缀帝典以安之。若坠之恻每勤，如伤之念恒轸。是以轨迹夷易易遵也，湛恩庞鸿易丰也，宪度著明易则也，垂统理顺易继也。南箕之风不能畅其化，离毕之云无以丰其泽。怀靡内惠感无外，都都相望，邑邑相属，粲乎隐隐，各得其所。庞眉耆耇之老，爱惜朝夕，愿观大化之霶流，咸含和而吐气，颂曰：吾帝之德，侯其袆而，允若兹，厥被风濡化者，京师沉潜，宇内匝洽，侯卫厉揭，要荒濯沐，万物熙熙，怀而慕思，必将有燋齿枭瞷，镂臆雕题，吹鳞没羽之乡，赤蛇青马之裔，回面内向，奉正朔而附冠裳者焉。斯拱而俟之耳。

如埙如篪，如璋如圭①

远取诸物，可以悟降衷之理矣。盖埙倡而篪和，璋判而圭合，两相附者也。诗人实有见于天人相通之故所由，罕譬及之欤！尝思乐以象功，圣人之事也，玉以比德，君子之修也。下此者无与焉。

① 题出于《诗经·大雅·板》："天之牖民，如埙如篪。如璋如圭，如取如携。"

矧夫蚩蚩之辈,同调壤缶,而等质碔砆者乎!乃深观于天人相通之故。觉闻乐之声,先与后相得益彰;见玉之形,彼与此不谋而合。其理有可恍然悟者。试为诵《板》之六章,继天之牖民,而曰"如埙如篪,如璋如圭"。考之埙篪,见《周礼》,又见《尔雅》,说者谓埙,烧土为之,大者声合黄钟、大吕,小者声合大簇、夹钟。其制锐上平底,围五寸半,长三寸半,此其为大埙欤。小埙欤于《传》无考。篪之大者长尺四寸,即雅篪也;小者长尺三寸,即颂篪也。其孔名翘,横吹之;或曰有距,横吹之。或又曰:篪吹孔有觜如酸枣,觜距与翘,皆指吹孔之上出者而言。惟名异耳。礼器之中,圭璋最重,剡上为圭,半圭为璋。《周礼》三璋之勺形如圭瓒,又有牙璋以起军旅,以治兵守,其曰瑑圭璋者,即《尔雅》所云"璋大八寸,谓之琡是也"。圭之名尤古,《虞书》之五瑞,与《周礼》同。镇、桓、躬、信之属皆圭也。推之有邸者以祀天地,旅上帝四望,有瓒者以肆先王,享宾客,其制较璋为繁,其用又较璋为尊云。乃《诗》言天之牖民,而顾取譬于是则何也?谓埙之言喧,声近重浊;篪之言沂,声近铿锵,取其天籁之常存焉似也。而诗人之意,有进焉者矣。以为吹埙者伯,吹篪者仲。初不若羲琴、农瑟,衹宜古调之独弹,故虽摹乐器之图数,或殊于六孔四孔,而宫商互应,要皆阴阖而阳开,民之质不一,神动而天自随,犹埙篪之制不同,予倡而汝必和也。顾抚此民者,辍钟鼓之娱,端冕而听焉可也。谓璋之言明,位当离照;圭之言洁,义协吉蠲。取其天资之无玷焉似也。而诗人之意有深焉者矣。以为璋形取偏,圭形取全。初不若苍璧、黄琮,无俟两美之相合,故虽溯玉人之职用,或殊于以聘以朝,而丰杀得常直,等剖符而合契,民各有心,形散而天自聚,犹圭璋各有当,名判而实相需也。愿临此民者却玉帛之好,搢珽而观焉可也。进诵如取如携,诗人亦工于罕譬矣。

会于萧鱼襄公十有一年[1]

纪萧鱼之会,美晋君之继霸也。盖自晋霸衰,而郑遂折而从楚,楚渐为天下患矣。以晋悼萧鱼一会,继晋文之霸,夫何愧焉?且春秋时关天下之大势者,其惟晋、楚乎?而晋、楚强弱之交,尤以争郑为要。城濮一战,败楚而服郑,楚稍稍戢迹矣。成襄之际,晋霸既衰,楚知晋之易与,而郑亦知晋之易欺也。于是楚岁出兵以窥中国,郑亦遂不得为晋有。非有信足服人、谋足制敌者,持乎其后不并郑,东北诸小邦受楚之患不止,君子观于萧鱼之会,而窃叹晋悼霸绩不下于文也。说者曰:悼之霸较文之创始为易。文公一战而霸,而悼之服郑,则八年九合而后定之,何迟速之相悬若此?不知此固不可以一概论也。当文之时,天下势尽属楚,曹、卫、鲁、宋,延及北方之诸侯,势已剥极而当复矣。文始得国,素为众诸侯之所轻,利在速战,不可缓争,故文以奇谋一战而得志。若悼之时,郑虽属楚,而非其本志也。急而持之,鹿铤走险,其何能择?而当日楚执政如子囊者又坚忍持重,非如得臣之轻脱以偾事。以主客强弱之势计之,晋与楚战,胜负未可知也。宽以俟之,则彼常有意外之患,而吾转得示以意外之恩。萧鱼既会之后七年,楚公子午帅师伐郑,欲以间之,而卒不能,自是郑不敢叛者二十四年,亦可见悼之计一劳永逸,非束缚驰骤者比也。然吾尤于和戎、戍虎牢二事,而叹晋悼之任魏绛、荀罃为善用人也。戎和,则可以息肩于西方,而专力于中国;虎牢戍,则近以扼郑之吭,而远以绝楚之援。不数年间,

---

[1] 题出于《左传》襄公十一年秋七月:"……公至自伐郑。楚子、郑伯伐宋。公会晋侯、宋公、卫侯、曹伯、齐世子光、莒子、邾子、滕子、薛伯、杞伯、小邾子伐郑,会于萧鱼。公至自会。楚人执郑行人良霄。冬,秦人伐晋。"

遂以玉帛周旋，与天下休息，不战而屈人，惟其善用人也。后之有事于与国者，可以鉴矣。抑又考之《春秋》，于召陵之盟书楚屈完来盟于师，践土之盟历书齐、宋、蔡、郑、卫、莒诸侯。是会也，独不著郑之与会何欤？此又不足为悼疑也。郑之服晋，于侵宋致晋之谋而已，见之王子伯骈行成之后，晋赵武则入盟郑伯矣，郑子展则出盟晋侯矣。且是会后于鲁公之归也，书至自会，明其为得郑之辞，异乎是年亳城同盟之后，以伐郑致，而是会之先大书公会晋、宋、卫、曹、齐、莒、邾、滕、薛、杞、小邾诸侯伐郑，与齐桓伐楚之师，晋文城濮之战同，然则《春秋》于萧鱼之会，微特侪之于文，而并亚之于桓也欤！萧鱼郑地，或曰：少昊后嬴姓国，修鱼即其旧云。

升中于天，而凤凰降、龟龙假；飨帝于郊，而风雨节、寒暑时①

征升中飨帝之效，众瑞骈臻矣。夫升中于天，飨帝于郊，非以求福也。而或降或假，或节或时，非至德其孰能与于此。粤自巢风寂寥，羲埃绵邈，史牒悠敻，图纬湮沉，遥纪伏灵，遐年闳睨，于是告成典轶，儒者不敢谈封禅之书，配食仪乖，经生恒力辟感生之说，噫嘻！彼亦知古昔盛王，握乾符，阐坤珍，勒石蜚声，设坛展敬，当其时，万汇荐祉，二仪降祥，备哉灿烂神明之式义，固有不得辞让者乎！升中于天，飨帝于郊，既溯其文，试征其瑞。且夫用事中岳，遂获駮麃，荐享圜台，先翔元鹤，此一时粉饰之词耳。若夫圣天子发号纪功，原非藉藻缛殷崇，妄觊觎乎灵物也！我国家治洽八纮，蠕动蜎生，共沐湛恩之汪濊。脱令躬备七十家之休烈，犹未能絣万嗣而扬洪辉，其曷以承天祜！天子于是乃诹日命驾，八神弭策，七斗

① 题出于《礼记·礼器》："是故因天事天，因地事地，因名山升中于天，因吉土以飨帝于郊。升中于天，而凤凰降、龟龙假；飨帝于郊，而风雨节、寒暑时。是故圣人南面而立，而天下大治。"

垂辉，遥集乎梁父之右。斯时也，金泥玉检，谒款天关，天子方校德前修，默计五帝禅亭亭，三皇禅绎绎，惧怀柔未至，无以绵累祀之鸿名焉。乃未几而山衡进曰：凤凰降矣。未几而泽虞进曰：龟龙假矣。翼兮若干，声兮若箫。合一十二律之元音，雄与雌和鸣而应节，而且瑶光散彩，如摹浮洛之文，珠额腾辉，聿兆登坛之瑞。天子若曰天畀予以福应，其敢不益敷醰泽，永保此不淰不獝、不狘不失之休也。观于节足时赓，饫琅林之元露；图书并献，游瑶泽之澄波。而其他若青麟伏阜，黑羽栖庭，白雉从风，文鳐出海，盖又不足言已。且夫元畤礼祠，流星宵爛，圜坛斋宿，瑞雪冬霏，此后世铺张之语耳。若夫圣天子依德享义，原非藉丰融肸蠁，冀润色乎祯图也。我朝廷序宣五纬，阳开阴闭，早占緦气之藴敷，脱令亲睹亿万姓之资生，犹未能按五行而隆报祀，其曷以扬帝休。天子于是乃命官设帷，牲樽俯陈，柴币仰燎，对越乎营兆之中。斯时也，玉瓒觩角翏，升馨帝座，天子方游神上理，默念东南主生长，西北主收藏，惧调燮无方，未足答九重之圆宰焉。乃未几而太史占祥，曰风雨节矣；未几而词臣奏颂，曰寒暑时矣。条也不鸣，块也不破。随七十二候之分布，五与十按日而呈祥。而且制律定时，应葭灰于缇室；挥弦助乐，谐薰奏于彤廷。天子若曰：帝锡予以嘉符，其敢不益布太和，永绵此无苦无凄、无伏无愆之化也。观于箕毕情孚，合屏翳飞廉而效命；乾坤气备，统幽都旸谷以蒙厘。而其他若青云干吕，黄气出翼，三辰昭华，七曜顺轨，抑又从此推已！

第三场:策问三道

第一问

经学之有家法,始于孔门七十子之徒,微于秦而盛于汉。不考家法,不能通汉儒之说也。不通汉儒之说,则无由取长弃短而通经也。《易》家虞阐“纳甲”,即《参同契》“进退诎伸之法”,长于消息盈虚。郑衍爻辰,本《乾凿度》“四维正纪”之言,长于会通典礼。语厥精粹,则郑不如虞,以无变动也。王注后出,雅近清谈。然解“师出以律”为法律,与九家同;训“箕子为荄兹”,与蜀才合。其它阴用汉义变易其文者不一而足,亦可见汉学流风终不可得而泯矣。《书》本百篇,秦火后,伏生所传者为今文二十九篇,亦谓之三十四篇者,分《盘庚》《大誓》各为三,分《顾命》为《康王之诰》也。传张生、欧阳生,至欧阳生子世世相传,而有欧阳氏之学。至夏侯胜而有大夏侯之学。至夏侯建而有小夏侯之学。孔安国得自孔壁者为古文,于二十九篇外增多十六篇,亦谓之二十四篇者,分《九共》为九篇也。传都尉朝,递相授受,至东汉不绝。卫宏、贾逵、马融、郑康成皆为其学,迄东晋而二十四篇之真古文皆亡,迄西晋而二十五篇之伪古文始出,而今文《大誓》亦由是亡矣。《说苑·臣术》别有《大誓》,《汉书·律志》更出《武成》,皆真古文,幸以见引厪存。《诗》分四家,惟治《齐》诗者有“四始、五际、六情”之说,流于纬书,《鲁》《韩》皆与《毛》近,其佚时见于它说,可以互证,虽有参差,大致尚合。《春秋》三传,西汉《公羊》最盛,隋季《左氏》独盛,《公》

《穀》皆微。佞《公羊》而撰《膏肓》《废疾》之篇者，何休也；祖《左氏》而腾饼家官厨之论者，钟繇也。惟范武子作《穀梁集解》，而其《序》历举三传之蔽，以为伤教害义，不可强通，又曰："《左氏》富而艳，其失也巫；《穀梁》清而婉，其失也短；《公羊》辨而裁，其失也俗。"斯真持平之论，异乎门户之见矣。《周礼》先郑、后郑音读多异。康成《序》曰："其所变易，灼然如晦之见明；其所弥缝，奄然如合符复析。"此谓杜、卫、贾、马及二郑之能事也。曰：犹有差错，同事相违。则就其原文字之声类，考训诂，捃秘逸，此谓已补正之功也。又谓二郑者，同宗之大儒，发疑正读，亦信多善，徒寡且约，用不显传于世，今赞而辨之，庶成此家世所训。盖康成经传洽孰，囊括大典，网罗众家，删裁繁诬，刊改漏失，《自序》之言，诚笃论已。《仪礼》今文古文，康成并从。若从今文，则今文在经，注出古文；若从古文，则古文在经，注出今文。案其去取义例，约有数端，有必用其正字者，取其当文易晓，从甒不从庑，从盥不从浣之类是也。有即用其借字者，取其经典相承，从辨不从遍，从膉不从嗌之类是也。有务以存古者，视为正字，示乃俗误行之，而必从视是也。有兼以通今者，升当为登，升则俗误已久，而必从升是也。有因彼以决此者，则别白而定所从，《乡饮》《乡射》《特牲》《少牢》诸篇是也。有互见而并存者，可参观而寻其义，《士昏》从古文作枋，《少牢》从今文作柄之类是也。《礼记》之学，六朝分南北二派，同遵郑注。其为义疏者，南人有贺循、贺玚、庾蔚之、崔灵恩、沈重宣、皇侃等；北人有徐遵明、李业兴、李宝鼎、侯聪、熊安生等。南皇北熊，最偁大师。孔颖达撰《正义》时，惟二家疏尚存，馀悉不可见矣。圣朝经学朴茂，远绍两汉，猗欤盛已！

第二问

乙部之书，权舆史汉，体例宏括，辞义博奥。范书之出，虽后《国志》，而时事较古，又综众家，约而成书，故自唐以前注解三史，号称专家之学，几于群经比并。《汉书·艺文志》："《太史公》百三十篇"，不名《史记》。桓谭曰："迁书成，示东方朔，朔署曰《太史公》。"《后汉书·班彪传》称司马迁著《史记》，乃范蔚宗叙事语，至述彪语，仍称《太史公书》。《史记》之名始于班固《五行志》，凡十二见，皆指迁书。盖迁因史记放绝，拾遗补艺，成一家言，故固即以《史记》名之。《艺文志》称《太史公》乃仍刘氏《七略》，《迁传》乃仍迁《自序》，《东平思王传》乃述王疏及王凤语，《扬雄传》乃称迁官不得以岐异为疑也。周秦前之有史记，见《汲冢周书》《墨子》，及迁书《陈世家》《晋世家》《孔子世家》《太史公自序》。又见班固、贾逵、杜预、孔颖达诸家之说，难可缕述。《汉书》加前字，始于范蔚宗《儒林传》，前书字凡五见。《金楼子·聚书篇》称前汉，又在其后叙传原目百卷。《隋志》一百十五卷，题应劭集解，下又出《汉书集解音义》二十四卷，题应劭撰。案颜师古叙例，谓应劭音义，自别施行，又谓有臣瓒者，总集诸家音义，末厕己见，凡二十四卷，今之《集解音义》则是其书，后人不知，乃谓应劭等集解。王氏七志、阮氏七录并题云然，蔡谟全取以散入《汉书》，自此以来，始有注本。蔡谟，东晋人。《隋志》多本王志、阮录，是知《集解》乃臣瓒撰，题应劭者误。其以《汉书》为百十五卷，则蔡谟取集解散入时所分也。《高帝纪》《王子侯表》《百官公卿表》《律志》《食货志》《郊祀志》《地理志》《匈奴传》《外戚传》各分上下卷。《王莽传》分三卷，《五行志》分五卷。师古因此又分《司马相如传》《严朱吾邱主父徐严终王贾传》《扬雄传》《西域传》《叙传》各为上下卷，总百二十卷。凡师古所分,皆于题下注明,据此知无注者皆蔡谟分也。《梁书·刘之遴传》所称真本,考其献书年月及卷数篇次,纰缪显然。昭明之《文选》,张晏、颜师古之注,无信而用之者伪托无疑。叙例自荀悦至崔浩,凡二十三家,又有胡公,见《文帝纪》《元帝纪》《百官公卿表》注,又《贾谊传注》《苏林引胡公汉官》。胡公即胡广,以官尊不名,《后汉书·广传》言广继扬雄、崔骃、崔瑗、刘騊駼《官箴》,复作四篇,悉为之解释,馀所著有诸解诂,纪表注所引即出其中。王楙见《高帝纪》《景帝纪》注。皆与臣瓒牵连引之,疑其说即在瓒集解中。其不见叙例者,胡广本非注《汉书》,在许慎、蔡邕、阚骃之例。王楙所说乃是注家特以见引无多又加驳正,故亦不及之耳。师古注多袭人说,今就《高帝纪注》,以《史记索隐》证其所出:"母媪"句,"故皆坚守乘城"句,"伤人及盗抵罪"句,注皆本韦昭说;"西入关至戏"句,注本文颖说;"走至戚"句,注本晋灼及郑德、包恺说;"汉军四面皆楚歌"句,注本其叔游秦说。此其一斑。《后汉书》序例与十志均佚,刘昭注《司马彪〈续汉志〉》,《自序》曰:范志全缺,序例所论,颇褒其美。《宋书》言志为谢俨蜡以覆车,此范书有序例与志之证也。《百官志》见《后妃纪》及《南齐书·百官志叙》,《礼乐舆服志》见《东平王苍传》,《天文五行志》见《蔡邕传》,此十志中篇名之可考者也。陈振孙《书录解题》谓:宋乾兴初,判国子监孙奭建议校刊,始以《续汉志》合于范书。案《梁书》《隋志》《史通》皆言刘昭注范书,昭《自序》谓:"借前志注以补之,分为三十卷以合范史、《通典》、《通志》述选举之制。"又皆言唐以《后汉书》并刘昭所注志为一史。宋椠本前载孙奭之奏,已误以志为蔚宗作,则知《续汉志》之合范书由来旧矣。"《郭太传》太始至南州"以下七十四字,乃李贤注,溷入正文。宋本及明嘉靖福建本,尚无此误。萧该《汉书音义》

十二卷,《范汉音》三卷,见《隋志》。《续汉志》所称三史,当指《史记》《汉书》及谢承或华峤书。《三国志》注引孙权语,则指《战国策》及《史》《汉》,审其上下文义而知之也。圣朝史法精详,宜乎读史者补正阙讹,多擅三长之选矣。

第三问

小学家言兼形、声、义三事,可藉以窥制字之原者,今惟《说文》。《说文·叙》云:"九千三百五十三文,重一千一百六十三。"以今《说文》校之,均有羡溢。或谓后人取《字林》增入。按《易·坎卦》"入于坎窞",《释文》引《说文》云:"坎中更有坎",又引《字林》云:"坎中小坎,一曰旁入。"今本《说文》,反与《字林》同。此虽出《说解》中,足为取《字林》窜入《说文》之一证。盖唐人试士,《说文》《字林》并重,引者或误《字林》为《说文》,唐后校者遂据以增入,事或然欤!经疏、《艺文类聚》、《北堂书钞》、《太平御览》所引《说文》,多出今本外,以为逸字,取而益之,诚为过多。然今《说文》中字颇多可疑,而所从得声之字,不见于篆文者乃十有七,有羼入之字即有逸出之字,且全书讹夺不可究诘,而总数乃独无讹字乎?过而废之,固不若过而存之也。《说解》连篆文为句,草木山水等部尤多,间有复举篆文者,乃后人妄增。《广韵》东部"涷"字下引《说文》"水出发鸠山,入于河"。鱼部"沮"字下引《说文》"水出北地直路西,东入洛"。已不审许氏读法。宜乎说者或因后增之复举字,而转疑无之者为后人妄删也。读例有三,释其音者,"瓔""珣"二字外,如"玽"读若"苟","萺"读若"威"之类是也。释其义者,"窡""抌"二字外,如"稾"读若"春麦为稾"之"稾";"鬵"读若"江南谓酢母为鬵"之类是也。通其字者,"雀""眣"二字外,如"攷"读与"抚"同,"禼"与"偰"同之类是也,不可殚举。此外又有云,读若某同者，似声义并通。兼用读若读同之例，然与专言读同者，究何以异？如谓专言同者，指声言则又何以别于读若之例欤？岂言读若兼言同者，若字皆与字之讹，抑同字或衍文欤？或又疑《说文》凡言读若者皆通其字，经典所用，历历可证，不知此乃同声假借，不可概论。至《说解》多署阙字，则《说文·叙》已言之矣，曰：其于所不知盖阙如也。其例亦有三，一则字形失传也；一则字形较著而不可解者也；一则叠文与本文无异者也。然亦有大徐校上所注者，如㯻下云，《逸周书》曰："'疑沮事。'阙。"按今《逸周书》作"聚疑沮事"，盖许氏据本作"㯻颖沮事"。转写夺㯻字，疑其与篆无涉，故注"阙"字也。"戠"下云：阙从戈从音，是谓说义之词阙也。若斯之类定非许氏原文。若夫为《说文》之学者，则许氏弟子可考者，有孟生、李喜、尹珍、高彪、吴志、严畯好《说文》。晋吕忱作《字林》，《魏书·江式传》言式撰集字书，依《说文》为本，上篆下隶，未成。梁庾俨然作《演说文》，陈顾野王作《玉篇》，此皆踵许书而增益者。《隋志》有《说文音隐》四卷，时代、撰人俱佚，以《宋书》谢灵运《山居赋》自注证之，则亦宋前人也。《说文·叙》云：粤在永元困顿之年，是为汉和帝永元十二年，岁在庚子，或谓撰于是时，或谓成于是时。案《说文》已讳安帝名，而上断自世祖，凡五世，与礼合。许冲《表》[①]言："慎前以诏书校书东观，以文字未定，未奏上。"据《后汉书》"校书东观"事在安帝永初四年。然则永元十二年盖属草之始，中间时有改定，阅二十二年至安帝建光元年辛酉，遣子冲赍诣阙时，始成定本也。《后汉书·许慎传》云："为郡功曹，举孝廉，再迁，除洨长。卒于家。"许冲《上说文表》称"故太尉南阁祭酒"。案许氏为功曹，

① 许冲《上说文解字表》。

事见《御览》所引《汝南先贤传》，考《汉官仪》丞相设四科之辟，皆于郡吏中察举茂才，尤异孝廉之吏，第一科补西曹南阁祭酒。《后汉书》永元五年，张酺为太尉，十二年九月策免，以张禹为太尉，许氏由郡功曹举孝廉，补太尉南阁祭酒。是时太尉非张酺则张禹，此其一迁也。《百官志》汉旧注："公令史百石，自中兴以后，注不说石数"，盖仍百石。"阁下令史主阁下威仪事。"阁下即南阁，令史即祭酒。"县邑道大者，置令，千石；其次置长，四百石；小者置长，三百石。"许氏由太尉南阁祭酒除洨长，是以百石除三四百石，此其再迁也。惟除洨长不知在何时。据《西南夷·夜郎传》，知桓帝时许氏尚存，殆上《说文》后又尝出为洨长欤？抑冲表乃追系其始撰书时之官名欤？疑不能明也。新附之学，浅俗重复者固多，大徐表有承诏附益语，似不得已而为之。然此究不足为大徐疑。《字林》新附，出陆善经，《说文》新附当亦有所本。《老子释文》引《说文》："朘，赤子阴也"，《尔雅释文》引"秬，或作粔"，《后汉书》注引"揄，音逾"，《文选》注引"涛，大波也，剧甚也"。《一切经音义》引"打，以杖系之也"。凡此今皆在新附，是知新附中字颇多许书原有，而转写漏落。如谓诸书原引新附，则新附在唐以前矣。大徐小学自有疏处，而于新附间隔标明不使殽乱，且其表云：《说文》有正体而时俗讹变者，具于注中，则亦未可谓之无识也。圣朝文教昌明，凡读书者，皆知先求识字矣。

光绪己卯科顺天乡试覆试卷

中式第十九名举人黄绍箕,恭应保和殿覆试。

钦派阅卷大臣:

经筵讲官吏部尚书正蓝旗蒙古都统宗室 灵(桂)

经筵讲官吏部尚书兼管顺天府府尹 万(青黎藕舲)

户部尚书正白旗汉军都统军机大臣总理各国事务大臣 景(廉俭卿)

户部尚书总理各国事务大臣 董(恂韫卿)

经筵讲官太子少保头品顶戴刑部尚书南书房行走 潘(祖荫伯寅)

经筵讲官都察院左都御史上书房行走 童(华薇研)

礼部左侍郎镶白旗汉军副都统宗室 松(森吟涛)

署礼部左侍郎大理寺卿 许(庚身星叔)

公阅进呈:钦定第一等第一名

宰我、子贡善为说辞①

为知言者举说辞之长,于春秋时得两贤焉。盖能知言者,未有

① 题出于《孟子·公孙丑上》:"宰我、子贡善为说辞;冉牛、闵子、颜渊,善言德行;孔子兼之,曰:'我于辞命,则不能也。'"

不善为说辞者也。丑所为因孟子之言而先举宰我、子贡欤。若谓今天下竞尚言矣，往往遇拙则巧，遇巧则拙，殆其才之未优乎？文章者，华国之资，故治之隆也，诹询并称为五善。词令者，应世之具，故教之盛也，言语并列于四科。即此辑怿之专长，其人已不数数觏也。夫子又诏丑以知言矣，今夫知言者必能言，则说辞尚焉。立一说必有所说之事，识不穷乎万事之源流，虽援引繁多，终不能条分而缕析。世有聪明自喜，谈典礼而口辄嗫嚅者，无他，暗于理也。进一辞必有听辞之人，胸不达乎万物之情变，虽开口恳切，终不能意解而神怡。世有学问至深遇辨难而猝穷应对者，无他，昧于情也。谁实善为之者？丑尝上溯之于春秋之时，则有若宰我，考五帝之德，政教兼传，探二气之微，鬼神斯著，推之事关伦纪，特为性天未笃者，借答问以垂警于将来，斯真善于设论已。又有若子贡，剖仇党之殊，卫侯蒙释，明礼信之重，吴宰知惭，推之品证夷齐，特为愚妄自安者，藉对镜以觉迷于当局，斯诚善于发端已。列国之势，至春秋而已尚富强，贵有说辞以晓之。吾观宰我之赴蛮方也，荣辞车饰，子贡之答世主也。道喻壶杓，樽俎折冲，出一言以取重，而使齐而说梁邱，游越而讽句践，传闻失实，亦几蒙好辨之名。盖即其行远有文，而可知说辞之曲而达。诸子之书，至春秋而已多萌蘖，贵有说辞以抑之。吾观宰我之商从井也，隐惩兼爱之偏；子贡之譬入门也，预杜横议之渐。简编昭著，恃片语为折衷，而近类足以喻人，切事足以惧人，群喙潜消，遂先致辟邪之效，盖验于感人易入，而益叹说辞之简而该。若夫善言德行，则又有其人在矣。

赋得播厥百谷得函字五言八韵[①]

百谷登丰后,歌诗溯实函。神功歈管报,农业播琴谙。秧绿齐分马,桑青乍了蚕。辨宜田上下,俶载亩东南。嘉种维糜备,良谟暨稷探。滋生循甲子,肯获待丁男。于耜金芒秀,斯仓玉粒甘。自今书大有,长沐圣恩覃。

① 题出于《诗经·周颂·载芟》:"载芟载柞,其耕泽泽。千耦其耘,徂隰徂畛。侯主侯伯,侯亚侯旅,侯强侯以。有嗿其馌,思媚其妇,有依其士。有略其耜,俶载南亩,播厥百谷。实函斯活,驿驿其达。有厌其杰,厌厌其苗,绵绵其麃。载获济济,有实其积,万亿及秭。为酒为醴,烝畀祖妣,不洽百礼。有飶其香,邦家之光。有椒其馨,胡考之宁。匪且有且,匪今斯今,振古如兹。"

光绪庚辰科会试朱卷

中式第六名贡士黄绍箕,浙江温州府瑞安县民籍,廪贡生

同考官 翰林院修撰国史馆协修 陆(润庠凤石) 阅:

荐

批:力厚思沉,经策淹博。

大总裁 兵部左侍郎 许(应骙昌德):

取

批:精心结撰,经策精详。

大总裁 吏部左侍郎镶白旗满洲副都统左翼总兵总理各国事务大臣宗室 麟(素文):

取

批:思精笔锐,经策赅括。

大总裁 经筵讲官毓庆宫行走头品顶戴工部尚书 翁(同龢叔平):

取

批:雄深雅健,经策明通。

大总裁 户部尚书正白旗汉军都统国史馆总裁总理各国事务大臣军机大臣 景(俭卿):

中

批：真力弥满，经策条达。

本房原荐批：

思沉力厚，锋发韵流，次肃括宏深，三识力兼到，诗浑成。《易》艺邃于汉学，四通六辟；诗用骚体，风神俊逸；《礼》亦考订详确。

援引精当，条对详明。

聚奎堂原批：

能达难达之理，笔妙如话，次高浑，三典丽，真是才人之笔；诗好，五艺皆佳；《书》得解，《礼》典核，识议皆通。

第一场：四书文三篇，五言八韵试帖诗一首

子曰：吾与回言终日，不违，如愚。退而省其私，亦足以发，回也不愚[①]

契圣言如大贤，亦非圣人所及料也。夫子不言回之智，第言回之如愚而不愚，则不违时意象与足发时诣力，概可知已，宜深契之欤！且学者受圣人之言教，敏钝至不齐矣，而传道之宗，则曾子而上厥惟颜子。莫钝于参，而不以钝拘者，一贯之诏极其简而无所疑，了然于心自了然于口，参之所以始鲁终不鲁也。莫敏于回而不以敏见者，终日之言极其繁而无所惑，出乎意外遂入乎意中，回之所以如愚实不愚也。日者夫子曰："吾与二三子言，而因以观其才

① 题出于《论语·为政第二》："子曰：吾与回言终日，不违，如愚，退而省其私，亦足以发。回也不愚。"

质之高下,学识之浅深,盖往往不俟终日而已得之矣。”精微之言阂于所分,广大之言迷于所极。源流未畅,恒觉疑义之渐滋,则知龃龉不安之处正虚灵不昧之处也,心固以滞而见通也。浑举之言不详条目,泛论之言不示指归,愤悱未深,每留馀机以待引,则知意见相左之时,正聪明相触之时也。心固有感而必动也,其不愚也。不必于退时见之也,于与言时见之矣;不必于发吾言知之也,于违吾言知之矣。异哉回也!合内外而贯天人,吾既略浅近之谈,取诸怀以相予,岂意万事万理,皆欲辨而已忘。撰几杖而视蚤莫,吾并藉周旋之雅,纡其候以相需,无如永夕永朝,其受命也如响。天下有如是不违者乎?其愚者乎!而回竟默然退矣,而吾乃不得不省矣!物与我绝则易专,我与物绝则又易放。故衡人之法,经视观察无遁象者,几即寓于私。识歉于力则不明,力歉于识则又不健。故体道之功,统安利勉无异途者,量必求其足,然后知回之有蓄必宣也。夫因违吾言而始解吾言,因解吾言而始发吾言,此中曲折繁多,就令资禀过人,亦恐难几于一蹴。回乃默领焉而亦足身体力行也。谨视听言动之闲,请事斯语,望前后高坚之诣,欲罢不能,则观于左右逢原,转觉函丈指陈,其包涵愈益无尽也,而顾病其会悟未神也哉!然后知回之无微不澈也。夫因能发者之少,而先以违相期;因能违者之多,而遂以愚相待。夙昔形容拟议,几谓优绌殊境,断难更出乎两途。回乃顺承焉而亦足息深达亹也。博约并行,彼方归其功于善诱;灵明毕照,人乃误其学为坐忘。则验诸从容中道,转觉同堂坐论,其诘难殊多窒机也。复何怪乎淡漠相向也哉!吾安得尽如回之不愚,而终日与之言也!

柔远人，则四方归之，怀诸侯，则天下畏之[①]

终著柔怀之效，所及广矣。夫远人散处乎四方，诸侯分治乎天下者也。能柔能怀，归与畏可立致矣。夫子对哀公若曰，王者之心，天地之心也。地有遐迩，心无彼此，皆思所以生成之；分有亲疏，心无异同，皆思所以镇抚之。夫是以高拱乎元元之上，能感动其血气，心知而使之不忍，外能约束其聪明才力，而使之不敢争请，毕举九经，而其效可睹矣。今夫料民数以实户籍，谕荒徼以入版图，非不诩兼容并包之量也。然而黄鸟之咏，思复邦家矣！谁阻尔行其却步也？故王者不矜小惠，而壶浆之德意，能通隔绝于河山。今夫招属国以捍边疆，削亲藩以除后患，非不夸长驾远驭之规也。然而白马之盟，不登天府矣，谁启尔玩其生心也？故王者不尚雄图，而玉帛之声灵，倍觉森严于斧钺。然则欲四方之归也，莫如柔远人。言语不通，嗜欲不同，而统之以父母乾坤，则慕义趋风而恐后，披史册而追休烈，旅獒越雉，知非出铺张粉饰之词也。然则欲天下之畏也，莫如怀诸侯。爱恶相攻，利害相夺，而示之以礼乐刑政，则陆詟水慄而来王，抚彝器而溯恩荣，密鼓繁弓，犹想见蹈厉发扬之意也。则且征其效于文武以前，文治甫开之日，远人尚未通风气，诸侯亦未习典章，抚绥匪易事矣。而能柔能怀，则无虑此。古帝王一视同仁，只自尽安辑协和之量，而食轩辕之利者。百年异族竟来夫长股，集会稽之山者万国，馀威尚震于贯胸。凡夫舟车所至，人力所通，日月所照，霜露所坠，其孰不争效尊亲也。是以四海乐呕歌，即凤凰、麒麟亦解就瞻夫云日；九州被声教，即魑魅、罔两犹知慑伏于山林。则且推其效于文武之后，皇图式廓以还，远人每桀骜不易

① 题出于《中庸》："柔远人，则四方归之，怀诸侯，则天下畏之。"

驯，诸侯又远阔而不相属，悦服更难言矣。而能柔能怀，又无虑此。圣天子宏规无外，惟默运阴阳温肃之权，而游我境内者，叹中国有圣人之托庇。帡幪之下隶我藩属者，知普天皆王土，折冲樽俎之间，凡夫《山经》所未详，《尔雅》所未纪，《职方》所未悉，《王制》所未赅，其孰不共深爱戴也。将见万里之梯航毕集，而外夷子弟入太学而受诗书，六军之弓矢常櫜，而重译使臣拜明堂而轮琛贶，至是而九经之效全矣。

又尚论古之人，颂其诗，读其书，不知其人可乎？是以论其世也①

论人者进而愈上，而特识出焉矣！夫古人非与我同世，而其诗其书在，则其世在也。欲知其人，非论其世不可。且今人生古人后，每恨不与古人同时。吾谓此亦何恨哉？古人往矣，古人之事未尝往也；古人之事往矣，古人之言未尝往也；独见古人之言者，不能即古人之时以考古人之事，因而重诬夫古人，斯诚可恨耳！友天下之善士犹以为未足，世限之也。虽然，世阅世而生人，人阅人而成世，不又有尚论古人之法在乎？甲子未定以前，怀葛乾坤恒动，高人之歆慕，然而扶徕驾辨之歌，多由附会疏仡，循蜚之纪半属谬悠远希焉，而世已无稽，则好古当先求征实也。文字既兴以后，公私撰述，各随岁月以加增。然而流连风景之语，无益旧闻；摭掎利病之文，率参私见。泛览焉，而世转难定，则持论当有所折衷也。幸也有其诗其书在，是其世在也，即其人在也。顾可颂之读之而不知之乎？而曷不论其世乎？经生以训诂相矜，其弊也泥。《关雎》一什，冠《国风》之首，而前与后，解者迥判两时；《泰誓》三篇，开王业

① 题出于《孟子·万章下》："又尚论古之人，颂其诗，读其书，不知其人可乎？是以论其世也。"

之初，而真与伪，论者各持一说。是可茫无依据乎？所贵考之以精心焉。学士以褒贬自任，其弊也疏。《小弁》《凯风》，皆孝子情至之作，而误会焉，则已有忕于纲常；《金縢》《大诰》，皆圣人手订之编，而妄袭焉，则适自彰其僭悖。是亦可漫无权衡乎？所贵断之以真识焉。且夫补《华黍》而废《蓼莪》，《诗》可增亦可减；析《九共》而并二《典》，《书》可合亦可分。此其异同，仅在章句内耳。善论世者，知隆与污异势，正变各有指归；升与降殊趋，文质不相沿袭。能定一古人之品诣，并能定众古人之品诣，则夫相似而不同者，可微会也。纵情孤往，盖如闻当年歌泣之声矣。且夫咏会朝之师，归功尚父，可据《诗》补《书》之逸文；避流言之难，进讽冲人，可引《书》为《诗》之小序。此其参证，尚在形迹间耳。善论世者，知时事多艰，忠爱之忱，或寓微词于男女；遭逢不幸，权宜之术，或托遗训于祖宗。能得古人言中之意，并能得古人言外之意，则夫显然而易见者，可类推也。沿流溯源，何难立千古持平之案哉！是诚可以尚友矣！

赋得静对琴书百虑清得清字五言八韵[①]

琴轸含三叠，书帷拥百城。静无人与对，顿觉虑俱清。空谷繁音寂，陈编古趣生。虚深山水意，潇晦雨风情。竹屋闻香妙，兰襟写月明。委怀陶靖节，危坐李延平。鹤结船中伴，鸥寻海上盟。几馀宸赏惬，朱子句重赓。

---

① 题出于朱熹《崇寿客舍夜闻子规得三绝句》（其一）："空山初夜子规鸣，静对琴书百虑清。唤得形神两超越，不知底是断肠声。"

第二场:五经文五篇

圣人养贤以及万民,颐之时大矣哉①

承天地以布化,于《颐》见时之大焉。夫《易》之言养者不一卦,而养贤养民,《颐》独兼言之,圣人之道,与天地齐休矣,《颐》之时不诚大哉!尝考《颐》之卦象,艮震相成,终始顺序,上下交臧。帝出乎震,义主发生。四门洞辟,英彦奋翔。物成乎艮,义主收藏。含煦覆育,恩德溥洋。卦气本复,阳兆滋张。天秩孔明,得人弥昌。离疏释孱,仄陋明扬。播施政惠,蒸黎得常。皇王守此,为天下光。泽侔位育,永永无疆。《象》既言"天地养万物"矣,夫万物之中人为灵,苟无人焉与天地参,为万物睹,辅相财成天地之道以左右民,则养之道亦有时而或穷。故又继之曰:"圣人养贤以及万民。"《颐》之初爻,乾为圣人,艮为贤人。以初养艮,以下养上,故曰"圣人养贤";坤阴为民,亦在震上,以贵下贱大得民,故曰"及万民"。一变剥,君子得舆,养贤之象也;厚下安宅,养万民之象也。二变损,十朋益之龟。三变贲,邱园贲之帛。四变噬嗑,噬胏得矢,噬肉得金,皆与养贤义近。五变益,损上益下,其道大光,则养万民之义彰彰矣。六变复,圣人之养贤以及万民,犹之养万物也,复其见天地之心乎!又以世卦之例推之,《颐》为巽游魂之卦,巽为风,柔而顺乎

① 题出于《易经·颐卦》:"象曰:颐,贞吉,养正则吉也。观颐,观其所养也;自求口实,观其自养也。天地养万物,圣人养贤以及万民,颐之时大矣哉!"

刚,贤者承圣人意旨,宣上德,抒下情,此其象也。二世为蒙,蒙曰养正。三世为蛊,蛊曰振民。四世为鼎,鼎曰大亨。五世为姤,姤曰施命。圣人体国经野之量,贤者安上全下之功,万民食德饮和之意,具于斯矣。又推之以纳甲爻辰,震象出庚,庚,坚强也。任贤勿贰,坚强孰甚焉?大横庚,庚,王道之所光也。艮象消丙,丙,炳炳然,万物皆著见也。万民沐浴膏泽,喁喁向化,何莫不然?《颐》之初爻,辰在子,上值虚,司禄二星主赏爵禄;四爻,辰在丑,上值牛、女,牛主耕,女主织,养贤及民之事也。三爻,辰在亥,上值危,车府、杵臼之星属焉。六爻辰在戌,上值娄、胃,仓庾囷廪之星属焉,养贤及民之物也。二爻,辰在酉,上值毕,天高四星明大则远夷来宾。五爻,辰在卯,上值房,阴阳七曜顺轨,则天下和平,养贤及民之效也。上观天文,下觇圣道,较然若斯,义无可易。《易》之言养者不一,如《大畜》则言养贤,《鼎》则言养圣贤,《井》言养日〔而〕不穷,则养万民之意寓焉矣。然皆专举一端,未有若《颐》之简而赅者。《颐》于十二月之时为建寅,圣人乘乾出治之时也;于二十四(侯)〔候〕之时为冬至,圣人调元变化之时也;天地覆载之功于斯而究,万物熙攘之乐于斯而彰,《颐》之时大矣哉!

月之从星,则以风雨①

风雨视乎所从,为卿士者宜知谨焉。盖月者,卿士之象也,从箕则风,从毕则雨,必然之应也。然则为卿士者可不审所从哉!且《洪范》一书,其义主于戒人君而兼及人臣。诚以臣处阴位,介乎君民之间,六合仰化,能嘘拂之,群生望泽,能涵濡之。昧于趋向之方,则或疾或甚,足以愆伏寒暑而乖二气之常也。慎于率由之道,

① 题出于《尚书·洪范》:“庶民惟星,星有好风,星有好雨。日月之行,则有冬有夏。月之从星,则以风雨。”

则为稣为甘，足以调燮乾坤而酿万邦之庆也。故继日月风雨之说，而又综其要以告之曰："月之从星，则以风雨。"卿士惟月，师尹惟日月之行，有冬有夏，兹言月而不及日何也？日所从之星分不可见，欲知日行，以月行与日会于十二次测之。欲知会于何次，以斗建知之。是故举月以概日，犹举卿士以概师尹也。月有九行，黑道二，出黄道北；赤道二，出黄道南；白道二，出黄道西；青道二，出黄道东。立春、春分从青道；立夏、夏至从赤道；立秋、秋分从白道；立冬、冬至从黑道。然一决之于房中道。若月失度，出阳道入箕星则多风，出阴道入毕星则多雨。盖月虽悬象于天，而实地类，故既经纬日星以佐四时寒燠之令，而又专司风雨，胎育群阴，循其常度，无或失越，则风雨节而阴阳和，人民乐业，遐迩蒙福，此戒卿士之义也。虽然，义无进于此者乎？今夫回飙砀骇，林无静柯，淫霖裔裔，弥月泛滥，则固愿风之息而雨之止矣。若乃时值炎暵，歊蒸不散，砂砾销铄，繁星毕见，众庶纵纵然，莘莘然，愿拜下风，仰望膏雨，俄而走相告曰：月丽于箕，风扬沙矣；月离于毕，俾滂沱矣。未几祥风翕习，萧艾蒙惠，飞雨洒涂，林木改色，天地之气溥畅而至，品物咸融，欢声雷动，归之风伯，风伯不有，归之雨师，雨师不自以为功，归之太空，太空冥冥不可得而名，则以为非从之者之力不及此也，岂不美哉！岂不快哉！是以古圣王之治天下也，仰以观于天文。以为月者，众阴之长，消息见伏，百里为品，千里立表，万里连纪，大臣之象也。必先慎简卿士，期之以风雨之会，假之以雨露之恩。为卿士者，励月征之志，效星拱之诚，以欲从人，不以人从欲，如春风之风人，夏雨之雨人焉。所由众庶悦豫，福应尤盛，月重轮，星联珠，景风至，时雨降，咸拜手稽首而上，圣主得贤臣之颂也。

其饷伊黍，其笠伊纠①

拟田家之服食兮，报赛以祈神听也。夫饷之用黍兮，丰年之觇也。笠之云纠兮，力田之状也。验人情与物态兮，可以识圣王之所尚也。昔我周之肇兴兮，勤穑事以开国。稷播种于有邰兮，始匍匐以就食。文省稼于西岐兮，即田功而卑服。嗣王承其休烈兮，小人顺其茂则。喜疗饥之有资兮，尔无馁乎尔色欣；御雨之有具兮，尔无懈乎尔力携。碧玉之新炊兮，睇黄冠之群集。饱我德于饔飧兮，佐尔劳于袯襫。当瞻女之来思兮，或承筐而提筥。岂歈笙以燕宾兮，非鸣鹿之嘉侣。岂湘釜以供祭兮，非采苹之季女。野旷荡其无垠兮，日赫戏而徂暑。停纬耒以高瞩兮，指炊烟其如缕。念晨餐之已遥兮，知午馌之斯聚。问尔饷之伊何兮，指我黍之与与。似鄗上之珍产兮，实比屋之旧储。我闻王者之重五谷兮，审精凿之难遍。士馈黍而民食稷兮，敢凌贵而忘贱。昔岁收之不稔兮，彼九重且减膳。矧小人之蚩蚩兮，虽秕糠其忍餍。赖圣德之洋洋兮，岁屡丰其穰穰。自上时至下时兮，应休征乎雨旸。我黍之硕兮，不芒以长；我黍之获兮，抟米而薄糠。凡九区而一井兮，尽千仓而万箱。乍舂揄而释蒸兮，闻玉粒之馨香。帝锡汝以一饱兮，曰汝劳其庶偿。我妇子之来饷兮，聊代谋乎稻粱。既劳止汔可小休兮，愿旨否之尔尝。行行且止兮，望望弥迩。或植厥杖兮，或扶厥耜。夫何徙倚乎西东兮，忽写影于遥空。远而视之，若紫盖之纠缭于玉轸兮；迫而察之，若布冠之纠合乎章缝。匪纠屦之藉以履霜兮，讵纠纆之怅

① 题出于《诗经·周颂·良耜》："畟畟良耜，俶载南亩。播厥百谷，实函斯活。或来瞻女，载筐及筥，其饷伊黍。其笠伊纠，其镈斯赵，以薅荼蓼。荼蓼朽止，黍稷茂止。获之挃挃，积之栗栗。其崇如墉，其比如栉，以开百室。百室盈止，妇子宁止。杀时犉牡，有救其角。以似以续，续古之人。"

乎。回风微露，沾而犹湿兮，曲躬荫而暂立；竹写翠其欲流兮，松招凉以微翕；感手足之胼胝兮，每相逢而戴笠。溯兹笠之攸昉兮，闻祭蜡之伊耆。戴草笠而助祭兮，谓田事之是资。配都人士之缁撮兮，随田舍翁之镃基。固外观之弗美兮，托生涯于蓬累。朝搴夫须之鬖髿兮，夕揽柔荑之猗靡。指穹苍以为规兮，索胡绳之纚纚。物虽薄而用足重兮，信吾侪之所恃。侧余弁之俄俄兮，醉屡舞其傞傞。高余冠之岌岌兮，聊带蕙而裳荷。亦余心之所愿兮，惧农功其蹉跎。戴明星以远出兮，倚轻风以微飏。卓午阴其不直兮，轩霞举而将翔。时一俯而一仰兮，羌若抑而若扬。虽挥汗其雨集兮，敢息肩于道旁。俄夕阳之在山兮，将此室之入处。听牧笛于前峰兮，寻樵歌于隔浦。竞荷笠以言归兮，惟明月之送汝。愿夜寐而夙兴兮，长多稌而多黍。

秋九月，齐侯、宋公、江人、黄人盟于贯僖公二年[①]

纪盟贯之役，服江、黄即以服楚也。夫江、黄远齐而近楚，江、黄服而楚始可服，是齐桓定霸之先声也。贯，宋地，故宋公与会云。且春秋霸业创始齐桓，论者每以召陵一盟为服楚之盛举。吾谓召陵之役，楚未必服也。其所以降心抑气而就盟者，盖环顾乎土壤相接之国，皆已舍近就远，翻然改图，遂惴惴乎觉吾势之孤，而恐人之伺其后。是故楚之服，不服于盟召陵之日，而实服于盟贯之年也。是役也，管仲尝止桓公曰："江、黄远齐而近楚，若楚伐而不能救，则无以宗诸侯矣。"桓公不听，遂及宋公。江人、黄人盟于贯，明年又会于阳谷，以谋伐楚。又十年，楚伐江灭黄，齐坐视而不能救，人于是服管仲料事之明矣。嗟乎！亦知江、黄不服，而召陵之盟且不可

① 题出于《左传》：僖公二年，"秋九月，齐侯、宋公、江人、黄人盟于贯。"

必哉！今夫楚之于江、黄，非有仇隙也。江、黄在楚之东北，又齐入楚之要途也。设齐率诸侯伐楚，而江、黄协楚谋齐，出兵以截其后，能保其必无患乎？然则欲服楚，必先服江、黄以折其右臂；欲服江、黄，必先联宋以为之东道。宋居齐、楚之中，而其名又为众诸侯之望。盟江、黄于宋境内，不劳诸侯而理势俱得，此不易之上策也。吾谓齐桓召陵之服楚，不及晋文城濮之役；而贯之盟服江、黄，则胜于晋文之服曹、卫。何以言之？服强大者不以力服，而其心不服；服弱小者专以力服，而其心又不服。桓之欲有事于楚，天下孰不知之，而密迩于楚之江、黄，其视齐若风马牛，非如曹、卫之错壤中原，与晋为同姓也。又非如曹、卫之内惭无礼，外复迫于晋人虎狼之威也。而独能不烦一兵俯首听命，盖亦招携怀远之德礼有以致之，非一朝一夕之故矣。异日至于受楚伐而卒不敢贰，亦其心服之明征欤！然则楚伐江、黄，亦将以势不及救为桓恕乎？曰：此亦桓有以致之也。夫未服而招徕之，与既服而覆庇之，其难易不同矣。彼为敌之与国而我离之，敌伐我之与国而我救之，其曲直又不同矣。贯泽之盟，桓公有忧中国之心，不召而至者，江人、黄人也。葵邱之会，桓公震而矜之者九国。震之者何犹，曰："振振然。"矜之者何犹，曰："莫我若也。"盖桓自霸业定而志气衰，楚人知之稔矣，设终其身皆盟贯时之志气，召陵一盟之后，楚敢悍然与齐为难哉？管仲之谏亦早有以料之也。其君若臣皆怀徼倖之心而无远大之略，此霸者之所以为霸也夫！

黄目，郁气之上尊也①

举郊祀之上尊，莫重于黄目矣，盖凡彝之盛郁气者，皆为上尊。

① 题出于《礼记·郊特牲》："黄目，郁气之上尊也。黄者，中也。目者，气之清明者也。言酌于中而清明于外也。"

然用于郊祀者惟黄目，则尤重也，故《郊特牲》特举之。尝考《尔雅·释器》一篇，独于彝、卣、罍三者专释为器，说者谓礼器之中，兹为最重，故独擅器名也。三者之名，彝居其首，又为最重。彝，法也，言与馀尊为法也。而彝之中又以黄彝为最重，尝读《郊特牲》而得之，其曰“黄目”者何？象目形于彝，饰以黄金，周器也。古器大小长短，说者每以口足脰腹言之，乃凡器之通名，与此不同，此与《春秋传》所称斝耳皆一器，象形之专名也。《周礼》称黄彝者何？历举六彝，则文从其类，且彝亦以黄金为饰，故亦可谓之黄彝也。后人有黄目图，画人目而黄之。按人目无黄之理，檑字之义，说者云龟目酒尊，则黄彝疑亦龟目。古人制器，往往取象动物，鸡、鸟、虎、蜼之类不一而足。黄目何独不然也？其曰“郁气”者何？郁金草之气也，以黑黍米捣郁金草，取汁而煮之。皌酿其酒，其气芬香条畅，谓之秬畅，所以降神也。六彝之实，或谓鸡彝、斝彝、虎彝，专盛明水；鸟彝、黄彝、蜼彝，专盛郁畅。或又谓春则鸡彝盛明水，鸟彝盛郁畅；夏则鸟彝盛明水，鸡彝盛郁畅。斝、黄、虎、蜼之相为用亦然。今按《郊特牲》，言黄目专属郁气而言，而《周官·郁人》亦云：掌和郁畅以实彝而陈之。则专盛郁畅之说未可非也。其曰“黄目，郁气之上尊”者何？上尊者，尊之最上者也。以周所制，故尤重之，独用于郊，天地至敬，不裸奠之而已。《周官·司尊彝》六彝之用，以待宗庙裸将，末言大旅亦存尊彝，而独不及郊者。郊祀专用黄彝，故不复别言之，或文偶不备也。黄目，彝也，而称尊何？通文也。《明堂位》鸡彝、蜼彝皆称灌尊。后人说彝字义者，亦皆谓之尊。《尔雅·释器》“卣，中尊也”，以此文参证，知彝为上尊，罍为下尊，是卣罍皆可名尊，不独彝也。古人用字，大抵对言则别，散言则通，但彝可谓之尊，尊不可谓之彝，犹旌旟之属皆可谓之旗，鼐鼒之属皆可谓之鼎，镛镈之属皆可谓之钟云尔。数物同类，举通行之物以摄其馀，往往然也。黄目既用于郊，而《周礼》六彝，次居虎彝之下者何？鸡、斝之属皆周前物，以时代为次，故黄彝居后，犹《明堂位》例也。黄目，所独也；郁气，所同也。文取其备，故并言之曰："黄目，郁气之上尊也。"试进举其辞，而其义可知也。

第三场：策问五道

第一问

通经必先明训诂，训诂不明，不审声音，不晓通借致之也。始囿于专已守残之学，执师说而不会其通，后坏于望文生训之徒，腾野言而不求其是，今欲博综异说，疏通证明，亦以声定形，不以形凿义，由通借以明训诂而已。《易》"包蒙"，郑康成云："当作彪，文也。"其说盖本京房。《艺文类聚》引《〔后〕汉胡广征士法高卿碑》曰："彪童蒙，作世师。"蔡邕《处士圈叔则碑》曰："童蒙来求，彪之用文。"皆用《蒙卦》之辞。是作"苞"，"包"者其借字。"包有鱼"之"包"，《释文》云："本亦作庖。"注疏皆以"包"为"庖"。"荀作胞"，独虞读为"白茅苞之"之"苞"。《庄子》"胞人"，《列子》"胞厨"，《释文》"胞本皆作庖"，是庖正字，包、胞借字。惟虞义稍异耳。"朋盍簪"，郑云："簪，速也。""京作撍"，蜀才本依京义从郑。马作臧，荀作宗，虞作戠，盖撍正字，簪借字，臧宗戠，又撍簪之声转。冠簪之训始于侯果。虽附会卦象而非古义。"箕子"，孟喜训为"荄滋"，盖"箕"古文作"其"，古音"其""亥"二声同部，"子"训"孳"又训“滋”。《说文》“亥”下云:“荄也。十月微阳起,接盛阴。”“子”下云:“十一月阳气动,万物滋。”是即其子二字之义,时惟赵宾述其说,而施雠、马融辈非之,过矣。《书》“南譌”,《史记》作“南譌”,《索隐》云:本作为,小司马云:为依字读。《汉书·王莽传》作“南伪”,南为,与东作对文,是正字,伪、譌借字。譌则讹之俗字也。“嵎夷”释又云:《尚书考灵耀》及《史记》作“禺銕”。今本《史记·尧本纪》作“郁夷”,《夏本纪》“嵎夷”既略,《索隐》云:今文《尚书》及《帝命验》并作“禺铁”,“夷”为“銕”之省,“铁”即“銕”字。“昧谷”,《史记·集解》引徐广云:“昧”一作“栁”,《书》疏引夏侯等书亦作“栁”。《大传》作“栁谷”,郑注:栁,聚也。《吴志·虞翻传》注引《翻别传》言,郑康成解《尚书》以“栁”为“昧”之失。按今《周礼》郑注引《书》乃作“栁谷”,盖郑本古文家,而所注之《大传》则今文也。疑其注书用古文,而《周礼》注引书用今文,故两相歧异在。“冶忽”,《史记》作“来始滑”,盖古文。《索隐》云:今文作“采政忽”,《汉书》作“七始咏”,亦今文也。《说文》“曶”,籀文作“囫”,一曰:佩也。郑氏“珽笏”之训,亦据古文解之,义稍迂曲。《诗》“有纪有堂”,《白帖》引作“有杞有棠”。唐时齐鲁诗亡,所引盖韩诗。“杞”“棠”皆木名,与上章“条”“梅”类,是正字,“纪”“堂”借字。《左传》桓公二年“杞侯”,《公》《穀》并作“纪侯”,定公四年“堂溪氏”,《风俗通》作“棠溪”,其证也。“兴雨祁祁”,《颜氏家训》以“云”为传写之误,引班固《灵台诗》“祁祁甘雨”为证。案此外《盐铁论·水旱篇》《后汉书·左雄传》亦皆作“兴雨”。然《韩诗外传》《吕览·务本篇》《汉书·食货志》《汉无极山碑》并作“兴云”,亦非孤证,疑经师传授异文,未可偏废也。“鬷假”,《毛传》鬷,総;假,大也。《中庸》引作“奏假”。《左传》引作“鬷嘏”。鬷、奏、假、暇，声转义通。《春秋》三传，人名、地名之异者尤多，如《左氏》作“浮来”，《公羊》作“包来”；《左氏》作“偪阳”，《穀梁》作“傅阳”；《左氏》作“椒”，《穀梁》作“萩”；《左氏》《穀梁》作“士鲂”，《公羊》作“士彭”，皆以声近通用。《汉书》“浮邱伯”，《盐铁论》作“包邱子”。《史记·仓公传》“客脬”，《正义》曰“脬”，亦作“胞”。“偪阳”，《汉书·古今人表》作“福阳”，《地理志》及《续汉志》皆作“傅阳”。《史记·伍子胥传》“夫湫”注云：“湫”今传作“椒”，《古今人表》有“楚湫举”。师古曰：“即椒举”。《汉书》“阿房”，师古曰：“房一作旁”。《诗》“祝祭于祊”，《说文》引作“于鬃”，皆其佐证。《周礼》“贽”或作“挚”，《仪礼》“扑”皆作“朴”。“挚”“朴”正字，“贽”“扑”俗字。驳“挚”字，自宋张忠甫《仪礼识误》始；收“扑”字，自唐唐元度《九经字样》始，则此二字疑即元度、忠甫所改也。《礼记》“橧巢”，《大戴礼记》作“曾巢”，《淮南子·原道训》作“榛巢”。案“榛”即“橧”字。郑注云“暑则橐薪尻其上”。王肃云：“有柴为橧，在树为巢。”高诱曰：“藂木曰榛”。“榛”“橧”声近。故溱洧之“溱”，《说文》作“潧”，“曾”则“橧”之省字也。圣朝经学昌明，一洗前代穿凿附会之习，岂不盛哉！

第二问

史家义例出于《春秋》，《春秋》之学有二：《左氏》主事，《公》《穀》主理。然理寓于事，事具理见，故《左氏》时参褒贬，而《公》《穀》间载事实。汉司马迁作《史记》，意在嗣响麟编，始自黄帝，讫于太初。以臣子述本朝之事，不敢废直道之公，往往微文以见意。《十表》旁行邪上，并放周谱。其序义密辞约，大旨主远法三代，近斥暴秦，读者猝难得其条贯。《十二诸侯》《六国》《秦楚之际》《惠景间侯者表》序,称“太史公读”;《三代》及《高祖功臣表》序,称“余读”,或谓太史公称其父谈,余乃自称。案:自序篇,太史公凡十数见,或称其父,或以自称;表序则皆系自称。盖表言“太史公读”者,皆在篇首,而下系以论说,皆自称;“余言”“余读”者皆在篇中,而篇首皆有“太史公曰”之文,是“余读”即“太史公读”。或先叙所读而后论,或先论而后叙,所读文法顺逆异耳。强生区别,斯不审矣。《礼书》首揭先王制礼、三代损益之故者,盖以汉高既得天下,不能兴复古礼,徒使叔孙通杂采秦法以定朝仪,而孝武有志于崇礼官、考文章,又不能斟酌尽善,当时经术之士,亦不敢陈大义以拂君心,为可惜也。《乐书》序则又以孝武之好大喜功,述虞代君臣相敕及成王之恐惧善守,以为讽也。《天官书》杂举征应,《封禅书》历引古事,又引管仲及孔子语,皆为孝武之好神仙、信方士,不修政事,不恤民隐,而发义尤深隐。《孟子荀卿传》以驺衍诸人之贵显,见孟子之守道而穷困,荀卿亦不能行其志,故错出其间,似无伦次;荀卿学术稍驳,而出处自正。史迁以荀卿与孟子同传,而中又专以孟子之困于齐梁,与孔子之菜色陈蔡并称,不加论断,分际悉见,千古莫易,洵特识也。《老子传》既著其乡里名字,又著其子孙封爵,明世俗荒怪奇幻之说不足信也。《儒林传》序曰:“余读功令,至于广厉学官之路,未尝不废书而叹。”慨所用或未必真儒术,如曲学阿世者反为三公,正谊明道者转见疏远。不独鲁申公、齐辕固持正论而不能见从也。《萧相国世家》仅举收图籍、举韩信、抚关中、荐曹参四事。而《淮阴侯传》历著其兵谋者,纪实之体宜然,并非故为详略。观其论萧何,则谓录录无奇节,及汉兴依末光而声施,遂与闳散等争烈。论韩信,则谓假令学道谦让,不伐不矜,于汉家动可以比周、召、太公,其未尝轩萧轾韩,意亦可知,辞各有当,宜柳宗元谓之洁也。班固《汉书》损益体例，欧阳修《五代史》摹拟文章，而后世皆奉为良史，规模可谓宏远矣。圣朝史部大备，多士尚论有志，诚足以资法戒而广参稽也已。

第三问

三代而下，兵民之必不能合一，势为之也。今日之患，不在兵民之不能合，而在兵民之似分而实不分。游惰坐食者，非民亦非兵；兼治它业者，为兵亦为民。一旦有事，则额兵必不可用，而用募卒主兵必不可用，而用客军无它。粮饷之厚薄殊，而心力之专分异也。是故兵不在多，饷不可少，治兵、治饷二者当兼权相济，而后能自强。汉制：民二十傅于籍，岁肄兵法，公卿子弟皆执戟以备宿卫，其时有践更之卒，而无营田之兵。唐初府兵，力耕积谷足以自赡，后变为彍骑，又变为藩镇，而唐遂以不振。论者率谓府兵法最善，不知常而节用，府兵固善，若变而御敌，则彍骑胜矣。府兵之变为彍骑，事势使然。彍骑之变为藩镇，则由于制外无术，练兵乏人，未可专为彍骑咎也。宋太祖收天下劲兵于京师，笼山泽之利以入县官，养兵之费实自此始。兵籍之数，自开宝时三十七万八千，至庆历时递加至一百二十五万九千。《通考》引两朝国史志称："廪给之制，总内外禁、厢诸军且百万"，恐尚非指极多时言之也。若征戍郡县，三岁一迁，来往不绝，月廪岁给之外又日供其刍粮，虽数百为群，而要其归，无以异于数十万之兵，三岁而一出征，景祐中西边用师，帑庾不能给，程琳始创拣汰之议，而庞籍继之。一时名臣，如韩琦、范镇、欧阳修、苏轼各自论奏，惟韩琦所云"量可赡之数，立为定额"，苏轼所云"训郡县之士兵限入籍，除籍之年数"最为妥善。神宗患兵冗，有意销并，而吕公弼、司马光以为不便者，惧无良法，而操之太蹙，非祸国即病民也。王安石欲减兵以节财用，于是赞行保甲，始自京师，推及诸路。至大观、政和中，保甲之数六七十万。南渡财用，专供四屯驻兵。叶适尝极论之，略谓："庆历谋国日误，恃兵为国之说大炽，弱天下以奉兵。王安石阴欲以保甲代正兵，正兵不可代，而势愈弱。二法皆弊，名实具亡。"言之可谓笃切。夫为国何尝不恃兵，不求兵之可用而必求其多，此真误之甚者也。元时兵籍，虽枢密近臣不能周知。贞祐五年，石抹斡言："京南东西三路，屯军四十万口，岁费粮百四十万石。"见《金史》，是其梗概。明禁兵之饷最巨，初立三大营，复变十二团营，又变为两官厅。各镇兵饷，以一军之田赡一军，曰屯粮。屯粮不足，加以民运粮麦、米、豆、布、钞等，曰民运。商人入粟开中，其后折银入运司，曰盐引。又有京运。有主兵年例，有客兵年例，主兵不足，增以客兵。至神宗时加赋重征，海内耗竭，势所必至，无足深怪者也。综览前代之制，参酌异同，审厥得失。欲储将才，莫如用汉宿卫之法，使公卿子弟习兵，而分不论其疏戚；欲裕兵力，莫如师唐彍骑之意，使犷悍亡命归伍，而权悉统于朝廷；欲饷足而兵精，莫如用宋韩琦、苏轼之议，而审地势以省并闲散之营，宽期限以裁减浮冗之兵；而饷需所出，则畿内专资漕运，东南兼藉盐引，西北广兴屯粮，即可视明制损益行之。虽然，兵制莫善于汉、唐，而其后未尝不衰也；莫不善于宋，而其初未尝不盛也。是又何故哉？天下无有兵而不足给之饷，无人治饷，虽兵少而饷亦未见有馀；天下无有饷而不可练之兵；无人治兵，虽饷多而兵亦未必足恃。然则其大要亦在乎得人而已矣。圣朝兵制精详，筹饷尤豫，近奉特旨，敕中外大臣荐举人才，行见群彦响臻，折冲万里矣。

第四问

天下事有人人知之而不言，言亦不行，而利害关系大局，远及百年，今日西北水利之政是也。水之流盛于东南，而原皆出西北，故古称“饶衍之地”多在西北，未尝仰给东南。直隶，古之冀州，负山滨海，沃野千里。东汉渔阳太守张堪，于狐奴开稻田八千馀顷，见《后汉书》。魏征北将军刘靖道高梁河，造戾陵遏，开车箱渠，灌田二千顷，见《水经注》。厥后谒者樊晨更制水门，水流乘车箱渠，自蓟西北经昌平，东尽渔阳，灌田万有馀顷。后魏裴延俊为幽州刺史，修督亢渠、戾陵堰，灌田百馀万亩。自隋及唐，代有兴作，民赖其利。至宋何承矩为制置屯田使，于顺安砦西开易州蒲口，筑堤蓄水，于是自顺安以东濒海东西三百馀里，南北五七十里，悉为稻田，成绩尤为卓著。元时托克托言：召募南人耕种，岁可收百万馀石；郭守敬陈《水利六事》；虞集言：“京东濒海数千里，宜用浙人筑堤捍水之法。”明徐贞明上《水利议》，又著《潞水客谈》一书。汪应蛟上《海滨屯田疏》，其言皆深切著明。而贞明之为垦田使也，先诣永平，募南人为倡，八阅月垦田三万九千馀亩。明来复《保安卫水田记》谓：胡思伸用应蛟之言，疏论保安西二渠，开田十万馀亩，粳稻兼利，比于江南，实惠及民，尤其显证。此皆直隶水利之可考者也。至于河南、山西等省，河渠沟洫具有遗迹。西门豹之治河内，凿十二渠；召信臣之守南阳，筑钳庐陂，尚已。他如史起引漳灌魏；陈蔡之间，有邓艾、枣祗等屯田，遏颍水，所作诸陂；蒲晋之间，有隋都水姚暹、唐都督薛万彻所作二渠，亦皆晋豫水利之最著者也。《唐志》所纪龙门之瓜谷堰、临汾之高梁堰、曲沃之新绛渠、闻喜之沙渠，皆引水灌田，苟能修复变通，宜无不利。欧阳修修《唐书》时一一载之。用意可谓深远矣。夫西北水利之兴，旱有所潴，潦有所泄。河道治，民食饶，佐边外之饷需，纾东南之民力，其它利益不可殚述。否则其害无穷。顾人皆坐视不为之计者，殆有所不便故也。不知以情势而论，有不便者，亦有至便者。地多泥沙，难浚易淤，人怀安逸，难动易静，田园坟墓，难于改移，国用无馀，民财亦匮，此其不便者也。形势可乘，旧迹可复，算学盛兴，测量易准，器械精利，疏凿易施，甫经荒旱，人思变计，赈饥之费，便可兴工，既惠贫乏，又招流亡，此其至便者也。乃其要领固不在此。水行地中，古今一也。张堪、刘靖诸人之所营造，成效彰彰，未逾百年，大率淤废，若夫锐志兴利，卒无成功而徒以劳民伤财者，亦复往往有之，是水利同而人不同也。便不便，其终决于斯乎？圣朝畿辅营田，屡经修举，近年晋豫告饥，特恩赈恤，凡膺司牧之任者，宜如何竭匡济之谋，以登斯民于衽席也。

第五问

中国东滨海，北西南三面皆与外夷接壤，惟北徼风气最强，历代交涉之事最多，故纪录风土之书积久而渐备。汉匈奴为百蛮大国，北境直抵北海。宣帝时，五单于争立，呼韩邪单于南移近塞，遣子入侍，郅支单于亦遣子入侍。其在漠北者为北单于，后为汉败，渐北徙。东汉和帝永元中，大将军窦宪击破北匈奴，单于逃走。鲜卑转徙据其地，自是乌桓、鲜卑屡为边患。《汉书·西域传》：康居王冬治乐越匿地，至王夏所居蕃内，九千一百四里，西北有奄蔡，地可二千里。裴松之《三国志注》引《魏略》云：奄蔡，一名阿兰，故属康居，今不属也。自汉初至三国四百馀年，匈奴最始强；东汉中叶，匈奴微而乌桓、鲜卑强，其西康居，自西汉宣、元时渐强。至三国，而康居西北之奄蔡又强，然虽数犯边，亦时时羁属中国。元魏世祖时，董琬等使西域还，具言所见，分其地为四域，自葱岭以东，流沙以西，为一域；葱岭以西，海曲以东，为一域；者舌以南，月氏以北，为一域；两海之间，水泽以南，为一域；以今舆地核之，一皆吻合。

故魏收书所纪边外山川形势，自班书外最称翔实。嗣后突厥最盛，并吞诸小国，自辽海至西海，东西万馀里，自漠北至北海，南北五六千里。隋时分东西两部，迄于唐初太宗命李世勣、李靖灭之。而回纥继居其地，遂服属于唐。于时唐置单于都护，领狼山、云中、桑干三都督，苏农等一十四州；瀚海都护领金微、新黎等七都督，仙萼、贺兰等八州，各以其首领为都督刺史。如骨利干、都播、仆骨、同罗、拔野古、多滥葛、斛薛、阿跋、大漠、白霫、鞠国诸地皆属焉。西突厥故地，别置北庭、安西二都护。贺鲁既平，又置濛池、昆陵二都护属安西，其治所之移徙，所隶府、州、县、军之增改，具详《旧唐书·地理志》。中叶以后，回鹘盛于北，而单于瀚海沦焉。吐蕃盛于西，而安西、北庭陷焉。唐室又通黠戛斯以制回鹘，交大食以制吐蕃。辽、金二史，于外国皆仅纪高丽、西夏。其它国名号、事迹，《辽史》仅附见于属国部族表中。然《兵卫志》载属国军，《地理志》载边防城，大略犹可考见。《金史》则皆缺不著，无从钩核。元太祖已降，累世经营，拓地日广，北则漠北谦州、益兰州，隶于岭北行省；其西为诸王海都封建之地；又其西则太祖太子术赤封建之地，东阻大山，西极海滨；北自金钦察故地；南自金阿速故地，皆在封内。斯又汉、唐盛时所未有也。近进言舆地者，每谓自古中土人士，囿于见闻，不识天下之大。不知中外风气之通，实自中国始。汉张骞、甘英，元魏董琬，晋释法显，唐释辩机，元邱处机、刘郁等，躬历绝徼数万里外，凡所传述纪载，虽名称歧异，不无舛讹，参互钩稽，往往符合。若乃强弱屈伸之势，举西北最远之地约略言之，其外夷自相兼并役属者不具论。汉成帝时，康居遣子入侍贡献，和帝时破灭北匈奴，桓帝时大秦王安敦遣使自日南献象牙、犀角、玳瑁。唐贞观已后，天宝已前，羁縻郡县北自漠北至北海，西尽波斯，西北诸国震惧贡献。元则胥北徼之地而设郡县藩封，大率以南制北，以东制西，岂惟气运使然欤？亦中国声教威灵实足以畏服之也。圣朝版图式廓，德化遐畅，长驾远驭之规，知必有轶汉、唐而上之者矣！

光绪癸未散馆

1883 年 5 月 24 日

六事廉为本赋以“先圣之贵廉也如此”为韵

考《周官》之六属，稽《小宰》之一篇。察吏之权斯寄，官人之法以传。操必贞诸介石，志必懔乎深渊。襄考课于《天官》，职司月要；媲垂箴于卿士，训著风愆。九德同宣，治法溯虞廷而上；四维是赖，精神开《管子》之先。

繄昔周室开基，元公辅政。严表正于庶僚，慎持平于八柄。广百尔靖共之义，就我范围；统三年大比之条，著为律令。窃意材堪节取，合群力为一心；何须宝在不贪，律中人以上圣。

乃观其弊，吏之六事也。善心不倦，能事攸宜。敬则常存乎夔慄，正则不忒乎鸠仪，法则谨率循之意，辨则抒辑怿之辞。彤廷之分秩虽宽，才为我用；白屋之盟心有在，清畏人知。故循乎事以观乎人，万不齐也；而操其本可该其末，一以贯之。

其以廉为本也，志合规绳，胸分经纬，一介无欺，四知是畏。自澄冰雪之怀，讵识金银之气。狐裘示俭，平仲之节堪师；象齿焚身，子产之言可味。却鱼飧以表素，何妨不食而悬；颁鹤俸以疗贫，岂曰以多为贵。

是其洁清自矢，闲检时严，朗如玉立，净绝尘纤。不刿独完其圭角,同方雅切其针砭。维德之隅,抑抑恍承乎侯度;有道如砥,硁硁肯避乎人嫌。须知有不为后有为,为宜兼守;岂第可以取可无取,取必伤廉。

尔乃请谢悬貆,政除害马。善者自溥休和,能者无忧满假。敬者矢冰霜励志之常,正者畅风月谈心之雅。执法者鄙两环之赂韩宣,能辨者陋千金之遗陆贾。信多多而益善,覆俅奚虞;纵一一而使吹,滥竽盖寡。策名无贰,当思廉以立之;絜矩有方,始信德者本也。

所由风清僚寀,化洽田间。望阙而丹真贯日,登堂而白可生虚。先圣创制于其始,后世守法于其馀。遣使臣以访廉贪,宋重察官之典;诏郡守以举廉孝,汉登荐士之书。盖址厚则巅必高,节与山而可并;源清则流必洁,心似水而堪如也。

圣朝政肃棘槐,材培杞梓。美民俗于豆觞,懔官箴于簠簋。循内本外末之言,饬大法小廉之纪。玉壶一片,羞为鸡鹜之争;金鉴千秋,默会雎麟之旨。经纶事物,知器识之宜先;砥厉廉隅,其规为有如此。

赋得清风玉树鸣得鸣字五言八韵①

玉立亭亭树,清音戛佩琼。风华饶可喜,天意假之鸣。瑶蕊扶疏映,珠尘咳唾生。鸾璈真绝调,风律此先声。月照交柯漾,烟凝爽籁轻。凉飕摇翠篚,俗响洗金筝。葭座低徊景,兰阶倡和情。郝经留妙句,佳气郁蓬瀛。

---

① 题出于元代郝经《原古上元学士》句:“黄山与黄华,双凤高蹭蹬。清风玉树鸣,千古一辉映。”

卷六　信札

致丁立钧书一通[①]

1891 年

弼宸[②]志盖奉上，内“翰”字、“陈”字皆写坏，已令松竹别画一纸，今晚必可再写送呈，谅可稍待入石也。肃上

叔衡三兄同年大人阁下

弟箕顿首

① 录自高金宝编《中国近代名贤书札》（文物出版社，2006 年）。该件原作为张謇致丁立钧函第二页，经与馆藏黄绍箕亲笔书札的落款校对，认定是黄绍箕。

② 弼宸指陈与冏，字弼宸，号絸斋。据《郑孝胥日记》“光绪十七年十月廿六日”条下：“得苇杭十九来信，信云：‘弼臣于上月底卒于京寓。’”又“光绪二十四年三月初六日”条下“叔衡言，忍盦、絸斋皆以四十五岁卒……”可知陈与冏于光绪十七年（1891）年九月底去世，终年四十五。亦推断此札作于光绪十七年（1891），黄绍箕为陈与冏写墓志盖。

致王小朴书一通[1]

1898 年

小朴仁兄姻世大人阁下：

献岁发春，敬维兴居纳福，上侍绥和为颂！会事[2]甫在发端，而股金未收，应种何物，共若干种，尚未有定议。春作在即，此数日内最为吃紧之时。今日午后请兄至卓公祠，与同事诸君面酌，务须从速拟出实在办法，以后大会时再加详定，便可开手。此事必须兄主持，振作诸同事，方能齐心协力，仰仗甚殷，故敦促甚切。迟数日后诸君或有它务，不能如现在之宽闲，局务稍涣散，则邑中闲话必多。此向来积习，执事所素知也。极知尊况颇忙，但譬如有人求医，亦不能不往应之。此举为医地方之大病而立，现时正当极紧要关键，须立刻处方配药，将来有起色，则功德无量，皆兄之赐也。勿以戏言视之万幸，少迟即走贺，肃请

喜安

弟绍箕顿首

---

① 录自《瓯海集内编》，据真迹。

② 指组织瑞安务农支会事。光绪二十三年十二月，黄绍箕与同里同事组织，订立章程，禀官立案，并于次年二月正式成立。此信应作于光绪二十四年正月。王小朴疑即王恩植，字雪璞。

致王懿荣书三通

一[①]

示悉，绍箕日内亦有欲病之势，饮食小心，幸而免耳。深居简出，时有客来，无客时便与蔼、可[②]二兄闲谈，不谈时则随手翻阅书籍，不觉烦闷，却只觉散漫，心中不甚妥帖。可公处当为转致。

毛、朱象[③]题字尚未就，稍迟即当亲自送交。复请

开安

侄绍箕顿首

二

〔毛、〕朱像轴奉缴，轴两头各脱落一块，遍觅不得，不审是原来如此否耶？元集一册附呈。翰林斋中绍箕曾留一书单，属其代觅。长者日

① 一、二两通录自“琉璃厂在线网”http://shop.freehead.com/forum.php? mod=viewthread&page=1&tid=51601

② 蔼指张华奎（？—1896），字蔼卿，安徽合肥人，张树声子。光绪八年（1882）举人，十五年进士，官至四川川东兵备道，卒于任。 可指王仁堪，字可庄。

③ 毛、朱象指毛奇龄、朱彝尊的画像。

内如游厂肆，便中望一趣之。肃上，敬请
廉生姻丈大人开安

侄绍箕顿首

三[①]

顷在意园，请来共谭，翘盼之至，勿却勿延，至幸！
廉生仁丈

侄绍箕顿首

① 录自国家图书馆藏吴大澂《六家书札》。

答日本帝国教育会长书一通[1]

1906 年

自抵东京，两参嘉会，获亲教益，盛佩无涯。昨由铃木交到惠书，并承贵会以《颂状》及《奖牌》见赐。

伏念绍箕本疏旧学，尤乏新知，自维幼学以还，识同窥井，爰迄东游之日，量绌饮河，问途既迫于官程，望洋徒惊于海若，非独于贵国文明之进步未究高深，即揆之鄙人求益之私衷尚多歉缺，乃荷曲加奖借，远畀荣名，惊幸之馀，弥增惭愧。惟有勉殚愚虑，仰答厚期，广收异己之长，无累知人之鉴。述古先圣贤之粹义，参贵邦教育之精言。挹东海之波，润兹禹域；分扶桑之耀，照我神州。庶彰表树之风声，稍副公评之月旦。肃修芜启，聊表谢忱，敬维道履健康，不尽百一，并问贵会诸大教育家起居安善。

---

① 录自《瓯海集内编》。孙延钊《瑞安五黄先生系年合谱》亦有收录。

致刘聘之书三通

一[1]

聘之仁兄大人阁下：

前奉借《一统志》三本，兹缴上，乞察入。陈善馀先生所著《兵法史略学》《吴越战史》在内及《中国历史》，敬求检赐一二分，至为感幸。肃上，即请

台安

弟绍箕顿首，廿五日

二

兹将黄挺之来单呈，乞察览，并求转交书库照检，发交来人携下。感甚。肃上

聘之仁兄大人阁下

弟箕顿首，廿五日

---

① 一、二两通录自冯天琪、冯天瑜编《近代名人墨迹·冯永轩藏品》（湖北教育出版社，2001 年）。

三[1]

顷据北路高等小学堂学监面陈，今日丁班学生罢考情形，实为无理，可恨！本司在译学馆考试，原卷不足给卷者多矣，既系藉端生事，又敢挟众把持，闻皆系陈宝邦、程鸿基、余良璧、李学曾所为。又闻丙班学生亦为丁班所牵，随同罢考，其首先倡言者为池泽宇、田冠儒，以上六人应即开除以肃学规。总之学风至非切实整顿，万无转机，务请大力反复告谕，今众小学生言下悔悟，除开除外馀姑从宽，一概不问。若执迷不悟[2]，本司决不能坐视学风之败坏，忍心害理，以贼夫人之子虽闹至全班罢学亦所不恤。请将此言转谕诸生，无论外人以为保护学生或以为压制学生，均所不愿也。

---

① 录自《瓯海集内编》，据手稿本。

② 抄本作“误”，径改。

致孙锵鸣书一通[①]

1879 年 11 月 16 日

太世叔夫子大人函丈：

自违架诲，时切驰依，笺候久疏，莫名歉仄。□□道履绥泰，教泽宏博，以欣以颂！金陵故人文渊薮，得大匠提倡其间，想见群彦倾风，响臻景附，恨不得负笈钟麓[②]，一争声价于龙门也。前闻钧驾欲返里门[③]，未审果否？世叔辈芝玉竞爽，比来学业想益精进无量，羡企奚似！

绍箕学浅才庸，近颇思窥涉经籍，而去秋今夏，叠遘末疾，神心阻废，素业放纷。秋仲观场[④]，遽尔侥幸，覆试又忝居首，蒙诸巨公奖饰逾恒，实出望外。自念此时之寸进，皆由昔日之甄陶，饮水思源，铭泐曷既。嗣后惟勉加淬厉，稍扩茅塞，必不敢妄自荒弃，有负厚期也。肃此，谨请

钧安

受业世再侄黄绍箕谨禀，十月初三

---

① 录自陈烈主编《小莽苍苍斋藏清代学者书札》（人民文学出版社，2013 年）。

② 据胡珠生编《孙锵鸣年谱》：光绪四年，孙锵鸣应两江总督沈葆桢之请，主钟山书院，兼长金陵惜阴书院。

③ 据胡珠生编《孙锵鸣年谱》：光绪五年三月，孙锵鸣离金陵回乡。

④ 观场即指乡试，黄绍箕参加光绪五年顺天府乡试，获第十九名举人。故此札作于光绪五年。

致孙诒让书二通[①]

一

上阙云“焚舟失火”，御览引作“自焚其室”。窃疑本当作“焚舟室”，《越绝外传》云：“舟室者，句践船宫也”，盖即教训舟师之地，故下篇云：“伏水火而死，有不可胜数也。”言或赴火，或蹈水，死者甚众也。后人不喻舟室之义，故御览引删“舟”字，校本书者又删“室”字，遂致歧互矣。妄说未知是否，伏祈教正，肃请

仲颂世叔大人礼安

侄绍箕顿首

杨绍廉案：舟室之说，孙氏已采入《墨子间诂》，见兼爱中第十五。

二

上阙“大取篇”[②]：“爱二世有厚薄，而爱二世相若，其类在蛇文。”案“二世”即上世是也。蛇为它之或体字，《说文》“它，虫也。从虫而长象冤曲垂尾形。上古草居患它，故相问无它乎？”相问无

① 录自《瓯海集内编》，据瑞安叶氏藏真迹。

② 《墨子间诂》卷十一 大取篇第四十四。

它，即相爱之意，言兼爱之情，疑于上世有厚薄而实相若。蛇字之文见古人相存问之意，与今人不相远也。语似穿凿，未知足备一说否？伏祈

教正

侄绍箕顿首

埃及石刻□印册请述作之暇赐题，不必汲汲，侄此行亦拟不携去也。

致孙诒泽书一通

1886 年

仲凯世叔大人阁下：

前走谒，未获登堂奉教，至怅！

许奉新丈寿幛、寿联[①]谨呈上，乞察入。何子逊兄托寄信一函、板鸭十只，因途中行李太多，奴辈失于照管，止馀六只，兹并送上，悚歉无似！

又张大令坚信一函，系汴梁携来。以上各件，统求转呈堂上。

迁居[②]匆匆，不及趋前。肃颂

侍奉年禧

侄黄绍箕顿首

① 指许振祎贺孙锵鸣七十大寿的寿幛、寿联。

② 指光绪十二年九月，全家迁居下斜街事。

致陈虬书一通

1878年6月6日

〔志三〕仁兄大人阁下：

日前晤叙，渥领教言，顿消鄙吝。弟在郡于廿七日上船，卅日抵沪，委托之事不敢弭忘。惟弟在沪熟识中止有三处：一系大东门外龙德桥成茂笋干行，宁人王调梅世丈所开；一系洪口外大桥祥生懋铁行，宁人戴绥之兄所开，此两处事繁人杂，察看情形似不能为枝栖之借；一系三茅家桥孙春祥茶栈、裕大坐号、蔡仁膏信记坐号，黄声如均在此，惟陈画老亦在此，未免有逼处之嫌。若勉强暂寓，则此犹善于彼，但每日恐仍不能无僦费，较客栈略便宜耳！三处弟均已写一大名条子面交，恳为随处说项。兄到沪后，须再亲自关会为妙。

弟动身以前为应酬所困，重以舟中颠簸不食，形神俱敝，有至好力劝在此就医，每日至朱滋仁①寓，其门如市，近服药数剂略愈，不知是否药力？

弟参考见闻，如吾兄为行医计，有数要义必须降就：医寓不可

① 朱滋仁（1837—1894），名增富，又字子润，号承顺，又号培德，浙江绍兴人。一代名医。早年弃文习医，避寇沪渎，就医者门日如市，在沪行医三十年。后“以母老归里，移居绍兴城南，就诊者如沪渎”。

无排场,却又不可有脾气;医法不可无别才,却又不可不时样;医效不可无明验,却又不可为急图。此皆在高明洞鉴之中,但恐或限于情,或牵于势,未必肯与之委蛇耳。手此,顺请

侍安,诸惟爰照不宣

弟黄绍箕顿首,五月初六日

令昆仲均此道候。

致陈庆年书一通[①]

1905 年 1 月

鄂渚过从，获亲绪论，倾佩实深。夏间吴中匆匆一别后，不克再接音徽，使我饥渴。比惟上侍曼福，著述日新，无任企仰！

弟承乏编摩，惧难胜任。赖沅帆[②]近以总纂兼提调，深资臂助，粗拟条章，辄呈是正。

陶帅移湘[③]，吴人失望。执事所希望之前途，欲以俾助学界者，恐亦不能无迂回前却之虑，深为系念。堂上近想安健如恒，电带计已服用，颇有效否？屡与沅帆谈及，思得一通儒为我主持一切，而念家园之乐，殆不可违。前由沅帆及衮甫奉笺道意，计已邀览，倘蒙不遗在远，为我他山，其为愿幸，岂有涯际。笔札之资，谨略以同

---

① 陈庆年（1862—1929），字善馀，自号石城乡人，后改横山乡人，江苏丹徒人。肄业于江阴南菁书院。光绪十四年（1888）优贡生，选授江浦县教谕。二十九年由端方保荐，任内阁中书。后随即辅佐张之洞，管理两湖学务。创办江南图书馆。著《横山草堂集》《横山乡人类稿》等。

② 沅帆指邹代钧（1854—1908），又字甄伯。曾随太常寺卿刘瑞芬出使英俄。归国后，被荐为会典馆纂修，兼任湖北全省地图测绘事宜。光绪二十二年，创办舆地学会。后任编书局总纂兼学务处提调官、《钦定书经图说》纂修兼校对官、补用直隶州知州、两湖书院地理教席、京师大学堂地理总教习。三十四年，编绘《江苏全省舆图》。

③ 指端方于光绪三十年十二月初一日（1905 年 1 月 6 日）由署理两江总督任调任湖南巡抚。端方字陶斋。

局诸公为比例，聊为晨羞夕膳之助，非敢云报也。

通州王君兆芳[①]，为黄元同[②]先生弟子，闻其著有《教育原典》，专述周以前教育事，原名《帝王学校考》。电约北来，时已病剧，口授“闻命即来”四字，未及发而逝。昨其书已寄来。礼学多用师说，甚精熟，条理完密，深足为拙撰《教育史》之助，拟刊行以昌我国粹，振起学风。此君与日本著《孔子研究》之蟹江义丸皆年未四十，遂尔奄忽，岂天之明融中学，尚非其时耶！累日于悒，不可为怀，辄以附陈，想吾兄闻之，同此感叹也。

南中有笃学之士，弟愿引以自助，此为助查编《教育史》计，局书又是一事，暂时不便兼办。便中望留意。草草，不尽欲言。

---

① 王兆芳(1867—1904)，字漱馥，一字漱六，号瘦栽，门人号之为参中子，江苏南通人。早年入南菁书院学习。曾任云南大姚县教谕。光绪十五年(1889)举人。著有《公羊异礼疏证》《教育原典》六卷、《霞山精舍文献记》等。

② 黄元同指黄以周(1828—1899)，号儆季、哉生，定海人。同治九年(1870)举人，历任遂昌、海盐县训导，处州府学教授。光绪十四年赐内阁中书，后升教授。黄体芳创建南菁书院，聘为讲席。著《礼书通故》《儆季杂著》等。

致汪康年书十八通①

一

1894年秋

穰卿仁兄世大人阁下：

昨走谢，值从者他出，甚怅！

兹有恳者，舍弟《江南乡试录后叙》②，敬求大笔代作一篇，弟戊子年曾为可庄前辈代作一篇，今夏舍弟临行时弟又允为代作。近来心绪极乱，前日略构思，拟说本朝士大夫之学问、词章，一切风气，大概皆江南人主之，上而至于圣学圣治，无代无江南人密赞，故江南科举尤为重要云云。但未及下笔而辄为他事所援。现在敬请捉刀，不拘如何说法，以速为妙，务求于三日内赐下大约须于榜前寄到，至感至感！

附上舍弟去年《湖南乡试录》③一册，聊见官样如此，不必如此

① 录自《汪康年师友书札》（上海古籍出版社，1986年）。顺序据时间先后排，时间不详放后面。

② 指黄绍第于光绪二十年（1894）充江南乡试副考官。故此书作于是年秋。

③ 指光绪十九年，黄绍第充湖南乡试正考官。

录后叙之长也。迫促能事，殊抱不安，务求勿却勿延，万幸万幸！

肃请

著安

弟绍箕顿首

二

1896年6月24日

穰卿仁兄世大人阁下：

屡奉惠书，敬悉一切。久阙不报，歉悚实深。比维起居佳胜！

报馆即日开办，章程便中求赐示为幸。经费除电局一款外，共集若干，闻公度[①]肯相助为理，当可不至竭蹶。沪上位置一节，南皮师前，节盦说三次，弟说两次，据云已离南洋，实不愿与上海道通信，无可设法，若到鄂当谋一安顿处，节盦信中已具达矣。惠教归心耶苏之患，此正鄙人所私忧窃虑者，世变之大，殆不可思议，奈何奈何！闻电旨促林甫早归，不审何故？南皮师议设武备[②]、储材两学堂，尚未开手，大约经费亦尚未筹足。念劬在沙市与倭人未开

---

① 公度指黄遵宪(1848—1905)字公度，别署人境庐主人、东海公、观日道人等，广东嘉应州(今梅县)人。光绪二年(1876)举人，任驻日使馆参赞、驻新加坡总领事。参加上海强学会，创办《时务报》，参与创办南学会。主张变法图强，效法日本明治维新。著《人境庐诗草》等。

② 光绪二十二年七月初一日(1896年8月9日)，札委候补道王秉恩等筹办武备学堂。(《张之洞年谱长编》)十一月开学。

议,亦未归[①]。

弟湿疮迄未就痊,数日略见轻减。课卷压积甚多,猝不能了。《万国公报》[②]承代购,极感!匾、联裱价止六角,何如此便宜,是否有误脱字,便祈示及。弟寓八旗奉直馆,节盦新移寓长塘多公祠间壁,并附闻。公度、卓如两兄代乞致意,晤怡卿、木斋并道候为感。外附《札选》二部,一奉赠,一请转致木斋。肃请

大安,令弟均此奉候。

弟绍箕顿首,〔五月〕十四日

三

1896年7月

正拟遣人走领报启[③],明日发信与台州友人,托其劝人看报,而尊纪并报启适至,甚慰甚慰!经学会续议。前月底忽由素不相识之南汇

---

① 据姚锡光《江鄂日记》光绪二十二年五月十七日条:"钱念劬太守、王生雅生、杨生佑之已自汉口冒雨渡江来堂,盖自沙市乘'快利'商轮旋也。太守于四月中旬奉制府命,挈王、杨两生往沙市商划日本租界,去月馀,今旋。盖租界诸条约尚未与日领事开议。日领事以未奉伊国政府命,所商诸事既无从开议,且苏、杭租界诸约现亦未经定议,无从比例,而沙市上逼于宜昌,下束于汉口,风气未开,商务之兴亦非目前事,以是租界诸约开议尚须略缓。太守因奉督谕,姑且旋省。"故此信应作于五月十四日。该条日记也交待了"未开议"的原因。

② 原名《中国教会新报》,于同治十三年七月二十五日改名为《万国公报》,至光绪九年六月二十五日(1883年7月28日)停刊。光绪十五年正月初一(1889年1月31日)复刊,改为每月出版一册三十二页,至光绪三十三年停刊。

③ 指《时务报》的发行启事。《时务报》创办于光绪二十二年七月初一(1896年8月9日),旬刊,册报。馆址设上海福州路福建路口,每册三十二页,约三万字,连史纸石印。内容设"论说""谕折""京外近事""域外报译"等栏目,另附各地学规、章程等。光绪二十四年六月二十日(1898年8月7日)停刊,共六十九期。

闵君寄来一大包,见大名在上,甚诧异,及阅之,乃即学会旧稿也,可谓善于舞文矣。明后日从者如在自强学堂,望遣人来招,当往会谈。

穰兄阁下

弟箕顿首〔,六月〕

四

1896年7月23日

穰卿仁兄世大人阁下:

初闻兄尚须盘桓数日,比初九晨往探,则驺从已东发[①]矣,为之怅惘。

盖弟欲于此间兴学会,拟就兄商议而未及。现已拟一大略章程,大旨主于简约易行,暂且不多约人。此间闻官办译书,沪上有兄创之报馆[②],可以左右采获,筹款亦无须过巨,章程顷已交钱、姚、叶[③]三君审订,俟定稿时寄请兄与公度、卓如[④]两公裁夺。此事已奉

---

① 据姚锡光《江鄂日记》光绪二十二年六月初八日条载:"早起,入学堂。随往拜刘云抟太守、汪穰卿进士,皆送行。"得知汪康年于六月初八日离鄂赴沪。

② 指汪康年、黄遵宪、梁启超等于光绪二十二年(1896年8月9日)在上海创办的《时务报》。

③ 钱指钱恂(1853—1927),字念劬,浙江吴兴(今湖州)人。光绪十六年(1890)随薛福成出使英法意比。十九年出任湖北自强学堂首任提调、武备学堂提调。二十四年任湖北留日学生监督。三十三年出使荷兰大臣。次年出使意大利大臣。入民国,曾任北京政府参政院参政。著《天一阁见存书目》等。 姚指姚锡光(1857—1921),字石泉,号石荃,丹徒人。光绪十四年(1888)举人。历任内阁中书,安徽石埭、怀宁知县,莱州、直隶州知州。二十一年,入张之洞幕,二十三年后,历任天津练兵处军政使(转下页)

④ 卓如指梁启超(1873—1929),号任公,别署饮冰子、饮冰室主人,广东新会人。光绪十五年(1889)举人。曾主北京《万国公报》和上海《时务报》笔政。二十三年,任长沙时务学堂总教习,在湖南宣传变法思想。二十四年回京,积极参与"百日维新"。

旨准行,拟即仿京师之例,名曰书局。殿书兄[①]如尚在沪,并希酌阅。吾兄及黄、梁两公所知有心地朴诚、真能考求者,望示知,以便公请入局。或称时务书局,如在自强学堂或即名自强学堂官书局,俟再酌。

又有数事奉恳:两湖书院增试时务,而书籍太少,弟曾请南皮师多购,师应允,谓须分别要否购置?或多或少。请兄与卓如兄就格致书室书单祈多取数张寄赐上其最要者上加三圈,以资递减。沪局刻者上加一"△",他处官刻者望标明某处,此外新刻书不见于此单者,并祈添入。

敝同乡林君调梅[②],现为敝县算学馆主讲,颇嗜格致之学,曾依所见书仿造洋烛已成,但光焰稍短,未解其理。闻念劬兄言《洋务辑要》中工作类有造洋烛法,请饬胥抄赐,以便转致,至恳至恳!抄价若干,示知照奉。

弟眩晕之证,时止时发,西洋有磁石带束腰,能愈此病,极灵效,请饬人向亨大利洋行一问,如无之,可否托人转向外国寄购?

又,附书单一纸,敬乞代购,以上共价若干,示知即照送交尊寓,不至延误。前字画裱价因为数不多,且恐有误,故迟迟始奉上也。兄去年所刻学会章程,弟回家后多为友人携去,请寄赐数份。又既在此间设时务书局,则本地人必须邀请三人入局为合,弟到此

(转上页)副使、陆军部左丞、右侍郎,弼德院顾问大臣等。入民国,任蒙藏局副总裁,北口宣抚使等。著《东方兵事纪略》《东瀛学校举概》等。　　叶指叶瀚(1861—1936),字浩吾,余杭人。1895年,在上海与汪康年创办《蒙学报》。1902年,与蔡元培、章太炎等发起成立中国教育会。1905年,与蔡元培、杜亚泉等创办理科通学所。民国后,曾任北京大学历史系教授兼研究所国学门导师。著《清代地理学家传略》等。

① 殿书指邹凌瀚,江西高安人。《时务报》五位创办人(汪康年、黄遵宪、吴德潇、梁启超、邹凌瀚)之一。

② 林调梅(?—1906),字和叔,瑞安人。邑廪生。曾师事陈润之。曾任瑞安学计馆总教习,主持瑞安县地图的绘制。

未久,且多病,少见人,兄所知院生于此事有意思者何人,望示一二。弟报馆中捐款,仓猝未应手,容续寄上。刻拟请南皮定章,时务课有两次考列前三名者,即令入局。外附致刘襄孙[①]函,敬求加封转寄。肃请

怡安,同馆诸公均候。

弟绍箕顿首,六月十三日

再[②],以上奉托各件均可从缓,不必汲汲,惟格致书室书单分别加圈一节,书单务求多取几分见赐。敬求作速寄赐为幸。其不在单之各书并乞别纸开示,并注何处可购,价格若干。缘拟亟请南皮师置办,以备院生考览,辗转间已殊费时日也。卓如所拟题目,并求饬胥抄赐一纸,至恳。再上

穰公

弟箕顿首

五

1896 年

前日走候,值从者他出,甚怅!今日午后如在寓,拟趋诣,如不得暇,请便道过我一谈,至盼至幸。统祈示我。字画裱价并公报资附上。肃请

穰卿仁兄世大人台安

弟绍箕顿首

① 指刘燕翼,浙江杭州人。光绪二十一年(1895)进士,授编修,官至江苏松太仓道。

② 此段内容,《汪康年师友书札》误置于 1896 年 6 月 24 日信下,今据内容移至此。

六

1896年

前允开示鄂院高材生姓名,便中祈寄赐,至恳。肃上

穰兄阁下

弟箕再顿启

汪老爷,送张园间壁呈。

七

1896年8月22日

穰兄足下:

累书均诵悉。芸子[①]到即来晤,却未提及尊书,顷由汉口移寓省城,新访得其寓处,今日即往视之。弟前数日左股坐处又生一湿疮,难于着席,不能赴督署。昨日见达师,所谕书捐一节,可照办。代购书籍收到,其价目当时从《申报》随手录出,未存底单,不能记忆。兹先由浩吾处交尊府五元,又弟捐时务报馆卅元一并交去。又孙仲颂诒让捐百元,敝县左营守备阎仪韶麟趾[②]捐十金皆在弟处,容续寄。八月初间必寄上。

---

① 芸子指宋育仁(1858—1931),四川富顺人,光绪十二年(1886)进士,授翰林院庶吉士。二十年任出使英法意比四国公使参赞,次年参加强学会,二十三年创办《渝报》,二十四年创办《蜀学报》。辛亥革命后,出任国史馆纂修,民国十年受聘为四川通志局总裁,主修《四川省志》,应聘监修《富顺县志》。

② 阎麟趾,字仪韶,丽水人。世袭云骑尉瑞安都戎。

弟前函致舍弟及台州王弢甫[①]工部，属其劝人看报，舍弟复言已募得十馀分，大约当径由舍弟函知贵馆，或到沪面告。弢甫复言愿看者不多，未言几分。

西书目早接读，感谢之至！卓兄前祈致意。学会改书局，本不可训，当与达师谈及此事。师以弟下半年须进京，念劬、石荃[②]公事颇忙，止浩吾一人不能独理，因以三言见赠曰："各自考求，随方联络，遥为声援。"其言似为近理，暂且不开办。要之此事志在必成，当再与兄共举之也。

星海浪游，闻将至沪，已相见否？数日前大热经旬，近得雨解。课卷又多积压。家君日内携舍弟到沪赴鄂，或可一见。磁带暂不置亦可，手边亦尚无馀项也。即颂

大安

弟箕顿首，十四日

八

1896年8月

第一次报[③]敬捧读，至美至美，大喜大喜。此间官场有数处，弟可劝看，不审已托人否？第一、二次报馀存必多，请封寄二十分，使

---

① 指王彦威(1842—1904)，字弢甫，黄岩人。同治九年(1870)举人，历任工部衡司主事、营缮司员外郎、军机章京、江南道监察御史、太常少卿、军机汉官领班章京等职。整理《光绪朝筹办洋务始末记》一百八十二卷。著《西巡大事记》《枢垣笔记》《秋灯课诗之屋日记》《黎庵丛稿》等。

② 念劬指钱恂。石荃指姚锡光。

③ 因《时务报》创刊于光绪二十二年七月初一日(1896年8月9日)，故此书作于光绪二十二年七月(1896年8月)。

之见景生情，或可应弦赴节。因公启前多分寄温、台两处，存者不多也。再请

近安

寄浩吾书已交。公度、殿书诸君，均此致候。

弟箕顿首

九

1896 年 9 月

穰卿仁兄世大人阁下：

《时务报》二册收到。阁守备十两，藉使奉上，祈察入。仲颂之百元，因家君来鄂时川资无出，暂行挪用，月底弟必亲自带沪面交也。

社兄画扇拜领，以如此著书妙境惠我，则我宁做仲弢不做穆琴矣。复请

两兄怡安

弟箕顿首

舍弟过江未回。

一〇

1899 年 10 月 18 日

穰卿、菊生[①]两兄大人阁下：

---

① 菊生指张元济（1867—1959），字筱斋，浙江海盐人。光绪十八年（1892）进士。由庶吉士改刑部主事，充总理衙门章京。光绪二十五年主持南洋公学译书院。二十八年正式进入商务印书馆，历任编译所所长、经理、监理、董事长。解放后当选全国人大代表，上海文史研究馆馆长。

绍箕五月初请急南下,匆匆由沪而甬而瓯,比抵家而先严已先于初九日亥刻弃养。终天之恨,万死莫追。兹奉上《哀启》两通,伏乞矜鉴。

自去秋以来,国变家难,地拆天崩,心肝摧裂,志气颓丧。素有眩晕气逆之疾,自丁大故后,所患益剧,近服药稍愈,然稍劳辄发,栾心柴骨,几同废人。两兄狎沤海上,见闻料亦无佳况。近来眠食何似,不任驰系。手此,敬问起居,不尽欲言。

弟制黄绍箕顿首,十四日[①]

敬再启者:敝县[②]拟延一英文华教习,其经费出之公款,加以学生津贴为数不多,大约脩金年四百元按月分送。膳金并月费每月十元,节敬每节四元,川资通年三十元,下人膳金二十元。学生在十五人左右,年齿在二十以内,间有曾习英文者,工夫尚浅。如学生共十六人,则每日轮班八人,馀八人在家做中学功课。拟请两公代为物色一教习,须学非浅尝、教能善诱者,惟力量太薄,脩膳不腆,恐踡涔枳棘,不足以容鲲凤。最好或有他馆局或好事之人以译书相委,携来带办。敝邑虽僻陋,然应酬较少,于译事颇尚相宜。如需笔述之人,则算学一门及记载时事并粗浅格致之书,敝处亦尚有胜此任者。若果能如此办法,似亦两便之道,此则全仗大力加意成全,想闻足音而喜者决不置之度外也。其功课则早八点钟起,十一点半止,下午一点起,五点止。敝邑前年旧章如此,倘随冬夏略有伸缩,暨别有变通之处,并开馆、解馆、歇夏、休息日期,统请卓裁酌定。其合同式样,闻菊兄在通艺学堂所定者最佳,亦乞酌仿开示,以凭照办。

弟近来万念俱灰,惟邑中尚有一二有志之士,少年弟子不乏聪

---

① 《汪康年师友书札》此札下有"己九月十八收",此札应写于己亥九月十四日。

② 指瑞安学计馆。

俟可造之才,不得不仰恳格外费神,设法玉成,俾不至尽消磨沉没于尘昏烟雾之中,感激不浅。近事如有确闻,并希示及。应读何种英文书并详细功课,统求指示。再请

大安

弟箕顿首,十四夕

一一

1899年12月27日

穰卿仁兄世大人、菊生仁兄大人阁下:

月中又奉一函,亮澈清览。敝县同人奉恳代延西文教习,诚为烦渎,惟事在必办,而至今未奉复教,焦灼万分。原函所陈功课章程,乃前年同人所拟定,当时曾试办一年,以费绌中止,其中是否不合抑或别有为难之处,以至延订迟迟,统求明白示复,无须客气。如以敝县子弟为不屑教诲而置之不理,则度两公平日提倡西学造就人才之盛心,当不出此。惟同人中不免因望生疑,弟实无词回复。务请于此次轮船赴瓯时先行赐复数行,以慰众望,百叩百叩。

前见《格致益闻汇报》①上写一行,是否贵馆所书,若果有此事,殊切杞忧。日来有何新闻,务恳并示一一。弟拟于发春出门,道沪时再当泥谢,兼领教言。肃布即请

台安,不胜迫切待命之至。

弟制黄绍箕顿首,十一月廿五日②

---

① 光绪二十四年(1898)由《格致新报》和《益闻录》合并而成,每周出两期。由徐家汇天主教会主办,李杕主笔。自第一百期起,简称《汇报》。

② 《汪康年师友书札》此札下有"已十二月初二收"等字,说明此札写于己亥十一月二十五日,于十二月初二日收到。

一二

1900年1月13日

穰卿仁兄世大人阁下：

前数日奉读本月朔日手书，乃知上月十七日曾赐一函，迄今未到，而鄙人叠贡两笺亦未澈览，彼此均交时勋[①]，大约时勋必因事他往，不在沪，故而延阁，真闷闷也。

姚君咏秋，既经吾兄推毂，自必胜任愉快，即请代为延订，惟合同未知应如何写法。兹将敝处脩膳功课略章，属同人开具别纸呈览，望吾兄酌拟一底稿赐示，以便遵缮寄呈，请与菊生同酌寄示，至祷至感！

到馆计在明年正月下旬。川费当于开春寄请转交，并乞先代致意姚君，详细情况当在前函中，顷已向义昌成账房索取，惟恐或未应手，此信送到后务望立赐复教，并述姚君大略，以便转告同人，不胜厚幸，费神感谢无既。即请

台安，菊生兄均候。

弟制绍箕顿首，十三日[②]

---

① 时勋指樊棻（1844—1916），谱名君芳，字时勋，晚号勤稼老人，浙江镇海人。光绪二十一年（1895）张謇创办通州大生纱厂时的股东之一，后任浙江兴业银行经理等。

② 《汪康年师友书札》此札下有“己十二月廿收”等字，从内容上看亦紧接前札。故此札写于己亥十二月十三日，于二十日收到。

一三

1900 年 1 月 24 日

穰卿仁兄世大人阁下：

前由时勋处递到手书，具谂吾兄为敝处延访教习一事，劳费清神，不安之至。

姚君咏秋已与同人议定，明年准请贲临教授。上次轮开曾奉一函，内附合同大略，未审已收到否？此次当有复教。

敝县去郡水程仅一宿可达，而信局辗转送信往往轮开后始到，至时勋寄托函件最为妥速，而亦不免耽阁，至令鄙人前函有不谅贤者之语，至今思之，愧汗无地。

来书属送关聘，而拙函前云合同，顷与同人公议，拟于合同外另加关聘，似为妥协。合同必须吾兄与菊兄酌定赐示，即当遵缮。此次若未赐复，来春头次轮船来瓯，似决不可缓也。即送普济轮船交王梅生先生转寄最妥。

菊兄赐函并幛及书均收到，谢函容续奉，晤时祈先代道谢。肃复，叩请

年安

弟制绍箕顿首，腊月廿四日①

---

① 《汪康年师友书札》此札下有“己十二月卅收”等字，从内容上看亦紧接前札。故此札写于己亥十二月二十四日，于三十日(除夕)收到。

一四

1900年2月17日

穰卿仁兄世大人阁下：

去腊又奉一笺，谅澈清览，嗣又接读手书，具悉一切。献岁发春，敬维起居佳胜为颂。

兹有奉托数事，条列于后：

一、教习姚君关书一分，合同两纸，聘金四元，束脩四十元先送一月、川资十五元先送一半，敬请转致。其合同请姚君阅讫，于两纸中间骑缝加一印记，俟惠临敝邑时亲自带来为感。来瑞时请先到敝寓。

一、奉上洋十元，请代购英文读本，浅者十份，深者五六份，洋笔、纸、墨水各若干，如洋不敷，望先代垫，赶即寄缴。此各件或即请姚教习费神代购，亲自带来尤感。临封函时又添寄六元，共十六元，所买各件附上清单一纸，请照购，如有馀请统买有格洋纸。

一、奉上洋八元，祈代定购《中外日报》[①]《格致益闻汇报》。今早接阅两报，系截至去腊除日止，续购请从今年元旦起。能赶于此次轮开时寄赐，至感！

一、此信交戴生友荪奉呈。戴生系舍亲戴小泉之次子，敝邑学计馆学生之秀出者。习代数兼及微积，又曾学习英文详致菊生函中，欲赴南洋公学堂肄业。如尚未招考，恐坐守旷时，拟先到经正书院肄业。戴生聪俊有志向，人亦循谨，弟所深知，惟初次到沪，人地生

---

① 光绪二十四年(1898)，汪康年创办《时务日报》，旋易名《中外日报》，以记载中外大事，评议时政得失为主旨，拥护清政府实行“新政”。

疏,如公学堂及经正书院均需保人,拟请奉屈高贤代为作保,不胜厚幸。

以上四事统求费神,感刻无似。专肃布恳,虔请

大安

弟制绍箕顿首,新正十八日[①]

一五

1900 年 3 月 2 日

穰卿仁兄世大人阁下:

顷奉到上月廿五日手书,诵悉一切。前次发信后始接读初七日书,缘开春轮船十七日始到温郡城,由郡至瑞水程一宿,而信局又有耽阁,致菊兄寄来合同之底稿亦不及照用,可惜可恨!

敝处所寄合同想已转交姚君,菊兄合同内有应补者,只好酌加入详细章程中矣。屡次费神,感谢之至!

日来掀天之波当稍定,然衣冠之祻,恐未遂已。《申报》所言密拿某官正法,究系何人?如有所闻,务恳示我。

经正书院移入租界,想仍照旧开设,望并及之。子培兄近在何处?前旭庄书言其欲往扬州,未知确否?计何时前往?渠寄弟唁函系去年[②]八月间所书,而今新正廿一日才收到,弟早作一书欲寄,而恐有浮沉,至今未发,务乞一并示知,感不可言。

姚教习此次轮开,想必来瓯,到时可请其寓郡城东阳春客栈,

① 《汪康年师友书札》此札下有“庚杏初五收”等字,说明此札写于庚子正月十八日,于二月初五收到。

② 《汪康年师友书札》误为“本年”,径改。

弟当遣人招呼也。晤菊兄望致意道谢，不及另函。手此，即请
台安

弟制绍箕顿首，二月初二夕①

一六

1900年3月27日

穰卿仁兄世大人阁下：

前昨又连奉两函，敬悉一切。关切之情，感刻无地。近事能作一收束则善矣。

姚教习到瑞，税驾寒舍，弟适送眷到郡，匆匆一面，人颇安详，当可望浃洽也。捐书事当再转仲颂，迟早必有以报命。

彼此要语，竟以交轮船为最速最妥，顷温已办电线。兰溪转折甚不便。兄月初两函先后两次皆与轮船各信同时接到，并不能早也。弟大约夏初方能出门，菊兄信已接到，晤乞道意。匆匆，即请
台安

弟制绍箕顿首，二月廿七日②

一七

手示敬悉，遵即转禀家君，云旧作虽有稿，惟未经发抄，不敢示

① 《汪康年师友书札》此札下有"庚杏初七收"等字，说明此札写于庚子二月初二日，于二月初七收到。

② 《汪康年师友书札》此札下有"庚杏卅收"等字，说明此札写于庚子二月二十七日，于二月三十日收到。

人,俟驺从便中惠临,敬当奉教。

邵位西[①]先生所录书目板本十册,抄本亦多错误。前日新从友人处索回,兹谨附上,校讫仍求赐还为幸。《习学记言》印出甚少[②],因有误字,未及改正。顷已尽为人取去,俟续印再奉。肃请

穰卿仁兄世大人著安

弟箕顿首

一八

月来屡与谈谦,未罄所怀。但望从者早游武昌,一倾倒耳!奉上银饼六圆,敬请费神代交前途为荷。晤襄孙弟乞道鄙意。肃请穰卿仁兄世大人台安,令弟[③]均候。

弟绍箕顿首,十九夕

---

① 邵位西(1810—1861),名懿辰,浙江仁和人。道光十一年(1831)举人,授内阁中书,擢刑部员外郎。撰《礼经通论》《尚书传授同异考》《孝经通论》等。编《四库简明目录标注》二十卷。

② 据《黄体芳集·年谱》:光绪十年五月,据孙衣言校定本,黄体芳于江阴学署刊刻叶适《习学记言序目》。《汪康年师友书札》中误为《习学教言》,径改。

③ 令弟指汪诒年,字颂阁、颂谷。著《汪穰卿先生传记》。

致吴庆坻书一通[①]

昨奉手教并穰兄函,均已诵悉。惟日来适有琐事,心绪颇杂,拟于二十日左右交卷何如?穰兄处不及裁复,伏希代达下忱,至幸。肃请

子修兄长世大人韬安

弟绍箕顿首

① 录自《汪康年师友书札》。吴庆坻(1848—1924),字子修,钱塘人。光绪丙戌(1886)进士,改庶吉士,授编修。光绪二十三年(1897)任四川学政,三十二年授湖南提学使。1918年与沈曾植同受聘续修《浙江通志》。有《补松庐诗录》等。

致沈曾植书一通[①]

尊收《卫景武碑》[②],敬求赐假一校,明日即奉缴。肃请

子培兄长侍安

弟箕顿首

送珠潮街呈刑部沈老爷。

① 此信藏浙江省博物馆,蔡小辉提供。

② 又称《卫景武公李靖碑》,全称《大唐故尚书右仆射特进开府仪同三司上柱国赠司徒并州都督卫景武公之碑并序》。唐显庆三年(658)五月刻。正书,三十九行,行八十二字。纪念李靖功德所立之碑。

上张之洞书一通[1]

1882 年

自违教诲,眴忽弥年,瞻系之私,与日俱积。仲秋侍家严侧,敬读手毕,藉审道履绥和,比维顺时宣摄,为国奋身,无任驰仰。

昨在吴门试院,窃见史馆移会,查举儒林名[2]人,以凭续纂列传,乃知幼丈[3]前重复申理。昌黎以师表之望,兼史笔之长;欧阳以宰相之才,预馆局之任。名勒秘牒,往哲之荣声;副在京师,作者之盛业。顾惟狂简,不知所裁,谨献其愚,以备采择。

曩尝浏览阮传,紬绎儒林、数学专家,接武其际,心窃异焉。在昔许商[4]《汉书·儒林传》、何林[5]《后汉·儒林传》之属,崔[6]《南史·儒林

① 录自《鲜庵遗文》,题为《上张南皮书》。《瓯海集内编》亦有收录,题为《上张香帅书》。张之洞(1837—1909),字孝达,又字香涛,号壶公,晚号抱冰老人,直隶南皮人。同治二年(1863)进士。历任礼部侍郎、山西巡抚、两广总督、湖广总督、两江总督。光绪二十七年以湖广总督兼参预政务大臣。后任军机大臣,充体仁阁大学士,兼管学部。谥文襄。遗著辑为《张文襄公全集》。

② 《瓯海集内编》作"各"字。

③ 幼丈当指张佩纶,字幼樵。

④ 许商,字长伯。西汉长安人,先任将作大臣、河堤都尉,商河就由于他领导开凿得名。后迁光禄大夫、大司农等职,并曾担任汉成帝的经师。著《许商算术》二十六卷。

⑤ 何林(128—182),东汉大儒。著《公羊传解诂》。

⑥ 指崔灵恩,南朝宋清河东武城(今山东)人。博通经传,尤精三礼、三传。初仕北魏,为太常博士。天监十三年(514)归梁。累迁步兵校尉兼国子博士。后任桂州刺史,卒于官。撰有《集注毛诗》等。

传》、李业兴[1]《北史·儒林传》、二刘[2]焯、炫,北史、隋书《儒林传》之徒,皆以通经大师,旁涉历算。江、戴诸儒,斯其流亚,薛、梅数子,拟不于伦,遗本齐末,于义无取。《魏书》算家,编入术艺,南北及隋,因仍旧贯,《南》《北史》、《隋书》作《艺术传》。《唐书》《宋史》,降厕方技,阮氏之例,未之前闻。将以儒者通乎三才,小学终乎九数,则辞赋之流,滥觞于四始,竺至之行,冥契于六经,何缘而越居文苑,别列孝友乎?阮氏之为传叙也,援师儒之古谊,范汉家之分涂。观薛、梅列传,略言经行,详述算书,寻篇考文[3],与叙不应,斯盖引进绝学,兼复怯立新名,乃崇尚之微意,非纂著之通轨也。

今[4]既续修,务求至当。若依违前志,改附他[5]篇,为例虽宽,属文必简,将未周于姓氏,遑复荟其菁华。矧或第学行,则此绌而彼优,核法数,则前疏而后密。寸长尺短,刘子元之所疑;离美分伤,陆士衡之所叹。其难一也。

汉晋以还,术士间出,历书律志,宪率俱存,人以[6]言传,无劳别见。今则演图属[7]草,其流实繁,或步测渊邃,书未进于司天,或制作微渺,业非专于调历,概从憖置,以俟方来,遗漏必多,湮没何限。

---

① 李业兴(484—549),上党(今山西)长子人。北魏、东魏著名学者,擅长天文历算。在北魏时官至今中军将军、中散大夫、光禄大夫等职。先后封长子伯、屯留县开国子,食邑五百户。东魏时官至散骑常侍、中军大将军。

② 刘焯(544—610)隋天文学家,字士元,信都昌亭(今属河北)人。与刘炫齐名,时称"二刘"。曾奉敕与刘炫考定洛阳石经,撰有《皇极历》《五经述议》等。 刘炫(约546—约613),字光伯,隋河间景城(今河北献县)人。著有《论语述议》十卷、《春秋攻昧》十卷、《五经正名》十二卷等。

③ 原缺,字据《蓼绥阁文集》抄本补。

④ 《瓯海集内编》无"今"字。

⑤ 《瓯海集内编》作"它"字。

⑥ 原缺,字据《蓼绥阁文集》抄本补。

⑦ 原缺,字据《蓼绥阁文集》抄本补。

其难二也。

术艺者多能之通号，方技者医卜之总名。算氏之学，上者数穷天地，次亦利溥民物，今若与杂流并域，鄙事同科，虽曰例出先民，未免丛嗤大雅。若芟弃它长，网罗兹学。未闻草木之疏，专释于榛苓；山水之经，独纪乎泰渤。循名责实，岂得无讥？其难三也。

夷考阮氏兼领国学之年，复有畴人之作。甘泉罗氏，踵成续编，持此标题，登诸国史，厥有三善，可得而言。例以义起，名从主人，苟一艺之专精，虽博收而非滥，且书出一人，文同一例注所引书籍与史传同。国朝诸传，取校中书，或省并复重，或参互并见，规画体制，抚要删繁，既以示后作之准绳，抑又弥前修之遗缺。其善一也。

粤自堂[①]祖智烛乾纬，同撰黄虞星翁历生向风辈作士[②]者。异能之征，滂沛乎汉昭；明算之试，颉颃乎唐律。而高材匪鲜，幽滞孔多。今若奏立斯传，俾垂无穷，令下诸方，书上太史，闳响者闻风而翕集，缀学者睹景而云兴。无忝扬善之司，有裨作人之化。其善二也。

昔康熙撰《明史》，梅氏以处士而草创律历之文。乾隆录《四库》，郭长发、陈际新[③]以台官而检勘天算之籍。今于同馆之中，求专门之学，有则独任，无则旁招。李君善兰[④]，研综中西，甄明家数，宜循故事，奏使纂修。譬之尹咸据数术，而向、歆录上其书；淳风志

① 《瓯海集内编》作“圣”字。

② 《瓯海集内编》作“迩”字。

③ 陈际新，字舜五，宛平诸生。官灵台郎、钦天监监正。续明安图《割圆密率捷法》，于乾隆三十九年(1774)定稿。四库全书馆设天文算学纂修分校官，有钦天监中官正郭长发、钦天监灵台郎陈际新、算学录倪廷梅。

④ 李善兰(1811—1882)，原名心兰，字竟芳，号秋纫，别号壬叔，浙江海宁人。清代著名的数学家、天文学家、翻译家和教育家，我国近代科学的先驱者。

天文,而房、魏[①]总领其事。业精则美毕萃,职分则事不劳。其善三也。

窃以《九章》《七历》,萌柢古初,固学士所宜知,非儒流之专务。其为途也,昔简而今繁;其为用也,昔微而今广。六艺附庸,蔚成大国,区分疆宇,甄录英翘,时势使然,史氏之责也。

绍箕质学庸陋,有志稽撰,近思据《班志·艺文》之原本,辑刘氏《录》《略》之佚文,剖析条流,申证疑滞,复综历代史志,傍[②]采诸家书录,为《书目部类表》,以备校雠一家之学,拾郑、章二氏之遗。心钝事棼,疾病间作,削牍属稿,曾未终篇。

兹因蓄疑,聊贡蠡管,惧违盍各之义,辄冒率尔之讥,幸恕其愚,妄赐之览察焉!

家严起居康顺,足慰注存,顷以靡盬驰驱,未遑笺候。太仓试毕,于役松江,返棹江阴,计及冬仲。肃修简札,敬请
钧安,伏惟垂鉴不宣

① 房指房玄龄,魏指魏徵。
② 《瓯海集内编》作"旁"字

致张之洞电一通[①]

1898 年 5 月 13 日

电悉,即告韬、峤。既奉旨,祈速回鄂,迟必有□言。回鄂日期速电奏。事毕速请旨,令来京否?势成骑虎,能来方好。法因粤西教案要梧州。德王昨觐见,动静未开。鉴园病痊。韬、峤、楼。宥。

① 录自茅海建《张之洞与杨锐的关系》一文,《中华文史论丛》2010 年 4 期。

答张之纲书一通[①]

1904 年

手教义正词辨，循环雒诵，钦服无量。近人论著，往往称中国为“支那”，见之辄生厌恶，公牍亦复如此，尤可怪诧。不知兄所见系何案件？“支那”二字系印度译音，明末汲古阁刻《广宏明集》等书版心即标“支那”二字，盖本之释藏。西洋各国之称中国，大率亦传自印度，而音略转耳。近来外人诋我国人自称中国为不通，为自[②]大，我国之稍有见闻者从而附和之，亦辄自称“支那”，不知“中国”二字之古义，不审内外主客之名词，真所谓浮浅无识之甚者也。

鄂省洋务局之[③]译书局，专译西文，弟不与其事，学务处所辖之编译局，梁武昌事忙，未暇料理，弟亦不问，惟专任编纂《中国教育史》一事。陈善馀庆[④]年尝与弟谈及“中国”字义，其说最精当。古人“中国”二字，本以表教化中枢之地域，犹言文明之中心点云尔。

---

① 录自孙延钊《瑞安五黄先生系年合谱》，《瓯海集内编》亦有收录。张之纲（1869—1939），字文伯，晚号谢村老民，温州人。光绪二十八年（1902）举人。历任内阁中书、制诰局佥事，后入山东巡抚孙宝琦幕。入民国任盐务署佥事。精文字学，著《毛公鼎斠释》《栔亭金文斠释》。另有《池上楼诗稿》。

② 《瓯海集内编》作“自为”，误。

③ 《瓯海集内编》作“中”。

④ 《瓯海集内编》作“其”，误。

故诸经中往往指京师为“中国”,盖对四方而言,后乃推及教化普及之地。统列国而谓之中国,则对[1]夷狄而言,《公羊传》专明此义。然春秋时所谓戎、所谓狄者,每错处诸国之间,不必边远,如今所谓外国是也。盖中国者,有教化之谓也,夷狄者,无教化之谓也。自汉以来[2],乃以中国与外国对言,专据地位而言。“中国”之古义亡,而圣人之政教、学术与之俱亡矣!弟请陈君[3]将其说编撰成篇,尚拟举一二义证助之,将来即以冠诸《中国教育史》之首,盖“中国”二字即古圣人教育之大义也。

日本近来所著书,称中国为支那,盖用之为地理之名词,如《支那通史》《支那哲学史》《支那教育史略》之类,义包古今,称为“清”则嫌为[4]不备。若我国人,止有仍称“中国”,沿袭已久,不可改易,行文中或可用“华夏”等字代之。若亦称“支那”,非惟不雅,悖实甚焉。执事所见公牍,中国官场之公牍耶?抑西国公牍之译字耶?如系外国公牍,其用法谓地理之名词耶?抑西国竟用以代我[5]国号耶?如用以代国号,则不顺之甚,必不可不力争。如以为地理之名词,则“采纳”[6]、“先纳”等字,与“支那”等字音略转而无大分别,自不如用“支那”二字之简直。若必以国号为地名,而以配音移会各国,则于事恐有不可行者。各国多列国之时代,故日本、朝鲜、暹罗、波斯等国,皆以其总地名为国号。中国多大一统之时代,帝王各以其所居之旧国为有天下之号,故禹迹九洲,除相习沿用之“中

① 《瓯海集内编》作“为”。
② 《瓯海集内编》作“后”。
③ 《瓯海集内编》有“善馀”二字。
④ 《瓯海集内编》作“于”。
⑤ 《瓯海集内编》作“吾”。
⑥ 《瓯海集内编》作“纳采”,误。

国”二字外,本无总地名。其在中国,本无须用总地名。其对外国则称国号。久之,外国即以国号为中国之总地名,如夏、如汉、如唐是也。现在东西各国习闻中国在三百年前早有所用之总地名,相沿已久,今所见各国图书条约,首皆列“大清国”字样,本有配音,无须移会。若洋员与中国官场交涉之公牍,其牍首亦必列“大清国”字样。如易“大清国”为支那,拒绝之可也,若首列“大清国”,而牍中有“支那”等字,则必专用为地理之名词。若必全易以国号,则以事实论,彼谓我本专指地域;以体制言,彼谓我牍首本称“大清国”,彼有辞,我反无辞矣。若全易为①,则彼于主客内外之辞亦有不便之嫌,必所不愿。窃谓外人所用地理之名词如“支那”等字,听之可也。若行文于所司,则改作“中国”可也。惟中国人之论著译述,则不宜用“支那”字,总以用“中国”字为合,译例中应行画一者甚多。此事非有学会不能审定,曾屡言之,亦未及行也。

① 《瓯海集内编》有“中国”二字。

致张棡、潘云笙、王星华、薛博如、薛梓园、薛仲勉书一通[①]

1902 年

震轩、云笙、星华、博如、梓园仁兄大人、仲勉表弟阁下：

前闻诸君有购置书报之议，业蒙县尊[②]示谕允行，法良意美，欣佩无量！比闻北乡诸君颇有异议，深为疑愕。鄙人身在局外，与北乡诸君未通款曲，不便冒昧进言。踌躇累日，深恐异议者固执成见，创议者因循畏难，善举中废，所关甚大，若知而不言，言而不尽，则负我桑梓，负我本心，咎戾滋甚！

窃谓论理万万不可中止，论势亦万万不能中止，敢具陈之：今日天下不论东西、大小各国，凡学堂多者必强，少者必弱，无学堂者必亡。今日中国不论省、府、厅、州、县、各城乡，凡讲新学之人多者必日盛，少者必衰，不讲新学者平时无进身之阶，遇变无自全之路，此决然无疑者也。此次变法与戊戌迥然不同，两宫一心专意兴学，书院改学堂，科举重策论，翰林加甄别，宗室派游历，八旗官学变章

① 亦作《劝南北乡绅购置书报书》。震轩指张棡（1860—1942），曾任温州府中学堂监督。潘云笙（于光绪二十九年去世，张棡有挽联）、王星华（兆藻）、薛博如（颂坡）、薛梓园及薛仲勉（于光绪二十八年去世，张棡有挽联）。此札张棡《杜隐园日记》亦有载。

② 指瑞安县令盛蔚堂。

程，八股永无再复之日矣。京官稍有才学志趣者争阅新书，将来衡文之选皆出其中。沪上书报销售之广过于往年，不止百倍。河乡宾兴息款仅提半数，鄙人方嫌其少，若复中止，尽留以给。应试之士子，平日茫无见闻，临场何从下笔？所得几何？不如不赴试之为愈，若人自购报家自置书等，得有此力量，为体恤寒士计，于彼乎！于此乎！此事理之万万不可中止者也。

鄙人在鄂屡见都中函电及北来诸人所述：两宫召见中外大小臣工，谆谆谕以讲时务，阅西书，尤以学务为急，戒敷衍，斥阻挠，故各省奉行恐后。大吏有兴办学堂刻不容缓之札，省僚有不办学堂难免撤参之信。前日在郡见童观察[①]，谈及瑞城学堂已开，赞不容口。县尊见购置书报之禀，嘉许甚至。不日当随案通详，若无故中辍，不独于士林风气有关，兼于官长面子有碍，若官竟公事公办，饬典拨款，谁得阻之？与其他日自官成之，不若今日自地方成之为理顺而名美，此事势之万万不能中止者也。

惟聚星书院距北乡略远，此节稍属为难，然分款各办更有捉襟见肘之虞，逐渐扩充，只得俟诸异日且一水可□□者尚不至过劳。抑更有一解愿为北乡诸君进之，鄙人前在京师大学堂见外城学生胜于内城，近在两湖书院见湖南学生胜于湖北，盖其来较远，则其心较专，受益亦较大，此实历验不爽，明者试静思之，当知其非谰言也。前闻震兄言办法章程须南北会商详定，最为公允，鄙意院中收发书报出入银钱等事，南北乡宜各公举一二人，或合管或轮管，震

① 童观察指童兆蓉（1838—1905），字绍甫，一字芙初，湖南宁乡人。同治六年（1867）举人，历任陕西兴安、西安、榆林、汉中等府知府。光绪二十六年（1900）任温处道，任职期间清理教案、捐款赈灾、奉行新政、筹办学堂、力兴蚕业、开办工艺局、改造游民，为政清廉、勤政卓著。有《童道台遗书》六卷传世。

兄博举多闻,识洞文茂,应购何书何报及指导学者阅览考术均须料理,似不得辞。其责管见如此,一切仍望会酌定章,以期通行久远,窃意南乡中亦必有题阻此事之人,北乡中亦必有愿成此事之人,然人情大,率去暗而就明,图利而远害。务恳诸君坚持定见,切勿畏难苟安,即以此书呈北乡诸君请其赐览,并与婉切熟商,度无不成之理,总之早一日开办,则早一日被其益,多一处考术则多一处蒙其利,不避冒昧,率臆渎陈,统惟垂谅而加察焉,万幸万幸,肃请

台安不宜

愚弟、表兄黄绍箕顿首,〔二月〕初九日

前函发后,见县尊谈及河乡提款购书一节,云前日已与城内学堂同案通详各上宪,无可挽回,万万不宜中变。又县尊于海塘一事亦甚注意,云但各乡绅士有定期请勘者,必当轻车简从,亲自履视等语,此事须及早料理为要。又提款置书之举,若成,兄到鄂后,如有书籍可资考览者,敬当择要寄赠,以为好学诸生流壤之助。以上各节,统祈转致南北乡诸君为幸。肃上

仲勉表弟阁下

兄绍箕顿首,初九日酉刻

致张謇书一通[①]

1892 年

闻考信[②],真不胜战栗陨越之至,视吾兄漠然于得失之际,真如天人,拜服拜服! 以有约在先,不得不勉涂塞责。记尚有一条属舍弟书者,未检得到系何款,乞示为幸。肃请

季兄晚安

弟箕顿首

① 此件录自南通图书馆藏《诸家致张謇书札》抄本,琅村提供。

② "考信",疑系光绪十八年张謇议案会试而被摒事。《张謇日记》曾记其落第后,黄绍箕尝至其寓,想系抚慰及为谋出路。

题赠岛田翰书一通[①]

1906 年

岛田先生雅鉴：

时丙午冬日，将西归，与君同游西京，获见博物馆及藏书家珍籍，因录班孟坚《西都赋》语奉赠。黄绍箕奉并记。

① 录自韦力《芷兰斋书跋初集》（国家图书馆出版社，2012 年）。《岛田翰、董康、黄绍箕、田吴炤题记本〈司马太师温国文正公传家集〉八十卷》，转引自高野静子《鬼才书志学者岛田翰小传》。

致林莲舫书一通

1905年

莲舫[①]大兄姻大人阁下：

别来年馀，未修音□，致以为歉！棉甥来京，藉谂动定增绥，潭第安善，无任欣慰！舍亲万家之事，幸仗大力斡旋，即就和了，感泐靡涯！本拟专函申谢，适其时兼督译馆，事务加繁，嗣又有浙江铁路及学堂诸问题接踵而起，益复碌碌鲜暇，以此稽延，良深歉仄！

舍妹债款，上年承叶宅变产代解，曾屡向弟称述不置，故颇悉其详，真令人感佩无地！顷棉甥面陈一切，始得近事颠末。寿丈先曾寄到一函，似深恨棉甥所为者，至亲若此，心殊作恶。核览账簿，不解处甚多，转质胡振民兄，亦云参差，为数甚巨，并为逐条指阅，都明确有据。但追思舍妹处，昔日十分拮据之时，债台层筑，积产陡落，寿丈尚能竭力倾助，有不自顾之概，其决无盘剥为利之初心，实属显然意者。此账历时久远，不免遗忘，又系请人为之，故失于检点，此中必有任其咎者，不然先后所为同出一人，矛盾若斯，无是理也。

执事才大心细，族望最尊，令弟既宦游鄂省[②]，棉甥复远离家

---

① 林莲舫（？—1920），名乙黎，黄体芳三女婿、黄绍箕妹丈林向藜（若川）之兄。

② 指林向藜出任湖北宜昌榷政。

乡,义当代为料理,谅无可辞。并闻棉甥说吾兄已出面交涉,义形于色,敬佩敬佩!此系舍妹私债,弟不能置不闻问,惟南北暌违,鞭长莫及,惟有恳请始终主持,收回产业,设法劝阻,勿令有割稻等事,将债业画分为二,再与磋商,先交扣馀之票款,至筹谢馀利,请其由敝处量力酌定数目,一二年后奉缴。倘能如此办法,俾舍妹早日脱离忧闷之天,尤所默祷。然非大才决难办到,敢以责之望之于执事也。

再,可否添邀与令弟最密戚友,如逸仲、小溪诸君相助为理?并希酌行为荷。议成之后,即求迅赐好音,以慰悬系,盼切感切!

附上微物二包,聊助服食之需,敬祈哂纳,草草布达,顺请

台安

弟绍箕顿首,八月廿七夜①

① 此札未署年款,但从札中提及"兼督译馆"来看,黄绍箕于光绪三十一年兼任京师译学馆监督,此札当作于光绪三十一年八月二十七日(1905年9月25日)。

致周珑、周拱藻书一通

1889 年

伯龙、仲龙两弟[①]足下：

去秋闻捷音，为之距跃三百。发春扫榻以待，叔弟到，始知从者暂未北来。今秋伯弟得科，明春同应会试，得一叙积年契阔，尤所望耳。比维舅母大人起居康健阖潭，佳胜如恒，定如臆祝。

吾邑公车中试文已见者小木[②]姻丈、叔林[③]表弟，文均极佳。翰臣文平稳，舍弟亦可望，馀均未见。首二场闱题颇好。仲容世叔不来，殊可惜也。

杨仲愚事，部中札学政提全案，颇费周折。此事当时详册系缘事饬审，向例缘事斥革者，开复时须详叙案由，若但注饬审则否，部札改饬审为斥革，词气甚厉，显系有意挑剔。连日家君及兄均与瞿

---

① 周珑（1859—1895），字伯龙，一字无窸，瑞安人。周庆枏孙，孙锵鸣三女婿。曾充出使英法比意大臣龚念蘧随员。　　周拱藻（1860—1924），又名璪，字仲龙，周珑弟。光绪十四年（1888）举人，后任山东学务处文案。黄绍箕母为周庆枏长女，即周珑姑母。信中舅母即周珑母亲。

② 小木指王岳崧，于光绪十五年（1889）中进士。案：会试在三月，放榜在四月，考差一般在四五月。由此可断定此札作于光绪十五年三四月间。

③ 叔林指洪锦标（1866—?），字燕禧，又字叔林，瑞安人。光绪十八年（1892）进士。历任江西余干知县、丁酉科（光绪二十三年）江西乡试同考官等。

子久学士晤商达，瞿学士云，拟函致潘峄琴[①]前辈，乞其向温州府取一详文，据以覆部。府详内只说当时平邑童生杨某因寓中失窃，向典史衙门勒赔，互相口角。廪生杨某等不能约束，暂行斥革。嗣绅士某等呈称杨某等绩学能文云云，覆查是实，详请开复大意如此，丝毫不及闹考。瞿学士虑潘峄翁向府取详文，府中或游移推诿，乞家君致函。福郡尊刻甚忙，又此信须觅妥人方可寄，祈先将上情节密告仲颂世叔，托妥人在府中打听，如潘学院果有意属府具详，必须设法成全为妙，但万万不可声张，至要至要！此次部札，极可诧异，窃疑是彼教作祟，礼部仪制司詹辅廷鸿谟[②]正当事，系彼教同乡雅故也。几事不密则害成，即仲愚等并不使知亦无妨，俟办成再告之也。

桐侄将来必成大器，须善教之。家君自到京后，一切安好。兄旧恙时偶一发，但眠食如常，当无大碍。近应酬颇多，又考差在迩，不免为抱佛脚之计，草草不及多述。肃请

侍安

兄绍箕顿首

舅母大人前祈叱名请安。姨母大人均安。

---

① 潘峄琴(1841—1899)，名衍桐，字菶廷，南海人。同治七年(1868)进士。历任国史馆纂修、陕西副考官，光绪十四年(1888)督学浙江，补翰林院侍讲学士、侍读学士。后在广州创办《岭学报》。著《拙余堂诗文集》等。

② 詹鸿谟，浙江绍兴人。同治十三年进士，散馆改礼部主事，升郎中。光绪十五年任顺天同考官。外官至江苏徐州知府。

致胡宝仁书一通[①]

1895 年

筱玉姻丈大人阁下：

自阔颜教，有移岁时，虽音敬阙如，而驰仰之私，未尝不时时贡梦左右也。去冬，侍读致家君书，并惠赐二百韵，倦翮分阴于远干，枯鳞借润于廉泉，高谊隆施，不任铭佩！长者以王登之文学，兼刘陶之神明，茂绩循声，自可预券，临风逖听，慰怍实深。家君近来精力稍逊从前，去年秋冬间颇患腰痛，现全愈，服食如恒。

详例中应划一者甚多，此事非有学会断不能定，曾屡言子，亦未及行也。

侄编书馆局，颇多赋闲，所喜舍弟连得两差[②]，惟归囊有限，家累太繁，终不免有长安不易居之叹耳！

东事[③]外误于北洋，内误于政府，败坏决裂，遂致不可收拾。现在议战无方略，议和无界限，议迁无章程。当轴处置军事，料惴敌

① 录自《蓼绥阁遗集》。胡宝仁(1840—?)，字懋卿，号筱(小)玉，又号念间，瑞安人。光绪十二年(1886)丙戌科进士，官四川南部、太平、郫县知县。工山水画。

② 当指黄绍第于光绪十九年(1893)出典湖南乡试，光绪二十年(1894)充江南乡试副主考。

③ 指甲午中日战争。

情无一不极昏谬，虽恭邸及高阳[①]、常熟均参密，而亦少补救，如此情形，非有大变不足以应之。

家君迩岁遥主信陵讲席，日内绍箕即拟乞假去官侍奉，暂赴汴梁，以了今年课程。俟秋冬间再图南返。吾乡会试公车，仅及十一人。舍弟稍迟亦拟与诸君结伴还乡。

现在沿江沿海人心惶惶，惟蜀可为乐土。每忆邵康节[②]《戒子》之言，窃以为古今一致，惜道远不能西谒花封，一亲杖履为怅耳！

家君久疏简札，特命绍箕专肃陈谢。虔请

升安，并恕其草草不恭万幸！

侄黄绍箕顿首，三月初六

---

① 恭邸指恭亲王奕䜣(1833—1898)，道光帝第六子，是第一代和硕恭亲王。 高阳指李鸿藻(1820—1897)，字密云，号石孙、兰孙，直隶高阳人，咸丰二年(1852)进士，历任户部侍郎、工部尚书、供职军机处和总理衙门。中日甲午战争爆发后，受命参赞戎机，不久复任军机大臣，与奕䜣重掌大权。后任协办大学上，吏部尚书。谥文正。

② 邵康节指邵雍(1011—1077)，北宋哲学家。字尧夫，谥号康节，范阳人。

致冒广生书二通[①]

一

1899 年

鹤亭贤侄婿阁下：

前奉手书，以绍箕惨遭大故，惠赐楮仪，并荷慰唁周至，伏读感泣，不知涕之何从也。先严近年步履稍蹇，而精力尚强。绍箕今春定计归省，而以公私牵率，屡致愆期。迨请急南下，入门匍匐，呼抢无从。平日不能侍奉菽水，博堂上高年之欢。病不尝汤药，殁不亲含敛，终天之恨，万死莫追。自乙未以来，有眩晕气逆之疾，时发时止。今年到家后，所患益剧，医有《金匮》《千金》"奔豚"两方参治之，时效时不效。近始略差，然稍劳辄复。自兹以往，在家为不孝之孤子，在世为无用之废人，殆终无望报答于万一矣。兹补上哀启一通，伏祈鉴及。堂上想康健如恒，敬乞代为陈谢。侄女及小孩当均平善。

---

① 录自上海博物馆图书馆编《冒广生友朋书札》（上海书画出版社，2009 年），其中第二通乃黄绍箕手录诗词之件，已散见诗词部分。

致冒广生书二通

周姻伯[①]起居何似？不胜驰仰。贱内来函，定于本月初六日挈眷南旋。兹谨诹十月初二日奉安窀穸。江庶母拟俟葬事毕后携侄男女北上。兹读致若川书，有前来会葬之说。千里跋涉，劳费殊甚，且天气渐寒，高堂侍奉需人，万望勿拘此礼节也。

南皮师昨遣人，约大事毕后赴鄂。世业寒素，时局艰危，家食既难，乡居亦殊不易，度不能久守邱陇。若筋力稍任劳顿，早晚当往武昌。七月杪得济南书，陶外祖母亦于六月间弃养。家母自春徂秋，三遭变故，创巨痛深，莫此为甚。幸近来强自解譬，可冀勉抑哀怀。

张皋文[②]先生《墨经注》，以问颂丈[③]云未接到，便乞函催寄赐为幸。病羸初起，裁谢稽迟，伏惟亮察。

寒舍三房均平顺，增侄又举一男，并以附闻。即请
侍奉福安，顺颂
潭祉

绍箕稽颡，九月初三日

---

① 周姻伯指周星诒(1833—1904)，字季贶，号千秋，号窳櫎，浙江山阴人，周星誉之弟，冒广生外祖。官福建建宁府知府。工诗，好为近体，多真挚语。著《窳櫎诗质》《瑞瓜堂诗钞》等。

② 张皋文（1761—1802)，名惠言，原名一鸣，号茗柯，江苏武进(今常州)人。嘉庆四年(1799)进士，改庶吉士，授翰林院编修。清代词人、散文家。著《墨子经说解》《茗柯文编》《茗柯词》等。

③ 颂丈指孙诒让。孙诒让有《斠读张惠言〈墨子经说解〉题识》："皋文先生此书，余廿年前嘱老友钱君元择于常州访之，渺不可得，以为久付蜡车矣。近如皋冒孝廉广生始属其戚武进金湝生武祥以藏本录寄，阳湖恽小坡氏藏有手稿本。为之狂喜累日。所定《经下》句读，与余前考定本略同，惟其说间有割裂失当之处，当补录入《间诂》也。光绪廿五年九月孙诒让记。"

二

从者如无事，请于九十钟时过我一谈，稍迟便须出门，不能久候也。

鹤亭贤侄婿阁下

箕顿首，十六日

致恽祖翼书一通[①]

1898 年

瑞邑于丙申三月设立学计馆，由绍箕兄弟与诸同志鸠资创办，止听绅民乐输，未尝勉强勒派，故收数不多，赖前署任宗湘文[②]观察捐廉提倡，府、县尊亦各有资助，幸得集事。然统计所集银元仅一千有馀，每年提息应用，虽省之又省，断断不敷，不得不动用资本。前闻旌盖移莅武林，曾属梁节庵同年转恳鼎力玉成，当承俯允，感佩无涯！现在经费奇绌，搘拄维艰，若竟中道而废，于地方利害所关非细，请为我大公祖详晰言之：

今天下之通弊有二：曰固陋，曰浮夸。非扩充见闻而又实事求是，则人心不静，人才不成。泰西各种学问，皆发源于算学，此事有实据而无实谈。少年以此为初基，则心思自然静细，以后涉及政治、兵、商等务，亦必探求实际，不敢率尔大言。

瑞邑学计馆开办仅两年，学生按班到馆，月仅九日，然其中聪俊有志趣者，于中西算术已得门径。常课之外，兼令讲阅各种书

① 恽祖翼(1835—1900)，江苏阳湖人。字叔谋，又字崧耘。同治三年举人。以知县累官至武昌道、湖北督粮道、汉黄德道兼江汉关监督、湖北按察使。光绪二十二年迁浙江布政使，后任浙江巡抚。《清史稿》卷四四八有传。

② 宗湘文(1834—1897)，名源瀚，江苏南京人。历任衢州、湖州、嘉兴知府。光绪二十年(1894)任温州兵备道，卒于任。

报,颇有会心。若多购图器以资研求,俾得积力专精,将来成就大小不可知,其不至无用可决也。

近来乡人多阅各报,皆由馆中代办,知识较前稍觉开通。闻时务报馆言,除省城及大郡之首县外,凡一县中阅报者,以瑞安为最多,其故由于院长、司事随方劝导者半,由于学生私相诵述者亦半,此实学计馆之力也。

至今日不测之患尤莫甚于教案,一发虽细,动掣全身。古腊洋人购定城内房屋一所,为传教之地,道路已啧有烦言,绍箕等逢人开导,凡曾阅各报者韪其言。惟见闻素狭者,虽舌敝唇焦,终多扞格。盖愚民之识议多随士类为转移,但使于中外大势、交涉利害,粗和梗概,即不敢逞一时之忿,以贻大局之忧,乃悟迩年教案叠见,多起于边僻州县,至省城及大郡则皆无之,甚矣,见闻不广之为祸烈也。

今学计馆薄有成效。自前学院于此事不甚措意,馆中又苦费绌,既不能优奖英异以励中材,更不能渐图扩充以求实用,故现在似反不如上年之踊跃。然馆生之已涉津途,及未入馆之有意实学者,志坚气锐,必欲从事于斯。绍箕兄弟近与邑人试办务农会,力量绵薄,实难兼顾。瑞邑富户极少,亦有愿讲农务,不甚主张算学者,势不能挹彼注兹。再四焦思,无可设法。

查温郡盐局解款向系六万有馀,上年增解二万,伏祈大公祖于谒见中丞世丈①时,缕述下情,并转商鹾使,恳请于此项中赐拨四千金,交学计馆具领,存典生息,每月八厘计,四千金岁得息银三百八十馀金,撙节经理,便可久远支持。倘蒙鉴允,速赐复谕,由绍箕兄

① 中丞当指时任浙江巡抚的廖寿丰(1836—1901),嘉定人,字穀似,又字暗斋,晚号止斋。同治十年进士,授编修。光绪十九年至二十五年,任浙江巡抚。

弟及邑绅向县禀乞,具详请给,并予声明每年止用息银,不动官本,将来学计馆万一废罢,仍将官本缴还。如此办理,于公款所损不多,而于地方造就人才、消弭隐患之计,为益甚大,岂独不邑感荷无穷!闻杭州新设算学书院、蚕务学堂,皆拨官款;开办处州书院,经费亦曾由省拨给。瑞邑僻小,何敢仰视会垣,而地在海滨,较处州似为稍要,且开馆两年,丙申冬、丁酉夏三次课卷评定,皆经呈县出榜,业有征效可观,与先请官款始行试办者不同,所请给款又在本郡增解数内,想中丞世丈及大公祖明见万里,与杭、处两郡一视同仁,当无轩轾厚薄之见于期间也。

邑中有卓公毅公祠,祀先哲明卓惟恭侍郎敬[①]。自瑞安学计馆开办,即以祠堂为馆。潄兰先生为撰楹联以示后学:

吊公屡过石头城,知与陈铁侯张毛郭胡□诸祠同寿名山,毅魄岂唯光故土;肆业犹留江上寺,至今天官舆地律历兵刑之学谁延宗派,追踪应复得传人。

---

① 卓敬(?—1402),字惟恭,瑞安人。洪武二十一年(1388)进士,官至户部侍郎。死于靖难之变。谥忠贞。

致赵凤昌书十通[1]

一

1900 年

竹君仁兄大人阁下：

违晤甚久，敬维起居佳胜为颂。敝眷来往沪渎，屡蒙费神照料，并承厚惠兼假巨款，感泐之私，莫可言喻。

兹寄去柑四桶，信一封，敬请觅妥转寄武昌督署，勿迟为幸。渎劳清神，容晤谢不尽，肃请

台安

弟制黄绍箕顿首，四月初四日

① 录自国家图书馆善本部编《赵凤昌藏札》（国家图书馆出版社，2009 年）。赵凤昌（1856—1938），字竹君，江苏武进人。光绪十年（1884），入两广总督张之洞幕，由文巡捕升充文案，参预机要。光绪十五年，随张之洞移督湖广，升总文案。光绪十九年，张之洞被劾，涉及赵凤昌，遭革职永不叙用。张遂于湖北电报局给予挂名支薪。自此，赵凤昌在上海筑惜阴堂定居，充其耳目。辛亥革命爆发后，成为南北议和的牵线人物。

二

1900 年

竹君仁兄大人阁下：

别来甚念，比维起居佳胜，潭第绥龢，不胜驰系。春间挪款，亟思奉还，以近况拮据，急切无出，至为愧仄。

兹有恳者，顷寄送何芝舠[①]姻丈之太夫人素幛一悬，其上款未审何姓，空出一字，敬请代为查明补填加封，并信一函内系先君讣闻，前漏发，兹补寄，饬送确交，至为感幸！子康行急，仓卒间不及另函，如便中晤伯梁兄弟，并望代达歉忱。

又广雅师属弟代购医书一种，以备其世兄辈查阅，近来新出四川唐容川[②]医书系敝门生曾送来刻本数种，存在家中，未带出颇佳，沪上有石印本发售《医经精义》《伤寒论浅注补正》《金匮要略浅注补正》《本草答问》《血证论》等书共十二本，《申报》刻有告白，价二元五角，记不清是某书坊。祈饬访购寄，由敝寓水陆街姚家花园交署，其价即出署中账可也。种种琐渎费神，心感无似。弟闰〔八〕月一病几殆，顷始有转机尚未复元，草草布达，肃请

台安

弟制绍箕顿首，十一月十八夕

---

① 即何芷舠(1834？—？)，安徽望江人。何俊之子。由户部郎中官至湖北汉黄道兼江汉关监督。于光绪九年(1883)在扬州建何园。

② 唐容川(1847—1897)，名宗海，四川彭县人。光绪十五年(1889)进士，授礼部主事。嗜好医学，受当时西医影响，从维护中医的愿望出发，试图进行中西汇通，以证明中医并非不科学，是中国早期中西医汇通派代表人物。著《中西汇通医书五种》，于血证的论治有独到之处。

内子附笔敬请

嫂夫人阃安

附上洋六元,系舍亲林君托购江南义赈彩票[①]一张,并乞代为购寄是幸。

三
1901 年

竹君仁兄大人阁下:

前奉手书,具承一切,阙然不报,歉仄良深。比维起居佳胜为颂。往岁荷假银饼百枚,久未奉还,惭愧之至。兹谨如数缴上,交存汉口义昌成舍亲贾馥庭处,本拟即日寄呈,据云执事与樊时勋不日来汉,俟到时面交。

兹再奉恳,代购虾青哈喇呢袍料便衣夹袍一件,天青哈喇呢外褂料一件,货色要顶好,约价在每尺二元以上者,再贵亦不妨。另有四十元已交馥庭。良晤在即,容统面谢。肃请

台安

时兄均此道候,不及另函。

弟绍箕顿首,九月初十日

① 发行于 1899 年至 1905 年间。1899 年 4 月 23 日,由清政府批准成立的彩票公司——广济公司在上海张园发行。

刚孙[1]道沪时托寄一单，系内子恳代购做现成之天青缎女夹袄一件，向黄楼处所钱，敬请费神购就带来为荷。

四

1902 年

竹君仁兄大人阁下：

前在沪上，获与盛筵，兼聆雅教，感佩良深！弟本拟即日启行，适为事所绊不果，兹奉电稿一纸，敬请代发。又前有信致屺怀，约上巳左右到沪晤谈，如渠来时并为代谢愆期之过。琐渎皇恐，容面谢不尽。肃请

台安

时勋兄暨诸知好乞代致意！

弟绍箕顿首

五

1902 年

竹君仁兄大人阁下：

钟山晤教，快慰无量！弟于十四早偕昆侯端中丞令郎搭江宽回鄂，属件遵为面致。黑虎绒马褂鄂中已寄来一件，前恳代做之件可

① 据王同愈《栩缘日记》光绪二十八年五月初一日："午后至姚园祭刚孙(君立之子)。"得知刚孙乃张权子、张之洞孙张厚琨，光绪七年(1881)七月出生，二十四年留学日本。二十七年秋，日本在仙台举行陆军大操，被派往考察，十一月回到武汉时，因马受惊坠亡。张之洞挽以联："宗悫堕马竟戕生，负吾期望乘长风鼓巨浪之志；汪琦虽殇亦何憾，恨汝未能执干戈卫社稷而亡。"此处"刚孙道沪"或指张厚琨赴日观操，途经上海。

以无须，如已办，不知能否出脱，将存款乞为代购羊灰鼠外褂皮筒一件，如做好不能出脱，即请寄鄂可也。

温州如有酱鸭寄至义昌成樊时兄处，请为代觅妥便寄金陵督署确收为感。草草，即请

台安

弟绍箕顿首，十一月望，江宽舟中

六

1902 年

竹君仁兄大人阁下：

小叙数日，备纫厚情，录别匆匆，良深怅惘。照相片晒好后请以三分共九张交贱仆陈升现在义昌成带回瑞安，留四分共十二张在沪，俟弟信来一并寄日本，馀尽数觅便寄鄂。送王胜翁[1]处奠敬十元请代封好，下款填愚侄，并帐子寄苏城。种种费神，心感无似。肃请

台安

时翁均此。

弟箕顿首，十八夜江宽舟中

相片并王处送仪共五十元，在时兄处。

---

① 指王同愈(1856—1941)，字文若，号胜之，又号栩缘，江苏元和人。光绪十五年(1889)进士，历任翰林院编修、顺天乡试同考官、国史馆纂修、文渊阁校理、湖北学政、两湖书院监督等。著《栩缘日记》等。光绪二十八年七月二十九日，王同愈母病逝，于九月二十五日开吊，出殡。故此函作于1902年。

七
1903年7月1日

竹君仁兄大人阁下：

三奉手书，阙然不报，悚疚实深。昨又辱惠教，敬悉一切。前寄件一一照信收到，比维起居安胜，至为企念！

所论自来火厂事，极为明切，匋公本有意挽回，当再如尊旨告之，劝其坚持到底也。照片请送交宝子申观察巽[1]，子年之兄寄东，渠留沪不久也。即请

台安

夊师大约至早须七月出京[2]，北上后有电无信。吕、盛[3]诸公返京否？便乞示及。

弟箕顿首，闰〔五月〕七日

八[4]
1904年

竹君仁兄大人阁下：

---

① 宝巽（1862—？），字子申，辛亥后改名李孺，河北遵化人。光绪十一年（1885）举人，以道员候补湖北，曾任湖北驻日留学生监督等职。

② 光绪二十九年正月初八日（2月5日），张之洞奏请入京陛见。朱批：着来见。二月二十二日交卸两江总督署篆，三月初一日抵武昌，二十八日，由汉口乘火车北上，四月二十日抵京师。于十二月二十二日出京。

③ 吕指吕海寰，盛指盛宣怀，时在上海。

④ 陶湘《昭代名人尺牍续集》（灵宝石印局，1911年）亦有收入。

前奉手书,未及裁复,至以为歉!比维起居佳胜,念甚念甚!

冰师精力似稍逊前,然剧谭时亦有神彩,惟为湿热所困,初患痔疮,顷渐愈,而又患口疮,舌干异常,眠食皆稍有不适,大解亦结滞,大约气机能流畅,则诸病自然悉去矣!

冰师命书其先太仆墓碑①,此间纸张不合手,勉强画格缮写,本系拙书,以纸故更觉不堪。沪上当有日本所造纸,有一种微带黄色光润,不甚厚亦不至太薄,不知是否即美浓纸,请兄代为物色,从速寄购数十张五六十张,至感至幸!价容另奉缴。时勋兄晤时乞代道候,不及另书,肃请

台安

弟绍箕顿首,廿二日

九

竹君仁兄大人阁下:

昨甫到,未及走候,遽辱先施又失恭迓,歉甚歉甚!兹有电稿一纸,敬请费神用密码交发为幸。晚间时翁见约之局当可握晤畅谭。肃请

台安

弟箕顿首,初一日

---

① 许同莘《张文襄公年谱》卷九(页一九七):光绪三十一年,立太仆公张锳墓神道碑。"碑书二十九年十二月立。子婿鹿传霖撰,孙婿黄绍箕书。"据此,此信札当作于光绪二十九年。

一〇

顷走送，值从者出门，未得握晤为歉！兄到沪后，请代向书坊购《经解入门》①三部石印，每部二本寄鄂，能速尤感。种种费神，不安之至。容谢不尽，肃请

竹君仁兄大人台安

弟箕顿首，初八日

① 《经解入门》，清代学者江藩所撰，是为初学者写的启蒙读物，以浅出方式全面介绍阅读经学书籍的基本常识和方法。全书五十二章，有如五十二条读书规章，是学子了解经学的很好入门。阮元为其作序，评价甚高。

致唐文治书一通[①]

1905 年

前奉复教，感佩之至！

虞君辉祖[②]携所造仪器向贵部呈验，前晤陈雨苍侍郎、绍越千右丞[③]，询知极蒙优待，并为设法提倡，凡在学界中人，同深感刻。惟日本人现筹集资本八十万，拟到中国广售图书、仪器等项，又有西京之岛津氏，系历年售教育品之巨商，亦将接踵而来。虞君资本有限，再筹推广集股亦殊不易，若日人在内地制造，则上海之仪器馆势必渐至衰亡可翘足而待也。教育品一一皆仰给于外人，非惟

① 录自《瓯海集内编》，《鲜庵遗文》亦有录，无末段。唐文治（1865—1954），字蔚芝，晚号茹经，江苏太仓人。著名教育家。光绪十八年（1892）进士。1903 年起历任商部右丞、左丞、左侍郎，署理农工商部尚书。1907 年—1920 年任邮传部上海高等实业学堂监督（即上海交大校长）。著《茹经堂文集》等。据《茹经先生自订年谱》载：此书作于光绪三十一年（1905）三月。

② 虞辉祖（1864—1921），字含章，别号寒庄，宁波人。深受变法图强的思想影响，走上了弃科举、学科学、兴办实业的道路，于光绪二十七年（1901）创办上海科学仪器馆，设立理科讲学所。著《理化教程书》等。

③ 陈雨苍指陈璧（1852—1928），晚号苏斋，福建侯官人。光绪三年（1877）进士。历任湖广道、山西道监察御史，太仆寺少卿兼顺天府尹，商部侍郎，户部右侍郎，补授度支部右侍郎，邮传部尚书兼参预政务大臣。著《望岩堂奏稿》。 绍越千指绍英（1861—1925），满洲镶黄旗人，曾任京师大学堂提调，官至商部右丞、度支部左侍郎。辛亥革命后，被逊清廷命为总管内务府大臣，特授太保。

利权尽失,即国体亦殊无光,甚可忧虑!

弟思有一策,姑冒妄言之:南洋公学现已改为实业学堂,归贵部管理,可否请于轮、电两局筹拨项下,酌划若干交给该馆,作为贵部附属之科学仪器馆,仍责令虞君悉心管理,择要扩充,而官司稽查之任,得利则按数缴官。有京师工艺局以备通常需用之器物,有上海仪器馆以备学课需用之器物,于民间为雅俗兼资,于贵部为规模略具,核之名实,似皆有益无损。且既有官本为之提倡,外间再行添股较易为力。将来京沪实业两学堂所用仪器甚多,即官民所立各学堂,取资亦日多一日,公私两便,其益无方。即日人来华争利,亦足以资抵制,若待日商兴盛,沪馆朽败,再图补救,时晚而势亦更难矣!

前曾以此议与陈侍郎言其大略,颇以为然,伏望执事与贵部同事诸公熟筹妥酌,据实详陈尚书,请其采择施行,学界之幸,亦中国之幸也。弟向有制造教育品之议,而苦无所藉手。虞君素无瓜葛,至京始得谋面,区区之意,实为扶助学风,保全国体起见,决无丝毫徇情阿好之私,想知我者必能亮之也。草草,布请

大安,统惟垂鉴不宣

弟绍箕顿首

日本于工商实业未发达者,往往由官津贴或岁至数十万,俟兴旺后再收其利。中国官力不足,然此事贵部似尚可仿行也。

箕又及

致袁昶书五通[1]

一

拙作承点定,理精且富,感荷无既。

惟鄙人墨守朱子,其论二氏[2]及诸儒处,皆略宗《朱子文集》及《语类》之遗意,长者深于二氏,故每以彼法论朱子及诸儒。虽鄙陋藩墙之见,与深入堂奥者不可同年而语,然根原不同,实是如此。如出世、经世,尊见分为二事,朱子意则以学与治为[3]一事,正使彼教亦言经世,亦能经世,而与吾儒之理仍无涉,朱意谓流弊即在其出世之学,不在罕言经世。使吾儒不出而经世,亦并不言经世,而与彼教之

① 前二通录自《鲜庵遗文》,林大同《鉴止水斋谈屑》亦有载,且前有序言"瑞安孙黄二仲,学者并称。黄学士靡盬驰驱,不暇铅椠,故其著述,不如征君之富,今刊行者仅《中国教育史》及诗集耳。客岁云间袁道冲旧友,钞示学士昔与其先德爽秋太常论学二书,知学士毕生致力之所在,老成典刑,吾辈所当奉为圭臬。" 袁昶(1846—1900),字爽秋,号重黎,桐庐人。光绪二年(1876)进士,九年为总理各国事务衙门章京,十八年任徽宁池太广道。二十四年擢陕西按察使,改江宁布政使,八月,调直隶布政使,均未就任。次年,授光禄寺卿,转太常寺卿。二十六年与许景澄等被杀。谥忠节。有《渐西村人集》。

② 指佛、道两家。

③ 《鉴止水斋谈屑》作"谓"字。

理亦无涉。《朱子文集》《语类》辟佛、辟陆氏，反复专明此义。朱子以道与艺为一事，尊见以为二事。朱子通二氏大要与辟二氏亦即一事，而尊见亦分为二事。尊论每以朱子讲学多用权，而鄙人则觉其实。但自顾太浅陋，不敢复置辩，亦以此事非数语可了故也。此自是长者研究二氏，而性于释氏为尤近，故特[①]论如此，道与儒，其实较之释氏尚不甚远。尊旨似欲以佛氏为体，而以老氏为用，此学若成，合地球上想无能当之者，他日必有此一派学问。朱子所谓“合下有禅底意思”，正是见之精处，断非皮傅者所能及也。

引喻从祀诸儒，陆、王[②]外，添杨慈湖、陈白沙[③]诸先生，甚周密。但某公之学佛、学道，似未深造，所念之道经殊不高，其兼综三教，实近于朱子所谓“不成个物事”者。故拙作引张良、李泌以其皆尝辟谷，《唐书·泌传》谓：泌自言时时与赤松子、王乔等游。某公颇近似，而尚不如其雅，真是奉[④]五斗米道之流亚也。引富彦国、赵阅道[⑤]以其皆读佛经。但取古来闳人有粗迹可据者，约略言之，如晋以前，为黄老之学者，宋以后讲心宗者，皆不敢阑入。惟陆、王则为援释入儒者之

---

① 《鉴止水斋谈屑》作“持”字，应以此为是。

② 陆指陆九渊，王指王守仁。

③ 杨慈湖（1141—1226），名简，字敬仲，世称慈湖先生，慈溪人。宋孝宗乾道五年进士。授富阳主簿。师事陆九渊，发展心学。宁宗嘉定初出知温州，官至宝谟阁学士。谥文元。有《慈湖诗传》等。　陈白沙（1428—1500），名献章，字公甫，号石斋，广东新会人，后迁江门之白沙乡，学者尊称为白沙先生或江门先生。明正统十二年（1447）举人，成化十九年（1483）授翰林院检讨。明代著名理学家、教育家、书法家和诗人。其学说则称“白沙学说”或“江门学派”。

④ 《鉴止水斋谈屑》无“奉”字。

⑤ 富彦国（1004—1083），名弼，洛阳人。宋仁宗天圣八年（1030）举茂才异等，授签书河阳判官。庆历三年（1043）拜枢密副使，与杜衍、范仲淹等主持庆历新政。英宗即位，为枢密使，封郑国公。有《富郑公集》。　赵阅道（1008—1084），名抃，号知非子，浙江衢州人。宋景祐元年（1034）进士，官至资政殿大学士，以太子少保致仕。谥清献。笃信佛教。

渠魁，故不得不一提。然陆、王亦实尝看佛经。慈湖未从祀，顾、高同治年间亦未祀，未知后来曾添入否？① 其馀诸儒，或由冥悟、或即从陆、王出，未必专从佛书讨生活，不止以顾、高尝辟王，蕺山尝辟王学，末流为因果之说者，故特不及之也。某公虽亦务静坐，然止是善男子之流，端谨和平，自不可及，而殊乏光明俊伟之气，讲心宗者，必不尔也。平时议论亦以辟陆、王自任，可见其于心宗无得也。② 引国初儒者，添出沈近思③，则妙极妙极！沈公宗旨与南昀④不殊，然妙在少尝为僧，亦所谓有粗迹可据也。拙作大意面子上是宗朱子，说二氏当辟，但其心得不可没⑤，骨子里直说是能念经亦好，所得不深，其弊必不大耳。盖某公所学之弊，止在其身不能及人，若真讲心宗，便不敢测其流弊之所至，缘其好处与弊处皆太大也。

此文因上半篇门面太大，故篇末略寓规劝，稍自文饰，以应篇首不敢贡谀之语。昨与可庄言，近来应酬文字，即有好手笔，亦断不能朴实写出，所以断不得佳。可庄云：若与某公为老同年，竟可直说他所学不合，然犹贤乎已！我们则断断不配也。极荷垂爱，故不敢匿其区区，惟恕其愚妄而终教之，万幸万幸！

二

覆教，透澈之极，敬服敬服！

---

① 《鉴止水斋谈屑》此句无。

② 《鉴止水斋谈屑》此句作："平时议论王自任，可见其亦以辟陆于心宗无得也。"

③ 沈近思（1671—1741），字位山，号暗斋，钱塘人。早年家贫，入灵隐寺为僧。康熙三十九年（1700）进士。授河南临颍知县，官至左都御史，赠礼部尚书。谥端恪。

④ 南昀指彭定求（1645—1719），字勤止，号咏真山人、守纲道人，长洲（今苏州）人。康熙十五年（1676）状元，授修撰，历官侍讲。曾皈依清初苏州著名道士施道渊为弟子。著《阳明释毁录》《儒门法语》《南昀文集》等。

⑤ 《鉴止水斋谈屑》作"得"字。

致袁昶书五通

此公先德即以《儒门法语》教人。以此养心，以《聪训》《澄怀》二书藏身二语，可谓不刊之论。大约自《呻吟语》出后，士气即就衰，至国朝雍、乾后尤甚。朱子谓东汉党锢之后，士大夫间必别造一种议论，父兄师长以相告[①]诫，以为避祸藏身之计，如《聪训》《澄怀》二书，殆此类也。以朱子议论及行事考之，则与近来宗朱学者判若天渊，直相背而驰耳！

某公亦是胡伯始[②]一流人，但底子尚忠厚，近每有讲理学而甚巧，专以其所讲之学，为做官趋避之用者，则尚不如之。其学还有极可笑者，他日当面陈也。

长者读书博而见理甚深，岂可与近来讲学阔人同日而语？侄每喜看顾亭林、李穆堂[③]诸先生及近龚、魏[④]诸家集，而不愿看学桐城派诸[⑤]家之文，惟惜抱老人[⑥]则不敢轻视，其馀则大率皮傅者耳。大抵道理自在天壤间，家数由人自立，工夫由人自做，但占得道理、田地多者，乃占便宜。然以一时论，则恃气运；以一身论，则恃气魄。气运好，气魄大，便无论何家俱做得成，然却不能以此而抹却

---

① 《鉴止水斋谈屑》作“诰”字。

② 胡伯始（91—172），名广，湖北华容人。东汉安帝元初三年（116）举孝廉，章奏考试第一。顺帝汉安元年（142），以大司农迁司徒。后任司空、太尉、太傅。历事六帝。时人谓“天下中庸有胡公”。《后汉书》有传。

③ 顾亭林指顾炎武。 李穆堂指李绂（1675—1750），字巨来，号穆堂，江西临川人。康熙四十八年（1709）进士，授翰林院编修，历任户部侍郎，内阁学士，广西巡抚，直隶总督，礼、吏、工、兵部侍郎等职。著《陆子学谱》等。

④ 龚指龚自珍（1792—1841），又名巩祚，字璱人，号定庵。近代著名的启蒙思想家、文学家。 魏指魏源（1794—1857），字默深，我国第一批“开眼看世界”人物之一。

⑤ 《鲜庵遗文》原作“绪”，误，径改。

⑥ 惜抱老人指姚鼐（1731—1815），字姬传，一字梦谷，安徽桐城人，乾隆二十八年（1763）进士，授庶吉士。历任山东、湖南乡试副考官，刑部广东司郎中，四库全书馆纂修等职。主讲南京钟山、梅花，安庆敬敷书院。

所占道理之多少。近世气运不佳,阔人又无气魄,故无论学儒、学佛、学道,而皆为乡原之归,此亦世运之隆洼[①]升降所关,风会人才气脉之薄,于是外患亟,而彝翟乘虚浊乱中夏之祸烈矣!长者以为然乎?否乎?[②]

三[③]

复教敬悉,确当之至,敬服。蒿庵乐府,乃珍艺以甲乙篇拟仓颉书之流耳。郭氏乐府诗集,其分类大率依据旧文,向稍涉览,亦未明其所以然,其间一题而数人同作,篇幅字句长短多寡不同,似无定格,然当时似非徒歌而不可被之管弦者,即谓乐工改就音律,作者亦必非漫无绳尺可知矣。若庄氏别有神解,所作皆可入乐,便是绝学此专论乐府,不论词曲,亦未可以文字工拙论。今观其叙录,及题下自注,殆非能然也。侄最心折董方立[④]之骈文,以为其才思非同时诸家所及,但未成熟耳。若天假之年,充其所至,恐孙、洪[⑤]亦为避席,陆祁孙、董晋卿[⑥]不能及也。(下缺)

---

① 《鉴止水斋谈屑》作"污"字。

② 《鉴止水斋谈屑》后有"袁太常跋云:仲弢两书,发挥有义味,能攻我之短,取铭座右,策吾炳烛之志"。

③ 录自林大同《鉴止水斋谈屑》。

④ 指董祐诚(1791—1823),初名曾臣,字方立,江苏阳湖人。嘉庆举人。少年时工为骈体文词,继通数理、舆地之学。著有《兰石斋骈体文》一卷,《董方立遗书》十六卷,《移华馆骈体文》甲集二卷、乙集二卷等传世。

⑤ 孙指孙星衍,洪指洪亮吉。

⑥ 陆祁孙(1772—1834),名继辂,一字修平,江苏阳湖(今常州)人。嘉庆举人。曾官江西贵溪知县。工诗。著《崇百药斋诗文集》。 董晋卿,名士锡,一字损甫,江苏武进人。嘉庆副贡,候选直隶州州判。从其舅张惠言学,工古文、诗赋,善填词。著有《齐物论斋集》。

书中庄氏,似指庄中白先生,先太常尝以庄集征求名流品题也。荣叟注。

四[①]

《庄氏集》浏览一过,谨奉缴。

刘舍人之赞隐秀曰:“深文隐蔚,馀味曲包”[②],斯足当之矣!窃谓国朝公羊家推求大义,固多心得,然谓“抉经心而成达例”,未敢遽信其然。独其文词则未有不奥衍而遒丽者,殆亦舍人所谓“有助文章”[③]者欤!毗陵人文最盛,至如大云之文本九流,茗柯之赋源汉魏,蒿庵之诗拟乐府,尤为特出,非一州之所得专美。长者以为何如?

集中《题仕女跨虎图》甚佳,绍箕适有此图,他日当奉求赐题,并请大笔写庄诗以资讽览也。

吴礼北[④]书联附缴,笔力洞达而情趣索然。“智过其师,乃可传法”,信非虚语。

拙诗承改定数字,确当之至,感荷无似。尊评过蒙奖借,向来作诗绝少,非惟才短,抑亦胆怯,后当稍稍为之耳。

---

① 录自《鲜庵遗文》。

② 出自刘勰《文心雕龙·隐秀第四十》,意指文章写得深刻,便含有内在的美,包藏着味外之味。刘勰,南朝齐、梁时期文学理论批评家,字彦和,山东莒县人,世居京口。精研佛理,饱览经籍,于南齐末年写成《文心雕龙》。梁武帝时,历任奉朝请、东宫通事舍人,世称刘舍人。晚年出家,法号慧地。

③ 出自《文心雕龙·正纬》。

④ 吴礼北,包世臣弟子。

五[1]

长者日记,敬求赐下一册作样。前存廿册,当即日莱检奉呈,迟延弥月,皇恐无地。初九日伏望早临省馆,藉叙阔悰。此后敬侍谈谦之会,恐三数年内未易遽得也。肃请

重黎老丈大人道安

侄绍箕顿首

① 录自《清代名人翰墨续集》(黄氏忆江南馆藏),《近代中国史料丛刊续编》第六十三辑,文海出版社出版。

上父书九通①

一

1883年7月20日

男绍箕跪禀父亲大人万福金安：

谨禀者：本月初三日交赓弟奉上第叁号安禀，比想呈览。初四日折差张霖到京，十三晚陆淮到京，捧到五月廿三日及本月初六日两次手谕，跪读之下，敬谂起居安适如常，母亲大人以次一律平安，不胜欣慰。

岁试折初四夜递，初七日发下；谢折初七夜递，初十日发下；封事折十四夜递，今日发下，封面验过，尚无霉污痕迹，均照原封交原差投递，恐打开再封难到恰好地位。妥友能办此者，仓猝亦不易觅，并非怕费事也。贺折本拟今夜即递，因封事今日才下，似以略缓为宜，改于后日再递。陆淮左臂疽痂因途中劳苦发痛，急欲旋

① 黄体芳(1832—1899)，字漱兰，号循引、莼隐，别署东瓯憨山老人，人称瑞安先生。同治二年(1863)进士，选庶吉士，授翰林院编修，于光绪六年(1880)至十一年任江苏学政，八年十一月，擢兵部左侍郎。十二年，因忤旨，降为通政使。十四年，典福建乡试正考官。与宝廷、张佩纶、张之洞有"翰林四谏"之称。诰赠资政大夫。

南,原折三分男均经拆看。及购办各件,均交之带回。张霖约廿一二方动身也。

越事内议不知若何?看局面却又是一变。曲江[1]本有退意,现奉回任之命,义不能辞,大约月底当遵海而南。六月十二日六旬正寿,蒙赐寿藏佛、如意、衣料等六件,圣眷可谓厚矣。前闻蔼兄[2]云:临淮[3]之馁,渠所深知,现在广东水师亦实无可恃。前曲江督粤时奏请筹拨巨饷,大加整顿,旋以调任而罢。此次抵粤后,不知作何办法。蔼兄不日当来京一次,再随送至粤而返。致椎公[4]函已亲送去,适不在家,明后日当再去,有动静即速禀闻也。

优册漏名,检举处分想不甚重,俟再询吏部熟人。朝考定于十八日。胡孟鲁[5]感激之至,询以房吏有无需索,据云无之。男意当报部之时,优贡本难预料,恐未必有需索情弊。惟若辈以破格取士为不便,亦是实情。力争吕舒端、王虎卿时,并无胡君在内。如果力争,决无独调胡君之理。其实以才气论,吕舒端实非胡所及也。男记性坏极,然此事却记得甚真。镇江棚考优不到者甚多,不知是否均不列名?不考即不列名,亦应先回一声,且报部。例在岁试毕后,必有大半未及科考,是优生之不到考者,有报部有不报部,似办法亦欠画一。敬望饬笙弟、楚弟一查稿案。男疑后来调考时之不指名,力争取优后之匿不声明,恐是有意为之。即未尽然,二者必居一于此矣。若俱不然,必是当

---

① 曲江当指张树声(1824—1884),字振轩,安徽合肥人。参与筹建淮军。同治四年(1865)授直隶按察使,九年调补山西按察使、布政使,不久护理山西巡抚,十一年后升漕运总督、江苏巡抚。光绪三年(1877)授贵州巡抚,光绪五年任两广总督,光绪八年代理直隶总督兼北洋大臣,九年还督两广,十年因病辞去两广总督,专治军事。谥靖达。

② 蔼兄指张华奎。

③ 指李鸿章。

④ 椎公指张佩纶。

⑤ 胡孟鲁,名丰谷,江苏吴县人。光绪八年优贡。后留学法国铁路科。任职邮传部。

时实在漏写，刻乃饰词支吾，盖坚说已经声明，则其错在上，漏写则其咎在彼，其实漏写情尚可原也。二月间，有人向都察院控李钟铭[①]潜至直隶界内有不法事，椎公议咨直督、晋抚查究，稿画讫而进闱，比出闱，则误以咨晋公文咨直，即罪书办，以受贿延误，立鞭之数百。江阴房吏似亦宜略示薄惩。

岐丈前月十九日方出京，途中想又略有耽阁，故至迟延。渠前函说七月底到澄，当不误也。

外祖母大人闻尚在署，近想康顺如恒。男甚愿多弟妹，弟固欣然，妹亦可喜也。散馆赋[②]实不惬意，原稿甚模糊，场中写上，比格后便不甚留意，检点又失去一纸，容另写出交下次折差张霖带呈。现在每日写折纸多少不定，暇则看书，时与汉卿、旭庄[③]二兄聚谈，或偕至厂肆阅书。蔼兄移寓后，再当立定课程或约友会课，多做多写，以求进境。湖督咨稿已请椎公阅看，云此系旧案，早已看过。续后尚见有几处文案，现在设法为之解脱。乙竿之款，渠坚

---

① 李钟铭即李春山，山西人，在琉璃厂开设宝名斋书铺。光绪五年二月二十五日张佩纶曾上《书贾李钟铭招摇撞骗请驱逐片》，将李钟铭驱逐出境。折云："臣闻山西人李钟铭即李春山，在琉璃厂开设宝名斋书铺，捏称工部尚书贺寿慈亲戚，招摇撞骗，无所不至。内则上自朝官，下至部吏；外则大而方面，小则州县，无不交结往来。或包揽户部报销，或打点吏部铨补，或为京员钻营差使，或为外官谋干私书，行踪诡秘，物议沸腾。所居之宅，即在厂肆，门庭高大辉煌，拟于卿贰，贵官骑马，日在其门，众目共睹，不知所捐何职？带用五品冠服，每有职官引见验放，往往混入当差官员中，出入景运门内外，肆无忌惮。夫以区区一书贾，而家道如此豪华，声势如此烜赫，其确系不安本分，已无疑义。现值朝廷整饬纪纲之际，大臣奉公守法。辇毂之下，岂容若辈借势招权，干预公事？煽惑官场，毁败风气？应请饬下顺天府该城御史将李钟铭即李春山即行驱逐回籍，不得任令逗遛潜藏，以致别滋事端。再近来风气日靡，流品不分，士大夫过于自轻，至显秩崇阶，有与吏胥市侩饮博观剧，酬酢馈遗，比昵一如亲故者，甚非所以崇体制峻防闲也。拟请特旨饬禁，以挽颓风，伏祈圣鉴施行。谨奏。"(《涧于集》)

② 黄绍箕于光绪六年(1880)中进士，九年庶吉士散馆，题为《六事廉为本赋》，得一等第一名，授职编修。

③ 旭庄指王仁东(1852—1917)，字刚侯，福州人，王仁堪弟。光绪二年(1876)举人。历任内阁中书、南通知州、江安督粮道、苏州粮道兼苏州关监督。有《完巢剩稿》。

云不必将去，只得暂存男处。数日前又见椎公一次，云有二事嘱男代禀，一捐修吴柳堂先生故居①，仿松筠庵②故事以奏稿及家书刻石嵌壁。捐数渠未明说，闻椎公云，蔼卿先后奉振丈之命捐贰千金，买宅实其力也。窥其言下大约多则百金，少则五十金，当无不可；一欲得苏局所刻《通鉴》各种，不必定要白纸，如《续通鉴》《通鉴目录》之类。意似请父亲购赠，二节略缓不妨。《通鉴》各种甚繁重，携带颇不便，尤难刻期而至，已与言明，渠云本非急需，已应允矣。

温全即令其随陆淮同去，渠家颇窘，赏安家银十金，又给以盘费银拾陆金，此款未说赏他，应否扣还，候裁夺。任贵已于前日回京，铜戳托马蔚丈代办，云已代催过四五次，迄未铸就。

都中连日得雨，农田甚利，出门却不大便。自到京后，知交中颇有招饮者，或一谢而再招，不能不回请一次，然但可省，则无不从省也。吴、李及奎、景、周、苏诸丈函件均送交，陈件未晤范高也兄，当再去面交。前赠莼丈之二十金，到京后即便送去，得暇当去领教。男一切平安，足纾垂注，肃此，谨请

金安

男绍箕跪禀，六月十七日申刻

母亲大人万福金安。姨母大人均安。

妹辈近祉，宝女近好。

---

① 吴柳堂(1812—1879)，名可读，号冶樵，兰州人。道光二十九年(1849)进士，授刑部主事，晋员外郎。同治十一年补河南道监察御史，冬因劾成禄降三级调用。十三年返里重讲兰山书院。光绪二年起用为吏部主事。五年以死谏慈禧为太皇太后而废垂帘听政殉国。张佩纶有《吴柳堂侍御家书跋》。

② 松筠庵是明朝大忠臣杨继盛的旧居，杨继盛(1516—1555)，字仲芳，号椒山，河北容城人，明嘉靖进士。谥号忠愍。他在此完成弹劾严嵩的《请诛贼臣疏》。乾隆年间，被改建为杨忠愍公祠堂。清流派首领李鸿藻、张之洞、张佩纶等常在此聚会议事，以杨继盛的风骨互为勉励。他弹劾严嵩的奏疏刻石嵌在谏草堂的壁上。

缪小山[①]前辈、李、周二世兄函附呈。

闻临淮在沪时，太冲[②]不肯任饷，又疏言："臣近日办江海防，布置甚周密，可以与英吉利一战。"谈者传为笑柄。都中议论亦颇不以太冲为然，椎公于临淮固病其太馁，然时亦护之。

二

1885 年 3 月 9 日

男绍箕跪禀父亲大人万福金安：

谨禀者：正月十二日午正，捧到电谕，乃知腊禀未到，即刻由电禀复；十四早又接署中家人来电，催令速覆，后令任贵到电局询问，则正值各处电报应接之时。据云，必系公电太多，私电被压之故，稍迟必到，断不贻误。欲令再发电到澄，坚持不肯。至此乃自咎发禀之迟，悔恨无及。

男自开正以来，白折尚不间断，而进境殊少。都中折笔贵而不适用，李玉田[③]现在徒有虚名。日内拟函托恽季文[④]代购贝松泉笔十馀枝，据同馆诸君言，贝笔较好也。

元旦入内朝贺，闻援台二轮被虏轰沉[⑤]及粤西镇南关失守、杨

① 缪小山指缪荃孙。

② 指左宗棠。

③ "李玉田"为设在北京的著名湖笔品牌。下面"贝松泉"为设在苏州观前街的著名湖笔品牌。

④ 恽季文，名炳孙，武进人。工诗书，室名谵如轩。与俞樾、彭玉麟、易顺鼎交好。

⑤ 中法战争爆发后，南洋大臣曾国荃派"南琛""南瑞""开济""澄庆""驭远"五舰援台。光绪十年十二月二十九日（1885 年 2 月 13 日）南洋舰队在浙江石浦附近洋面遭遇法国舰队，"澄庆""驭远"由于航速较慢，避入了石浦湾。2 月 14 日（除夕）（转下页）

亡、潘伤[1]之信。后闻镇南关又为苏元春[3]收复。台湾近无消息。二刘不和[3]，省劾蓝而杨[4]又保蓝，内旨仍令蓝守台南，而责以和衷，若有贻误，则惟杨是问。此节系去年事。闻去年省帅有病，或云似有疯状，言者或劾其因循坐困，不图克复基隆。近来众议亦颇诋之。潘与王得榜[5]亦不和。湘、淮意见牢不可破，江阴驻军可谓仅见矣！

前闻张、刘二统领云：广西止给刘永福兵饷三千，广雅乃拨东饷二万以济之。此节到京后问人，答者或言知有此事，然究竟是广西事抑云南事，是前年事抑去年事，所云应给十万，是谕饬语抑刘

（接上页）深夜，"驭远"舰与法军两艘鱼雷艇发生交战，致使法艇被击伤搁浅。但2月15日天明以后，法国舰队发现"驭远""澄庆"二舰自沉在港中，船上官兵已全部撤离。（《船舰资料·中法战争中的南洋水师》）与下文所提"石埔二轮轰沉而将与兵无甚伤损，疑非敌之能破吾船，实管船者委之而去也"之说相符。

① 杨指杨玉科（1838—1885），字云阶，白族，兰坪县人。历任云南提督、广东高州镇、署提督。中法战争爆发后，自广东率广武军出镇南关，进驻谅山，在战斗中中炮而亡。清廷追赠太子少保，谥武愍。　　潘指潘鼎新（1828—1888），安徽庐江人。字琴轩，师事李鸿章。举人出身，议叙知县。办团练对抗太平军。历任山东布政使、云南布政使、云南巡抚、湖南巡抚、广西巡抚等。中法战争中任西线主将。镇南关失守后被革职。

② 苏元春（1844—1908），字子熙，广西蒙山人。光绪十年署广西提督。中法战争中，在冯子材、苏元春率领下，清军向法军发起进攻，取得了"镇南关大捷"。十五年晋封为二等轻车都尉，及额尔德额巴图鲁勇号，赏加太子少保衔。

③ 二刘指刘铭传与刘璈。刘铭传（1836—1896），安徽人，字省三，号大潜山人。淮军著名将领，由千总擢为直隶提督。中法战争期间，以福建巡抚奉旨督办台湾军务，率兵击退入侵法军。光绪十一年台湾设省，为首任巡抚，对台湾作出积极贡献。下文"省""省帅"亦指刘铭传。　　刘璈，湖南人，字兰洲，湘军左宗棠门下，同治十三年（1874）到台，光绪七年任台湾兵备道。下文"蓝"亦指刘璈。

④ 杨指时任闽浙总督的杨昌濬（1826—1897），字石泉，号镜涵，别号壶天老人。湖南湘乡人。官至浙江巡抚、陕甘总督、闽浙总督。

⑤ 王德榜（1837—1893），湖南江华人。字郎青，一作郎卿，以办团练对抗太平军起家。又从左宗棠镇压陕、甘回民起义。中法战争时期赴广西，署广西提督，守镇南关外，大破法军，收复谅山等地。后任贵州布政使，卒于任。

乞饷语，均不能确凿言之。

去年某国洋人在总署言，中国屡次胜仗多靠不住，惟孙开华[①]真好将官，其所报胜仗乃真胜仗，西人多佩服之。不知外间究竟是如何情形？石(埔)〔浦〕二轮轰沉而将与兵无甚伤损，疑非敌之能破吾船，实管船者委之而去也。后闻宁波又开二仗[②]，互有胜负，未知详确。

达师屡有公电，系筹兵饷，而人言不甚翕然。张延秋[③]前辈云：闱姓一节，广雅严禁本署勒索，而实不能尽绝，吾粤名将名士皆陷其中，谓方耀[④]及李芍丈均得钱也。大约师稍不近情处容或有之，如传藩臬到官厅，许久不见，乡绅除李芍丈外，应酬甚少。打电报往往发议论至数百字，译署司官疲于译写，每一电须楷书五分。故颇招人言。然忧国忧民，筹画大局，求之中外，殆罕其伦，似不宜过于刻论。粤人是非向来不甚明白，近乃谓师屡次电报，好管南洋，不管广西，邓铁香[⑤]先生亦为此说。夫广东、广西电线已通，又有文报往来，彼乌知其不管耶！近来男不甚见粤人，即偶见时亦不问粤事，若稍与办则非徒无益也。或言师初到粤时颇右曲江，粤人即不悦。大农筹款

---

① 孙开华(1840—1893)，湖南澧州人，字赓堂，谥号壮武。同治五年(1866)任福建漳州镇总兵，十二年治理厦门海防，署福建陆路提督。光绪十年，中法战争中下令向法舰开炮。后任帮办台湾军务大臣、福建陆路提督。

② 指3月1日—3日，在水师将领欧阳利见的指挥下清军跟法军展开的镇海之战。

③ 张延秋(1846—1888)，名鼎华，广东番禺人。光绪三年(1877)进士，历任翰林院编修、福建乡试正考官等。以文学名于京城。对康有为的思想影响较大。文廷式有《追悼番禺张延秋编修》注云：君卒时年四十三。

④ 方耀(1834—1891)，名辉，字照轩，潮汕普宁人。同治元年(1862)任琼州镇都司、三江协副将，二年升为副将、总兵衔，七年任潮州总兵。光绪三年(1877)任广东陆路提督，驻惠州，五年再任潮州总兵。中法战争爆发，调钦州驻防，十一年任广东水师提督，驻虎门，法军见其防备森严而转攻福建。卒于任。

⑤ 邓铁香(1841—1892)，名承修，字伯讷。广东归善人，举人。任刑部御史、鸿胪寺卿，在总理衙门行走，清流党人。中法战争主战，反对议和。1885年奉命去广西勘定中越边界，据理力争，至1887年结束。

之廿四条内有一条：每银号每年各出银六百两，西商颇不愿输，若操之太蹙，恐关闭者更多。去冬闻有英人在都中看房子，欲开票号，如此办法则利权必益外移，人心亦将解散，似非理财正道。

椎公尚未到京，其夫人病甚，一切均未之知。闻渠致黄子寿[①]先生书云，若马江得手，其祸更烈，至今潜公致王氏昆仲书及再同、小蕃诸人，皆谓闽人公词故意诬陷，真令人百思不解。窃意闽人公词未必全属子虚，而或有不过之处。闻达师电致要人，谓："何以不责十馀年之总督[②]，而专责到防数月之会办？"此说似较平允。渠到京时男拟去看，不知肯见否？父亲可否作一书慰藉之，缘渠知交本不甚多，现既如此，若一蹶不振，固可无失为故。若仍起用，亦当不至激而逆施。男并非为将来私计，实系因公起见，但不知事理是否？敬求裁夺。董金丈看椎公八字云："将来必大用、掌大权，做一番事业。若不中则不复言命矣。"金丈谈命颇有声京师，所说亦时有中者。男问以父亲八字，云尚有十许年好运，惟明年流年略逊，须少说话为妙。此系渠方技家言，姑以附闻。

月中接叔弟[③]沪上手书，知二伯母大人所患颇为可危，问之熟人，据之若是乳岩，一时虽无大碍，而终竟难治，且甚痛苦。不知近状何如，殊深系念。

附上《醋浸曹公一瓶赋》《郭林宗与李膺同舟济河赋》各一篇，

---

① 黄子寿(1823—1890)，名彭年，号陶楼、陶庐，晚号更生、遁庵，贵州贵筑人。道光二十七年(1847)进士，官至江苏、湖北布政使。咸同间办团练，并游骆秉章幕，掌教保定莲池书院。著有《莲池日记》《畿辅通志》等。

② 总督指何璟(？—1888)，广东香山人。字伯玉，又字小宋。道光二十七年(1847)进士。授编修。历任监察御史、安徽庐凤道、安徽按察使、湖北布政使、福建巡抚、闽浙总督等职。中法战争中因马尾之战失败去职。下文"会办"指张佩纶。

③ 叔弟指黄绍第。二伯母为黄体立夫人、绍第母。黄体立(1830—1875)，字卣芗，号淳嵒，一作循畅，由进士官刑部福建司主事，兼河南司主稿总办。后晋通议大夫。黄体芳二兄。

《郭林宗赋》原本有序，考据未甚详确，改时颇费查检，赋亦改仿古赋格律，以试牍中各式俱备为妙也。

前闻沈鹿苹[1]云：兵部堂官除俸银、俸米外有饭食银，其数目无定，以外省解来之多少为断。每月一分，至多有至七八十金者，至少有不及十金者，大约每年总以四百金上下为中数。近来各省库储支绌，内解恐不能甚多，各部惟户部堂官稍敷足耳。

男媳一切平安，足纾垂念。肃此，谨请

金安

男绍箕跪禀，媳张氏[2]同叩，正月廿三日

母亲大人万福金安，姨母大人均安。妹辈近好，宝女近好。

三

1885 年 3 月 21 日

男绍箕跪禀父亲大人万福金安：

谨禀者：前月下旬曾上寸禀，附赋稿二篇。廿九日申刻折差到京，捧到手谕[3]，跪读之下，敬悉一切，寄来各件一一照信收到。安禀之延不早发，电报之隐不上闻，男实愧恨无地，此后当痛除此弊，以期自赎。

男三十日访鹿苹兄，廿九日折差到迟不及进城。并嘱可庄谒沈叔眉[4]

① 沈鹿苹，指沈恩嘉，天津人。沈兆沄子。历官光禄寺卿、署左副都御史等。

② 光绪十年(1884)八月，黄绍箕于江阴学署与张之渊之女成亲。张之渊，直隶南皮人，字蓉江，张之洞兄，原任湖北安襄荆郧道。张氏夫人于民国十七年(1928)三月二十五卒于上海寓所，年六十四。据《文廷式集·南轺日记》(光绪十九年)载：张氏名张秀君。

③ 写于光绪十一年正月十五日。内容见下。(孙延钊《瑞安五黄先生系年合谱》)

④ 沈叔眉(1843—1893)，名源深，一字惺甫，绍兴人。咸丰十年(1860)进士，授吏部主事，考取军机处章京，历充会试同考官、乡试正考官及会试总裁，累官至都察院副都御史、福建学政及兵部右侍郎。

大理，问明军机处咨文如何递法，因即令折差到隆宗门外自递折子，初一夜上，初四早下。昨又访鹿兄，欲问如何情形，适出门不得晤。《清源录》谨读讫，透切详明，理势兼尽，稍有人心者宜无不感动，不知任事诸公见之能激发天良否也？

法之窘实甚于中国，或言法总统及执政皆去位[①]，而议战者仍困兽犹斗。中国近来几人人言气运，当事者尤无人不诿诸气运，此乃真气运耳。昨闻台湾及宣光滇军均大失利，台郡苏澳又陷，此处闻系要口，又有谓孙开华已死者，恐系谣言。前闻某郡王到译署，袖一封面交赫德[②]，令之出京，总理大臣均不得与闻，或言是议和之密旨，前此有法人求和之说。现在情形似断无遽和之理。近来上书言及洋务者甚少，虽亦实无可言，然士气渐衰，似亦可虑。

叔弟书阅讫，男开春连接叔弟三书，后言证尚可治，心乃稍宽。惟父亲左右无人，密叔[③]出来又迟，殊深驰系。

杨光先《不得已》[④]，男临行时携来一册，遍觅上卷不得。筱珊

① 法国茹费理内阁倒台为光绪十一年二月十五日（3月31日）冯子材率清军收复谅山后。

② 赫德（Robert Hart，1835—1911），字鹭宾，英国人。1863年继李泰国为中国海关总税务司，长达四十八年。中法战争期间，赫德一手左右和操纵着清政府方面的谈判，成为清政府的“业馀外交部长”。1885年4月4日，海关税务司英人金登干亦在赫德的指挥下，以清政府的名义在巴黎与法国签订了《停战协定》。

③ 密叔指黄�（1840—1889），字密之，光绪二年（1876）举人。黄体芳族弟。

④ 杨光先（1597—1669），字长公，安徽歙县人。明时为新安所千户。顺治元年（1644）德国传教士汤若望为钦天监监正，变更历法，新编历书。杨光先上书礼部，指摘新历书封面上不该用“依西洋新法”五字。康熙四年（1665）又上书指摘新历书推算该年的日蚀有错误，汤若望等因此被判罪，由杨光先接任钦天监监正，复用旧历。康熙七年，杨因推闰失实入狱，后获赦。《不得已》就是杨光先历次指控汤若望呈文和论文的汇集，其中有浓重的封建排外思想，如《日食天象验》一文中说：“宁可使中夏无好历法，不可使中夏有西洋人”等。

若要借抄，现当一并送去。《马贞女》[①]题词稍暇当勉为之。《滂憙斋丛书》[②]在江阴时曾以四洋购得一部，已经带来。

去冬张、刘之议，辞之极妙。近始闻去年都人有谓“潜公欲劾卯金，以重赂得免”，虽浮言不实，总以避嫌为宜。但男此后仍拟作一书致之，以渠等俱系宿将，颇敬服父亲，与男亦尚亲切，我但不受其馈贶一钱，又无换帖痕迹，则通问亦情理所应然也。

南皮大岳母相见之下词色尚为亲热，各房除六叔岳母赴都未回外，均曾设席相待。碧葭塘本家亦有二处馈菜，碧葭塘原作毕家堂，达师所改。双妙一支原亦住塘上，后分出。城内斜大门、即青丈[③]家，其弟菊槎丈在家，有病未见，见内弟兰浦，系青丈子过继。小门太伯岳某，忘其号，年八十馀，曾出来一见，子翼、二伯岳陪席。斜大门、小门二处，南皮人谓之一富一贵。均曾招饮一次，斜大门又送媳酒席一桌。男又在斜大门得见北魏《刁遵墓志》[④]原石，此石甚有名，近则渐模糊矣。男初到时，因大沽口受寒，略有感冒，不出房门者三四日，旋服药而愈。大岳母与各房及岳母面上应酬，而内实不甚浃洽。壬午九月初岳父讣到家，而大房玉叔内弟[⑤]即以是月十八婚娶，此其一端也。大岳母、岳母、二伯岳母、六叔岳母管理家务无一不井井有条。白泉内弟尚未回家，颇肯用功作文写字。岳母亦于前月廿九日到京看媳及刘少

---

① 光绪十年(1884)，黄体芳作古体诗《马贞女诗》。

② 《滂憙斋丛书》为潘祖荫所辑。

③ 指张之万(1811—1897)，字子青，号銮坡，直隶南皮(今属河北)人。道光二十七年进士。同治间署河南巡抚，移督漕运，历江苏巡抚、闽浙总督，光绪中官至东阁大学士。

④ 《刁遵墓志》：北魏熙平二年(517)十月刻，墓志为楷书，其书法结体严整茂密，圆腴厚劲。高74厘米，宽64厘米， 正书二十八行，行三十二字。刁氏为渤海世族，该墓志述刁遵家世政迹。

⑤ 玉叔指张检(1864—?)，字玉叔，直隶南皮人，张之洞侄。光绪十六年(1890)进士，历任吏部文选司郎中、江西饶州府知府，升巡警道，署按察使。

奶奶,即请其暂住男寓,已遵述手谕,请留白泉与男作伴,俟三四月间小考,再令回去。

媳性尚和平,管事心地亦尚不糊涂,但亦失之缓耳。男不能孝敬父母,然媳妇不知孝敬,则深恨之,媳若在旁伺候,恐亦未能竭力服劳,但每言及父亲,颇知爱敬,并深服母亲之德量与姨母平日之尽心。于男之饮食起居,亦知照料,若常能如此,男亦不复过求,当能和睦如常,请父亲切切放心为要。现媳有妊已及两月,时有小病,如食少、发烦、喜呕、腹闷之类,时发时止,都中无好医生,曾请一二人诊过,终不敢令其服药,但不令其坐车,出门及起居行动属令格外留心耳!现添雇一老妈子,以伺茶饭、洗衣服及亲戚来往诸事,颇忙之故。岳母此来甚好,可照管媳一切事,但归心颇急,拟请小住月馀,不知留得住否也?

赈捐第一次收条检出,第二次收条本同放在一桌格内,当时实不敢轻于弃掷,以为俯拾即是,不料大索不得。因托朱梦庭兄名震甲,江阴孝廉,在顺天府幕。转请补给一纸。而当事者持不可。兹附上原函,俟《征信录》刻成寄呈。《试牍砚田赋》已改就,细思有二语未惬,折差行急,续即写上。男一切平安,诸事当格外谨慎。肃请

金安

男绍箕谨禀,媳张氏同叩,二月初五日申刻

密叔及诸丈前敬求叱名请安。

四

1885年4月4日

男绍箕跪禀父亲大人万福金安:

谨禀者：十五日曾肃安禀，附赋稿一篇，邮寄江阴。昨日崔发来京，云明早即南去，兹缮寸禀，嘱其面呈。前件批语屡访鹿苹兄，欲讨消息而不得值。近日遇人，皆言有议和之说[①]，惟事甚秘密，虽枢译司员均不得知，究不知此说果确否？

都中尚属静谧，惟南漕被梗[②]未到，稍为可虑耳。今早张郎斋[③]军门原籍杭州，遍拜同乡来访，谈及西北沿边，处处与俄罗斯交界，迩来俄人颇有蚕食之志[④]，殊抱杞忧。闻谅山又有克复之信[⑤]，或言此役杀真鬼子三百馀人；或言其地已为灰烬，法虏委之而去，未知孰是。

男前日与同门公请陆老师[⑥]，合丙子湖南乡试，丙子、庚辰两会房为一局，共二十人，推男承办，固辞不获。在财盛馆[⑦]搭桌听戏，自去冬到京后第一次听戏。颇觉忙冗。今日母亲寿辰，谨与媳南向跪

---

① 在赫德的指挥下，光绪十一年二月十九日（1885年4月4日），英国人金登干代表清朝政府与法国代表在巴黎签订了《中法议和草约》（即《巴黎停战协定》）。主要内容：（一）两国批准1884年签订的《中法天津条约》。（二）双方下令停战，法解除对台湾和东京湾的封锁。（三）中国从越南撤军，双方议定撤兵日期。

② 因中法战争，海运受阻，而运河淤塞，无法通行。故有"南漕被梗"之说。

③ 张郎斋（1833—1891），名曜，字亮臣，直隶大兴人，原籍杭州。以镇压捻军战功，擢任河南布政司、总兵等职。后随左宗棠入新疆，抗击英、俄侵略，立下战功，被授予协办新疆军务之职。中法之役，被召回保卫京城。光绪十一年（1885）授河南布政使，十二年调补山东巡抚。谥勤果。

④ 指沙俄通过与清政府签订一系列不平等条约吞并我国领土。1860年中俄《北京条约》、1864年中俄《勘分西北界约记》，吞并了我国西部四十四万多平方公里的领土。1881年签订中俄《伊犁条约》（即中俄《改订条约》），1882年—1884年又订立了《伊犁界约》《喀什噶尔界约》等五个条约，分段重新勘定了中俄西段边界，吞并了我国西部七万多平方公里的领土。

⑤ 1885年3月29日，冯子材率王孝祺、王德榜、苏元春部，拼死杀敌，法军溃败，毙法军近千名，法军总指挥尼格里受重伤，清军乘胜收复谅山，从根本上扭转了中法战争的局面。

⑥ 指陆尔熙。

⑦ 俗称财神馆，在宣武门外，是盛昱别业。光绪五年（1879），王仁堪购建为福建会馆。

祝，赓云、可庄均来拜寿，王老太太亦来。张白泉近患湿疹初愈，尚避风未能出门，岳母亦尚未回家。可庄、弼臣[1]邀作试帖之课，弼臣转请人阅而不肯言其姓名，批语颇多中肯，多做当有益处。试赋俟改就，即当寄呈。白折进境极少，颇觉着急。

男媳一切平安，媳近来尚时时有不适，但较前月又略减耳。肃此，谨请

金安

男绍箕跪禀，清明日二月十九日灯下

密叔大人均安。诸丈及诸兄前伏求叱名请安。

附赓云寄邵寄翁刻刀一把，敬求转交。

敬再禀者：任贵为人，男自前腊买皮货、去夏修会馆两事之后，以为向谓其人尚不坏者，仅属得半之数，不料近来查得竟大靠不住。渠自前年春杪告假回家娶亲，去年春夏间又向男告假，云有一亲戚自远方回京，中途病甚，离京尚三四百里，有信来，恳其往视，词颇切挚。男略加盘诘，心疑其伪，以为托此回家耳。亦姑准之。不谓此人竟在此又讨一女人，即在告假期内。现其寓处，离会馆不远，前年渠荐一厨子，即其本家，今年渠荐一打杂的，即后讨女人之兄弟。男屡责厨子开账太浮，而渠词意间每御右之，凡煤米菜蔬，皆暗中运去以养其女人。去夏自下斜街迁寓会馆，因与汉卿相处甚久，每出门多借坐其车，因分所领俸米之半以赠之，渠竟止留少许而侵其大半。此人小有才而甚很，如去冬由大沽口驳船起岸，甚费周折，非渠恐竟办不好，且花钱更多。男实驾驭不住。

崔富向来不甚尽心，虽不附渠，而亦为所钳制。男今年若徼幸

① 弼臣指陈与冏。

得差，此人必为李福之续，毫无疑义，惟有及早遣去较为妥当。渠近又告假回家，本月底三月初即来。男一切均尚秘而不发，此禀到时，敬求父亲即属寄翁示复数字，以便遵循。媳屡劝男将就留用，免得出外布造谣言。若放差，不带他出去，留在京中再作处置。男思此法亦不妙，渠必觖望而别滋流弊也。男细思当断不断，必为后患，仅为盗臣，尚其小事也。媳管家务尚不甚糊涂，惟太怕得罪下人，是其短耳。大约遣去，总须在考差以前方好。崔富亦勉强用，然刻下亦无难办之事。近又雇一抄书人，暇时亦尚可使用。男又禀。

用任贵，一切事颇有省力处，然此人必须有威以制之。否则，上手时，即处处精密，不使走作，亦可稍安。男既无威，又不精密，似不可用。左恪靖致曾文正书讥其“喜综核而尚庸材”，文正覆言“庸则有之，尚则未也”。男既不能综核，不得不尚庸才矣。此喻虽大小太觉不伦，然理似不异，若不去此蠹，恐将来必悔之无及，非敢刻于待人也。男又禀。

五

1888 年 10 月 1 日

男绍箕跪请父亲大人万福金安：

谨禀者：自叩送轺车后，接奉涿州及清江两次手谕，敬悉一切。七月廿七日晚奉到延平府所发平安电谕，不胜欣慰。初三日男遣人打听晓初世叔寓眷平安，随继发一平安电报，想早呈览。近想校阅已竣，入彀当多奇士。父亲大人起居饮食，谅当康健如恒，不胜驰恋！

前谕云：“酷热多食瓜果、汤水，大便不甚痛快。”后叔弟嘉兴来函云：“神采不减平昔。”未审入秋后何如？阖家颇深挂念。京寓自母亲大人、姨母大人以次安适,并纾垂念。

小圆渐解人意,曾延[①]不须提携,自能行走,曾鸿亦颇玩健。男为可庄撰《乡试录后序》,又篆书赏联、赏条数十分,以报其代书礼联之劳。又为伯熙篆书礼联,为福幼农[②]太夫人撰寿叙,廖、沈两处寿联均已写送。又本衙门大婚乐章三首及善将军[③]祭文碑文。此外,则亲戚同乡及江苏世兄弟之来应试者,应酬颇多,间亦看书学字,不能专心也。

男荐密之叔入江苏新学政杨蓉圃[④]前辈幕阅卷,渠初已应允,嗣以今冬不出棚,而明春密叔又须会试,若中式恐未能到馆,拟俟会试揭晓后再下关聘,只得听之。又荐毕枕梅世兄入樊介轩[⑤]前辈幕。此外尚有托荐者数人,成否尚未可定。

杨定夫前辈悼亡[⑥]。王子裳丈月初闻讣,丁内忧[⑦],二十日挈眷

---

① 曾延,字兰孙。黄绍箕长子,生于光绪十二年(1886)二月十七日。

② 福幼农指福楙(1857—1888),光绪六年(1880)进士。李慈铭《越缦堂日记》"光绪十四年八月二十六日"载"庚辰同年福阁学楙为其母夫人八十寿偁觞"。又载"(十一月十六日),闻同年福幼农阁学福楙于前日卒,年仅三十二。故相倭文端公之从子也。……其兄福润今任山东按察使"。

③ 善将军指善庆(?—1888),满洲正黄旗人。姓章佳氏。谥号勤敏。咸丰间参加镇压太平天国、捻军。官至福州将军。李慈铭《越缦堂日记》"光绪十四年四月二十八日邸钞"载:"福州将军善庆卒。"

④ 杨蓉圃(1824—1899),名颐,字子异,又字蓉圃,广东茂名人。同治四年(1865)进士,数任乡试、会试考官及奉天、江苏学政,官至兵部左侍郎。

⑤ 樊介轩(?—1914),名恭煦,浙江仁和人。同治十年(1871)进士。历官编修、陕西学政、江苏提学使、杭州商务总会总理等职。擅书法。

⑥ 杨定夫(1845—1922),名晨,小字蓉初,字定旉、定甫。浙江黄岩人。光绪三年(1877)进士,授翰林院庶吉士、国史馆协修,曾任山东道、河南道监察御史,官至刑部掌印给事中。孙锵鸣长女婿。著有《三国会要》《台州艺文略》等。李慈铭《越缦堂日记》"光绪十四年六月十八日"载:"杨定旉来告其妇李之丧。"

⑦ 指王咏霓,注见前。李慈铭《越缦堂日记》"光绪十四年八月初九日"载"子裳来告其太夫人之丧"。

南旋。杨仲愚[1]录科后开复,文书尚未到部,遂被部文咨监扣考,并追其监照,不得已仍折回南闱。男为向黄再同[2]前辈乞书致瞿学使[3]代为先容,闻已录送乡试。许竹友[4]、陈子遴均以病不能进场,竹友甫愈尚未复元,子遴迄今尚未霍然。同乡近状如此,已觉扫兴。尤奇者,孙仲彤与其弟仲闿及张麟生[5]均以定夫充内场监试,回避不得应试。仲彤虽甚牢骚,然头场送考、接考,议论亦尚锋发,不料十一晚觉稍有不适,十一午后来寓与男谈许久。十二早晨即卧病发温疹,日见危急,竟于十八日寅时仙逝,可骇!可痛!仲彤平日言论神气,同人亦知其未必大贵寿,然断断不料其遽至于此,想父亲闻之必为叹悼不已也。病危时男与班丈[6]日夜在渠处照料,幸其弟仲闿尚在京寓,或以为误于医药,然其人外似强而中实不足,此病起时即系棘手,恐虽有良医奇方,亦难奏效,只得归之于命耳!不知孙太世叔暮年遭

---

① 杨仲愚(1845—1902),名镜澄,晚号愚楼,平阳(今苍南)人。黄庆澄老师,刘绍宽母舅。同治四年生员。光绪十二年(1886),以府试闹考案被革。二十八年染疫而殁。

② 黄再同,贵州贵筑人。名国瑾,号公瑕,黄彭年(子寿)子。光绪二年(1876)进士,入翰林院,官太史。

③ 瞿学使指瞿鸿禨(1850—1918),字子玖,一作子久,号止庵,晚号西岩老人。湖南善化人。同治十年(1871)进士,授编修。历任侍讲学士、内阁学士,先后典试福建、广西,督河南、浙江、四川、江苏学政。任工部尚书、军机大臣、政务大臣、外务部尚书、内阁协办大学士。谥文慎。有《止庵诗文集》等。

④ 许竹友(1855—?),名瀫宸,字竹卣,又字祝卣,瑞安人。光绪十五年(1889)举人。

⑤ 张麟生(1857—1907),名蔚,字伟叔,号蔚文,小字霖生,平阳人。光绪十一年(1885)拔贡。孙锵鸣二女婿。与杨晨连襟。

⑥ 班丈指徐定超(1845—1918),字超伯,一字班侯,永嘉人。光绪九年(1883)进士,签分户部广东司主事,旋任户部则例馆纂修。历任辛卯科顺天乡试内收掌官、京师大学堂教习、陕西司主事、江南司员外郎、山东道监察御史、江西道监察御史、温州军政分府都督等职。

此,何以为情?其夫人[①]无男无女,可恻之至,其姑性极暴厉无常,同乡皆知之,佥请父亲便中函致太世叔,恳其加意抚恤仲彤之夫人。一年中或令其归宁一次。其人性情极好,乡里无闲言。九月中旬,其弟仲闿即携榇回里。刻虽未遽通知,亦断不能终不告也。

今年试差,外间颇无异议,学差则未能翕然,传诵一联云:"许真人[②]法力高强,旧门第、指蒯礼卿[③]。新房师孔小詹系许春卿乙酉科房师,有意安排,暗替同乡谋阔缺;樊介轩。孙行者[④]神通广大,一东床、陈琇莹[⑤]。三西席,褚伯约及赵尚辅、王丕釐[⑥]。苦心位置,硬将侍御

---

① 江宁方氏,张又堂(李鸿章妹夫)外孙女。光绪十四年,黄体芳有挽孙诒绩(仲彤)夫人联:"堕地是孤星,托庇渭阳,得与子荆偕伉俪;丧夫刚百日,相从泉壤,定教文梓结连枝。"(《黄体芳集》)

② 许庚身(1825—1893),字星叔,号吉珊,浙江仁和人。同治元年(1862)进士。历官内阁侍读学士至军机大臣兼总理各国事务大臣、兵部尚书。先后主持贵州乡试、督江西学政。崇尚天文、算术、舆地诸学。以应对敏练得西太后信任。供职中枢达三十年。卒后晋赠太子太保,谥号恭慎。

③ 蒯礼卿(1856—1910),名光典,安徽合肥人。光绪九年(1883)进士,授检讨、贵州乡试主考、会典馆图绘总纂。应张之洞之聘先后主讲江宁钟山书院和湖北两湖书院。三十四年,赴欧洲监督留学生,岁馀归,诏以四品京堂候补,充京师督学局长。宣统二年(1910)赴南洋提调劝业会。卒于江宁。著有《金粟斋遗集》。

④ 孙行者指孙毓汶(?—1899),字莱山,号迟盦,山东济宁人。咸丰六年(1856)进士,视学安徽,擢内阁学士,授工部左侍郎。光绪十年(1884)入直军机,兼总理各国事务衙门大臣。十五年,迁刑部尚书,旋调兵部,赠太子少保。甲午战争时,为主和派。二十一年(1895)被免职。谥号文恪。

⑤ 陈琇莹(约1855—1893),字芸敏,福建侯官人。光绪二年(1876)进士,官编修,迁江南道监察御史,擢兵科给事中。光绪十四年官河南学政,甫一年,丁艰归,服阕入都,未几卒。年仅三十九岁。

⑥ 褚伯约,名成博,浙江余杭人。光绪六年(1880)进士。历任吏科给事中、御史等职。 赵尚辅(1849—1900),字翼之,万州人,光绪九年(1883)进士,历任翰林编修、湖北省提督学政,侍读、侍讲,日讲起居注官等。 王丕釐(1840—1893),号子藩,字甘仲,湖北阳逻人。光绪六年(1880)进士,入翰林院,选庶吉士。九年散馆授职编修。十四年督云南学政。十六年丁外忧归里。著有《救时厄言》《仰坡集》《知味斋》等书。

作陪臣。”黄煦。语皆纪实。然实因学差而波及试差，因济宁而波及钱塘。陈芸敏之得学差，数日前人皆知之，并知其必再放一御史作陪，但未知即黄霁亭耳。

男近状颇适，祁生文颇佳。温郡试北场者运气太不好，否极则泰来，或可望中乎。叔弟场作未知若何。不胜系念！福建首题系“孝哉闵子骞”[1]两章，数日前始闻。第二、三题至今尚未知之。班、弢诸丈皆佳胜。并以附闻。肃请

金安

男绍箕跪禀，媳张氏、女燕圆、孙延、鸿随叩，八月廿六日

敬再禀者：自父亲启节以前借用陈子遴贰百金，又借台州馆金少亭壹百金，陈子厚壹百金，除开发各帐外所存二十几。嗣后又属旭庄代借贰百金，又挪用会馆存款壹百金，现在子遴久病需用，金少亭闻其母有病，急于回家，索还作盘费，而自家月底费用亦无出，只得向协和信银号借京平纹银肆百金，以壹百金还金少亭，以贰百金还陈子遴，以壹百金作家用，该号闽省有坐庄，已与言明九月由福建交还库平福建银肆百两正，已有借券交渠号寄闽，与京城纹银相较稍逊，但库平较京平每百金几馀四金，通计之约少利一分馀。到时敬求饬刘升等照数付还。如该号汇费尚便宜，汇银进京时似亦可托该号，若太贵即可不必也，自九月至年底家用尚须千馀金。秀文斋尚有五十金未付。

母亲大人暨姨母大人均命男禀商父亲大人，如乞假归里，则家中开消浩繁，明春或与会试诸公同时回京，则途中馈赆亦必少，恐未

① 闵子骞（前536—前487），名损，字子骞，春秋末期鲁国人。孔子七十二弟子之一，在孔门中以德行和颜渊并称。为人特孝，孔子称赞说：“孝哉！闵子骞。人不间于其父母昆弟之言。”历代屡有追封：唐开元二十七年（739年）赠费侯，北宋大中祥符元年（1008年）封琅琊公，南宋咸淳三年（1267年）称费公。

必由苏杭一带北上。一出一入，为数甚巨，明年京寓必难支持，将如之何？为今之计，似不如暂不回家，较为妥善，伏求详酌。男箕又禀。

再，六月杪琉璃厂有宋版《文选》精美无比。壹部，潘太老师及翁老师[①]尚未知，盛伯熙、王廉生议购未妥。男向陈子厚借银贰百金购得之。与言明冬交还。此举男极知冒昧，然当时所以为此者，一则立意自今以后父亲大人及男或得外差一次，拟必置书籍或碑版、字画中铭心绝品一件以为传家之宝，二则当时尚希冀父亲可留福建学差，三则真无钱时，若举宋版《文选》出售，较之二百金必有赢无绌也。男又禀。

六

1888 年 10 月

男绍箕跪请父亲大人万福金安：

谨禀者：前禀已由协和信票号，后查得所借该号之银系京平，而福建还时系库平，约大六两许，八月底在京借，九月福建还，除兑费外，利息亦不止一分馀。实不止大三两馀。旭庄代借之银系蔚长厚票号，是款借来在前，言明在福建还，外加兑费四两，福建纹银到京止抵松江银，除抵色外，借来二月，每月利息止一分。较之协和信实为便宜。如汇银到京，似仍交蔚长厚为合算。每百两能止加兑费二两，便合算之至，但恐渠未必肯耳。

① 潘太老师指潘祖荫。　翁老师指翁同龢（1830—1904），江苏常熟虞山人。字叔平，号玉圃，谥号文恭。咸丰六年状元。历任户部侍郎，都察院左都御史，刑、工、户部尚书，先后两入军机处，兼总理衙门大臣，为光绪帝师。

父亲大人未出京[①]以前借陈之遴银共三百两,前禀云:二百两乃姨母大人所误记;金少庭临行时盘费已足,所还之一百两坚不肯收,云以后再还,□□□□□□□□[②]还,陈之遴□□处全清矣!竹友渐复元,子遴亦已痊可,稍纾人意。

丰润为合肥馆甥[③],现已下定,冬间成礼。闻者无不诧异。廉生丈谓渠词气甚峭厉而不平正,此事亦日暮途远,迫不及待之所为,然渠年甫逾强仕,虽不理于众口而人皆畏惮之。此举成则昔日之清望扫地矣。

张延秋[④]前辈于本月初三日仙逝,殊可痛惜。京兆十五日□□□□□□□□堪纾垂注,肃请

金安

七

1897年7月25日

男绍箕跪禀父亲大人膝下:

谨禀者:前发安禀后,随接延儿来函,诵悉一切。前姨母大人来电,系初三日所发,初四午后送到。男时尚在城内小寓中,考差后间或宿城内。上灯时回寓,随拟覆电,交下人译写码字,于初五午前送局。得延儿函乃知初七方到,电局办事本不认真,于私电尤多压搁,真可恨也。

---

① 光绪十四年五月(1888),黄体芳任福建乡试正考官。

② 信笺受损,缺若干字。

③ 丰润指张佩纶,此指张佩纶继娶李鸿章女儿事。

④ 张延秋,名鼎华,注见前。据吴天任撰《梁节庵先生年谱》:"光绪十四年九月三日:十六舅张延秋卒于京邸,年四十三。"此信当写于光绪十四年九月。

前与伯羲、乙盦诸君晤谭，皆云男使鄂[①]。父亲七月底恐未必赴武昌，未知然否？

大臣赐寿向由敬事房太监奏明请旨，不关军机处。王廉生托端午桥转托立山见敬事房太监，属其于七月初一日奏请，闻故事多于前两月请旨，不知何以延阁？外任大臣有子侄在京者，赐寿即由其代领，否则，即由驿递颁发，不派专使。

男廿五日辰刻启行，昨宿良乡，今日宿涿州。熊馀波编修系男己卯同年，人极本色，与男相处谈论甚畅，不拘形迹，见闻亦尚不陋，场中当可和衷共事。

随从本系八人，王庆以有小恙留寓，适接叔弟清江来电，云张君立荐谢元来，人浮，不用恐乏书手。今其前迎途中，又不得不收，仍合八人之数。惟现在旧仆止朱发一人，馀皆亲友所荐。聚乌合之众，而以聋子为将，如何能了。遇事劳情，急则聋益甚！因其在自家颇久，心地亦尚无他，将就用之。前站用诒书家一，多年旧人，向跟书房中，非江苏学署之用人也。令朱发与之合办，假以面子而已！

子穆想尚在鄂，敬求谕属若川[②]速作一函，劝其少见人，少说话。若川之亲家寿联已写就，申甫[③]觅使寄南，男兄弟皆无暇，即托写礼联之人代书，较自书更胜。近年主考多招闲话，嫌疑之语不可不慎也。男连日忙极，用款甚大，另单附呈大略。千四百金尚不足开销。临行时，自母亲大

① 光绪二十三年（1897）六月，黄绍箕任湖北乡试正考官。

② 林若川（1857—1928），名向藜，号寄鹤巢主人，瑞安城关人，黄体芳三女婿。曾任湖北宜昌榷政。

③ 申甫指项崧（1859—1909），原名芳兰，字申甫，后改名崧，瑞安人。光绪甲午（1894）进士，钦点户部主事，历任江西候补知府、瑞安中学堂副总理、浙江教育会会长。著有《午堤集》。

人以次平安。燕妹回家小住，初二三日回徐府[1]。肃禀，虔请

万福金安

男绍箕跪禀，六月廿六日

姨母大人福安，袁先生暨若川弟安。延儿好。

涿州行馆两日时阴时晴，昨兼有微雨，今日午后大晴，已觉热极矣！

八

1897年8月9日

男绍箕跪禀父亲大人膝下：

谨禀者：六月廿八日在涿州寄呈安禀，未审何日可到？近想父亲起居康健如恒，不胜驰慕。男前数日偶患腹泻，盖途中水不甚净及夜卧受凉之故，刻已全愈矣。在直隶界内遇两次大雨，颇觉行路之难。幸滹沱河[2]及漳河均经稳渡，尚无阻滞，刻计到汉口约在廿八九日，进省城总在朔日。今日渡黄河，宿荥泽县，以后站头无甚大者，虽遇雨水，当亦不至耽阁也。

若川弟当赴杭应试，书院课卷当日增无减，乡试期迫，想亦渐少。男出场后想父亲当在鄂中，否则，必亟乞假赴皖。

达师于此等处，必早深察下情也。叔弟[3]揭晓后亦拟乞假借兵轮回瓯。今年若考御史，渠年内尚拟晋都，但以未传到之人数计之，或不至遽考耳！

---

① 徐府指徐用仪府。黄体芳四女嫁海盐徐用仪子士恒。

② 滹沱河，横贯河北省东西，是石家庄的“母亲河”。

③ 指黄绍第，光绪二十三年（1897）六月，黄绍第出任福建乡试副考官，黄绍箕任湖北乡试正考官。秋闱事竣，绍箕与绍第均乞假归里。

徐波同年谈论甚相得，其勤敏远过于男。沿途所过州县均无信局，此系托荥泽令陆干夫[①]兄名廷桢，前年在汴相识。专人送省交局转寄。自此至鄂恐无便寄禀矣！肃请

万福金安

男绍箕跪禀，七月十二日荥泽县发

姨母大人福安。延儿好。

九

1898年6月24日

男绍箕跪禀父亲大人膝下：

谨禀者：前月母亲启行之后，男曾肃安禀，想早呈览。月初奉到沪上母亲来谕，敬悉一切平顺。抵家后当均安善，不胜悬念。陈锡卿兄来，奉到手谕，跪读之下，惊谂大伯母大人弃养之信[②]，殊深痛戚！现拟本月择日开吊，大约在长春寺。讣闻不遍散，但择有年世谊者送之。分赀除开销外当寄回家，想必不能多耳！

赐示《二木叹》[③]，锄奸砭顽，可称诗史，坡翁所谓"虽无尺棰与

---

① 陆干夫(1855—1917)，名廷桢，号溉釜，江苏苏州人。任河南荥泽县令等职。有《思耆斋诗剩·文剩》等。

② 据孙延钊《瑞安五黄先生系年合谱》载：光绪二十四年(1898)四月十三日，大伯母金安人卒，寿八十五。大伯父黄体正(1810—1849)，又名菊渔，字淳希，自署十三瓯花馆主。由举人拣选知县，授文林郎，娶同邑金氏，封安人。

③ 光绪二十四年正月，山东即墨县文庙孔子像遭德军毁残，黄体芳感事刺人，赋《二木叹》七古，记其心怀。张謇《奉和瑞安先生二木叹》诗，注谓"二木"指都御史徐树铭、山东巡抚张汝梅。《二木叹》诗见《黄体芳集》。

寸刃，口吻排击含风霜”[①]也，已广属同志诸人属和。男近仍寓郡馆，叔弟移寓后孙公园一宅子，月租拾金，俟拔贡朝考后即拟合居。

虞山被逐[②]，大约慈圣之眷本已渐衰。而自于次丈[③]疏劾后，王幼霞又继之，谓其与张荫桓共得借洋债之中金贰百馀万，此实莫须有之事，张实有之，闻已拟查抄，又欲交刑部，已而寂然。众口一词。而荣、刚[④]两阁老素与之不协，意必合谋攻之。而上月翁在上前争论数事[⑤]

① 出自苏轼《送刘道原归觐南康》七古：“晏婴不满六尺长，高节万仞陵首阳。青衫白发不自叹，富贵在天那得忙。十年闭户乐幽独，百金购书收散亡。朅来东观弄丹墨，聊借旧史诛奸强。孔融不肯下曹操，汲黯本自轻张汤。虽无尺棰与寸刃，口吻排击含风霜。自言静中阅世俗，有似不饮观酒狂。衣巾狼藉又屡舞，旁人大笑供千场。交朋翩翩去略尽，惟我与子犹彷徨。世人共弃君独厚，岂敢自爱恐子伤。朝来告别惊何速，归意已逐征鸿翔。匡庐先生古君子，挂冠两纪鬓未苍。定将文度置膝上，喜动邻里烹猪羊。君归为我道姓字，幅巾他日容登堂。”

② 指翁同龢于戊戌变法后四天（1898 年 6 月 15 日）被免去军机大臣等一切职务，驱逐回籍。据黄绍箕此信所说，翁同龢被逐原因有四：已失宠于慈禧太后；于荫霖、王鹏运等人的参劾；荣禄、刚毅等的排斥打击；以及与光绪皇帝的数次争论。

③ 于次丈指于荫霖（1838—1904），字次棠，号悚斋，今吉林扶余人，咸丰九年（1859）进士，同治元年授翰林院编修。历任湖北巡抚、广东按察使、安徽布政使、河南巡抚等职。著《悚斋诗存》。光绪二十四年四月二十三日（6 月 11 日），时任安徽布政使的于荫霖上书，指责翁同龢把持朝政，举措失宜。

④ 荣指荣禄（1836—1903），满洲正白旗人。瓜尔佳氏，字仲华，号略园。历任工部尚书、兵部尚书、总理各国事务大臣，光绪二十四年任直隶总督兼北洋大臣、军机大臣，协助慈禧太后发动戊戌政变。二十六年与刚毅等企图废黜光绪帝。 刚指刚毅（1837—1900），满洲镶蓝旗人。字子良，历任山西、江苏、广东巡抚，军机大臣，工部尚书等。极力反对维新变法。光绪二十四年上谕调补兵部尚书、协办大学士、刑部尚书等职。八国联军入侵西逃时病死途中。

⑤ 翁同龢与光绪帝争论之事有：一，接见外国使节的礼仪；二，是提拔张荫桓问题；三，翁同龢拒不受命传令康有为再抄呈有关变法著作：《俄国大彼得变政记》和《日本明治变政考》。

甚激切，语秘不可闻，以此遂不得安其位。电召裕禄[①]甚急，当以枢轴处之。闻众论谓其人颇清慎而太近平庸。刚则素有廉名而糊涂，又极自是，时有“刚復名臣”之目，刚自任刚愎，而误读“愎”为“復”，传为笑柄。王[②]本庸庸，而近更暮气，恐一蟹不如一蟹。达师恐遂不得入觐。此乃气运，无如何也！徐子静[③]前辈疏请定国是，谓“如守旧则宜专用守旧之人，欲开新则宜专用开新之人”。上于大局情势极明白。而是日慈圣适召见荣禄，亦言须先定主意，然后有办法。故有举行新政、趣立大学堂之谕。惟当事必须实力奉行，方有成效耳。

《会典》保举请封，闻亦有限制：编修不得请二品封典，大约明后年全书告成时，当可请也。男升侍讲不足夸，但冀得一讲官，稍效一得之愚。现有二缺，而男列第五，恐未能得[④]。

四妹近曾两次出城，但未住下，闻徐亲家太太说，秋间当令多住数日，请母亲一切放心。男前患腹泻已愈，后乃复作，近已全痊。数日内在寓静养不出门，觉饮食渐渐复常。男媳所患已霍然，惟气

---

① 裕禄（约1844—1900），满洲正白旗人。字寿山，号寿泉。历任安徽巡抚、湖广总督、盛京将军、军机大臣、礼部尚书兼总理衙门大臣等职。为荣禄亲信。光绪二十四年（1898）任直隶总督兼北洋大臣。八国联军入侵时逃亡自杀。

② 王指王文韶（1830—1908），浙江仁和（今杭州）人，字夔石，号耕娱，晚号退圃。咸丰二年进士，历任湖南巡抚、云贵总督、直隶总督兼北洋大臣等职。光绪二十四年（1898）以户部尚书、协办大学士进入军机处。

③ 徐子静（1842—1918），名致靖，晚号仅叟，江苏宜兴人，光绪二年（1876）进士，选庶吉士，授编修，累迁侍读学士。光绪二十四年四月二十日（6月8日）上《请明定国是折》，要求光绪皇帝立即施行新政。并向光绪帝推荐康有为、梁启超、谭嗣同等人。百日维新间，擢为礼部侍郎。政变后被逮问。

④ 黄绍箕于光绪二十四年二月回京，供职会典馆提调，三月以《会典》成书过半，请奖，奉旨遇有五品坊缺。四月，授翰林院侍讲，三充庶吉士教习。于次年七月，以（光绪）《清会典》告成，奉旨赏加二品衔。

弱不能任劳。詻儿[①]尚顽适，惟胎疝之病，迄今未愈，长大时为累不浅。武儿[②]较前结实。三女孩[③]亦妥顺。

命致节庵函，当即遵写寄去。大房并三妹及延儿寄来物件均已收到。月费一节自以所谕办法为平妥无弊。姨母大人近状想安健！延儿胃脘旧恙想不发。甚念，肃请

万福金安

母亲大人万福金安。

男绍箕跪禀，五月初六日

姨母大人福安。若川弟暨三妹均安。

---

① 曾詻，黄绍箕次子，生于光绪二十年（1894）十月十三日。

② 曾武，黄绍箕三子，生于光绪二十三年（1897）十二月二日。

③ 三女儿于光绪二十二年（1896）正月十六日生。

致黄绍第书三通

一①

1883 年 11 月 20 日

叔颂吾弟大人如晤：

本月十三日交折差寄上安字十二号安要家言并各物件，计到时当在淮郡试毕后矣。

父亲大人近当康健如恒，吾弟起居想亦佳善，甚念甚念！战书之说绝无所闻，想是谣传。

李子嘉②师放贵西道，前日兄去谒见，云近日张罗川费，已得二竿，尚少一竿，欲求父亲大人先为通融，俟明冬照数交还。兄答以遵即发禀，但屡奉家谕，南中光景恐实在不见宽裕耳。此信到时，请吾弟即将情节代禀，允否望速赐示，以便回覆。嘉师定于十一月

---

① 此件录自温州博物馆藏杨逢春抄件。

② 李子嘉，名肇锡，一名肇玺，号锦航，山东诸城人。同治七年(1868)进士。历任庶吉士、编修、国史馆纂修、兵科给事中。光绪九年(1883)任贵西道。十六年调云南迤东道，再升贵州按察使、布政使等。光绪五年，黄绍箕中顺天乡试举人，荐主为李肇锡编修。李慈铭《越缦堂日记》“光绪九年十月初七日邸钞”载：“兵科给事中李肇锡授贵州贵西兵备道。”

底出京，迟则恐来不及，非得回信，亦未敢专辄谢之也。据王丈廉生云，父亲前次出京时，嘉师曾代向他处挪借五百金，故今番有此一举，此节兄不甚了了。并请禀明为要。

武会试永嘉中式陈步鳌一名，名次不高，不能得侍卫，亦楠溪人，离枫林不远。闻国朝未发科，今科得文武两进士①，可云盛矣。

前寄上各种拓本，交任贵、崔富包封，误将《刁遵志》遗却在外。昨又以京钱十三千购得一分，较前所得本，碑阳拓略迟而略精，有数字此本较清楚。碑阴则彼此无异，兹附寄上。魏碑如买《贾思伯》《张猛龙》《敬史君》《李仲旋》②皆绝佳，但旧拓、精拓俱不易得。兄所购俱新拓本，惟未得《贾思伯碑》耳。近又收得江宁萧梁石柱全分价七十千，又一分系裱本，上有"莫子偲③监拓"木印。萧梁石柱大半是莫氏搜出，此本即系初拓，惜不全也。吾弟在金陵，尚可留意物色之，新拓本全分必有卖者，如价较廉，即请为兄代买一分，此处所购当与碑估换他拓本。近计陆续购碑之费已溢出百金外，新拓价

---

① 武进士陈步鳌，《温州市志》《永嘉县志》均无载。文进士指徐定超，永嘉枫林人，光绪九年进士，注见前。

② 《贾思伯》又名《贾使君碑》，刻于北魏神龟二年(519)，碑高215厘米，宽84厘米，厚20厘米。额题"魏兖州贾使君之碑"，正文记贾思伯兖州任内政绩，楷书二十四行，每行四十字。碑阴上刻宋温益题记，下刻元人题记，右侧有清兖州太守金一凤移立庑下题记，又有翁方纲辨非三国魏题记，均为楷书。　《张猛龙碑》立于北魏孝明帝正光三年(522)，全称《魏鲁郡太守张府君清颂之碑》，碑文记颂魏鲁郡太守张猛龙兴办学校功绩。碑阴为题名，被世人誉为"魏碑第一"。楷书二十六行，行四十六字，是魏碑后期佳作之一。　《敬史君碑》碑通高250厘米，宽84厘米，厚82厘米，碑文一千二百六十五字，内容为北魏末期永安侯敬史君(字显儁，号孝英)在讨伐尔朱荣中有功而进封官禄的记载。　《李仲旋》全称为《李仲旋修孔子庙碑》。

③ 莫子偲(1811—1871)，名友芝，号郘亭，晚号眲叟，贵州独山人。道光十一年(1831)举人，咸丰八年选知县，弃去。喜聚书，工各体书，与郑珍齐名，时称"郑、莫"。太平军起义，客曾国藩幕甚久。有《郘亭遗集》等。

少则数千，多不过十馀千，如《孔陵》《济宁》各全分亦止卅千上下，故阅时往往任意留之，及通共计算，费已不少。又间收得旧拓，如《曹全》《礼器》《祀三公山》《王基》[①]各碑，前见祁丈购一汉碑，《孔宙》耶，《尹宙》[②]耶？乞询示。至少亦须二三金。

月前梁家园李家出无数汉碑、庙碑，为一帖铺买去，蕙生[③]百方罗掘，欲以一百金全购其汉碑，后以其佳者无多而价太昂，尽数还之。兄却不敢过问，然曾在蕙生处看过，其中虽有佳拓，尚无铭心绝品。若真心醉，即亦不能禁也。月前许星师为杨雪渔[④]前辈饯

---

① 《曹全》，全称《汉合阳令曹全碑》，又名《曹景完碑》。东汉中平二年（185）十月立。碑高 253 厘米，横 123 厘米。隶书，碑阳二十行，行四十五字；碑阴题名五列。此碑是汉代隶书的重要代表作品。　《礼器》，全称《汉鲁相韩敕造孔庙礼器碑》。汉永寿二年（156）刻，隶书。纵 227.2 厘米，横 102.4 厘米。藏山东曲阜孔庙。四面刻，均为隶书。碑阳十六行，行三十六字，文后有韩敕等九人题名。碑阴及两侧皆题名。历来被推为隶书极则。　《祀三公山》，又名《汉常山相冯君祀三公山碑》，俗称《大三公山碑》，是名垂书史的极有价值的碑刻之一。东汉元初四年（117）立，乾隆三十九年（1774），元氏县令王治歧在元氏县城外访得。此碑字体在篆隶之间，与印玺文字有相同之处。书风古朴浑厚，有纯古遒厚、大气磅礴之感。　《王基》，全称《东武侯王基碑》，是三国魏隶书碑刻。景元二年（261）立于洛阳。乾隆初年出土于洛阳。碑石仅存下半。碑字未刻完。《金石萃编》载："石高四尺五寸，宽四尺，文共十九行，每行存字二十一至二十二不等。"

② 《孔宙》，全称《汉泰山都尉孔宙碑》，孔宙为孔子第十九世孙，官至泰山都尉，东汉延熹六年正月卒，碑以次年（164）立。篆额阳文篆书"有汉泰山都尉孔君之碑"两行十字。碑文隶书，碑阳十五行，满行为二十八字。碑阴上题"门生故吏名"篆书五字；下隶书题名三列，上二列各二十一行，第三列二十行。　《尹宙》，全称《汉豫州从事尹宙碑》。东汉熹平六年（177）四月立。高 192 厘米，横 89.6 厘米。十四行，行二十七字。尹宙，字周南，河南颍川人，官至豫州（治在今安徽亳州）从事。熹平六年四月己卯卒，终年六十二岁。《尹宙碑》结体内紧外拓，笔画细瘦圆健，体势近似楷书，元明以来书家多称之。

③ 蕙生指周銮诒（1859—1886），字荟生，号季言，湖南江永人。光绪三年（1877）进士，由翰林院编修官贵州学政。工书法，富藏汉印。有《净砚楼印谱》。

④ 许星师指许庚身，光绪五年，黄绍箕中顺天乡试举人，许庚身为同考官，故称师。　杨雪渔（1838—1908），名文莹，钱塘人。光绪三年（1877）进士，改庶吉士，授编修。光绪八年充湖南副考官，光绪九年任贵州学政。主杭州学海堂及养正书墅。工书法，为杭州近代史上著名书法家。有《幸草亭诗钞》等。

行，招兄作陪，出示宋拓《九成宫》①，与廉丈藏本不相上下，却不及宋雪帆②侍郎家藏本，亦不及自家失去之本。吾弟今冬如回瑞，必须多方访求线索，或以钱铦出之，此本若来归，亦吾弟文房中之一宝也。

殿本、监本零种史书，厂中时有之，将来借较亦易，可不必买。文宅《士礼居丛书》③已为一张姓老前辈购去，不知其名。扬州亦未有回信，不知已售出否。近有一人家以书籍出售，内目录及金石零种书居多，尚未与议价。前所见元刊明补本《通考》④，迄今仍思增钱买之，亦未与议。昨接王友叔函云，宋本陆集现在杭州，前班公及朱又笏⑤兄南旋时，各给钱共四十馀金，请其到沪代买书籍。又笏兄有信来，云代买《左海全集》，又《史通训故补》⑥一部，经藏书家以宋本校过，此部却甚好，尚未寄来。班公信来，云宝善街失火，书坊被焚，所要各书不可觅，钱俟后

① 《九成宫醴泉铭碑》，由魏徵撰文，欧阳询书。记载唐太宗在九成宫避暑时发现泉水之事。此碑立于唐贞观六年(632)。楷书二十四行，行四十九字。被后世誉为“正书第一”。

② 宋雪帆（1802—1874），名晋，字锡蕃，江苏溧阳人，清流派代表人物之一。道光二十四年(1844)进士，累官至户部侍郎。有《水流云在诗集》。

③ 清黄丕烈所刊。黄丕烈(1763—1825)字荛圃，一字绍武，号复翁，又号佞宋居士、士礼居主人等，江苏长洲人。乾隆五十三年(1788)举人。官诠部主事。清代知名的文献家，收藏家。

④ 《通考》，宜指宋元时期马端临所著《文献通考》。马端临(1254—1324)，字贵与，江西乐平人。《文献通考》全书分为二十四门，三百四十八卷。与《通典》《通志》合称“三通”。

⑤ 朱又笏，名启勋，字曾翱，又号微农，江苏宜兴人。光绪二十年(1894)进士，历任翰林院编修兼直史馆员，京师创办大学提调等。

⑥ 《史通训故补》二十卷，清黄叔琳撰，旁征博引，补明王惟俭撰《史通训故》之疏略。黄叔琳(1674—1756)，字昆圃，北京大兴人。康熙三十年(1691)进士。历任编修、侍讲、鸿胪寺少卿、刑部侍郎。雍正年间任吏部侍郎、浙江巡抚等。乾隆年间任山东按察使、布政使等。

一并寄还。俟取来再请姚子让[①]兄细看议价。函内附有管慰丈致马慰丈函，汇洋陆拾元，因为数太微，不便汇寄，属兄处先为划付，日内当即须措交矣。

近十馀日，闭门写字，不游厂肆，而书估碑估往往持货来看，即复不能割爱。老子云："不见可欲，其心不乱"，亮哉！

前禀云年内费用须三百金，现细算仍恐不敷，然南中近况恐亦无馀，心殊耿耿耳。濮子泉[②]为椎公查办随员。王弢丈属书之件，俟其回京，当面询之。伯熙题词系另书一恰府笺纸上，当日送来之后，又细阅弢丈所撰行状，始知其尊人在堂，意殊不以为然。兄告以父亲曾微语之，现遍觅其题词不得，疑其来时自行抽出。弢丈如问及，望婉达此意。宝竹丈[③]穷不可言，兄初到京，椎公屡去谒，辞不见。后谓可庄，云颇愧歉，不愿见人也。托可庄前辈代向其门下士张罗，应者殊鲜。蕙生亦以购书、购碑、购汉印，已得六十馀方，甚窘。其聪颖实所罕觏，于金石涉览颇博，但不及廉生耳！伯熙亦好购书，其光景窘于廉生，而宽于蕙生，见闻颇广，气象亦似非汉人所及，较胜竹丈也。附史宅、任宅致赓弟函，乞转交。昨始送来，故不及交折差。兄一切平安，足抒远注，即请

---

① 姚子让（1857—1933），名文楠，海盐人，清末曾为布政使衔记名道员。曾编《上海县续志》。

② 濮子泉（1849—？），名子潼，字止潜，号紫泉，浙江钱塘人。光绪三年（1877）进士。改庶吉士。任职军机处。二十七年（1901），授荆宜施道。二十九年，升安徽按察使。三十一年，升江苏布政使，三十二年，护理江苏巡抚。

③ 宝竹丈指宝廷（？—1890），爱新觉罗氏，字竹坡，号偶斋。隶满洲镶蓝旗。同治七年进士，选庶吉士，授编修。光绪年间，与张佩纶、黄体芳、张之洞号称"翰林四谏"。历迁侍讲学士、侍读学士。七年，授内阁学士，出典福建乡试，因还朝途中纳江山船伎为妾而罢官。十六年卒。有《偶斋诗草》内外集及《偶斋词》传世。

著安

密叔、诸丈、诸兄前乞代请安。

兄箕顿首，十月廿一日

此信甫写毕，适一碑估以汉魏庙碑粘本求售，共六册，内有《贾思伯碑》，拟留之，尚未定价也。南中遇有吴《天发神谶碑》[①]篆书，字体近方，用悬针法，笔锋峻厉可畏。及《隋太仆卿元公并姬氏夫人墓志》，望收之。二碑原石已毁，皆有翻刻。《天发碑》旧在江宁，嘉庆年间与南监《廿一史》《玉海》板同被火毁。阮文达曾翻刻一次，拓本太净者便是，后有题跋。闻近来又有翻刻，非见原刻互校，颇不易辨，惟后有石刻元祐六年胡宗师[②]题者，的是真本。《元公姬氏志》字亦极佳，原石旧在常州某氏，今已坏，其翻本无神气，一望可知。兄先得一残本，系孙容丈属一碑估送来者，后又属朱又笏兄代觅一全本，不肯受价，因以残本及书墨合易之。

二[③]

1883 年 12 月

叔颂吾弟大人如晤：

---

① 又名《天玺纪功碑》《三断碑》。篆书，三国吴天玺元年(276)立。传为华核文、皇象书。清嘉庆十年(1805)毁于火。原石上段有元祐六年胡宗师跋，崇宁元年(1102)石豫刻跋，明嘉靖四十三年(1564)耿定又刻跋，清翁方纲又在石下段刻“北平翁方纲来观”七字。

② 胡宗师，江苏武进人。宋仁宗嘉祐六年(1061)进士，熙宁四年(1071)为审官院主簿。元丰间为两浙路监司，提点江浙等路坑冶铸钱。哲宗元祐八年(1093)，以户部员外郎为成都府路转运副使。历知桂州、永兴军、郓州等。

③ 此件录自《瓯海集内编》。从内容看，应紧接上通函札，时间应为光绪九年十一月。“前月底奉上一函”即上通信函。

前月底奉上一函，想已收到。比维眠食一切如恒，不任驰系！

前因朱又笏兄有信来云，为兄购得《左海全集》《史通训故补》《史通通释》[①]，已寄澄江。兄此处曾购得《左海全集》一部，嫌其重复，已交书坊转售。年内折差来时，望将《史通训故补》及《通释》交带至都，切切！

山东有胥姓者[②]，善铸印，持潍县陈寿卿[③]大前辈致王廉丈函到都，嘱其向各处吹嘘。陈公收藏金石之富，冠绝一时，并为自古以来所罕觏。斯人久受陶镕，其所铸各印，远非礼部铸印局所及，现已属其为父亲大人及吾弟各铸一银印，仿汉印式。棚中盖戳铜印，将来尚可属其铸造也。

又属王廉丈为吾弟购得“长生无极”汉瓦当一块，价银二两，惜“长”字略损，边亦稍缺，俟折差便中寄去。兄无意中于一书铺以一两五钱购得秦“琅琊台”瓦当，携示廉丈，适山东一古董客在渠处，云的真无疑，现价可值千金上下。据廉丈云：陈寿公及何伯瑜[④]、宫子昂得去均极多，然完全者亦不数见，廉丈所得均系残瓦。此独完

---

① 浦起龙著。浦起龙（1679—1762），字二田，号孩禅，署东山外史，晚号三山伧父，时称山伧先生，无锡人。雍正八年进士，任扬州府学教授。

② 指胥伦，号芰塘（芨堂），晚号不灭，山东潍县人。“少游陈介祺之门，尽见所藏三代彝器，遂精铁笔。又悟古人铸印之法，先以蜡为模，刻纽篆文，毫发无戚，然后以精铜写之，一铸而就。俟微冶，再以刀石刮磨，使铣泽莹润而印成矣。所谓拨蜡法也。”胥云：“印不难精工而难古雅，制纽尤难于制印也。”晚挟技游京师，王懿荣为之延誉，盛昱亦激赏之，一时名士名印，皆出其手。尤长于子母印，非重直未肯一作，人以是恶其贪。（《旧学寅笔记》）

③ 陈寿卿（1813—1884），名介祺，号簠斋，晚号海滨病史、齐东匋父。山东潍坊人。道光二十五年（1845）进士，官翰林院编修。金石学家，嗜好收藏文物，铜器、玺印、石刻、陶器砖瓦、造像等无不搜集。著《簠斋传古别录》等。

④ 何伯瑜（1828—1899），名昆玉，广东高要人。清代篆刻家。篆刻师法秦汉，旁及浙派，辑有《吉金斋古铜印谱》。后将其藏印尽归陈介祺，并与弟瑗玉助其编拓《十钟山房印举》。

整无缺，可宝也。吴兴陆笃斋①比部，以吴砖数方出售，陆名学源，必是存斋之从兄弟，存斋著有《千甓亭砖录》，此必著录之物。兄收得“天纪砖”②一方，有“赤乌砖”一方，已琢为砚，以价昂不得购③。今将三种拓本寄览。“天纪砖”第三字、第六字均未敢臆定，归里后请与孙仲丈同审定为幸。将来此三种与吾弟所得“宝鼎砖”一种，均可补入《东瓯金石志》收藏类中矣。吾弟如回里，晤孙仲丈时，并乞代询，有新得砖，再以拓本见惠，当补入前见赠一册内。夏间仲丈出京时④，属兄代索廉丈许赠之拓本，俟拓出亦当寄去也。

浙局《两汉疏证》缺卷目录，朱又笏兄已寄来，当送请缪筱珊前辈，并另誊一册寄蒯礼卿庶常校补。袁漱六⑤太守之子以其家藏书到京出售，云宋、元版极多，恐靠不甚住。闻其真者甚多，在外间为李中丞明墀⑥之子留住，议价未谐。日内拟与廉丈去看，然亦不愿

---

① 陆笃斋(1854—1900)，名学源，字仲敏。浙江湖州人。累官刑部郎中，会典馆协修。加盐运使衔，赏双眼花翎并加二品衔。为陆心源堂弟，是心源收藏与著述的得力助手。　　存斋指陆心源(1834—1894)，字刚父，晚号潜园老人，1859 年中举后，曾任广东南韶兵备道。著名藏书家，建“皕宋楼”，为晚清全国四大藏书楼之一，专藏宋元旧版；其二称为“十万卷楼”。

② “天纪”为三国吴末帝孙皓年号，277 年—280 年。其下“赤乌”为三国吴孙权年号，238 年—251 年；“宝鼎”为三国吴末帝孙皓年号，266 年—269 年。

③ 《瓯海集内编》误作“靓”，径改。

④ 据孙延钊《孙衣言孙诒让父子年谱》：“光绪九年(1883)，孙诒让五试礼部。得王懿荣题‘百晋精庐’、‘百晋陶斋’篆隶两额。夏五月，假装南归。”

⑤ 袁漱六，名芳瑛，湖南湘潭人。室名卧雪楼，亦名卧雪庐。道光二十五年(1845)进士。官至松江知府。嗜蓄书，与朱学勤、丁日昌并称为咸丰时三大藏书家。藏书之富足与瞿绍基“恬裕斋”、陆心源“皕宋楼”、杨以增“海源阁”相匹敌。所藏十分之三得之孙星衍旧藏。光绪初，其藏书为李盛铎木犀轩在湘购得。

⑥ 李明墀(1823—1886)，清藏书家，江西九江人。李盛铎父。以荫官知县，升湖南辰州府知府，升督粮道兼署布政使加按察使，调湖北总办，加布政使。其父李恕建“木犀轩”于九江，后于太平天国战争中烧毁大半。他又重加鸠集，开刻书坊，刊刻古书。所藏近十万卷。又命李盛铎搜集各名家之作，即李盛铎后来所辑的《木犀轩丛书》。

其多,好书太多,亦不能不割爱也。

陈少秋兵部同年系江苏人,秋间在可庄处教读。其人气象开展,心地厚实,见闻亦绝胜时流。其年伯在祁和师幕中襄校,家道寒素,初冬以归省旋里,欲求父亲大人代为吹嘘,谋一书局校对之席,以资糊口。兄答以向不敢以此等事渎禀,然以其事与他事微别,而其才实足胜书局校雠之任,似亦公私两便,敬求吾弟代为禀闻是荷。草草书布,即请

著安

兄绍箕顿首

三[①]

叔弟如晤:

叠奉手书,具审种切,《焦尾稿题词》[②]情文兼至!兄有息壤之诺,而搜索枯肠,茫无思致,容稍缓图。望转致弢丈为荷!

兄以五百四十金购书多种,其中精者亦不甚多。顷又以百馀金购残缺大部书数十种,若配全后,并前起留其佳者,而出脱其不甚要者,尚为合算。《平津丛书》[③]又得一部。请部费查止须十馀金,想系照例之费,现已为捷足所得,可无庸议。

---

① 录自温州博物馆藏残札。

② 《焦尾阁遗稿》,王彦威母卢太淑人遗稿。王母卢德仪(1820—1865),字俪兰,号梅邻,室名焦尾阁,浙江黄岩人。幼颖慧,通五经大义,旁及文史。王维龄妻。范当世《范伯子文集》卷第二有《书焦尾阁遗稿后》:"余以光绪八年之秋,初见漱兰先生于江宁,因从先生幕府识王君弢甫,弢甫则出其先母卢太淑人遗稿,索余之一言。余观太淑人之诗比于文儒,躬行比于君子……"

③ 《平津馆丛书》,清嘉庆年间孙星衍辑。凡十集四十二种。其中主要是辑者自著的《尚书今古文注疏》和诗集,及所辑校的诸子、医学、历史等方面内容。

吾弟改教一节,已属旭庄转托一闽人,尚未办妥也。陆世兄想当与试,去年岁试名次高下何如?未知能得拔萃否?可庄昆弟及蔼卿去年在都,时时念及,便中希示知为慰!附单寄去各件,求吾弟代为检收。惟托人书写之件,尚须稍迟,兄懒于应人之求,故亦不欲以此促人耳。

可庄新到,亦未(下缺)

谕游学日本子侄书一通[①]

1906 年

来函述及县界之说，累日不安。此仍是考试旧习气，在彼固不解事，在我岂无惭德。在内地且不可，况在海外耶！在汝固有难处之势，然余为汝进一解。近来平等之说，此倡彼和，深入脑筋不可复出，实则止知贵贱平等耳！一切平等之说出于佛经，非徒贵贱平等，智愚亦平等，此境界极难到，然不可不知。余编《教育史》，首卷拟置一条云："《易·象》曰：'君子以教思无穷，容保民无疆'，谓教育之思想无有穷尽，所保安人民者无有疆界也。无有国界，并无有种界也。"余更申言之，"教思无穷"即孔子之"诲人不倦"也，"容保民无疆"即孔子"有教无类"也。现在各国教育之盛，岂我国所能企及？然使大教育家见此古圣义理，未有不瞿然心惊，旷然意远也。(下缺)

① 录自林大同《鉴止水斋谈屑》。前有"瑞安黄鲜庵学士丙午夏间拜湖北提学使之命，远渡东瀛考察学务。其时吾温留东学生最盛，无虑数百。人数既多，品类斯杂，于是有倡县界之说者。学士力辟其非，归国后谆谕子侄不可附和之。老成典型，瞻言百里。吾人所当置之座右也"。

致盛昱书一通[①]

前所说一篇，归翻续录不见，便中求检示为荷。恒斋金文刻本即请假阅，顾黄议稿并希付读。松兄招饮，以有事不克到，歉甚！伯兮二哥

弟绍箕顿首

① 录自搜艺搜网站。

致曹元弼书二通

一①

1886 年

令兄②大喜，尚未走贺，歉甚！从者南旋已诹何日？念念！

拙著一册③，谅蒙阅讫，敬求教正赐下为荷！当时草草写出，嗣又检陈氏寿祺、刘氏逢禄、宋氏翔凤④之书，颇与鄙说相近，而仍多

---

① 此函录自《中国宝藏网·拍卖频道·致曹元弼丛札》。曹元弼（1867—1953），字叔彦，一作彦叔，号叙彦，晚号复礼老人，江苏吴县人。光绪十一年（1885）举人，光绪二十一年进士。历任湖北两湖书院山长、存古学堂经学总教习等。辛亥革命后退居吴门。著有《周易郑氏注笺释》《复礼堂文集》等。

② 令兄指曹福元（1857—1920），字仲修、邃庵、邃翰，号再韩，江苏吴县人。光绪九年（1883）进士，十二年四月散馆授编修，历官至河南开归陈许道，署河南布政使，护理河南巡抚等。"令兄大喜"即指散馆授编修事。

③ 拙著指黄绍箕著《尚书今古文篇目考》。据曹元弼《述学诗》："年十八应礼部试，谒先生于京邸，退见世兄仲弢前辈绍箕，论学深相得。出所著《尚书今古文篇目考》见示。"王大隆《吴县曹先生行状》"明年（1886）应礼部试赴京，于瑞安客座识孙先生诒让，论礼甚相得，并与公子绍箕订昆弟交"。故此函当作于光绪十二年（1886）四五月间。

④ 陈寿祺（1771—1834），字恭甫，一字苇仁，号左海，晚自号隐屏山人，福建闽县人。嘉庆四年（1799）进士，散馆授编修。曾主杭州敷文书院，兼课诂经精会。典试广东、河南，充国史馆总纂等。著《尚书大传定本》三卷、《左海全集》。　刘逢禄（1776—1829），字申受，号申甫，又号思误居士，江苏武进人。嘉庆十九年（1814）进士，（转下页）

同，尚拟略加增改，如有谬误，务祈勿吝指示，感异不可言！肃上
叔彦仁兄世大人，并颂侍奉百福

弟绍箕顿首

令兄前敬问起居。

二[②]
1899年

叔毅仁兄世大人阁下：

前奉手书，以绍箕惨遭大故，惠赐挽联，伏地泣读，感涕无从，视苏公之恸庐陵，殆远过之。执事覃心礼学，著有成书，所以维世教、正人心者，至大且远，继志述事，显亲扬名，无逾于此。至于绍箕，复何可言。学既无成，诡遇窃禄，又不足以养。自发春以后，日思告归，而先以二月末适徐舍妹产亡，触发旧疾，嗣又为大学堂事所牵率。曾有书奉恳高贤屈临讲席，以培植阖堂中西诸学之根本，径寄鄂渚，不审曾否转达台端。鄙意拟以歇夏期内乞假归省，明知学务成效致难，而区区之愚，必欲使粗有头绪而后去。比请急南下，入门匍匐[③]，终天抱恨，万死莫追。自维有生之初，迄于今兹，仰托乾荫，虽年逾四十，忘其长大。俄而天崩地坼，茕茕无依，斩焉在衰绖之中，须发傫然，心神恍惚，志气颓丧，始自觉其衰病至此，殆

(接上页)改翰林院庶吉士，散馆授礼部主事。道光四年(1824)，补仪制司主事。卒于官。著有《尚书今古文集解》等。《清史稿》有传。　　宋翔凤(1779—1860)，字于庭，江苏长洲人。嘉庆五年(1800)举人。官湖南新宁县知县。咸丰九年(1859)，重赋鹿鸣，加知府衔。是清代今文学家，常州学派的著名学者。著《尚书略说》《尚书谱》等。

② 录自崔燕南整理《曹元弼友朋书札》(上海人民出版社，2018年)。

③ 黄绍箕于光绪二十五年五月十二日抵家，而其父体芳已于五月初九日卒。

将不久于人世。医用《金匮》《千金》“奔豚”两方参治之,亦时效时不效也。终七之期,为告誓之文,达于先灵,觊以稍自戒饬,而羸弱不能自克。近大事粗毕,屏弃人事,稍稍养息,渐有转机,然终不任劳顿。若旦夕不即填沟壑,尚望大君子之有以振厉而扶翼之也。补呈哀启,伏祈矜鉴。肃谢稽迟,负疚无地。敬希涵宥,并望恕其草草不恭,万幸万幸。

世小弟制黄绍箕稽首

再,令兄及苏城诸位世兄,匆匆不及肃函,晤时敬乞代陈下忱。附上哀启二十分,并求饬代补送,衔感无极。

绍箕又稽首

敬请

道安

致梁鼎芬书一通[①]

两奉手教,均诵悉。陶集附缴上,祈察入。拟致善馀函件,而今日尚有他事,未知来得及否?诒书[②]有十二出京之说。颍川少经验,谨慎太过,乃似滑非真滑也。

节公阁下

弟箕顿首,初十日

① 录自方继孝著《旧墨二记——世纪学人的墨迹与往事》(北京图书馆出版社,2006年)。梁鼎芬(1859—1920),字星海,广东番禺人。光绪六年(1880)进士,授翰林院编修。后任广东丰湖、端溪书院院长。张之洞幕僚,主两湖书院。历任直隶州知州,武昌知府,湖北安襄郧荆道,湖北按察使,布政使等职。

② 林开谟(1862—1937),字贻书,号放庵,福建长乐人。光绪二十一年(1895)进士,历任庶吉士、编修、河南学政、武英殿纂修、江西提学使等。任徐州兵备道时,值辛亥革命爆发,被推举为民政长,未就。善诗,工书。

致康有为书一通[1]

1896 年 1 月 23 日

长素仁兄大人阁下：

弟昨晚侍行抵沪，闻从者已于初五日回粤，为老伯母大人六十寿。弟未得登堂拜谒，一进兕觥，怅歉无似。弟在金陵疮疾未愈，又患头晕气逆之证。比稍差，闻执事将归，于廿九日电请少留，即发函并酌定章程奉览。嗣奉复电复书，略不一及，岂竟未接到耶？

另报纸二叶已诵讫，首列孔子卒后年月日，此为学西法，仍未毕肖，则责以违国制，已无可辞。于实事无丝毫之益，而于吾党恐有邱山之损。推尊孔子诸论，执事可著书，不必入报。前议章程略及之，复电亦既允从之矣。廷寄之件，止可云得之传闻。今直书某日军机字寄云云，一似有所受之者。家君在都，每闻人述时政，自诩为秘密消息，辄深恶之。况此竟列入会报，将来果有秘密消息，亦谁复肯以告我，以重其刺探漏泄之咎乎？至于报中全不翻译西报，并不译列中事，而但发空言，与局刊章程显然不符。执事术学，素所钦仰，岂敢妄议高深，惟既在同会之列，即有共主之权。家君系老病乞退之身，素性耿介，不能随人俯仰，又岂肯违心曲从，重累

① 录自蒋贵麟编《万木草堂遗稿外编》（台北成文书局，1978 年）下册第八四五页。

斯会,兼以累执事乎?已告局中停报勿出,并议暂废此会,日内当即有公函奉达。先布区区,肃请

侍奉年喜,惟鉴不宣

弟黄绍箕顿首,腊九日威靖轮船书上

致蔡念萱书三通[①]

一

1900 年

逸仲仁兄大人阁下：

顷奉读致若川手书，具谂一切，费神，感佩无似！

此事经友吾兄与足下酌三数，已是平允之至，犹复嫌少，意气未免太高。此田弟前年春路过时曾询之村人，佥云逼近江潮，无谷可收。去腊及数日前，两次勘过，皆谓仅值数元。现既开为河道，只得委曲将就，如议再加，虽为数无多，恐无以厌乡愚舆论，务请转致前途，仍照原议，于地方为成全善举，于自己亦斩尽葛藤，似为两便。至田号一切，当着景艮与碎郎查明再覆，查核清楚，然后缴详，由友吾兄交尊处转致可也。累渎皇恐，伏惟鉴谅，虔请

大安

弟制绍箕顿首，十四日[②]

---

① 蔡念萱（？—1908），字逸仲，瑞安人。光绪二十二年（1896）拔贡。曾在湖北提学使黄绍箕处任书记，后入端方幕。

② 此札未落年款，但从落款"制绍箕"看，应在为父黄体芳守制期，黄体芳去世于光绪二十五年（1899）五月；又信中提及"前年春路过"，黄绍箕于光绪二十三年（1897）冬回瑞，于二十四年初回京，"前年"当指二十四年（1898），"去腊"亦应为二十五年冬，黄绍箕奔父丧回里。故此札当作于光绪二十六年（1900），离家赴鄂之前。

二

稿画讫，送上文凭，赶即照改，改好写一样纸，并旧样纸上写明"去年旧样"一并呈院，千万勿迟为幸。

逸兄

箕顿首

午后请偕同谨堂[①]兄惠临为盼，切切！

三

现又奉院札，有举人四名须补考。请将舆地、外国政法、警察三门，每门各拟三四题，或请献夫、志林、松芙诸君同拟亦可。算学题请转属浩吾密拟三四道。

弟病已解，惟疲极，尚不能下床耳。

逸兄

箕顿首

① 谨堂指权量。

致蔡念萱、杨志林[1]书一通

1907 年

陈拟牌示稿，画讫，即缴上。中批数字，即请次舫酌之，不必再送敝处覆阅也。亦陶[2]《演说稿》顷实不能阅，即谢缴，请转交舍弟一看。新仲语一层可省去，较为干净。闵豸[3]札如未交回，须速取回，至要！

附上稿四件，折又一扣，信二纸，又监场名单，又演说稿一件，请分别转致。

逸仲、志林两兄

箕顿首，十五日

---

① 杨志林(1864—1927)，名绍廉，号拙庐，瑞安人。光绪诸生。光绪二十八年(1902)，瑞安普通学堂成立，与蔡念萱、蒋作藩、池虬同为中文教习。后随黄绍箕为编书局分纂、湖北提学署任事，后入湖广总督端方幕。善书法。著《瓯海集》《拙庐杂文》《东瓯书画苑》等。

② 亦陶指萧侃。

③ 闵豸，湖北应山县附生，曾任湖北存古学堂检察员兼监学。

致宽甫书一通

1908 年 1 月至 2 月间

宽甫仁兄大人阁下:

久切钦迟,未瞻丰采。敬维政躬多豫,荣问遐宣,无任企仰!

弟于腊八日接印任事[①],一切情形多未谙悉。鄂省风气颇开,而办理尚未十分完善,外府州县尤多节外生枝。伏祈执事随时董率,俾一堂之内师生相安,而各科之学名实相副,非独宜属士民之幸,即鄙陋亦感激无涯也。

兹敬启者,日本臼井胜三君,向在道师范及方言学堂充格致学教员,顷乘年假之暇,到贵治境内游历兼考查,取矿产为学堂博物标本。渠虑愚民少见多怪,误会用意,致多窒碍,属为转求照料。查外人游历内地,约章所许,该员系学堂教习,尤在应蒙保护之例,伏祈饬县派人随时妥为照护,俾免事端。倘所采集矿物之外,或兼及动植物之属,种类较多,须用木箱装载带回,并希饬代购置,以便转运。其价钱由该员自行发给。诸荷费神,至深感幸。专肃奉恳,虔请

台安(下缺)

① 指于光绪三十二年十二月初八日,黄绍箕接部颁湖北提学使印信上任事。

致介庵书一通[①]

存古学堂[②]开学在即,该堂学生均系在堂膳宿,堂中一切似应赶紧预备。顷间面禀督宪,谕令执事料理,大约日内当派员协助也,谨奉闻。弟今早甫销假,病已去,惟气力弱耳。知念附及。肃请

介庵仁兄大人阁下

弟箕顿首,十九日

---

① 此函及《致聘翁函》四通均录自冯天琪、冯天瑜编《近代名人墨迹·冯永轩藏品》(湖北教育出版社,2001年)。

② 存古学堂乃清廷为"保存国粹"而设立的学校。光绪三十年湖广总督张之洞在湖北率先倡办,于光绪三十三年五月,正式进呈《创立存古学堂折》,奏请开办。于七月二十四日正式开学。之后各省纷纷效仿。1911年清廷颁布《存古堂章程》,宗旨是为了培养师范学堂和中学堂的经学、国文、历史教员及经科、文科大学的预备生。设经学、史学、词章三门课程。分中等科(修业五年)和高级科(修业三年)。

致聘翁书四通

一

十九日考试礼字斋学生，即请执事点名。弟病尚未愈，不能到，幸鉴谅。牌示即饬缮。南路教员照派。

聘翁阁下

弟箕顿首，十七日

二

明早辰刻八点钟在学务公所考验江督送来湖南学生，系江宁湖南旅学毕业者，现奉宪札，考验合格再送入堂。请转属曹、易二君，明早须有一位到学务公所亲加考问勿迟为幸。弟另出试题，看其文理如何，即可定局也。

聘翁阁下

弟箕顿首，初六日

三

曾生在学堂肄业、充教员、游学日本在某年某月。共几何年月，请转谕详细开示，当可保送。刘生炳墀容饬即办。另折批讫送上，祈察入。

聘翁

弟箕顿首，十八日

四

聘翁先生同年大人：

顷读大示，敬悉一切。存古一席，关系最大，非得资深望著且办学有经验者，未易胜任。具有上三资格者，厥惟我公。故昨与照岩学使[1]熟商，诚非我公莫属，故昨已将情形面陈院宪。今早间匆匆晤教，未尽所怀。晚间如吾兄得暇，敬请惠临一谭，有话面商，已函约徐旭东提调矣。肃颂

聘翁年禧

弟绍箕顿首，廿七日

---

① 照岩指齐耀珊（1865—？），吉林伊通人。光绪十六年（1890）进士，历任宜昌府知府、湖北提学使等。入民国，历任浙江省长、山东省长、北洋政府内务总长兼农商总长、教育总长，后又任北京古学院经史研究会研究员等。

致佚名书五通

一①

有带书私阅者，务请留意察看，能取其书最好，否则须记出。

箕白

二

今日试题须饬书记录工楷一全分，预备呈中堂、督院，今晚来不及，明早必写出。

箕白

三

生员考职暨留学东洋毕业考验，场前应办各事已派员料理，兹再派专门课李课员帮同办理。

箕书，廿九夜

① 前三通均录自温州博物馆藏原件，使用“披蒲新馆”八行笺。

四①

诒在京师,与洪右丞②、沈子培、杨叔峤诸君开强学会,专讲中国自强之学,朝士集者百数。今来金陵,与南皮言,南皮力主之。顷分设沪局,集天下贤士夫,刊布公启,必欲得公名,以光此举,立候电复。

金陵督署绍箕、鼎芬、祖诒

五③

前见刘石庵小中堂一幅,如未售出,祈再交来一看。有新得字画,并请交来。切切。

博古斋

温州馆黄字

① 光绪二十一年十月初十日未刻发。录自《张之洞电稿》乙编第9函第45册。

② 洪右丞(1827—1897),名良品,字叙澄,别号龙冈山人,黄冈洪家湾(今武汉新洲)人。同治七年(1868)进士,改庶吉士,授编修,历官江西道监察御史、云南道监察御史、兵部给事中、户部掌印给事中。

③ 录自日本京都大学人文科学研究所藏《近代名人尺牍》。

卷七　诗词　联语[①]

诗　词

庚辰感时事作[②]

1880 年

先帝中兴苦用师，八荒遗恨失鞭笞。武功爵罢真规远，兵器图增[③]莫炫奇。大吏稍行弓箭社，诸王亲领羽林儿。近臣进讲传天语，想见今皇神武姿。

中山世泽附滕邾[④]，王赫雷霆怒觊觎。已报金缯输冒顿，岂容弓钺逭倭奴。故乡草木知多警，上国威灵不可渝。战备因循和议误，圣人原不薄迂儒。

---

① 据《二黄先生集》《二黄先生集补遗》《蓼绥阁诗抄》录入，按时间先后排序，如与别本所录有不同的略作说明。其它来源的另作注解。

② 原有八首，现仅存二首。薛钟斗《寄瓯寄笔》录此诗，末有"钟斗案：原诗八首，仅见其二"。

③ 《寄瓯寄笔》录此诗，作"谱"。

④ 《寄瓯寄笔》录此诗，作"朱"。

赠别内兄刘子牧[1]

1882 年

子牧内兄访予于江阴,晤聚弥月,将有江北之行,出纨素属书,赋此赠别,黯然久之。

忆昔梅花白如雪,尊酒逢君面逾热。年年花落复花开,君去君来此时节。玉麈闲连王导床,布衾冷共杜陵铁。诙谈滑利纷无端,旧梦凄凉杳难说。流霞漂户莲钉欹,顽冰拆瓶菱镜裂。青如素娥寒不胜,坐使人间重愁绝。盈盈江水衣带宽,渺渺孤舟箭机发。回首秋□久捐笥,何从携此团圞月。强我呵冻起染濡,原君护持无点缺。明年两袖清风生,卦席南来慰离别。

过卢生祠[2]作

1885 年

河朔英宗妙少年,津梁未倦遂超然。《霓裳》法曲《升仙颂》,虚拟《凌云》亦可怜。

---

① 光绪三年(1877),黄绍箕娶山邑刘祝三(蕖村)孝廉女。刘氏于光绪七年卒于江阴学署,年二十八。

② 卢生祠位于河北邯郸吕仙祠中,也称卢生殿,供奉天下第一梦的做梦人、一枕黄粱的当事者、黄粱美梦的主人公——青年秀才卢生的青石卧像。卢生殿门柱有联:“睡至二三更时,凡功名都成幻境;想到一百年后,无少长俱是古人。”

井陉口怀淮阴侯①

1885 年

韩侯用兵如迅雷，强干乃作枯枝摧。千骑逡巡忽背水，但有神骏无驽骀。一逾井陉□□□，□□风靡供鞭箠。□人赏奇诧武勇，岂知妙处犹婴孩。登坛指挥色不动，却见广武心为开。观其北面拜亡虏，哙等安足充舆台。市中出胯有神力，圯上纳履同胚胎。汉初颇尚老氏术，如公非学关天才。危地后存言在耳，□无安乐成祸媒。不能低首鄚曲逆，琐琐绛灌何有哉？将兵将将亦善附，自不公忍人终猜。史公谦谨寓微旨，岂如辟谷归去来。骤雨洒途马足滑，松风飒飒令人哀。仰视崔巍三叹息，明废祠宇排蒿莱。

介休郭有道先生祠②

1885 年

一从太学赋归与，挥手诸生三万馀。尽使人伦收藻鉴，却令地角凑柴车。蓬蒿落日衔祠墓，泉石清风压顾厨。谈笑未终钩党尽，比邻还问潞公居。

---

① 录自温州博物馆藏黄绍箕书法扇面，落款为“井陉口怀淮阴侯旧作，录请吕甫仁兄大人正之，弟黄绍箕”。淮阴侯指韩信，井陉口位于河北，在此韩信率汉军列背水阵，大破赵军。

② 录自温州博物馆藏王岳崧书法扇面“节录黄中弢太史使蜀作”。郭有道指郭泰(128—169)，字林宗，号有道，山西介休人。东汉末年太学生首领之一，淡于利禄，称为东汉第一名士。

凤岭吴涪王祠[1]

1885 年

和议匆匆割地成，将军空建杀金坪。君王不惜江山好，行客犹怜壁垒精。四将中兴多羽翼，一家同气况干城。至今月落黄牛堡，神臂弓埋夜有声。

行北栈六日过鸡头关赋此

1885 年

凭危高眺豁天门，历历星辰手可扪。峻岭千盘收半壁，怒湍百折走平原。居然白日开心目，却恐青山入梦魂。差喜升平好风景，有人耕种长儿孙。

团团晓月照离思，拂拂秋风动鬓丝。戍卒黄沙仍古驿，神君白石有灵祠。新苗水侧香偏早，懒豆霜前熟尚迟。愿理轻帆下江汉，每怀未敢畏驱驰。

---

① 录自温州博物馆藏王岳崧书法扇面“节录黄中弢太史使蜀作”。吴涪王指吴玠（1093—1139），南宋抗金将领。字晋卿，甘肃静宁人。历任镇西军节度使，川陕宣抚副使，奉宁、保定军二镇节度使。官至特进开府仪同三司、四川宣抚使。淳熙年间追赠涪王。

沔县谒诸葛武侯庙[①]

1885 年

皇皇六国老邹贤，名世重生五百年。出处先符莘渭正，君臣岂比魏吴偏。未兴礼乐关时运，独奉春秋执圣权。一自大星飞去后，庭前桧柏尽参天。

巾扇从容想驻旄，龙骧虎跃气犹豪。隆中早策三分定，沔上终亲六出劳。寂寂孤琴山水在，堂堂遗表日星高。定军墓下西风路，多少衢民荐浊醪。

寿张彭年公七十生辰[②]

1887 年

张生家在东海隅，观书卓荦文又儒。饿腹撑拄有奇气，却走辽渤参阴符。归来光彩不自匿，一脱囊颖终投珠。掉头望云忽南下，揽镜自惜童颜华读若敷。丈人古之达者徒，行年七十神明殊。所闻慷慨尚风义，珣玗定产医无闾。张生有兄仕为养，张生有弟能读书。崇州学派安定胡，张生治事才有馀。并时英绝周范朱，范生亦有椿一株。各抱庭诰相扶植，人生至乐斯莫逾。世事万变浮云俱，崇川今乃桃源居。倘随归傅寻莼鲈，会当捧觞登堂除。

---

① 沔县，现作勉县，位于陕西省南部。三国时期魏、蜀相争的战略要地，空城计、木牛流马等故事发生在这里。诸葛武侯庙位于勉县县城西边三公里，古蜀道及川陕西路旁，始建于蜀汉年代。

② 录自张謇编《张氏常乐支谱》，南通琅村提供。张彭年，为张謇父亲。

今年正月八日,直金危危[1],戏效俗例设祭,并纪以诗,用去年可庄[2]赠子培诗韵七首

1891 年

内外刚柔不用占,供笾无事荐形盐。西方白帝儒家讳,北宿玄天道笈签。招宝吉星明历朔,明洪武选择历书,载壬寅金危日,诸吉神有天宝、明星、金匮、五富等日。解祠胜日汉仪添。黄羊祠腊东京例,莫笑南人鬼事严。

脏神夜诉触藩占,玉女逡巡为荐盐。银穴他年归禄籍,金官上界拜除签。日游喜直三星次,天宝还兼五富添。盛服祓除更月建,岂如国俗背灯严。满洲有背灯祭,若祭者见不祥,则须更月建方得入祭室。见《钦定满洲祭神祭天典礼》。

星野兼参卦位占,山饶珠玉海鱼盐。灵祈欲上神君号,秘祝应同亚子签。地境古图云气合,天方旧术日名添。胜他梦秽称祥瑞,便似黄金付普严。

建除家[3]法有恒占,凌杂何须诮米盐。酉主玉杓方士说,寅藏金匮历官签。庚申拜斗仪殊琐,甲子逢奎例可添。俗传甲子金奎日,祈科名有奇验。祈祷不施颜训在,只愁饿隶怨清严。

---

① 据建除家言:凡遇危星乘危日,而该日又恰逢金,则直金危危,当祭祀。祭法:用一羊头或鸭为祭品,夜半潜起,散衣垢面而拜,祭毕,取祭品尽食之,云可以祈财。此俗多流行于北方,江南无此习俗。

② 可庄指王仁堪(1849—1893),又字大久、忍庵,号忍龛、公定,史称王苏州,福州人,光绪三年(1877)状元,授殿撰,历官山西学政、贵州乡试副考官、江南乡试副考官、广东乡试副考官、会典馆绘图处总纂官等。十七年,出任镇江知府。十九年,调任苏州知府,病逝于任上。

③ 指古代以观天象占测人事吉凶祸福为职业的人。

闻道金神见梦占，奇赢什倍埒无盐。俗云金危危神貌恶骇人，祭者见之必致大富。水宫合补星图赞，石室应题汉画签。王母虎颜从古说，《酉阳杂俎》[1]引道书谓《山海经》所云：乃王母之使西方白虎之神。将军蛇足任人添。掷砂拟学麻姑爪，自畏真仙戒律严。

谷耗金生异古占，漫夸猗顿富池盐。好音灶鬼新传语，妙论钱神旧署签。铸就横财原分定，算逢巧历许筹添。长安槎客知多少，枉自持钱访蜀严。

载金喜叶易林占，从此洪炉恣治盐。生有万羊充食谱，梦看两犬护书签。由来日富神能授，更愿年丰利普添。拙笔姜芽成往悔，应缘讳丙未曾严。学书讳丙见《论衡》。

越缦丈[2]有祭金危危诗，八叠前韵

1891 年

垣西执法应星占，老忆莼羹未下盐。韩愈送穷传戏笔，王充诘术付疑签。朝朝如愿探囊具，岁岁长恩著录添。相祀千宫资纠肃，上风越祝未须严。

---

① 《酉阳杂俎》，晚唐段成式所著。段成式（约 803—863），字柯古，邹平人。官至宰相，封邹平郡公。

② 越缦丈指李慈铭（1830—1894），字炁伯，号莼客，浙江绍兴人。光绪六年（1880）进士，初任户部郎中，后官至山西道监察御史。上书言事，洞中利弊，不畏权要。中日甲午战争败讯至，感愤扼腕，卒于官。著《越缦堂日记》等。

云门[1]前辈有祭金危危诗，九叠前韵

1891 年

凫舄新闻侯吏占，西行重食玉华盐。闲吟鹤背腰缠贯，亲作蝇头手署签。宝乞黄瓶从此聚，香知红袖夜来添。雍郊汉畤迷烟草，太息君才似马严。

去年九月七日，子培祭金危危神，未几而其弟子林盐大使在粤有摄事之信，可庄戏以诗贺之。今读越缦丈及得云门前辈诗叙，似未详其缘起，因十叠前韵，聊证明之，他日采本事诗者，或有取焉

1891 年

沈林学易阮辞占，诗思光如水著盐。几日操蹄劳野祝，一家开口发邮签。裁笺喜动朋侪问，举烛翻令故实添。却笑王阳廉更侈，黄金别有秘方严。

---

① 云门指樊增祥（1846—1931），字嘉父，号樊山，别署天琴老人。湖北恩施人。光绪三年（1877）进士。曾任陕西宜川、渭南等知事。累官至陕西布政使、江宁布政使、护理两江总督。辛亥革命爆发，避居沪上。袁世凯执政时，曾为参政院参政。

今年五月初二日，又直金危危，一岁两直，向所罕觏，廉生丈以未及祭为惜，十一叠前韵简之

1891 年

隔年镜听得祥占，忍把妍书比嫫盐。丈应试，书绝工，而自言似一妇人。讥日订讹应有说，《论衡》有《诘术》《讥日》《調时》等篇。会天校历竟无签。余藏影钞宋宝祐四年《会天历》，竟一岁无直金危危者。且欣春去朱明至，莫遣金成白发添。粗服乱头饶大嚼，何如斋沐诵楞严。

历书于日直金危危，多注云宜祭祀，疑即俗例。所自起，盖建除家所谓神在之日，凡祭皆宜，不必专指祈富言也。今用越缦丈立春日诗意，推广祝词，语涉贪痴，见者当发大噱也

1891 年

堂上颐龄协斗占，殿前顷刻赋熬盐。藏幗时得铭心品，债券从无押尾签。经案本生符卯壮，图参天德报丁添。《妇人良方》有产图。并行《集圣历》正月“天德在丁”云云。持铅幸与輶轩使，掎摭冬烘不要严。

挽梁童子学蠡兼慰节庵同年[①]

1893 年

病衰无赖望童髦，绝爱君家有凤毛。世世移山真付汝，骎骎度坂已倾曹。霜凋雹碎谁能料，月黯风凄但一号。稍幸季方堪奉杖，强扶公起语犹豪。

和奉新年伯[②]赠家大人诗原韵

1895 年

中兴圣相范希文[③]，宾府罗贤夙所闻谓湘乡曾文正公。彭蠡迢迢接湘水，魁儒岳岳挺人群。早腾捷步锋横发，晚郁奇蕤笔自耘。谈笑从容风义远，故应平揖信陵君。

京华挟策幼随亲，私识儒林有丈人。挂壁龙骞惊伟迹，入门鹤立见长身。高轩一自辞青琐，优诏频看下紫纶。仍岁安澜民气静，岂徒兖豫颂公仁？

南苑西山望翠华，祥图瑞典轶干嘉。边烽骤照甘泉树，殊锡才宣秘阁麻。牧马敢窥天北斗，楼船沉恨海东涯。联翩槎客随烟雾，殇祀悲凉自舞芭。

---

① 据吴天任撰《梁节庵先生年谱》载：梁鼎芬子龙驹于光绪十九年四月朔殇，生于光绪十八年十月二十七日。故此诗当作于光绪十九年(1893)。

② 奉新年伯指许振祎(？—1899)，字仙屏，江西奉新人。同治二年(1863)进士。授编修，授陕甘学政。光绪八年(1882)，授彰卫怀道，十二年任江宁布政使，十六年任河东河道总督，二十一年迁广东巡抚。谥文敏。

③ 范希文指北宋范仲淹。下文曾文正指曾国藩。

晚春奉杖指梁墟，千里相思一命车。暂倚温公开洛社，翻怜内史出河渠。苍茫玉宇高寒感，凄恻珠崖罢弃书。华组幅巾身外事，萧萧白发梦丹除。

牵衣昨拂旅尘昏，亲见荀慈为应门。家大人到汴之日，承熙甫大兄迎候。绕砌芝英惭并秀，缘阿桂树各蒙恩。昼求醇醴从长饮，宵捧华灯侍细论。世世移山知在望，精诚浩荡塞乾坤。

广雅堂深夜漏催，往承玉屑洒蓬莱。颜、徐旧法争悬腕，刘、邓名书辨夺胎。己卯岁与年丈、张南皮①师寓斋侍坐，闻丈与师极论古今法书源流，至漏三下。几日风尘违宴坐，百年柱石仗公才。凄迷惟有毗陵路，回首师门剧可哀。绍箕少事陆阳湖②师最久。

凌危虚左矗高楼，访古平台续胜游。毛薛侯朱真俊物，河山风月足清愁。客谈缥缈多瀛海，相望萦纡易素秋。登啸识公营度意，要令人表一昂头。

人生自足无今古，苍狗浮云有合离。子舍献觞嗟禄薄，公家了事愧儿痴。归园便拟琼筵乐，去国难忘漆室悲。强学小坡缀高咏，从游还及圣明时。

再次家大人诗韵呈奉新年伯

1895 年

恒河沙数界微尘，尘里微茫着此身。生是堂堂中国地，家承浩

---

① 南皮师指张之洞，黄绍箕曾受业其门下。

② 陆阳湖指陆尔熙，字广敷，江苏阳湖人，同治二年（1863）进士，与黄体芳同年。历任国史馆纂修、记名御史、翰林院编修等职。同治六年黄绍箕、绍第受业陆尔熙门下。

浩累朝仁。如何鳌极敷天戴？坐见螟精蚀月新。圜则九重斡焉系[①]，灵均呵璧岂无因。

翠羽明玑断越南，复盆望日帝犹惭。突薪忍复追先见，温树谁从赞密谈。屹屹严关蹲虎豹，森森大斧削松柟。求浆饮鸩嗟何及？食木生虫更孰堪！

长短纵横迭战和，连鸡翻藉并栖多。阳樊苍葛空号诉，姑孰桓温自啸歌。铸铁有心成大错，捐金无求注沧波。平原自比非人数，拒魏输秦无奈何！

不铸三钟便铸兵，楚金遗使意难明。枯鱼泣肆无生理，怪蜃嘘搂有幻情。幽朔豆分思晋石，骊山瓜熟畏秦嬴。仁皇树立[②]真宏达，世晚儒冠未可轻。

总揽三边柱国才，中山心结亦堪哀。云衔凤敕随银带，风转鸾璈护玉杯。兵法藏虚师处女，道家示弱贵婴孩。老成渊虑谁能议，恐有英雄伏草莱。

秘牒神经委道山，霓裳仙侣惜朱颜。数千鳆价倾囊易，八万骁材选箭艰。鲲纵北溟波未歇，马求西极汗空殷。放翁诗句愁重省，欲请迁都泪已潸。

侍宴所陪北海樽，从游数集又西园。燕怀故社将归翼，蝶恋馀春定去魂。苦雨登楼云黯黮，狂风吹户树翩翻。榴花落尽音书少，极目长河走广原。抵汴后，初得舍弟[③]讯。

高会清歌动洛伊，劈柑分酒胜听鹂。双亲幸遂归田计，一命庸

① “斡焉系”三字据《二黄先生集补遗》黄群题记补。

② “立”字据《二黄先生集补遗》黄群题记补。

③ 舍弟指黄绍第（1855—1914），字叔颂，号缦庵。光绪十六年（1890）进士，历任编修、湖南乡试考官、江南乡试副考官、湖北全省学务处总办、湖北提学使等职。

忘济物私。天佑羲轩终雪耻，岳生申甫未嫌迟。湘乡友谊公魁硕，早晚当枢翊圣慈。

王凤阳丈[①]以吏事巡县，联舟泛淮，阻风罗家口，即次其《龙兴寺宴集》韵

1895 年

淮流有支渠，凤山乏丛檍。贤守席未暄，动作百年虑。丈到官即上议大吏疏浚水道，并谕民以树艺之法。庸音久塞耳，瑶瑟乍一御。芸芸苦輖饥，兹意已足饫。脉水秋阔澄，衔舟夜语絮。排荡思神功，坊潄资人助。夕阳明远村，千樯戢如箸。房湖与苏堤，爰思有楬署。甘棠民勿剪，嘉树客犹举。岂知仁人心，忧劳不自恕。颇闻袁安治，清静信殆庶。王乔跨仙凫，退飞怯良驭。谓大令王小牧丈②，闻例当得真除，而不果授，现权知望江事。平生素心人，落落星向曙。所嗟咫尺违，迫此言归遽。凌晨阻风泊，短棹有长处。霜肃终回飙，流清不忧污。奉手聊盘桓，目数征帆去。

---

① 王凤阳指王咏霓（1839—1916），名仙骥，字子裳，号六潭，浙江台州人。光绪六年（1880）进士，授刑部主事，签分河南司行走。十年随侍郎许景澄充出使法德美意国随员。二十一年署安徽凤阳知府，三十一署池州知府，三十三年任安徽大学堂总教习、存古学堂提调。宣统二年（1910）任安徽太平府知府。著有《函雅堂集》等。

② 王小牧指王岳崧（1849—1923），原名鬴廊，字叔高，号筱牧，瑞安人。光绪十五年（1889）进士，曾任蒙城知县。

子裳老丈邀寓郡斋，出日记命观，敬赋长歌[①]

1895 年

六潭丈人儒学吏，拄腹干奇不一试。谈天胸隘外九洲，剖流指穷古六艺。睥睨大却惜牛刀，聊绾郡符施小技。我侍归棹沿清淮，父老欢呼使君至。固知庄生喜足音，无奈车子病脚气。小山丛桂重留人，黾俯将车忘颠踬。舟行十日厌儿号，觅枣索鱼聒清寐。有如楞严说水观，那耐童曹掷瓦戏。官斋寂静如僧寮，解袜登床百无事。郡将兼资文武才，濠州旧是战争地。读书东发见日抄，问事庐陵多手记。夕竞觞咏朝簿书，家思弦歌户仓积。岂肯惊鱼使水浑，要当驯虎为山卫。惜哉神妙活国方，洞垣见症苦处剂。阳浮大宅蹶然兴，枉使病夫坐奋袂。南皮尚书今国工，欲发墨守针痼废。斟酌文质中尊攘，期公共理春秋义。绍箕尝谓：中国为文家，西人则近质家，彼当质家之方盛，而我处文家之积衰，此所以势常不敌，而不可不亟思，所以持其后也。我今拟作逍遥游，焉得远超人间世。他年赤手鞚奔鲸，尚欲从公树一帜。

和菊潭年伯八秩双寿自寿诗三章原韵

1895 年

婆娑老福世间稀，槎使星明护少微。拔萃先声名已宿，临文馀技道能几。从容诗酒顾三雅，师表经人蔡二希。岂独玉虹书势妙，

---

① 录自王咏霓《函雅堂集》卷十二。

萧然物外写天机。丈稿书极似曲阜孔谷园①舍人,而神味淡然过之。

聪强眼耳地行仙,偕老中闺礼法传。一室自游安乐境,四朝亲见太平年。河阴树接家园近,洛下花争社里鲜。欲侍耆英追雅集,画图重仿李龙眠。

将图千里感鳜生,仕学蹉跎两未成。托契幸知家法合,延年从识物缘轻。新荫桃李充庭盛,雏翼鹓鸾指日鸣。官阁课孙如课子,夜灯犹录读书程。

题王幼霞《秋窗忆远图》②

1896 年

凉蟾窥户天欲霜,草木黄落雁南翔。所思远道不可见,尺素中有球琳琅。南朝令仆儿戏耳,文字翩翩差可喜。缺碑盘木昔所嗟,

---

① 孔谷园指孔继涑(1727—1791),一作(1726—1790),字信夫,又字体实,号谷园,又号东山、葭谷,山东曲阜人。乾隆三十三年(1768)举人,候补中书。工书。刻其书为《瀛海仙班帖》。中年学苏、黄、米,晚更学欧、虞、颜。精于鉴别碑版,有《玉虹楼帖》《鉴真帖》等。

② 王幼霞(1849—1904),名鹏运,号半塘,广西临桂人。同治举人,官至礼部掌印给事中,开办京师大学堂。著名词人,与文廷式、郑文焯、况周颐为清季四大词人。徐世昌《晚晴簃诗汇》卷一七二及陈衍《近代诗钞》录有该诗,内容稍异,题作《题王幼霞〈秋暮怀人图〉》,下注"图为某君寄江总栖霞寺断碑作","天欲"作"天雨","尺素中有"作"何以遗我","去年"作"忆昨","萧条"作"纵横"。又据沈曾植《水龙吟》:"夔笙拓江总碑残字,半塘得之,因为《秋窗忆远图》。"得知某君即况周颐(1859—1926),字夔笙,一字揆孙,晚号蕙风词隐,广西临桂人。光绪五年(1879)举人。官内阁中书、会典馆纂修等,曾入两江总督张之洞、端方幕府。曾执教武进龙城书院和南京师范学堂。著《蕙风词话》等。江总(519—594),字总持。南朝陈诗人。祖籍河南兰考。早年被梁武帝赏识,官至太常卿。至陈文帝天嘉四年(563),任中书侍郎。陈后主时,官至尚书令。陈后主曾与江总同游摄山栖霞寺并赋诗记游,江总撰有《摄山栖霞寺碑》碑文。栖霞寺位于南京,源于南朝刘宋时期著名隐士明僧绍之号栖霞。

丹青不渝今复尔。去年将车钟阜侧，过江名士多于鲫。酒酣说剑无留行，念君萧条扫破墨。去年秋，余侍家大人至金陵，时节庵主钟山讲，筱珊、芸子、季直、礼卿、伯严皆会焉。严飙飒飒违清尊，芰荷落尽风漪痕。青山一发江南路，我亦凄神虞道园。

为陈啸沧[①]丈题戴文节公熙[②]楹帖残幅

1896 年

品画论泉亦半痴，岁寒方见后凋姿。九苞片羽人知贵，早识公生数不奇。

题薛慕淮母《萱闱课读图》[③]

1897 年

少年雒诵许昌文，侍御世丈有《制义》一册行世，家大人曾举以授绍箕为程式。唐薛能登会昌进士，有《许昌集》，因借以为喻。方雅门风夙所闻。一自乌台扃疏草，多资绛缦衍书芬。史裁经法传家学，灯影书声念母勤。此去泷冈行树表，显荣褒大预期君。

---

① 为永嘉名士陈祖绶父亲。

② 戴熙（1800—1860），字醇士，号榆庵、松屏，杭州人。道光十二年（1832）进士，官至内阁学士、兵部侍郎。谥文节。工诗书，善绘事。山水早年师法王翚，后摹宋元诸大家。晚年在用墨方面有深切的领会。著《习苦斋集》等。

③ 《寄瓯寄笔》录此诗，题作“题郭恭人《萱闱课读图》”。薛慕淮指薛葆梿，安徽全椒人。母郭夫人，父薛春藜，叔薛时雨。

祝荫轩[1]中堂夫子八旬寿

1898 年

擎天宰相读书人，左右三朝迪德身。道远同源无异派，时危一发系千钧。昭昭日月丹铭旧，凛凛风霜白简新。自有独居深念事，万缘何处扰清神？

天钟纯懿翊皇纲，作育英才首玉潢。持正广平肠似铁，筹边晋国鬓如霜。斗山望早尊天下，启沃心还侍帝傍。坐镇朝端终有恃，台垣常祝辅星光。

题陶斋[2]所藏秦权

1902 年

秦廿六年并天下，刻辞金石壹华夏。万事如画明无疑，咸阳宫中鹿化马。百斤量衡书中程，千石铸鐻金销兵。此权当时在何许，王府和钧倘有名。尚书嗜奇勤考释，藏权凡七此盈石。隗林隗状知谁何？太息摩挲相斯迹。

---

① 荫轩指徐桐(1819—1900)，字豫如。汉军正蓝旗人。道光三十年(1850)进士。历任太常寺卿、都察院左副都御史等，累至礼部侍郎。光绪间官至礼部尚书，加太子少保，后以吏部尚书协办大学士，晋太子太保。二十二年，拜体仁阁大学士。八国联军攻入北京后，自缢身亡。著有《治平宝鉴》。

② 陶斋指端方(1861—1911)，字午桥。满洲正白旗人。由荫生中举，历任工部主事、陆军部尚书、湖广总督、两江总督等职。曾赴欧美考察政治，兴办新政。以侍郎衔督办川汉、粤汉铁路。宣统三年(1911)为镇压四川保路运动入川被杀，追赠太子太保，谥忠敏。著《陶斋吉金录》等。

题赵君举世丈遗墨[①]

1903 年

宁寿宫中古鉴完，余得《宁寿古鉴》稿本，潘文勤定为陈太常泳手迹，列大内各处陈设古器目至备。内有乾隆间平江所出古编钟，所摹文剥蚀不全。自来金文家所未闻也。平津馆内《萃编》存。往在都中厂市，见严可均[②]《平津馆金石萃编》手稿，绝精，计三巨册，尚缺宋元一册，以直昂未收。云烟过眼亲成录，又见明诚缀手痕。

波戈精绝细书新，字说诗篇并入神。当日潜研嗟拾烬，晚来想望太平人。

题赵聪甫大令《三友图》[③]

1903 年

赵侯我父执，肝胆郁轮囷。草木有本性，风尘惜此身。论交燠凉外，看鬓雪霜新。二十年前画，悬知面目真。

作吏儒生分，翻怜握别轻。尧年忧浡潏，齐俗杂纵横。相士先心术，当官识政声。载途风与雪，珍重岁寒盟。

---

① 赵君举（1819—1881），名彦偁，字记楼，别号辛庵，镇江人。精天文、数学、书法、金石。著《三愿堂日记》等。遗墨指《三愿堂遗墨》。

② 严可均（1762—1843），字景文，号铁桥，乌程（今湖州）人。嘉庆五年（1800）举人，曾任建德县学教谕。精文字、音韵、考据之学。著名藏书家。

③ 上海博物馆图书馆编《冒广生友朋书札》（上海书画出版社，2009 年）黄绍箕二亦有载。

歇心处[①]

1903 年

清绝招提境，尘心静不喧。山深秋树暝，雨急暮云翻。小住皆禅证，馀闲亦国恩。何人留玉带，终古镇山门。

题黄山谷三游洞题名[②]

1903 年

光绪癸卯七月，访叔弟缦庵于宜昌，八月五日偕至三游洞，于洞内深黑处，得山谷老人题名。按：山谷以绍圣二年谪黔州，时年五十一，伯氏元明同行。《黔南道中日记》云："三月辛亥次下牢关"，此刻正在其时。"三月"下即"辛亥"二字也。辛纮时为巫山尉，子大方并侍行。纮字系旁，视放翁[③]入蜀时所见已少泐矣。流传绝少，爇火摩娑，欢喜赞叹。亟命工拓墨，系以三绝句。[④]

涪翁西行五十一，我今五十学随缘。风中鸿雁重来集，过眼江山九百年。

万镞离弦韵有馀，《鹤铭》《雁塔》势萦纡。此行人与书俱老，悟

---

① 录自上海博物馆图书馆编《冒广生友朋书札》（上海书画出版社，2009 年）黄绍箕二。

② 黄山谷指黄庭坚（1045—1105），字鲁直，晚号涪翁，江西修水县人。与苏轼、米芾、蔡襄并称"宋四家"。治平进士，迁著作佐郎。后追封直龙图阁士，加太师，谥号文节。著《山谷集》。曾三次游览三游洞，留下了"黄大临弟庭坚同辛纮、子大方，绍圣二年三月辛亥来游""观辛亥旧题，如梦中事也"等题名。

③ 放翁指陆游（1125—1210），字务观，号放翁，浙江山阴（今绍兴）人。孝宗乾道六年（1170）被贬谪到夔州（四川奉节）任通判，路夷陵并游三游洞。

④ 此句据黄群《二黄先生集补遗》补。

入长年打桨初。

岩岫深奇未赋诗,重扃秉烛有微思。散花一著终成累,寄语人天共护持。闻一妄人欲剜去刻别字,有尼之者,得幸存,陈云仲太守嘱为勒石其旁护之。

题欧阳公三游洞题名[①]

1903年

光绪癸卯八月十六日再至三游洞,于洞内右壁得欧阳公题名石刻。陆放翁《入蜀记》录此云:“景祐四年七月十日夷陵欧阳永叔”,下缺一字。又云“判官丁”,下缺数字。丁者,宝臣也,字元珍。今“丁”字下仿佛可见,殊不类“元珍”字。又永叔但曰“夷陵”不称“令”。今按“年”字全泐,丁字下细审实系“元珍”二字,为妄人加刻画,故放翁谓其不类耳。岫穴深幽,尘翳已久,初至竟失之,宜居人,过客之不及知也。欧公题名较山谷尤罕见,致可宝贵,归舟作五古一章记之。[②]

彝陵山水奇,入峡此东道。千峰缭翠壁,划然发天巧。元白苏

---

① 据《渔洋山人手拓欧阳永叔三游洞题名》黄绍箕题记录入(http://auction.artron.net/paimai-art47851553/)。落款:“自宜昌城北寓馆录寄匋斋尚书老弟武昌节署,并乞教之。八月廿三日,瑞安黄绍箕题记。”欧阳公指欧阳修(1007—1072),字永叔,号醉翁、六一居士,江西吉水人。天圣进士。官馆阁校勘,因直言论事贬知夷陵。庆历中任谏官,被诬贬知滁州。官至翰林学士、枢密副使、参知政事。撰《新五代史》,有《欧阳文忠集》。

② 《二黄先生集·鲜庵遗稿》作“十六日再至三游洞,又得欧阳公题名石刻于洞内右壁。校放翁《入蜀记》,字略同,惟‘四’字下‘年’字今全泐。‘丁’字下谛审是‘元珍’二字,为欧阳公同年丁宝臣之字。南宋时已为妄人加刻画,故放翁疑其不类耳。岫穴深黝,尘翳已久,初至竟失之,宜居人,过客之不及知也。六一题名尤罕见,致足宝贵。”

黄陆[1],行旅有述造。千载山主人,卓荦馀文藻。放翁昔披[2]寻,泐缺知已早。拂尘惊乍见,欢若墨未燥。石粗故易剥,穴黑得常保。公昔奉母来,江乡足鱼稻。县楼日对山,覃研职方考。公为令时,纂《五代史》。嘲弄时闲作,吏牍杂诗稿。想当清秋初,溯川消积潦。石乳凝云扃,岩苏[3]照晴昊。判官夙同调,缘险恣幽讨。淋漓修史笔,悬壁偶一扫。引绳无欹斜,濡豪绝瘠槁。乃知大贤心,精严[4]常在抱。今君无结衔,庭趋宁足恼。公《与尹师鲁书》云:"昨日因参转运,作庭趋,始觉身是县令。"[5]公视官如家,视民如襁褓。追俗玩岁月,自分桐乡老。岂知屡起蹶,入汴鬓丝[6]皓。梦中渡横查,苦忆山县好。公在京师有《忆山示梅圣俞诗》[7]。东山有题咏,汉庙闻祈祷。遗文犹在诵,贞石翳荒草。寥寥残字在,永为兹山宝。[8]

① 指元稹、白居易、苏洵、苏轼、苏辙、黄庭坚、陆游,均游览过三游洞。

② 《二黄先生集·鲜庵遗稿》,"披"字作"搜"字。

③ 《二黄先生集·鲜庵遗稿》,"苏"字作"蔬"字。

④ 《二黄先生集·鲜庵遗稿》,"精严"作"精气"。

⑤ 此注《鲜庵遗稿》无。此为《与尹师鲁第一书》,写于宋仁宗景禧三年(1036)秋,欧阳修被贬至夷陵县后。尹洙(1001—1047),字师鲁,洛阳人。天圣二年(1024)进士,历任濠州通判,知庆、晋、潞等州,直龙图阁。有《河南先生文集》。《宋史》有传。

⑥ 《二黄先生集·鲜庵遗稿》,"鬓丝"作"鬓已"。

⑦ 此注《鲜庵遗稿》无。梅尧臣(1002—1060),字圣俞,世称宛陵先生,北宋诗人,宣州宣城(今属安徽)人。皇佑三年(1051)赐同进士出身。官至尚书都官员外郎。有《宛陵先生集》。此诗作于庆历元年。

⑧ 俞天舒编《黄绍箕集》下有"欧阳公《东山寺诗》《汉景帝庙祈雨文》,又《至喜堂记》,黄山谷书;山谷建中靖国元年东迁,重至三游洞,又有题刻,放翁入蜀道彝陵,皆亲见之。山谷题名,当时石已崩仆洞外溪上。王渔洋《蜀道驿程记》谓:'《至喜堂记》断碑数十字,在东门民家作砌石。'二公当时迁谪,当轴恶之,俗人亦忽之,数百年后得其残碑断刻、珍逾球璧。桐轩大令仁兄笃慕前修,雅好金石,方谋与叔弟博求之,不知尚在人间否也?"

缦庵合装欧黄题名悬斋壁，并题一诗即以为别①

1903 年

庐陵少孤贫不忧，登朝一节论千秋。波中金石仰看物，著书不足来寻幽。维摩老子稍后进，文章不同有心印。书骨权奇如其人，未得书碑聊自运。欧公《至喜堂记》，山谷书，国初残石尚在，遍访不可得，当是东还后所书。二公气立万物表，白傅西来恨太早。中间题壁有苏公，作诗父子三人同。苏公兄弟晚飘泊，壁诗磨灭无由踪。三苏至三游洞皆有诗②，东坡有三绝句留石壁。放翁已不见，知磨灭久矣。③ 尹余继去众已骇，元祐党碑满天下。平生师友如云龙，万事升沉付埃马。欧公有母黄有兄，至乐天与谁能伤？但说山川蒙藻缋，岂知点画含风霜？缦庵缦庵来④惜别，吾家风义足可惜。公家事了栽红梨，烹茶读书且面壁。

---

① 温州博物馆藏黄绍箕手迹，落款为"右墨本二通附录拙诗，奉菊仙内侄清鉴，九月十九夜漏三下，黄绍箕题于宜昌寓馆之凝碧轩"。此诗题作《叔弟合装欧黄题名悬缦庵壁上，再题一诗即以为别》。

② 1059 年，北宋诗人、文学家苏洵、苏轼、苏辙父子将程夫人安葬并守孝期满后，三人赴京待命，途经夷陵，同游三游洞，苏洵诗云："洞门卷石流成乳，山下寒溪冷欲冰。天寒二子苦求去，我欲居之亦不能。"苏轼诗云："冻雨霏霏半成雪，游人屐冻苍苔滑。不辞携被岩底眠，洞口云深夜无月。"

③ 温州博物馆藏黄绍箕手迹，此注作"三苏皆有三游洞诗，东坡有三绝句留石壁。山谷《黔南道中日记》不云见坡诗，放翁入蜀记亦不及，殆漫灭久矣"。

④ 温州博物馆藏黄绍箕手迹，"来"字作"勿"字。

三游洞题名[1]

1903 年

三游洞接下牢关，怊怅年时独往还。过客题名劳护惜，空馀高咏满江山。

题美人独立图甲辰留京作

1904 年

瘦损腰围佩带长，玲珑古石好扶将。年来那得禁风露，要学天孙织锦裳。

爱苍[2]廉访将赴岭南赋此赠行兼怀太夷[3]龙州

1905 年

少小结交三山王，相视瓯越如家乡。余少交王忍盦前辈，因缘识闽

---

① 录自 2013 年 8 月 11 日《三峡晚报》，曲度《黄绍箕诗咏三游洞》一文。

② 爱苍指沈瑜庆（1858—1918），字志雨，号涛园，福建侯官人。沈葆桢第四子。光绪十一年（1885）举人，历任湖南按察使，改顺天府尹。三十一年，调任山西按察使，不久调职广东。后任江西布政使、护理江西巡抚，出任云南布政使，调河南布政使，升贵州巡抚。民国后，居上海，以遗老自命。有《涛园集》。

③ 太夷指郑孝胥（1860—1938），字苏戡，一字太夷，号海藏，福建闽县人。光绪八年（1882）解元。后任驻日使馆秘书、日筑领事、神户大阪总领事。二十年归国，历官总理各国事务衙门章京、京汉铁路南段总办、督办广西边务，驻防龙州，出任湖南布政使。民国时，以遗老自居。有《海藏楼诗》等。

士甚多,忍盦有印曰“三山王郎”。王家快婿陈学士伯潜①,弱冠文采雏凤凰。春灯社客半识面,不独陈弼臣郭春榆②同岁良。惊才横绝见稍晚,长乐郑生闽沈郎③。沈郎磊落称将门,斑斑虎豹多文章。京华病起乍握手,对面笑语犹疏狂。廿年江海数离合,家国宁止三沧桑。悲怀转剧发壮语,却顾存者皆老苍。太夷临边坐啸咏,千奇挂腹一不偿。儒家议兵要知本,思通道茀安农桑。怜君欲去夜筹笔,规图横海心彷徨。无穷止在不闻见,助君有目谁能张?中条山色亦不恶,断鳌南极须扶将。柳丝送人绿挂眼,海棠如雾弥红妆。昨宵风雨落如霰,犹堪把酒话丁香。万期浩浩一弹指,但惜尊前华烛光。海南波澜殊未歇,邻火恐及池鱼殃。效奇或在职司外,圣奕无谱医无方。不知苍梧云尽处,善持单复宜何长。因书为我致问讯,迢迢万里参相望。④

---

① 陈伯潜(1848—1935),名宝琛,号弢庵、橘隐,福建闽县人。同治七年(1868)进士,授翰林院庶吉士、编修,擢翰林院侍讲,充日讲起居注官。官至内阁学士兼礼部侍郎。辛亥革命后为宣统师。著《沧趣楼诗集》《南游草》等。

② 陈弼宸(1847—1891),名与冏,字弼臣,号缄斋,福建侯官人。光绪六年(1880)进士,以编修历充国史馆协修、功臣馆纂修,典试山左。在史馆修《食货志》,未脱稿,卒官。著有《缄斋杂辑》等。　郭春榆(1855—1928),名曾炘,号匏庵,郭柏荫之孙。光绪六年进士,官至礼部右侍郎兼户部左、右侍郎。宣统元年充实录馆副总裁,修《德宗本纪》。著有《匏庵诗存》。

③ 郑生即指郑孝胥。沈郎指沈瑜庆。

④ 陈衍《近代诗钞》亦收录此诗,题作《送沈爱苍廉访之任广东兼太夷龙州》。《沈敬裕公年谱》载:光绪三十一年,奉命调粤臬,五月莅任。

题文衡山[①]《湖亭乡思图》

1906 年

光绪丙午春初，游厂市，得衡山先生画幅，嗟赏之馀，顿触旅思，漫题其后，绍箕。

我亦京居两载闲，梦中尘土不曾删。谁将冰雪倪迁笔，剪取江南一角山。

白头来作秘书郎[②]，衡山句。下笔无心到老苍。惆怅美人易迟暮，羡君归有玉兰堂。

寿潜斋尚书[③]六十

1906 年

中兴将相出湘衡，天挺魁儒畀圣明。大统型模经手铸，元和会

---

① 文衡山指文徵明（1470—1559），原名壁，字徵明，因祖籍湖南衡山，号衡山居士，江苏长洲（今苏州）人。曾任翰林院待诏。明代著名书画家。

② 此句出自文徵明《内直有感》七律："天上楼台白玉堂，白头来作秘书郎。退朝每傍花枝入，㦤直遥闻刻漏长。铃索萧闲青琐静，词头烂熳紫泥香。野人不识瀛洲乐，清梦依然在故乡。"

③ 《二黄先生集》原作"潜盦"。然据王式通《寿张埜秋尚书用鲜厂学士韵》："并时人物待权衡，雅量恒箴察察明。三见沧桑增感喟，十年树木费经营。坐中谈笑关元气，海外孤寒起颂声。叶语遍书笺九万，兰台述作有群英。　忍见神州竟陆沉，留侯借箸运谋深。万间广厦开宏抱，千顷湘波写素心。滚滚群流归巨壑，愔愔上德俪清琴。卧龙早具匡时略，抱膝曾传梁父吟。"应作"潜斋"，即指张百熙（1847—1907），字埜秋，号潜斋，湖南长沙人。同治十三年（1874）进士。历任翰林院编修侍讲、侍读，山东、广东学政，文渊阁校理、国子监祭酒，吏部、户部、礼部、刑部、工部、邮传部尚书等职。1902 年—1904 年出任管学大臣，重建京师大学堂。谥文达。

计仗心营。夕联风月开尊话,朝听星辰曳履声。四国起居争问讯,为传年录殿耆英。今年寿州相国①八十,南皮制军七十,与公皆负海内重望。

早从内试各升沉,晚与编摩感叹深。浩浩横流忧国梦,堂堂白日爱才心。要回枒耀张华烛,待取桐材荐素琴。岁岁清和来侑酒,倘容越调应湘吟。

留别编书局同人②

1906 年

少作雕虫悔已多,九流晚出各殊科。微言大义愁乖绝,旧学新知赖切磋。黄帝教来乌拉岭,素王书过斡难河。镕模采算劳甄录,江上精庐眼细摩。

留别译学馆同事诸君

1906 年

结想无穷力不任,住思避席去沾襟。倚兰傍玉愁非质,叩角鸣宫感含音。风暖渐扶荷出水,露浓刚护柳成阴。汉江夜夜婵娟月,

---

① 寿州相国指孙家鼐(1827—1909),字燮臣,号蛰生,安徽寿州人。咸丰九年状元,光绪间历工、礼、吏、户、刑五部尚书,与翁同龢同为光绪帝师傅。光绪二十四任管理大学堂事务大臣。后任文渊阁大学士,武英殿大学士。

② 陈衍《近代诗钞》收录此首,题作《留别编书局同人并尘书衡比部》。书衡指王式通(1864—1931),字书衡,号志盦、仪通。原籍福建闽县。光绪二十四年(1898)进士,历官内阁中书、刑部山东司主事、襄学部大臣张百熙留学事,累进为大理院少卿。民国后,历任南京临时政府司法部总长、清史馆纂修、故宫博物院管理委员会副委员长等。

长照佳人万里心。

留别译学馆诸生

1906 年

余自去春承乏译学馆，顷奉命赴鄂提学，感同学诸君相待之诚，临别黯然，不忍舍去，赋诗奉贻，聊附赠取之义。

仍岁公宫左，相将望玉绳[①]。范金空有愿，攻错愧无能。浩劫三弹指，良医九折肱。忧时与惜别，此意泪难胜。

象胥周谕说，辖使汉方言[②]。官失才难就，时穷学愈尊。峻嶒怜岁月[③]，辛苦拄乾坤。老病沧江去，相期答圣恩。

赠汪衮父警部[④]

1906 年

图史纵横足网罗，即今豪气未消磨。笑谈自觉殊科臼，聚散真怜一刹那。锦瑟伤春知意古，铜环惊梦惜才多。酒阑对烛空英辩，萧魏无人奈尔何！

---

① 《许宝蘅日记》有载，此句作“相将看玉绳”。

② 《许宝蘅日记》此句作“重译汉方言”。

③ 《许宝蘅日记》此句作“峥嵘怜岁月”。

④ 汪衮父（1878—1933），名荣宝，号太玄，江苏吴县人。光绪二十三年（1897）拔贡。留学日本早稻田大学。归国后在兵部任职，三十二年，任京师译学馆教习、旋改任巡警部主事。后历民政部右参议、资政院议员、协篡宪法大臣。民国时，为参议院议员和众议院议员，驻比利时、瑞士、日本等国公使。著《汪荣宝日记》等。

游日光杂诗二十首

1906 年

精妍雕绘灿如新，景福灵光或比伦。三百馀年威力在，田翁里妇尚祈神。

洪钟渡海自何朝，燕寝横檠想玉沼。金塔无铃不能语，上人指画说灵猫。以上东照宫。

二荒山树不曾荒，半带残红半落黄。行到山穷树无尽，木公信在海东方。

两山中折石槽开，泉急林高首重回。拟画夕阳红叶路，须添舞雪带奔雷。以上二荒山。

半生惭负客中游，暂见飞龙便小休。忆看仙岩梅雨后，至今梦想大龙湫。山中瀑布以数十计，不能遍观。

凌晨扶策夕言归，讲舍谈经听隔扉。莫问亡羊谁得失，拾薪古意叹湮微。日光町小学校。中国古礼，乡塾儿童散学，则拾薪以归。

昨见两妇扶一妪，今见一马驮两童。著屐女郎解西语，握铅学子描晚枫。途中书所见。

华严法海本来空，莫滞声闻色相中。一落九天珠玉碎，悬崖勒马是英雄。华严泷。闻少年失意愤恚，往往自投其中。

峡中飞出白龙双，十万虬松护击撞。不到人间作霖雨，雄心终古未能降。龙头湫。

木落霜清少客行，穿林时出啸歌声。庄生同此人间世，空谷跫音倍有情。一西人独步相从，锴侄操英语与之通问，自称澳洲人，殆生长其地者。

四十八湖湖水清，八功德水旧知名。屋从万树中间出，舟向千峰顶上行。幸湖暂憩湖滨旅馆。

短篠漫坡尺许长，乔柯倚岸十寻强。行人忘在云霄里，错认山乡作水乡。沿幸湖行。

平原如掌四山围，访古谁携断戟归？我欲与湖称两绝，居人但惜草花稀。战场原。

人烟阒寂客行孤，一片寒林落照图。欲废阿章[①]无李论，只怜点缀少栖乌。战场原至汤瀑，中间约中里十里许，无村庄，亦无行路者。

写出天台瀑布工，东方近代有兴公。山灵内热浑难解，枉遣惊霆骇众聋。汤瀑，自大槩氏辟径建碑，名始显。

山上有山湖上湖，一源嘘气似蒸壶。白沙枯木红尘表，浴罢澄观一事无。汤湖旁有旅馆，是夕宿焉。

夜听敲窗雪有棱，晓看暖雾雨中腾。楼头海客如怜别，欲答无言意不胜。晓发汤本，澳州人登楼相送。

四面云光截几平，摇波荇藻镜中明。剪开半幅西泠水，三十年前梦里情。下山至幸湖，泛舟约十里，抵湖边旅馆。

百重树杪长泉源，一线岩腰透雨痕。猿鸟不知溪水意，送人曲折到山根。薄暮抵小西旅馆。

瀑流冲激能生电，石质甄陶巧出铜。过客但夸邱壑美，只应归访武陵翁。山中有炼铜厂未及到，置电机处亦未见，但见旅馆、电灯及运铜轨道而已。

---

① 阿章指北宋米芾，曾提出“无李论”，李指五代画家李成。

冒雨游箱根[1],宿塔之泽环翠楼,翊晨观小田原学校

1906 年

层山环窟天所成,依山枕谷架飞楹。缘崖万树绿无缝,下有云海洪涛声。水性自清石自静,相遇雷转空山惊。沉思此理故易晓,谁有禁术使不鸣。千盘百折供一览,主人妙造君弗轻。温泉浴罢振衣起,廿年游迹思华清。壁间名翰海内外,贤侯怀古摅幽情。颇闻避嚣常独往,学禅趺坐将其名。神闲意澹方有得,离朱百昧难为明。深夜笙镛酬万壑,梦中洗耳心澄莹。平明联袂入乡校,习勤尚武意法精。校师指导良甚厚,留书聊用酬欢迎。国黉岂不美且好,汲深绠短徒经营。过眼时迷日五色,扬鞭但见花满尘。民风朴素地旷爽,寸长尺短颇诠评。天怜过客亦劳止,昨行苦雨今当晴。蘧庐一宿吾堪恋,山灵有约迟归程。

竹添井井招饮龟清楼即席赋赠与子修、书衡、幼云同作[2]

1906 年

少年暗[3]诵栈云诗,今日高楼接履綦。仙劫三经尘海后,儒书

① 箱根位于日本神奈川县,是日本的温泉之乡、疗养胜地。山指富士山,水指芦湖。是日本的温泉之乡、疗养胜地。

② 《寄瓯寄笔》录此诗,题作《即席赋呈竹添卫卿先生》。

③ 《寄瓯寄笔》作“爱”字。

五厄晋隋时。左毛古义劳甄述，秦蜀前游入梦思。莫问袖中活国手，喜瞻头白老经师。

题荷田校长游日光诗草

1906 年

阅尽如林校舍开，神山风行便须回。乍看夜雨草庐笔，恍入华严法界来。

□□□□□□□，梦游沄海几经时。黄花看了看红叶，乞取新菊作导师。

云近蓬莱五色赊，独从收敛发精华。傲霜不畏西风劲，此是人间第一花。

嘉种中原按谱同，从知培养赖人工。归来分得神山色，要向江干植万丛。

酬东宫侍讲三岛毅[①]

1906 年

新知旧学二难并，商略时宜感盛情。旷代羲文傅圣道，当朝房魏属生门。玉山近生须眉古，丹地微吟意气平。可惜绮黄未遭遇，不餐菊实饵芝英。

---

① 三岛毅(1830—1919)，字中洲，日本明治时期的著名儒学家、阳明学者、教育家、汉文学作家，与重野成斋、川田甕江并称为“明治三文宗”，历任日本东宫侍讲、文学博士等职。有《中洲文稿》等。

亚雅音乐会[①]

1906 年

泱泱东海羡雄风，唐乐犹存奏调中。今日夏声知必大，弦歌应载鲁生功。

芦　　湖[②]

1906 年

黑水西穷说星宿，白山东望指天河。谁知织女云车路，亲到蓬莱挹玉波。

大壑藏舟万仞巅，遥峰积雪不知年。爰奇特自聊欹枕，籁寂波平自在眠。

楼阁巍峨半岛留，神驰回想汉宫秋。焉知信美非吾土？人表翱翔足此游。

---

① 录自《寄瓯寄笔》。亚雅音乐会，是曾志忞于 1904 年 5 月在沈心工“音乐讲习会”的基础上重新组织的，是我国近代第一个新式的音乐社团，其宗旨是“发达学校社会音乐，鼓舞国民精神”。梁启超曾应其之请，撰作“黄帝”乐曲四章。

② 芦湖，位于箱根，为火山湖，因湖面盛产芦苇而得名。海拔七百二十四米，方圆二十千米，面积七平方千米，湖最深处达四十五米，湖水清澈湛蓝。晴天时可从这里看到终年积雪的富士山。

雅乐所观乐

1906 年

竹树高环学圃稠，君侯尚武念同舟。投壶儒将风追汉，较射乡庠法溯周。银烛张筵朱邸晚，玉屏映户碧山秋。胸中[1]爱客无区畛，此意琼瑶未足酬。

迁居学署[2]答梁节庵同年

1907 年

一笑相逢念九春，惊看万事逐年新。定巢画阁分邻燕，入梦香炉识殿麟。岁月峥嵘容暂合，乾坤荡莽老逾亲。病中种树从君学，留待成荫付后人。

赠大隈伯[3]

天心慈爱本同仁，喜见平泉事业新。裴令同情仍未减，渊明平淡故非真。朱子谓渊明非真平淡人。万间广厦欢寒士，十亩名园老伟人。乔木萧森秋气肃，乍闻高论室如春。

---

① 《寄瓯寄笔》录此诗，作"育材"二字。

② 光绪三十二年黄绍箕出任湖北提学使，次年冬，新建湖北提学使司公署落成，黄绍箕于十月二十七日移居其中。

③ 大隈伯指大隈重信(1838—1922)，1888 年任日本黑田清隆内阁外相。1896 年成立进步党，出任松方正义内阁外相，1898 年 6 月，与板垣退助联合组织宪政党内阁，史称隈板内阁。1907 年就任早稻田大学总长。

赠日本某君[①]

表海泱泱仰大风，当年翊运几人同。即看实业纷纶起，尽在元勋赞化中。仙侣刘樊兼福慧，计臣管范是英雄。郎君往日曾联席[②]，兰玉盈阶羡郁葱。君随小村大使[③]至北京观大学堂，管学设席相待，绍箕与焉。

题沈梅岑大令《仙蝶图》即以留别

昔我见仙蝶，置酒公定邸。公定，王循吏仁堪别号，时同在都中。翔集乍回眄，追摹穷画趾。忆初乾隆年，祠官亲荐匭。九重动色咨，天章灿绵祀。胜流如证缘，记咏日填委。或疑仙种遗，诜揖蕃孙子。人间一毫芒，不见者何屡[④]。我读《齐物篇》，周蝶云谁是？人物两蘧栩，岂况无彼此？楞严说化身，至不可思议。来从无量劫，恒沙数未已。世人习拘墟，乃谓月在指。所种本非因，觌面滋疑似。沈侯有仙骨，跌宕盛文史。示我真形图，格相应曩纪。植须首常昂，娇翼足仍跂。十年尘翳目，故人宿草靡。开秩感坠欢，翩翾犹在视。左翅晕空围，铲凿复谁始？孔周圜若玑，大劣逾黍米。有

---

① 薛钟斗《寄瓯寄笔》卷三录此诗，题为《寿松方伯七旬》。疑指松方正义（1835—1924），日本明治时期政治家、改革家，日本内阁总理大臣。

② 《寄瓯寄笔》作“袂”，而下句缺。

③ 小村大使指小村寿太郎（1855—1911），光绪十九年（1893）十月，以驻华使馆参事官身份任临时代理公使。甲午战争爆发后，被清政府驱逐。二十七年任日本驻华公使，参与八国联军侵华活动及《辛丑条约》的签订。

④ 《于湖题襟集·思旧集》，此句作“不者见何屡”。

缺斯常完，固知造物理。隆冬百虫蛰，创见谁敢訾？蝶来时在癸巳年十二月朔。① 异事惊百岁，坡公覯海市。寂寥世外交，寒燠信可恃。我见迨徂夏，群飞䅟明媚。贱同贵独异，招疑分应尔。君言九见之，南北随转徙。今我别君去，后会知何俟！嗟嗟物通灵，人固为形累。神交贵淡泊，合离何悲喜！我来君不期，邂逅萍触水。敲棋落灯花，有约或失迩。君好奕，屡与余对局。精诚越形迹，河山在尺咫。一笑还君图，归园看梅蕊。图蝶集梅枝上。

题徐菊人编修《北江旧庐图》②

卷施之门如铁立，百辈伸头不容人。用《北江集》诗句。藕花开落经百霜，晚得徐君掇其实。先生直节高岩峣，大名上答慈母劳。疾雷祟朝洒苦雨，至今萝竹干云霄。徐君抗古生苦后，哀哀劬劳亦有母。出门横览归大息，梦睹英灵一奉手。乾嘉鼎盛多文儒，摹写馨逸心自殊。北江京华屡僦居，君亦一宿犹蘧庐。画图文字皆寄耳，万事迁贸神明居。萧然四壁皆六合，欲与斡运元黄初。涉江南征及徂暑，旧是先生经行处。道逢佳卉似图中，诏我种作庭前树。

---

① 此句只见于俞天舒编《黄绍箕集》中，不知出处。

② 徐菊人即徐世昌(1855—1939)，字菊人，号涛斋，天津人。光绪十二年(1886)进士，任翰林院编修。历任军机大臣、邮传部尚书、皇族内阁协理大臣等职。入民国，曾任北洋政府总统之职。辑《晚晴簃诗汇》。其《晚晴簃诗汇》中有载："仲弢曾为余题《北江旧庐图》云云。"据沈曾植《题徐菊人编修〈北江旧庐图〉》作于丙申(1896)，此诗亦当作于是年。

题李文石太守《明湖秋泛图》

岱阴逶迤截济渎,骨走鹊华才一束。涌泉望海无由趋,万斛珠玑落鼎腹。大明寺杳楸桐高,历下亭存荷蓼馥。我侍轺传三春风,坐卧湖湄饮山渌。晴岚摩空起南障,时棹波心拾苍玉。远怀济南名士多,于鳞贻上不可复。柳零一逐寒燕归,憔悴烟条为君绿。红螺公子昔妙年,天藻秀出乾嘉前。暂依芙蓉泛绿水,繁会竽瑟张琼筵。青帘白舫到秋晚,往往醉笔回春妍。海棠泮边旧埽石,牛铎安得黄钟联。不惜我归遽,不惜君来暮。但惜湖山明丽无处无,倏忽转蓬云何住。廿年交臂鬓头霜,同照黄河浊流处。披寻游迹堕渺茫,何况白雪夫子翳荒树。我家瓯海君辽河,风云变态朝昏多。巫闾雁荡倚天望,念此坐损朱颜酡。即看图中歌舞意,绛唇玉貌今奈何!但说净地如明镜,焉知新水非故波?波流自转心自定,人浊何由我独净。要回众生大海光,与君共适濠梁性。浩然东顾发长讴,他日临流须一证。

题陈云仲《无量寿佛图》

花花叶叶各相当,万古香风绛雪堂。坐领江山作供养,不知人世几沧桑。

群龙杂沓战修罗,金骨虽成障已多。为现宰官身说法,尽超世界入娑婆。

题函楼[①]《蜀游饯别图》

函楼公子昔游蜀，坐卧青城看不足。仙人宁封惜别离，为割烟岚入赗轴。台观深靓凌曾虚，彤云下罩瑶草绿。君探江源乙酉秋，我时持椠乘蜀辅。苦爱石湖井络句，孤节欲换知无由。蜀山古云五丁凿，行人眼倦厌崖崿。手携阁道两剑铓，削出华山九莲萼。丈人交臂天之涯，月明惟有梦痕落。千仞脚根终渺茫，万流胸次日回薄。范石湖②《再题青城》诗云："来从井络直西路，上到江源第一峰。"余乙酉典蜀试，试律以次语发题。余拟作诗，有"脚根千仞立，胸次万流吞"之句。东望旸谷西流沙，蛟螭虎豹森须牙。寒山连龙卧皑雪，炎障焌郁多蝮蛇。蓬莱水浅净如练，照见群真夕张宴。径欲往从逍遥公，与君同咽菖蒲茸。菖蒲茯苓甘如芳，臣朔长安饥索米。精诚浩荡山云知，暂缚尘缨岂得洗。君今却就嵩阳居，天纲涬溟方南趋。莫寻玉匮轩皇箓，且读金泥神禹书。

题《庐山图》[③]

十年上下溯江涛，赏咏欧公一曲高。识面无缘空读画，游山张盖未能豪。

---

① 函楼指易佩绅（1826—1906），字笏山，号函楼，湖南龙阳人。咸丰八年（1858）举人，官至四川、江苏布政使。有《函楼诗抄》《函楼词抄》《函楼文抄》等。

② 范石湖指范成大（1126—1193），字致能，号石湖居士，江苏吴县人。宋高宗绍兴二十四年（1154）进士。历任监和剂局、处州知府等，以起居郎、假资政殿大学士出使金朝，后任参知政事等。谥文穆。有《石湖居士诗集》《石湖词》等。范成大《再题青城山》："万里清游不暇慵，双旌换得一枝筇。来从井络直西路，上到江源第一峰。海内闲身输我佚，山中佳气为人浓。题诗试刻岩前石，付与他年苏晕重。"

③ 《寄瓯寄笔》题为"失题"。

匡君一去远公亡，鹿洞群贤亦渺茫。今日参差楼阁起，输教海客赞清凉。

题青阑女史画

轻风暖日忆京华，槐市繁阴满架斜。春梦忽如蝴蝶至，又从东海看藤花。

题　图

疏条高拂月光寒，满地清阴独立看。长养桐材应可待，纤纤十指为谁弹？

题林文忠[①]日记

撮土湮河计已疏，邵阳平议意何如？玉堂风日清闲甚，颇擅当时院体书。

题恽南田[②]像

流离生是拔心草，穷老犹摹没骨花。京洛贵人争购画，谁知忠

① 林文忠即林则徐（1785—1850），字符抚，又字少穆，谥文忠，福建侯官人。嘉庆十六年（1811）进士，历官江苏巡抚、两江总督、湖广总督、陕西巡抚、云贵总督等职。著《云左山房文诗钞》等。鸦片战争时期主张严禁鸦片。

② 恽南田（1633—1690），初名格，字寿平，以字行；改字正叔，号南田，别号云溪外史，江苏常州人。以书画为生，工诗文书法。擅花卉、山水，其花鸟师法沈周、陆治、孙隆。创没骨花卉画法。著《南田画跋》《瓯香馆集》。

孝旧传家?

绝艺同时石谷翁①,曾看设色尺绡中。两家神逸谁高下?多恐吴生是画工。

题顾亭林像

审韵探碑绝笔馀,子云后世竟何如?荐绅坐论裨②瀛外,辛苦亲编《肇域》书。

河朔江南几大师?百年儒术渐支离。夏峰不作南雷死,瞻仰神姿一涕洟。

题《安周造寺功德碑》拓本③

和林墨本寄从俄,唐《阙特勤碑》,俄人用洋布拓墨,余曾见之。片石韩陵未足多。为报审音郑渔仲④,孔书早过斡难河。碑为佛法立,而文中始覆一篑,自远而臻,皆用《论语》。郑渔仲谓:孔子书不过斡难河一步。

武梁画像勤钩索,海外翁黄大有人。可惜柔然纪功石,枉劳才笔

---

① 指王翚(1632—1717),字石谷,号耕烟散人等,江苏常熟人。清代著名画家。与王鉴、王时敏、王原祁合称山水画家"四王"。

② 《二黄先生集》误作"稗",径改。

③ 1902年冬,德国探险队在吐鲁番掘得"大凉承平三年(445)且渠安周造寺功德碑",碑文作者为"中书郎中夏侯粲"。汪康年《汪穰卿笔记》(上海书店出版社,1997年)载:"德人在吐鲁番掘得沮渠安周碑,运回国,置诸博物馆。端午桥制军方过(巴黎)〔柏林〕,至院参观,手拓得一纸,另一纸已破碎,仅得半耳。"

④ 郑渔仲(1104—1162),名樵,号夹漈先生,福建莆田人。南宋著名史学家,官枢密院编修。著《通志》等。其《七音略》谓"孔氏之书不能过斡难河一步"。

选词臣。曾见德人著《武梁祠①画像考》刻本一巨册，博采乾嘉间金石家说，如翁正三、阮芸台、黄秋盦、武虚谷②诸先生，其姓字皆用汉字，馀皆德文，惜不能读也。魏太安四年③，伐柔然刻石纪功而还，据杨跋则正在安周造寺之次年。④

范子荫户部母太恭人七十寿诗⑤

德象争传教有方，善因妙证寿无量。早餐冰蘖仍时难，晚见瑶瑜藉国光。夜纺名臣得香树，节堂循吏出龙庄。君家孟博东京望，幸际升平勉显扬。

赠三六桥⑥

六桥先生与余一见如故，时方兴铁路之议，匆匆南下，出画扇见赠，赋此志谢，即以为别。

握手京尘一笑同，相逢未稳送秋鸿。隔墙杨柳能分绿，临水芙

---

① 位于山东省嘉祥县，是东汉晚期一座家族祠堂，其内部装饰了大量完整精美的古代画像石，是我国最具代表性的一处画像遗存。从宋代起就受到赵明诚、欧阳修等金石学家的重视。自 19 世纪以来，西方学者也加入了这个行列。

② 黄秋盦指黄易（1744—1802），字小松，号秋盦，浙江仁和人，能诗、工书、善画、精篆刻。与丁敬、蒋仁、奚冈齐名，并称为“西泠四家”，有《小蓬莱诗》。著名的金石学家。　武虚谷（1745—1799），名亿，号授堂，河南偃师人。乾隆庚子（1780）进士，官博山知县。有《授堂诗钞》。著名金石学家。

③ 魏太安四年指公元 458 年，北魏文成帝拓跋濬时期。

④ “而还……次年”据黄群《二黄先生集补遗》补。《国粹学报》五十四期登载此诗。

⑤ 上海博物馆图书馆编《冒广生友朋书札》（上海书画出版社，2009 年）黄绍箕二亦有载。

⑥ 三六桥指三多（1871—1940），字六桥，号鹿樵，室名可园。蒙古正白旗人。举人，历任杭州知府、洋务局总办、京师大学堂提调、归化城副都统、库伦办事大臣等职。入民国后任盛京副都统、金州副都统、铨叙局局长等。著《可园诗钞》等。

蕖渐褪红。袖里银毫回宿润，尊前画烛护惊风。故乡山色应无恙，梦逐征轮到越中。

答吴清卿十二首之四

登山观海忆从游，范井苏台太白楼。孔壁金丝疑在耳，鸿泥悠①忽已三秋。

荆楚长江古要冲，□□□□应潮□。此行□□南阳里，为访擒蛮汉卧龙。

黄鹤高楼峙汉滨，潇湘秋暮洞庭春。他年若作南游客，拟向先生□主人。

歌声金石自悠扬，老去看书兴倍长。想见儿孙环问字，馀音袅袅绕空梁。

饮　酒

生平止饮三蕉酒，最爱神仙麦酿和。家乏渊明田十亩，要从东海挹馀波。

名　园

名园松柏参天起，妙手丹青席地开。幸与清尊筹笔暇，管文□饿一时来。

① 原注“一作倏”。

齿落请日本牙医补之

少壮曾无砺齿狂，衰庸那有嚼龈伤。牙门将得重完印，神岛医传却老方。翻笑昌黎吟嚼烂，永思苦县戒摧刚。从今石缺如衔口，不与时人说短长。

感　　旧

寻常鸿爪学涂鸦，几见多情笼碧纱。今日重钞襟上句，隔年都作雾中花。

题　　壁

酒肆出来多恶剧，旗亭时亦出新声。却怜元海头陀字，并似将军阁道名。

编郑堂题词

东行不见微波榭①，下帷曲阜，得读《微波榭丛书》。南望空闻碧浪湖。故老风流渐寥阒，劫馀重读《礼堂图》。

纷纷笺疏薄虫鱼，独著人间有用书。吏卒年年闻负土，终怜辛

① 微波榭是孔继涵的藏书楼，于乾隆年间建在孔府春及园。孔继涵字体生，亦字浦孟，是孔子第六十九代孙，乾隆三十六年进士，官户部河南司主事兼理军需局事。其家藏书甚富，刻《微波榭丛书》八种，皆为唐宋难得之秘本。

苦说河渠。

理学名臣延寿老，王文勤①公所居，堂额曰：石延寿馆。经生循吏古春翁。故家文献诸孙在，尚有交情见画中。

共说小同编《郑志》，更逢桓氏识元经。江南耆旧征书在，多少丛残失汗青。

黄步骞、黄步发墓圹题诗②

层峦嵂崒水回环，枌社逍遥乐此间。厌世何须悲薤露，乐天生死爱香山。

瑶瑜环珥满君家，褒赠荣应死后加。不见欧阳能述德，泷冈抔土至今夸。

题立斋词丈锄经图③

海角风波尚晏然，经生结习半陈编。遥知馀事谈方略，读到孙吴第几篇。

---

① 王文勤指王庆云（1798—1862），字家镮、贤关，福建闽县人。道光九年（1829）进士。历任贵州学政、翰林院侍讲学士、陕西巡抚、山西巡抚、四川总督、两广总督、工部尚书、两广总督等职。谥文勤。著《石延寿馆文集》等。

② 录自2004年6月20日《温州日报》载陈盛奖《黄绍箕的两首诗》：黄步骞曾同黄体芳一起参加科考。1882年，安葬黄步骞时，黄绍箕同省抚院道台三品官朱国钧特地来主持安葬仪式。黄步发为黄步骞弟，南湖人。墓在平阳麻步桃江村。此二首诗又见周恩煦《晚华居遗集》卷七，题作"北港友人墓下作"，个别字稍异："层峦嵂崒水回环，位置诗人在此间。厌世何须悲薤露，乐天生死爱香山。""瑶环瑜珥满君家，褒赠荣应死后加。不见欧阳能述德，泷冈抔土至今夸。"未知孰是？或是周恩煦代黄绍箕而作，亦未可知。

③ 录自原图上题诗，沈国林藏图。

立斋词丈大人粲政

仲弢弟黄绍箕

齐天乐[①]

1894 年 2 月

王幼遐给谏假余所藏旧钞宋元词，辑刻见贻，赋此柬之。彭文勤藏汲古阁《宋未刻词》，见《知圣道斋读书跋尾》，余藏本行款悉合，盖出一源。彭跋又云：合李西涯辑《南词》一部，又《宋元人小词》一部，于已刻六十家外得六十二种，安得好事者续镌后集云云。幼遐所刊适得其半，他日当相助访求，系之篇终，以当息壤。光绪甲午正月十一日，瑞安黄绍箕初学倚声第一稿。[②]

绛云销歇金风谢，虞山秘储星散。渔笛腔边，樵歌谱外，花草飘零无算。春回雪案。忽双白仙人，笑呼俦伴。拟为君图，乌丝红烛校词馆。　　平生耽玩古翰，苦删除绮语，偏被情绊。梁梦留凄，荷心卷悴，幻出玉锵金灿。风骚一瓣。料词客英灵，未应枯烂。剑合他年，补南昌一半。

---

① 此阕录自冒广生《小三吾亭词话》。

② 上海博物馆图书馆编《冒广生友朋书札》（上海书画出版社，2009 年）黄绍箕二亦有载，云："幼遐仁兄假余所藏旧抄宋元词，辑刻见贻，赋此呈教。彭文勤藏汲古抄《宋未刻词》，见《知圣道斋读书跋尾》。余藏本行款悉合，盖出一源。彭跋又云：合李西涯辑《南词》一部，又《宋元人小词》一部，于已刻六十家外得六十二种，安得好事者续镌后集云云。君今所刊适得其半，他日当相助访求，系之篇终，以当息壤。光绪甲午正月十一日，瑞安黄绍箕初学倚声第一稿。"

潞舸词十阕①

1895 年

木兰花慢

泊头舟中寄都中饯别诸君

耕桑留恋意，回首望，只云烟。算昨夜燕沽，今宵赵泊，明日齐川。并时不逢李广，更看谁射虎了残年。书罢闲参打桨，吟馀静听鸣舷。　　篮舆稳度好春还，美酒载盈船。正处处碧波，村村绿碧，树树青天。梦中，风涛奇诡，乍推窗镜月枕边圆。去住知谁主客，思量孤负华筵。

木兰花慢

潞河舟中寄答鹤泉检讨，兼简菊人编修

啼鹃杨柳岸，谁念我，一征篷。怅接毂趋晨，连茵话夕，相见匆匆。素衣缁尘万斛，料向人倚醉耳常聋。铁齿金眸说虎，东鳞西爪谈龙。　　古来燕赵易悲风，愁恨美人同。正系马将归，旅思缄素，蜡泪销红。孤云，去天一握，听琅璈无恙绕层空。为问伊人似玉谓菊人，何年尊酒重逢？

---

① 录自黄绍箕《潞舸词》稿本，《温州历史文献集刊》第二辑（南京大学出版社，2012 年）。

木兰花慢

寄答乙庵刑部、同叔[①]编修两同年，用乙庵赠词次阕韵

结交年少日，信金石，转波流。愿寸草春晖，绿杨明月，岁岁皇州。浔阳秫田未办，被东风吹落五湖舟。往日论碑读画，寻常都入清愁。　　腰支瘦损出[②]年秋，剪烛数宵游。有缚帚痴情，撮尘幻想，时上心头。城南，牡丹依旧，怕等闲烂漫等闲休。遥念送春风雨，看山几度登楼。濒行，屡与诸君宴浙馆，登楼望西山，君赠词及之。

木兰花慢

寄答恒斋[③]编修同年，用赠词次阕韵

晚春风骤急，人意倦，鸟声欢。怜榆荚杨花，都无才思，但解漫天。空中柔丝一缕，任千回百转总成烟。几叠青山赠我，落红和泪毫颠。君写图赠别题词。　　江南，景色渐阑珊，云树望君还。愿料理图书，早营焦麓，闲泛吴船。相如、文君寂寞，拼明珠三斛买婵娟。沉恨尽教万劫，浮欢聊送残年。

---

① 乙庵指沈曾植，注见前。　同叔指沈曾桐（1853—1921），字同叔，号子封，嘉兴人，沈曾植弟。光绪十二年（1886）进士，改庶吉士，授编修，历官广东提学使。

② 《瓯风杂志》本作"去"，似可从。

③ 恒斋指丁立钧（1854—1902），字叔衡，号支樵，江苏丹徒人。光绪六年（1880）进士。历官翰林院庶吉士、编修、山东沂州知府。善左手作书画。光绪二十一年，参加强学会。后任江阴南菁书院院长。

金缕曲

寄答道希学士，用恒斋赠蓉曙[①]韵

逸轨骧天衢。早安排、蓬莱峰上，十年借汝。宝笈丹经空拄腹，坐看奔鲸嘘雾。把左股、神山拾去。夜凉自抱孤云宿，怕高台大室多风雨。暂离别，思君苦！　愁来不觉前尘抚。便江南、莺花如织，匆匆迟暮。日月诸天百千万，世界恒河沙数。著一点、浮沤何处？身似芭蕉坚不坏，云应无所住云何住？愿珍重，聊容与。

征　招

寄答蒿庵[②]编修，用赠词韵

莎衫桐帽斜街住，几年采莼期误。片叶载书船，便将春归去。西山笼宿雾。看流水滔滔东注。昨夜今宵，梨花一样，月明两处。出都前一夕，君招饮浙馆。时园梨作花，月影在地。至潞河两岸，梨开尤盛。

一卷小离骚，怜謇謇，灵修美人迟暮。官烛自雠书，太凄凉辛苦[③]。迟君江上鹭，只秋晚、怎禁风露？他年忆，雅集西园，剩画图如许。是日用泰西法拍照志别。

---

① 道希指文廷式。　蓉曙指陈遹声（1846—1920），字蓉曙，号骏公，诸暨人。师从俞曲园。光绪十二年（1886）进士，改庶吉士，授编修，出为松江知府。三十三年官四川川东道。著《玉溪生诗类编》《逸民诗选》《畸庐稗说》等。

② 冯煦（1844—1927），字梦华，号蒿庵，江苏金坛人。光绪十二年（1886）进士，授编修，历官安徽凤阳知府、四川按察使、安徽巡抚等职。参与纂修《江南通志》，著《蒙香室词》《蒿庵类稿》等。

③ 《潞舸词》稿本误作"苦辛"，径改。

兰陵王

寄意园祭酒，兼示乙庵、道希。意园向有卜邻广昌之约，濒别云有词见赠，迄未写寄，梦中握语，醒而凄然

紫鸾翮，我愿追翔穹碧。而今却，游戏人间，万里思从海鸥白。十年袖中策。肠断明珠消息。铁如意，闲煞无缘，椎碎珊瑚一千尺。　　梦中促离席。道细沉粗文，画友寥寂。卜邻旧诺君还责。指巨马波润，蜚狐山好，悲回风兮惜往日。起看斗南北。　　颜色。异金石。便君谱酥钟，我笺翠墨。消磨鬓雪非容易。望静里观化，空中寄忆。蓬莱清浅，复几许镇脉脉。

夜行船

灯下覆棋图

人世苍黄空尔许。付敲枰、黑风白雨。茗乳新调，灯花细剪，闲阅沧桑几度。　　得失寸心争累黍。便国工、那堪救误。乍起沉吟，痴儿娇女，乱点繁星无数。

青玉案

忆下斜街浙馆看山楼

凤城霞起西山晓，更绿遍、斜阳道。未觉朱查风韵渺。画帘笼翠，银灯照暝，珠玉霏尘表。　　雕阑能得几时好，不独凭阑人易

老。用坡诗句①。李后主词:“雕栏玉砌应犹在,只是朱颜改”。坡诗盖翻用其意。只恐凭栏人再到。雕栏半隊,朱颜犹在,何处倚晴昊?

浣溪沙

自临清稍折而西入卫河,两岸村落稍稀,而居人益朴静

系马槐阴长水痕,雏鸡乳犊恋柴门,麦花成刺杏成丸。　　藉草传杯无主客,绕林携手有翁孙。人间何处少桃源。

光绪乙未三月,绍箕奉家大人出都,由潞河南下趋汴,期以仲秋旋里。都中二三素心,各制词赠别。解维北望,所怀万端,公私烦忧,惘惘如梦。既卧起累月,旁眺风物,俯阅逝波,稍豁襟抱。顾余舟殊狭小,左对孺人,右顾稚子,盈尺之几,劣容笔砚,取诸君赠词复读之,欲依声属和,辄愀然以悲。然意绪稍复能自理矣!向不习填词,昨岁始一为之。行箧中携有《乐府雅词》《绝妙词选》等书,及国初人词集数种,侍酒覆棋之外,日讽览二三十阕,乃知其中善者体物缘情,冥合古义。盖沨沨乎风人之支裔,骚客之附庸也。因勉效为之,约得十阕,取乙庵同年赠词“无情通潞舸”之语,题曰“潞舸词”。劳者自歌,聊示知我。陶征士有言:“此中人语,不足为外人道也。”四月十九日,道口舟中,穆琴记。

① 诗出苏轼《法惠寺横翠阁》:“朝见吴山横,暮见吴山纵。吴山故多态,转侧为君容。幽人起朱阁,空洞更无物。惟有千步冈,东西作帘额。春来故国归无期,人言悲秋春更悲。已泛平湖思濯锦,更看横翠忆峨眉。雕栏能得几时好,不独凭栏人易老。百年兴废更堪哀,悬知草莽化池台。游人寻我旧游处,但觅吴山横处来。”“用”字,稿本原作“周”,据《瓯风杂志》本改。

联　语

京师温州会馆[①]联

1886 年

天上瓯星依北极；古来浙学重东嘉。

瑞安诗人祠联[②]

结构依城端，冠山枕海，襟江带湖，忆从前，观潮、石径古阁榛芜，又见危楼耸平地；遨游出人表，皓月澄波，光风腻雪，安得起，止斋、水心诸公登眺，同携佳句问青天。

登东皋一望，苍莽衡陈，某水所钓，某山所游，魂兮归来，岭树湖云长供养；自南渡以还，文才蔚起，诗中有人，诗外有事，心窃向往，春兰秋菊存馨香。

---

① 道光间，瑞安林培厚为官京师时，曾在正阳门外冰窖胡同建浙瓯会馆，作为温郡人京会试士子居憩之地，后废。光绪十二年，黄体芳与温郡同乡京官，择地宣武门外教场五条胡同，重建温州会馆。黄绍箕为会馆题联。

② 亦作"话桑楼联"。光绪二十一年冬，黄体芳归里后，日与乡人士流连诗酒，以袯清愁，因醵金建造话桑楼于邑之小东门外莲湖左，为觞咏之地，楼下设神龛栗主，供奉邑之历代诗人。楼于二十五年己亥初夏落成，初名颂桔楼，改话桑楼，取"把酒话桑麻"意。后改名飞云阁。

飞云阁联[1]

1902 年

江山昭尊俎；蕡荇依地藩。按：集许景衡句

谁家喧社盖朋簪，屋压城头水照檐，风月转相亲，一穷千里目；

莫道作楼非急务，翁当运斤儿执锯，江山已陈迹，长负百年心。按：集许景衡、陈傅良、叶适句。

赠伶人银珠联[2]

银烛高烧，只恐夜深花睡去；珠帘乍卷，似曾相识燕归来。

挽孙仲彤联[3]

1888 年

慈明素有无双誉；辅嗣生才廿四年。

---

① 话桑楼落成不久，三位发起人，王岳崧丁忧，黄体芳逝世，胡调元奔丧，乡人士皆以"话桑"乃"话丧"之谶，遂于光绪二十八年（1902）更名为"飞云阁"，黄绍箕手为篆书匾额，揭之阁上，并为联二首。

② 此联录自拙编《杨青集·慈荫山房笔记》。温州博物馆藏杨逢春《馀闲丛录》亦有录。

③ 此联录自《郑孝胥日记》"光绪十六年二月初一日"条下。孙仲彤（1865—1888），名诒绩，又名德炜，字仲彤，又字仲熙，光绪十一年优贡，光绪十二年浙江拔贡引见，点用小京官，签分湖广司行走。孙锵鸣子。

挽王仁堪联

1893 年

自少为阳湖陆奉直高第门生，共术同方难再得；望君是林胡两文忠一流人物，有才无命欲何如？

挽李慈铭联

1894 年

操尚本无俦，岂徒诗史成编，身系南江文献统；侍游真不再，终是经师多福，生当中国盛强时。

哭父联

1899 年

出则思乡里，归则念朝廷，得意生平曾几日；病不侍汤药，殁不亲含殓，衔哀从此到终天。

挽徐用仪联[①]

1900 年

无东无西无南无北，何远为些归来魂魄；不生不灭不垢不净，用大舍法解脱盖缠。

① 录自楚材对联网——哀挽上（七）。http://www.52duilian.com/book/show.asp?id=1109 徐用仪（1826—1900），字吉甫，号筱云，浙江海盐人。咸丰九年（1859）举人。历任军机章京、太仆寺少卿、大理寺卿、军机大臣、总理各国事务衙门行走、会典馆副总裁、兵部尚书等职。

挽陈啸沧[①]联

1901 年

桐荫屋庐存，读画吟诗，亲见四朝全盛日；枞阳游宴杳，使车命酒，同为孤露悯哀儿。

挽陈虬[②]联

1903 年

当以文章横行一世；分其馀技足了千人。

贺陈麟书[③]八十寿联

1905 年

王谢庭阶尽美玉；刘樊夫妇是神仙。

---

① 陈啸沧，陈祖绶之父。陈祖绶（1855—1917），字印伯，永嘉（今温州鹿城区）人。光绪戊子年（1888）进士，曾任山西知县，温州府中学堂监学等。著《东瓯选胜赋》《墨宦诗文抄》等。

② 陈虬（1851—1904），原名国珍，字志三，晚号蛰庐，原籍乐清，久居瑞安。与宋恕、陈黻宸合称“东瓯三先生”。光绪己丑（1889）举人。创办我国第一所中医学校——利济学堂。著《蛰庐丛书》等。早期改良派思想家，著名中医。

③ 陈麟书（1826—?），字符珍，瑞安人，陈黻宸父亲。国子监生。其八十寿为光绪三十一年正月初八日（1905 年 2 月 11 日），是年林太恭人七十五岁，陈黻宸四十七岁。

挽王国桢稚夔联[①]

1906 年

君胡不可少留，奉杖入朝，将车归里；我复与谁为善，下帷泪洒，披胆神伤。

赠孙诒泽[②]联

腕发传业，下学上达；到官足席，含和履仁。

赠孙仲彤篆书联

仲彤世叔大人雅教：

好学深思，心知其意；反本修古，不忘平初。

绍箕学篆

---

① 此联录自许恪儒整理《许宝蘅日记》(中华书局，2010 年)光绪三十二年三月初三日条："昨见黄仲弢学士挽王鸿胪联云"，时方共谋浙江旅学及路政事宜。王国桢，字稚夔，王文韶长子，于光绪三十二年二月十日去世。

② 录自温州博物馆藏手迹。孙诒泽(1866—1934)，又名德澍，又字处震，瑞安人，孙锵鸣子。光绪诸生。天津武备学堂教习、文案，民国总统府顾问。书法家。下面《赠孙仲彤篆书联》亦录自温州博物馆藏对联。

赠项方蒨[1]联

龙蟠道渊，聪声烛物；鸿渐衡门，博学甄微。

赠王舟瑶玫伯[2]联

江艮庭[3]先生联语录奉，玫伯大兄大人雅鉴：

识字师承鄦祭酒；读书曾补郑司农。

弟黄绍箕

赠张佩纶[4]

盖草书之为状也，婉若银钩，漂若惊鸾，舒翼未发，若举未安，虫蛇虬蟉，或往或还，类阿那以羸形，欻奋迅而桓桓。及其逸游肸向，乍正乍邪，骐骥暴怒逼其辔，海水窊隆扬其波。芝草蒲陶还相

① 录自温州博物馆藏手迹。项方蒨（1852—1919），一字东畬，浙江瑞安人，项瓓长子。师从孙衣言。光绪十六年（1890）恩贡，清敕赠朝议大夫。

② 录自温州博物馆藏手迹。王舟瑶（1858—1925），字玫伯，号默庵，黄岩人。光绪十五年（1889）举人。主讲黄岩清献书院、临海县东湖书院等，受聘上海南洋公学、任京师大学堂师范馆经史教习。后任职两广学务处，监督两广师范学堂。宣统元年（1909），礼部聘为顾问官。著《中国学术史》《光绪台州府志》等。

③ 江艮庭（1721—1799），名声，字鲸涛，一字叔沄，江苏元和人。嘉庆元年（1796）孝廉方正。艮庭学派创始人。

④ 录自温州博物馆藏书法屏条。内容出自晋索靖《草书状》一文。张佩纶（1848—1903），字幼樵，号蒉斋，直隶丰润人。同治十年（1871）进士，光绪元年以编修擢侍讲，后署都察院左副都御史。中法战争，派往福建会办海疆，马江战役失败被谪戍。获释后复入李鸿章幕，为李鸿章女婿。著《涧于集》等。

继，棠棣融融载其华。

幼樵仁兄大人正

弟绍箕

赠子蕃[1]一

米元章书，多从褚登善悟入。登善深于兰亭，为唐贤秀颖第一，此本盖其衣钵也。摹授清臣，清臣其宝之。余向临怀素自叙帖，皆以大令笔意求之，时有近似者。近来解大绅丰考功，狂怪怒张，遂累及素师。

子蕃姻丈大人雅政

中弢黄绍箕

赠子蕃[2]二

实有乔桐，抽叶青葱。结根善地，擢干华嵩。栖凤曾山之侧，藏龙平陵之东。拂暧逮之高云，鼓梢杀之雄风。苕亭万仞，实造天中。乃使匠石运斤，班输琢锤。制起玄修，形逾绿绮。与金石而铿锵，共丝竹而曼靡。托北方之佳人，命高楼之杞氏，闲以巴陇才僮，邯郸妙妓，骋兽为之辍驰，飞禽为之不徙。加以荆和之饰照耀，柘丝之弦激扬，三声吐韵，四结流唱。

---

① 录自温州博物馆藏书法屏条。内容出自明董其昌《画禅室随笔·书自叙帖题后》，有三处与原文有异："向临"，原文作"素临"；"近似者"，原文作"似者"；"怒张"与"遂累"之间，原文有"绝去此血脉"句。

② 录自温州博物馆藏书法屏条。内容出自《全梁文·萧统·七契》。

子蕃仁兄姻大人正腕

弟绍箕

赠子蕃联①

子蕃仁兄姻大人雅政：

茗炉尽日烧松子；竹径迁床避笋芽。

弟黄绍箕

赠晓湖陈傅良诗句②

衡阳杰阁宵人记，淮右丰碑刺史书。永已桥山藏剑佩，空馀云汉照林庐。河图万古陈东序，汗简诸儒校石渠。谁道幽深穷衲子，乞钱买石更崎岖。

晓湖五兄姻大人雅属

黄绍箕

赠仲炎联③

仲炎仁兄姻大人雅政：

促膝举觞，连情发藻；授纸握管，会性通神。

穆琴黄绍箕

---

① 录自温州博物馆藏书法对联。

② 录自温州博物馆藏手迹。内容出自陈傅良《寄僧嗣清》诗。

③ 录自温州博物馆藏书法对联。

赠榄谷联[1]

榄谷姻丈大人雅政：

忠谟嘉猷，雅志素履；辞林义府，国老民宗。

侄黄绍箕

① 录自温州博物馆藏书法对联。

中国近代人物文集丛书

黄 绍 箕 集

（下）

谢作拳　点校

中　华　书　局

卷八　中国教育史

采辑中国教育史长编略例①

近年东西各国讲求教育，皆有专史，为各教科中最重要之书。日本长谷川乙彦氏《教育制度论》谓："欲定教育制度，当先研究教育史。"今拟仿其例，纂《中国教育史》，先辑《长编》，以资甄择，其采录之类，略分为二大类：

一、关于教育之制度事实；

一、关于教育之议论理想。

就四部书依类采录，以时代为次。

有与学校非一事，而关系至大者，如国家之用人选举、征辟、考试之类，士大夫之风尚清谈、佛学、词章之类是也，此类不能尽录，或综叙源流，或动关政俗，不论繁简，必不应采入。

采辑之意，宜参照各国教育情形，今略举如下②：

各国之教育主义有三：一德育、一智育、一体育。

教育之方法有三：一管理法、一教授法、一训练法。

大学略分六科：一文科、一法科、一理科、一医科、一农科、一工科。

---

① 录自《瓯海集内编》，据稿本。

② 原稿用"左"字，古人竖排。今改用横排，故改为"下"。

中等普通之学约十馀科：一宗教日本曰修身伦理、一国文、一外国文、一历史、一地理、一算学、一博物、一物理、一化学、一法制、一理财学、一图画、一唱歌、一体操。

上仿日本学章录入，欧美各国略有异同，大致亦不外是。日本高等小学，又有参酌各地方情形，加随意科，如农业、商业、手工业[①]之类者。其大学各科子目甚繁，不具述。女学最为要务，陆军、海军皆设专校，美术、音乐，下至艺徒，亦有专校。其小学以普及为主义，谓之国民教育，亦曰义务教育，有不入学者，罪其父兄，故又谓之强迫教育；未入小学以前，谓之家庭教育；一切教法以发达之根本言，谓之精神教育；以进化之究极言，谓之个人教育。

中国自周以前，书阙有间，汉以后立法不备，各科学[②]及教法较之近日各国缺乏殊多，然事实或偶见有端[③]，议论或略具有微旨，若斯之类，尤可宝贵。涉览所及，必当留意采录，一字不遗。

① 《鲜庵遗文》无“业”字。
② 《鲜庵遗文》作“学科”，应以此为是。
③ 《鲜庵遗文》无“端”字。

叶尔恺[1]序

中国教育，皆推尊孔子；孔子之学，自孟子卒后千四百年，至宋五子而大明。宋五子之学，若主静，若穷理，若主敬，皆非宋五子自创之学也。即闲邪存诚，博文约礼，孔子学也，亦非孔子自创之学也。即精一执中，尧舜以来相传之学也。人生天地间，各具天理，民彝自然之物，则孩提爱敬，出自良知，故孟子有“性善”之说。惟其锢于质，蔽于物，狃于习，戕贼于嗜欲，失其本心而不自觉，其始不过欲动情胜，行检疏失，及失陷溺既深，遂有猖狂恣肆，甘为乱臣贼子而反自以为是者。圣人知其流极之必至于是也，乃因其天赋之良，为之品节，以利导之，使其明诸心，形诸践履，达之伦纪，推之人事物理。故其教始于小学之洒扫应对，进而“六艺”“四教”，而国而家而天下，举无二理，其匡直辅翼之方，必欲令天下之人皆有以复其性，而勿失其本心。故唐、虞、三代盛时，风俗懿美，民德敦厚，本末兼综，道艺并进，洵非后世所能企也。汉唐而后，明此理者盖鲜。自有宋诸大儒躬修实诣，精研力践，迄于明季，气节昌盛，有光史册。即其末造，亦不至如六朝、五季之渎乱，何莫非孔教防闲之力耶？乾嘉诸老矫之以汉学，其敝遂为新学，新学至于蔑伦纪，废

① 叶尔恺（1864—1937），字柏皋，一作伯高，又字悌君，浙江仁和人。光绪十八年（1892）进士，授编修，历主陕西、云南、甘肃学政。辛亥革命后在沪卖字为生。

孔教，而国遂不可为矣。光绪季年，仲弢前辈著《中国教育史》五卷，自上古迄孔子，本实事求是之旨，多采诸子及古注旧说，间及阎百诗、阮芸台、汪容甫、焦里堂、章实斋[①]诸人之绪论，而以西学说附益之，论断精确，考据详核，俾人知教育原理，中西未尝不同。其用意之善，与夫致力之勤，固近代言教育者所未见也。仲弢卒后，其子兰孙、厚卿[②]裒集付印，问序于余。余惟仲弢竭一生之精力，议创学堂，从事教育，其愿力之恳切，固尽人皆知之。当时之意，岂不以为一二十年后，人才养成，纵不能希风隆古，亦庶几抗衡泰西，使中国数千年已坠之绪业，抽萌擢颖，重见振兴，固甚盛事也。今何如哉？岂仲弢所能逆料！九原有知，其必抚膺撇涕，咨嗟雷叹，而不能自解也已。乙丑秋，仁和叶尔恺序。

① 阎百诗(1636—1704)，名若璩，别号潜丘居士，山西太原人，寄籍江苏山阳。康熙二十九年(1690)，受徐干学聘，参与修纂《大清一统志》。著《古文尚书疏证》等。

阮芸台(1764—1849)，名元，字伯元，又号揅经老人，江苏仪征人。乾隆五十四年(1789)进士，官湖广、两广、云贵总督，体仁阁大学士。谥文达。校刻《十三经注疏》，汇刻《皇清经解》等。著《揅经室集》等。　汪容甫(1745—1794)，原名秉中，改名中，号颂父，扬州人。乾隆二十八年(1763)诸生，四十二年拔贡生。曾至镇江文宗阁、杭州文澜阁检校《四库全书》。有《述学》内外篇、《春秋述义》《春秋后传》等。　焦里堂(1763—1820)，名循，江苏甘泉人。嘉庆六年(1801)举人。建"雕菰楼"，著书数百卷，有《易章句》十二卷、《易图略》八卷、《易通释》二十卷(以上四十卷合辑为《雕菰楼易学三书》)、《易广记》、《易话》等。　章实斋(1738—1801)，名学诚，号少岩，浙江会稽(今绍兴)人。乾隆四十三年(1778)进士。官国子监典籍。著《校雠通义》《文史通义》等。清代著名的学者、思想家。

② 兰孙指黄曾延，黄绍箕长子，光绪十二年(1886)二月十七日出生。正三品荫生，留学日本，毕业于庆应义塾大学理财科，官农工商部郎中。　厚卿指黄曾辂，黄绍箕次子，光绪二十年(1894)十月十三日出生。

卷　一

中国古圣人教育大义

凡治一科之学，必先明其学说之统系；统系不明，则散殊之事理，无由考见其指归。中国古无教育专书，而圣哲相传微言大义之散见经籍者，固自有科条纲目之可寻。学者先明其义，则古代教育之制度、方法，罔不可溯其原理，而知吾国文化卓越之所由，此固治史者所宜揭橥也。古圣人教育大义有三：一曰贵人，二曰尽性，三曰无类。虽帝王迭兴，文质相代，周衰礼废，庠序不修，而此三义未之或湮也。

《曲礼》[①]曰："鹦鹉能言，不离飞鸟；猩猩能言，不离禽兽。今人而无礼，虽能言，不亦禽兽之心乎……是故圣人作，为礼以教人，使人以有礼，知自别于禽兽。"孟子曰："饱食暖衣，逸居而无教，则近于禽兽。"[②]荀子曰："人之所以为人者何已也？曰：以其有辨也。

① 《礼记·曲礼》。
② 出自《孟子·滕文公上》。

饥而欲食,寒而欲暖,劳而欲息,好利而恶害,是人之所生而有也,是无待而然者也,是禹、桀之所同也。然则人之所以为人者,非特以二足而无毛也,以其有辨也。今夫猩猩形笑亦二足而毛也,然而君子啜其羹,食其胾。故人之所以为人者,非特以其二足而无毛也,以其有辨也。夫禽兽有父子而无父子之亲,有牝牡而无男女之别。故人道莫不有辨。辨莫大于分,分莫大于礼,礼莫大于圣王。"《非相篇》。古圣人立教,第一要义即在考究人与禽兽之区别。人等于禽兽则贱,人别于禽兽则贵。圣人于食饮、衣服之事,求贵之道不得,于是作礼教,明伦理,以昭人类之贵。故尸子曰:"身有至贵而不知……圣人告之,则贵最天下。"[①]荀子曰:"水火有气而无生,草木有生而无知,禽兽有知而无义;人有气有生有知亦且有义,故最为天下贵。"《王制篇》。董子曰:"人受命于天,固超然异于群生,入有父子兄弟之亲,出有君臣上下之谊,会聚相遇,则有耆老长幼之施;粲然有文以相接,欢然有恩以相爱,此人之所以贵也。"[②]圣人作礼教,而后人始有义、有文、有恩,是常人之贵,圣人告之也。庠、序、学、校皆以明伦,三代教官悉知此义,而伏术为学者,亦晓然于受教之所重,舍成人之外无他求。成人义详后。迨世衰道微、俗尚非学,然后人不自知其贵,而以爵位为荣,如墨子弟子之责仕。《墨子·公孟篇》:"有游于子墨子之门者,身体强良,思虑徇通,欲使随而学。子墨子曰:'姑学乎?吾将仕子。'劝于善言而学。其年,而责仕于子墨子。"而诗书之教,乃变而为仕宦之梯,马牛襟裾,众矢一的,非明古义多,孰能矫之?黑智尔曰:"教育之目的,在于以人为伦理之动物也。"康德[③]曰:

---

① 出自《太平御览》卷四百七十二。

② 出自班固《汉书·董仲舒传》。

③ 康德(Immanuel Kant,1724—1804),德国著名哲学家。

"人类之为人类,由于教育也。故教育者,造人者也。"盖人本动物之一,以其有教育、知伦理,而后人类始超然于万物之上。黑、康二氏之论,为教育家之鸿宝,不知吾国古圣早发此义。

《吕氏春秋》曰:"天之生人也,使其耳可以闻,不学,其闻不若聋;使其目可以见,不学,其见不若盲;使其口可以言,不学,其言不若爽;使其心可以知,不学,其知不若狂。故凡学,非能益也,达天性也。能全天之所生而勿败之,是谓善学。"《孟夏纪·尊师》。《淮南子》曰:"无其性,不可教训;有其性,无其养,不能遵道。茧之性为丝,然非得工女煮以热汤而抽其统纪,则不能成丝。卵之化为雏,非慈雌呕暖覆伏,累日积久,则不能为雏。人之性有仁义之资,非圣人为之法度而教导之,则不可使乡方。"《修务训》①。教育有自然之界限,研究教育者必先定教育之能否。因其性而达之,教育之所能也;无其性而强之,教育之所不能也。康德曰:"人也者,生而具有可发达之诸能力之种子。非然者,欲施教育,其道无由。故开发人所素具之种子,使将来得以裨补于人类共同之目的者,即为教育之本领。如使人类亦与他种动物同,自最初时即为无能之生物,则教育之事将不起。惟自最初时已具有可发达之诸能力之种子,能开发之,则必有多少效果。此教育之所以起也,否则教育有何用哉?故真正之教育,唯可施诸人类,施诸他种动物无益焉。"其说可证《吕览》《淮南》之理。又焦循《易通释》曰:"民之不知有父,但知有母,与禽兽同。圣人教民,民皆知人道之宜定,而各为夫妇,各为父子,以此教禽兽,仍不知也,此人性所以善也。古之人卧之詓詓,起之吁吁,饥即求食,饱即弃馀,与禽兽同。圣人教民,民皆知自食其力,以此教禽兽,仍不知也,此人性所以善也。性不外男女饮食,人有此性,禽兽亦有此性。人之性,可因教而明,故善;禽兽之性,虽教之不明,故不善。"其言《易》理,正得教育原理。

古圣人既明人性最贵,又求所以达而尽之之术。《中庸》曰:

① 应出自《泰族训》,《淮南子》卷二十。

"自诚明,谓之性;自明诚,谓之教……唯天下至诚,为能尽人之性;[①]能尽人之性,则能尽物之性;能尽物之性,则可以赞天地之化育;可以赞天地之化育,则可以与天地参矣!"教育之功至参天地,然其为用,则在尽人之性。经、传所言,自胎教以至成人,举凡六德、六行、六艺、教中、教和之事,罔非尽人之性之术也。古代教育,非独尽人之性,凡物之性亦能尽之。黄帝能淳化鸟兽虫蛾,《周官》"夷隶掌与鸟言,貉隶掌与兽言",其教之所被广矣!西人近有研究猿语者,所得尚鲜。惜周代夷隶、貉隶之所学不传,不能以古籍证之。然教育虽能尽人之性,亦有穷于不能受教者。故孔子曰:"朽木不可雕也,粪土之墙不可圬也。"[②]胥臣曰:"籧篨不可使俯,戚施不可使仰,僬侥不可使举,侏儒不可使援,蒙瞍不可使视,嚚喑不可使言,聋聩不可使听,僮昏不可使谋。僮昏疑即有神经病者,自为僮时即昏愚也。质将善而贤良赞之,则济可俟(也)。若有违质,教将不入,其何善之为!"《晋语》[③]。荀子曰:"世俗之为说者曰:'尧、舜不能教化。'是何也?曰:'朱、象不化。'是不然也:尧、舜〔者〕,至天下之善教化者也。南面而听天下,生民之属莫不振动从服以化顺之。然而朱、象独不化,是非尧、舜之过,朱、象之罪也。尧、舜者,天下之英也;朱、象者,天下之嵬,一时之琐也。今世俗之为说者,不怪朱、象,而非尧、舜,岂不过甚矣哉!夫是之谓嵬说。羿、蠭门者,天下之善射者也,不能以拨弓曲矢中;王梁、造父者,天下之善驭者也,不能以辟马毁舆致远;尧、舜者,天下之善教化者也,不能使嵬琐化。何世而无嵬?何(世)〔时〕

---

① 原句作"自诚明,谓之性。自明诚,谓之教。诚则明矣,明则诚矣。唯天下至诚,为能尽其性;能尽其性,则能尽人之性"。

② 出自《论语·公冶长》。

③ 即《国语·晋语》。

而无琐？自太皞、燧人莫不有也。"《正论篇》。朽木、粪土、八疾、嵬琐，圣贤之所不能教。故曰：学非能益也，达天性也。

教育虽有能否，然仅合少数俊异之民，教以高远之事，谓即尽教育能事，此后世科举、学校合而为一之法，非古圣人教育之法也。《易·象》曰："教思无穷，容保民无疆。"孔子曰："有教无类。"其思无穷，则不限以时代；其容无疆，则不域以国境；其教无类，则不责以贤智。故孔子称黄帝曰："生而民得其利百年，死而民畏其神百年，亡而民用其教百年。"《大戴记·五帝德》。墨子曰："尧北教乎八狄……舜西教乎七戎……禹东教乎九夷。"《节葬篇》。皆可为无穷无疆之证。至于"无类"之义，尤神圣之极功，而为今人教育普及之说之所本。《逸周书》曰："无愚不教，则无穷乏，此谓和德。"《大聚篇》。《管子》曰："智者知之，愚者不知，不可以教民。巧者能之，拙者不能，不可以教民。非一令而民服之也，不可以为大善。非夫人能之也，不可以为大功。"《乘马篇》。古代圣人教育之法，无愚不教；其所授之学科，必夫人能之，于此可见。《周书》称："山林薮泽，以因其利；工匠役工，以攻其材；商贾趣市，以合其用。外商资贵而来，贵物益贱；资贵物，出贱物，以通其器。夫然，则关夷市平，财无郁废，商不乏资，百工不失其时。无愚不教，则无穷乏。"①《管子·小匡篇》说四民不杂处，皆曰："其父兄之教，不肃而成；其子弟之学，不劳而能。"是周代教育无分士、农、工、商也。自科举兴，而教育专属于士类，而古圣人"有教无类"之说霾翳不章。今虽无矫其弊，而学校所教仍仅士流工商；以不教而穷乏者，比比皆是，可慨也。然此犹谓能施教育者也。古圣人之于人，虽无受教育之质者，亦必谋所以善之，使无弃材于世。"官师之所材也，戚施(直)〔植〕镈，籧篨蒙璆，侏儒扶卢，蒙瞍(修)〔循〕声，聋聩司火。僮昏、嚚暗、僬侥，官

① 出自《逸周书·大聚》。

师(之)所不材也,以实裔土。”《晋语》。此即荀子所谓“职而教之”也。夫至戚施、籧篨之流,犹职而教之,虽近世各国盲哑学校之命意,何以加兹?《白虎通》曰:“其有贤才美质,知学者足以开其心,顽钝之民,亦足以别于禽兽而知人伦。故无不教之民。孔子曰:‘以不教民战,是谓弃之。’明无不教民也。”[①]学者谂此义,能勿服前人教育思想之广大哉?

古圣最注重德育

《内则》[②]曰:“后王命冢宰降德于众兆民”,郑注:“德犹教也。”《月令》[③]:“命相布德和令”,注:“谓善教也。”古训以德为教,盖古代教人最重德育,故言德即可赅教。《大学》曰:“大学之道,在明明德。”明德之目,于《虞书》有四德,《皋陶谟》有九德,《洪范》有三德,《周官》司徒有六德,保氏有三德。古代学校注重在此,故曰:“大学之道,在明明德”也。

《说文》:“德,外得于人,内得于己也。”德之为义,即处人群之要道,故必外得于人,而后内得于己。如直为内得于己,温则外得于人;刚为内得于己,无虐则外得于人。《虞书》所言诸德,皆兼内外而言。《管子》曰:“古(之人)〔者〕……兽处群居,以力相征。〔于是〕智者诈愚,强者凌弱,老幼孤独不得其所。故智者假众力以禁强虐,而暴人止。

① 出自《白虎通·辟雍》。

② 《礼记·内则》。

③ 《礼记·月令》。

为民兴利除害，正民之德，而民师之。”《君臣下》。荀子曰：“人生不能无群，群而无分则争，争则乱，乱则离，离则弱，弱则不能胜物。”《王制篇》。盖初民之德尚力而竞强，当其缔造国家，经营草昧，驱其狐狸豺狼，斩之蓬蒿藜藿，犷悍魁杰者以力胜物，而孱懦愿悫者隐蒙其休，固无所用夫道德也。及人盛物衰，人群以合，人与人竞，乃更甚于逐物之时。犷悍魁杰之士习与物角胜，物而无所试，则诈愚凌弱，并遗其性质于子孙；愚弱之受欺凌，忍而莫校，积之既久，愈茌薾而不能自强，故必待君师翼道，施之教育，阴消强暴之害，而大振柔懦之风，使处于群者人已皆得，而后国族始安，此德育之所以最重，而立教之道，必广别其德之科条也。

德育之法有二：一则因其固有者而矫其偏，一则即其未能者而示之范。《虞书》所谓“宽而栗，柔而立，愿而恭，乱而敬，扰而毅，直而温，简而廉，刚而塞，强而义”①，皆所谓因其固有者而矫其偏也。《书正义》：“直、宽是其本性，直失于不温，宽失于不栗，故教之使温、栗也。”“刚、简是其本性，教之使无虐、傲，是言教之以防其失也。”②朱子曰：“九德，只是好底气质者也，然须两件合将来，方成一德，凡十八种。”③案：古人兽处群居，以力相征，其性质最强悍，故夔教育子之时，直、刚、简简，大也。均属阳刚之德，惟宽近于阴柔，至被诗乐之教，性质渐化。皋陶所举九德，宽、柔、愿、乱、扰，皆阴柔之德，直、简、刚、强，反隶于后，此可见古人性质进化之迹。《说文》曰：“儒，柔也。”儒者之教，以柔为主，盖发原于虞夏之时。然柔者必使自立，扰者必使强毅，仍欲葆太初之善质，而不使流于孱弱，教育家宜知此义。《荀子》曰：“治气养心之

① 出自《尚书·皋陶谟》。

② 出自孔颖达《尚书正义》卷三舜典第二。

③ 出自《朱子语类》卷第七十八，原文为“皋陶九德，只是好底气质。然须两件凑合将来，方成一德，凡十八种。必大。”

术:血气刚强,则柔之以调和;知虑渐深,则一之以易良;勇(胆)〔毅〕猛戾,则辅之以道顺;齐给便利,则节之以动止;狭隘褊小,则廓之以广大;卑湿、重迟〔、贪利〕,则抗之以高志;庸众驽散,则劫之以师友;怠慢僄弃,则炤之以祸灾;愚款端悫,则合之礼乐,通之以思索。"《修身篇》。血气心知有善即有偏,治而养之,然后内外皆得。自《虞书》首发其端,而周宋诸子一本此法以教人。故曰"教也者,长善而救其失者也"①。

《周官》:"大司徒……以乡三物教万民而宾兴之,一曰六德:知、仁、圣、义、忠、和。""师氏以三德教国子:一曰至德,以为道本;二曰敏德,以为行本;三曰孝德,以知逆恶。"②"孝德"之孝,当作"孝"。《说文》:"孝,效也。"宋本作"孝,放也",言教以放效古人,则知逆恶之不可效。所谓"见贤思齐,见不贤而内自省也"。古人德行分为二事,保氏以孝属三行之一,司徒以教孝亦属行。"孝""孝"形近,"孝德",传写误作"孝德",与下文"孝行"重复。郑注谓"德有广于孝,而行莫尊焉",义甚迂曲。即所谓"即其未能者而示之范也"。墨子曰:"染于苍则苍,染于黄则黄,所入者变,(则)其色亦变,五入〔必,〕而已〔则〕为五色矣,故染不可不慎也。"《所染篇》。示范之法,犹以素质而就染,故不言其蔽,而惟以善示之。示之以三或以六者,犹染之必具五色也。申叔时曰:"教备而不从者,非人也。"《楚语》。教必求备,备然后人知所从,故示范虽与矫偏之法不同,而教科之目,亦必详且析也。康德曰:"凡道德教育,由训练以薰陶少年,不如由格言以薰陶少年。由格言以薰陶少年者,谓使少年明乎古往今来道德上之法则,因以此法则为其行为之法则也。格言何以可贵?格言者,发自人之理性,为主观的法律,即理性所命之法规也。诱

① 出自《礼记·学记》。
② 出自《周礼·地官司徒第二》。

导少年,使尊崇理性之命令、法规而服从之,是所以使人夙知义务之当尽也。”案:康德所谓“由训练以薰陶少年”,即矫偏也;“由格言以薰陶少年”,即示范也。《洪范》三德:“正直”,即“示范”也;“刚克”“柔克”,则矫偏也。“刚克”“柔克”之义详后。

道德教育以心性为本。近世言教育者,必推本于儿童之心理,故教育心理列为专科。古圣设教,所以能知人之刚柔简直,而施以中和之教育,亦由考察人之心性,然后知其偏倚。《大戴记》曰:“物生有声,声有刚有柔,有浊有清,有好有恶,咸发于声也。心气华诞者,其声流散;心气顺信者,其声顺节;心气鄙戾者,其声(嘶)〔斯〕丑;心气宽柔者,其声温好。信气中易,义气时舒,智气简备,勇气壮直。听其声,处其气,考其所为,观其所由,察其所安。以其前,占其后,以其见,占其隐,以其小,占其大,此之谓视中也。”又曰:“民有五性:喜、怒、欲、惧、忧也。喜气内畜,虽欲隐之,阳喜必见;怒气内畜,虽欲隐之,阳怒必见;欲气内畜,虽欲隐之,阳欲必见;惧气内畜,虽欲隐之,阳惧必见;忧悲之气内畜,虽欲隐之,阳忧必见。五气诚于中,发形于外,民情不隐也。喜色油然以生,怒色拂然以侮,欲色呕然以偷,惧色薄然以下,忧悲之色累然而静。诚智必有难尽之色,诚仁必有可尊之色,诚勇必有难慑之色,诚忠必有可亲之色,诚洁必有难污之色,诚静必有可信之色。质色皓然固以安,伪色缦然乱以烦,虽欲故之,中色不听也。”《文王官人》。古人深于心理,设教观民,物无遁情,虽周衰教废,其术犹存。故孔子曰:“视其所以,观其所由,察其所安,人焉廋哉?人焉廋哉?”孟子亦曰:“听其言也,观其眸子,人焉廋哉?人焉廋哉?”《孟子·离娄上》。《大学》曰:“人之视己,如见其肺肝然。”此皆教育家之精言,由专科之学而出,非徒饰智以惊众也。《学记》曰:“知其心,然后能救其失。”不知心理者,恶能救人之失哉?

伏羲

“学《易》者，必先知伏羲未作八卦前系何世界。”焦循《易话》。治史者，亦必先知伏羲未作八卦前系何世界。《始学篇》曰：“上古皆穴(居)〔处〕，有圣人教之巢居，号大巢氏。”《古史考》曰：“太古之初，人吮露精，食草木实，穴居野处。山居则食鸟兽，衣其羽皮，饮血茹毛，近水则食鱼鳖螺蛤，未有火化，腥臊多害肠胃，于是有圣人以火德王，造作钻燧出火，教人熟食，铸金作刃，民人大悦，号曰燧人。”伏羲以前，无所谓教育也，有巢、燧人之教，不过居处、饮食之事，明物察伦，皆所未逮。故言中国之教育，必始于伏羲。

《易》曰：“伏羲作十言之教，曰：乾、坤、震、巽、坎、离、艮、兑、消、息。”《左传正义》。伏羲之教，仅此十言，他无可征。然《易纬》曰：“太易变，教民不倦。”《易》之变化消息，皆伏羲教民之具也。综八卦之消息，则曰十言，实则只言八卦。《易·系辞》曰：“圣人设卦观象。”《正义》曰：“卦者，挂也。言悬挂物象以示于人，故谓之卦。”盖伏羲画卦，专为悬挂示人之用，故其名或曰卦，或曰象。惠栋[①]曰：“圣人治天下之书，皆名象。”《易例》。《周官》：“大司徒……正月之吉，始和，布教于邦国都鄙，乃县教象之法于象魏，使万民观教象。”以此证之，伏羲之卦象即教象也。万民但观卦象，不能明其指趣，则伏羲为言其消息，所谓“三皇设言，民不违”者，意即言此。

① 惠栋(1697—1758)，字定宇，号松崖，学者称小红豆先生，江苏元和人。著《易汉学》《易例》《周易述》等。清代汉学家，吴派的代表人物。

《公羊解诂》引《孝经纬》孔子曰:“三皇设言,民不违。”《礼含文嘉》:“虙戏、燧人、神农为三皇。”见《风俗通》。焦循曰:“伏羲画八卦,重为六十四,其旁通行动之法,当时必口授指示。”《易话》。盖深得圣人教民观象之旨矣。

伏羲之世,有书,有数,有乐,有礼,均于卦象见之。保氏六艺,在伏羲时已发明其四,其有功于教育甚大。朱子《答吕子约书》曰:“八卦……文字之祖。”按:八卦实即古之文字。《乾凿度》曰:“上古变文为字”,注:“庖氏画卦,变文为卦字也。”又曰:“☰,古文‘天’字;☷,古文‘地’字;☴,古‘风’字;☶,古‘山’字;☵,古‘坎’字;☲,古‘火’字;☳,古‘雷’字;☱,古‘泽’字。”所谓“变文为字”,即变“天”“地”之文为☰、☷之字也。《诚斋易传》曰:“☰、☷,即古之‘天’‘地’字也。曷由知之?由坎、离知之,偃之为☵、☲,立之为‘水’‘火’。若‘雷’‘风’‘山’‘泽’之字,亦然。故《汉书》‘坤’字作‘巛’。八字立,而声画不可胜穷矣。”项安世①《家说》曰:“《说文》‘益’字从水,从皿,以水注皿,故谓之益。以此推之,坎卦☵即‘水’字也。初作八卦之时,乾、坤、坎、离、震、兑、艮、巽必皆以三画为字,今‘巛’尚为坤,☵尚为‘水’,馀可知矣。”巢、燧以降,人事渐繁,观民设教,苟无文字以表示事物,必不足以见天下之啧。伏羲仰观俯察,得阴阳奇偶之象,即以表万物之名,而昭其声义,此所以为神道设教也。《观·彖》曰:“圣人以神道设教,而天下服。”解者多以神道为指卜筮,不知邃古之时,蚩蚩愚民舍食息外无所猷为,欻见伏羲创立字画,以代言语记事物,必疑其出于神道,而不能明其所以然。故曰:“圣人以神道设教,而天下服。”伏羲,本作虙戏。京房曰:“虙,服也;戏,化也。”所谓“天下服”,即指伏羲无疑。近译甄克思《社会通诠》曰:“方古之时,

① 项安世(1129—1208),字平甫,号平庵。原籍浙江松阳,后居江陵(今属湖北)。宋淳熙二年(1175)进士,授绍兴教授。光宗时任秘书省正字、校书郎、代理京湖宣抚使。著《周易玩辞》《平庵悔稿》等。《宋史》卷三九七有传。

书契始作，民视文字，理同神明，其于书契，犹今愚民之于符箓。昔有西医行其术于印度南境，病者得其方纸辄佩之，以为已足，不于肆佩药也。是知浅化之民，莫不敬恪文字。”斯宾塞尔《群学肄言》曰：“澳洲之蛮以书字为幻术之一种。有白人以短札致十桃于其妇，黑奴于途中窃啖其二，妇觉而惩之，奴以谓发吾奸者必札也。他日更窃，则先藏其札于石底，冀勿使见而再发之，其严文字而以为神如此。”伏羲之时，民初开化，与印、澳之人相等，其诧为神宜也。《管子》曰：“虙戏……作九九之数，以合天道。”《周髀》曰：“昔者周公问于商高曰：‘……古者包牺立周天历度，夫天不可阶而升，地不可(得)〔将〕尺寸而度，请问数安从出？’商高曰：‘数之法出于圆方，圆出于方，方出于矩，矩出于九九八十一。’”伏羲画卦，参天两地，九九之数即天数。《汉志》：“《易》曰：‘参天两地而倚数。’天之数始于一，终于二十有五。其义纪之以三，故置一得三，又二十五分之六，凡二十五置，终天之数，得八十一。”备物制器，非数不显，伏羲发明数理，然后网罟、耒耜诸器相继而兴，则其以数教人之功也。《管子》称：“虙戏作，造六峜以迎阴阳。”王世贞①谓“峜”即“计”字，引汉碑“计研”作“峜研”为证。而“六计”亦未得解。愚谓六计即六十四卦也。《说文》：“计从言，从十。”《易纬》称：“伏羲作十言之教，十言为计。”疑计字之义，即取于此。八卦阳消阴息，重为六十四，而分卦直日之法，惟六十卦三百六十爻，以一爻主一日。震、离、坎、兑为二分、二至用事之日，故六十四卦但云六计，不数震、离、坎、兑。《管子》所谓“六峜”，疑与《周髀》所谓“周天历度”，同指卦象而言。一物数名，传者互异耳。

《续汉志》曰：“伏羲氏作《易》，纪阳气之初以为律法。”是乐律出于《易》也。《孝经钩命决》曰：“伏羲乐曰立基，一云扶来，亦曰

---

① 王世贞(1526—1590)，字符美，号凤洲，又号弇州山人，江苏太仓人。嘉靖二十六年(1547)进士，官至南京刑部尚书。隆庆年间迁浙江右参政、山西按察使，又历广西右布政使，入为太仆寺卿。万历二年(1574)以右副都御史抚治郧阳。明代文学家、史学家。著《弇州山人四部稿》等。

立本。"其制虽不可考,然其时制器寀音,多寓教人之旨。《琴操》曰:"伏羲作琴,所以御邪僻,防淫心。"《世本》曰:"庖羲氏作瑟,五十弦。瑟,洁也,使人清洁于心,淳一于行。"按:琴瑟之名义,即知伏羲所以教人宅心制行之道。中国古代教育之事,多属之乐官,其义实系伏羲发之。何休[①]曰:"凡人之从上教也,皆始于音。(五声),所以感荡血脉,通流精神,存宁正性。"《公羊解诂·隐公(六)〔五〕年》。司马迁亦曰:"音乐者,所以动荡血脉,通流精神而和正心也。"《史记》。声教之用,神于言教。伏羲之制琴瑟,即知此道,异哉!《新语》曰:"先圣仰观天文,俯察地理,图画乾坤,以定人道,民始开悟,知有父子之亲、君臣之义、夫妇之道、长幼之序。于是百官立,王道乃生。"[②]《白虎通》曰:"古之时,未有三纲六纪,民人但知其母,不知其父……于是伏羲仰观象于天,俯察法于地,因夫妇,正五行,始定人道。画八卦,以治〔天〕下。"《古史考》曰:"伏羲制嫁娶,以俪皮为礼。"礼教之兴,始于伏羲。伏羲之所以超迈前古、垂教万世者,实在发明夫妇之伦。乾、坤为夫妇之象,坎、离、震、巽、兑、艮为六子,父子兄弟之道寓焉。有父子然后有君臣,有君臣然后有上下,有上下然后礼义有所错。伏羲以卦象为伦理教科,而上世榛狉之俗一变,其后唐虞之五教,商周之七教,无不本于是书。"圣人作《易》以教人",《易疏》。其功顾不伟哉!焦循曰:"五行即五伦。"又曰:"后世观所画之卦,阴阳奇偶而已。而在人道未定之先,不知有夫妇者,知有夫妇;不知有父子者,知有父子。人伦、王道自此而生。非圣人广大何以能此?"《易图略》。

---

① 何休(129—182),字邵公,任城樊(今山东滋阳)人。东汉今文经学家,著《春秋公羊传解诂》十二卷。又注《孝经》《论语》等。

② 出自《新语·道基》。

神 农

巢、燧以前无教育，至伏羲而后有卦象；伏羲以前无学校，至神农而后有明堂。明堂者，学校之权舆，而古代帝王布政施教之所也。《淮南子》曰："昔者神农之治天下也，神不驰于胸中，智不出于四域，怀其仁诚之心，甘雨时降，五谷蕃植，春生夏长，秋收冬藏，月省时考，岁终献功，以时尝谷，祀于明堂。明堂之制，有盖而无四方，风雨不能袭，寒暑不能伤，迁延而入之，养民以公。其民朴重端悫，不忿争而财足，不劳形而功成，因天地之资而与之和同。是故威厉而不杀，刑错而不用，法省而不烦。教化如神。本作"故其化如神"，《明堂大道录》引作"教化如神"。其地南至交阯，北至幽都，东至旸谷，西至三危，莫不听从。"《主术训》。明堂始于神农，祭神、教民合于一室，故《淮南》谓其"养民以公"，"养"即《孟子》所谓"中也养不中，才也养不才"之"养"。又曰"教化如神"，明神农施教于明堂也。戴德[①]曰："明堂、辟雍是一物。"《通典》。蔡邕[②]曰："明堂……大教之宫。"后世明堂制度详于神农，然其以明堂为教民之所，实由神农开之。《淮南子》曰："古者明堂之制……大足以周旋理文。"高诱[③]

---

① 戴德，字延君，西汉时梁人。西汉儒家学者，经学家，今文《礼》学家。编成《大戴礼记》八十五篇。

② 蔡邕（132—192），字伯喈，陈留圉（今河南杞县）人。东汉辞赋家、散文家、书法家。熹平四年（175），上奏请求正定《六经》文字，自写经文，刻碑石立于太学门外，世称"熹平石经"。《隋书·经籍志》有《蔡邕集》十二卷。

③ 高诱，东汉涿郡涿人。建安十年（205）任司空掾，旋任东郡濮阳令，迁监河东。有《战国策注》《吕氏春秋注》《淮南子注》，又有《孝经解》《孟子章句》等。

曰:"理文,理政事文书。"《本经训》。政书、文书,必非寻常案牍,而求其大足以容,盖教民之书,悉储于此。《韩诗说》:"明堂,五经之文所藏处。"盖藏书之制自神农始,故后世明堂亦储经书。古代民间无书,学者必观之于帝王之居。亚西里亚王阿休尼曰:"朴之大图书馆即建于宫中。"今人发现其遗址,知巴比伦人欲读书者,悉赴王宫阅览,可为吾国古代明堂藏书之证。布教颁常,兆民辐辏,宜留馀地,周旋颁示,故其制必宏大也。

神农之文书,盖卦象与结绳并用。《魏志》淳于俊曰:"包羲因燧皇之图而制八卦,神农演之为六十四。"《三少帝纪》。《易正义》曰:"郑玄之徒以为神农重卦。"夫伏羲画卦,已教人以消息,则六十四卦非神农所演可知。然汉魏诸儒相传神农重卦者,盖伏羲画卦,其用犹未大章;神农复推演之,以教民制器尚象之用,如《易》称耒耨取诸《益》、市取诸《噬嗑》之类,故疑六十四卦为神农所重耳。《周官》:"太卜",干宝注:"伏羲之《易》小成为先天,神农之《易》中成为中天,黄帝之《易》大成为后天。"神农之《易》即《连山》,《连山》虽首《艮》,仍用六十四卦卦象,故后儒以为重伏羲之卦也。许慎曰:"庖牺……作易八卦,以垂宪象。及神农氏结绳为治而统其事,庶业其繁,饰伪萌生。"《说文·序》。结绳之制,后于卦象。世传燧人有结绳之政者,盖伪说不足据。《三坟》曰:"燧人氏,有巢子也。生而神灵,教人炮食,钻木取火,天下生灵尊事之。始有日中之市,交易其物,有传教之台,有结绳之政。"《三坟》虽伪书,疑此文亦有所本。"有日中之市"数句,实神农事,记者误指燧人。"日中之市"见《系辞》,"结绳之政"见《说文·序》,"传教之台"疑即明堂,皆神农之事也。神农之时既有卦象,又作结绳者何?神农教民于明堂,愚民结绳以记其说,其用视卦象尤便,有结绳而后教始普及也。结绳之法,便于记忆。若林胜邦《涉史馀录》曰:"琉球之人以结绳为符号,其法有指示、会意二种。如村吏统计户口,农民计量谷粟,悉以绳索之结记载,此为指示格。又如农家防强暴之侵犯,但结绳为暗记,他人不能解其用意,而结者自识之;民间賁贷、记录物品之数,亦以结绳表之,此为会意格。"是结绳便于记忆之证。拜尔奇云《人类学》曰:"秘鲁国人不知使用文字,倡行克伊派之符号,其法以条索之标节表示备忘之意。如人民之统计土地之领有,各种族及兵卒之标帜,刑法及宗教之仪式,均用克伊派为之。克伊派之种类因村邑而异。有称为克伊派加美幼斯者,即教授此符号之专门博士也。克伊派之符号虽有各种区别,大抵以彩色分别事物,如军事及兵卒以赤色,黄金以黄色,银及和睦以白色,谷物以绿色之类。又统计之法以绳索之结为准,观其绳之单结、双结、三结,即可知单数、复数,而算十百千万之数量。又牧人所用之符号,以一大绳为心轴,附以数小绳,其第一绳为牡牛之标帜,以结节之数表示其头数与年龄;第二绳为牝牛,第三绳为犊牛。羊豖等类以次递推。其商人亦以克伊派为簿记,卖买牛乳、干酪、毛布等物,悉以绳索登录云。"中国结绳之法不可考,以秘鲁与琉球之法推之,大约亦不外是。克伊派亦有专门博士教之,可见结绳时代亦需教育。且其时农商并兴,器用渐备,交易賁贷悉资记识,但恃卦爻无从分析,非辅以结绳必不足以利用,是结绳实有统事之功,与伏羲之卦象同为教民之具。由今日文字之便推测古代画卦结绳之用意,则古圣人教人之心思大概可睹矣。

《春秋元命苞》曰:"神农生,三辰而能言,五日而能行,七朝而齿具,三岁而知稼穑般戏之事。"《吕氏春秋》曰:"神农师于悉诸,学于老农。"《尊师》。神农之农学出于天纵,又加之以师辅,故其教民亦以农学著。《易纬》注:"神农氏建治于鲁。今泰山曲阜县也。县有教农疗。"又曰"教农台在顿。""疗"疑即"寮"字。教农之所有寮、有台,盖即农业学校,非第教稼穑于田野也。《吕氏春秋》:"神农之教曰:'士有当年而不耕者,则天下或受其饥矣;女有当年而不绩者,则天下或受其寒矣。故身亲耕,妻亲绩,所以见致民利也。'"《爱类》。《汉书》:"神农之教曰:有石城十仞,汤池百步,带甲百万,而(无)〔亡〕粟,(不)〔弗〕能守也。"(《晁错传》)〔《食货志》〕。二书所引神农之教,皆实业教育之祖也。《商子》曰："神农之世，男耕而食，妇织而衣，刑政不用而治，甲兵不起而王。"《画策篇》。战国时神农之学盛行，言者或过其实，然以农业立国，富教兼营，实合于吾国物土之性，故能错兵刑而臻上治。合《商子》与《淮南》之言观之，则知实业与教育之关系矣。

神农之时，农学而外有地学，有医学，均为专门学术所自出。《春秋命历序》曰："神农始立地形，甄度四海远近。山川林薮所至，东西九十万里，南北八十二万里。"《春秋元命苞》曰："神农世，怪义生白阜，图地形，脉(水)道。"《通鉴外纪》曰："神农命白阜作《地理纪》，以理天下。"是神农时已有地理学也。《淮南子》曰："古者，民茹草饮水，采树木之实，食蠃蛖之肉，时多疾病毒伤之害。于是神农乃始教民播种五谷，相土地宜燥湿肥墝高下；尝百草之滋味，水泉之甘苦，令民知所辟就。"《通鉴外纪》曰："上古民有疾病，未知药石，炎帝始味草木之滋。察其寒温平热之性，辨其君臣佐使之义，尝一日而遇七十毒，神而化之，遂作方书，以疗民疾，而医道立矣。"今世所传《神农本草经》虽非出自神农之手，然医药之学，实萌芽于帝魁之世。图地形而辨肥墝，尝草木而疗疾疢。知育、体育具有渊源。世以羲、农并称，农之功固不在羲下也。

黄　帝

司马迁曰："百家言黄帝，其文不雅驯，荐绅先生难言之。"①近

① 出自《史记·五帝本纪》。

世治历史者,喜述黄帝之事,傅会新说,盖古者荐绅先生所难言者,今人易言之矣。《祭法》曰:“黄帝正名百物,以明民共财。”《鲁语》亦曰:“黄帝能成命百物,以明民共财。”明民共财,为黄帝之至德,而世未有言其故者,盖世人徒知黄帝且战且学仙,以武功及宗教著,而不知其教育之道,固亦后世所当研究也。

《说文》:“民,众萌也,萌而无识也。”《贾子》:“民之为言也,瞑也;萌之为言也,盲也。故惟上之所扶而以之,民无不化也,故曰民萌,民萌哉!”《大政下》。《春秋繁露》曰:“今万民之性有其质,而未能觉,譬如瞑者待觉……故谓之民。民之为言,固犹瞑也。”《深察名号》。民之义为萌,为盲,为瞑,非有圣君达师,莫能明之。《淮南子》曰:“昔者,黄帝治天下,而力牧、太山稽辅之……别男女,异雌雄,明上下,等贵贱,使强不掩弱,众不暴寡,人民保命而不夭,岁时孰而不凶,百官正而无私,上下调而无尤,法令明而不暗,辅佐公而不阿,田者不侵畔,渔者不争隈。道不拾遗,市不豫贾,城郭不关,邑无盗贼,鄙旅之人相让以财。”《览冥训》。明上下,明法令,皆黄帝明民之证;道不拾遗,市不豫贾,则其民已受教育,由愚而明之证也。凡人道德之高下,以智愚为断。智者知行道之利,故勉为之;愚者不知背德之害,则冥行而罔觉焉。故教人之道,莫要于明其利害。利害诚明,则田者自知侵畔之害,渔者自知争隈之失,行道者自知拾遗之丑,居市者自知豫贾之非,谨愿者固所优为,狷薄者亦熏染而成习,此教育之所以为立国之本,而人民之进化,亦因之而确有可凭。吾国古代教民,无不由明民之义。自秦汉以后,易为愚民之术,于是民之明昧非司教者之责。才俊之士自跻于明者,则诱之以青紫,使失其明;愚者沉霾幽翳,终古莫之或醒。自欧人东渐,以彼之明镜我之愚,然后旷然大寤,然稽其政俗,如“道不拾遗,市不豫贾”诸美,愚民犹不之信,特以为皇古之玄谈,匪今人所能强致。盖民之愚非一日,故虽见明者而反疑其伪也。孔子曰:“《诗》曰:‘俾民不迷。’昔之君子,道其百姓不使迷,是以威厉而〔不试,〕刑措〔而〕不用也。故形其仁义,谨其教道,使民目晰焉而见之,使民耳晰焉而闻之,使民心晰焉而知之,则道不迷而民志不惑矣。"教育之道,非使人民耳目心思晰焉不迷,不得谓之教育。不知今者,但视诸古可矣。羲、农以降,民智渐开,而庶业其繁,饰伪萌生,耕渔商贩之流,明之使知公德,夫岂易言?《列子》谓黄帝"忧天下之不治,竭聪明,进智力,营百姓,焦然肤色皯黣,昏然五情爽惑",则其教民之劳,可想见矣!

《说文》:"财,人所宝也。"人之所宝,无过宫室、车马、衣服、饮食,而货币则后起之财也。黄帝之共财,盖教人知所以治宫室、车马、衣服、饮食之法,初非后世理财家经营货币之术。《新语》曰:"黄帝乃伐木构材,筑作宫室,上栋下宇,以避风雨。"《汉书》曰:"黄帝作舟车以济不通,旁行天下,方制万里。"《世本》曰:"黄帝作旃冕,命臣胡曹作衣。"《古史考》曰:"黄帝始蒸谷为饭,烹谷为粥。"又曰:"黄帝作釜甑。"皆帝共财之证。《墨子》曰:"圣王作为宫室,便于生,不以为观乐也;作为衣服带履,便于身,不以为辟怪也。故节于身,诲于民,是以天下之民可得而治,财用可得而足。"《辞过》。《史记》曰:"劳勤心力耳目,节用水火材物。"《五帝本纪》。黄帝之共财,必节于身而诲于民,以墨翟之言证史迁,则所谓"劳勤心力耳目"者,盖为民也。《管子》曰:"黄帝问于伯高曰:'吾欲陶天下而以为一家,为之有道乎?'伯高对曰:'请刈其莞而树之,吾谨逃其蚤牙,则天下可陶而为一家。'黄帝曰:'此若言可得闻乎?'伯高对曰:'上有丹沙者,下有黄金。上有慈石者,下有铜金。上有陵石者,下有铅锡赤铜。上有赭者,下有铁。此山之见荣者也。苟山之见其荣者,君谨封而祭之,距封十里而为一坛。是则使乘者下行,行者趋。若犯令者,罪死不赦。然则与折取之远矣。'修教十年，而葛庐之山发而出水，金从之……雍狐之山发而出水，金从之。”《地数》。黄帝保护金矿，亦必修教十年，是帝教民共财之劳，又不止宫室、车马、衣服、饮食诸事也。《论语谶》曰：“轩知地利，九牧倡教。”九牧之教虽无可考，大要不外发明地利，断可推矣。

黄帝之明民共财，以正名百物为本。正名者，正其名之字也。《论语》：“必也正名乎”，郑注：“正名，谓正书字也，古者曰名，今者曰字。”《礼记》曰：“百名以上，则书之于策。”孔子见时教不行，故欲正其文字之误。《周官》：“外史……掌达书名于四方”，郑注：“古曰名，今曰字，使四方知书之文字，得能读之。”是名即字之证。伏羲画卦，神农结绳，皆仅开文字之端绪，文字之体，实至黄帝时始正。许慎曰：“黄帝之史仓颉，见鸟兽蹄迒之迹，知分理之可相别异也，初造书契，百工以乂，万品以察。”又曰：“仓颉之初作书，盖依类象形，故谓之文；其后形声相益，即谓之字……字者，言孳乳而浸多也。”《说文·序》。字之为用，重在别异；画卦、结绳别异者少，故不足以尽物之变。仓颉依类象形，以文字区事物，而后名实分明。故黄帝之事实虽夥，而古人论其配天传祀，必推本于正名百物之功。《扬子》曰：“弥纶天下之事，记久明远；著古昔之㖧㖧，传千里之忞忞者，莫如书。”《问神》。黄帝之时，疆域辽廓，九州万国，罔不率服，至于亡而犹用其教，非有文字记久明远，安能若是之盛乎？

黄帝之教民，以体育为重，而后世方伎之士多祖其说，儒者或反昧焉，此后世教育所以不古若也。《内经》曰：“上古之人，其知道者，法于阴阳，和于术数，食饮有节，起居有常，不妄作劳，故能形与神俱，而尽终其天年，度百岁乃去……上古圣人之教也，下皆为之。”《上古天真论》。黄帝之教，盖本此意，故其言曰：“声禁重，色禁重，衣禁重，香禁重，味禁重，室禁重。”《吕氏春秋·去私》。六禁之旨,皆防病于未然,盖卫生之学与医药之学之制病于已然者不同。《吕氏》既述其言,又于《重己》篇申其谊曰:“室大则多阴,台高则多阳,多阴则蹷,多阳则痿,此阴阳不适之患也。是故先王不处大室,不为高台,味不众珍,衣不燀热。燀热则理塞,理塞则气不达;味众珍则胃充,胃充则中大鞔,中大鞔而气不达。以此长生可得乎?”卫生必致意于衣食居处,此黄帝以来相传之通义,今人之设学校,断断于光线、声浪、体温诸说,以为是学校卫生之学,而不知吾国发明此义固已久也。

五　教

黄帝之后有颛顼,颛顼之后有帝喾,帝喾之后有帝尧、帝舜。颛顼、帝喾均能“上缘黄帝之道而行之”。见《新书》及《鬻子》。故《史记》称颛顼曰“治气以教化”,称帝喾曰“抚教万民而利诲之”。《五帝本纪》。然而当尧之时,天下犹未平,尧举舜而敷治;舜举八元,使布五教于四方,然后内平外成。盖羲、农、黄帝、颛顼、帝喾之教育,均在洪水以前。至洪水滔天,怀山襄陵,小民遁迹于橧巢、营窟之中,救死不暇,而古代圣王之礼教荡然矣。五教之布,所以续洪水以前之教育,复为万世正人道也。舜命契之辞曰:“百姓不亲,五品不逊,汝作司徒,敬敷五教,在宽。”①五教之目,《书》无明文,《左传》《史记》俱以为父义、母慈、兄友、弟共、子孝。故马融释五教为

① 出自《尚书·舜典》。

"五品之教"。郑康成曰:"五品,父、母、兄、弟、子也。"《郑语》史伯曰:"商契能合和五教,以保于百姓",韦昭注曰:"五教,谓父义、母慈、兄友、弟恭、子孝也。"《孟子》述契之教曰:"父子有亲,君臣有义,夫妇有别,长幼有序,朋友有信。"其说与诸家不同,而于伦理为完备。孟子之学长于《诗》《书》,立说必有所本,若如《左》《史》之说,则契之为教限于家族伦理,非所以道国长民也。

古无学校,以家庭为学校,故家人之名义悉含教学性质。《说文》:"父,矩也。家长率教者。"《白虎通》曰:"父者,矩也,以法度教子也;子者,孳也,孳孳无已也……兄者,况也,况父法也;弟者,悌也,心顺行笃也。"①父以法度教子,兄况其法,而弟行之,是教为父兄之天职,而学为子弟之天职,故古人论教学多以父兄、子弟对言。《管子》曰:"父兄之教,不肃而成……子弟之学,不劳而能。"《小匡》。《汉书》曰:"父兄之教不先,子弟之率不谨。"《司马相如传》。皆其证也。舜时百姓不亲,五品不逊;不逊者,不训也。《后汉书·邓禹》《周举传》均有"五品不训"语,是不逊即不训也。《说文》:"训,说教也。"不训者,不说教也。古代民族受炎黄之教,咸能教训其子弟。至经洪水之灾,父母兄弟荡析离居,久失亲爱之情,虽其后降邱宅土,饱食暖衣,而为父兄者不复修家庭之教育,故舜命契教之。《左》《史》所谓"父义、母慈、兄友、弟共、子孝"者,明其品也。孟子所谓"父子有亲,君臣有义,夫妇有别,长幼有序,朋友有信"者,析其教也。父母及兄能以此五者教其子弟,则为尽父、母、兄之职,而义、慈、友之道得;子弟能受父、母及兄之教,孳孳行之,则为尽子弟之职,而共、孝之道得。故契之敷教,不必亲聚民间子弟而教之,但责其人家自为教,而父子、君臣、夫妇、长幼、朋友之义已明。《管

---

① 出自《白虎通·三纲六纪》。

子》曰:"大夫受令于君,子受令于父母,下听其上,弟听其兄,此至顺矣。"《君臣上》。此古代家庭教育与国家教育并重之证也。

《说文》:"敬,肃也。从'攴''苟'。'苟',自急敕也。""肃,持事振敬也。""肃""敬"二字互训,皆有急速之义。《尔雅·释诂》:"肃,疾也。"《洪范五行传》:"侧匿则侯王肃",注:"肃,急也。"《诗》:"肃肃宵征",《传》:"疾貌。"是肃有急速之义之证。"敬"训为肃,与"肃"同义,故凡从敬之字,有警、儆、惊、憼诸字,皆函急遽之意。后世以敬与恭相对,《少仪》:"宾客主恭,祭祀主敬。"《曲礼》:"毋不敬",何允注:"在貌为恭,在心为敬。"疑"敬"有恭义,而急速之义湮,不知经传言"敬",皆谓急速。不通其训,不能识其所言之意。舜命契"敬敷五教",盖欲契疾布五教也。洪水既平,民多盲昧,其待教育甚于饥渴,使以儒缓施之,则"累寿不能尽其学,当年不能行其礼。"二语见《墨子·非儒下》。九州、五服,安得普及?故必急布其教,然后可以图治。《新书》称:"舜曰:'吾尽吾敬,以事吾上,故见谓忠焉;吾尽吾敬,以接吾敌,故见谓信焉;吾尽吾敬,以使吾下,故见谓(爱)〔仁〕焉,是以见爱亲于天下之民……而见贵信于天下之君。故吾取之以敬也,吾得之以敬也。故欲明道而谕教,唯以敬(也)〔者为忠必服之〕。"《史记》称舜"一年而所居成聚,二年成邑,三年成都"。舜之化人,其速如是,盖由致其忠信及爱无不敬也。舜既得敬之效,故知明道教谕,非敬不克,命契之时,亦必以心法告之,惧其不敬则缓不及事也。

敬以敷教,其流弊必至于操切,故舜又申之曰:"五教在宽。"《殷本纪》重"五教"二字。宽者,容民畜众也。以上知之师教下愚之民,操切而责其速成,则其教必不入。舜教契以宽,所以济敬之流弊,然其义固教育之通义也。荀子曰:"君子之度己则以绳,接人则用曳。度己以绳,故足以为天下法则矣;接人用曳,故能宽容,因求以成天下之大事矣。故君子贤而能容罢,知而能容愚,博而能容浅,粹而能容杂,夫是之谓兼术。”《非相篇》。教育之道,贵能容保无疆,胥罢愚浅,杂而诱之,使近于道;若立严格以绳人,束缚而驰骤之,“虽贤者犹不能久”,“奚待不肖者”,二语见《吕氏春秋·诬徒》。故告导宽容之义,为教贱而少者之要义也。《荀子·非十二子篇》:“遇贱而少者,则修告导宽容之义。”

舜命契之敷教以敬以宽,而尧亦命契曰:“劳之来之,匡之直之,辅之翼之,使自得之,又从而振德之。”劳、来、匡、直、辅、翼,皆为人自得之地。盖教育之道,莫要于使人自得也。孟子曰:“君子深造之以道,欲其自得之也。自得之,则居之安;居之安,则资之深。资之深,则取之左右逢其原,故君子欲其自得之也。”自得则居之安,即《学记》所谓“安其学”也。“安其学而亲其师,乐其友而信其道”,然后“离师辅而不反”;否则“进而不顾其安”,教之所以不刑也。荀子曰:“心者,形之君也,而神明之主也,出令而无所受令。自禁也,自使也,自夺也,自取也,自行也,自止也。故口可劫而使墨云,形可劫而使诎申,心不可劫而使易意。”教育能使人易意,然其易也,由于自得,则仍所谓“自使”“自行”也。杜预之序《左传》曰:“将令学者原始要终,寻其枝叶,究其所穷。优而柔之,使自求之;餍而饫之,使自趋之。若江海之浸,膏泽之润,焕然冰释,怡然理顺,然后为得也。”五教在宽,即所谓“优而柔之”“餍而饫之”也。尧舜教育之方法,同条共贯,而后世教育家之精言,亦无能出其范围之外,可不谓至圣哉!

典乐教育

《吕氏春秋》曰:"昔者舜欲以乐传教于天下,乃令重黎举夔于草莽之中而进之,舜以为乐正。夔于是正六律,和五声,以通八风,而天下大服。"《察传篇》。舜之时,契敷教而夔传教,其事似重复,然乐正与司徒之职实有区别。司徒所掌,民间普通之教育也;乐正所掌,国家高等之教育也。普通教育分布于家庭,故其教曰敷;古者乡人子弟不得学于王宫小学,父师、少师教之于家塾。见《尚书·大传》。高等教育授受于学校,故其教曰传。有虞氏之学校,在西郊者,曰上庠;在国中者,曰下庠。《王制》《内则》并言"有虞氏养国老于上庠,养庶老于下庠",郑注:"上庠,大学也,在西郊;下庠,小学也,在国中王宫之东。"其制皆有堂,有室,专为养老而设,而教育国子亦于其中。以养老言,则名曰庠;以教育言,则名曰成均。董子:"五帝名大学曰成均。"故周制"大司乐掌成均之法,以治建国之学政,而合国之子弟"。成均为典乐之官所掌,贵族子弟群萃其中,视司徒之教平民固不侔也。

《虞书》载舜命契之辞曰:"汝典乐,教胄子。"胄,一作育,《说文》:"育,养子使从善也;从𠫓、肉声。《虞书》曰:'教育子。'"一作"稚"。《史记》:"以夔为典乐,教稚子。""胄""育""稚"一声之转,解者多以之与子字连读,惟马融曰:"胄,长也,教长天下之子弟。"王肃曰:"胄,长也,教长国子,中、和、祗、庸、孝、友",均以"教""胄"连读。胄训为长,长亦有养育之义,是教胄即教育。今、古文家字虽不同，其义一也。俞正燮《癸巳类稿》：“《说文·𠫓部·育》云：‘养子使作善也。’《虞书》曰：‘教育子。’《史记》作‘教稚子。’《集解》谓稚、胄声相近，非也。稚子言当长之，仍是育长之也。今《书》‘命夔典乐，作教胄子’。按枚本采王肃传云：‘胄，长也，教长国子，中、和、祇、庸、孝、友’，长是教育义，是王本亦作教育。枚、孔说云长养之，是枚本亦作教育。《释文》引马融云：‘胄，长也，教长天下之子弟’，长是育义，‘胄长也’，乃‘育长也’之误，是马本亦作教育。其经及注改作胄，由晋后转写错误，致使马、王、枚本俱异。《释文》引王云：‘胄子，国子也’，此唐人忽于句读之过。王言教长国子，‘教长’者，释经‘教育’也；‘国子’者，释经‘子’也。且《释文》谓王传以‘国子’为经之‘胄子’，则传之‘长’为经之‘教’矣，古安得有胄长也之训乎？推马、王之意，以‘教育’二字连文，‘子’字单文，乃谓《书》有胄子之文，后儒于古注偶不省视耳。”据俞说，则马、王本均作“育”，与《说文》同。吾国之言教育，莫古于是矣。马释“子”为“天下之子”，而王释为“国子”者，《王制》：“乐正崇四术，立四教”以造士，“王太子，王子，群后之太子，卿大夫、元士之适子，国之俊选，皆造焉”。平民子弟惟俊选得入国学，而天子、诸侯、卿、士、大夫之适子，则八岁入小学，十五入大学。《尚书·大传》谓“适子十三入小学，二十入大学；馀子十五入小学，十八入大学”。金鹗《求古录礼说》斥其缪，以《白虎通》证之，甚是。以周制证虞制，则乐正教育之子不得言天下也。夔之教育，止于音乐一科，似未足以尽教育之能事，然考之希腊斯巴达、雅典之教育，亦惟注重音乐，亚、欧古代教育宗旨冥符，此不可谓无见也。人之心理，大别有三：曰知、曰情、曰意。意之为物，或为知诱，或为情感，其眹兆常起于知、情之后；而情之引意，较知觉之力为尤伟。孔子曰：“知之者不如好之者，好之者不如乐之者。”即知不如情之证。故教育之道，启悟知识不如转移性情。近代教育家于知育、德育、体育之外，发明情育之道，专以情育为进德之基。尺秀、中岛二氏《教育学原理》曰：“今试放任感情而不教育之,则喜怒哀乐不依正理,其志行孰不薄弱而流于邪辟者耶?若教育之,则不难造就气质高尚、韵致丰富之人。何则?人品之纯杂皆生于习惯之动机,而其动机实生于感情,故欲改良人品,必自修养感情始。”而文字、图画、手工诸科,均为情育之关键;音乐者,尤情育教科之主课也。《乐记》曰:“君子反情以和其志,广乐以成其教。乐行而民乡方,可以观德矣。”又曰:“夫民有血气、心知之性,而无哀乐喜怒之常,应感起物而动,然后心术形焉。是故志微、噍杀之音作,而民思忧;啴谐、慢易、繁文、简节之音作,而民康乐;粗厉、猛起、奋末、广贲之音作,而民刚毅;廉直、劲正、庄诚之音作,而民肃敬;宽裕、肉好、顺成、和动之音作,而民慈爱;流辟、邪散、狄成、涤滥之音作,而民淫乱。”明人之道德生于情,而情之变化由于乐也。舜之命夔典乐,首注意于民德,故其言曰:“直而温,宽而栗,刚而无虐,简而无傲。”直、宽、刚、简而骤致温、栗,无虐傲之美,是必有浃肌肤、臧骨髓、通神明、成性类者,以阴驱而潜致之,否则未易兼也。《周官》:“大司乐……以乐德教国子:中、和、祗、庸、孝、友。”乐何以能成德?以乐移人之情,则意志之德从而成立。虞、周教育之宗旨,固如出一辙矣。

古代学校之教音乐,非徒移人之情而成其德也,举凡文学、历史诸科,无不以乐该之。《虞书》曰:“诗言志,歌永言,声依永,律和声。”此言非专属于音乐,亦兼教学者属文审音之法。阮元曰:“古代无笔砚纸墨之便,往往铸金刻石,始传久远;其箸之简策者,亦有漆书刀削之劳,非如今人下笔千言,言事甚易也。许氏《说文》:‘直言曰言,论难曰语。’《左传》曰:‘言之无文,行之不远。’此何也?古人以简策传事者少,以口舌传事者多;以目治事者少,以口耳治事者多。故同为一言,转相告语,必有愆误,是必寡其词,协其音,以文其言，使人易于记诵，无能增改，且无方言俗语杂于其间，始能行远……古人歌诗、箴铭、谚语，凡有韵之文，皆此道也……孔子于《乾》《坤》之言，自名曰文，此千古文章之祖也。为文章者，不务协音以成韵，修词以达远，使人易诵易记，而惟以单行之语，纵横恣肆，动辄千言万字，不知此乃古人所谓直言之言，论难之语，非言之有文者也，非孔子之所谓文也。”节《揅经室·文言说》。周代之文，犹取协韵以便记诵；虞夏之时，视周尤简，方策、刀笔疑尚未兴，其为文词，度必资口耳之传诵，故“诗言志，歌永言”，即文学之教科也。古代文字简少，一字可赅数义，特区别于声音之疾徐、长短，故《公羊传》曰“春秋伐者为客，伐者为主”，何注曰：“伐人者为客，读‘伐’，长言之；见伐者为主，读‘伐’，短言之，齐人语也。”文字之义以长言、短言分之，故必依永和声，然后得其理解，非必专属于乐也。古代之乐，即述古代之史事，如希腊古无史书，惟和美耳[①]之诗述当时情事，故希腊学校生徒但诵和美耳之诗，即可知古代之历史。吾国诗、史本出一原，太史采风，以诗入史；孔子作《春秋》，由于诗亡。是古无所谓史，治史学者，治诗而已。典乐之教，以诗为主，岂惟取其言志？亦以鉴得失而察兴衰也。故曰：古代学校之教音乐，非徒移人之情而成其德也，举凡文学、历史诸科，无不以乐该之。

扑作教刑

唐虞司徒之教，以宽为主，而不勤道业者，亦必有以罚其体而

---

① 疑即“荷马”。

警其心。《书》曰:“扑作教刑。”教刑盖属于司徒。《月令》:季秋之月,天子教田猎,则“司徒搢扑,北向以誓之”。以周制证唐虞,则教之用扑,司徒之事也。凡制扑,或榎,或楚。《学记》曰:“夏、楚二物,收其威也。”《史记·五帝本纪》注引郑玄曰:“扑,榎楚也。”榎,或作“夏”,或作“榎”,均同音假借字。《尔雅·释木》:“大而皵楸,小而皵榎。”榎皮粗皵,故以之供扑击之用,小则便于搢也。楚,丛木也。《乡射礼》“记”:“楚扑长如笴,刊本尺。”笴长三尺,楚扑如之,刊其本,取可持也。“记”但言楚,疑扑制亦同。

雷浚[1]曰:“《说文》无‘扑’字,部首‘攴,小击也;从又、卜声’,此‘扑’之正字。”案:“教”字从攴从孝,古文作效,亦从攴,是古代文字未兴之先,已以攴击敺教,故造字者明箸其义。《说文》曰:“教,上所施,下所效也。”上所施释攴,下所效释孝。度上不施攴击,则下必有不乐孝法者,故“教”从攴。而“启”训教,“启”亦从攴。“教”从孝,而“孝”训效,“效”亦从攴。李阳冰之释“改”曰:“己有过,攴之即改。”教者,所以使人改过迁善,然非攴不为功,其义见于文字者如此,则唐虞之“扑作教刑”,非始于是时也,缘古法也。

攴之施于人曰挞。《说文》曰:“乡饮酒,罚不敬,挞其背。”《虞书》:“挞以记之。”《周官》注:“挞,扑也。”是以攴攴人之背曰挞也。《周官》:“闾胥……掌其比、觵挞罚之事。”“小胥掌学士之征令而比之,觵其不敬者,巡舞列而挞其怠慢者。”古代官师惩民之惰,无论其在家庭、学校,均可施以薄刑,《鲁语》:“薄刑用鞭扑。”于此可见。

---

① 雷浚(1814—1893),清代诗人、学者。字深之,号甘溪,吴县人。潜心治文字学、经学并教学。著有《道福堂诗集》《说文外编》《说文引经例辨》《乃有庐杂著》等,汇刻为《雷刻八种》。

又凡乡射、大射，司射皆搢扑以纠仪，扑之为用广矣。

古代教育用扑无间贵贱。《文王世子》曰："成王有过，则挞伯禽，所以示成王世子之道也。"《吕氏春秋》曰："荆文王得茹黄之狗、宛路之矰，以畋于云梦，三月不反；得丹之姬，淫，期年不听朝。葆申曰：'先王卜，以臣为葆，吉。今王得茹黄之狗、宛路之矰，畋三月不反；得丹之姬，淫，期年不听朝，王之罪当笞。'王曰：'不谷免衣襁褓而齿于诸侯，愿请变更而无笞。'葆申曰：'臣承先王之令，不敢废也。王不受笞，是废先王之令也。臣宁抵罪于王，毋抵罪于先王。'王曰：'敬诺。'引席，王伏。葆申束细荆五十，跪而加之于背，如此者再，谓王：'起矣！'王曰：'有笞之名一也，遂致之。'申曰：'臣闻君子耻之，小人痛之。耻之不变，痛之何益？'葆申趣出，自流于渊。"《直谏篇》。古之人君恒受攴击于师保，虽以成王之幼、文王之长，犹不能免于此耻，是教育之用攴无间贵贱也。

人君有过，师保犹予笞挞，故士庶之家亦以攴击为教子弟之助。《吕氏春秋》曰："家无怒笞，则竖子婴儿之有过也立见；国无刑罚，则百姓之悟相侵也立见。"《荡兵篇》。故怒笞者，非以贼竖子婴儿，所以防其过也。然父兄之施攴击，虽有防过惩恶之功，而施之亦宜有节，不可损其肢体。《内则》曰："父母怒，不说，而挞之流血，不敢疾怨，起敬起孝。"盖为人子言耳。父母挞子至流血，则亦非教育之道也。孔子教人，不取扑击之法，故其言曰："鞭朴之子，不从父之教；刑戮之民，不从君之政。"《说苑·杂言》。"曾子芸瓜而误斩其根，曾晳怒，援大杖击之，曾子仆地，有顷乃苏，蹶然而起，进曰：'曩者参得罪于大人，大人用力教参，得无疾乎？'退屏鼓琴而歌，欲令曾晳听其歌声，令知其平也。孔子闻之，告门人曰：'参来，勿内也。'曾子自以无罪，使人谢孔子。孔子曰：'汝闻瞽叟有子名曰舜？

舜之事父也,索而使之,未尝不在侧;求而杀之,未尝可得。小棰则待,大棰则走,以逃暴怒也。今子委身以待暴怒,立体而不去,杀身以陷父不义,不孝孰是大乎?汝非天子之民耶?杀天子之民,罪奚如?'"《说苑·建本》。体罚宜轻不宜重,是孔子之主义,亦即唐虞以来相传之法。至谓"杀天子之民,罪奚如",则其立义尤伟。人子对父母则为一子,对国家则为一民,为国家教民而护惜之,亦父母之责也。

唐虞之教刑虽至周不废,而周代之教民,亦极致其仁厚,如"司圜掌收教罢民。凡害人者,弗使冠饰而加明刑焉",郑注:"弗使冠饰者,著墨幪,若古之象刑。""任之以事而收教之。能改者,上罪三年而舍,中罪二年而舍,下罪一年而舍……凡圜土之刑人也,不亏体;其罚人也,不亏财。"夫罢民已为人害,致之圜土,犹箸令曰刑不亏体。曾学校行礼,觵挞不敬而至于亏其肢体乎?《诗》曰:"载色载笑,匪怒伊教。"教人之道,犹不可挟怒气以临之,矧可假榎楚以肆毒蟼弦诵雍容之地,而敲扑呼暴如录重囚?此后世塾师不明古义所致,古代教育固不若是。

虞夏文明大概

"文明"二字,始见于《易·文言》。姚方兴,袭以美舜之德。今人遂以"文明"与"野蛮"为对峙之语,专以状国家政俗、文教之休美,不知此二字固有确诂,不可混施。《尧典》:"钦明文思安安。"马融、郑康成均曰:"照临四方谓之明,经纬天地谓之文。"盖本《周书》

《谥法解》、《左传·昭公二十八年》以释《书》也。夫照临四方，经纬天地，充其分量，谭何容易？尧、舜、禹、皋论事达德，其所期向，至明而止。如“克明俊德”“百姓昭明”“明明扬侧陋”“明试以功”“明四目”“惟明克允”“黜陟幽明”“庶明励翼”“夙夜浚明有家”“天聪明，自我民聪明；天明畏，自我民明畏”等语，皆以明为极则。《管子》曰：“尧之治也，善明法禁之令而已矣。”《孟子》曰：“舜明于庶物，察于人伦。”是尧舜之德，端在明也。文固未易当也。马融之释“文祖”曰：“文祖，天也。天为文万物之祖，故曰文祖。”郑康成解“文祖”为“五府之大名”。虽与马异，然承天立府，亦祀上帝，其意仍以文祖为天。《史记集解》：“郑玄曰：‘文祖者，五府之大名，犹周之明堂。’”《索隐》：“《尚书帝命验》曰：‘五府，五帝之庙。苍曰灵府，赤曰文祖，黄曰神斗，白曰显纪，黑曰玄矩。’”《正义》：“舜受尧终帝之事于文祖也。《尚书帝命验》云：‘帝者承天立五府，以尊天重象也。五府者，黄曰神斗。’注云：‘唐虞谓之天府，夏谓之世室，殷谓之重屋，周谓之明堂，皆祀五帝之所也。文祖者，赤帝熛怒之府，名曰文祖。火精光明，文章之祖，故谓之文祖。’”是虞夏时之所谓“文”，实具宗教思想。尧之号为“文思”，亦则天之文耳。今以书传考虞夏之文明，以证教育之状况，文以言宗教，明以言政俗，虽与世俗所说“文明”同义，然亦微有出入焉。

虞夏之时，始创五行之教。《洪范》曰：“鲧堙洪水，汩陈其五行。帝乃震怒，不畀洪范九畴，彝伦攸斁。鲧则殛死，禹乃嗣兴。天乃锡禹洪范九畴，彝伦攸叙。”《汉书》曰：“禹治洪水，赐《雒书》，法而陈之，《洪范》是也。”《雒书》凡六十五字。《五行志》。九畴以五行为首，禹本其文以立教，故万事悉以五该之，如五教、五刑、五典、五礼、五服、五章、五事之类，条目虽殊，其原一也。故言古代之教育，亦必推本于五行。五行之教，盖由人民不知利用之法，舜、禹之圣能用五行浅化之，民骇其神异，故迷信之。《史记》称黄帝“节用水火材物”,《礼运》曰:“用水、火、金、木,饮食必时。”用水火而曰节,曰时,似非人情之常,不知古代波斯全国之水皆为官有,民之用者,必纳赋税。见《西史纲目》。又以其民不知取火之法,设炬于山,守以僧正,昼夜增薪,勿使灭息。见《西洋上古史》。由此观之,方知古人取用水火之难,而其必节,必时,固自有故。《禹贡》:“六府孔修”,《左传》“水、火、金、木、土、谷,谓之六府”,是唐虞时水火诸物,咸隶官府也。降及周代,“司烜氏掌以夫遂取明火于日,以鉴取明水于月”,《周礼》。当春三月,“钻燧易火,杼井易水”,《管子·禁藏篇》。盖犹是虞夏六府之遗。禹修六府,以掌五行,利用厚生,无逾于此。然愚民不知为人力所可致也,必归功于天帝,而《雒书》《洪范》之锡,益以坚其信仰之心,实则天道远而人道迩,九畴之文亦人为耳。至于禹崩启立,有扈之君微窥其用,始有“威侮五行”之言。“威侮者”,用之不节,取之不时,以人力致五行而不尊为天赐也。启惧有扈氏发其秘,坏五行之教而渎天神,故其告誓六卿直曰:“天用剿绝其命,今予惟恭行天之罚。”是有扈一役虽属政治之争,实则宗教之战也。《吕氏春秋》曰:“禹攻曹魏、屈骜、有扈,以行其教。”《召类篇》。又曰:“夏后相与有扈战于甘泽而不胜,六卿请复之。”《先己篇》。《说苑》曰:“昔禹与有扈氏战,三陈而不服,禹于是修教一年,而有扈氏请服。”《政理篇》。有扈氏之不服教,自禹迄相,绵世历年,固不独甘之战也,古代宗教战争之烈,亦不亚于欧洲矣。

杜佑曰:“理道之先,在乎行教化;教化之本,在乎足衣食。”《通典序》。故言教育而不明当时人民衣食生活之情状,不足以言教育也。唐虞之时,司徒典乐,教何以兴?盖兴于其民之饱食、暖衣、逸居而已。王夫之以“饱食、暖衣、逸居”为句,与近世学者衣食住之说合。《淮南子》曰:“尧之治天下也,舜为司徒,契为司马,禹为司空,后稷为大田师，奚仲为工。其导万民也，水处者渔，山处者木，谷处者牧，陆处者农，地宜其事，事宜其械，械宜其用，用宜其人，泽皋织网，陵阪耕田，得以所有易所无，以所工易所拙，是故离叛者寡，而听从者众。"《新语》曰："民知室居食谷，而未知功力。于是后稷乃列封疆，画畔界，以分土地之所宜；辟土殖谷，以用养民；种桑麻，致丝台，以蔽形体。当斯之时，四渎未通，洪水为害，禹乃决江疏河，通之四渎，致之于海，大小相引，高下相受，百川顺流，各归其所，然后人民得去高险，处平土。川谷交错，风化未通，九州绝隔，未有舟车之用，以济深致远；于是奚仲乃桡曲为轮，因直为辕，驾马服牛，浮舟杖楫，以代人力。铄金镂木，分苞烧殖，以备器械，于是民知轻重，好利恶难，避劳就逸；于是皋陶乃立狱制罪，悬赏设罚，异是非，明好恶，检奸邪，消佚乱。"当时人民衣食生活之情态，以二书所述考之，大可见矣。

"孝弟(愿)〔原〕悫，軥录疾力，以敦比其事业，而不敢怠傲……以取暖衣饱食，长生久视，以免于刑戮。"《荀子·荣辱篇》①。此庶人之行，犹未足以觇教化也。觇国家之教化，必觇之于美术。荀子曰："诚美其德也，故为之雕琢、刻镂、黼黻、文章，以藩饰之，以养其德也。""非特以为淫泰、夸丽之声，将以明仁之文、通仁之顺也。""故……为人主上者，不美不饰之，不足以一民也；不富不厚之，不足以管下也。"《富国篇》。盖极言化国之必重美术。《淮南子》曰："尧之有天下……茅茨不翦，采椽不斫，大路不画，越席不缘，大羹不和，粢食不毇，巡狩行教，勤劳天下。"又曰："高台层榭，人之所丽也，而尧朴桷不斫，素题不枅；珍怪奇味，人之所美也，而尧粝粢之

① 原稿误为"《荀子·不苟篇》"文，径改。

饭,藜藿之羹;文绣狐白,人之所好也,而尧布衣掩形,鹿裘御寒。"《韩诗外传》曰:"舜甑盆无膻……饭乎土簋,啜乎土型……麑衣而盭领。"似尧、舜之时,专尚俭朴,不务华美,美术思想殆未胚胎。然《皋陶谟》载舜之言曰:"予欲观古人之象,日月、星辰、山龙、华虫、作会、宗彝、藻火、粉米、黼黻、绨绣,以五采彰施于五色,作服,汝明。"则是当时图画、刺绣、染织诸美术固已发明也。以《禹贡》考之,兖州贡篚织文,徐州贡篚元纤缟,扬州贡篚织贝,荆州贡篚元纁,豫州贡篚织纩,梁州贡织皮,是其民之攻美术者多矣。《高士传·善卷》谓舜曰:"昔唐氏之有天下,不教而民从之,不赏而民劝之。今子盛为衣裳之服以眩民目,繁调五音之声以乱民耳,丕作皇韶之乐以愚民心。天下之乱从此始矣!"《善卷》之所斥,固舜之美也。尧之时,日不暇给,故但从事于实业,一循古代朴僿之风,至于舜、禹,运际承平,则奖美术以淑其民,使日进于文明之域,此教育之大效,岂持一孔之论者所得知哉!

夏殷之教育

《白虎通》曰:"王者设三教[者]何?承衰救弊,欲民反正道也。三正之有失,故立三教,以相指受。夏人之王教以忠,其失野,救野之失莫如敬;殷人之王教以敬,其失鬼,救鬼之失莫如文;周人之王教以文,其失薄,救薄之失莫如忠。"又曰:"三教改易,夏后氏始。"按三教之说,始见于《春秋元命苞》。《礼·表记》疏引之曰:"三王有失,故立三教以相变。夏人之立教以忠,其失野,故救野莫若敬;殷人之立教以敬,其失鬼,故救鬼莫若文;周人之立教以文,其失荡,故救荡莫若忠。如此循环,周则复始,穷则相承。"《说苑·修文篇》亦述其说曰:"夏后氏教以忠,而君子忠矣,小人之失野;救野莫如敬,故殷人教以敬,而君子敬矣,小人之失鬼;救鬼莫如文,故周人教以文,而君子文矣,小人之失薄;救薄莫如忠。故圣人之与圣也,如矩之三杂,规之三杂。周则又始,穷则反本也。"三代教育宗旨不同,其所为教非第学校教科也,正朔、服色、宫室、器用,无非施教之具,故其教之入人也深。一代之人自为风气,不可强同。以今世所传经籍考之,周代之文烂然大备,夏、商忠敬,虽在杞、宋业已无征,而其制度独可见于《王制》《明堂位》诸篇,即以学校论之,质文之变,固世运进化之征也。

夏、殷之学校,均有国学、乡学之别。国学有大学,有小学。夏之大学曰东序,在国中王宫之东;小学曰西序,在西郊。殷之大学曰右学,在西郊;小学曰左学,在国中王宫之东。《王制》:"夏后氏养国老于东序,养庶老于西序。殷人养国老于右学,养庶老于左学。"郑注:"右学,大学也,在西郊……左学,小学也,在国中王宫之东。东序……亦大学,在国中王宫之东;西序……亦小学……在西郊。"

左右、郊国互异,所上一质一文之道也。《白虎通》曰:夏尚忠,忠法人,"人以至道教人,忠之至也"。殷尚敬,敬法地,"地道谦卑,天之所生,地敬养之"。按:夏之大学在国中,取其地近,可尽忠以施教也;殷之大学在郊外,所以示谦卑也。夏学或第称序,《明堂位》:"序,夏后氏之序也。"殷学或曰瞽宗,《明堂位》:"瞽宗,殷学也。"或曰辟雍。《王制》:"天子曰辟雍",郑注以为殷制。《诗·灵台》:"于乐辟雍",为文王受命之诗,是文王法殷制为天子之大学也。《三辅黄图》云:"文王辟雍、灵台在长安西北四十里,殷之大学在西郊。"则辟雍为殷之大学无疑。《尚书大传》曰:"舟张辟雍",辟雍之名,唐虞已有之,疑殷法唐虞,如周用四代学制。

序之制有堂而无室,《礼·乡饮酒义》疏:"无室谓之序,序与榭通。"《尔雅》:"无东西厢有室曰寝,无室曰榭。"或曰兼有堂室。孙诒让曰:"大学之东序,具有堂室。"辟雍之制园如璧,雍以水,《韩诗说》。其外复筑土雍之。《鲁颂》郑笺。或曰:辟,明也;雍,和也,于此学中习学道艺,所以明和天下也。节《王制》疏。序学所教科目不详,以周制证之,序之所教重射及舞。《周官》:"州长……会民射于州序。"《孟子》曰:"序者,射也。"《文王世子》:"春夏学干戈,秋冬学羽籥,皆于东序。"瞽宗所教重礼及乐。《文王世子》:"春诵,夏弦,大师诏之瞽宗。秋学礼,执礼者诏之……礼在瞽宗。"《诗·灵台》:"鼍鼓逢逢,蒙瞍奏公。"辟雍有蒙瞍奏乐,故名瞽宗。凡教人者,死于乐祖,祭于瞽宗,即祭于辟雍也。至《韩诗说》谓辟雍中藏"五经之文","盖以茅草",则非古代之制也。古无五经之名,周代仅有四术,殷时安得有五经乎?邹汉勋曰:"《王制》所言东序、西序、右学、左学,皆大学。"其说与郑异。戴震曰:"辟雍于经无明文,疑为文王之离宫。"亦与郑异。

夏、殷之国学兼学世子及学士。《文王世子》曰:"凡三王教世子,必以礼乐。乐所以修内也,礼所以修外也;礼乐交错于中,发形于外,是故其成也怿,恭敬而温文。"此学世子之学科也。又曰:"立太傅、少傅以养之,欲其知父子、君臣之道也。太傅审父子、君臣之道以示之,少傅奉世子,以观太傅之德行而审喻之。太傅在前,少傅在后;入则有保,出则有师,是以教喻而德成也。师也者,教之以事,而喻诸德者也;保也者,慎其身以辅翼之,而归诸道者也。《记》

曰：'虞、夏、商、周有师保，有疑丞，设四辅及三公，不必备，惟其人。'语使能也。"此学世子之学官也。师保、疑丞，佐天子亦学世子。《记》文虽兼四代而言，而夏、殷之学科及学官亦赖以考见。至于学士之官，度即乐官之有道有德者，而其详不可考矣！

《学记》曰："古之教者，家有塾，党有庠，术有序，国有学。"疏引庾氏云："党有庠，谓夏、殷礼，非周法，以周之党学名序也。"孟子曰："夏曰校，殷曰序，周曰庠，学则三代共之。"《汉书·儒林传》公孙弘与孔臧等议曰："三代之道，乡里有教，夏曰校，殷曰庠，周曰序。"许慎《说文》亦曰："夏曰校，殷曰庠，周曰序。"夏之有校，诸书所同；殷之庠、序，说者不一。陈祥道《礼书》曰："校、庠、序者，乡学也。《乡饮酒》：'主人迎宾于庠门之外'，乡简不帅教，耆老皆朝于庠，则庠，乡学名也……郑人之所欲毁者，谓之'乡校'，则校亦乡学名也。然乡曰庠，《记》言'党有庠'；州曰序，《记》言'遂有序'，何也？古之致仕者教子弟于闾塾之基，则'家有塾'云者，非家塾也。合二十五家而教之闾塾，谓之'家有塾'，则合五党而教之乡庠，谓之'党有庠'可也。《周礼》遂官各降乡官一等，则遂之学亦降乡一等矣。降乡一等而谓之州长，其爵与遂大夫同，则遂之学其名与州序同可也。"按：陈氏所言犹据周制，不能释庠序之异，惟其断为乡学，则无疑义。孟子所谓"学则三代共之"，指国学也，校、庠、序，指乡学也。公孙弘谓"乡里有教"，明是乡学。夏之国学曰序，乡学则曰校；殷之国学曰学，乡学则曰序、曰庠。李光地曰："夏之时，乡为置校而已；殷之时，州莫不有序焉；周人修而兼用之，而党庠以遍，此自古及今其制浸广也。"焦循曰："党统于州，州统于乡，故序以承校，庠以承序，制以渐而始大备。俗说谓三代之乡学各一，而惟递变其名，不可通矣。"按：李、焦二氏之论，均得教育行政之意。三代学校浸推浸广，此犹今之学校必自京师、省会推而至于荒陬、下邑，必非仅立一校。殷、周庠序互异者，疑庠之制，殷已有之，至周而始备，故孙、许溯其朔，而孟子举其多者耳。段玉裁《与黄绍武书》云："庠未尝不射，则庠可称序也；序未尝不养老，则序可称庠也。庠、序、校皆有学事焉，皆有中年考校之事焉，则庠、序、校皆得称学也。"又云："夏曰校者，今无微，而《记》曰：'夏后氏养国老于东序，养庶老于西序。"又曰：'序，夏后氏之庠也。'是则谓'夏曰序'可。《记》曰：'殷人养国老于右学，养庶老于左学。'又曰：'瞽宗，殷学也'，又曰：'小学在公宫南之左，大学在郊'，是则谓'殷曰学'可。"按：校、序、庠为乡里教学之所，而段混之于国学，非是。又《孟子》"庠者，养也；序者，射也"之文，王氏引之谓"非以射及养老定名"，见《广雅疏证》。则段谓"庠可称序，序可称庠"之说益无据。黄以周曰："《内则》《王制》《明堂位》虞庠、夏序、殷瞽宗，以大学言也。《孟子》夏校、殷序、周庠，则以小学言之。"黄氏析大学、小学较段为长，然国学亦有小学，在公宫南之左，第谓校、序、庠为小学亦非。

《王制》："天子命之教，然后为学。小学在公宫南之左，大学在郊。天子曰辟雍，诸侯曰頖宫。"郑注："此小学、大学，殷之制。"近儒多驳郑说，谓周之学制亦是小学在公宫南之左，大学在郊。按：周之大学有五，不独辟雍一学。周之诸侯如鲁兼四代之学，亦不独頖宫一学，则是辟雍、頖宫之制，实起于殷，周人修之，亦如虞庠、序、校之目，不得以頖宫周学之文，遂谓辟雍、頖宫非周制也。夏之学校未及诸侯，至殷而始有命诸侯之文，教育之道浸推浸广，不愈可见哉？

梁贺述《礼统》云："夏所以为清台何？明明相承，太平相续，故为清台。殷为神台，周为灵台何？质者据天而王，天称神；文者据地而王，地称灵，三代异制也。"见《太平御览》。清台、神台、灵台，同制而异名，今惟灵台见于《诗》，夏、殷之台不可考。《毛传》："神之精明者曰灵。”是周之灵台，实承殷之神台，以明改制易教之意。文王之灵台、灵囿、灵沼，与辟雍同处。据《公羊说》：“天子有灵台，以观天文。”则灵台即治天文学之所也。灵囿有麀鹿，有白鸟；灵沼有鱼。则灵囿、灵沼者，治动物学之所也。辟雍以肄礼乐，灵台、灵囿、灵沼以治天文、博物诸学，此其所以为大学也。各国大学多附设动物、植物园。孟子谓文王之囿与民同乐，说者谓如今之公园，不知文王之乐，盖与学士、大夫讲肄其学，故诗人咏歌叹美以张学风，讵止为无益之游观哉？

《洪范》“刚克”“柔克”义

夏、商之教，最重德育；礼、乐、射、舞，皆所以弼成学者之德也。至德育之条目，惟《洪范》析言之。《洪范》：“三德：一曰正直，二曰刚克，三曰柔克。平康正直，强弗友刚克，燮友柔克；沉潜刚克，高明柔克。”自来注解多以治道为言。孙星衍[①]曰：“此言人〔有〕三德，当自治其性也……正直者平康，是得其中正，不须克制也；强弗友者……言其性强毅，不可亲，刚克之人有是性；燮友者……燮和也，言柔克之人有此性……偏于刚柔者，须先自治其德，至于中和……《春秋左氏·文五年传》宁嬴之说阳处父曰：‘以刚。《商书》

① 孙星衍（1753—1818），字渊如，号薇隐、季述，江苏阳湖人。乾隆五十二年（1787）榜眼。历任山东兖沂曹济道按察使、山东督粮道、代理布政使等职。主讲于杭州诂经精舍、南京钟山书院。著《孙渊如外集》《岱南阁集》等。辑有《尚书今古文注疏》等。

曰:"沉潜刚克,高明柔克。"夫子壹之,其不没乎!天为刚德,犹不干时,况在人乎?'杜注云:'沉潜,犹滞弱也;高明,犹亢爽也。言各当以刚、柔胜己本性,乃能成全也。'此周人引《书》,即言治性,不言治人,盖《书》古文说。杜氏所云,亦不同马、郑之说,意以沉(潜)〔渐〕地道近弱,当以刚胜之;高明天道近刚,当以柔胜之,乃成德也。"《尚书今古文注疏》。案:孙氏以治性为言,深得古人教育之意。已受教育者,自治其身;甫受教育者,待治于人,故《书》曰:"乂用三德",言治人之道,必推本于三德也。

《易·系辞》曰:"刚柔者,昼夜之(道)〔象〕也。"通乎昼夜之道而知。又曰:"刚柔者,立本者也;变通者,趣时者也。"人性不能无刚柔,犹天之不能无昼夜。知刚柔之本而变通之,是教育之责也。周子曰:"性者,刚、柔、善、恶、中而已矣。刚、善为义,为直,为断,为严毅,为干固;恶为猛,为隘,为强梁。柔、善为慈,为顺,为巽;恶为懦弱,为无断,为邪佞。惟中也者,和也,中节也,天下之达道也,圣人之事也。故圣人立教,俾人自易其恶,自至其中而止矣。"易恶至中,必本于教,古今治性之通则也。古之教人者,刚必期中,柔必期嘉。《易》之《蒙·象》曰:"初筮告,以刚中也。""子克家,刚柔节也。"是刚之贵中也。《诗·抑》曰:"慎尔出话,敬尔威仪,无不柔嘉。"《烝民》曰:"仲山甫之德,柔嘉维则。"是柔之贵嘉也。夏、商之时,尽人知治性之道,故诗人颂汤,特美之曰"不刚不柔"。不刚不柔,则兼刚中、柔嘉之德,而无待于克治矣。《老子》曰:"柔弱胜刚强",又曰:"天下之至柔,驰骋天下之至坚。"盖言柔之善耳。刚柔均有善恶,不得以柔为最善之道。《尔雅》曰:"籧篨,口柔也。戚施,面柔也。夸毗,体柔也。"此皆古之恶疾,然则理天下安能专事柔道乎?

凡人性质之刚柔,多本于父母之遗传及气血之特质。教育者能求其原,然后知调剂之法。德人浑特尝区人之体质为四类:其体强壮、其肉充肥、其呼吸速、其血行疾、其色红、其貌豪爽、其容昳丽者,曰多血质。多血质者性情活泼,易兴轻感,临事敏捷而乏坚强之意,喜事而善忘,极其弊为轻薄,为虚诞。其体质长大、其筋肉充实、其颜色苍黑、其貌威重者,曰胆汁质。胆汁质者意志强固,思深虑远,善任事而不轻发,极其弊为傲慢,为疏放。其体质臃肿、其面圆、其唇厚、其貌迟重者,曰黏液质。黏液质者思想迂远,言行迟钝,任事不坚,有因循惰弱之弊,然善教之亦可为谨直之善士。其体质瘦削、其颅巨、其举止剽疾、其貌常似湮郁者,曰神经质。神经质者少乐而多忧,善疑而能断,其弊为孤僻,为狐疑,然善教之则耿介而老成。此四类者,千歧万汇,人各不同,或具数质而有偏重,或擅一质而与时变。然综其大纲,则黏液、神经二质多偏于柔,多血、胆汁二质多毗于刚。浑氏所说,《洪范》固已开其端,特古人文简理约,未细析其目耳。

气质本乎天,而发育视乎人。人之精神有因疾病及遭遇之不齐而损其天质之美且习为恶性者,其中亦有刚柔之判,是亦教育者所当知也。德国休滑尔都倡教育病理学,极言儿童之瑕疵由于气血之受病。其后斯土仑、蔑许突丽诸氏复广其义,以教育病理学为教育最重之科目。连都曼氏云:"有一儿童患鼻塞之病,故其默记功课最为拙劣,迨后病痊,敏捷殆罕其匹。"由此言之,人之沉潜高明,亦不尽由禀赋,疾病、际运均足障害其天机。近世阎若璩幼号不慧,长而开朗,论者多诧其奇,使以教育病理学测其钝慧之因,必有确不可易之理,是则德育与体育之关系也。

《说命》论学义

《说命》三篇皆伪书，不足据。然其佚文多散见于他书，可以推见商代教育崖略。伪《书》称高宗"旧学于甘盘"，《竹书纪年》亦云："小乙六年，命世子武丁居于河，学于甘盘。"《国语》曰："昔殷武丁能耸其德，至于神明，以入于河，自河徂亳。"王鸣盛曰："入于河，往就学也；自河徂亳，入即位也。"以储贰之尊，降居河内，从师问学，与齐民伍，其重教育至矣。高宗即位之后，梦象，旁求得说傅险，举以为相，爰作《说命》三篇。参《史记》及《书序》。而《君奭》称武丁贤臣第举甘盘，不及傅说。江声以为傅说即甘盘，以《尔雅·释诂》"说""盘"同训"乐"为证，是傅说即高宗之师也。古者神农师悉诸，黄帝师大挠，帝颛顼师伯夷父，帝喾师伯招，帝尧师子州父，帝舜师许由，禹师大成贽，汤师小臣，其学说皆不传，传者或不关于教育；惟说之微言绪论见于《戴记》者，为后世论学之权舆，朱子曰："经籍古人言'学'字，〔方〕自《说命》始有。"说固教育家之鼻祖哉！

《学记》引《说命》曰："敬孙务时敏，厥修乃来。"伪《书》亦曰："惟学逊志，务时敏，厥修乃来。"逊志、时敏，实为学之要法。朱子曰："逊顺其志，捺下这志，入那事中，仔细低心下意，与他理会，若高气不伏，以为无紧要，不能入细理会得，则其修亦不来矣。既逊其志，又须时敏，若似做不做，或作或辍，亦不济事。须是'逊志(又)务时敏'，则'厥修乃来'。为学之道，只此二端而已。"盖敬孙，教天资敏颖者也;时敏者,教性质鲁钝者也。为学而不知此法,则敏颖者傲狠狂荡,蔑视师长,一知半解,嚣嚣自得;鲁钝者嬉游怠惰,旷废时日,年长事殷,追悔无及。今之学校生徒之弊,十九坐此,斥之者不曰气习嚣张,则曰士无实学,不知嚣张无学之弊,皆教者不知敬逊、时敏为学者道耳!嚣张之弊,视无学为巨;无学可以督责,嚣张则志得意满,虽有至高极深之学理,亦无从施。张子曰:"学者先须温柔,温柔则可以进学。《诗》曰:'温温恭人,维德之基。'盖其所益之多。"又曰:"世学不讲,男女从幼便骄惰坏了,到长益凶狠。"今日学者之凶狠,殆什佰宋时,恶知学问之贵温柔哉?

《学记》曰:"教学相长也。《说命》曰:'敩学半',其此之谓乎!"伪《书》亦曰:"惟敩学半。"郑康成曰:"言学人乃益己之学半。""夫人之患在好为人师",无学而恃教人之益,其为益亦仅矣。然深于学理者,正赖教人以益其学,此非虚言也。王昶[①]《与汪容甫书》曰:"闻顾亭林[②]先生少时,每年以春夏温经,请文学中声音宏敞者四人,设左右坐,置注疏本于前,先生居中,其前亦置经本,使一人诵,而己听之,遇其中字句不同或偶(亡)〔忘〕者,详问而(辩)〔辨〕论之。凡读二十纸,再易一人。四人周而复始,计一日温书二百纸。十三经毕,接温三史或南北史。〔故〕亭林先生之学,如此习熟,而纤悉不遗也。广陵多聪颖士,幸足下以此教之,毋遽务躐等速成、矜奇炫博之学,则幾矣。"顾氏之法,盖教学者讽书而已,坐受

① 王昶(1724—1806),字德甫,一字琴德,号兰泉,晚号述庵,上海青浦人。乾隆十九年(1754)进士,补内阁中书,官至都察院左副都御史。著《金石萃编》《春融堂诗文集》等。

② 指顾炎武(1613—1682),明末清初思想家和学者。字宁人,世称亭林先生,江苏昆山人。他一生著述宏富,在经学、史学、音韵学、地理学、文学等领域都有重要的建树。著《日知录》等。

其益,即所谓"教学半"也。日本寺田勇吉曰:"教员之对生徒,于温厚慈爱之中不能不别具一种识力,使其知所畏敬。然教员欲具此识力,必须学识精通,德性坚卓,动作严挚,具此三长始能有此识力。三长之中,尤以学识精通为授业之要务。盖生徒往往就琐屑细故以评论人之知识,故教员欲尽其职务,必于己所担任之学科洞达一切,然后能收全效;否则不能取信于生徒,而教育之力,亦因之而薄。"又曰:"教员学问平日亦宜补习,以求进步;若于授业时刻以外以打球、博弈、沽饮为事,则不仅有荒学问之补习,并紊乱教员之品行,必不能适教育之任矣。"《学校改良论》。"教然后知困","知困然后能自强"。自强者,非独教授之时得学者之益也,未教而研其理,已教而博其趣,则教人之益宏矣。

《戴记》引《说命》"念终始典于学"之文,凡二见。《文王世子》、《学记》。郑注曰:"念事之终始,常于学。学,礼谊之府。"《文王世子》注。又曰:"典,经也,言学之不舍业也。"《学记》注。盖人之治事,必本于学;学则贯彻始终,事无不治,故人之为学,宜终始不舍。江声谓两注不同,其义未始不同也。世之将兴,其人必嗜学而敬事;及其乱也,学废而事多不终,此其义,《春秋》之人知之矣。周原伯鲁不说学,闵子马[①]曰:"周其乱乎?夫必多有是说,而后及其大人,大人患失而惑,又曰:'可以无学,无学不害。'不害而不学,则苟而可。于是乎下陵上替,能无乱乎?"《左传·昭公十八年》。又赵孟曰:"老夫罪戾是惧,焉能恤远?吾侪偷食,朝不谋夕,何其长也?""刘子归,以语王曰:'谚所谓老将知而耄及之者,其赵孟之谓乎!为晋正卿,以主诸侯,而侪于隶人,朝不谋夕,弃神、人矣。神怒,民叛,何

① 闵子马,又名闵马父。春秋鲁国人。周大夫,封地陇西(甘肃临洮)。博古善论,有明见。

以能久?”《左传·昭公元年》。春秋之时,不学无害之说倡,自宗周而伯国之上卿,辄有朝不谋夕之见,岂非明证耶。“君子之行,思其终也,思其复也。”《左传·襄公二十五年》文。傅说以终始典学规高宗,此殷之所以中兴也。《竹书纪年》:“武丁六年,命卿士傅说视学养老。”疑傅说为相兼典学校,故其诏高宗之言,多以教学为主。

卷　二

周为封建时代又为方册时代

三代学制，惟周大备，内自邦畿，外暨国服，等级厘然，规制慎密。故欲谂周之教育，必先采周之时代。周之时代，封建之时代也。封建曷为独属于周？曰：封建至周始备也。“昔在黄帝……方制万里，画野分州，得百里之国万区。是故《易》称‘先王以建万国，亲诸侯’。”《汉书·地理志》。唐尧之时，“合和万国”。《史记·五帝本纪》。禹平水土，“弼成五服”。《书·皋陶谟》。其时天下“诸侯万人”。《新书》。涂山玉帛，实多心吕。至于殷汤，犹有“千七百七十三国”。《王制》郑注。曷为曰封建至周始备也？曰：周制之备，于国服之域知之，夏、殷之爵三等，大国不过百里。《孟子》《王制》并云：“公、侯地方百里，伯七十里，子、男五十里。”郑注《王制》谓为夏、殷制度。周初封建仍殷制，分三等。至成王时，始以五等封诸侯。黄氏《礼书通故说》。故《周官》云公之封疆方五百里，侯方四百里，伯方三百里，子方二百里，男方百里。山川土田附庸式廓，其宇唐、虞、夏、商未之有也。虞、夏五服曰甸、侯、绥、要、荒,周公制礼,复细分之,曰:侯、甸、男、采、卫、蛮、夷、镇、蕃。其地虽仍相距万里,而周知天下,大小相维,视古代之阔疏有间矣,国服之制,莫备于周,故曰封建至周始备也。

封建之制备,而后计口授田,施贡分职,周索、戎索虽不尽同,然其大较一也。《汉书·食货志》曰:"建步立亩,正其经界。六尺为步,步百为亩,亩百为夫,夫三为屋,屋三为井,井方一里,是为九夫。八家共之,各受私田百亩,公田十亩。是为八百八十亩,馀二十亩以为庐舍。出入相友,守望相助,疾病相救,民是以和睦,而教化齐同,力役生产可得而平也。民受田,上田夫百亩,中田夫二百亩,下田夫三百亩……士、工、商家受田,五口乃当农夫一人。"周代乡、遂、都、鄙、井、牧不同,诸儒因之聚讼,实则乡、遂、都、鄙虽有九夫、十夫之分,其法未始不通。大夫之子之为士者,亦受田于近郊,人五十亩,纳十一之税。周之教化齐同,实由分土授田之善,非封建时代不能行也。

封建之制备,而后选举之法行,"进贤兴功,以作邦国",此大司马之职也。"诸侯岁献贡士于天子,天子试之于射宫。其容体比于礼,其节比于乐,而中多者得与于祭。其容体不比于礼,其节不比于乐,而中少者不得与于祭。数与于祭,而君有庆;数不与于祭,而君有让。数有庆而益地,数有让而削地。"《射义》。九锡之制,"能进贤者赐之纳陛"。《白虎通》。故曰:"列土为疆,非为诸侯;张官设府,非为卿大夫,皆为民也。"亦《白虎通》文。"贡士之数,大国三、次国二、小国一",郑康成说。皆学校之秀异者,天子使之"学于大学,命曰造士"。《汉书·食货志》。其尤异者,"天子亲命之,使还其国为大夫者不名"。见《穀梁传》注。以此较之殷代命诸侯教然后为学者,其相去为何如哉?

封建诸侯虽有畛域,然其教育则务归于统一。统一言语,则有“七岁属象胥,谕言语,协辞令”之法。统一文字,则有“九岁属瞽史,谕书名,听声音”之法。均见《周官·秋官·大行人》。至于“匡人掌达法则,匡邦国而观其慝,使无敢反侧,以听王命”。“撢人掌诵王志,道国之政事,以巡天下之邦国而语之,使万民和说而正王面。”均《夏官》文。则又使诸侯之民爱国而尊王也。诸侯之民皆使爱国而尊王,而其宣德类情,又务去民之障害,使得摅蓄念而遂其私。故“掌交掌以节与币巡邦国之诸侯,及其万民之所聚者,道王之德意志虑,使咸知王之好恶,辟行之;使和诸侯之好,达万民之说。掌邦国之通事,而结其交好”。小行人又以“其万民之利害为一书,其礼俗、政事、教治、刑禁之逆顺为一书,其悖逆、暴乱、作慝犹犯令者为一书,其札丧、凶荒、厄贫为一书,其康乐、和亲、安平为一书。凡此五物者,每国辨异之,以反命于王,以周知天下之故”。均《秋官》文。故其民气发扬,上下一体,虽设严禁而民不怨,此周之时代所以为吾国文明之渊薮也。

周之时代,又方策之时代也。方策曷为独属于周?曰:方策之用,至周始广也。三皇五帝盖已有书。《春官》:“外史……掌三皇五帝之书。”著之竹帛,改易殊体,《说文·序》。固不可谓之无也。然黄帝受书,藏于灵室。《内经》。禹登委宛,始窥金简。名山天府,珍秘弆藏,固非常人所得睹矣。降及有周,文教始广。“文武之政,布在方策”,《中庸》。备物典策,以封伯禽。《左传·定公四年》。邦国之志,小史掌之;四方之志,外史掌之;礼俗、政事、教治、刑禁之书,小行人掌之,则周之时,王官侯国之书亦夥矣,书名不同,则有外史达之,行人谕之,所以昭同文之治也。其所为书,有木,有竹。木之方者曰觚，其形或六面，或八面，皆可书。《急就章》颜注："案：觚，即孔子所谓'觚不觚'也。"长一尺者曰牍，《说文》。牍，书版也，一曰方；段玉裁曰："方，即牍也。"长三尺者曰椠。《方言》①："椠，版之长三尺者也。"竹之长短相间者曰册，《说文》："册，象其札，一长一短，中有二编之形。"一曰策。策，简也；简，间也，编之篇，篇有间也。《释名》。或曰简与策不同，单执一札谓之简，连编诸简乃名为策。《左传》疏。简亦谓之毕，《尔雅》。其齐者为等，《说文》："等，齐简也。"其著者为篇。《说文》："篇，书也，书著也。"小儿所书为笘，《说文》。一曰占，《学记》："呻其占毕。"一曰籥，《说文》："籥，书僮竹笘也。"《少仪》云：执策籥左手。金鹗曰："籥为占兆之书。"一曰叶，《说文》："叶，籥也。"段曰："小儿所书写，每一笘谓之一叶。"其制盖与觚同亦段说。书刑法者曰范，《说文》。记君命者曰笏，《释名》，笏。一曰专，专长六寸，《说文》："专，六寸簿也。"一曰籍。《说文》："籍，簿也。"其用于称责者曰傅，别用于取予者曰书契，用于卖买者曰质剂，两书一札同而别之，《周官》郑注。则方策之支裔也。凡书，必以笔，楚谓之聿，吴谓之不律，燕谓之弗，秦谓之笔《说文》。韬笔则有管，《内则》注："管，笔驱也。"《诗》曰："贻我彤管。"刊书则有削。《冬官》"筑氏"注："削，今之书刀。"书或以漆，或以墨。研墨以砚。《太公金匮阴谋》载武王砚铭曰："古墨相著而黑。"误书者灭之曰点。《尔雅》。此皆周制之可考者也。周代教育之品，便于夏、商，故其授受移写，足以广文字之流布而启学者之闻知，谓曰方策时代，谁曰不宜？

金鹗②曰："古者用策用简牍之别，以文之多少而异。《聘礼》记云：'百名以上书于策，不及百名书于方。'郑注云：'名，书文也，

① 应为《释名》。

② 金鹗（1771—1819），字风荐，号诚斋，浙江临海人。著《求古录礼说》十五卷、补遗一卷，又《乡党正义》一卷，《四书正义》八卷。

今谓之字。'自秦以后始称字。杜预《春秋序》云:'诸侯各有史官,大事书之于策,小事简牍而已。'孔疏云:'简之所容,一行字耳;牍乃方版,广于简,可以并容数行。凡为书,字有多少,一行可尽者书之于简,数行可尽者书之于方,方所不容者乃书于策,如《聘礼》记所云是也。此言大事小事,乃谓事有大小,非言字有多少也。大事者,谓君举告庙及邻国赴告经之所书皆是也;小事者,谓物不为灾,及言语文辞传之所载皆是也。'案:策与简牍之异,杜预所言与《聘礼》记不合。事虽小而其文多,不可不书于策;事虽大而其文少,亦可以书于简。夫弑君,大事也,而崔杼弑庄公,南史氏闻太史尽死,执简以往,是知大事未尝不书于简也。大事可书于简,则小事亦可书于策矣。六经文字一皆在策,盖其文既多,必须编简为之,初不以事之大小而有异也。《史记》云孔子晚好读'《易》,韦编三绝',《易》既编而成策,则诸经可知。《晋书·束皙传》:'太康二年,汲县人盗发魏襄王冢,得竹书数十车。'皆简编科斗文字,杂写经史。可见六经皆编而为策矣。简策长短之度,说者不一。蔡邕《独断》云:'策者,简也,其制长二尺,短者半之。'孔冲远《春秋疏》云:'郑玄注《论语序》,以《钩命决》云《春秋》二尺四寸书之,《孝经》一尺二寸书之,故知六经之策皆长二尺四寸。蔡邕言二尺者,谓汉世天子策书所用,与六经异也。'《士聘礼》贾疏:'郑作《论语序》云:《易》《书》《诗》《礼》《乐》《春秋》策皆尺二寸。《孝经》谦,半之。《论语》八寸策者,三分居一,又谦焉。'贾、孔之言长短大异,窃谓孔疏是也。《汉书·杜周传》:'不循三尺法',注谓:'以三尺竹简书法律也。'朱博亦云:"奉三尺律令以从事。"《盐铁论》云:'二尺四寸之律,古今一也。'曹褒《新礼》写以二尺四寸简,汉礼与律令同录,则律书之简亦必以二尺四寸;言三尺者,举大数耳。《盐铁论》谓'古今一也’，则周之律书亦二尺四寸可知；律书既二尺四寸，则六经之策亦以二尺四寸矣。齐文惠太子镇雍州，有盗发楚王冢，获竹简书，青丝编简，广数分，长二尺。有得十馀简，以示王僧虔[1]，僧虔曰：‘是科斗书《考工记》，《周官》所阙文也。’二尺与二尺四寸相近，蔡邕言策长二尺，与此所得竹书二尺合，是皆以汉尺言之。汉尺大于周尺，二尺约当周之二尺四寸也。孔冲远谓简容一行字，郑注《尚书》云三十字一简之文，《汉书·艺文志》云：‘刘向以中古文校欧阳、大小夏侯三家经文……率简二十五字者，脱亦二十五字；简二十二字，脱亦二十二字’，是一简容字有多少，然要自二十字以上，大约以三十字为归。周之一尺二寸，当今九寸六分，恐不容三十字；周之六寸，当今四寸八分，《孝经》之策毋乃太短乎？且彼谓《论语》策三分居一又谦焉，若六经策一尺二寸，《论语》三分居一，当为四寸，四寸当今三寸二分，其短尤甚矣。《论语》一简容八字，诚不以富，亦只以异错简，可证。服虔注《左氏》云古文篆书一简八字，又一证也。若三寸二分，岂能容八字乎？今观贾疏《论语》策，实是八寸，以三分居一推之，六经策当二尺四寸，《孝经》当一尺二寸，与孔疏合。二疏同引郑君《论语序》，不应有异，然则贾疏‘尺二寸’三字，必是‘二尺四寸’之讹可知矣。此后人传写之讹，非贾氏所引误也。《论语》策八寸，容八字；六经策二尺四寸者，容二十馀字至三十字，其制自合，大约一寸容一字。古用科斗大篆，其字体不宜小；又一简止容一行，则字体更不宜小，故每一寸容一字也。古人书策每行亦不拘字数，故或有二十五字，或有二十二字，推之或二十三字，或二十四字，皆未可定矣。此由字体有繁简，繁者宜疏，简者宜

---

① 王僧虔（426—485），字简穆，王羲之四世族孙，琅琊临沂人，南朝齐书法家。官至尚书令。喜文史，善音律，工真、行书。书承祖法，丰厚淳朴而有骨力。著《论书》等。

密,总欲其点画之明析而已。方版之制,长短未闻,然其所书自百字以上,或为五行,每行二十字;或为四行,每行二十馀字,则其长亦当有二尺馀,其广大约五六寸。若二三行者,其广不过三四寸,有长方形,故谓之方,非必正方也。"《求古录礼说·周代书册制度考》。周之方策短长,字数多寡,诸书所述具见金说,故详录之,以明一代制度焉。

周之教育兼体育、德育、智育三义

"昔者周成王幼在襁褓之中,召公为太保,周公为太傅,太公为太师。保,保其身体;傅,傅其德义;师,导之教训。"《大戴记》。说者谓周代教育实兼体育、德育、智育三义,故王朝保、傅之官分职而专其事,不知此特教嗣王之典,非为臣民言教育也。周之教育,如师氏、保氏之教国子以三德、三行、六艺、六仪,大司乐教国子以乐德、乐语、乐舞,大司徒教万民以六德、六行、六艺,其分类比义,均有体育、德育、智育微旨。降及东周,其说犹存。故桓公治齐,"正月之朝,乡长复事,君亲问焉,曰:'于子之乡,有居处好学,慈孝于父母,聪慧质仁,发闻于乡里者,有则以告。'"又曰:"于子之乡,有拳勇股肱之力秀出于众者,有则以告。"《国语》,《管子》同。聪慧好学,智也;质仁慈孝,德也;拳勇有力,体也,是周代教育主义虽至春秋犹不废也。

三育之法,具详下文,兹所举例特其纲要,然有不可不推论者,则其立此主义之因也。荀子曰:"人生而有欲,欲而不得,则不能无求,求而无度量分界,则不能不争。争则乱,乱则穷。先王恶其乱也,故制礼义以分之,以养人之欲,给人之求。使欲必不穷乎物,物必不屈于欲,两者相持而长,是礼之所起也。故礼者,养也。刍豢稻粱,五味调香,所以养口也;椒兰芬苾,所以养鼻也;雕琢、刻镂,黼黻、文章,所以养目也;钟鼓、管磬,琴瑟、竽笙,所以养耳也;疏房、檖貇,越席、床笫、几筵,所以养体也。故礼者,养也。"《礼论篇》。又曰:"君者,何也?曰:能群也。能群也者,何也?曰:善生养人者也,善班治人者也,善显设人者也,善藩饰人者也。善生养人者,人亲之;善班治人者,人安之;善显设人者,人乐之;善藩饰人者,人荣之。四统者俱而天下归之,夫是之谓能群。"《君道篇》。人群之事,莫要于养护其身体。学校之重体育,主于养人之身体,尚武,其馀义也。《商子》曰:"天地设而民生之,当此之时也,民知其母而不知其父,其道亲亲而爱私。亲亲则别,爱私则险民众,而以别险为务,则民乱。当此〔之〕时(也),民务胜而力征。务胜则争,力征则讼。讼而无正,则莫得其性也。故贤者立中正,设无私,而民说仁。"《开塞篇》。德育之重,盖惧民之务胜而力征也。荀子曰:"陋也者,天下之公患也,人之大殃大害也。故曰:仁者好告示人。告之示之,靡之儇之,鈆之重之,则夫塞者俄且通也,陋者俄且僩也,愚者俄且知也。"《荣辱篇》①。体育、德育不能使人不陋,治陋之法,非施智育不可,此三者并重,不可缺一之因也。

教育以政事为根本,政事不修,教育不可得而善也。周时,政治之主义与教育之主义同条共贯,故其教育主义可以实行于朝野。体育之本,在公众之卫生;卫生,则道路也,宫室也,饮食也,医药

① 原稿误为《不苟篇》,径改。

也,无一不当慎也。周代“匠人营国……经涂九轨,环涂七轨,野涂五轨”。《考工记》。“列树表道”,《国语》。“毋有障塞”,《月令》。则是道路宽而空气通也。司徒以本俗安万民,首在“媺宫室”。《地官》。“葺屋参分,瓦屋四分。囷窌仓城,逆墙六分,堂涂十有二分。窦其崇三尺。墙厚三尺,崇三之。”《考工记》。“外内不共井,不共湢浴。”《内则》。夏则“居高明”,“处台榭”;冬则“毋发盖,毋发室屋”,《月令》。则是居处安而燥湿免也。至于饮食之政,则“萍乡掌……几酒,谨酒”,《秋官》。以防湛湎;“凌人掌冰,正岁十有二月,令斩冰……夏颁冰”,《天官》。以协寒暑。市中有“伪饰之禁”,五谷不时,果实未熟,禽兽鱼鳖不中杀,均不粥于市,详《周官》注。“以属游饮食”者有禁,《地官》。则人之因饮食而致疾者少矣。医药之政,则“医师掌医之政令,聚毒药以共医事。凡邦之有疾病者,疕疡者造焉,则使医分而治之。岁终,则稽其医事,以制其食。十全为上,十失一次之,十失二次之,十失三次之,十失四为下”。“疾医掌养万民之疾病……以五味、五谷、五药,养其病;以五气、五声、五色视其死生。两之以九窍之变,参之以九藏之动。”“疡医掌肿疡、溃疡、金疡、折疡之祝药,劀杀之齐。凡疗疡,以五毒攻之,以五气养之,以五药疗之,以五味节之。”均《天官》文。则人之因疾病而致死者少矣。公众卫生与学校体育相辅,此教育之所以行也。

德育之本,在家族及乡党。家族、乡党之俗善,然后学校之教不劳而成。近人谓家庭教育、社会教育与学校教育相为表里者,职是故也。周制“大司徒……令五家为比,使之相保。五比为闾,使之相受;四闾为族,使之相葬;五族为党,使之相救;五党为州,使之相赒;五州为乡,使之相宾”。“族师各掌其族之戒令政事……五家为比,十家为联;五人为伍,十人为联;四闾为族,八闾为联;使之相保相受，刑罚庆赏，相及相共，以受邦职，以役国事。”“比长各掌其比之治。五家相受，相和亲。有罪奇邪，则相及。”均《地官》文。是周之家族、乡党善恶，均有关系民之所以趋善而避恶，非独淑其身也。至于地方之风俗，尤与教育相应；欲民之有公德，必先整齐风俗。周制“司寤氏掌夜时，以星分夜，以诏夜士夜禁，御晨行者，禁宵行者、夜游者”。“修闾氏掌比国中宿互柝者与其国粥，而比其追胥者，而赏罚之。禁径逾者，与以兵革趋行者，与驰骋于国中者。”“衔枚氏掌司嚣……禁嘂呼叹鸣于国中者，行歌哭于国中之道者。”“野庐氏……凡道路之舟车轚互者，叙而行之……禁野之横行径逾者。”“萍氏……禁川游者。”均《秋官》文。是整齐道路之风俗也。“司虣掌宪市之禁令。禁其斗嚣者与其虣乱者，出入相陵犯者，以属游饮食于市者。若不可禁，则搏而戮之。”“司稽掌巡市，而察其犯禁者与其不物者，而搏之。”“胥各掌其所治之政，执鞭度而巡其前。掌其坐作出入之禁令，袭其不正者。凡有罪者，挞戮而罚之。”“司市掌……凡得货贿六畜者，亦如之，三日而举之。”均《地官》文。则整齐风俗于市肆也。家族、道路、市肆之风俗无一不善，则学者受教于学校，恶敢以德行为迂阔之事哉？

智育之本，在于书籍。周之方册，前已详言，兹不具论，论其政治之有关智育者。周制“太宰……正月之吉，始和，布治于邦国都鄙，乃县治象之法于象魏，使万民观治象，挟日而敛之”①。“司徒……正月之吉，始和，布教于邦国都鄙，乃县教象之法于象魏，使万民观教象，挟日而敛之。”“乡大夫……正月之吉，受教法于司徒，退而颁之于其乡吏。”“州长……正月之吉，各属其州之民而读

①出自《周礼·天官冢宰》。

法……若以岁时祭祀州社，则属其民而读法，亦如之。”“党正……四时之孟月吉日，则属其民而读邦法……春秋祭禜，亦如之。”“族师……月吉，则属民而读邦法……春秋祭酺，亦如之。”“闾胥……凡……聚众庶……则读法。”均《地官》文。或观，或读，皆所以使其民有政治之知识也，观法、读法之外，又有木铎令民之法、野虞行田之法。《月令》。“训方氏掌道四方之政事，与其上下之志，诵四方之传道。正岁，则布而训四方，而观新物。”“山师掌山林之名，辨其物与其利害，而颁之于邦国，使致其珍异之物。”“川师掌川泽之名，辨其物与其利害，而颁之于邦国，使致其珍异之物。”均《夏官》文。夫是以天时、地利、物产、风俗，凡民无不周知，其补助学校之智育者，不又尽其善哉！

周代教育之宗旨在尚武，其教法则匿武而觌文

论三教者，以周为尚文，《白虎通》。此对夏尚忠、商尚敬言之，非与武对言也。《诗·周颂》曰：“载戢干戈，载櫜弓矢。”《礼记》曰：“武王克殷……济河而西，马散之华山之阳而弗复乘，牛散之桃林之野而弗复服，车甲衅而藏之府库而弗复用。倒载干戈，包之以虎皮，将帅之士使为诸侯，名之曰‘建櫜’。然后天下知武王之不复用兵也。散军而郊射，左射《狸首》，右射《驺虞》，而贯革之射息也。”《乐记》。此特承商纣痡毒四海之后，不得不与民休息，且其时殷顽未靖，藉以安反侧之心耳。汉张良述此事说高祖曰：“陛下能偃武行文，不复用兵乎？”《史记·留侯世家》。伪《古文·武成篇》袭

用之,遂有偃武修文之语,而不知其似是而实非。周先王之意,不如是也。

《礼记》曰:“文王以文治,武王以武功。”《祭法》。此举其重者言之,文王有伐密、伐崇之役,有钩援、临冲之战,具《诗》,固云“文王受命,有此武功”矣。《大雅·文王有声》。《逸周书》武王召左史戎夫,取遂事之要戒以闻,谓:“文武不行者亡。昔者西夏性仁非兵,城郭不修,武士无位……唐氏伐之…以亡。”《史记》。镐京近邻西戎,非讲武事不能立国,又逆虑积久,文胜必致衰弱,故营洛之举,武王创之,周公成之,取其居天下之中,可以号召诸侯肆武以图中兴之业。成王之言曰:“有德则易以王,无德则易以亡……不欲依阻险,令后世骄奢以虐民也。”《史记·刘敬列传》。夫所谓有德者,为可以安社稷、奠民人、利后嗣者也,岂如西夏之性仁非兵,与徐偃王之躬行仁义而不修兵革,卒为人所灭亡者欤?

《六韬》记武王问兵法于太公,多后人所依托。然太公为兵家之祖,世无异词也。周公戒成王曰:“其克诘尔戎兵……方行天下,至于海表,罔有不服。”《立政》。召公作《卷阿》之诗以戒成王,曰:“君子之车,既庶且多。君子之马,既闲且驰。”与《车攻篇》“我车既攻,我马既同”词义一律。卷阿之游,必因蒐狩田猎等事,故言“庶且多”,以见军容之盛;言“闲且驰”,以见练习之精。康王即位,召公首戒以“张皇六师,无坏我高祖之寡命”。《康王之诰》。周初教育家太师、太傅、太保宗旨如此,其尚武可知也。虽然,“勇而无礼则乱”,圣人所大惧也。“技击不足以当节制,节制不足以当仁义”,又圣人之所深知也。《国语》仓葛曰:“臣闻之曰:‘武不可觌,文不可匿。觌武无烈,匿文不昭。’”中周语。此必周先王之遗训。《吕氏春秋》述舞干羽之事,而推言之曰:“周明堂金在其后……其臧古“藏”

字武通于周矣。"《离俗览·上德》。藏武即匿武之义。《管子》谓"圣王……作教以寄武",此真知周先王教育之精意者也。今举其教法如下:

一曰舞。一舞名:大司乐所掌以教成人之国子者,谓之乐舞:曰《云门》,黄帝乐也;曰《大咸》,尧乐也;曰《大磬》同韶,舜乐也;曰《大夏》,禹乐也;曰《大濩》,汤乐也;曰《大武》,武王乐也。"王出入……奏《王夏》;尸出入……奏《肆夏》;牲出入……奏《昭夏》,帅国子而舞。"盖亦成人之国子为之。乐师所掌以教幼少之国子者,谓之小舞,《内则》谓之十三"舞勺",即《诗·周颂·酌篇》"文舞"也;"成童舞象",即《诗·周颂·维清篇》"武舞"也。凡舞,有帗舞,郑司农[①]谓"全羽",郑康成谓"析五采缯"也;有羽舞,谓"析羽"也;有皇舞,郑司农谓"以羽冒覆头,上衣饰翡翠之羽",郑康成谓"杂五采羽如凤皇色,持以舞"也;有旄舞,谓"牦牛之尾"也;有干舞,"兵舞"也;有人舞,"无所执,以手袖为威仪"也。至于王大射,"大司乐……诏诸侯以弓矢舞";燕射,"乐师……帅射夫以弓矢舞",则射礼内之事。此舞名之多也。一舞节:六代之乐舞,奏某律,歌某吕,其舞皆以乐为节;三《夏》之乐舞,《象》《勺》之小舞,亦必以乐为节,此乐节之一也。一禁令:其在未事之时,"大胥掌学士之版,以待致诸子",谓掌其版籍以待当召聚学舞者,则按籍召之也;"小胥掌学士之征令而比之,觵其不敬者",谓有慢期不时至者,则以罚爵罚之也。其在当事之时,"大胥……以六乐之会正舞位,以序出入舞者",谓正其位,使与乐相应,又以长幼次之,使出入不

① 郑众(?—83),字仲师,河南开封人。东汉经学家。曾任大司农,世称郑司农。传其父郑兴《左传》之学,兼通《易》《诗》,明三统历。世称郑兴父子为"先郑",称郑玄为"后郑"。

纰错也；小胥则“巡舞列而挞其怠慢者”，此禁令之严也。《象》《勺》《大武》，皆周国乐。《象》，伐纣用兵时击刺之舞；《大武》，乐舞，孔子言之甚详，曰：“总干而山立，武王之事也；发扬蹈厉，太公之志也；《武》乱皆坐，周、召之治也。且夫《武》，始而北出，再成而灭商，三成而南，四成而南国是疆，五成而分〔陕〕，周公左，召公右，六成复缀，以崇天子，夹振之而驷伐，盛威于中国也；分夹而进，事蚤济也；久立于缀，以待诸侯之至也。”《乐记》。郑康成谓周乐尚武，六代乐舞中惟此用于先祖之庙，较他祭祀其时为多，国子人人皆习，当尤以此为重，既以振尚武之气，又以坚爱国之心也。《夏小正》：“二月……丁亥，万用入学。”万舞者，所以“习戎备”者也。《左传》楚文夫人语。《周礼》：“春，入学，舍菜合舞。”盖于入学之初，统凡在学之国子，使会合而习舞，与《夏小正》万舞之法同，意固在于习戎备。然“舞《云门》，以祀天神……舞《咸池》，以祭地示……舞《大磬》，以祀四望……舞《大夏》，以祭山川……舞《大濩》，以享先妣……舞《大武》，以享先祖”，皆以备祭祀之用，而又“文之以五声，播之以八音”。均《春官》文。此匿武觌文之义也。

一曰射。周代男子生，必悬弧矢，射四方。自天子至庶人，其制递杀，而义一也。《内则》：“国君世子生……三日……射人以桑弧蓬矢六，射天地四方。”此诸侯之制也。“子生，男子设弧于门左”，三日负子而射，大夫以下之制也。《贾子》：“为王太子悬弧之礼义。东方之弧以梧，梧者，东方之草，春木也；其牲以鸡，鸡者，东方之牲也。南方之弧以柳，柳者，南方之草，夏木也；其牲以狗，狗者，南方之牲也。中央之弧以桑，桑者，中央之木也；其牲以牛，牛者，中央之牲也。西方之弧以棘，棘者，西方之草也，秋木也；其牲以羊，羊者，西方之牲也。北方之弧以枣，枣者，北方之草，冬木也；其牲以彘，彘者，北方之牲也。五弧五分矢，东方射东方，南方射南方，中央(高射)〔射中央〕，西方射西方，北方射北方，皆三射。其四弧具，其馀各二分矢，悬诸国四通门之左；中央之弧亦具，馀二分矢，悬诸社稷门之左。”此天子之制也。“男子上事天，下事地，旁御四方之难。”《内则》疏。非精于射，不能称男子之任，《大戴记·本命》：“男者，任也。”故射为教育最重之科，成童者，舞象学射。保氏教国子以六艺，“三曰五射”，郑司农曰：“五射，白矢、参连、剡注、襄尺、井仪也。”贾公彦曰：“白矢，矢贯侯过，见其镞白也；参连，前放一矢，后三矢连续而去也；剡注，谓羽头高镞低而去，剡剡然也；襄尺，谓臣与君射，不与君并立，让君一尺而退也；井仪，谓四矢贯侯，如井之容仪也。”黄以周谓白矢即司弓矢职之“洁矢”，洁，白一义，矢人职谓之兵矢，此射之利近攻者，用诸守城车战。参连，谓四矢参亭，连绎而中艺。《诗》曰：“四鍭既钧，舍矢既均。”《毛传》云：“鍭矢参亭，已均中艺。”是其的证。参亭之言，犹参均也。《新序》言“弹丸之法”云：“左把弹，右摄丸，定操持，审参连。”亦谓弹丸上下参均，连绎而无绝落，义可互证。此射之贵乎均者，用诸散射。剡注，剡，锐也；挹彼注此曰注，谓力锐能贯物而过，因彼注此，《诗》所谓“一发五豵”是也。此射之利远御者，用诸田猎、军旅。襄尺，襄，古“攘”字，今用“让”。《乡射》“记”曰：“大夫与士射……耦少退于物……君……为下射……退于物一笴。”笴，三尺，“少退于物”即襄尺也。此射之贵乎让者，用诸乡射，而大射、宾射、燕射亦准此。井仪，井，古作“丼”，侯有上、下舌，其形如丼，中设正，方二尺，如丼中之“、”；《诗》曰：“既挟四鍭。四鍭如树。”树谓仪表，言四矢之发，悉如丼仪，较参连为更巧矣。参连，言其释矢之均；丼仪，言其中的之正也。国子在小学已预为车战、田猎、军旅之备，其为尚武可知。故“士使之射，不能则辞以疾”。《郊特牲》。明士不能射，便“乖于为士之义”也。孔疏。然周之教育虽重习射，以肄武事，至于以射取士，则恒饰之以礼乐。凡礼射有四：

一为大射，是将祭择士之射；二为宾射，诸侯来朝，天子而与之射，或诸侯相朝而与之射；三为燕射，谓燕息而与之射；孔颖达说。四为乡射，是州长与其民习射之礼。礼射之外，有主皮射，有贯革射，主皮为田猎之射，贯革为军旅之射。黄以周说。皆明示尚武之意，与礼射之觌文匿武者殊科。大射之制有三：诸侯岁献贡士于天子，"天子以岁二月，为坛于东郊，建五色，设五兵，具五味，陈六律，品奏五声，听明教。置离，抗大侯，规鹄，坚物……乃升……诸侯之教士……执弓挟矢，揖让而升，履物以射其地，心端色容正，时以教伎"。《大戴记·虞戴德》。"其容体比于礼，其节比于乐，而中多者，得与于祭；其容体不比于礼，其节不比于乐，而中少者，不得与于祭。"《射义》。此天子试畿外贡士之法也。天子将黜陟诸侯，则行大射，司裘共王之虎侯、熊侯、豹侯，设其鹄；诸侯则熊侯、豹侯，卿大夫则麋侯，皆设其鹄。以诸侯为六耦，大司乐奏《王夏》及《驺虞》，诏诸侯以弓矢舞，"射中则得为诸侯，射不中则不得为诸侯"，此射侯之法也。"天子将祭，必先习射于泽；泽者，所以择士也。已射于泽，而后射于射宫，射中者得与于祭，不中者不得与于祭。""泽之射，尚勇力；射宫之射，尚揖让。"《尚书大传》。《穀梁传》曰："射而中，田不得禽，则得禽；田得禽，而射不中，则不得禽。是以知古之贵仁义而贱勇力也。"《左传·昭公八年》。田谓射于泽，射谓射于射宫。择士之制贵仁义而贱勇力，是天子试畿内贡士之法也。用黄以周说。大射之三法不同，然"射者，进退周旋必中礼。内志正，外体直，然后持弓矢审固；持弓矢审固，然后可以言中则同"。战斗之艺既闲，而嚣争之风胥泯，此可以大射而推其微意也。乡射之法有二："州长……春秋以礼会民而射于州序"，先行乡饮酒礼，而后习射，习乡上齿，习射上功。州长为主人，处士为宾，乡大夫、士咸莅，合金石丝竹而歌《周南·关雎》、《葛覃》、《卷耳》,《召南·鹊巢》、《采蘩》、《采蘋》之诗。司射选弟子之中德行道艺之高者,以为三耦,凡三射胜者升堂,不胜者饮以觯。射者有过则挞之,其制极严肃。外是则有乡大夫询众庶之法。乡大夫三年大比,既兴其贤者、能者,"退而以乡射之礼五物询众庶:一曰和,二曰容,三曰主皮,四曰和容,五曰兴舞"。盖以前此所兴之贤能既献其书于王,其众庶之中未登庠序者,或尚有可兴之人,故复以此乡射礼询之。五物亦曰五善,马融曰:"射有五善焉,一曰和,志体和;二曰〔和〕容,有容仪;三曰主皮,能中质;四曰和颂,合雅颂;"颂""容",古今字,自汉时以"容"为容貌字,始以"颂"专为雅颂字。《周官》之"和容",即和颂也。五曰兴武,与舞同,言射者不但以中皮为美,亦兼取和容也。"见《论语集解》义疏。王引之曰:"兴,犹作也,与舞者弓矢舞也。"众庶未登庠序,已习五物,则其教射之普及可知。而五物之义,首重容体。郑康成至谓其包载六德、六行,则尚武而觌以文也。射之本义"服猛""除害",身亲劳苦,然"兵短而害长",《白虎通》文。不饰之以礼乐,则足以长暴乱,故周之教育虽重习射,而其节文繁缛,实有潜移默导之术寓乎其中。一张一弛,非文武孰能用之哉?宾射、燕射非教育之事,故不具。

学校制度

周代学校制度散见经传者,以王畿为详。王畿学校有乡学、国学之别,乡学、国学又有大学、小学之别。大抵国之大学,犹今之京师分科大学;乡之大学,犹今之省会高等学校;其小学则犹今之中小学校。国之小学直隶于国之大学,乡之小学隶于乡之大学,乡之大学又隶于国之大学。王太子,王子,群后之太子,卿大夫、元士之子皆入国学,庶民之子则入乡学。盖虽普及教育,犹区之以阶级,文家尊尊之制然也。

周之大学备五代之制,立五学于南郊。《王制》孔疏谓周大学在国,小学在郊,近儒辨之甚详。中曰辟雍,凡九室十二堂,一室有四户八牖,凡三十六户七十二牖。以茅盖屋,上圆下方。赤缀户也,白缀牖也。堂高三尺,东西九筵,南北七筵,其宫方三百步。《大戴·盛德篇》"明堂"之制。孔广森曰:"古者太学、明堂,周制。"环之以水。郑锷说。文王以来盖已有之,故周以辟雍为中学。水南为成均,五帝之学也。董子说。周人尚赤,先南方,故成均于五学为最尊,他学可通称成均。金鹗曰:"五学以辟雍居中,为最尊。成均在南,亦尊。承师问道,必在辟雍,辟雍之尊可知。大司乐总五学之教,而教乐德、乐语、乐舞,必于成均,成均之尊亦可知。故统五学可名辟雍,亦统五学可名成均。'大司乐'云'掌成均之法,以治建国之学政'。此成均乃五学之通称也。"水北为上庠,有虞氏之制也。水东为东序,又谓之东胶,夏后氏之制也。水西为瞽宗,又谓之西雍,殷人之制也。五学或按方位为名。"《学礼》曰:'帝入东学,上亲而贵仁,则亲疏有序,(而)〔如〕恩相及矣。帝入南学,上齿而贵信,则长幼有差,(而)〔如〕民不诬矣。帝入西学,上贤而贵德,则圣智在位,而功不匮矣。帝入北学,上贵而尊爵,则贵贱有等,而下不逾矣。帝入太学,承师问道,退习而端于太傅,太傅罚其不则而达其不及,则德智长而理道得矣。'此五义者既成于上,则百姓黎民化辑于下矣。"《大戴礼记》。按:此五学,东即东序,西即瞽宗,南即成均,北即上庠,太学则辟雍也。《易传·太初篇》曰:"太子旦入东学，昼入南学，莫入西学，夕入北学。在中央曰大学，天子之所自学也。”盖辟雍为天子祀先圣先师、出师受成、承师问道之所，学者不得居之，惟王大射及学射，则士得入焉。四方之学，各有专科，东序学干戈羽籥，瞽宗学礼，成均学乐，上庠学书。见《文王世子》及《周官》。古代之礼即政治学，书即史学，此如今之法科及文科。东序学干戈羽籥，成均学乐，则近于陆军、音乐各校矣。小学之国子、乡遂之俊士、侯国之贡士，咸以时学于其中。《诗》曰：“镐京辟雍，自西自东，自南自北，无思不服。”盖谓此也。

国之小学有五，其四在四郊，曰虞庠。《王制》：“虞庠在国之四郊。”今本误作“西郊”，当据《祭义》疏改正。其一在国中王宫南之左，曰少学。黄氏据《汉书》说。所以教国子也。国子之教科，区为四类：一、三德：“一曰至德，以为道本；二曰敏德，以为行本；三曰孝德，以知逆恶。”一、三行：“一曰孝行，以亲父母；二曰友行，以尊贤良；三曰顺行，以事师长。”一、六艺：“一曰五礼，二曰六乐，三曰五射，四曰五驭，五曰六书，六曰九数。”一、六艺：“一曰五礼，二曰六乐，三曰五射，四曰五驭，五曰六书，六曰九数。”一、六仪：“一曰祭祀之容，二曰宾客之容，三曰朝廷之容，四曰丧纪之容，五曰军旅之容，六曰车马之容。”《周官》。虞庠所教，当亦与少学相等，特其文不具耳。

周之乡学悉统于大司徒。大司徒主六乡，一乡之内，五家为比，五比为闾，四闾为族，五族为党，五党为州，五州为乡。于乡立庠，《乡饮酒》：“主人拜迎宾于庠门之外。”其制较崇，有堂有室；于州立序，《地官》：“州长……春秋以礼会民而射于州序。”“序”一作“豫”，《乡射礼》：“豫则钩楹内。”读如“榭”，其制有堂无室，《尔雅》：“无室曰榭。”孙炎云：“榭但有堂也。”如今之厅；《左传·宣公十六年》杜注：“宣榭，讲武屋，谓屋歇前。"孔疏云："歇前者，无壁，如今厅。"是序制如今之厅也。党亦立序，无室，与州序同；于闾立塾，《尚书大传》注："古者仕焉而已者，归教于闾里。"塾在门侧，有堂无室。《尔雅》："门侧之堂谓之塾。"一闾凡二塾。《尚书大传》："上老平明坐于右塾，庶老坐于左塾。"是一闾二塾也。

综一乡之学，为庠一，州序五，党序二十五，塾千；六乡之学，为庠六，州序三十，党序百五十，塾六千，其塾亦多矣。而自远郊以达于畿，复分六遂，一遂之制，"五家为邻，五邻为里，四里为酂，五酂为鄙，五鄙为县，五县为遂"，里亦有塾，见上。遂亦有庠，《学记》疏引皇氏云："遂学名庠。"其下所辖之地亦有序，《学记》："术有序"，郑注："术当为遂声之误也。"孔疏："凡六乡之内，州学以下皆为庠；六遂之内，县学以下皆为序也。"其数盖亦如六乡。王畿千里，都庠十有二，序六十，党、鄙之序三百，塾万有二千，而王城之大学、小学不与焉，可不谓盛欤？《汉书·食货志》："五邻为里"，"里有序"，"五州为乡"，"乡有庠"。"序以明教，庠则行礼而视化焉。"所谓里序，疑即闾塾。乡、遂教科分三类："一曰六德，知、仁、圣、义、忠、和；二曰六行，孝、友、睦、姻、任、恤；三曰六艺，礼、乐、射、御、书、数。"视国子之教大同小异。

周之学者，乡、遂曰馀子，王都曰国子。《尚书大传》："耰锄已藏，祈乐已入，岁事已毕，馀子皆入学。"注："馀子，犹众子也。"《汉书》："馀子亦在于序室。"苏林曰："馀子，庶子也。或曰未任役为馀子。"颜师古曰："未任役者是也。幼童皆当受业，岂论适庶乎？"按：如颜说，则乡、遂之民凡未受役者，无不入学也。《周官》："师氏……以三德教国子……凡国之贵游子弟学焉。""保氏掌谏王恶，而养国子以道。""大司乐掌成均之法，以治建国之学政，而合国之子弟焉。"所谓国子，即王太子，王子，群后之太子，卿大夫、元士之子也。《王制》："王太子，王子，群后之太子，卿大夫，元士之适子……皆造焉。""大司乐"注："国之子弟，公卿大夫之子弟。"是卿大夫、士之子无论适庶皆入学也。又“师氏”注:“贵游子弟,王公之子弟游无官者。”所谓王公之子弟,疑即各国之子弟来游于周者。《管子·问篇》:“国子弟之游于外者,几何人……外人来游在大夫之家者,几何人?”古人最重游学,故贵子弟之外,有游子弟,不尽本国之子弟也。馀子入塾及庠序,而升于国之大学。国子入四郊小学及王宫门东之小学,而升于国之大学,咸谓之学士。《周官》:“大胥掌学士之版,以待致诸子。”郑司农云:“学士谓卿大夫诸子学舞者。”卿大夫诸子,即国子,是国子有学士之称也。《文王世子》云:“凡学世子及学士必以时。”注云:“学士谓司徒论俊选所升于学者。”俊选出于乡学,即馀子,是馀子亦可有学士之称也。其籍悉掌于大胥,至入学合舞,则大胥小胥征致之。

周代学校教育年限,经传所说互有歧异。《大戴记·保傅篇》:“古者年八岁而出就外舍,学小艺焉,履小节焉,束发卢注:“束发,谓成童。”《内则》注:“成童,十五以上。”而就大学,学大艺焉,履大节焉。”《公羊传》注:“礼,诸侯之子八岁受之少傅,教之以小学,业小道焉,履小节焉;十五受太傅,教之以大学,业大道焉,履大节焉。”《白虎通》曰:“古者所以年十五入大学何?以为八岁毁齿,始有识知,入学学书计;七八十五,阴阳备,故十五成童志明,入大学,学经籍。”《汉书·食货志》亦曰:“八岁入小学……十五入大学。”此一说也。《尚书大传》曰:“公卿之大子,大夫、元士之适子,十有三年始入小学,见小节焉,践小义焉;二十入大学,见大节焉,践大义焉。”此一说也。又曰:“馀子年十五始入小学,见小节,践小义焉。年十八始入大学,见大节,践大义焉。”此又一说也。《贾子·容经》:“古者年九岁入就小学,蹍小节焉,业小道焉。束发就大学,蹍大节焉,业大道焉。”此又一说也。《大戴》卢注曰:“《白虎通》曰:‘八岁入小学,十五入大学’……此太子之礼。《尚书大传》曰:‘公卿之太子,大夫、元士之嫡子,年十三始入小学,见小节而践小义;年二十入大学,见大节而践大义。’此世子入学之期也。又曰:‘十五年入小学,二十入大学’者,谓诸子性晚成者,至十五入小学;其早成者,十八入大学。《内则》曰:‘十年出就外傅,居宿于外,学书计’者,谓公卿以下教子于家也。”按:如卢说,则《保傅篇》八岁入小学,十五入大学,为王太子之礼;《内则》《书传》说十三入小学,二十入大学,为诸侯世子及卿大夫、士适子之礼。其或迟三年,十五入小学;或早二年,十八入大学,为世子以下晚成、早成之别制。今考《保傅》上文,自据王太子言之,固当如卢说。然《公羊》注指诸侯之子,《食货志》指馀子,《白虎通》并无专指,皆谓八岁入小学,十五入大学,不得谓八岁入小学,十五入大学为专属王太子而言。《尚书大传》馀子十五入小学,十八入大学,亦无早成、晚成之意,若依卢说必不可通。夫周之小学、大学,其名非一。王宫门东之学,小学也;四郊之虞庠,亦小学也;闾里之塾,小学也;州党之序,亦小学也。辟雍五学,大学也;乡之庠,亦大学也。《食货志》:“十五入大学,学先圣礼乐,而知朝廷君臣之礼。其有秀异者,移乡学于庠序。”是此秀异之士,由乡之大学而移于国之庠序,所谓乡学,即上文之大学也。

考周代之学年,必先分析经传所指之大学、小学,而后可以得之。周人八岁入小学,无贵贱,一也。王太子、诸侯之太子,入宫南之左之小学;公卿、大夫、士之子,入四郊之虞庠。公卿、大夫、士之子,无八岁入小学明文,然周之公卿、大夫,视畿外之诸侯。诸侯之子既以八岁入小学,则畿内之公卿、大夫不得独异。知入四郊之虞庠者,以其后尚入宫门左之小学也。庶人之馀子,则入闾里之塾。《公羊》注:“八岁者,学小学,盖里塾也。”贾子谓九年就小学,《内则》谓十年出就外傅者,皆指八年后在小学之事也。王太子、诸侯之太子既入宫门左之小学,不迁他校,至年十五,径入大学,其小学学年为七年。公卿、大夫、士之子，十有三年入王宫门东之小学，“师氏……教国子”，注谓：“公卿大夫之子弟。”故《书传》曰“十有三年，始入小学”，其虞庠之学年为五年。庶人之子，年十五入州党之序，故《书传》曰“年十五，始入小学”，其闾塾之学年亦七年。《食货志》谓“十五入大学”者，州、党之序对乡序，则为小学；对家塾，则为大学，犹今之高等小学对初等小学，则称高等；对高等学堂，则仍为小学也。州、党之序有堂无室，其所教者，惟读法、习射、饮酒之事，故民可同时入之，非若他学之聚学者居宿于其中也。公卿、大夫、士之子，年二十则入国中大学，故《书传》曰“二十入大学”，其王宫小学之学年为七年。庶人之子，年十八入乡学，至二十始由乡学选入国学，《内则》：“二十舞《大夏》。”《大夏》，成均之教也。故《书传》曰：“年十八入大学”，所谓大学，盖乡学也。其二，序之学年为三年，乡庠之学年为三年，大抵王侯太子之学校为二级，卿、大夫、士之子学校为三级，庶人之子则经四阶段始可以入大学，此其为制，可以冠礼证之，二十而冠，士庶之通礼，然《家语》称成王十四而冠《冠颂》。《左传》谓“国君十五而生子，冠而生子，礼也”。襄公九年，是天子、诸侯十五已冠矣。十五而冠，故十五而入大学；士、庶人二十而冠，故二十而入大学。其大学之学年，诸书未言，惟《学记》曰：“一年视离经辨志，三年视敬业乐群，五年视博习亲师，七年视论学取友，谓之小成；九年知类通达，强立而不反，谓之大成。夫然后足以化民易俗，近者说服，而远者怀之。此大学之道也。”是大学学年凡九年也。王太子、诸侯之太子有未及九年而嗣位者，仍入国学，故《学礼》有帝入诸学之文。士、庶人则必俟九年毕业，而后有室，始理男事；二十至三十之十年，则惟敦行孝弟，博学不教耳！

馀子入学，以岁之十月。《食货志》及《公羊》注。其贫不能竟学者,距冬至四十五日即出学傅农事。其敬敏任恤者,闾胥书之;有失礼者,闾胥觵挞之。每月之吉,暨春秋仲朔,读法于族之学,其孝弟睦姻有学者,族师书之;四时之孟月吉日,及春秋祭禜、夏之正月,读法于党序,其德行道艺,党正书之。正月正岁及春秋祭社,读法于州序,以考其德行道艺,春秋并习射焉。其入乡庠,经无明文,以"乡大夫……正月之吉,受教法于司徒,退而颁之于乡吏,使各以教其所治"之文考之,则入乡庠者,亦当在正月。其有不帅教者,则乡师、乡大夫简而告之于司徒,司徒命乡之耆老皆朝于庠,朝,会也。择元日,元,善也。习射,行乡饮酒礼,使不帅教之人自励为功,知尊敬长老。大司徒帅国之俊士与执事焉。不变,命国之右乡简不帅教者移之左,命国之左乡简不帅教者移之右,如初礼。不变,移之郊,如初礼。不变,移之遂,如初礼。不变,屏之远方,终身不齿。此乡庠惩治学者之法也。国子、学士之入学,必以仲春。《月令》:"孟春……命乐正入学习舞","仲春……上丁,命乐正习舞、释菜。"孟春入学者,已习舞者也;俊选初入学,则在仲春释菜之时。释菜于先圣、先师,大胥合舞,天子帅三公、九卿、诸侯、大夫亲往视之。仲秋,则颁学合声,其制如今之学校考试。至九年大成而出学,则小胥、大胥、小乐正简不帅教者以告于大乐正,大乐正以告于王。王命三公、九卿、大夫、元士皆入学,使习礼以化之。不变,王亲视学。不变,王三日不举,屏之远方,西方曰棘,东方曰寄,终身不齿。约《王制》经、注。此国学惩治学者之法也。

周代学校等级多而科目繁,学年长而规则严,故其设官綦备。凡百学校,罔不直辖于官师。司徒之官,实掌教典。教官之属:大司徒,卿一人;小司徒,中大夫二人;乡师,下大夫四人,上士八人,中士十有六人;乡大夫,每乡卿一人,凡六,六卿;州长,每州中大夫一人,凡三十中大夫;党正,每党下大夫一人,凡百有五十下大夫;族师,每族上士一人,凡七百五十上士;闾胥,每闾中士一人,凡三千中士;比长,五家下士一人,凡一万有五千下士;遂人,中大夫二人,当小司徒;遂师,下大夫四人,当乡师,其属亦上士八人,中士十有六人;遂大夫,每遂中大夫一人;县正,每县下大夫一人;鄙师,每鄙上士一人;酂长,每酂中士一人;里宰,每里下士一人;邻长,五家则一人,其数亦与六乡同。综乡、遂典教育之官,盖已不下三四万人。此外又有师氏,中大夫一人,上士二人;保氏,下大夫一人,中士二人;大司乐,中大夫二人;乐师,下大夫四人,上士八人,下士十有六人;大胥,中士四人;小胥,下士八人;籥师,中士四人,《春官》:"籥师掌教国子舞羽、吹籥。"以教王国之国子,而合学合射,考艺进退。又有诸子下大夫二人,中士四人。王子弟所封及三公采地,又都有司马,每都上士二人,中士四人,以国法掌其政学。王畿千里,典学之官星罗栉比,如是之众,此岂后世所可及?虽然,此特典学之官耳。古之为教,即官即师,而教官之外,别有师、儒之职。"太宰……以九两系邦国之民……三曰师,以贤得民;四曰儒,以道得民。""大司徒……以本俗六安万民……四曰联师儒",盖师有贤德,儒有伎术。俞樾说。可以辅教官之不足,而为子弟矜式,故《周官》特重其人。"大司乐……合国之子弟……凡有道者、有德者,使教焉。死则以为乐祖,祭于瞽宗。"此国学之师、儒也。"大夫七十而致仕,老其乡里,大夫为父师,士为少师。"父师亦曰上老,少师亦曰庶老。馀子出学,则上老坐于右塾,庶老坐于左塾。《尚书大传》。此乡学之师、儒也。师严道尊,而人不敢以儒为戏,学风所由布濩而纯懿欤!

王畿学制详备如此,侯国学制盖亦准之而稍杀焉。诸侯始立学,“必释奠于先圣、先师;及行事,必以币”。国无先圣、先师,则所释奠者当与邻国合;有国故则否。其立三代之学者,“既兴器用币,然后释菜,不舞不授器,乃退。傧于东序,一献,无介语”。《文王世子》。周之诸侯得立三代学者,惟鲁国。《明堂位》曰:“米廪,有虞氏之庠也;序,夏后氏之序也;瞽宗,殷学也;頖宫,周学也。”此鲁之兼用王礼也。诸侯之子八岁入小学,十五入大学。见《公羊传》注,见上。其制亦与王子同。度其庶民学年,亦与王国无别,其为秀异,贡于天子,“学于大学,命曰造士”。《汉书》。此周制之可考而知者也。

女学及胎教

秦汉以降,但教男而不教女,班昭[①]《女诫》。此中国教育衰颓之一巨因。《大戴记》曰:“谨为子孙娶妻嫁女,必择孝悌世世有行义者,如是则其子孙慈孝,不敢淫暴,党无不善,三族辅之。故曰:凤皇生而有仁义之意,虎狼生而有贪戾之心,两者不等,各以其母。呜呼,戒之哉!无养乳虎,将伤天下。故曰素成。”《保傅篇》。男子性质之善恶,各以其母,故教育之本,莫要于女学。女学不修,而求教育之完美,譬如芩楼升木,其末虽齐,其本则殆。母败其子,载胥及溺。《女教经传通纂序》。此有识者之所深痛也。

《昏义》[②]曰:“古者天子后立六宫、三夫人、九嫔、二十七世妇、

---

① 班昭(?—116),一名姬,字惠姬(一作惠班),扶风安陵人,班彪之女,班固之妹。年十四,嫁为曹世叔妻。享年七十馀岁。著作以《女诫》七篇为最著。

② 原稿误为《冠义》,径改。

八十一御妻,以听天下之内治,以明章妇顺,故天下内和而家理。天子立六官、三公、九卿、二十七大夫、八十一元士,以听天下之外治,以明章天下之男教,故外和而国治。故曰:天子听男教,后听女顺;天子理阳道,后治阴德;天子听外治,后听内职。"古代男教与女顺并重,顺,训也,训亦教也。《管子》曰:"凡牧民者,使士无邪行,女无淫事。士无邪行,教也。女无淫事,训也。"《权修篇》①。教、训异文而同义,即此可证。故周代教育之盛,不第男子之大小学校至详且备也,其立教之基本,实以女学为尤善焉。

周代后夫人有师,有傅,有保,与天子之师、傅、保相等,皆以教育为职。《诗·葛覃》曰:"言告师氏",《毛传》:"师,女师也。"《白虎通》曰:"妇人所以有师何?学事人之道也。"《公羊传》:"妇人夜出,不见傅母不下堂。"襄公三十年。注:"礼,后夫人必有傅、母,所以辅正其行,卫其身也。选老大夫为傅,老大夫妻为母。"《诗》疏《南山》笺云:"文姜与侄、娣及傅、姆同处,襄公不宜往双之。"则傅亦妇人也。何休云:"选老大夫为傅,大夫妻为母。"礼重男女之别,大夫不宜教女子,大夫之妻当从夫氏,不当随女而适人,事无所出,其言非也。是师、傅皆妇人也。傅母之母,即保。《后汉·崔寔传》:"常侍、阿保",注谓:"阿保谓傅母也。"母,亦作"姆",大夫以下之女,无师傅而有姆。《内则》曰:"女子十年不出,姆教婉娩听从。"《士昏礼》注云:"姆,妇人五十无子,出而不复嫁,能以妇道教人者,若今〔时〕乳母矣。"是周代女子虽不就学于外傅,而保保身体,傅傅德义,师导教训,固亦与男子无殊;至为之姆者,专以妇道教人,殆亦如今女子之学师范欤。

---

① 原稿误为《形势篇》,径改。

周代女学亦设专官。"内宰……以阴礼教六宫,以阴礼教九嫔,以妇职之法教九御,使各有属,以作二事;正其服,禁其奇邪,展其功绪。""九嫔掌妇学之法,以教九御";"典妇功掌妇式之法,以授嫔妇及内人女功之事赍。凡授嫔妇功,及秋献功,辨其苦良,比其小大……物书而楬之。"是周之妇职、妇学、妇功,均掌之于官也。至于王后有身,"太师持铜而御户左,太宰持升而御户右",则外廷之士大夫,亦得与禁掖教育之事矣。

九嫔妇学,分妇德、妇言、妇容、妇功四科。郑康成曰:"妇德,贞德也;妇言,辞令也;妇容,婉娩也;妇功,丝麻也。"《天官》《昏义》注并同。班昭曰:"妇德,不必才明绝异也;妇言,不必辩口利辞也;妇容,不必颜色美丽也;妇功,不必工巧过人也。清闲贞静,守节整齐,行己有耻,动静有法,是谓妇德;择辞而说,不道恶语,时然后言,不厌于人,是谓妇言;盥浣尘秽,服饰鲜洁,沐浴以时,身不垢辱,是谓妇容;专心纺绩,不好戏笑,洁齐酒食,以奉宾客,是谓妇功。此四者,女人之大德,而不可乏之者也。"案:九嫔之教,亦与国子师、保之教相同。妇德,则三德、三行之类也;妇言、妇功,则六艺四术之类也;妇容,则六仪之类也。男女之教罔不兼智、德、体三育之意,岂不懿欤?

《昏义》曰:"古者妇人先嫁三月,祖庙未毁,教于公宫;祖庙既毁,教于宗室,教以妇德、妇言、妇容、妇功。教成祭之,牲用鱼,芼之以蘋藻,所以成妇顺也。"《白虎通》以此为"学事人之道","学一时,足以成矣。"与君有缌麻之亲者,教于公宫三月;与君无亲者,各教于宗庙、宗妇之室。国君取大夫之妾、士之妻老无子而明于妇道者,禄之,使教宗室五属之女。大夫、士皆有宗族,自于宗子之室学事人也。女子在室已学于姆,及嫁,而申教之;其为后夫人者,既嫁，又受教于九嫔及师、傅，是女学非必限于一时也。《白虎通》又谓："妇人学事舅姑，不学事夫者，示妇与夫一体也。"疑其说亦未确。《辟雍篇》曰："父所以不自教子何？为渫渎也。又授之道当极说阴阳夫妇变化之事，不可父子相教也。"女子已承姆教，又教之于公宫，殆即此意。《草虫》曰："未见君子，忧心忡忡。亦既见止，亦既觏止，我心则降。"未见而忧者，受教而忧其不当也；至于既觏而心降，始信君子待己以礼约郑笺语，故与公宫所教相合耳。

女子有学，以事舅姑，以事其夫，而其后归于教子及为人教子女，故女子负教育之责实重于男子，所谓为女则以教为贤，为母又以贤而教也。《大戴记》曰："女者如也，子者孳也，女子者，言如男子之教，而长其义理〔者〕也。"《本命》。男子之教，必待女子为之孳长，故《内则》曰："国君世子生……异为孺子室于宫中，择于诸母与可者，必求其宽裕、慈惠、温良、恭敬、慎而寡言者，使为子师，其次为慈母，其次为保母，皆居子室，他人无事不往。"此其负荷之重，实有先入为主之意。今人将护幼儿率委之不学无知之女子，而为女子者，亦自以为能食而不能教，盖经义舀昧使然耳。《列女传》："傅母者，齐女之傅母也。女为卫庄公夫人，号曰庄姜……始往，操行衰惰……母见其妇道不正，谕之云：'子之家，世世尊荣，当为民法则。子之质，聪达于事，当为人表式。仪貌壮丽，不可不自修整……'乃作诗……砥厉女之心……以为人君之子弟，为国君之夫人，尤不可有邪僻之行焉。女遂感而自修。君子善傅母之防未然也。"《母仪篇》。夫傅母能防未然，而使庄姜自勉于妇道，则古代女子之深于教育者，固不乏人矣。

女子教育之责重于男子，固也。然教子之道，必待已生能食而后施，则其教亦晚矣。古代圣哲研究教育穷极本原，至纤至悉，素成之道，必推之于胎教，故女教之外，复立胎教一法。《大戴记》曰："胎教之道，书之玉版，藏之金匮，置之宗庙，以为后世戒。《青史氏之记》曰：古者胎教，王后腹之七月，而就宴室。太师持铜而御户左，太宰持斗而御户右。比及三月者，王后所求声音非礼乐，则太师蕴瑟而称不习。所求滋味者非正味，则太宰倚斗而言曰：'不敢以待王太子。'"《保傅篇》。言教育而推极妊娠之时，致慎于食、声之际，此教子所以能参化育也。《列女传》曰："妊子之时，必慎所感。"心感于物，则其子形音肖之，故妊者能谨于此，则生子形容端正，才识必过人矣，此之谓胎教。又曰："妊子者，寝不侧，坐不边，立不跸，不食邪味，割不正不食，席不正不坐，目不视邪色，耳不听淫声。夜则令瞽诵诗，道正事。"此与《青史》所记殆皆玉版金匮之遗欤！

周之兴也，固由列王之德，然其后妃皆女子中大教育家，故能肇造邦基，开八百载之盛治，此言教育者所不可不知也。周太任者，文王之母，挚任氏之中女也，王季娶以为妃。太任之性，敦一诚庄，惟德之行。及其有娠，目不视恶色，耳不听淫声，口不出敖言。生文王而明圣，太任教之，以一而识百，卒为周宗。君子谓太任能胎教。太姒者，武王之母，禹后有莘姒氏之女也。在郃之阳，在渭之涘。仁而明道，文王嘉之，亲迎于渭。太姒生十男，所以教诲扶持十子者，自少及长，未尝见邪僻之事，常以正道检柙之。及其长，文王继而教之，卒成武王、周公之德。武王后曰邑姜，太公之女也。妊成王于身，立而不跛，坐而不差，笑而不喧，独而不倨，虽怒而不詈，胎教之谓也。《列女传》。言教育者，以周为盛；言周之教育，以胎教为盛。欧西女学号为甚盛，然其所教大抵家政、妇功而已。有周三后以胎教成王业，陶孕文教于数千年前，为斯世有学女子所不逮，其功不亦伟哉！

由男教而推极女训，由姆教而推极胎教，教育之本殆无可以复加。然而女教、胎教于智育、德育固有莫大之关系，其于体育，犹未必能预期其壮盛也。求种族之日强，而后施精神之教育，则必厉早婚之禁，故正婚姻之道，尤为教育中根本之根本。古代圣人之视兹事，亦较今人为慎。婚姻年岁著在国宪，详于礼经，盖重之也。《大戴记》："太古男五十而室，女三十而嫁。"《本命篇》。盖由风俗淳古，民性未漓，情欲之开也迟，故嘉礼之成也晚。而其时人民体质率多魁伟壮硕，即年寿亦远过后人。《黄帝内经》曰："上古之人，春秋皆度百岁，而动作不衰；今时之人，年半百而动作皆衰。"《上古天真论》此其证也。黄、农以降，人多早熟，故有早婚之弊。圣人察其然而为之制，以防其过，"令男三十而娶，女二十而嫁"。《周官》"媒氏"文。盖"男三十筋骨坚强，任为人父；女二十肌肤充盈，任为人母"。《白虎通》。不及是而婚嫁，则其生子必荏弱而多夭殇，而为父母者，亦未能胜教育之任，此尤胎教之先之胎教也。丁杰①曰："墨子曰：'昔圣王为法，丈夫年二十毋敢不处家，女子年十五毋敢不事人。'王肃述毛曰：'前贤有言，丈夫二十不敢不有室，女十五不敢不有其家。'此举其中言之也。《周礼》'媒氏令男三十而娶，女二十而嫁'；《大戴礼·本命篇》'中古男三十而娶，女二十而嫁'；《礼记·曲礼》'三十曰壮，有室'；《内则》'三十而有室，女子二十而嫁'；《尚书大传》孔子对子张曰：'男子三十而娶，女子二十而嫁'；《穀梁·文公十二年传》'男子二十而冠，三十而娶；女子十五而许嫁，二十而嫁'，此举其终言之也。实则周代通礼，女二十而嫁，男三十而娶。墨子及王肃所言昔圣前贤之制，或非周人所制，周鉴早婚之弊，特定其年耳。"

言教育者，不可不知生物之理；不知生物之理，则于天地化育

① 丁杰（1738—1807），字升衢，号小疋，浙江归安人。乾隆四十六年进士。官宁波府学教授。著《周易郑注后定》《大戴礼记绎》等。

之道不能究其本原，而其设教施训，皆无以尽人之性。古代教育之盛所以植基于女教、胎教，而又制定婚姻之年限者，由其时生理之学大明也。《大戴记》曰："人生而不具者五：目无见，不能食，不能行，不能言，不能化。三月而彻昫，然后能有见；八月生齿，然后食；期而生膑，然后能行；三年暿合，然后能言；十有六情通，然后能化。阴穷反阳，阳穷反阴……阴以阳化，阳以阴变。故男以八月而生齿，八岁而龀，一阴一阳，然后成道；二八十六，然后情通，然后其施行。女七月生齿，七岁而龀，二七十四，然后其化成。"《本命篇》。"不肖者精化始具，而生气感动，触情纵欲，反施乱化，是以年寿亟夭而性不长。"《韩诗外传》。《大戴》此文本以证男三十而娶，女二十而嫁之当，而《家语》反以形其迟，惟《韩诗外传》如此数语，以明精化小通之时，不当婚嫁，其义极精。疑《大戴·本命篇》本有此数语，而无"合于三也，小节也"之文。盖古人研究生理，有以察生民寿夭之原，故为之定制，而使人莫贰。自后世专治形上之学，不屑道人物生殖之故，而后礼法废而教育衰，浸溺其种姓而不自觉，此非穿穴古义不能证其失矣！

选举制度

"学者非必为仕，而仕者必为学。"《荀子·大略篇》。故古代取士，必于学校慎立选举之法。《王制》曰："命乡论秀士，升之司徒，曰选士。司徒论选士之秀者，而升之学，曰俊士。升于司徒者，不征于乡；升于学者，不征于司徒，曰造士……大乐正论造士之秀者，以告于王，而升诸司马，曰进士。司马辨论官材，论进士之贤者，以告于王而定其论。论定,然后官之;任官,然后爵之;位定,然后禄之。”夫禄位驭士,著于八则,而其选举之法层累曲折,其难其慎若此。盖学校作人,本非专储官吏之材,必其殊尤杰出者,始遴拔以入官,馀则仍归之于农亩,此教育之精义也。

学者之与选,首论于乡。盖乡学者,国学之本也。然而乡之选举,故不自乡始,敬、敏、任、恤、孝、悌、睦、姻,已书于闾族,然后得入州党之序,德行道艺已著于州党,然后得入乡庠,是其进身之始,固已慎之又慎矣。至入乡庠,学年既满,不帅教者又为之移郊移遂,则乡庠之士,孰非贤能而可以与选者?然而乡庠帅教之士,犹必经乡大夫之大比,德行之贤者,道艺之能者,翘然有以自异于众,然后得与宾兴之典,其抑躁进而重真才至矣。宾兴之礼,即乡饮酒之礼,乡大夫为主人,乡老举其贤能者为宾,其次为介,其次为众宾,飨于公堂,称觥饮酒。《周官》曰“乡老及乡大夫帅其吏与其众寡,以礼礼宾之”者是也。乡饮之明日,乡老及乡大夫群吏献贤能之书于王,王再拜受之,登于天府,其礼视司寇献民数为尤隆。又使内史副写其书,以备异日之诏爵禄,而后学者之名始隶于司徒,而身入于国学,重之至也。六乡之外为六遂,遂学之士升名亦同,故《周官》曰:“遂大夫各掌遂之政令……三岁大比,则率其吏而兴氓。”其乡遂之士未能升于司徒者,上则为府吏,次为胥,次为徒役于乡。故曰“升于司徒者不征于乡”也。

大乐正之论造士,即在郊外之大学。其所谓秀者,“或以德进,或以事举,或以言扬”。《文王世子》。视其专长而不责其兼善。盖造士已历乡举里选,初不致有幸得而冒进者,故其论选不妨稍宽也。俊士之初与选由于德行道艺,则以德进者,其德著也;以事举者,其行彰也;以言扬者,其道明也。至于专治六艺之事,则不足以入官,故于擅曲艺者,"皆誓之,以待又语。郑康成云:'誓,谨也,皆使谨习其事。'黄以周曰:'誓,示也,示以德、事、言三者也。'三而一有焉,乃进其等,以其序,谓之郊人"。郊人者,示在郊学积学以成人,其名虽稍殊于进士,固亦非贬之也。

"司马之职……进贤兴功,以作邦国……简稽乡民,以用邦国";其属有"司士掌群臣之版……周知邦国都家县鄙之数,卿大夫士庶子之数,以诏王治,以德诏爵,以功诏禄,以能诏事,以久奠食",故论定官位,属之司马。然九仪之命,职在春官,学士不释褐于春官而定论于司马者,亦自有故。司马之属,有"诸子掌国子之倅,同萃,即群萃州处之义。掌其戒令与其教治,辨其等,正其位。国有大事,则帅国子而致于太子,惟所用之,若有兵甲之事,则授之车甲,合其卒伍,置其有司,以军法治之……凡国之政事,国子存游倅,使之修德学道,春合诸学,秋合诸射,以考其艺而进退之"。是凡国子之未仕者,悉隶于司马也。世卿之子,各世其职,故无取乎乡举里选,而其资格与俊造同;其在大学通曰学士,在学则隶春官。大胥掌其版。群萃则归司马。此游倅当属已出学之国子,如未出学,不应再合诸学;其合学、合射者,防其荒落也。文事武备并蓄兼收,而后任之以政,俾无陨越之羞,此周先王造士之深意也。俊造之定论于司马,疑亦与国子相同。有事则授车甲而充卒伍,无事则修道艺而励贤能,废学之习既祛,尚武之风亦振,司马论之,可文可武,例之国子,实出一途。经传虽无明文,不难参稽而得其微旨。后世不知此义,进士悉上春官,方领矩步之流,不知兵戎为何物,而国家取士亦偏重于文艺,所恃以为辨论者,不外射策之文,而后文、武分途,遂一成而不可返矣。

周制乡大夫既兴贤者、能者,退而以乡射之礼五物询众庶,以待后三年宾兴之。《周官》曰:“此谓使民兴贤,出使长之;使民兴能,入使治之。”盖为政以顺民为本也。惠士奇[①]曰:“《大戴记·官人篇》曰:‘平仁而有虑者,使是治国家而长百姓;慈惠而有理者,使是长乡邑而治父子;直愍而忠正者,使是莅百官而察善否;慎直而察听者,使是长民之狱讼,出纳辞令;临事而洁正者,使是守内藏而治出入;慎察而洁廉者,使是分财临货主赏赐;好谋而知务者,使是治壤地而长百工;接给而广中者,使是治诸侯而待宾客;猛毅而度断者,使是治军事为边境。’因方而用,九用有征,所谓出使长,入使治者如此。而《新书·大政篇》则谓:‘上选吏也,必使民与焉,故民誉之,上察而举之;民苦之,上察而去之。王者取吏,必使民唱,然后和之。故夫民者,吏之程也,察吏于民,必取其爱焉。十人爱之者,则十人之吏也;百人爱之者,则百人之吏也;千人爱之者,则千人之吏也;万人爱之者,则万人之吏也。万人之吏,卿相之器。’‘十人之吏,以长邻比;千人百人,为豪为英。所谓使民兴贤能者,如此。’”《礼说》。盖选吏必使民与,非独因陋就寡、赴速邀时者不可幸进,即庠、序之贤能,亦必素孚乡望,然后可以策名;否则学艺虽优,不足以副豪英之目,计亦在所摈弃。非谓厕身学校,循资按格,即可以拾青紫而有馀也。

《尚书大传》曰:“礼,诸侯三年一贡士于天子,命与诸侯辅助为政,所以通贤共治,示不独专,重民之至。大国举三人,次国举二人,小国举一人。”“一适谓之好德,再适谓之贤贤,三适谓之有功。一不适谓之过,再不适谓之敖,三不适谓之诬。此诸侯贡士之制

① 惠士奇(1671—1741),清经学家。字天牧,一字仲孺,江苏吴县人。康熙四十八年进士,官编修、侍读学士,曾典试湖南,督学广东。乾隆初,为侍读。撰《易说》《礼说》《春秋说》等。

也。"何休曰:"诸侯岁贡小学之秀者于天子,学于大学,其有秀者,命曰进士,行同而能偶,别之以射,然后爵之。"宣公十五年《公羊传》注。是诸侯贡士亦出身于学校,而锡名曰进士,其制亦与天子畿内、乡、遂贡士相同。至其本国取士,则《国语》所称"正月之朝,乡长复事君亲问焉……乡长退而修德进贤"者,其与畿内宾兴之典亦无殊也。匹夫有善,可得而举;匹夫有不善,可得而诛,王道之兴于乡见之矣。

卷　三

体　育

周代之重体育也，于弓矢之制见之。《周官》："弓人为弓……弓长六尺有六寸，谓之上制，上士服之；弓长六尺有三寸，谓之中制，中士服之；弓长六尺，谓之下制，下士服之。凡为弓，各因其君之躬志虑血气。君即习射之人。丰肉而短，宽缓以荼，若是者为之危弓，危弓为之安矢。骨直以立，忿埶以奔，若是者为之安弓，安弓为之危矢。其人安，其弓安，其矢安，则莫能以速中，且不深。其人危，其弓危，其矢危，则莫能以愿中。"《考工记》。弓矢之制，必随人之形貌、情性，是习射非徒尚武，亦以养身也。周代生理之学故有专科，其言政教，必剖辨人之体质。《周官》："大司徒……以土会之法，辨五地之物生：一曰山林……其民毛而方；二曰川泽……其民黑而津；三曰丘陵……其民专而长；四曰坟衍……其民皙而瘠；五曰原隰……其民丰肉而庳。"《地官》。《大戴记》孔子曰："坚土之人肥，虚土之人大，沙土之人细，息土之人美，耗土之人丑。"《易本命》。

是人之体质原于所生之土地,其质既殊,则所以为教者亦当有辨。弓矢之安危,具有损赢济不足之用,学校以之教射,而五方之民殊形异体者,咸可以臻志正体直之休,则射之为用,视今日各学校之体操何多让焉?

周代学校习射之外,又习五驭,驭亦体育之事也。《曲礼》:"问大夫之子,长曰能御矣,幼曰未能御也。"《少仪》:"问国君之子长幼,长则曰:'能从社稷之事矣。'幼则曰:'能御未能御。'"郑、孔均以御为"御事",江永[①]主从陈氏"御车"之说,见《礼记训义择言》,其义甚当。成童学御,幼则未能,故以之别长幼。年长者必教之御,亦所以肄武事、习劳勚也。御之目五,曰"鸣和鸾、逐水曲、过君表、舞交衢、逐禽左"。夫逐水势为屈曲应舞节而周旋,非艺娴于习,体质轻捷则不能。学校之设此科,固足以药儒缓之风,而为游息之助矣。

《学记》曰:"大学之教也,时。教必有正业,退息必有居。"孔疏曰:"'大学之教也,时'者,言教学之道,当以时习之。"按:时习之法,不第干戈羽籥、礼乐诗书之分四时也,即一日之间,亦必限制其时,以养学者之思力。鲁敬姜曰:"士朝而受业,昼而讲贯,夕而习复,夜而计过无憾,而后即安。"《国语》。是古之学者于一日之受业、讲贯、习复,固各有定时也。"教必有正业",疏谓:"正业,谓先王正典,非诸子百家。"按:此正业即指教授之时之业,如今之学校一时只授一科,他科之学非此时所当治,即非正业。荀子曰:"目不能两视而明,耳不能两听而聪。"教必有正业,亦以养学者之思力也。《曲礼》:"请业则起",郑注:"业,谓篇卷也。"是此正业即当时应授之书。如为不

① 江永(1681—1762),字慎修,江西婺源人。精于音韵、历学,经学尤专《三礼》。著有《周礼疑义举要》《仪礼释例》《群经补义》等。

正之书,则大学之教决不应有。“请业则起”者,如今之教员按时授课,学者咸起立致敬也。“退息必有居”者,大学之制,如明堂九室、十二堂,学者请业于堂,逾时则退休于室。其室四户八牖,通明高朗,宜于燕处。是《学记》所言,即大学体育之条件也。

《周官》:“小司徒之职,掌……祭祀、饮食、丧纪之禁令。”疏谓:“饮食……若行乡饮酒及族食。”乡人饮酒,盥洗扬觯以致洁,修爵无数而不乱,则学校之于饮食,固极重视,惜司徒之禁令他无可考。食医之职曰:“凡食齐视春时,羹齐视夏时,酱齐视秋时,饮齐视冬时。凡和,春多酸,夏多苦,秋多辛,冬多咸,调以滑甘。凡会膳食之宜,牛宜稌,羊宜黍,豕宜稷,犬宜粱,雁宜麦,鱼宜苽。凡君子之食,恒放焉。”疑当时学校之饮食亦当放此。《大戴记》曰:“天子宴私,安(而)〔如〕易,乐而湛,饮酒而醉,食肉而馁,饱而强,饥而惏,暑而暍,寒而嗽……凡此其属少保之任也。”《保傅篇》。古之言教育者注意于饥饱寒暖如此,则学校之卫生,固可类推而得矣!

古人于衣服之制,致为慎重。《曲礼》:“童子不衣裘裳。”《玉藻》曰:“童子不裘不帛,不履絇。”《内则》曰:“十年出就外傅,居宿于外……衣不帛襦裤……二十而冠,始学礼,可以衣裘帛。”裘帛之温均伤阴气。本郑、孔说,必冠而后衣之,则其卫护儿童之法审矣!学校制服经无明文。《玉藻》曰:“童子之节也,缁布衣锦缘,锦绅并纽,锦束发,皆朱锦也。”学校生徒未冠者之服当亦若是。《士冠礼》:“服玄冠、玄端、爵韠,奠挚见于君。遂以挚见于乡大夫、乡先生。”古者二十入大学,既冠之士既以玄端见乡先生,则其入学之礼服亦为玄端可知。“朝玄端,夕深衣。”《深衣》曰:“古者深衣,盖有制度,以应规矩,绳权衡。短毋见肤,长毋被土。续衽钩边,要缝半下。袼之高下,可以运肘;袂之长短,反诎之及肘。带,下毋厌髀,上毋厌胁，当无骨者。制十有二幅，以应十有二月。袂圜以应规，曲袷如矩以应方，负绳及踝以应直，下齐如权衡以应平。故规者，行举手以为容；负绳抱方者，以直其政，方其义也……下齐如权衡者，以安志而平心也……故规矩取其无私，绳取其直，权衡取其平，故先王贵之。故可以为文，可以为武，可以摈相，可以治军旅。完且弗费，善衣之次也。”夫袼可以运肘，带毋使厌髀，取适体也；安志平心，可文可武，则不徒取其适体，且有以资德育。一衣之微，而体育、德育之道咸备。周代圣哲制作之精，岂后之人所能及哉？

德　育

《易》曰：“山下出泉，蒙，君子以果行育德。”又曰：“山下有风，蛊，君子以振民育德。”“育德”二字凡再见。近世所谓德育，即大《易》所谓“育德”也。然《易》言“育德”，义各不同，“果行育德”，君子自育其德也；“振民育德”，君子育民之德也。蒙养教育非司教者自育其德，无以启童蒙向善之心。周代学校制度见于官礼者，均小学以上之学校，为之师者，必皆国之有道有德者，故官礼第言育民之德之目，而君子之自育其德者，未著于篇。

周代学校德育之科目，见《周官》者凡三。“大司徒……以乡三物教万民而宾兴之：一曰六德，知、仁、圣、义、忠、和。”“师氏……以三德教国子：一曰至德，以为道本；二曰敏德，以为行本；三曰孝德，以知逆恶。”“大司乐……以乐德教国子，中、和、祇、庸、孝、友。”其目皆不同，盖乡学与国中小学、大学科目固有差等也。孔子称“大学之道,在明明德",则大学之教,春秋礼乐,冬夏诗书,无非振民育德之具,非第乐律可以观德矣。诸德之外,又有诸行之目,司徒教"六行,孝、友、睦、姻、任、恤";师氏"教三行:一曰孝行,以亲父母;二曰友行,以尊贤良;三曰顺行,以事师长",似行与德不同,然司乐之教"乐德",亦兼孝、友,是行可名德也。马融云:"德行,内外之称。在心为德,施之为行。"大抵德属心,而行属事;德以言其原理,行以征其实践。小学、乡学生徒之德未定,故授以原理,并授以实践之法;大学生徒德性坚定,践履纯固,故第以"乐德"明其感应之原,而实践则无待赘语。此如近世学校有伦理、修身二科,修身主实践,施之中小学校;伦理重原理,施之大学及高等专门之学校。其目虽殊,而理一也。

《大戴记》曰:"有天德,有地德,有人德,此谓三德。"《四代篇》。朱氏骏声谓即师氏至、敏、孝三德。《说文通训·定声》。按,其说良是。《说文》:"至,鸟飞,从高下至地也。"郑氏谓"至德,中和之德,覆焘持载含容者也"。是"至德"即从天下至地之德也。古人之言道德,多推本于天。如《易》曰:"天行健,君子以自强不息。"《书》曰:"天叙有典……天秩有礼……天命有德……天讨有罪。"《诗》曰:"天生烝民,有物有则。民之秉彝,好是懿德。"董子谓:"道之大原出于天。"《春秋繁露》曰:"为生不能为人,为人者天也。人之人本于天,天亦人之曾祖父也。此人之所以上类天也。人之形体,化天数而成;人之血气,化天志而行;人之德行,化天理而义。人之好恶,化天之暖清;人之喜怒,化天之寒暑;人之受命,化天之四时……天之副在乎人。人之情性有由天者矣。"《为人者天篇》。其他言天之事,不可枚举,大要推究道德根本,舍天无可求。师氏谓"至德以为道本",其为本天道以立言无疑。惠士奇谓"敏德即克己",

见《礼说》。其义无征。《中庸》曰:“人道敏政,地道敏树。”敏之为德,实出于地。敏,疾也,勉也。《吕氏春秋》曰:“圣人生于疾学。不疾学而能为魁士名人者,未之尝有也。”《劝学篇》。是圣人之德由于敏疾也。董子曰:“强勉学问,则闻见博而知益明;强勉行道,则德日起而大有功。”是常人之德,无不起于勉强也。“枸木必将待檃栝烝矫然后直,钝金必将待砻厉然后利。”师氏诏人强勉疾行,如地之德曰敏德,以为行本,不其然欤?“孝德”之“孝”当作“斈”,斈,放也,效也;斈德,即放效前人之德也。陈澧曰:“上古圣人,生而知之。至于后世,则众人必效圣人,后圣亦必效先圣,后王亦必效先王。服尧之服,诵尧之言,行尧之行,此众人之效圣人也;‘祖述尧舜,宪章文武’,此后圣之郊先圣也;殷因于夏礼,周因于殷礼,此后王之效先王也。”又引《颜氏家训》云:“夫所以读书学问,本欲开心明目,利于行耳。未知养亲者,欲其观古人之先意承颜,怡声下气,不惮劬劳,以致甘腝,惕然惭惧,起而行之也。未知事君者,欲其观古人之守职无侵,见危授命,不忘诚谏,以利社稷,恻然自念,思欲效之也。素骄奢者,欲其观古人之恭俭节用,卑以自牧,礼为教本,敬者身基,瞿然自失,敛容抑志也。素鄙吝者,欲其观古人之贵义轻财,少私寡欲,忌盈恶满,赒穷恤(遗)〔匮〕,赧然悔耻,积而能散也。素暴悍者,欲其观古人之小心黜己,齿弊舌存,含垢藏疾,尊贤容(家)〔众〕,苶然沮丧,若不胜衣也。素怯懦者,欲其观古人之达生委命,强毅正直,立言必信,求福不回,勃然奋厉,不可恐慑也。历兹以往,百行皆然。”《勉学篇》。是讲学、修德,无往而不恃放效。放效既多,则骄奢、鄙吝、暴悍、怯懦及不忠不孝之事靡不可反镜而知。故师氏曰“孝德以知逆恶”,而朱氏断之为人德也。

师氏三德,实诸德之总纲,其馀皆子目也。其在乡校则曰知、仁、圣、义、忠、和，在大学则曰中、和、祗、庸、孝、友。中、和、孝、友四目踵出，其特异者八目而已。智、仁之德，《春秋繁露》言之最详。其言曰："莫近于仁，莫急于智。不仁而有勇力材能，则狂而操利兵也；不智而辩慧狷给，则迷而乘良马也。故不仁不智而有材能，将以其材能以辅其邪狂之心，而赞其僻违之行，适足以大其非而甚其恶耳。其强足以覆过，其御足以犯诈，其慧足以惑愚，其辨足以饰非，其坚足以断辟，其严足以拒谏。此非无材能也，其施之不当而处之不义也。有否心者，不可藉便埶，其质愚者不与利器。《论》之所谓不知人也者，恐不知别此等也。仁而不智，则爱而不别也；智而不仁，则知而不为也。故仁者所爱人类也，智者所以除其害也。何谓仁？仁者，憯怛爱人，谨翕不争，好恶敦伦，无伤恶之心，无隐忌之志，无嫉妒之气，无感愁之欲，无险诐之事，无辟违之行。故其心舒，其志平，其气和，其欲节，其事易，其行道，故能平易和理而无争也。如此者谓之仁。何谓之智？先言而后当。凡人欲舍行为，皆以其智先规，而后为之。其规是者，其所为得，其所事当，其行遂，其名荣，其身故利而无患，福及子孙，德加万民，汤武是也。其规非者，其所为不得，其事不当，其行不遂，其名辱，害及其身，绝世无复，残类灭宗亡国是也。故曰莫急于智。"《必仁且智篇》。《淮南子》亦曰："凡人之性，莫贵于仁，莫急于智；仁以为质，智以行之。"师氏[①]"六德"，首"知"，以其急也；次"仁"，以其近且贵也。子贡谓"仁且知"为圣，是学圣者舍仁智莫先矣。

《礼别名记》曰："五人曰茂，十人曰选，百人曰俊，千人曰英，倍英曰贤，万人曰杰，万杰曰圣。"见《白虎通》及《礼》疏。圣者，人之嘉

---

① 据《周礼》，应为"司徒"。

名，而周以为德育之目，似待学者过高，不知“圣者，通也”，《洪范五行传》。“通于道之谓通”，《庄子·让王篇》。“惟君子为能通天下之志”，《易·系辞》。故学者之德，亦以通为贵。《淮南子》曰：“通于物者，不可惊以怪；喻于道者，不可动(为)〔以〕奇。”又曰：“诵《诗》《书》者，期于通道略物，而不期于《洪范》《商颂》。”又曰：“通士者，不必孔、墨之类。晓然意有所通于物，故作书以喻意。”均《修务训》。或通于道，或通于物，皆可谓之通，即皆可谓之圣。章学诚曰：“通人之名，不可以概拟也，有专门之精，有兼览之博。各有其不可易，易则不能为良，各有其不相谋，谋则不能为益。然通之为名，盖取譬于道路，四冲八达，无不可至，谓之通也。亦取其心之所识，虽有高下、偏全、大小、广狭之不同，而皆可以达于大道，故曰通也。然亦有不可四冲八达，不可达于大道，而亦不得不谓之通，是谓横通。”《文史通义》。然则学者之德虽不可四冲八达，不可达于大道，但能通于所习，亦不得谓之非圣也。伯夷圣之清，伊尹圣之任，柳下惠圣之和，孔子圣之时，夫圣，岂一端而已？要视其所挟以圣者若何。自后世隆圣之名不敢妄谥以圣，而圣之为德隐矣。

《说文》曰：“义者，己之威仪也。”《春秋繁露》曰：“义之为言我也……义之法在正我，不在正人。”《仁义法篇》。是义之为德，始于正己之威仪、容止。保氏教国子以“六仪，一曰祭祀之容，二曰宾客之容，三曰朝廷之容，四曰丧纪之容，五曰军旅之容，六曰车马之容”，疑即义之条目。古人正己之道，必先正其衣冠，尊其瞻视。其见于《礼》者，如“君子之容舒迟，见所尊者齐遬。足容重，手容恭，目容端，口容止，声容静，头容直，气容肃，立容德，色容庄”，《玉藻》。“坐如尸，立如斋”。《曲礼》。“凡祭，容貌颜色如见所祭者。丧容累累，色容颠颠，视容瞿瞿梅梅，言容茧茧。戎容暨暨，言容詻詻，色容厉肃，视容清明。立容辨，卑毋谄，头颈必中；山立，时行，盛气颠实扬休，玉色”《玉藻》。等语，皆所谓己之威仪也。贾子《新书》有《容经》，其言曰：“志有四兴：朝廷之志，渊然清以严；祭祀之志，谕然思以和；军旅之志，怫然愠然精以厉；丧纪之志，漻然濨然忧以湫。四志形中，四色发外，维如……志色之经也。容有四起：朝廷之容，师师然翼翼然整以敬；祭祀之容，遂遂然粥粥然敬以婉；军旅之容，湢然肃然固以猛；丧纪之容，怮然慑然若不还。容经（也）……若夫立而跂，坐而蹁，（体）〔礼〕怠懈，志骄傲，趍视数顾，容色不比，动静不以度，妄咳唾，疾言嗟，气不顺，皆禁也。”容仪为道德为表，以威仪为义，似失在心为德之旨，然贾子论容，必本为志，敬直内而义方外，其为德一也。《二程遗书》：“问：人之燕居，形体怠惰，心不慢者，可否？曰：安有箕踞而心不慢者！”是在心之德必表于外之证。古人之修德行道，始于动容周旋，自有精义入神之妙。《戴礼》及《容经》之言，犹得古代德育之馀绪。郑氏专以能断时宜释义，其谊隘矣。

忠和之“忠”，当作“中”。师氏所教，与“乐德”之“中和”同。周之教育量重“中和”，故大司徒教民之法屡以“中和”为言。十二教之四曰“以乐礼教和，则民不乖”；七曰“以刑教中，则民不虣”；其后又曰“以五礼防万民之伪而教之中，以六乐防万民之情而教之和”。又大宗伯之职“以天产作阴德，以中礼防之；以地产作阳德，以和乐防之。以礼乐合天地之化，百物之产”。是中和尤重于知、仁、圣、义也。《中庸》曰：“喜怒哀乐之未发谓之中，发而皆中节谓之和。中也者，天下之大本也；和也者，天下之达道也。致中和，天地位焉，万物育焉！”“中和”之德，盖礼乐之极功。后世儒者析“中和”之义，不本于礼乐，专以空虚寂静求之，惟董子释“中和”为得其解。《春秋繁露》曰："男女体其盛，臭味取其胜，居处就其和，劳佚居其中，寒暖无失适，饥饱无过平，欲恶度理，动静顺性(命)，喜怒止于中，忧惧反之正，此中和常在乎其身，谓之得天地泰。得天地泰者，其寿引而长；不得天地泰者，其寿伤而短。"《循天之道篇》。盖古代以礼乐防民情伪，即指饮食男女之欲而言。饮食、男女、居处、劳佚悉以礼乐节之，则得中和之道；否则不中、不和。故教中之法，即以吉、凶、军、宾、嘉之礼；教和之法，即以《云门》《咸池》《大韵》《大夏》《大濩》《大武》之乐。使如后世儒者寂然静坐，专求喜怒哀乐未发气象，则礼乐之用，复何所施？此今之言教育者所不可不知也。

大司乐六德有"祗庸"之目。郑注："祗，敬；庸，有常也。"金鹗曰："祗，古通振。《礼记·内则》'祗见孺子'，注云：'祗，敬也，或作振。'《书·皋陶谟》'日严祗敬六德'，《史记·夏本纪》作'振敬六德'，《粊誓》'祗复之'，《鲁世家》作'敬复之'，徐广曰：'敬，一作振。''振'与'震'通。《无逸》云'治民祗惧'，《鲁世家》作'震惧'；《盘庚》云'尔谓朕曷震动万民以迁'；蔡邕石经作'祗动万民'。"《求古录礼说》。是"祗"有震动恪恭之义。古代音乐能移人情，如晋平公使师旷奏清角，师旷"一奏之，有玄云从西北方起；再奏之，大风至，大雨随之，裂帷幕，破俎豆，隳廊瓦，坐者散走。平公恐惧，伏于廊室之间"。《韩非子》。是声之最高者能使人震动恐惧也。《中庸》曰："道也者，不可须臾离也，可离非道也。是故君子戒慎乎其所不睹，恐惧乎其所不闻。"大学学者未必尽人知戒慎恐惧之道，故司乐以乐振之，此所谓"乐德"也。"庸"之义，当训为用。《说文》："庸，用也，从用从庚，会意。庚，更事也。"更事而能致用，则谓之庸。古人之学音乐专为致用之学，故孔子曰："诵《诗》三百，授之以政,不达;使于四方,不能专对。虽多,亦奚以为?"诵诗而无用,故无取其多也。《庄子》曰:"庸也者,用也;用也者,通也;通也者,得也;适得而幾矣。"《齐物论》。凡经所谓庸德、庸言,皆当以此义释之。自后世不知庸德之义,于是道德与事功离,而庸人遂为世俗诟病无用之人之语矣。

师氏"三行",首"孝",次"友";地官"六行",先举"孝""友",而"孝""友"又在"乐德"之中,孝、友之行,固重于其他诸行也。古代以孝为本教,说详《本教篇》。"友者,有也。"《白虎通》。有,爱也。《左传》宋向戌谓华亥曰:"汝丧而宗室,于人何有?人亦于汝何有?"注:"言人不能爱汝也。"是其证。"友"之义为爱,故善于兄弟为友,尊事贤人、良人亦为友。古代教育重视友行,故《学记》曰:"七年视论学取友,谓之小成。"又曰:"独学无友,则孤陋而寡闻。燕朋逆其师……教之所由废也。"是学者不明友行,其学必不易成,而师长之教训转因以废。师氏之教友行,职此之故。且朋友之交,不独系学问、教育之兴废,即政治、礼俗,亦视其联属之情谊,而与为盛衰。故士相见之礼必有介以相通,有辞以相命,有贽以相将,有仪以相敬,而其进言、游目、侍坐之仪,靡不慎为之制,非若后世闾巷之徒、市井之鄙细,名姓未习,猝然成交,往来相逐,未几则疾如寇仇,为同类灾也。《王制》"七教",朋友居其一;"太宰……以九两系邦国之民……八曰友,以任得民";"司徒……以本俗六安万民……五曰联朋友",小民取友,亦劳君师卿士之经营,古人行谊所以笃厚肫诚,迈越后世者,其以此欤!郑注:"同师曰朋,同志曰友。"《白虎通》引《礼记》曰:"同门曰朋,同志曰友。"是友行为施之学校以外之同志者而言,非仅教之友爱同门也。《士相见礼》:"凡侍坐于君子。"注:"君子谓卿大夫及国中贤者也。"古之学校生徒,可以友行事卿大夫及国中贤者,如孔子教子贡,"居是邦也,事其大夫之贤者,友其士之仁者",即所以为仁。故曰:"友行以事贤良。"司徒"六行",五曰"任",注谓:"任,信于友道。"盖据太宰:"友,以任得民"为言。交友之道,事之章礼,尤必结之以信,故司徒特著之。

三行之末"曰顺行,以事师长"。盖古代学者常有逆师废学之事,故必教以逊顺之行,使之敬事师长。《吕氏春秋·尊师篇》曰:"凡学,必务进业,心则无营。疾讽诵,谨司闻。观欢愉,问书意,顺耳目,不逆志,退思虑,求所谓,时辨说,以论道,不苟辩,必中法。得之无矜,失之无惭,必反其本。生则谨养,谨养之道,养心为贵;死则敬祭,敬祭之术,时节为务。此所以尊师也。治唐圃,疾灌浸,务种树;织葩屦,结罝网,捆蒲苇;之田野,力耕耘,事五谷;如山林,入川泽,取鱼鳖,求鸟兽。此所以尊师也。视舆马,慎驾御;适衣服,务轻暖;临饮食,必蠲洁;善调和,务甘肥;必恭敬,和颜色,审辞令;疾趋翔,必严肃。此所以尊师也。君子之学也,说义必称师以论道,听从必尽力以光明。听从不尽力,命之曰背;说义不称师,命之曰叛。背叛之人,贤主弗内之于朝,君子不与交友。"《周官》所谓"顺行",殆即若此。至如《曲礼》所谓"年长以倍,则父事之;十年以长,则兄事之;五年以长,则肩随之。群居五人,则长者必异席"。"谋于长者,必操几杖以从之。长者问,不辞让而对,非礼也",及"侍坐于长者,屦不上于堂,解屦不敢当阶。就屦,跪而举之,屏于侧。乡长者而屦,跪而迁屦,俯而纳屦","长者赐,少者、贱者不敢辞"等语,皆事长之行也。后世学者气傲心浮,狠戾轻薄,自是凌人,不肯屈下,顺之则喜,逆之则怒,为师长者舍槚楚收威,不能收化导转移之效,盖师氏之教失传久耳。

司徒六行之三曰"睦",注谓:"睦亲于九族。"亲睦九族,即《记》所谓"亲亲以三为五,以五为九"也。《丧服小记》。睦亲之法,大抵以宗法、丧服及祭葬之礼明之。古者子各私其父,为宫室,环宗子而居,“有东宫,有西宫,有南宫,有北宫,异居而同财,有馀则归之宗,不足则资之宗”。《丧服传》。“适子、庶子祇事宗子、宗妇,虽贵富,不敢以贵富入宗子之家;虽众车徒,舍于外,以寡约入。子弟犹归器,衣服、裘衾、车马,则必献其上,而后敢服用其次也。若非所献,则不敢以入于宗子之门,不敢以贵富加于父兄宗族。”《内则》。财产、衣服、裘衾、车马共之宗室,此所以为睦也。丧服之制,至亲以期断,由父亲祖,由子亲孙,皆大功;由祖亲曾祖、高祖,故曾祖小功,高祖缌;由孙亲曾孙、元孙,故曾孙小功,元孙缌。祖之族服皆如祖,曾之族服皆如曾,高之族服皆如高,子孙各以其服降。九族之亲疏远迩,一以丧服别之。或加或杀,要不外乎本制,亦所以为睦也。至于“支子不祭,祭必告于宗子”,《曲礼》。富者“具二牲,献其贤者于宗子,夫妇皆齐而宗敬焉,终事而后敢私祭”,《内则》。“宗室有事,族人皆侍终日,大宗已侍于宾奠,然后燕私”,《尚书大传》。则观于祭而知睦亲之道矣。“大司徒……以本俗六安万民……二曰族坟墓”;“冢人掌公墓之地,辨其兆域而为之图。先王之葬居中,以昭、穆为左右。凡诸侯居左、右以前,卿大夫士居后,各以其族”;“墓大夫掌凡邦墓之地域,为之图。令国民族葬,而掌其禁令。正其位,掌其度数,使皆有私地域”,则观于葬而知睦亲之道矣。外此如饮食、燕飨之礼,冠取、赴告之法,所以明敬宗支族之谊,而使人油然生其亲爱之心者,殆不可胜数。学校教科示之仪等,辨其节文,则生徒之制行有不睦于宗族者鲜矣。自宗法废,而以族得民之意泯,同族之人旷若陌路,学校师长虽日诏以睦亲之道,亦靡所依据以启其情,而况于不教乎!

六行之四曰“姻”,注谓:“亲于外亲。”古代九族之名,本有二说。《戴礼》《尚书》欧阳说九族乃异姓有亲属者。父族四:五属之内一族，父女昆弟适人者与其子为一族，己女昆弟适人者与其子为一族，己之子适人者与其子为一族。母族三：母之父姓为一族，母之母姓为一族，母女昆弟适人者为一族。妻族二：妻之父姓为一族，妻之母姓为一族。外亲既属九族，则其亲之必有道矣。“大宗伯……以脤膰之礼亲兄弟之国，以贺庆之礼亲异姓之国。”王者之视昏姻、甥舅，故亦与同姓之好无殊，则编户齐民，春秋伏腊，姻娅往来，亦宜著之礼教。今以丧服证之，姑之子，外甥、外孙，舅与舅之子，从母之子，妻之父母，皆缌麻；外祖父母，从母，皆小功。父族、母族、妻族，各以“恩爱相流凑”，“生相亲爱，死相哀痛”。《白虎通》文。师氏所教，度即本此义而推演之，学者知所以制行，则亲者无失其为亲矣。

六行之五曰“任”，注谓：“信于友道。”《史记·季布栾布传》：“为气任侠”，孟康曰“信交道曰任”，是信为任之本训。《论语》曰：“信则人任焉。”任之引申义为任事，为责任。古代所谓任行，疑亦兼此二义。《大戴礼》曰：“九用有征，乃任七属：一曰国则任贵，二曰乡则任贞，三曰官则任长，四曰学则任师，五曰族则任宗，六曰家则任主，七曰先则任贤。”《文王官人篇》。全国上下皆有责任，任之者亦必信义昭著，堪肩厥任。此经国之大法，亦即教民之要义也。孟子曰：“伊尹曰：‘……天之生斯民也，使先知觉后知，使先觉觉后觉。予，天民之先觉者也，予将以此道觉此民也。’思天下之民匹夫匹妇有不与被尧舜之泽者，如己推而内之沟中，其自任以天下之重也。”伊尹，圣之任者也。学者求学，以能担荷天下事为主，仅以秦汉后乡里豪杰任侠作奸释周家之教法，其义为不广矣。范蔚宗论史以为，“桓、灵之间，君道秕辟，朝纲日陵，国隙屡启。自中智以下，靡不审其崩离；而权强之臣，息其窥盗之谋，豪俊之夫，屈于鄙生之议”，所以倾而未颓，决而未溃,皆仁人君子心力之学,可见学者责任之重。

古代井田之法,八家同井,“出入相友,守望相助,疾病相扶持”。故人之行谊,有以恤著者。《管子·问篇》:“问乡之良家,其所牧养者几何人矣?”“问宗子之收昆弟者,以贫从昆弟者几何家?”“问邑之贫人,债而食者几何家?”“贫士之受责于大夫者几何人?”“问人之贷粟米有别券者几何家?问国之伏利,其可应人之急者几何所?”是古人之贫窭困穷者,或仰国之伏利,以应其急,或书券而贷粟,或举责出息以食,或就养于宗子及其乡之良家。而凡恤其急者,皆国家所嘉许,由学校教育而成其高行也。《齐策》赵威后问齐使曰:“齐有处士曰钟离子,无恙乎?是其为人也,有粮者亦食,无粮者亦食;有衣者亦衣,无衣者亦衣。是助王养其民者也,何以至今不业也?叶阳子无恙乎?是其为人,哀鳏寡,恤孤独,振困穷,补不足。是助王息其民者也,何以至今不业也?”战国之时,不独鳏寡孤独、困穷不足者仰给于人,有衣有食者,亦待人之养恤,则恤之者为无谓矣。周官教恤,必有条目可循,如旅师用粟春颁秋敛之法,惜其文不具耳。

国子之教但列科目,而无纠劝之文;司徒之教,则以刑继之,其纠万民之刑有八:“一曰不孝之刑,二曰不睦之刑,三曰不姻之刑,四曰不弟之刑,五曰不任之刑,六曰不恤之刑,七曰造言之刑,八曰乱民之刑……凡万民之不服教而有狱讼者,与有地治者,听而断之。其附于刑者,归于士。”则其振民育德,初不止于训诲告戒之用矣。大司寇“五刑”,“三曰乡刑,上德纠孝”。《书·康诰》曰:“元恶大憝,矧惟不孝不友。子弗祗服厥父事,大伤厥考心;于父不能字厥子,乃疾厥子;于弟弗念天显,乃弗克恭厥兄;兄亦不念鞠子哀,大不友于弟。惟吊兹,不于我政人得罪,天惟与我民彝大泯乱。

曰:乃其速由文王作罚,刑兹无赦。”是乡刑之惩不孝不友者,自文王时已有之。周之以政刑辅教育,以明人伦而厚风俗,岂一朝一夕之故哉!

德育最重身教

《礼经》言德育,有言教、身教二法。乡校、国学三德、六德诸科,皆言教也;天子、太子、公卿、大夫养老、释奠、飨射、饮酒于学校,则身教也。后汉第五伦曰:“以身教者从,以言教者讼。”盖道德之学最重躬行心得,非可专恃语言、文字为功。故《记》曰:“德也者,得于身也……古之学术道者,将以得身也。”然躬行君子,圣人犹以为未得,而以之责备初学,则所谓使人不由其诚也。古先哲王教民育物,必先自昭明德,示之模范,使为学者耳濡目染,殷然自动于中,而非僻之心自无由入。其言教诸科,特以辅身教之所未备,为学者讲贯习复之资,非谓人之道德可以呻其占毕而得也。自古礼湮沦,学校衰歇,塾师教授专恃文言、道德、仁义诸名,仅足以供作文之藻饰;甚者目为迂阔,群相谯让,而莫以为非,则古人身教之法荡然无存之故耳。今之学校虽亦有修身、伦理二科,然教者视同饩羊,听者如闻古乐;讲授之时既少,身教之义蔑闻,模不模,范不范,恶足以言德育哉?今使《礼经》教民之法,著于篇,以明古代道德之所由盛云。

《祭义》曰:“祀乎明堂,所以教诸侯之孝也;食三老五更于太学,所以教诸侯之弟也;祀先贤于西学,所以教诸侯之德也;耕藉,所以教诸侯之养也；朝觐，所以教之诸侯之臣也。五者，天下之大教也。”《大戴礼》：“孔子曰：‘昔者明主内修七教，外行三至’……曾子问：‘敢问何谓七教？’孔子曰：‘上敬老则下益孝，上顺齿则下益悌，上乐施则下益谅，上亲贤则下择友，上好德则下不隐，上恶贪则下耻争，上强果则下廉耻。民皆有别，则贞、则正，亦不劳矣。此谓七教。七教者，治民之本也。教定(则本)〔是〕正矣。上者，民之表也，表正则何物不正？是故君先立于仁，则大夫忠而士信，民敦，工璞，商悫，女憧，妇空空，七者教之志也。’”圣王之于诸侯、大夫、士、民、工、商、妇、女，无往而不以身教，奚独教学校之学者为然哉？五教、七教，教之广义也；言教之广义，则圣王之政事莫非教矣。故言身教，当以施之学校者为断。

学校之教莫重于养老。“有虞氏养国老于上庠，养庶老于下庠；夏后氏养国老于东序，养庶老于西序；殷人养国老于右学，养庶老于左学；周人养国老于东胶，养庶老于虞庠。”《王制》。养老固四代之通礼也。然养老之礼，“有虞氏以燕礼，夏后氏以飨礼，殷人以食礼，周人修而兼用之”，则养老之法，莫备于周矣。学校所养之老，凡四种：一、三老五更；二、子孙为国难而死者；三、致仕之老；四、庶人之老。《礼》疏引皇侃说。三老五更，养于太学。死政之老，五十养于乡，六十养于国，七十养于学。黄以周曰：“乡，乡学；国，国学，王宫南之小学也。”致仕之老，大夫以上从国老之法，养于东胶；士从庶老之法，养于虞庠。亦皇氏说。庶人之老，引户校年，择其贤者而养之。郑氏说。养老之财，取诸门关之委积。《周官》：“遗人……门关之委积，以养老孤。”“司门……几出入不物者，正其货贿。凡财物犯禁者举之，以其财养死政之老与其孤。”古代学校无经费，疑即以养老之费充之。而春秋飨食之礼，则天子自馈之焉。

《大戴礼·保傅篇》曰:“天子……春秋入学,坐国老,执酱而亲馈之,所以明有孝也。”案:周制,仲春养老用飨礼,以饮为主,所以养阳气也;仲秋养老用食礼,以食为主,所以养阴气也。仲春上丁,大乐正习舞、释菜,天子帅三公、九卿、诸侯、大夫亲往视之。大昕鼓征,以警众。众至,然后天子至。天子居辟雍,命有司行事,兴秩节,祭先师、先圣于瞽宗。有司卒事,反命,天子乃适东序,释奠于先老。遂设三老、五更、群老之席位,老、更在牖前南面,群老继而西。适馔省醴,养老之珍具,天子乃迎老、更入门,奏乐。入门之后,揖让升,拜洗、拜送爵,三老受爵,卒饮而乐止。三老酢于天子,乐又作,天子卒爵,乐止。天子酬三老毕,三老乃降立西阶下,当序东面。天子以次献五更暨群老,毕,皆升就席,登工于西阶上,歌《清庙》以乐之,歌备而旅。小乐正诏天子乞言于三老、五更,三老、五更为说父子、君臣、长幼之道。大司乐授篇数,然后下管象,舞《大武》,大合乐。迨有司告乐阕,王乃命公、侯、伯、子、男及群吏反养老于东序。罗氏罗春鸟,献鸠,以助生气焉。养老之礼,经文不具,节万、黄二氏说补之。“仲秋之月……养衰老,授几杖,行糜粥饮食。”天子“食三老、五更于太学,袒而割牲,执酱而馈,执爵而酳,冕而总干”,亲在舞位,其礼尤隆于春。夫以万乘之尊,降而就弟子之列,爱敬行礼,竭忠致恭,岂独以老者令言多而更历众?必终始典学,以广其传哉!孝悌之德,通于神明,而颛民恒以其近而忽之。故古之王者以养老示孝悌之范,一举事而众皆知其德之备,然后观感兴起,遑敢自外于彝伦?此天子之身教也。

养老之礼,一岁再举,以化民德,犹惧其疏,故天子身教之外,世子亦以身教焉。《祭义》曰:“天子设四学,当入学而太子齿。”《文王世子》曰:“行一物而三善皆得者,唯世子而已,其齿于学之谓也。故世子齿于学，国人观之曰：‘将君我，而与我齿让，何也？’曰：‘有父在则礼然。’然而众知父子之道矣。其二曰：‘将君我，而与我齿让，何也？’曰：‘有君在则礼然。’然而众著于君臣之义也。其三曰：‘将君我，而与我齿让，何也？’曰：‘长长也。’然而众知长幼之节矣。故父在斯为子，君在斯谓之臣；居子与臣之节，所以尊君亲亲也。故学之为父子焉，学之为君臣焉，学之为长幼焉。父子、君臣、长幼之道得，而国治。”古之太子，幼则受门闱之教，长则旦入东学，昼入南学，莫入西学，夕入大学，一日之间遍历四学，而父子、君臣、长幼之道无在不可为同学之模范，是亦可谓为身教也。古者乡里有齿，老穷不遗，强不犯弱，众不暴寡，推其由来，始自大学，则学校之齿让亦重矣哉！宋范文正守苏州，建郡学，延胡安定为师。安定立学规甚严，生徒数百多不率教，文正患之。其子纯祐年甫弱冠，自请入学，居诸生之末，尽行其规，于是诸生咸乐从焉。古之太子、世子入学躬行齿让，亦此意也。

虽然，周之尚齿不自大学始也。学者未入大学之先，卿大夫、士已以身教之。《记》曰：“乡饮酒之礼，六十者坐，五十者立侍，以听政役，所以明尊长也；六十者三豆，七十者四豆，八十者五豆，九十者六豆，所以明养老也。民知尊长养老，而后乃能入孝弟；民入孝弟，出尊长养老，而后成教；成教，而后国可安也。君子之所谓孝者，非家至而日见之也，合诸乡射，教之乡饮酒之礼，而孝弟之行立矣。”是乡党学校教孝之法，即寓于习射、饮酒之中，不但恃口耳之学也。然乡饮酒之礼，犹不止教民尊长养老一端。乡大夫“拜迎宾于庠门之外，入三揖而后至阶，三让而后升，所以致尊让也；盥、洗、扬觯，所以致洁也；拜至、拜洗、拜受、拜送、拜既，所以致敬也。尊让、洁、敬也者，君子之所以相接也。君子尊让则不争，洁敬则不慢；不慢不争，则远于斗辨矣；不斗辨，则无暴乱之祸矣。斯君子所以免于人祸也”。君子尊长养老,而能免于人祸,则德之有益于接人处世者也。乡大夫、乡先生以尊长养老示乡人子弟,乡人子弟即晓然于接人处世之方,其教无形而效自著。今人动谓古代礼法繁缛无用,岂知言哉?

古代学校德育之重身教固矣,即家庭之教,亦有身教之义存焉。《学记》曰:“良冶之子,必学为裘;良弓之子,必学为箕。始驾马者反之,车在马前。”皆以明子弟之学必视父兄之所行也。《说苑》曰:“君正则百姓治,父母正则子孙孝慈。是以孔子家儿不知骂,曾子家儿不知(怒)〔路〕,所以然者,生而善教也。”曾子曰:“君子之于子也,爱而勿面也,使而勿貌也,导之以道而勿强也。宫中雍雍,外焉肃肃,兄弟憘憘,朋友切切。远者以貌,近者以情。友以立其所能,而远其所不能。苟无失其所守,亦可与终身矣。”此古人以身教子之法也。周末学校衰,而家庭之教亦废,故《孟子》称公孙丑问孟子曰:“‘君子之不教子,何也?’孟子曰:‘势不行也。教者必以正,以正不行,继之以怒;继之以怒,则反夷矣。夫子教我以正,夫子未出于正也,则是父子相夷也;父子相夷,则恶矣。’”疑其说非古代圣王之道。父欲教子,而身不行道;第以不亲,教子掩其恶,此岂父子之伦所宜有哉?

家庭之教子效父行固矣,弟子之于师亦然。教弟子以正,而师未出于正,其教之不行可决言也。《吕氏春秋》曰:“不能教者,志气不和,取舍数变……言谈日易,以恣自行;失之在己,不肯自非;愎过自用,不可证移……此学者之所悲也……善教者则不然,视徒如己,反己以教,则得教之情也。所加于人,必可行于己,若此则师徒同体。人之情,爱同于己者,誉同于己者,助同于己者,学业之章明也,道术之大行也,从此生矣。”《诬徒篇》。师徒同体,教育始有功效,可见《吕氏》所言,当即古代教人为师之语。战国时,为师者不能自勉,大抵恣行愎过,故孟子有“人之患在好为人师”之叹也。

《论语》“子之燕居”“子温而厉”数章及《乡党》一篇,皆孔子以身教人之法。《新序》:“孔子在州里,笃行孝道。居于阙党,阙党之子弟畋渔分有,亲者得多,孝以化之也。是以七十二子自远方至,服从其德。”是孔子以身教人之证。贾谊《容经》:“子赣由其家来,谒于孔子。孔子正颜,举杖磬折而立,曰:‘子之大亲毋乃不宁乎?’放杖而立,曰:‘子之兄弟亦得无恙乎?’曳杖倍下行,曰:‘妻子家中得无病乎?’故身之倨佝,手之高下,颜色声气,各有宜称。所以明尊卑,别疏戚也。”孔子与门弟子一语一言,无不以身示教,此其所以为大圣欤!

《说苑》:“公明宣学于曾子,三年不读书。曾子曰:‘宣而居参之门,三年不学,何也?’公明宣曰:‘安敢不学?宣见夫子居宫庭,亲在,叱咤之声未尝至于牛马,宣说之,学而未能;宣见夫子之应宾客,恭俭而不懈惰,宣说之,学而未能;宣见夫子之居朝廷,严临下而不毁伤,宣说之,学而未能。宣说此三者,学而未能,宣安敢不学而居夫子之门乎?’曾子避席谢之曰:‘参不及宣,其学而已。’”《反质篇》。古者弟子之于师,亦知专学其躬行,而不求之于书策,后世学者恶从知此义哉?孝弟礼让之道,可以言教,可以身教。至于至道,则如上天之载,无声无臭,尤不可以言语举止形容之。故周代学校之外,别有所谓“不言之教”。老子曰:“圣人处无为之事,行不言之教。”《管子》曰:“必知不言之言、无为之事,然后知道之纪。”又曰:“不言之言,闻于雷鼓。”又曰:“大道可安而不可说。”均见《心术篇》。又曰:“上圣之人,口无虚习也,手无虚指也,物至而命之耳。发于名声,凝于体色,此其可谕者也。不发于名声,不凝于体色,此其不可喻者也。及至于至者,教存可也,教亡可也。"《白心篇》。上圣之德,不发于名声,不凝于体色,即老子所谓"无为之事""不言之教"。然以教为名,犹落迹象,故《管子》曰:"教存可也,教亡可也。"教之存亡,不足以为至道增损,其言道德蔑以加矣!《论语》:"子曰:'予欲无言。'子贡曰:'子如不言,则小子何述焉?'子曰:'天何言哉?四时行焉,百物生焉,天何言哉?'"孔子之欲无言,即欲行不言之教,而子贡虑其无可述,盖于至道未之能悟也。

成　人

英人之恒言曰:各国之学校,可以教若干之博士、学士;吾英之学校,只能教人成人而已。教人成人,语有所本。西俗自罗马时即有"人格"与"非人格"及"未及人格""超出人格"之四语。人必具有高尚之知识及道德,始合人格,否则非人格。幼稚之时,智能未足,不得谓之合人格,亦不得谓之非人格,故曰未及人格。神祇之类,智能不可测度,故曰超出人格。教育之事,以使全国之非人格者及未及人格者皆合于人格为贵。英人自诩其学校之能成人,盖教育之最完善者也。

吾国古代之教育以尽人之性为主,与欧人之求合人格无异。故圣贤示教,亦以成人为主。《说苑》:"颜渊问于仲尼曰:'成人之行何若?'子曰:'成人之行,达乎情性之理,通乎物类之变,知幽明之故,睹游气之源,若此而可谓成人。既知天道,行躬以仁义,饬身以礼乐。夫仁义礼乐,成人之行也。穷神知化,德之盛也。'"《辨物篇》。欧人称人格之定义,以有高尚之知识及道德为合格。孔子所谓“达乎情性之理,通乎物类之变,知幽明之故,睹游气之源”,即所谓有高尚之知识也;“行躬以仁义,饬身以礼乐”,即所谓有高尚之道德也。人之成否视此二者为断,固中西之所同矣!

吾国所谓成人,亦有二义,有以年论者,有以学论者。《冠义》曰:“已冠而字之,成人之道也。见于母,母拜之;见于兄弟,兄弟拜之,成人而与为礼也。玄冠玄端,奠挚于君,遂以挚见于乡大夫、乡先生,以成人见也。成人之者,将责成人礼焉也;责成人礼焉者,将责为人子、为人弟、为人臣、为人少者之礼行焉;将责四者之行于人,其礼可不重与。故孝弟忠顺之行立,而后可以为人;可以为人,而后可以治人也。”此以年论之成人也。《说苑》曰:“冠者,所以别成人也。修德束躬,以自申饬,所以检其邪心,守其正意也。君子始冠必祝。成礼加冠,以厉其心。故君子成人必冠带以行事,弃幼少嬉戏惰慢之心,而衎衎于进德修业之志。是故服不成象,而内心不变。内心修德,外被礼文,所以成显令之名也。是故皮弁素积,百王不易,既以修德,又以正容。孔子曰:‘正其衣冠,尊其瞻视,俨然人望而畏之,不亦威而不猛乎?’”《修文篇》。未冠之人,志趣稚免,未能及于人格,故国家及乡党亲族均不以成人待之。至于二十,则体质渐完,智能日富,可以敦行孝弟,为成人之所为,故必加以元服,使远幼志。外貌既殊,内心亦变,此所以教通常之人,而予以同一之凭证者也。

至以学论之成人,则必至大学而后可定。《学记》曰:“七年视论学取友,谓之小成。九年知类通达,强立而不反,谓之大成。”小成、大成,皆在二十入大学以后之事,盖学问之成,视年龄、体质之成为尤难也。“语曰:乐正司业,父师司成。”典学之官,名曰大司成，言大学之教非徒授教请业为文字之学已也，必使其人知类通达，强立不反，然后为尽所司之职。设官定名，洵不苟矣。

成人之法，必以礼乐。孔子曰："兴于《诗》，立于礼，成于乐。"立，即强立之义；成，即成人也。《礼器》曰："礼也者，犹体也，体不备，君子谓之不成人。体不备，即未冠之人，故谓之不成人。设之不当，犹不备也。"又曰："礼释回，增美质，措则正，施则行。其在人也，如竹箭之有筠也，如松柏之有心也。"《左传》子太叔曰："礼，上下之纪，天地之经纬也，民之所以生也，是以先王尚之。故人之能自曲直以赴礼者，谓之成人。"《昭公二十五年》。古人"二十……始学礼"，《内则》。能赴礼者，始谓之成人，则既冠之人虽符成人之例，苟未能深自检饬，增美释回，则亦与不成人无异，此成人必由学礼之证。《乐记》曰："德成而上，艺成而下。"大司乐教国子以"乐德"，故德成者为上；小学、乡学以乐为"六艺"之一，故艺成为下。德成于大学者，必已艺成于小学、乡学，此成人必由学乐之证也。《论语》："子路问成人，子曰：'若臧武仲之知，公绰之不欲，卞庄子之勇，冉求之艺，文之以礼乐，亦可以为成人矣！'"以一人而兼知、不欲、勇、艺四长，犹不得为成人，必也文以礼乐，始当其选，成人不綦难哉！

"成人"二字，其来甚古。《盘庚》曰："汝无老侮成人。"今本作"侮老"，据唐石经改。康诰曰："汝丕远惟商耉成人，宅心知训。"是"成人"二字为殷人相传之语也。"耉成人"，即老成人。《大雅》曰："文王曰咨，咨女殷商。匪上帝不时，殷不用旧。虽无老成人，尚有典刑。"耉老之人，其人格完具皆在早年，至于暮齿，学识愈深，经历愈广，才智愈伟，道德愈高，非惟可以成己，且可以其德成人，故为国者宜亲其人而用其法。侮而弃之，此殷、周之所以乱也。《荡》笺谓"老成人""若伊尹""伊陟、臣扈之属"，由此言之，殷之名臣、硕辅、魁庞、耆艾,勋绩赫然,后世称之亦不过曰成人,使学校之士皆能成人,其所成就不亦伟哉!

《论语》:“达巷党人曰:‘大哉孔子!博学而无所成名。’”孟子曰:“孔子之谓集大成。集大成也者,金声而玉振之也。”古之学者,由二十而博学不教,至三十而博学无方,十年之中有小成、大成二阶级。而孔子则不止于寻常之小成、大成,故党人曰“博学而无所成名”,孟子始毅然定之曰“集大成”。孔子之所成就视当时之成人,盖相去不可以道里计矣!孔子曰:“今之成人者……见利思义,见危授命,久要不忘平生之言,亦可以为成人矣。”当时所谓成人不过尔尔,故达巷党人不能以此名被之也。然孔子之学虽曰“出乎其类,拔乎其萃”,为生民以来所未有,要亦不过自尽其性,完足人之分量,非有神妙不测之事,若欧人超出人格之说,故曰:圣人亦人也。

宋元以来,儒家之言反复论辩,亦止于教人成人而已。陈白沙曰:“人具七尺之躯,除了此心此理便无可贵,浑是一包脓血裹一大块骨头。饥能食,渴能饮,能著衣服,能行淫欲。贫贱而思富贵,富贵而贪权势,忿而争,忧而悲,穷则滥,乐则淫。凡百所为,一信气血,老死而后已,则命之曰禽兽可也。”人与禽兽所争,只在幾微。然即此幾微之间,有终身争之而不能得者。今之学者其亦知所畏哉!

智　育

《诗》毛传曰:“建邦能命龟,田能施命,作器能铭,使能造命,升高能赋，师旅能誓，山川能说，丧纪能诔，祭祀能语。君子能此九者，可谓有德音，可以为大夫。”古之仕者，不但道德纯固，有以异于庸众，即衡其智能才艺，亦必各有专长，推其致此之由，则由学校教育使然。《周官》：“太宰……以八统诏王……四曰使能。”“司徒……施十有二教……十曰以世事教能，则民不失职……颁职事十有二于邦国……十曰学艺，十有一曰世事。”注：“学艺谓学道艺，世事谓以世事教能。”盖周代学校所教之人，无不期于实用，高者能知道艺，下者能知世事。设教之初，即预为异日使之任职之地，此其教之所以善也。启瀹智能之科目，近世谓之智育。今以周制证之，以明智育与体育、德育并重之道焉！

普通教育之科目，专以启人之知识者莫重于书算。吾国古代学者亦以书算为一切学术之根柢。《内则》曰：“六年，教之数与方名……九年，教之数日，十年……居宿于外，学书记。”《汉书》曰：“馀子……八岁入小学，学六甲、五方书计之事。”《食货志》。周寿昌谓其与《内则》之言相表里。《礼》言“九年，教之数日”，郑注：“朔望与六甲也”，犹言学数干支也。“六年，教之数与方名”，郑注：“方名，东西”，即所云“五方”也，以东、西该南、北、中也。“十年出就外傅，居宿于外，学书记”，即书计也。书，文字，计筹算也。六书、九教，皆古人小学所有事也。《汉书注校补》。邹汉勋[①]谓《内则》“十年出就外傅……学书记”，《白虎通义》“八岁毁齿……入学学书计”，与《记》不同者，盖自八岁至十岁皆可入小学也。不八岁则识未开，过十岁则已迟。所学者书谓六书，古之六书今无其书，周宣王时有

① 邹汉勋（1805—1854），字叔绩，湖南新化人。咸丰元年（1851）举人。咸丰三年从江忠淑赴援南昌，叙知县。后迁直隶州同知。杰出的舆地学家，中国近代舆地学奠基人。著《读书偶识》等。

《史篇》，今佚。汉代有《说文解字》，凡文字九千馀，古六书之数不是过。学童日学十字，辨其形，考其声，解说其谊训，三年可毕。计有九数，中之减并乘除，用以计物数多少者。若九数之全，非十二岁童子所能骤通，当俟之十三至二十也。《读书偶识》。案：邹说甚是。《内则》所谓学计，不过算术之初步；即学书之时，亦不过粗识形声，略知谊训，六书之奥，未必能了解也。

《周官》：保氏教国子以六艺，"五曰六书，六曰九数"，司徒"以乡三物教万民"，"三曰六艺"，亦有书、数，是书、数为乡校及王宫小学所同有。凡卒业于家塾、党庠者，复习之于学校也。古代之书，最初曰文，继则曰字。《说文》曰："仓颉之初作书，盖依类象形，故谓之文。其后形声相益，即谓之字……字者，言孳乳而浸多也。著于竹帛谓之书，书者，如也。"是文、字、书三名固有时代先后矣。周人之教学者，不曰文字，而曰书，取其著竹帛而易识也。六书之目，说者多殊。郑司农曰："六书，象形、会意、转注、处事、假借、谐声也。"《汉书·艺文志》曰："六书，谓象形、象事、象意、象声、转注、假借，造字之本也。"《说文·序》曰："保氏教国子，先以六书：一曰指事，指事者，视而可识，察而见意，'上''下'是也；二曰象形，象形者，画成其物，随体诘诎，'日''月'是也；三曰形声，形声者，以事为名，取譬相成，'江''河'是也；四曰会意，会意者，比类合谊，以见指㧑，'武''信'是也；五曰转注，转注者，建类一首，同意相受，'考''老'是也；六曰假借，假借者，本无其字，依声托事，'令''长'是也。"黄以周谓《班志》本于刘歆《七略》，与古圣造字之次第最合。《礼书通故》。教授初学，宜从造字之本，示以途径，然后视而可识，察而见意，则谓周代教授六书之次第不尽如先郑所说可也。

郑司农曰："九数：方田、粟米、差分、少广、商功、均输、方程、赢不足、旁要，今有重差、夕桀、句股也。”旁要以上，盖周之九数；重差、夕桀、句股，则汉时之法。《隋书·律历》云：“一曰方田，以御田畴界域；二曰粟米，以御交质变易；三曰衰分，以御贵贱廪税；四曰少广，以御积幂方圆；五曰商功，以御功程积实；六曰均输，以御远近劳费；七曰盈朒，以御隐杂互见；八曰方程，以御错糅正负；九曰句股，以御高深广远。”其目与《九章算术》同，而旁要及重差、夕桀之法均不著。孔广森[①]云：“旁要，即今三角法也。凡三角必有三边，其两斜边谓之大腰、小腰，要，即腰字；其直边今谓之底，古谓之旁，盖立观之则为旁，偃观之则为底，犹古句股本立形，西法偃之号为直角也。”张文虎[②]云：“今……本《九章算术》缺旁要，惟杨辉[③]《九章算法详解·句股容方第一问》引句股旁要法。夕桀则惟秦九韶[④]《数书九章》第四篇《望敌圆营术》有其名，云‘以句股求之，夕桀入之，即句股容圆术也’。重差者，重叠测望而知其差也。刘徽《海岛算经序》[⑤]云：‘度高者重表，测深者累矩，孤离者三望，离而又旁求者四望，此即所谓重差也’……疑重差、夕桀，古人本以旁要

① 孔广森（1753—1787），字众仲，一字㧑约，号㢡轩，山东曲阜人。乾隆三十六年（1771）进士，改翰林院庶吉士，散馆，授检讨。著有《㢡轩孔氏所著书》《勾股难题》一卷等。《清史稿》有传。

② 张文虎（1808—1885），字孟彪，又字啸山，自号天目山樵，江苏南汇人。贡生。嗜古博览，于名物、训诂、六书、音韵、乐律、中西算术皆研究深造，尤深校勘之学。著有《舒艺室随笔》六卷等。

③ 杨辉是南宋著名数学家和数学教育家，著有《九章算法》《详解九章算法》《日用算法》等五种二十一卷书。与李冶、秦九韶、朱世杰并称宋元数学四大家。

④ 秦九韶（约1202—1261），字道吉，四川安岳人，宋绍定四年（1231）进士，先后在鄂皖苏浙粤等地做官。1247年著《数书九章》，共十八卷，八十一题，分九大类（大衍、天时、田域、测望、赋役、钱谷、营建、军旅、市易）。

⑤ 三国魏景元四年（263）刘徽撰，本为《九章算术注》之第十卷，题为《重差》。后来此卷单行，因第一题是测量海岛的高和远而得名。

该之,其实此三者皆不离于句股,后人强为之分析耳。"《舒艺室随笔》。古之九数虽不能尽数之理,然致用之术已极详备,童而习之,其用广矣!

六书之学,所以为读书诵经之阶。大学之教,"一年视离经辨志",郑注:"离经,断句绝也。"是古人读经亦有不能离断句读者,推其原,则古今文字代变之故。《大戴记》曰:"《尔雅》以观于古,足以辨言矣!"《小辨篇》。《汉书》曰:"书者,古之号令,号令于众,其言不立具,则听受施行者弗晓。古文读应《尔雅》,故解古今语而可知也。"《艺文志》。今人第知秦汉以后之经有古、今文之殊,不知古代三皇五帝之书亦有古、今语之判,故孔子曰:"《尔雅》以观于古",明周代学者亦必深通雅故,始能解释古经也。"离经辨志",而后加讽诵之功。"大司乐……以乐语教国子,兴、道、讽、诵、言、语",郑注:"倍文曰讽,以声节之曰诵。"《荀子》曰:"学恶乎始?恶乎终?曰:其数则始乎诵经,终乎读《礼》。"《劝学篇》。始乎诵经,明其为大学第一年教程,与《学记》之"离经",《周官》之"讽诵"合。不明六书之学者,初不责之以诵经也。

六书之学既以之治经,则其人之言语必有物而有序,故国子之学有言语之目。孔子曰:"言之无文,行而不远。"又曰:"不学《诗》,无以言。"是言语即古代之文学也。《贾子·容经》曰:"言有四术:言敬以和,朝廷之言也;文言有序,祭祀之言也;屏气折声,军旅之言也;言若不足,丧纪之言也。言经。"《士相见礼》曰:"凡言非对也,妥而后传言。与君言,言使臣;与大人言,言事君;与老者言,言使弟子;与幼者言,言孝弟于父兄;与众言,言忠信慈祥;与居官者言,言忠信。"言之地位分际所在不同,非深受教育者,恶能适如其量?此"乐语"之所以重也。《学记》曰:"善歌者使人继其声,善教者使人继其志。其言也约而达，微而臧，罕譬而喻，可谓继志矣。”又曰：“记问之学，不足以为人师，必也其听语乎？力不能问，然后语之；语之而不知，虽舍之可也。”疑即古代大学教授言语之法。又古者“传言以象，反舌皆至”，《大戴记·小辨篇》。而“鞮鞻氏掌四夷之乐与其声歌”，大司乐“乐语”之中，或即兼教四夷之言语，藉声歌以通其意，亦未可知。此智育之由书而推演者也。周代算术有捐闷及三不能、比两诸法，今皆不可考，其可以推见成周六艺之遗者，惟《周髀算经》①一书。《经》称周公问于商高曰：“窃闻乎大夫善数也……夫天不可阶而升，地不可得尺寸而度，请问数安从出？”商高曰：“数之法出于圆方，圆出于方，方出于矩，矩出于九九八十一。故折矩，以为句广三，股修四，径隅五。既方其外，半其一矩，环而共盘，得成三四五。两矩共长二十有五，是谓积矩。故禹之所以治天下者，此数之所由生也。”数学本于形学，商高以数言尽之，其义精矣。

由数学而通形学，则测天、绘地、制器、尚象之事，无不可通。商高曰：“平矩以正绳，偃矩以望高，覆矩以测深，卧矩以知远，环矩以为圆，合矩以为方。方属地，圆属天，天圆地方。方数为典，以方出圆。笠以写天，天青黑，地黄赤。天数之为笠也，青黑为表，丹黄为里，以象天地之位。是故知地者智，知天者圣。智出于句，句出于矩。夫矩之于数，其裁制万物，唯所为耳。”知地知天，裁制万物，悉由于形数之学，周代之重九数，盖深知其为造就圣智之要术矣。顾观光据《周髀》“凡为此图，以丈为尺，以尺为寸，以寸为分”之文，

① 《周髀算经》是算经的十书之一。约成书于公元前1世纪，原名《周髀》，是我国最古老的天文学著作。唐初为国子监明算科的教材之一，改名《周髀算经》。并介绍勾股定理及其在测量上的应用。

而悟"天数之为笠也,青黑为表,丹黄为里"诸语皆指制图而言。周代掌图之官,如"司书掌……邦中之版,土地之图";"内宰掌书版图之法","大司徒掌建邦之土地之图","遂人掌……以土地之图,经田野,造县鄙形体之法","土训掌道地图,以诏地事" ,诸职必皆曾入学校湛深数学者然后能之,亦可因文以见意矣!

近人喜举古籍傅会欧人理化之学,然其人之可确指为学校教材者甚鲜,惟《大戴记·天圆篇》记曾子与单居离问答之语,可证古代师弟子研焊学术,不止于典章文籍之空言,其于自然科学,未始不极深研几详为指授,此亦周代注重智育之要义也。"单居离问于曾子曰:'天圆而地方者,诚有之乎?'曾子曰:'离!而闻之云乎?'单居离曰:'弟子不察,以此敢问也。'曾子曰:'天之所生上首,地之所生下首,上首之谓圆,下首之谓方,如诚天圆而地方,则是四角之不掩也。且来,吾语汝。参尝闻之夫子曰:天道曰圆,地道曰方,方曰幽而圆曰明。明者,吐气者也,是故外景;幽者,含气者也,是故内景。故火日外景,而金水内景。吐气者施,而含气者化,是以阳施而阴化也。阳之精气曰神,阴之精气曰灵。神灵者,品物之本也,而礼乐仁义之祖也,而善否治乱所兴作也。阴阳之气,各从其所,则静矣,偏则风,俱则雷,交则电,乱则雾,和则雨。阳气胜,则散为雨露;阴气胜,则凝为霜雪。阳之专气为雹,阴之专气为霰,霰雹者,一气之化也。毛虫毛而后生,羽虫羽而后生,毛羽之虫,阳气之所生也;介虫介而后生,鳞虫鳞而后生,介鳞之虫,阴气之所生也。惟人为倮匈而后生也,阴阳之精也。"曾子之学,举近世之地理、物理、生物诸科,无不精博,而上承孔子之教,复以之诏示来学,则大学所谓格物致知,亦犹今之学校备列诸科无疑矣!

智育最重史学

《易》曰："神以知来，知以藏往。"《管子》曰："疑今者察之古，不知来者视之往。"《形势篇》[①]。学莫神于知来，而知莫大于藏往。藏往之法，史学是已。周代大学教科，春秋礼乐，冬夏诗书，一切艺术摈而不与，疑若于智育之道未臻完备，不知诗书礼乐皆古史也。人求多闻，学古有获，则其增益神知岂其他科学所可及？故曰：智育最重史学。

楚庄王使士亹傅太子葴，问于申叔时，叔时曰："教之《春秋》，而为之耸善而抑恶焉，以戒劝其心；教之《世》，而为之昭明德而废幽昏焉，以休惧其动；教之《诗》，而为之导广显德，以耀明其志；教之礼，使知上下之则；教之乐，以疏其秽而镇其浮；教之《令》，使访物官；教之《语》，使明其德，而知先王之务，用明德于民也；教之《故志》，使知废兴者而戒惧焉；教之《训典》，使知族类，行比义焉。"韦注："《世》，谓先王之世系也……显德，谓若成汤、文、武、周邵僖公之属……《令》，谓先王之官法、时令也……《故志》，谓所记前世成败之书。《训典》，五帝之书。"是叔时所举以为教者，无非史也。史之类别有九，而其有益于人之知识则一，史学之属智育审矣！

《史通》曰："《春秋》家者，其先出于三代。案《汲冢琐语》记太丁时事，目为《夏殷春秋》……《国语》云：晋羊舌肸习于《春秋》，悼

---

① 原稿误为《牧民篇》，径改。

公使傅其太子。《左传》昭二年,晋韩宣子来聘,见《鲁春秋》曰:'周礼尽在鲁矣!'斯则《春秋》之目,事匪一家。至于隐没无闻者,不可胜载……故墨子曰:'吾见百家《春秋》。'盖皆指此也。"《六家篇》。闵因《春秋叙》云:"昔孔子受端门之命,制《春秋》之义,使子夏等十四人求周史记,得百二十国宝书。"《公羊》疏。是孔子之先,各国之史通名《春秋》。而习于《春秋》者,可以傅太子,与申叔时所谓"教之《春秋》"者合。古之教育家注重《春秋》之学,于此可见。朱子谓三代学校之教,《诗》《书》《礼》《乐》四术而已,自夫子赞《周易》,修《春秋》,于是二书稍见于世。不知韩宣子见《易·象》《春秋》,谓"周礼尽在鲁",则礼教之中已赅《春秋》,不得谓古者不教《春秋》也。

《周官》:"瞽蒙掌……讽诵《诗》,《世》奠系,鼓琴瑟。""小史掌邦国之志,奠系《世》,辨昭穆。"所谓"系《世》",即申叔时所谓"教之《世》"之《世》也。瞽蒙役于太师,太师掌教六诗,是小史之所奠,即大学之所教也。今所传《世本》录黄帝以来至春秋时帝王、公侯、卿大夫祖世所出,疑即古代学校教授世系之书。而《大戴记·五帝德》及《帝系》二篇,亦专详古代帝王之族姓事实。《五帝德篇》为孔子告宰予之语。宰予以一日而辨闻古昔之说,孔子让之。盖昭明德而废幽昏,其义至博,一日罄之,惧失之骤。且是时学校已微,教世之法不传,微孔子之多闻多见,末由明五帝用说,三王用度之迹也。

"太师……教六诗,曰风,曰赋,曰比,曰兴,曰雅,曰颂。"子夏序《诗》,谓《风》《雅》《颂》为四始,其言曰:"上以风化下,下以风刺上,主文而谲谏,言之者无罪,闻之者足以戒,故曰风。至于王道衰,礼义废,政教失,国异政,家殊俗,而变风变雅作矣。国史明乎得失之迹,伤人伦之废,哀刑政之苛,吟咏情性,以风其上,达于事变,而怀其旧俗也。”风、雅之音,可以考见得失之迹,而吟咏摅怀,职在国史,是导广显德,耀明其志,实史学矣。《大戴记》:“卫将军文子问于子贡曰:‘吾闻夫子之施教也,先以《诗》《世》,道者孝悌,说之以义而观诸体,成之以文德。盖(受教者)〔入室升堂〕七十有馀人,闻之,孰为贤也’……子贡对曰:‘夙兴夜寐,讽诵崇礼,行不贰过,称言不苟,是颜渊之行也。孔子说之以《诗》,诗云:媚兹一人,应侯顺德。永言孝思,孝思惟则。’”是孔子之设教,首重说《诗》也。《学记》曰:“不学博依,不能安诗。”郑注:“博依,广譬喻也。”学校教诗,必善譬喻,然后可以使学者心安而理得,此古者教授史学之法也。

《论语》:“子张问:‘十世可知也?’子曰:‘殷因于夏礼,所损益可知也;周因于殷礼,所损益可知也;其或继周者,虽百世可知也。’”又曰:“夏礼吾能言之,杞不足征也;殷礼吾能言之,宋不足征也。文献不足故也。足,则吾能征之矣。”孔子能言夏殷之礼,即信其可知百世。藏往察来,诚非学礼不辨矣。荀子曰:“学恶乎始?恶乎终?曰:其数则始乎诵经,终乎读礼……礼者,法之大分类之纲纪也。故学至乎《礼》而止矣……将原先王,本仁义,则礼正其经纬蹊径也。若挈裘领,诎五指而顿之,顺者不可胜数也。不道礼、宪,以《诗》《书》为之,譬之犹以指测河也,以戈舂黍也,以锥餐壶也。”《劝学篇》。先王仁义之迹,惟《礼》可以见之,虽《诗》《书》有所不逮。此《礼》所以为史学之大宗,而为教育必循之蹊径也。

大司乐教国子之乐舞,具六代之历史。《云门》《大卷》,黄帝之乐也;《大咸》,尧乐也;《大磬》,舜乐也;《大夏》,禹乐也;《大濩》,汤乐也;《大武》,武王乐也。疏秽镇浮之具,悉先王治迹所存,则学乐即学史也。《吕氏春秋》曰:"乐所由来者尚也,必不可废。有节有侈,有正有淫矣。贤者以昌,不肖者以亡。昔古朱襄氏之治天下也,多风而阳气畜积,万物散解,果实不成,故士达作为五弦瑟,以采阴气,以定群生。昔葛天氏之乐,三人操牛尾,投足以歌八阕:一曰载民,二曰玄鸟,三曰遂草木,四曰奋五谷,五曰敬天常,六曰(达)〔建〕帝功,七曰依地德,八曰总(万物)〔禽兽〕之极。昔陶唐氏之始,阴多滞伏而湛积,水道壅塞,不行其原,民气郁阏而滞著,筋骨瑟缩不达,故作为舞以宣导之。昔黄帝……又命伶伦与荣将铸十二钟,以和五音,以施英韶……命之曰咸池。帝颛顼……令飞龙作效八风之音,命之曰《承云》,以祭上帝……帝喾命咸黑作为声,歌《九招》《六列》《六英》。有倕作为鼙鼓、钟磬、吹苓、管、埙、篪、鼗、椎、钟……以康帝德。帝尧立,乃命质为乐。质乃效山林溪谷之音以歌……舜立……乃令质修《九招》《六列》《六英》,以明帝德。禹立,勤劳天下,日夜不懈……降通漻水……以利黔首。于是命皋陶作为《夏籥》九成,以昭其功。殷汤即位,夏为无道,暴虐万民……汤于是率六州以讨桀罪。功名大成……汤乃命伊尹作为《大濩》,歌《晨露》。修《九招》《六列》,以见其善。周文王处岐,诸侯去殷三淫而翼文王……周公旦乃作诗曰:'文王在上,于昭于天。周虽旧邦,其命维新。'以绳文王之德。武王……以六师伐殷……克之于牧野……乃命周公为作《大武》。成王立,殷民反,王命周公践伐之。商人服象,为虐于东夷,周公遂以师逐之,至于江南,乃为《三象》,以嘉其德。故乐之所由来者尚矣,非独为一世之所造也。"《古乐篇》。古乐历史具见此篇,司乐所教尚不逮其详博。然贤者以昌、不肖者以亡之故咸可藉乐而知,则学乐者之所得自非小知小辨所可及矣。

申叔时所谓《令》《语》《故志》《训典》，皆《尚书》之类也。《汉书》曰："古之王者世有史官，君举必书，所以慎言行，昭法式也。左史记言，右史记事，事为《春秋》，言为《尚书》，帝王靡不同之。"《艺文志》。《史通》曰："伏羲、神农、黄帝之书，谓之《三坟》，言大道也；少昊、颛顼、高辛、唐、虞之书谓之《五典》，言常道也。《春秋传》载楚左史能读《三坟》《五典》，《礼记》曰：'外史掌三皇五帝之书'，由斯而言，则坟、典文义，三、五史策，至于春秋之时犹大行于世。"《正史篇》。《记》称："冬读书，典书者诏之……书在上庠"，则上庠之书当即三皇五帝时左史所记之言也，学者读之，以知废兴及族类行义，其用亦不下于诗乐。墨子南使卫，载书甚多，弦唐子见而怪之。墨子曰："昔周公旦朝读书百篇，夕见七十二士，相天下犹如此，吾安敢废此也?"《贵义篇》。周公相天下，即得力于读书，则学者读书之重更可知矣。

《周书》曰："夫民群居而无选，为政以始之。始之以古，终之以古。行古志今，政之至也。政维今，法维古。"《常训篇》。行今之政，必知古之法，故"乐正……顺先王《诗》、《书》、礼乐以造士"，学者必则古昔，称先王，皆所以为异日执政议法计也。周道衰，学校废，学者食古不化，始有嗤学古之无益者。荀子曰："圣王有百，吾孰法焉？故曰：文久而息，节族久而绝，守法数之有司极礼而褫。故曰：欲观圣王之迹，则于其粲然者矣，后王是也。彼后王者，天下之君也；舍后王而道上古，譬之是犹舍己之君而事人之君也。故曰：欲观千岁，则数今日；欲知亿万，则审一二；欲知上世，则审周道。"《非相篇》。其言与《管子》所谓察古视往者大相反。然荀子亦尝曰："法先王，统礼义，一制度，以浅持博，以古持今，以一持万。苟仁义之类也，虽在鸟兽之中，若别白黑，倚物怪变，所未尝闻也，所未尝见也,卒然起一方,则举统类而应之,无所疑怍;张法而度之,则晻然若合符节,是大儒者也。”盖法古之益,荀子未尝不知,特患当时学者呼先王以欺愚者而求衣食,不知隆礼义而敦《诗》《书》,故姑为偏激之说,非必欲尽驱世人法后王,数今日,置古代历史于高阁也。

学者之知识发育于历史固也。即古帝王之学术,亦非通史乘无以扩之。《周官》:“诵训掌道方志,以诏观事……王巡守,则夹王车。”郑注:“说四方所识久远之事,以告王观博古。”“所识久远之事”,即史事也。诵训所道,无异大学所教矣。《周书》有《史记篇》谓武王在成周召三公左史戎夫,曰:“今夕朕寤,遂事惊予。乃取遂事之要戒,俾戎夫言之,朔望以闻。”戎夫遂历举古代皮氏、华氏、夏后、殷商之所以亡者,以告于王。是武王之圣智,犹藉遂事以瀹其灵,而况于学者乎!

卷　四

科学皆世官世学

章学诚曰："古无文字，结绳之治，易之书契。圣人明其用曰：'百官以治，万民以察。'夫为治为察，所以宣幽隐而达形名，盖不得已而为之，其用足以若是焉斯已矣。理大物博，不可殚也，圣人为之立官分守，而文字亦从而纪焉。有官斯有法，故法具于官；有法斯有书，故官守其书；有书斯有学，故师传其学；有学斯有业，故弟子习其业。官守学业皆出于一，而天下以同文为治，故私门无著述(之)文字。私门无著述(之)文字，则官守之分职，即群书之部次，不复别有著录之法也。"《校雠通义》。

章氏又曰："后世文字必溯源于六艺，六艺非孔氏之书，乃《周官》之旧典也。《易》掌太卜，《书》藏外史，《礼》在宗伯，《乐》隶司乐，《诗》领于太师，《春秋》存乎国史。夫子自谓'述而不作'，明乎官司失守，而师弟子之传业于是判焉。秦人禁偶语《诗》《书》，而云'欲学法令者，以吏为师'。其弃《诗》《书》，非也；其曰'以吏为师’,则犹官守学业合一之谓也。由秦人‘以吏为师’之言,想见三代盛时,《礼》以宗伯为师,《乐》以司乐为师,《诗》以太师为师,《书》以外史为师;三《易》、《春秋》,亦若是则已矣。又安有私门之著述哉?”同上。

章氏之言,盖为校雠目录之学而发,然其谊实足明古今教育、学术不同之所由。然《汉书·艺文志》曰:“儒家者流盖出于司徒之官……道家者流盖出于史官……阴阳家者流盖出于羲和之官……法家者流盖出于理官……名家者流盖出于礼官……墨家者流盖出于清庙之守……从横家者流盖出于行人之官……杂家者流盖出于议官……农家者流盖出于农稷之官……小说家者流盖出于稗官。”诸家学说各有源流,章氏从此悟入,兼推六艺之官守则如秦汉以前六艺、九流罔非官学,凡民之欲诵书缀学者,学之于官而已。

古代惟官有学,而民无学,其原有三:一则民智不及官也。《春秋繁露》曰:“古之圣人,謞而效天地谓之号,鸣而(命施)〔施命〕谓之名。名之为言,鸣与命也;号之为言,謞而效也……故号为天子者,宜(事)〔视〕天如父,事天以孝道也。号为诸侯者,宜谨视所候奉之天子也。号为大夫者,宜厚其忠信,敦其礼义,使善大于匹夫之义,足以化也。士者,事也;民者,瞑也。士不及化,可使守事从上而已……(瞑)〔名〕也者,名其别离分散也。”《深察名号篇》。古代之民,别离分散,冥冥无知,《诗·正义》曰:“民者,冥也。”《孝经援神契》:“文以其冥冥无知。”惟圣人能效天地之号而命于民。号者,语言也;名者,文字也。语言、文字皆圣人所作,非凡民所及知,故其上圣为天子,为诸侯;最下者为大夫,为士,其善犹大于匹夫,而足以守事而从上。聪明才智之士,绝无逸在布衣者,此学术之所以多在官也。

一则惟官有书，而民无书也。典、谟、训、诰、礼制、乐章，皆朝廷之制作，本非专为教民之用，故金縢玉册藏之秘府，悉以官司典之。士之欲学者，不知本朝之家法及历代之典制，则就典书之官而读之。《文王世子》所谓“春诵夏弦，太师诏之瞽宗。秋学礼，执礼者诏之；冬读书，典书者诏之。礼在瞽宗，书在上庠”是也。秘府之书既不刊布，而简策繁重，笔墨拙滞，又不便于移写传副本于民间，故民间知有书名者，仅赖外史达之；至其全书，则非身入清秘，不能窥见，此学术之所以多在官也。

一则官有其器，而民无其器也。古代学术，如礼、乐、舞、射诸科，皆有器具以资实习，如今之学校试验、格致器具，非一人一家所能毕备。故十三舞《勺》、成童舞《象》，其器甚简；二十而冠，身入乡校，始学礼，舞《大夏》。周官乡师掌乡器，“比共吉凶二服，闾共祭酒……党共射器，州共宾器，乡共吉凶礼乐之器”，可见礼乐之器，乡官始能鸠集。学者之始学礼者，为未入乡校，则无学习之器也。至于成均，乐器钟鼓管籥、鼗柷敔埙、箫管琴瑟、笙磬竽篴之伦以供国家祭祀享燕之用者，尤非里党所可致。故在官者，以肄习而愈精；在野者，以简略而愈昧，此学术之所以多在官也。

学术既专为官有，故教育亦非官莫属。《周官》曰：“师，以贤得民……儒，以道得民。”师、儒皆对民而言，则其非民可知。官之掌教者，如大司乐、大司徒、师氏、保氏、太师、大胥、乡师、州乡、党正、族师之属，固皆当时之官吏；即闾里之塾，为之师者亦必七十致仕之大夫，而佐之以庶老，其非仕焉而已者，皆不能任教事也。古之卿大夫，世禄不世位。父为大夫，死，子得食其故采地，如有贤才，则复父故位。《五经异义》。“官有世功，则有官族。”《左传·隐公八年》。卿大人任教育之事，其子孙之贤者复其位而世其族，故其学术益精，小民断难望其项背也。

官学之制，由古代至春秋初未之变。孔子少而好礼。适周问礼于老聃，访于苌弘，历郊社之所，考明堂之则，察庙朝之度，于是喟然曰："吾乃今知周公之圣与周之所以王也。"《孔子家语》。是周之礼乐，鲁无之也。韩宣子聘于鲁，"观书于太史氏，见《易·象》与《鲁春秋》，曰：'周礼尽在鲁矣！'"《左传·昭公二年》。是鲁之书、史，晋无之也。楚灵王称左史倚相曰："是良史也……是能读《三坟》《五典》《八索》《九邱》。"《左传·昭公十二年》。是史官掌书而后能读书也。周景王谓籍谈曰："昔而高祖孙伯黡司晋之典籍，以为大政，故曰籍氏。及辛有之二子董之晋，于是乎有董史。女，司典之后也，何故忘之？"《左传·昭公十五年》。是董司典籍之官，宜世其学也。孔子问官于郯子，既而告人曰："吾闻之，'天之失官，学在四夷'，犹信。"《左传·昭公十七年》。学术之流布四夷，必推本于天子之失官。时学术本天朝官吏所世守，不应传于四夷，惟王官不修其职，而后学术始分，此古代学术世官世学之确证也。

官守世学，为古今教育不同之大关键。周之教育所以盛者在此，所以衰者亦在此。盖世官世学，其业专、其心一，食旧德之名氏，父诏而兄勉焉，学术之所由光大也。然典章制度私之一家，传本既希，沾溉弗远，子孙之秀而灵者，固能保家学而绵世泽；其不贤者，则数典而忘，如籍氏之弗克负荷，则继志善教，必难望之他族之人。《中庸》曰："夫孝者，善继人之志。"《学记》曰："善教者，使人继其志。"教人与孝亲同以继志为善。盖世官世学教人继志即为孝亲继志，非若后世徒有师弟子之关系也。且教育一掌于官，则必待帝王之督率。有文、武、成、康之圣主，则庠、序、学、校蔚然可观，数传而后，主德不修，师、保氏之官即旷厥职，矧其为里、闾、族、党之下吏？故教育普及，必不可专恃官吏，使人民懵然莫知所自为谋。古代埃及、印度，文教非不甚盛，迨其后国既不振，学术亦从而日衰者，亦由国家阶级之制甚严，司教学者非凡民所得与也。

阴阳变化之学

古之所谓教育，上本天道，下察人情，尽物之性，以赞化育，非徒立学校，延师儒，姝姝于弦诵诗书已也。《吕氏春秋》曰："始生之者，天也；养成之者，人也。能养天之所生而勿撄之，谓之天子，天子之动也，以全天为故者也，此官之所自立也。立官者，以全生也。"《本生篇》。养生、全生，上本于天，此古代所谓"育"。掺教育之政者，惟天子，故曰："能养天之所生而勿撄之，谓之天子。"天子养天所生之法，在顺天地之阴阳，综人物之变化，而以政教施其养育之功，故古代有阴阳变化之学，至秦汉犹有传其说者。自后世阴阳变化之学失传，而教育之功遂不古若矣。今揭其要，以谂世之言教育者。

《白虎通》曰："父所以不自教子何？为渫渎也。又授之道当极说阴阳夫妇变化之事，不可父子相教也。"又曰："人承天地施阴阳，故设嫁娶之礼者，重人伦、广继嗣也。"据此知古人教育所重，首在阴阳、夫妇变化之事，所以明人伦也。今所传者，若《大戴记·本命篇》所言，即本天地阴阳以立说，其他经传所纪，亦多有与《本命》之文相发明者。《周官》："大司徒……施十有二教……三曰以阴礼教亲，则民不怨。"郑注："阴礼，谓男女之礼。昏姻以时，则男不旷，女不怨。"是男女旷怨,实由司徒之教不修也。教亲之法虽不可详,大要必顺天地阴阳之时序。"媒氏……中春之月令会男女,于是时也,奔者不禁。"郑注:"中春阴阳交,以成昏礼,顺天时也。奔者不禁者,重天时权许之也。"《白虎通》曰:"嫁娶必以春何?春者,天地交通,万物始生,阴阳交接之时也。《诗》云:'士如归妻,迨冰未泮。'《周官》曰:'仲春之月,令会男女,令男三十娶,女二十嫁。'《夏小正》曰:'二月,冠子娶妇之时也。'"则嫁娶之月日,必顺阴阳也。又《士昏礼》注:"士娶妻之礼,以昏为期,因而名焉。必以昏者,阳往而阴来。"一日之时,亦必取义于阴阳,则其赞天地化育之法至微且密矣。昏娶之时,为治经者一大疑案。今以郑说为本,附著诸说于下:王肃《圣证论》云:"吾幼为郑学之时,为谬言,寻其义,乃知古人皆以秋冬。自马氏以来,乃因《周官》而有二月。《诗》'东门之杨,其叶牂牂',《毛传》曰:'男女失时,不逮秋冬。'三星,参也,十月而见东方,时可以嫁娶。又三时务业,因向休息而合昏姻。万物闭藏于冬,而用生育之时,娶妻入室,长养之母,亦不失也。孙卿曰:'霜降逆女,冰泮杀止。'董仲舒曰:'圣人以男女阴阳,其道同类天道,向秋冬而阴气来,向春夏而阴气去,故古人霜降而逆女,冰泮而杀止,与阴俱近,与阳远也。'《诗》曰:'将子无怒,秋以为期。'《韩诗传》亦曰:'古者霜降逆女,冰泮杀止。士如归妻,迨冰未泮。'为此验也。而玄云:'归,使之来归于己,谓请期时。'来归之言,非请期之名也。或曰亲迎用昏,而曰旭日始旦,何用哉?《诗》以鸣雁之时纳采,以昏时而亲迎,而《周官》中春令会男女之无夫家者,于是时奔者不禁,则昏姻之期尽此月矣,故急期会也。《孔子家语》曰:'霜降而妇功成,嫁娶者行焉。冰泮而农业起,昏礼杀于此。'又曰:'冬合男女,春班爵位也。'"此以霜降之后为昏姻之正时也。《通典·嘉礼》引马昭非肃曰:"《周礼》仲春令会男女,《殷颂》:'天命玄鸟,降而生商。'《月令》:'仲春玄鸟至之日,祀于高禖。'玄鸟孚乳之月,以为嫁娶之候。"孔晁答曰:"《周官》云:'凡娶判妻入子者,皆书之。'此谓霜降之候,冰泮之时,正以礼昏者也。次言'仲春令会男女,奔者不禁',此婚期尽不待备礼。玄鸟至,祀高禖，求男之象，非嫁娶之候。”昭又难曰：“《诗》云：‘有女怀春，吉士诱之’，‘春日迟迟……女心伤悲’，‘嘒彼小星，三五在东’，‘绸缪束楚，三星在隅’，‘我行其野，蔽芾其樗’，‘仓庚于飞，熠耀其羽’。凡此皆兴于仲春，嫁娶之候。”晃曰：“有女怀春，谓女无礼，过时故思；春日迟迟，蚕桑始起，女心悲矣；嘒彼小星，喻妾侍从夫人；三星在隅，孟冬之月，参见东方，举正昏以刺时；蔽芾其樗，喻行遇恶夫；熠耀其羽，喻嫁娶盛饰，皆非仲春嫁娶之候。玄据期尽之教以为正婚，则奔者不禁，过于是月。”昭又曰：“肃引经‘秋以为期’，此乃淫奔之诗矣。”此斥王说之非，而又未能申郑也。《周官》贾疏引张融评云：“《夏小正》曰：‘二月，绥多士女。交昏于仲春。’《易·泰卦》：‘六五，帝乙归妹，以祉元吉。’郑说‘六五爻辰在卯，春为阳中，万物以生。生育者嫁娶之贵，仲春之月，嫁娶男女之礼，福禄大吉’。《易》之《咸卦》，柔上刚下，二气感应以相与，皆说男下女。《召南·草虫》之诗，夫人待礼，随从在涂，见采鳖者以诗自兴。又云：‘士如归妻，迨冰未泮。’旧说云：‘士如归妻，我尚及冰未泮定纳。’其篇义云：嫁娶以春，阳气始生万物，嫁娶亦为生类。故《管子·时令篇》云：‘春以合男女。’融谨案：《春秋》鲁逆夫人嫁女，四时通用，无讥文。然则孔子制素王之法以遗后世，男女以及时盛年为得，不限以日月。《家语》限以冬，不附于《春秋》之正经，如是则非孔子之言。嫁娶也以仲春，著在《诗》《易》《夏小正》之文，无仲春为期尽之言。又《春秋》三时嫁娶，何自违《家语》‘冬合男女，穷天数’之语也？《诗》《易》《礼传》所载《咸》《泰》《归妹》之卦，《国风·行露》《绸缪》‘有女怀春’‘仓庚于飞，熠耀其羽’‘春日迟迟’‘乐与公子同归’之歌，《小雅》‘我行其野，蔽芾其樗’之叹，此春娶之证也。礼，诸侯越国娶女，仲春及冰未散请期，乃足容往反也。秋如期往，淫奔之女不能待年，故设秋迎之期。《摽有梅》之诗，殷纣暴乱，娶失其盛时之年，习乱思治，故嘉文王能始男女得及其时。陈晋弃周礼，为国乱悲伤，故刺昏姻不及仲春。玄说云‘嫁娶以仲春’，既有群政，故孔晁曰：‘有女怀春，《毛传》云“春不暇，待秋”。‘春日迟迟，女心伤悲，谓蚕事始起，感事而出；蔽芾其樗，喻遇恶夫；熠耀其羽，喻嫁娶之盛饰；三星在隅，孟冬之月，参见东方，举正昏以刺时。’此虽用毛义，未若郑云‘用仲春为正礼’为密也。是以《诗》云:‘匏有苦叶,济有深涉’,笺云:‘匏叶苦而渡处深,谓八月时,时阴阳交会,始可以为婚礼,纳采问名。’又云:‘士如归妻,迨冰未泮’,笺云:‘归妻,使之来归于己。谓请期冰未散,正月中以前二月可以为昏。’然则以二月为得其实,惟为有故者,得不用仲春。”是申郑仲春之说,而又以他时为可昏也。《通典》引束晳云:“《春秋》二百四十年,鲁女出嫁,夫人来归,大夫逆女,天王娶后,自正月至十二月,悉不以得时、失时为褒贬,何限于仲春、季秋以相非哉?夫《春秋》举秋毫之善,贬纤芥之恶,故春狩于郎,书时,礼也;夏城中丘,书不时也。此人间小事,犹书得时、失时,况婚姻人伦端始,礼之大者,不讥得时、失时,不善者耶?若婚姻季秋期尽仲春,则隐二年冬十月,夏之八月,未及季秋,伯姬归于纪;周之季春,夏之正月也,桓九年春,季姜归于京师;庄二十五年六月,夏之四月也,已过仲春,伯姬归于纪。或出盛时之前,或在期尽之后,而经无贬文,《三传》不讥,何哉?凡诗人之兴,取义繁广,或取譬类,或称所见,不必皆可以定时候也。又案:《桃夭篇》叙美婚姻以时,盖谓盛壮之时,而非日月之时,故‘灼灼其华’,喻以盛壮,非谓嫁娶当用桃夭之月。其次章云:‘其叶蓁蓁’,‘有蕡其实,之子于归’,此岂在仲春之月乎?又《摽有梅》三章,注曰:‘夏之向晚’,迨冰未泮,正月以前,草虫嘤嘤,未秋之时。或言嫁娶,或美男女及时,然咏各异矣。《周礼》以仲春会男女之无夫家者,盖一切相配合之时,而非常人之节。《曲礼》曰:‘男女非有行媒,不相知名。故日月以告君,斋戒以告鬼神。’若常人必在仲春,则其日月有常,不得前却,何复日月以告君乎?夫冠、婚、笄、嫁,男女之节。冠以二十为限,而无春秋之期;笄以嫁而设,不以日月为断,何独嫁娶当系于时月乎?王肃云:‘婚姻始于季秋,止于仲春’,不言春不可以嫁也。而马昭多引《春秋》以为之证,反诗相难,错矣。两家俱失,义皆不通。通年听婚,盖古正礼也。”则又驳郑、王二家之说,而以为通年听婚也。

古代教育之法本于阴阳变化之学者,初非昏姻一端也。古之王者布政施教,必于明堂,故有《明堂阴阳录》。《隋书·牛宏传》引《礼记·明堂阴阳录》曰:“明堂阴阳,王者之所以应天也。明堂之制,周旋以水,水行左旋以象天,内有太室象紫宫,南出明堂象太微,西出总章象五潢,北出元堂象营室,东出青阳象天市。上帝四时,各治其宫,王者承天总物,亦于其方以听国事。”是天子之听国事,必顺阴阳也。今按《明堂月令》,凡天子振民育德之事,咸按时气而施之,如孟春“命乐正入学习舞”,仲春“命乐正习舞、释菜”,季春“大合乐”;孟夏“命乐师习合乐礼”,仲夏“命乐师修鼗、鞞、鼓,均琴、瑟、管、箫,执干、戚、戈、羽,调竽、笙、篪、簧,饬钟、磬、柷、敔”。季秋“命乐正入学习吹”,季冬“命乐师大合吹”,皆循天时以修声教,非其时则不敢妄举,此亦可见古人赞天地化育之妙用矣。他若仲春“安萌芽,养幼少,存诸孤”,仲秋“养衰老,授几杖,行麋粥饮食”;“日长至,阴阳争,死生分”,于是“君子斋戒,处必掩身,毋躁,止声色,毋或进,薄滋味,毋致和,节嗜欲,定心气”;“日短至,阴阳争,诸生荡”,于是“君子斋戒,处必掩身,欲宁,去声色,禁嗜欲,安形性,事欲静,以待阴阳之所定”。亦皆养生全天地之意,覆育兆民,必谨于此,此岂后世之所及哉?《白虎通》曰:“风者何谓也?风之为言萌也。养物成功,所以象八卦。阳立于五,极于九,五九四十五,日变,变以为风,阴合阳以生风也。距冬至四十五日条风至。条者,生也。四十五日明庶风至。明庶者,迎众也。四十五日清明风至。清明者,青芒也。四十五日景风至。景者,大也,言阳气长养也。四十五日凉风至。凉,寒也,阴气行也。四十五日昌盍风至。昌盍者,戒收藏也。四十五日不周风至。不周者,不交也,言阴阳未合化也。四十五日广莫风至。广莫者,大莫也,开阳气也。故曰:条风至地暖,明庶风至万物产,清明风至物形乾,景风至棘造实,凉风至黍禾乾,昌盍风至生荠麦,不周风至蛰虫匿,广莫风至则万物伏。是以王者承顺之,条风至,则出轻刑,解稽留;明庶风至,则修封疆,理田畴;清明风至,(则)出币帛,使诸侯;景风至,则爵有德,封有功;凉风至,则报土功,祀四乡;昌盍风至,则申象刑,饬囷仓;不周风至,则筑宫室,修城郭;广莫风至,则断大辟,行刑狱。”王者之政,在在顺应顺风气如此,盖不独教育行政本于阴阳也。

古代之政教,必顺阴阳四时之气,故春秋之时,言政治者犹谨守之。《管子》曰:“令有时,无时则必视顺天之所以来……唯圣人知四时。不知四时,乃失国之基;不知五谷之故,国家乃路……是故阴阳者,天地之大理也;四时者,阴阳之大(经)〔径〕也;刑德者,四时之合也。刑德合于时则生福,诡则生祸,然则春夏秋冬将何行?东方曰星,其时曰春,其气曰风。风生木与骨,其德喜嬴而发出节时。其事号令,修除神位,谨祷弊梗。宗正阳,治堤防,耕芸树艺,正津梁,修沟渎,甃屋行水,解怨赦罪,通四方。然则柔风甘雨乃至,百姓乃寿,百虫乃蕃,此谓星德……南方曰日,其时曰夏,其气曰阳。阳生火与气,其德施舍修乐。其事号令,赏赐赋爵,受禄顺乡,谨修神祀,量功赏贤,以动阳气。九暑乃至,时雨乃降,五谷百果乃登,此谓日德。中央曰土,土德实辅四时,入出以风雨。节土益力,土生皮肌肤,其德和平用均,中正无私,实辅四时。春嬴育,夏养长,秋聚收,冬闭藏。大寒乃极,国家乃昌,四方乃服,此谓岁德。日掌赏,赏为暑;岁掌和,和为雨……西方曰辰,其时曰秋,其气曰阴。阴生金与甲,其德忧哀,静正严顺,居不敢淫佚。其事号令,毋使民淫暴,顺旅聚收。量民资以畜聚,赏彼群干,聚彼群材,百物乃收。使民毋怠,所恶其察,所欲必得,我信则克,此谓辰德。辰掌收,收为阴……北方曰月,其时曰冬,其气曰寒,寒生水与血,其德淳越,温怒周密。其事号令,修禁徙,民令静止,地乃不泄,断刑致罚,无赦有罪,以符阴气。大寒乃至,甲兵乃强,五谷乃熟,国家乃昌,四方乃备,此谓月德。月掌罚,罚为寒……是故圣王务时而寄政焉,作教而寄武焉,作祀而寄德焉。此三者,圣王所以合于天地之行也……道生天地,德出贤人。道生德,德生正,正生事。

是以圣王治天下,穷则反,终则始。"《四时篇》。圣王作教寄政,咸合天地之行,此三代之遗说也。

《荀子》之言"序官"曰:"宰爵知宾客、祭祀、飨食、牺牲之牢数,司徒知百宗、城郭、立器之数,司马知师旅、甲兵、乘白之数。修宪命,审诗商,禁淫声,以时顺修,使夷俗邪音不敢乱雅,太师之事也。修堤梁,通沟浍,行水潦,安水藏,以时决塞;岁虽凶败水旱,使民有所耘艾,司空之事也。相高下,视肥垸,序五种,省农功,谨蓄藏,以时顺修,使农夫朴力而寡能,治田之事也。修火宪,养山林薮泽草木鱼鳖百索,以时禁发,使国家足用而财物不屈,虞师之事也。顺州里,定廛宅,养六畜,闲树艺,劝教化,趋孝弟,以时顺修,使百姓顺命,安乐处乡,乡师之事也。论百工,审时事,辨功苦,尚完利,便备用,使雕琢文采不敢专造于家,工师之事也。相阴阳,占祲兆,钻龟陈卦,主攘择五卜,知其吉凶妖祥,伛巫跛击之事也。修采清,易道路,谨盗贼,平室律,以时顺修,使宾旅安而货财通,治市之事也。抃急禁悍,防淫除邪,戮之以五刑,使暴悍以变,奸邪不作,司寇之事也。本政教,正法则,兼听而时稽之,度其功劳,论其庆赏,以时慎修,使百吏免尽而众庶不偷,冢宰之事也。论礼乐,正身行,广教化,美风俗,兼覆而调一之,辟公之事也。全道德,致隆高,綦文理,一天下,振毫末,使天下莫不顺比从服,天王之事也。"《王制篇》。诸官之职,多以"以时顺修"为言,而乡师之"劝教化,趋孝弟",亦曰"以时顺修",所谓顺者,即顺时令之阴阳也。

周秦以降,阴阳变化之学犹有传者,故汉儒论事必本之阴阳。董子曰:"王者欲有所为,宜求其端于天。天道之大者在阴阳,阳为德,阴为刑,刑主杀而德主生,是故阳常居大夏,而以生育养长为事;阴常居大冬,而积于空虚不用之处,以此见天之任德不任刑也。

天使阳出布施于上而主岁功,使阴入伏于下而时出佐阳;阳不得阴之助,亦不能独成岁。终阳以成岁为名,此天意也。王者承天意以从事,故任德教而不任刑。刑者不可任以治世,犹阴之不可任以成岁也。为政而任刑,不顺于天,故先王莫之肯为也。今废先王德教之官,而独任执法之吏治民,毋乃任刑之意与!"《汉书》本传。德教之本,由阴阳对待而见,此言教育不可不知阴阳之确证。今世所传《春秋繁露》言人道之本于阴阳者,如《阴阳终始》《阴阳义》《阴阳出入》诸篇,其义尤为深赜,皆古代春秋家阴阳变化之学说也。

然汉人通知阴阳变化之学者,犹不止此。《汉书·魏相传》称相"数表采《易阴阳》及《明堂月令》奏之,曰:……臣闻《易》曰:'天地以顺动,故日月不过,四时不忒;圣王以顺动,故刑罚清而民服。'天地变化,必繇阴阳,阴阳之分,以日为纪。日冬夏至,则八风之序立,万物之性成,各有常职,不得相干。东方之神太昊,乘《震》执规司春;南方之神炎帝,乘《离》执衡司夏;西方之神少昊,乘《兑》执矩司秋;北方之神颛顼,乘《坎》执权司冬;中央之神黄帝,乘《坤》《艮》执绳司下土。兹五帝所司,各有时也。东方之卦不可以治西方,南方之卦不可以治北方。春兴《兑》治则饥,秋兴《震》治则华,冬兴《离》治则泄,夏兴《坎》治则雹。明王谨于尊天,慎于养人,故立羲和之官以乘四时,节授民事。君动静以道,奉顺阴阳,则日月光明,风雨时节,寒暑调和。三者得序,则灾害不生,五谷熟,丝麻遂,草木茂,鸟兽蕃,民不夭疾,衣食有馀。若是,则君尊民说,上下亡怨,政教不违,礼让可兴。夫风雨不时则伤农桑,农桑伤则民饥寒;饥寒在身则亡廉耻,寇贼奸宄所繇生也。臣愚以为阴阳者,王事之本,群生之命,自古贤圣未有不繇者也。"夫"政教不违,礼让可兴",皆出于人君之奉顺阴阳,则阴阳变化之学之关于教育大矣。

又《汉书·翼奉传》称奉“治《齐诗》……好律历阴阳之占。元帝初即位……征待诏宦者署……上封事曰:‘臣闻之于师,治道要务在知下之邪正……知下之术在于六情十二律而已。北方之情,好也;好行贪狼,申子主之。东方之情,怒也;怒行阴贼,亥卯主之。贪狼必待阴贼而后动,阴贼必待贪狼而后用,二阴并行,是以王者忌子卯也。《礼经》避之,《春秋》讳焉。南方之情,恶也;恶行廉贞,寅午主之。西方之情,喜也;喜行宽大,巳酉主之。二阳并行,是以王者吉午酉也。《诗》曰:‘吉日庚午。’上方之情,乐也;乐行奸邪,辰未主之。下方之情,哀也;哀行公正,戌丑主之。辰未属阴,戌丑属阳,万物各以其类应。”又曰:“人气内逆则感动天地,天变见于星气日蚀,地变见于奇物震动。所以然者,阳用其精,阴用其形,犹人之有五臧六体,五臧象天,六体象地。故臧病则气色发于面,体病则欠申动于貌。”人之情性、体臧,悉本阴阳,知阴阳之为用,则所以教人治性移情之术得矣。奉之言虽为行政而发,然亦可为立教者导也。

太史公曰:“《易》著天地、阴阳、四时、五行,故长于变;《礼》经纪人伦,故长于行;《书》纪先王之事,故长于政;《诗》纪山川溪谷、禽兽草木、牝牡雌雄,故长于风;《乐》乐所以立,故长于和;《春秋》辩是非,故长于治人。”似阴阳变化之学独属于《易》,然董仲舒,治《春秋》者也;魏相治《易》及《明堂月令》,《明堂月令》,礼之属也;翼奉,治《诗》者也。《易》《诗》《礼》《春秋》,皆有阴阳变化之学,则今之学者欲通古代经师之说,不可不于阴阳变化求之,正不独从事教育者当知此学也。

礼 乐

孔子曰："移风易俗，莫善于乐；安上治民，莫善于礼。"礼乐二者，为古圣王道国定民之经纬，宁独有关于教育？顾《内则》称十三学乐，二十学礼，而司徒、保氏所教"六艺"，均有礼乐之目。《文王世子》又曰："春诵，夏弦，大师诏之瞽宗。秋学礼，执礼者诏之。"是礼乐虽非专为教育之用，而言教育则必不可不本于礼乐也。礼制代有因革，礼乐则已失传，然三代时礼乐之精义散见经传、诸子者，尚非更仆所能罄。兹特就礼乐之关于教育者言之，不复泛举礼乐诸论，然古圣王制礼作乐之盛，亦可由此窥其凡矣！

礼乐之关于教育有二义：一则为学者自修之具，一则为学者用世之具。盖学者非自修其身，则无以应世用，而仅知自修心性者，懵然于朝章国故及一切世事所需，则亦不得为成人，故教育必以此二义为祈向，而后所教皆非无用之学。近儒颜习斋氏著《存学编》，申明尧、舜、周、孔三事，六府、六德、六行、六艺之道，明道不在章句，学不在诵读，期如孔门博文约礼，实学、实习、实用之天下，颜氏《学记·与陆道威书》。深得古人教礼乐之义。盖礼乐非空谈所可能，故必须实习礼乐，即当世之所需，故谓为实用。孔子论成人，必归于"文之以礼乐"，而其教人则尚执礼。又曰"立于礼，成于乐"，皆实学、实习、实用也。

《文王世子》曰："凡三王教世子，必以礼乐。乐所以修内也，礼所以修外也；礼乐交错于中，发形于外，是故其成也怿，恭敬而温文。"《乐记》曰:"礼乐不可斯须去身。致乐以治心,则易直子谅之心油然生矣。易直子谅之心生,则乐,乐则安,安则久,久则天,天则神。天则不言而信,神则不怒而威。致乐以治心者也,致礼以治躬则庄敬,庄敬则严威。心中斯须不和不乐,而鄙诈之心入之矣;外貌斯须不庄不敬,而易慢之心入之矣。"此所谓以礼乐为自修之具也。至其节目,则《内则》举其概,而《曲礼》《少仪》详言之。《内则》曰:"七年,男女不同席,不共食。八年,出入门户及即席饮食必后长者,始教之让……十年,出就外傅……衣不帛襦裤,礼帅初,朝夕学幼仪,请肄简谅。十有三年学乐,诵诗,舞《勺》,成童,舞《象》,学射御。二十而冠,始学礼,可以衣裘帛,舞《大夏》,惇行孝弟,博学不教,内而不出。"皆教学者礼乐之阶级。童稚之时,不能学精深之礼乐,故但令之"学幼仪","诵诗",舞象、勺,取其稍可靖其跳荡之气,舒其哀乐之忱者而已。二十之后,渐可自治,礼乐之学亦与年岁并增,则教育之步骤然也。朱子曰:"古者初年入小学,只是教之以事,如礼、乐、射、御、书、数及孝、弟、忠、信之事。自十六七入大学,然后教之以理,如致知、格物及所以为孝、弟、忠、信者。"其言似近礼,而亦大乱真。"六艺"之事,初非尽教之于初入小学之年,大学虽教之以礼,仍系教之以事。《诗》《书》《礼》《乐》为大学之四术,皆事也。

周代教授致用之礼乐,亦有区别。"大司徒……以五礼防万民之伪,而教之中;以六乐防万民之情,而教之和",为教礼乐之总纲。然其教普通人民者,亦非举礼乐之全体教之,故其施十有二教:"一曰以祀礼教敬,则民不苟;二曰以阳礼教让,则民不争;三曰以阴礼教亲,则民不怨;四曰以乐礼教和,则民不乖。"郑注:"阳礼,谓乡射、饮酒之礼也。阴礼,谓男女之礼。"此盖普通人民举行政俗所不可缺者,故司徒以此教之。其助司徒教民者,则有乡师、乡大夫、州长、党正诸职。"乡师……正岁稽其乡器,比共吉凶二服,闾共祭器，族共丧器，党共射器，州共宾器，乡共吉凶礼乐之器”，所以为教民之具也。“乡大夫……三年则大比，考其德行道艺，而兴贤者、能者。乡老及乡大夫帅其吏与其众寡，以礼礼宾之。”又“以乡射之礼五物询众庶：一曰和，二曰容，三曰主皮，四曰和容，五曰兴舞”。“州长……春秋以礼会民，而射于州序”，则司徒所教之阳礼也。“党正……国索鬼神而祭祀，则以礼属民而饮酒于序，以正齿位……凡其党之祭祀、丧纪、昏冠、饮酒，教其礼事，掌其戒禁”，则兼祀礼、阳礼、阴礼而教之。遂大夫之“兴氓”及县正、鄙师之掌政令、祭祀制，亦如六卿。盖古者“礼不下庶人”，乡里编氓所有须于礼乐者，不过祭祀、丧纪、昏冠、饮酒之事，司徒以此教之，则民之情伪已得中和之道，而党、庠、州、序所学，罔非实用之学矣。

至于专门之教，则保氏明著“五礼”之文。郑注：“五礼谓吉、凶、军、宾、嘉也。”“乡三物”之礼，郑亦以此“五礼”释之。考《春官》：“以吉礼事邦国之鬼神示”，其别十有二：“以禋祀祀昊天上帝，以实柴祀日月星辰，以槱燎祀司中、司命、风师、雨师，以血祭祭社稷、五祀、五岳，以貍沈祭山林川泽，以疈辜祭四方百物，以肆献祼享先王，以馈食享先王，以祠春享先王，以禴夏享先王，以尝秋享先王，以烝冬享先王。”“以凶礼哀邦国之忧”，其别有五：“以丧礼哀死亡，以荒礼哀凶札，以吊礼哀祸灾，以禬礼哀围败，以恤礼哀寇乱。”“以宾礼亲邦国”，其别有八：“春见曰朝，夏见曰宗，秋见曰觐，冬见曰遇，时见曰会，殷见曰同，时聘曰问，殷頫曰视。”“以军礼同邦国”，其别有五：“大师之礼用众也，大均之礼恤众也，大田之礼简众也，大役之礼任众也，大封之礼合众也。”“以嘉礼亲万民”，其别有六：“以饮食之礼亲宗族兄弟，以昏冠之礼亲成男女，以宾射之礼亲故旧朋友，以飨燕之礼亲四方之宾客，以脤膰之礼亲兄弟之国，以贺庆之礼亲异姓之国。”此五礼三十六目，皆邦国之大典礼，非小民所当有事，而学校教之何耶？盖学校之所教者，一乡之贤能也；大学之所教者，各校之俊造也；国中小学所教者，贵游之子弟也。此三途之人，求学之意皆在学古入官，备国家之任使，故官师必以“五礼”教之，使之谙练朝廷典制，实学、实习，俾免所学非所用之饥。至于乡校以下之学校，固未尝以此施之也。今人动以古代“六艺”为小学之科目，大误。

保氏“六乐”，郑注：“《云门》《大咸》《大韶》《大夏》《大濩》《大武》也。”“乡三物”之乐，郑亦以此释之，盖据大司乐之文。案，大司乐之教育三：一乐德，中、和、祇、庸、孝、友；一乐语，兴、道、讽、诵、言、语；一乐舞，《云门》《大卷》《大咸》《大韶》《大夏》《大濩》《大武》。郑独以“乐舞”释“六乐”者，“乐德”、“乐语”均可于“乐舞”见之也。“六乐”之用，有分有合。凡祭地亓、祀天神、享人鬼，均分用一代之乐，故“祀天神”，则“奏黄钟、歌大吕、舞《云门》”；“祭地亓”，则“奏大蔟，歌应钟，舞《咸池》”；“祀四望”，则“奏姑洗，歌南吕，舞《大韶》”；“祭山川”，则“奏蕤宾，歌函钟，舞《大夏》”；“享先妣”，则“奏夷则，歌小吕，舞《大濩》”；“享先祖”，则“奏无射，歌夹钟，舞《大武》”。冬日至，祀天于地上之圜丘，则“圜钟为宫，黄钟为角，大蔟为徵，姑洗为羽，靁鼓，靁鼗，孤竹之管，云和之琴瑟，云门之舞”。夏日至，祭地于泽中之方丘，则“函钟为宫，大蔟为角，姑洗为徵，南吕为羽，灵鼓，灵鼗，孙竹之管，空桑之琴瑟，咸池之舞”。禘祭于宗庙之中，则“黄钟为宫，大吕为角，大蔟为徵，应钟为羽，路鼓，路鼗，阴竹之管，龙门之琴瑟，《九德》之歌，《九韶》之舞”。此皆分乐之条目也。至于合乐，则自禘、郊、享、祀、宾、射诸礼咸用之，其乐“以六律、六同、五声、八音、六舞”相为调，合“以致鬼、神、示，以和邦国，以谐万民，以安宾客，以说远人，以作动物”；其乐“一变而致羽物及川泽之示，再变而致裸物及山林之示，三变而致鳞物及丘陵之示，四变而致毛物及坟衍之示，五变而致介物及土示，六变而致象物及天神”。其理之精微，必待大学始可教授，而学者亦必知此始可与于祭射之列，故学者之学乐，亦为用世之具也。

六舞之乐，非一人所能治，而其用之有时，亦不可为居恒陶淑身心之助，故学之但为致用而设。至于平居操缦，歌请明志，则各视性情之所宜，不以兼能为贵。《乐记》曰：“宽而静，柔而正者，宜歌《颂》；广大而静，疏达而信者，宜歌《大雅》；恭俭而好礼者，宜歌《小雅》；正直而静，廉而谦者，宜歌《风》；肆直而慈爱者，宜歌《商》；温良而能断者，宜歌《齐》……《商》者，五帝之遗声也……商人识之，故谓之《商》；《齐》者，三代之遗声也，齐人识之，故谓之《齐》。明乎《商》之音者，临事而屡断；明乎《齐》之音者，见利而让。临事而屡断，勇也；见利而让，义也。有勇有义，非歌孰能保此?”案：此文虽为学者言，然亦可见古人教乐之义。教授音乐，当视学者之性质，一也；五帝三王之声，不必遍习，二也；义勇诸德，视所学而分擅，三也。“六艺”之“六乐”虽为人人通习之科目，然平时讲学，必具此三义则可决也。

乡校之教礼乐，乡师、乡大夫任之；国中小学之教礼乐，保氏任之；至大学之礼乐，则分别时地，各有师承。《文王世子》曰：“凡学世子及学士，必时。春夏学干戈，秋冬学羽籥，皆于东序。小乐正学干，大胥赞之；籥师学戈，籥师丞赞之。胥鼓南。春诵，夏弦，大师诏之瞽宗。秋学礼，执礼者诏之……礼在瞽宗……凡祭与养老乞言合语之礼，皆小乐正诏之于东序。大乐正学舞干戚，语说命乞言，皆大乐正授数，大司成论说在东序。”是春秋之时既殊东序、瞽宗之地，复别而乐正、大师之官尤多也。考《周官》之大司乐，即大乐正；乐师，即小乐正；大师、大胥，籥师，亦皆列职于周官，惟执礼者未能确指何官。《周官》:“小宗伯……掌五礼之禁令与其用等”，又“掌三族之别，以辨亲疏。其正室皆谓之门子，掌其政令。”与诸子联事，疑掌礼者即小宗伯。至大司乐职所谓“凡有道者、有德者使教焉，死则以为乐祖，祭于瞽宗”，则又不在诸实官之列，以此见大学教授亦可云极多矣。

军事教育

周代教育，匿武觌文，故学校教科兼重舞射。司徒教士，必以车甲，皆所以习武备辅文事也。然周代制度，兵农不分，计田治赋，实有全国皆兵之意。故普通教育之外，别有军事教育，以教全国之士庶，非徒恃学校五射、五御及文舞、武舞诸法，遂足以备干城之选也。然周代军事教育既别于学校之普通教育，而其中又有专门、普通之别，是亦不可不考也。

周制因农事而定军令，故“小司徒之职，掌建邦之教法……会万民之卒伍而用之，五人为伍，五伍为两，四两为卒，五卒为旅，五旅为师，五师为军。以起军旅，以作田役，以比追胥，以令贡赋”。又“均土地，以稽其人民，而周知其数。上地，家七人，可任也者家三人；中地，家六人，可任也者二家五人；下地，家五人，可任也者家二人。凡起徒役，毋过家一人，以其馀为羡，唯田与追胥竭作”。六遂军制，亦同此法。盖乡遂不制井田，其军赋以家为本，伍一比，两一闾,卒一族,旅一党,师一州,军一乡,则同隶一军者,恩足相恤,义足相救,服容相别,音声相识,其制善矣!

至于都鄙军制,则与乡遂小异。都鄙以井田为准,“九夫为井,四井为邑,四邑为丘,四丘为甸,四甸为县,四县为都”,郑注《周礼》引《司马法》为证曰:“六尺为步,步百为亩,亩百为夫,夫三为屋,屋三为井,井十为通,通为匹马,三十家,士一人,徒二人。通十为成,成百井,三百家,革车一乘,士十人,徒二十人。十成为终,终千井,三千家,革车十乘,士百人,徒二百人。十终为同,同方百里,万井,三万家,革车百乘,士千人,徒二千人。”盖井田之制,一同之地虽方百里,宫室涂巷三分去一不易,一易再易之,田通率二而当一,故其军赋一同唯有三万家。《汉书·刑法志》引《司马法》,则谓:“四井为邑,四邑为丘。丘,十六井也,有戎马一匹,牛三头。四丘为甸,甸,六十四井也,有戎马四匹,兵车一乘,牛十二头,甲士三人,卒七十二人。干戈备具,是谓乘马之法。”黄以周谓古代出征之兵有二:境内御戎,则用乘马之法,甲士少而步卒多,故名其乘曰长毂。出征异国,则用前法,步卒少而甲士多,故名其乘曰革车。要之。周之军制,六乡为正,六遂为副,皆出军而不出车;而公邑、丘甸共其车牛、輂辇及任载之役,若乡遂兵不足,征及公邑,则出兵兼出车,井出一人为兵,馀家共其车牛、兵器及粮食。故其军赋先乡遂次公邑,及三等采赋犹不足,则征兵于诸侯。此其法之可考而知者也。

乡遂、都鄙之民既皆负荷军役,则未事之先不可无以教之。周代军事、普通教育皆于四时农隙施之。《汉志》所谓“春振旅以蒐,夏拔舍以苗,秋治兵以狝,冬大阅以狩,皆于农隙以讲事也”。而其法则详见于《周官》大司马之职。《周官》曰:“中春,教振旅,司马以旗致民,平列陈,如战之陈。辨鼓铎镯铙之用,王执路鼓,诸侯执贲鼓，军将执晋鼓，师帅执提，旅帅执鼙，卒长执铙，两司马执铎，公司马执镯，以教坐作进退疾徐疏数之节。遂以蒐田，有司表貉，誓民，鼓，遂围禁，火弊，献禽以祭社。”此所谓“春振旅以蒐”也。“中夏，教茇舍，如振旅之陈。群吏撰车徒，读书契，辨号名之用，帅以门名，县鄙各以其名，家以号名，乡以州名，野以邑名，百家各象其事，以辨军之夜事，其他皆如振旅。遂以苗田，如蒐之法，车弊，献禽以享礿。”此即所谓“夏拔舍以苗”也。“中秋，教治兵。如振旅之陈。辨旗物之用，王载大常，诸侯载旂，军吏载旗，师都载旜，乡遂载物，郊野载旐，百官载旟，各书其事与其号焉，其他皆如振旅。遂以猕田，如蒐田之法，罗弊，致禽以祀祊”，此所谓“秋治兵以猕”也。“中冬，教大阅。前期，群吏戒众庶，修战法，虞人莱所田之野，为表，百步则一，为三表，又五十步为一表。田之日，司马建旗于后表之中，群吏以旗物、鼓铎、镯铙，各帅其民而致。质明，弊旗，诛后至者，乃陈车徒，如战之陈。皆坐，群吏听誓于陈前，斩牲以左右徇陈曰：‘不用命者，斩之。’中军以鼙令鼓，鼓人皆三鼓，司马振铎，群吏作旗，车徒皆作，鼓行，鸣镯，车徒皆行，及表乃止。三鼓，摝铎，群吏弊旗，车徒皆坐。又三鼓，振铎，作旗，车徒皆作，鼓进，鸣镯，车骤徒趋，及表乃止，坐作如初。乃鼓，车驰徒走，乃表乃止……乃鼓，退，鸣铙且却，及表乃止，坐作如初。遂以狩田，以旌为左右和之门，群吏各帅其车徒，以叙和出。左右陈车徒，有司平之。旗居卒间以分地，前后有屯百步，有司巡其前后。险野，人为主；易野，车为主。既陈，乃设驱逆之车，有司表貉于陈前。中军以鼙令鼓，鼓人皆三鼓，群司马振铎，车徒皆作，遂鼓行，徒衔枚而进。大兽公之，小禽私之，获者取左耳。及所弊，鼓皆駴，车徒皆噪，徒乃弊，致禽馌兽于郊。入，献禽以享烝”，此所谓“冬大阅以狩”也。三时之教,皆列陈法,而春辨鼓铎镯铙之用,夏辨车徒书契号名之用,秋辨旗物之用,皆以为冬时大阅之备,所谓"群吏戒众庶,修战法"者,即春、夏、秋三时所教之法也。三时分教,一时总而习之,比、闾、族、党之人竭作以听教训,其教可谓善矣!

周代四时之教,尽人皆受之教育也。然人之于执干戈以卫社稷,固亦有能否之判,故普通之人不能尽驱之而赴战地,非加简选末由区别。《月令》:"孟秋之月……天子乃命将帅选士厉兵,简练桀俊,专任有功,以征不义;诘诛暴慢,以明好恶,顺彼远方。"盖在民兵之中又加之以选择,而施之以教育也。《吕氏春秋》有《简选篇》曰:"世有言曰:'驱市人而战之,可以胜人之厚禄教卒;老弱罢民,可以胜人之精士练材;离散系累,可以胜人之行陈整齐;锄櫌白梃,可以胜人之长铫利兵。'此不通乎兵者之论。今有利剑于此,以刺则不中,以击则不及,与恶剑无择,为是斗因用恶剑则不可。简选精良,兵械铦利,发之则不时,纵之则不当,与恶卒无择,为是战因用恶卒则不可。王子庆忌、陈年犹欲剑之利也。简选精良,兵械铦利,令能将将之。古者有以王者,有以霸者矣,汤、武、齐桓、晋文、吴阖庐是矣。殷汤良车七十乘,必死六千人,以戊子战于郕,遂禽推移、大牺……武王虎贲三千人,简车三百乘,以要甲子之事于牧野,而纣为禽……齐桓公良车三百乘,教卒万人,以为兵首,横行海内,天下莫之能禁……晋文公造五两之士五乘,锐卒千人,先以接敌,诸侯莫之能难……吴阖庐选多力者五百人,利趾者三千人,以为前陈,与荆战,五战五胜,遂有郢……故凡兵势险阻,欲其便也;兵甲器械,欲其利也;选练角材,欲其精也;统率士民,欲其教也。此四者,义兵之助也。"由此言之,汤武之兵,亦多出于简选。《月令》孟秋之"选士厉兵,简练桀俊",疑必周家之旧典,与四时之田猎相辅并行，皆所谓统率士民欲其教也。《荀子·议兵篇》曰："齐之技击不可以遇魏氏之武卒，魏氏之武卒不可以遇秦之锐士，秦之锐士不可以当桓、文之节制，桓、文之节制，不可以敌汤、武之仁义。"此别是一义，虽汤、武之仁义，亦不能驱市人而胜厚禄教卒也。

至于专门教育，则又别有专官掌之，如"宫正掌王宫之戒令纠禁，以时比宫中之官府，次舍之众寡，为之版以待。夕击柝而比之，国有故则令宿，其比亦如之。辨内、外而时禁，稽其功绪，纠其德行，几其出入，均其稍食，去其淫怠与其奇邪之民，会其什伍而教之道艺"。"宫伯掌王宫之士、庶子凡在版者，掌其政令，行其秩叙，作其徒役之事，授八次、八舍之职事。""诸子掌国子之倅，掌其戒令与其教治，辨其等，正其位。国有大事，则帅国子而致于太子，惟所用之。若有兵甲之事，则授之车甲，合其卒伍，置其有司，以军法治之，司马弗正……凡国之政事，国子存游倅，使之修德学道。春合诸学，秋合诸射，以考其艺而进退之。"盖古代将帅皆以公卿大夫充之，公卿大夫之子，即所谓国子，储为异日公卿大夫之选者也。教授国子，必使之练习典兵治戎之法，以备异日身为卿士统率军旅，不可侪之小民仅与四时田猎之役，故士庶子或卫王宫，或隶太子，即今之禁卫军。然宫中别有宫府列什伍而居次舍，使之如临戎帐，即黄帝以师兵为营卫之遗意。而此诸子不第习于兵甲之事，又必根据道艺以为战陈之本，度其所教，必非若有司之选士练兵之所为矣。

大司马之所教，军旅也；宫伯、宫正、诸子之所教，将帅也。然而勇力之士犹不可即此求之，故"司右掌群右之政令，凡军旅会同，合其车之卒伍而比其乘，属其右。凡国之勇力之士能用五兵者属焉,掌其政令"。盖诸子及众庶之中有勇力者又别设一专官以掌其属,则其人既不归农又不讲学,其朝夕所肄习者皆击刺翘扛之法,亦专门教育之一也。

《管子》曰:"三官不缪,五教不乱,九章著明,则危危而无害,穷穷而无难。故能致远以数,纵强以制。三官:一曰鼓,鼓所以任也,所以起也,所以进也;二曰金,金所以坐也,所以退也,所以免也;三曰旗,旗所以立兵也,所以利兵也,所以偃兵也。此之谓三官。有三令而兵法治也。五教:一曰教其目以形色之旗,二曰教其身以号令之数,三曰教其足以进退之度,四曰教其手以长短之利,五曰教其心以赏罚之诚。五教各习,而士负以勇矣。九章:一曰举日章则昼行,二曰举月章则夜行,三曰举龙章则行水,四曰举虎章则行林,五曰举鸟章则行陂,六曰举蛇章则行泽,七曰举鹊章则行陆,八曰举狼章则行山,九曰举韟章则载食而驾。九章既定而动静不过。三官、五教、九章始于无端,卒乎无穷。始于无端者,道也;卒乎无穷者,德也。"《兵法篇》。《管子》所谓道德,疑即《周官》所谓道艺。而三官、五教、九章之目,又多与夏官所教战法相合,此古代军事教育细目之仅存者也。

春秋诸国教育

西周之制,大学、小学、乡学、女学靡不毕举,然亦止于畿内,诸侯之国之学制,传者盖寡。周室东迁,王纲解纽,学、校、庠、序废坠无闻,而春秋二百四十年中诸侯学校之制见于经传者,亦只鲁僖公之立泮宫、郑子产之不毁乡校二事，外此诸国几未闻其有一二学校如官礼所言者，岂书阙有间欤？抑东周之时，自天子至于诸侯，概乎不以学校为事也？余读《王制》论诸侯之制曰："天子命之教，然后为学。小学在公宫南之左，大学在郊。天子曰辟雍，诸侯曰頖宫。"郑康成以为殷制，窃疑周代亦循此法。天子畿内，学校林立，而诸侯之国则必待命而后敢为，故西周诸侯未闻有以兴学显者，惟鲁得立四代之学。《明堂位》曰："米廪，有虞氏之庠也；序，夏后氏之序也；瞽宗，殷学也；頖宫，周学也。"此因周公有大勋劳于天下，故天子以此章之，非他诸侯所敢希冀。鲁僖公当周衰之后，眷怀旧勋，重修頖宫，"载色载笑"，以教育为事，洵非常之盛典，故诗人美而颂之。此与《王制》所谓"天子命之教，然后为学"及"诸侯曰頖宫"之文相合。至于郑之乡校，则非天子所命，特周家畿内遗制，郑苟循国家定例，势不能存此一校，故在他人执政时，不能察国家之掌故，懵然一仍其旧，惟博物之子产能识其违制而欲毁之，虽因乡人游校而发，初非禁其论执政也。学者识此二义，即可晓然于春秋诸国无学校之故，不得以西周畿内制度绳之。然春秋诸国虽无学校，然亦未尝无教育，大概国家有保傅之官，小民受家庭之教，而官师之学，亦间有传其世者，此东、西二周不同之大要也。

曰：何以知春秋诸国虽无学校，未尝无教育？曰：以《管子》定之。《管子》曰："卫国之教，危傅以利。公子开方之为人也，慧以给，不能久而乐始，可游于卫。鲁邑之教，好迩而训于礼。季友之为人也，恭以精，博于粮，多小信，可游于鲁。楚国之教，巧文以利，不好立大义，而好义小信。蒙孙博于教，而文巧于辞，不好立大义，而好结小信，可游于楚。小侯既服，大侯既附，夫如是，则始可以施政矣！"《大匡篇》。由此言之，鲁、卫、楚诸国，固皆有特别之教育也。

《左传》谓卫文公“务材训农,通商惠工,敬教劝学,授方任能”,《左传·闵公二年》。又谓晋之士“竞于教”,则各国有教育之确证也。

曰:何以知其国家有保傅之官也?曰:以内外傅及诸子知之。鲁闵公有“傅夺卜齮田,公不禁”。《左传·闵公二年》。是鲁有傅也。晋献公“使荀息傅奚齐”。《左传·僖公九年》。是晋有傅也。齐僖公“使鲍叔傅小白”,《管子·大匡篇》。“高厚傅牙以为太子”。《左传·襄公十九年》。是齐有傅也。楚庄王方弱,“王子燮为傅”,及即位,又“使士亹傅太子葴”。《国语》。是楚有傅也。又有僭称太傅者,如晋之“太傅阳子”,《左传·文公六年》。及“使士渥浊为太傅”,《左传·成公十八年》。士会“为太傅”《左传·宣公十六年》是。又有少傅以贰傅者,如齐“夙沙卫为少傅”《左传·襄公十九年》是。又有不设傅而设师者,如楚庄王以“申公子仪父为师”,《国语》。穆王师潘崇后以为“太师”,《左传·文公二年》。及楚平王“生太子建……使伍奢为之师,费无极为少师”《左传·昭公十九年》是。至若晋之“太师贾佗”,《左传·文公六年》。则与太傅并设者也。师傅之外,又有保。荆文王之保名申,见《吕氏春秋》及《说苑》。《吕氏春秋》作“葆申”,葆,即保也。《大戴记》所谓“保,保其身体;傅,傅其德义;师,导之教训”者,春秋时无不有之,恶得谓春秋诸国不知教育乎?国君之子,有师,有傅,有保。而国君之妻女,亦有傅、姆。庄姜操行衰惰,傅母谕之;《列女传》。宋共姬不见傅母不下堂,《公羊传》。是女子之教育亦有可称也。至于择傅之法,则必以通知教育者任之。《晋语》曰:“君知士贞子之帅志博闻而宣惠于教也,使为太傅。”是其证。至于傅之立教,则详于申叔时告子亹之语。叔时曰:“教之《春秋》,而为之耸善而抑恶焉,以戒劝其心;教之《世》,而为之昭明德而废幽昏焉,以休惧其动;教之《诗》,而为之导广显德,以耀明其志;教之礼,使知上下之则;教之乐,以疏其秽而镇其浮;教之《令》,使访物官;教之《语》,使明其德,而知先王之务,用明德于民也;教之《故志》,使知废兴者而戒惧焉;教之《训典》,使知族类,行比义焉。若是而不从,动而不悛,则文咏物以行之,求贤良以翼之。悛而不摄,则身勤之,多训典刑以纳之,务慎惇笃以固之。摄而不彻,则明施舍以道之忠,明久长以道之信,明度量以道之义,明等级以道之礼,明恭俭以道之孝,明敬戒以道之事,明慈爱以道之仁,明昭利以道之文,明除害以道之武,明精意以道之罚,明正德以道之赏,明齐肃以耀之临。若是而不济,不可为也。且夫诵诗以辅相之,威仪以先后之,体貌以左右之,明行以宣翼之,制节义以动行之,恭敬以临监之,勤勉以劝之,孝顺以纳之,忠信以发之,德音以扬之,教备而不从者,非人也,其可兴乎?"《楚语》。为傅者之教,必若是之完备,然后为胜其任,亦可见春秋时人研究教育较之周初尤有进步,正不独葆申笞责之法沿前代"扑作教刑"之风也。

春秋列国掌教之官以晋为多,师傅之外,又有公族大夫专司教育。《晋语》栾伯请公族大夫,悼公曰:"荀家惇惠,荀禬文敏,黡也果敢,无忌镇静,使兹四人者为之。夫膏粱之性难正也,故使惇惠者教之,使文敏者导之,使果敢者谂之,使镇静者修之。惇惠者教之,则遍而不倦;文敏者导之,则婉而入;果敢者谂之,则过不隐;镇静者修之,则壹。使兹四人者为公族大夫。"《左传》亦曰:"荀家、荀会、栾黡、韩无忌为公族大夫,使训卿之子弟共俭孝弟。"《成公十八年》。疏谓"公族大夫职掌教诲"。案:晋之有公族大夫,盖在晋献公以前。《左传》曰:"初,骊姬之乱,诅无畜群公子,自是晋无公族。及成公即位,乃宦卿之适子而为之田,以为公族。又宦其馀子,亦为馀子;其庶子为公行,晋于是有公族、馀子、公行。"是晋当骊姬未乱之前固有公族也。《国语》:“晋公子……长事贾佗……贾佗,公族也,而多识以恭敬。”韦注:“公族,姬姓也”,殊非本义。贾佗盖本为公族大夫,以骊姬之乱故从重耳出亡,其曰公族者,省文也。《左传·襄公七年》:“公族穆子有疾疾。”注:“穆子,韩厥长子……为公族大夫。”是公族大夫省称公族之证。春秋之时,晋霸最久,人才最多,其亦教育之效使然欤!晋悼之时,不独公族大夫及太傅掌教育也。其他官守亦师教训。《传》曰:“右行辛为司空,使修士芳之法。弁纠御戎,校正属焉,使训诸御知义。荀宾为右,司士属焉,使训勇力之士时使……祁奚为中军尉,羊舌职佐之;魏绛为司马,张老为候奄。铎遏寇为上军尉,籍偃为之司马,使训卒乘,亲以听命。程郑为乘马御,六驺属焉,使训群驺知礼。”是晋室诸官咸通教训之法也。

曰:何以知小民则受家庭之教也?曰:以《管子》知之。《管子》曰:“士农工商,四民者,国之石民也,不可使杂处。杂处则其言哤,其事乱。是故圣王之处士必于闲燕,处农必就田野,处工必就官府,处商必就市井。今夫士,群萃而州处,闲燕则父与父言义,子与子言孝,其事君者言敬,长者言爱,幼者言弟,旦昔从事于此,以教其子弟。少而习焉,其心安焉,不见异物而迁焉。是故其父兄之教,不肃而成;其子弟之学,不劳而能。夫是,故士之子常为士。今夫农,群萃而州处,审其四时权节,具备其械器,用比耒耜穀芨。及寒,击稿除田,以待时乃耕。深耕、均种、疾耰,先雨芸耨,以待时雨。时雨既至,挟其枪刈耨镈,以旦暮从事于田野,税衣就功,别苗莠,列疏遬,首戴苎蒲,身服袯襫,沾体涂足,暴其发肤,尽其四支之力,以疾从事于田野。少而习焉,其心安焉,不见异物而迁焉。是故其父兄之教,不肃而成;其子弟之学,不劳而能。是故农之子常为农。朴野而不慝,其秀才之能为士者,则足赖也。故以耕则多粟,以仕则多贤,是以圣王敬畏戚农……今夫工,群萃而州处,相良材,审其四时,辨其功苦,权节其用,论比计制,断器尚完利。相语以事,相示以功,相陈以巧,相高以知事。旦昔从事于此,以教其子弟。少而习焉,其心安焉,不见异物而迁焉。是故其父兄之教,不肃而成;其子弟之学,不劳而能。夫是,故工之子常为工。今夫商,群萃而州处,观凶饥,审国变,察其四时,而监其乡之货,以知其市之贾。负任担荷,服牛辂马,以周四方,料多少,计贵贱,以其所有,易其所无,买贱鬻贵。是以羽旄不求而至,竹箭有馀于国,奇怪时来,珍异物聚。旦昔从事于此……是故其父兄之教,不肃而成;其子弟之学,不劳而能。夫是,故商之子常为商。"《小匡篇》。西周之制,塾、庠、序、校按年而入,不问其为谁氏之子,至管子治齐之时,则士、农、工、商四民分居,而教育子弟之责,专为属于其父兄。推其立教之法,较之前代各有得失。前代教育以官掌之,师儒既少,势难普及,所教学科又不分类,学成任事尚需专求所业;若如管子之法,则分教官之职于小民,无庸设官置吏,而家庭之教又能实授所业之秘,其制善矣!然学业虽以分治而精,而四民各限于所习,不能就姿性而改就他途,则人民之知识必多囿于一偏,而不易求其进步,此则管子之弊也。然四民分业而教,固当时各国所同,非独管子治齐为然。晋士会之论楚曰:"商、农、工、贾,不败其业。"《左传·宣公十二年》。楚子囊之论晋曰:"其士竞于教,其庶人力于农穑,商、工、皂、隶,不知迁业。"《左传·襄公九年》。不败不迁,即《管子》所谓某之子常为某也。家庭教育之盛,诸霸国固出一辙矣。

顾春秋之时,教育子弟之事虽听人民之自为风气,然国家亦未尝不教民也。《传》曰:"晋侯始入而教其民,二年,欲用之。子犯曰:'民未知义,未安其居。'于是乎出定襄王,入务利民,民怀生矣。

将用之,子犯曰:'民未知信,未宣其用。'于是乎伐原以示之信。民易资者,不求丰焉,明征其辞。公曰:'可矣乎?'子犯曰:'民未知礼,未生其共。'于是乎大蒐以示之礼,大蒐之礼为教民之要事。《穀梁》曰:"大阅者何?阅兵车也。修教明谕,国道也。"大阅为修教明谕,可知阅兵之事,即国家教育。作执秩以正其官。民听不惑,而后用之。出谷戍,释宋围,一战而霸,文之教也。"《僖公二十七年》。此晋君教民之证。又曰:"楚自克庸以来,其君无日不讨国人而训之,于民生之不易、祸至之无日、戒惧之不可以怠;在军无日不讨军实而申儆之,于胜之不可保、纣之百克而卒无后,训之以若敖、蚡冒筚路蓝缕以启山林。箴之曰:'民生在勤,勤则不匮。'"《宣公十二年》。此楚君教民之证。特其教训不若学校之制定地域、限以时期,故其君之贤者,则优为之;不肖者,则废弃而不举耳。越王勾践"十年生聚,十年教训",似其教有时限,然《越语》所载,亦仅"令孤子、寡妇、疾疹、贫病者纳官其子,其达士洁其居,美其服,饱其食,而摩厉之以义"等语,未闻其复古学校之法。

春秋之时,官家虽未闻有学校,而家塾规则之严,尚有可考。《管子·弟子职》曰:"先生施教,弟子是则。温恭自虚,所受是极。见善从之,闻义则服。温柔孝悌,毋骄恃力。志毋虚邪,行必正直。游居有常,必就有德。颜色整齐,中心必式。夙兴夜寐,衣带必饬。朝益暮习,小心翼翼。一此不解,是谓学则。"盖家塾规则之总纲也。次曰:"少者之事,夜寐蚤作。既拚盥漱,执事有恪。摄衣共盥,先生乃作。沃盥彻盥,泛拚正席,先生乃坐。出入恭敬,如见宾客。危坐乡师,颜色毋怍。"则早作之规则也。次曰:"受业之纪,必由长始。一周则然,其馀则否。始诵必作,其次则已。凡言与行,思中以为纪。古之将兴者,必由此始。后至就席,狭坐则起。若有宾客,弟子骏作。对客无让,应且遂行。趋进受命,所求虽不在,必以反命。反坐复业，若有所疑，捧手问之。师出皆起。”则受业及对客之规则也。次曰：“至于食时，先生将食，弟子馔馈。摄衽盥漱，跪坐而馈。置酱错食，陈膳毋悖。凡置彼食，鸟兽鱼鳖。必先菜羹，羹胾中别。胾在酱前，其设要方。饭是为卒，左酒右酱。告具而退，捧手而立。三饭二斗，左执虚豆，右执挟匕。周还而贰，唯嗛之视。同嗛以齿，周则有始。柄尺不跪，是谓贰纪。先生已食，弟子乃彻。趋走进漱，拚前敛祭。”则馔馈之规则也。次曰：“先生有命，弟子乃食。以齿相要，坐必尽席。饭必捧揽，羹不以手。亦有据膝，毋有隐肘。既食乃饱，循咡覆手。振衽扫席，已食者作。抠衣而降，旋而乡席。各彻其馈，如于宾客。既彻并器，乃还而立。”则同食之规则也。次曰：“凡拚之道，实水于盘，攘臂袂及肘。堂上则播洒，室中握手。执箕膺揲，厥中有帚。入户而立，其仪不忒。执帚下箕，倚于户侧。凡拚之纪，必由奥始。俯仰磬折，拚毋有彻。拚前而退，聚于户内。坐板排之，以叶适己。实帚于箕，先生若作，乃兴而辞。坐执而立，遂出弃之。既拚反立，是协是稽，暮食复礼。”则洒扫之规则也。次曰：“昏将举火，执烛隅坐。错总之法，横于坐所。栉之远近，乃承厥火。居句如矩，蒸间容蒸。然者处下，捧碗以为绪。右手执烛，左手正栉。有堕代烛，交坐毋倍尊者。乃取厥栉，遂出是去。”则执烛之规则也。次曰：“先生将息，弟子皆起。敬奉枕席，问所何趾。俶衽则请，有常则否。”则请衽之规则也。次曰：“先生既息，各就其友。相切相磋，各长其仪。周则复始，是谓弟子之纪。”则退息之规则也。古代学塾，饮食起居诸事皆弟子为师服其劳，《吕氏春秋·尊师篇》所言，亦与此文大致相近，皆可考见古代弟子事师之礼。今之学校，饮食起居诸事皆师长为弟子谋之，谋之而不善，则弟子诟病其师，哗嚣斗哄，无所不至，教育之无效，即此可以推矣。

家塾之规则严，而后学者之成就速；学者有所成就，则国家亦举而用之。《管子》曰："正月之朝，五属大夫复事于公……公又问焉，曰：'于子之属，有居处为义好学，聪明质仁，慈孝于父母，长弟闻于乡里者，有则以告。有而不以告，谓之蔽贤，其罪五。'有司已事而竣。公又问焉，曰：'于子之属，有拳勇股肱之力，秀出于众者，有则以告。有而不以告，谓之蔽才，其罪五。'"是即周宜兴其贤者，能者之法也。《管子》又曰："令晏子进贵人之子，出不仕，处不华，而友有少长，为上举，得二为次，得一为下。士处靖，敬老与贵，交不失礼，行此三者为上举，得二为次，得一为下。耕者农农用力，应于父兄，事贤多，行此三者为上举，得二为次，得一为下。令高子进工贾，应于父兄，事长养老，承事敬，行此三者为上举，得二者为次，得一者为下。"《大匡篇》。则又因其所业，而分其选举之法，与家庭教育相应，其法可谓善矣！然善者宜举，而不善者无以儆之，未足尽教育之用也。《管子》又曰："于子之属，有不慈孝于父母，不长弟于乡里，骄躁淫暴，不用上令者，有则以告。有而不以告者，谓之下比，其罪五。"则又仿《周官》八刑纠民之法而施之，孰谓春秋列国与西周之法制不同哉？

卷　五

明堂太学制度

周代大学制度，辟雍居中，成均南，虞庠北，东序东，瞽宗西，其制盖出于明堂。金鹗曰："古者天子立五学，以法五行，犹朝廷有五官，明堂有五室也。"《求古录礼说》。其言最得圣王立学之意。故考周代之学校，不可不究明堂之遗制。自汉以来，诸儒论明堂者言人人殊，五室、九室、十二室之制及夏、商、周、秦殊异之处，更仆难罄，今但节取经传之可通者，证以明堂、太学分合之说，以明立教之所本焉。

明堂始于神农。《初学记》引《黄图》许令褒等议曰："明堂盖兴黄帝、尧、舜之世。"则黄帝之合宫，尧之衢室，舜之格文祖、辟四门，皆明堂之制也。然《周官》《戴记》《周书》所言，则皆三代之制，自舜以前特略存梗概而已。《史记》称"公王带上黄帝时明堂图。明堂图中有一殿，四面无壁，以茅盖，通水，圜宫垣为复道，上有楼，从西南入，命曰昆仑，天子从之入，以拜祠上帝焉"。水圜宫垣，盖辟雍之制所由来也。爰迄唐虞，始设五府，有堂有室，而五学之制肇焉。《尚书帝命验》云:"帝者承天立五府……〔苍曰灵府,〕赤曰文祖,黄曰神斗,白曰显纪,黑曰玄矩(,苍曰灵府)。"以舜格文祖之文证之,则五府自为祀神而作。太学之有五,特仿其制而已。

《考工记》:"夏后氏世室,堂修二七,"二"字衍文。广四修一。五室,三四步,四三尺。九阶,四旁两夹窗,白盛。门堂三之二,室三之一。殷人重屋,堂修七寻,堂崇三尺,四阿重屋。"《周书》:"明堂方百一十二尺,高四尺,阶广六尺三寸。室居中,方百尺,室中方六十尺。户高八尺,广四尺。"黄以周谓周初明堂实承殷制,其面积较小于夏。然夏曰世室,室之至大者也;殷曰重屋,屋之至高者也,以之藏明法,教天下。《孔子三朝记》曰:"成汤受天命,作八政,命于总章,武丁即位,开先祖之府,取其明法,以为君臣上下之节。"盖较唐虞为盛矣。至于周之明堂,又兼二代之制,度九尺之筵,东西九筵,南北七筵,堂崇一筵。五室,凡室二筵。四向五色,各以其方名之,中为太室,东曰青阳,南曰明堂,西曰总章,北曰玄堂。天子听朔,依时气而居其方,而大政大教咸于是乎出焉,此三代之通制也。

《大戴记》:"明堂者,古有之也。凡九室,一室而有四户八牖,三十六户,七十二牖。以茅盖屋,上圆下方……赤缀户也,白缀牖也。二九四七五三六一八。堂高三尺,东西九筵,南北七筵,上圆下方。九室十二堂,室四户,户二牖。"其制与《考工记》异,故说经者多以五室之制牵附九室、十二堂之制,然其数终不可合。黄以周申郑驳异义之文,以为是秦汉之制,盖犹合宫、衢室之变为世室、重屋。时代愈降,则建筑之事愈繁密也。

前儒论明堂者,多以为辟雍、大学异名而同实。《诗·灵台》疏引《五经异义》云:"《韩诗》说:'辟雍者,天子之学……立明堂于中。'《文选·东京赋》李注引《三辅黄图》:'马宫奏曰:明堂、辟雍,其实一也。'而其说之最辩者，则有颖子容、蔡邕二家。颖氏《春秋释例》曰：'太庙有八名，其体一也。肃然清静，谓之清庙；行禘祫，序昭穆，谓之太庙；告朔行政，谓之明堂；行飨射，养国老，谓之辟雍；占云物，望气祥，谓之灵台。其四门之学，谓之太学；其中室，谓之太室；总谓之宫。"见《诗·灵台》疏。蔡氏《明堂月令论》曰："明堂者，天子太庙，所以崇礼其祖，以配上帝者也……'圣人南面而听天下，乡明而治'，人君之位，莫正于此焉。故虽有五名，而主以明堂也。其正中皆曰太庙，谨承天顺时之令，昭令德宗祀之礼，明前功百辟之劳，起尊老敬长之义，显教幼诲稚之学，朝诸侯、选造士于其中，以明制度。生者乘其能而至，死者论其功而祭，故为大教之宫，而四学具焉，官司备焉，譬如北辰，居其所而众星拱之，万象翼之，政教之所由生，变化之所由来，明一统也。故言明堂，事之大，义之深也。取其宗祀之貌，则曰清庙；取其正室之貌，则曰太庙；取其尊崇，则曰太室；取其乡明，则曰明堂；取其四门之学，则曰太学；取其四面周水圆如璧，则曰辟雍，异名而同事，其实一也。"

《诗·灵台》疏引袁准①《正论》驳之曰："明堂、宗庙、太学，礼之大物也，事义不同，各有所为……取诗书放逸之文、经典相似之语而致之，不复考之人情，验之道理，失之远矣。夫宗庙之中，人所致敬，幽隐清静，鬼神所居。而使众学处焉，飨射其中，人鬼慢黩，死生交错，囚俘截耳，疮痍流血，以干犯鬼神，非其理矣……自古帝王必立大、小之学，以教天下，有虞氏谓之上庠、下庠，夏后氏谓之东序、西序，殷谓之右学、左学，周谓之东胶、虞庠，皆以养老乞言。《明堂位》曰：'瞽宗，殷学也。'周置师保之官，居虎门之侧，然则学宫非一

① 袁准，字孝尼，陈郡扶乐人。魏国郎中令涣第四子，仕魏未详。入晋拜给事中。有《仪礼丧服经》注一卷，《袁子正论》十九卷，《正书》二十五卷，《集》二卷。

处也。《文王世子》:'春夏学干戈,秋冬学羽籥,皆于东序。'又曰:'秋学礼,冬读书。礼在瞽宗,书在上庠。'此周立三代之学也。可谓立其学,不可谓立其庙,然则太学非宗庙也。又曰'世子齿于学,国人观之',宗庙之中,非百姓所观也。《王制》曰:'周人养国老于东胶。'不曰辟雍;'养国老于右学,养庶老于左学'。宗庙之尊,不应与小学为左右也。辟雍之制,圆之以水,圆象天,取生长也;水润下,取其惠泽也;水必有鱼鳖,取其所〔以〕养也。是故明堂者,大朝诸侯讲礼之处;宗庙,享鬼神岁觐之宫;辟雍,大射养孤之处;大学,众学之居;灵台,望气之观;清庙,训俭之室。各有所为,非一体也。"

按:蔡氏以明堂为大教之宫,其说本于《乐记》。《记》曰:"武王克殷……散军而郊射,左射《貍首》,右射《驺虞》,而贯革之射息也。裨冕搢笏,而虎贲之士说剑也。祀乎明堂,而民知孝。朝觐,然后诸侯知所以臣;耕藉,然后诸侯知所以敬。五者,天下之大教也。食三老、五更于太学,天子袒而割牲,执酱而馈,执爵而酳,冕而总干,所以教诸侯之弟也。若此,则周道四达,礼乐交通。"据此文观之,"祀乎明堂",特五大教之一。而《记》文又于明堂之外,特著太学之名,是明堂虽亦可以布教,而布教之地及布教之法,初不限于明堂一地,必谓明堂无关于教育,不可;必谓明堂与太学异名而同实,亦不可也。五学之制,始于有周。唐、虞、夏、商之上庠、下庠,东序、西序诸学,皆只有二。而夏、商世室、重屋已有五室,何以周人立四代之学,顾反并入明堂?此亦可见五学之制为仿明堂,非即明堂矣!

阮元《明堂论》曰:"粤惟上古,水土荒沉,橧穴犹在,政教朴略,宫室未兴。神农氏作,始为帝宫,上圆下方,重盖以茅,外环以水,足以御寒暑,待风雨,实惟明堂之始。明堂者,天子所居之初名也。是故祀上帝则于是,祭先祖则于是,朝诸侯则于是,养老尊贤教国子则于是，飨射献俘馘则于是，治天文告朔则于是，抑且天子寝食恒于是，此古之明堂也。黄帝、尧、舜氏作，宫室乃备。洎夏、商、周三代，文治益隆，于是天子所居，在邦畿王城之中，三门三朝，后曰路寝，四时不迁。路寝之制，准郊外明堂四方之一，乡南而治，故路寝犹袭古号曰明堂。若夫祭昊天上帝则有圜丘，祭祖考则有应门内左之宗庙，朝诸侯则有朝廷，养老尊贤教国子献俘馘则有辟雍学校。其地既分，其礼益备，故城中无明堂也。然而圣人事必师古，礼不忘本，于近郊东南，别建明堂，以存古制。藏古帝治法册典于此，或祀五帝，布时令，朝四方诸侯，非常典礼乃于此行之，以继古帝王之迹。譬之上古，衣裳未成，始有韨皮，椎轮初制，惟尚越席，后世圣人，采备绘绣，无废赤芾之垂，车成金玉，不增大辂之饰。此后世之明堂也。自汉以来，儒者惟蔡邕、卢植实知异名同地之制，尚昧上古、中古之分。后之儒者，执其一端，以蔽众说，分合无定，制度鲜通，盖未能融洽经传，参验古今，二千年来，遂成绝学。试执吾言以求之，经史百家，有相合无相戾者，勒书一卷，以备稽览，括其大旨，著于斯篇。"《揅经室集》。按：阮氏以上古、中古定明堂与庙学朝寝之分合，实能发明古代进化之理，惟经传所言祀享、朝觐、养老、教士之制之行于明堂者，大率皆指黄帝、尧、舜以后之事，阮氏断以为古之明堂，亦未能剬制众说，惟准其言推之，周代五学为仿明堂，而非明堂，则可断言耳！

天命性道之教

《中庸》曰："天命之谓性，率性之谓道，修道之谓教。"《论语》

子贡曰:“夫子之文章,可得而闻也;夫子之言性与天道,不可得而闻也。”《史记》作“夫子之言天道与性命,不可得而闻”。两书之意似相径庭。以《中庸》之意言之,则教育之本必推原于天命性道;以子贡之言考之,则吾国最大之教育家如孔子者,所言之性与天道尚不能尽人皆得而闻之,此研究古代教育之一大疑窦也。今以诸经考之,学校之教科,惟“至德以为道本”一条为施之学者之事,其他经传所言天命性道诸奥旨,皆非教授学者之言。盖天命性道为施教育者所不可不知,而非受教育者所不可不闻之学也。颜元曰:“圣人学、教、治,皆一致也。‘民可使由之,不可使知之’,是孔子明言千圣百王持世成法,守之则易简而有功,失之徒繁难而寡效,故罕言命,自处也;性道不可得闻,教人也;立法鲁民歌怨,为治也。他如‘予欲无言’‘无行不与’‘莫我知’诸章,何莫非此意哉!当时及门皆望孔子以言,孔子惟率之以下学而上达,非吝也,学、教之成法固如是也。道不可以言传也,言传者,有先于言者也。颜、曾守此不失。子思时,异端将盛,或亦逆知天地气薄,自此将不生孔子其人,势必失性、学、治本旨,不得已而作《中庸》,直指性天,已近太泻。故孟子承之,教人必以规矩,引而不发,断不为拙工改废绳墨。《离娄》‘方员’‘深造’诸章尤于先王成法致意焉。至宋而程、朱出,乃动谈性命,相推发先儒所未发。以仆观之,何曾出《中庸》分毫!但见支离分裂,参杂于释、老,徒令异端轻视吾道耳。若是者何也?以程、朱失尧、舜以来学、教之成法也。何不观精一之旨,惟舜、禹得闻,天下所可见者,命九官、十二牧所为而已。阴阳秘旨,文、周寄之于《易》。天下所可见者,王政、制礼、作乐而已。一贯之道,惟曾、赐得闻;及门与天下所可见者,《诗》、《书》、六艺而已。乌得以天道性命常举诸口而人人语之哉!”所言虽不无少偏,然实能见古人教学之法。

“天命有德”见于《虞书》,“不虞天性”见于《商书》,此言性命之最古者。王伯厚以《汤诰》为言性之始,盖据伪《古文》说。其后《召诰》载召公之言曰:“节性,惟日其迈。王敬作所,不可不敬德。”

又曰:“若生子,罔不在厥初生,自贻哲命。今天其命哲,命吉凶,命历年。”又曰:“王其德之用,祈天永命。”则兼言天道性命矣。性命本于天,而节之永之,则在于人,此即教育之根本。盖教育之所可能者,止于即天之所予而节之永之,不能有加于天赋之外也。然使但恃天赋之性命,而不知自励,则本性移而大命促,天亦无如之何,故非有先知先觉者教之育之,使各正其性命,不能得人道之正,此教育之所以不可少也。

《诗·大雅·卷阿》三言“岂弟君子,俾尔弥尔性”。阮元曰:“《尚书》之‘虞性’‘节性’,《毛诗》之‘弥性’,言性者所当首举而尊式之,盖最古之训也。”今按:节性者,制其性之恶也;弥性者,充其性之善也。孟子曰:“口之于味也,目之于色也,耳之于声也,鼻之于臭也,四肢之于安佚也,性也。有命焉,君子不谓性也。仁之于父子也,义之于君臣也,礼之于宾主也,知之于贤者也,圣人之于天道也,命也。有性焉,君子不谓命也。”赵岐注曰:“口之甘美味,目之好美色,耳之乐音声,鼻之喜芬香;四体谓之四肢,四肢懈倦则思安佚,不劳苦,此皆人性之所欲也。得居此乐者,有命禄,人不能皆如其愿也,凡人则任情从欲而求可乐。君子之道则以仁义为先,礼节为制,不以性欲而苟求之也,故君子不谓之性也。仁者得以恩爱施于父子,义者得以义理施于君臣,好礼者得以礼敬施于宾主,知者得以明智知贤达善,圣人得以天道王于天下,此皆命禄,遭遇乃得居而行之,不遇者不得施行。然亦才性有之,故可用也。凡人则归之命禄,任天而已,不复治性。以君子之道则修仁行义,修礼学知,庶几圣人,亹亹不倦,不但坐而听命,故曰:君子不谓命也。”按:赵氏所谓“以仁义为先,礼节为制,不以性欲而苟求之也”者,即节性之法也;“修仁行义,修礼学知,庶几圣人,亹亹不倦”者,即弥性之法也。以教育家言证之,节性者,消极主义也;弥性者,积极主义也。教育之道,非兼此二义弗备。然中国先儒诸书似多偏于节性之法,而于弥性一道尚未能致其极。弥性而致其极,必如《中庸》所谓“尽己之性……尽人之性……尽物之性……以赞天地之化育”者乃可当之。即近世东西各国教育学术日有进步,亦尚未能如《中庸》之所言也。

阮元曰:“晋、唐人言性命者,欲推之于身心最先之天;商、周人言性命者,只范之于容貌最近之地,所谓威仪也。《春秋左传·襄公三十一年》:卫北宫文子见令尹围之威仪,言于卫侯曰:‘令尹似君矣,将有他志。虽获其志,不能终也。《诗》云:靡不有初,鲜克有终。终之实难,令尹其将不免?’公曰:‘子何以知之?’对曰:‘《诗》云:敬慎威仪,维民之则。令尹无威仪,民无则焉。民所不则,以在民上,不可以终。’公曰:‘善哉!何谓威仪?’对曰:‘有威而可畏谓之威,有仪而可象谓之仪。君有君之威仪,其臣畏而爱之,则而象之,故能有其国家,令闻长世。臣有臣之威仪,其下畏而爱之,故能守其官职,保族宜家。顺是以下皆如是,是以上下能相固也。《卫诗》曰:威仪棣棣,不可选也。言君臣、上下、父子、兄弟、内外、大小皆有威仪也。《周诗》曰:朋友攸摄,摄以威仪。言朋友之道必相教训以威仪也。《周书》数文王之德,曰:大国畏其力,小国怀其德。言畏而爱之也。《诗》云:不识不知,顺帝之则。言则而象之也。纣囚文王七年,诸侯皆从之囚。纣于是乎惧而归之,可谓爱之。文王伐崇,再驾而降为臣,蛮夷帅服,可谓畏之。文王之功,天下诵而歌舞之,可谓则之。文王之行,至今为法,可谓象之。有威仪也。故君子在位可畏,施舍可爱,进退可度,周旋可则,容止可观,作事可法,德行可象,声气可乐,动作有文,言语有章,以临其下,谓之有威仪也。’又《成公十三年》曰：成子受脤于社，不敬。刘子曰：‘吾闻之，民受天地之中以生，所谓命也。是以有动作礼义威仪之则，以定命也。能者养以之福，不能者败以取祸。是故君子勤礼，小人尽力。勤礼莫如致敬，尽力莫如敦笃。敬在养神，笃在守业。国之大事，在祀与戎。祀有执膰，戎有受脤，神之大节也。今成子惰，弃其命矣，其不反乎！’观此二节，其言最为明显矣，初未尝求德行、言语、性命于虚静不易思索之境也。或《左氏》之言少有浮夸乎？试再稽之《尚书》：《书》言威仪者二。《顾命》“自乱于威仪”。《酒诰》“用燕丧威仪”。再稽之《诗》：《诗》三百篇中言威仪者十有七[①]。“泛彼柏舟”一见，“宾之初筵”四见，“既醉以酒”二见，“凫鹥在泾”一见，“民亦劳止”一见，“上帝板板”一见，“抑抑威仪”三见，“天生(蒸)〔烝〕民”一见，“瞻卬昊天”一见，“时迈其邦”一见，“思乐泮水”一见。朋友相摄以威仪，已见于《左氏》所引。此外‘敬慎威仪，维民之则’，‘威仪抑抑，德音秩秩……受福无疆，四方之纲’，‘抑抑威仪，维德之隅’，‘敬慎威仪，以近有德’，则皆同于北宫文子、刘子之说也。威仪者，言行所自出，故曰：‘慎尔出话……无不柔嘉……淑慎尔止，不愆于仪。’此谓谨慎言行、柔嘉容色之人，即力威仪也。是以仲山甫之德则‘柔嘉维则，令仪令色，小心翼翼，古训是式，威仪是力’矣。鲁侯之德，则‘穆穆……敬明……敬慎威仪，维民之则’矣。成王之德，则‘有孝有德……四方为则，颙颙卬卬……四方为纲’矣。且百行莫大于孝，孝不可以情貌言也，然《诗》曰：‘敬慎威仪，维民之则’，‘靡(不有)〔有不〕孝，自求伊祜’矣。又言‘威仪孔时，君子有孝子’矣。且

① 1925 年版本原注中只有十四处，而 2011 年福建教育出版社《二十世纪中国教育名著丛编》版《中国教育史》，编者补充了“‘凫鹥在泾’一见，‘民亦劳止’一见，‘上帝板板’一见”，似据阮元《揅经室集》（中华书局，1993 年）补。

力于威仪者,可祈天命之福,故威仪抑抑为四方之纲者,受福无疆也。威仪反反者,降福简简,福禄来反也。此能者养以之福也。反是,则威仪不类者,人之云亡矣。威仪卒迷者,丧乱蔑资矣。且定命即所以保性,《卷阿》之诗言性者三,而继之曰'如圭如璋,令闻令望……四方为纲',此亦即《凫鹥》威仪为四方纲之义也。凡此威仪为德之隅,性命所以各正也。匪特《诗》也,孔子实式威仪定命之古训矣。故《孝经》曰:'君子言思可道,行思可乐,德义可尊,作事可法,容止可观,进退可度,以临其民,是以其民畏而爱之,则而象之,故能成其德教而行其政令。'《诗》云:'淑人君子,其仪不忒。'《论语》曰:'君子不重则不威,学则不固。'此与《诗》《左传》之大义无毫厘之差。孔子之言,似未尝推德行、言语、性命于虚静不易思索之地也。"《揅经室集》。性命之理,属于虚静,似亦未可厚非,然阮氏所谓"商周人言性命者,只范之于容貌最近之地",则于教育之道极合。保氏教"六仪"而不教性命之理,即其证。性命之理虚而不可教,范之于容貌最近之地,则性命所附丽之身体已日纳于天秩、天序之中,性命虽欲不正而不得,此商、周之教育与晋、唐以后不同之要义也。

焦循曰:"春秋时《易》学不明,梓慎、裨灶之流以七品占验为天道……子产虽正斥之以'天道远,人道迩,灶焉知天道!'而天道之称,究未能言。孔子赞《易》乃明之曰:'立天之道曰阴与阳,立地之道曰柔与刚,立人之道曰仁与义。'于《临》曰:'大亨以正,天之道也。'于《谦》曰:'天道亏盈而益谦,地道变盈而流谦。'于《恒》曰:'天地之道,恒久而不已也。'道即行也,天道犹云天行。《乾》曰:'天行健,君子以自强不息。'《蛊》曰:'终则有始,天行也。'《剥》曰:'君子尚消息盈虚,天行也。'《复》曰:'反复其道,七日来复,天行也。’举当时以奇性虚诞为天道者，一旦廓而清之。《记》载哀公问云：‘敢问君子何贵乎天道也？’孔子对曰：‘贵其不已。如日月东西，相从而不已也，是天道也；不闭其久，是天道也；无为而物成，是天道也；已成而明，是天道也。’孔子言天道，在消息盈虚，在恒久不已，在终则有始，在无为而物成，为格物、致知、正心、修身、齐家、治国、平天下之本，为伏羲、神农、黄帝、尧、舜、文王、周公以来治天下之要，与七政变占迥然不合。谓文章可得而闻，言性与天道不可得而闻，犹云可与立，未可与权，正是教人权性与天道不可得闻，正是教人闻性与天道。桓谭谓天道、性命圣人所难言，非其义也。”《论语补疏》。其言极得古人教人以道之意。孔子曰：“天何言哉？四时行焉，百物生焉！”不言而道存，故古有不言之教也。

神道教

近世学者谓泰西各国之兴由于宗教之力，而致憾于吾国之无宗教，不知吾国古代之开化，亦由神道设教，民智始日即于开明。故帝王御宇之初，无不假神灵以奇其迹，而一切祭祀之典之著于经传者，在在含有宗教性质，故当草昧初开之世，一人奋迹，而亿兆人悉服教而畏神。继其后者，苟非慢神虐民、大悖祖宗之教，必不至有斩祀夺宗之忧，此宗教与国家相因而生之实例，而研究教育者所不可不知也。

古者谓圣人皆无父，感天而生。《诗正义》。故纬所称帝王神圣，皆有异表，如《元命苑》《援神契》《含文嘉》《演孔图》所述羲、农、炎、黄之说夥矣。即以孔子所言征之,如《五帝德》所称:黄帝"生而神灵,弱而能言……大带,黼裳,乘龙,扆云,以顺天地之纪,幽明之故,死生之说,存亡之难"。颛顼"依鬼神以制义,治气以教民,洁诚以祭祀。乘龙而至四海……动静之物,大小之神,日月所照,莫不砥(属)〔砺〕"。帝喾"生而神灵,自言其名……历日月而迎送之,明鬼神而敬事之"。帝尧"其仁如天,其知如神,就之如日,望之如云"。帝舜"敦敏而知时,畏天而爱民"。禹"为神主,为民父母"等语。皆以神灵张皇帝德,力言其非常人所能及,足知古代史策大半神话,所谓"其文不雅驯,荐绅先生难言之"也。

帝王托始于天而立宗教,必有特别之仪式。古代祭祀之礼,即本天教民之仪式也;祭礼之最大者无过郊禘,说经家聚讼纷如,莫衷一是。金氏谓郊祭之禘有五:一曰圜丘之禘,冬日至祭昊天上帝于圜丘,以其祖配之;一曰方丘之禘,夏日至祭地于方丘;一曰南郊之禘,王者禘其祖之所自出,以其祖配之;一曰北郊之禘,祭地示于建申之月;一曰明堂之禘,祭五帝、五神于明堂,而以其祖配之。五者之外又有吉禘、大禘,以享宗庙之人鬼。盖本天教民之意,必时时震肃人民之心目,故禘天配祖诸事不惮繁复,而极事其尊崇。此外又有祭诸神之礼,"埋少牢于泰昭,祭时也;禳祈于坎坛,祭寒暑也;王宫,祭日也;夜明,祭月也;幽宗,祭星也;雩宗,祭水旱也;四坎坛,祭四方也。山林川谷丘陵能出云,为风雨,见怪物者,皆曰神,有天下者祭百神"。《祭法》。而宗庙之人鬼,尚不在此数,亦可见古代敬神之不厌求详矣。

天子以祀神率天下,则为臣民者不可不祀神,而臣民之祀神,又不可上同于天子。故《记》曰:"王为群姓立社,曰大社;王自为立社,曰王社;诸侯为百姓立社,曰国社;诸侯自为立社,曰侯社;大夫以下成群立社，曰置社。王为群姓立七祀，曰司命，曰中霤，曰国门，曰国行，曰泰厉，曰户，曰灶；王自为立七祀。诸侯为国立五祀，曰司命，曰中霤，曰国门，曰国行，曰公厉；诸侯自为立五祀。大夫立三祀，曰族厉，曰门，曰行。适士立二祀，曰门，曰行。庶士、庶人立一祀，或立户，或立灶。"大抵位愈尊者祀愈多，分愈卑者祀愈寡，第即祀神一节言之，已觉君臣天泽之分懔然不可或紊。故君王统驭臣民之大权，实神祇默为相佐，虽有人觊覦非分，亦无徼福致敬之阶，此神道教之所为有益于国家也。

祭祀之仪式，如器服乐舞之类，均足以耸动臣民之耳目，此立教之不可不致意者。古代三千三百之礼，大抵器服乐舞之节目也。《周官》："大宗伯之职……以玉作六器，以礼天、地、四方：以苍璧礼天，以黄琮礼地，以青圭礼东方，以赤璋礼南方，以白琥礼西方，以玄璜礼北方。皆有牲币，各放其器之色。"则以器色示神之区别也。"小宗伯之职，掌建国之神位，右社稷，左宗庙。兆五帝于四郊，四望、四类亦如之。兆山川、丘陵、坟衍，各因其方。"则以地位示神之区别也。"肆师之职，掌立国祀之礼，以佐大宗伯。立大祀，用玉帛、牲牷；立次祀，用牲币；立小祀，用牲。"《王制》曰："天子社稷皆大牢，诸侯社稷皆少牢……祭天地之牛角茧栗，宗庙之牛角握。"则以牲牷示神之区别也。"鬯人掌共秬鬯而饰之。凡祭祀，社壝用大罍，禜门用瓢赍，庙用修。凡山川四方用蜃，凡祼事用概，凡疈事用散。"则以秬鬯示神之区别也。"司尊彝掌六尊、六彝……春祠、夏禴，祼用鸡彝、鸟彝，皆有舟。其朝践用两献尊，其再献用两象尊，皆有罍……秋尝、冬烝，祼用斝彝、黄彝，皆有舟。其朝献用两著尊，其馈献用两壶尊，皆有罍……凡四时之间祀、追享、朝享，祼用虎彝、蜼彝，皆有舟。其朝践用两大尊，其再献用两山尊，皆有罍……凡六彝六尊之酌,郁齐献酌,醴齐缩酌,盎齐涚酌,凡酒修酌。"则以尊彝示祭之区别也。"司服掌王之吉、凶衣服……祀昊天上帝,则服大裘而冕;祀五帝,亦如之。享先王,则衮冕;享先公,飨射,则鷩冕;祀四望山川,则毳冕;祭社稷五祀,则希冕;祭群小祀,则玄冕。"此以冕服示祭之区别也。至若大司乐之分六舞、六律、六同为祭祀享之用者,并推其能致羽毛鳞裸之物,山林坟衍之示。而鼓人则"以雷鼓鼓神祀,以灵鼓鼓社祭,以路鼓鼓鬼享"。舞师则"教兵舞,帅而舞山川之祭祀;教帗舞,帅而舞社稷之祭祀;教羽舞,帅而舞四方之祭祀;教皇舞,帅而舞旱暵之事"。皆以器用,仪节之差等表神明之殊异。其中委曲繁重之事,罔非立教者牖民驭众之深心,后人但即其一名一物考之,而未尝推其制作之本意,故惟觉礼文繁缛,而不能揭其用心之所在也。

古代神道设教,天子固握最高之权,而其辅翼之者,亦必深通天人之故,能以宗教导人之信仰,故古代之官多治天者。《管子》曰:"昔者黄帝得蚩尤而明于天道,得大常而察于地利,得奢龙而辩于东方,得祝融而辩于南方,得大封而辩于西方,得后土而辩于北方。黄帝得六相而天地治,神明至。蚩尤明乎天道,故使为当时;大常察乎地利,故使为廪者;奢龙辨乎东方,故使为工师;祝融辨乎南方,故使为司徒;大封辨乎西方,故使为司马;后土辨乎北方,故使为李。"《五行篇》。廪者诸官所治皆民事也,而必以通天地四方之道者任之。盖榛狉之民漫无知识,非附会于天地神明以为准官之本,则民不可得而治也。《左传》郯子曰:"昔者黄帝氏以云纪,故为云师而云名;炎帝氏以火纪,故为火师而火名;共工氏以水纪,故为水师而水名;太皞氏以龙纪,故为龙师而龙名……少皞挚之立也,凤鸟适至,故纪于凤,为鸟师而鸟名。"云及水、火、龙、凤,皆古人目为神灵之物,以之令官,所以使民事官如事神也。

《楚语》:"昭王问于观射父曰:'《周书》所谓重、黎,实使天地不通者,何也?若无然,民将能登天乎!'对曰:'非此之谓也。古者民神不杂,民之精爽不携贰者,而又能斋肃衷正,其智能上下比义,其圣能光远宣朗,其明能光照之,其聪能听彻之,如是则明神降之,在男曰觋,在女曰巫。是使制神之处位次主,而为之牲器时服,而后使先圣之后之有光烈,而能知山川之号、高祖之主、宗庙之事、昭穆之世、斋敬之勤、礼节之宜、威仪之则、容貌之崇、忠信之质、禋洁之服,而敬恭明神者,以为之祝。使名姓之后能知四时之生、牺牲之物、玉帛之类、采服之(仪)〔宜〕、彝器之量、次主之度、屏摄之位、坛场之所、上下之神〔祇〕、氏姓之〔所〕出,而心率旧典者为之宗。于是乎有天地神民类物之官,是谓五官,各司其序,不相乱也。民是以能有忠信,神是以能有明德,民神异业,敬而不渎,故神降之嘉生,民以物享,祸灾不至,求用不匮。及少皞之衰也,九黎乱德,民神杂糅,不可方物。夫人作享,家为巫史,无有要质。民匮于祀,而不知其福。烝享无度,民神同位。民渎齐盟,无有严威。神狎民则,不蠲其为。嘉生不降,无物以享。祸灾荐臻,莫尽其气。颛顼受之,乃命南正重司天以属神,命火正黎司地以属民,使复旧常,无相侵渎,是谓绝地天通。'"以此文考之,则上古之时,神道之教盖常大盛而中衰,宗教之事,最宜幽远,使人莫测其际,而后民之信服始虔。至于"夫人作享,家为巫史",则国家以神道设教之用几不可恃,故小昊正之使民与神不通,而后神道之教始为天子所独掌。后世立社置祀,等级厘然,无或干犯者,殆由少昊绝地通天之故欤!

巫祝之职,以观射父所言为最详。然上世之巫祝,初不可考,今之可考者,少昊以后之官耳。《世本》有巫咸为帝尧之医,《山海经》称“大荒之中……有灵山,巫咸、巫即、巫肦、巫彭、巫姑、巫真、巫礼、巫抵、巫谢、巫罗十巫,从此升降”,则虞夏之巫也。商有巫咸、巫贤著保乂之功。周之巫则掌于春官,有“司巫掌群巫之政令。若国大旱,则帅巫而舞雩;国有大灾,则帅巫而造巫恒”;有“男巫掌望祀、望衍、授号,旁招以茅。冬堂赠,无方无筭;春招弭,以除疾病”;有“女巫掌岁时祓除、衅浴。旱暵,则舞雩……凡邦之大灾,歌哭而请”。是观射父所谓巫觋,至周犹存其职也。

《曲礼》曰:“天子建天官,先六‘太’:曰太宰、太宗、太史、太祝、太士、太卜,典司六典。”郑注云:“此殷制也。”殷人尊神,率民以事神,先鬼而后礼,故天官六太几皆事神之官。周家改制,虽已更定六官,而祝、史、卜、筮之职亦未尝废,如“太卜掌三兆之法,一曰玉兆,二曰瓦兆,三曰原兆……掌三易之法,一曰《连山》,二曰《归藏》,三曰《周易》……掌三梦之法,一曰《致梦》,二曰《觭梦》,三曰《咸陟》……以邦事作龟之八命,一曰征,二曰象,三曰与,四曰谋,五曰果,六曰至,七曰雨,八曰瘳。以八命者赞三兆、三易、三梦之占,以观国家之吉凶,以诏救政”。大卜之外,又有“卜师掌开龟之四兆”,“龟人掌六龟之属”,“菙氏掌共燋契,以待卜事”,“占人掌占龟”,“簭人掌三易,以辨九簭之名”,“占梦……以日、月、星、辰占六梦之吉凶”,“视祲掌十辉之法,以观妖祥,辨吉凶”,则皆沿殷代太卜之职,而又分析而致其精也。至于周之太祝,职尤繁重,“掌六祝之辞,以事鬼神示,祈福祥,求永贞:一曰顺祝,二曰年祝,三曰吉祝,四曰化祝,五曰瑞祝,六曰策祝。掌六祈以同鬼神示:一曰类,二曰造,三曰禬,四曰禜,五曰攻,六曰说。作六辞以通上下亲疏远近:一曰辞,二曰命,三曰诰,四曰会,五曰祷,六曰诔。辨六号:一曰神号,二曰鬼号,三曰示号,四曰牲号,五曰齍号,六曰币号。辨九祭：一曰命祭，二曰衍祭，三曰炮祭，四曰周祭，五曰振祭，六曰擩祭，七曰绝祭，八曰缭祭，九曰共祭。辨九拜：一曰稽首，二曰顿首，三曰空首，四曰振动，五曰吉拜，六曰凶拜，七曰奇拜，八曰褒拜，九曰肃拜，以享右祭祀"。太祝之外，又有"小祝掌小祭祀，将事、侯禳、祷词之祝号，以祈福祥，顺丰年，逆时雨，宁风旱，弥灾兵，远罪疾"，"丧祝掌大丧劝防之事"，"甸祝掌四时之田表貉之祝号"，"诅祝掌盟、诅、类、造、攻、说、禬、禜之祝号"，其职皆与国家政治有大关系，较之师氏、保氏之仅司教育、无与政事者有别。盖虽周之文教修明，而以神道设教之意，固相沿而未之替也。

本　教

吾国古代以神道教立国，而文质代嬗，三代各有变易，宗教之力亦有时而杀。其时有与神道教相抗，出于人心之所同，而恃以长善而救失者，又有一教，曰本教。孔子曰："夫孝，德之本也，教之所由生也。"《孝经》。曾子曰："众之本教曰孝。"《祭义》。《吕览》曰："民之本教曰孝。"《孝行览》。皆以孝别立一宗教之证。盖神道之教托始于天神地祇，取信于祝、史、巫、卜，在民智未开之日，震悚于福善祸淫之说，未始不可以牖其衷而归于善。至人民已受教育，晓然于天道远、人道弥之理，则其心志将渐有逸出于神道教羁靮之外者，然世人之资禀中下多而上智少，使一听其自定趋向，而无宗教之力以济国家政治教育之穷，则人之放佚为非必有甚于崇祀神道之日者，故圣人不得已而为此教，使神道与人事相互并行，以为化民成俗之用。此外人所以讥吾国专为家族政体,而吾国纲常名教超轶于万国者,亦由于此故也。

本教之原,不知起于何时,而孔子为此教之宗主,则可决言,盖孔子固不信神道教者也。其言曰:“敬鬼神而远之。”又曰:“未能事人,焉能事鬼?”子路请祷于上下神祇,则曰:“丘之祷久矣。”其不信神鬼祷祠之事,即此可知。《论语》曰:“祭如在,祭神如神在。”盖当时风所同然,非孔子所特有。然以祭祖先于祭神,则神道之次于先祖亦可见矣。至“志在《春秋》,行在《孝经》”之言,实孔子自襮其学术之宗旨。《诗》、《书》、六艺,皆不名经,独《孝经》之以经名,为孔子自言其本教宗主无疑。王应麟曰:“晁氏云何休称子曰‘吾志在《春秋》,行在《孝经》’,信斯言也,则《孝经》乃孔子自著。今首章云‘仲尼居,曾子侍’,则非孔子所著,明矣。详其文义,当是仲尼弟子所为书。”按:《孝经》不必孔子自著,经名当为孔子自定。曾子曰“众之本教曰孝”者,即以孔子之教为教也。“孔子在州里,笃行孝道。居于阙党,阙党之子弟畋渔分,有亲者多得,孝以化之也。是以七十二子自远方至,服从其德。”《说苑》。是孔子以本教化人之确证。

《吕览》曰:“凡为天下,治国家,必务本而后末。所谓本者,非耕耘种殖之谓,务其人也;务其人,非贫而富之,寡而众之,务其本也。务本莫贵于孝。人主孝,则名章荣,下服听,天下誉;人臣孝,则事君忠,处官廉,临难死;士民孝,则耕芸疾,守战固,不罢北。夫孝,三皇五帝之本务,而万事之纪也。夫执一术而百善至,百邪去,天下从者,其惟孝也!”《孝行览》。以孝为一术,使天下从之,此宗教之作用也。

本教之意虽与神道教殊科,然亦未尝不导原于神道教。孔子曰:“天地之性,人为贵。人之行莫大于孝,孝莫大于严父,严父莫大于配天,则周公其人也。昔者周公郊祀后稷以配天,宗祀文王于明堂以配上帝,是以四海之内,各以其职来祭。夫圣人之德,又何以加于孝乎?"《郊特牲》曰:"万物本乎天,人本乎祖,此所以配上帝也。郊之祭也,大报本反始也。"《乐记》曰:"祀乎明堂,而民知孝。"《祭义》曰:"祀乎明堂,所以教诸侯之孝也。"是本教最重要之事,实出于郊、禘二祀。夫人致孝于祖父者,奉之宗庙,春秋享祀,已足自尽其诚,而又必推之以配上帝,使与无声无臭之天同为兆人所敬仰,盖阴以宗教仪式示天下以孝道,而移其崇祀神道之心事祖父也。《中庸》曰:"武王、周公其达孝矣乎……春秋修其祖庙,陈其宗器,设其裳衣,荐其时食。宗庙之礼,所以序昭穆也;序爵,所以辨贵贱也;序事,所以辨贤也;旅酬下为上,所以逮贱也;燕毛,所以序齿也;践其位,行其礼,奏其乐,敬其所尊,爱其所亲,事死如事生,事亡如事存,孝之至也。郊社之礼,所以事上帝也;宗庙之礼,所以祀乎其先也。明乎郊社之礼、禘尝之义,治国其如示诸掌乎!"夫孝之实际,当于事生事存时见之。孔子专以事死事亡为至孝,且以能明此礼此义者即知治国之法,似皆不可解,疑孔子之言专为宗教仪式而发。以祖庙、宗器、裳衣、时食示人以孝,而国之人皆化焉,则所谓治国如示诸掌已。

本教既源为郊禘,近于神道教之性质,故天子即为一教之所宗,而凡人之能顺其教者,即为不悖天子之命令。故《大学》曰:"孝者,所以事君也。"《孝经》曰:"资于事父以事君而敬同……故以孝事君则忠。"又曰:"君子之事亲孝,故忠可移于君。"忠、孝本二事,而孔子合为一谈者,实即由宗教之关系。又孔子曰:"父子之道,天性也,君臣之义也。"父子之亲与君臣之义混合而不分,而后臣民之戴君上,继继承承,莫之或畔,一如子孙之于祖父。故倡一教而得二善,子各顺其亲,无梗顽不化之士;民各亲其君,无犯上作乱之心。此圣人以宗教为立国之本之妙用也。有子曰:"其为人也孝悌,而好犯上者,鲜矣;不好犯上,而好作乱者,未之有也。君子务本,本立而道生。孝悌也者,其为仁之本欤!"是有子亦以孝弟为治犯上作乱之本也。

古人知有母而不知有父,迨后则父母并尊,而周代之教反之,为父斩衰三年,为母齐衰杖期,父卒则为母齐衰三年。《丧服》:"传曰:为父何以斩衰也?父至尊也……为母……何以期也?屈也。至尊在,不敢伸其私尊也。"父母之亲,义无轩轾,而周代之礼愿尊父而屈母,此亦尊君立教之义也。天无二日,民无二王,父子之亲既等于君臣之义,则必不可有与父并尊者;有与父并尊者,必有与君并尊者,而移孝即不可作忠矣。此亦立教之深意也。

经传言孝之文甚繁,大要有二义:其一事亲,其一修身。孔子曰:"孝子之事亲也,居则致其敬,养则致其乐,病则致其忧,丧则致其哀,祭则致其严。五者备矣,然后能事亲。"此事亲之孝也。《内则》《丧服》《祭义》诸篇所言,皆此五事之细目。孔子又曰:"事亲者,居上不骄,为下不乱,在丑不争。居上而骄则亡,为下而乱则刑,在丑而争则兵。三者不除,虽日用三牲之养,犹为不孝也。"则示人以修身为孝之义。但知事亲,不足为孝,则孝之最重修身可知。曾子曰:"身也者,父母之遗体也。行父母之遗体,敢不敬乎?居处不庄,非孝也;事君不忠,非孝也;莅官不敬,非孝也;朋友不信,非孝也;战陈无勇,非孝也。"又曰:"夫仁者,仁此者也;义者,宜此者也;忠者,中此者也;信者,信此者也;礼者,体此者也;行者,行此者也;强者,强此者也。乐自顺此生,刑自反此作。"《祭义》。立孝以为总纲,而举仁义、忠信、礼乐、刑政诸事悉纳其中,此孝之所以为本教也。

《说苑·建本篇》引孔子曰："行身有六本，本立焉，然后为君子。立体有义矣，而孝为本；处丧有礼矣，而哀为本；战阵有队矣，而勇为本；治政有理矣，而能为本；居国有礼矣，而嗣为本；生财有时矣，而力为本。"按：此所谓行身之本虽有六，则按之实乃一事，孝、哀，皆属事亲之事；战陈有勇，则曾子所谓"战陈无勇，非孝也"；治政用能，则曾子所谓"莅官不敬，非孝也"；居国以嗣，则敬其身以及其子之义；生财有力，则用天之道，分地之利，谨身节用以养父母之义，曷尝有一义出于孝亲之外？故孝之为教，与神道教殊。神道教有施之教育而不可通者，本教则施之教育，施之政治，施之其他各事，无不可通，泯然于宗教之迹，而其作用较各宗教为神。惜孔、曾诸子昌其教泽不久，而墨家即以"薄葬""非乐"诸说破之，而后之读儒家之书者，遂亦不能推勘当时立教之深意，致令国家无所谓国教，转令释、道诸教乘其隙而布其说，不亦重可慨耶！

孔　子

孔子之先，宋之后也。宋出于商，商始于契，契为虞舜司徒，"敬敷五教"，为中国教育家之鼻祖。《汉志》曰："儒家者流，盖出于司徒之官，助人君顺阴阳、明教化者也。"契为司徒，其流风遗泽，盖犹有存者。孔子挺生于千百载后，昌明儒术，集前圣之大成，其渊源所自远矣。孔子之学，博大而无常师，问官于郯子，学琴于师襄，问礼于老聃，访乐于苌弘，其为学之涂术至广。然其道德之学，则得之于家传。孟僖子曰:“孔丘,圣人之后也,而灭于宋。其祖弗父何,以有宋而授厉公。及正考父,佐戴、武、宣,三命兹益共。故其鼎铭云:‘一命而偻,再命而伛,三命而俯,循墙而走,亦莫余敢侮。馆于是,鬻于是,以糊余口。’其共也如是。臧孙纥有言曰:‘圣人有明德者,若不当世,其后必有达人’,今其将在孔丘乎?”《左传·昭公七年》。是孔子之道德,实由胚胎前先发挥昌大,故“为儿嬉戏”,即“常陈俎豆,设礼容”,《史记·孔子世家》。非所谓生有自来者乎?

孔子毕生之宗旨,在“学”“教”二字。故其言曰:“圣则吾不能,我学不厌而教不倦也。”《孟子》。又曰:“若圣与仁,则吾岂敢?抑为之不厌,诲人不倦,则可谓云尔已矣!”《论语》。又曰:“吾何足以称哉?勿已者,则好学而不厌,好教而不倦。其惟此邪!”《吕览·尊师篇》。此其自信之语也。当其未信之时,则曰:“默而识之,学而不厌,诲人不倦,何有于我哉?”《论语》。又曰:“幼不能强学,老无以教之,吾耻之。”《荀子·宥坐篇》。又曰:“少而不学,长无能也;老而不教,死无思也……是故君子少思长,则学;老思死,则教。”《荀子·法行篇》。盖皆以教、学二事自励自警。故综观孔子生平,虽尝周游海内,再干世主,如齐至卫,所见八十馀君,然其自明所得,惟在好学好教,则谓孔子所学专为教人而设可也。

韩愈曰:“由周公而上,上而为君,故其事行;由周公而下,下而为臣,故其说长。”《原道》。由周公而上,教育之事总之于人君,无私家教授之事也。周道衰,学校废,而后有以一匹夫穷居闾巷聚徒讲学之事,故孔子之教学者,实三代后一大变局也。孔子年二十二,始教阙里。《说苑》称“孔子……笃行孝道……七十二子自远方至,服从其德”,则孔子之教人,实由道德所感召,所谓“匪我求童蒙,童蒙求我也”。然《论衡》曰:“子贡事孔子,一年自谓过孔子,二年自谓与孔子同,三年自知不及孔子。当一年二年之时,未知孔子圣也,三年之后然乃知之……少正卯在鲁与孔子并,孔子之门三盈三虚,唯颜渊不去,颜渊独知孔子圣也。"《讲瑞篇》。是孔子之教人虽出于遐迩之震慕,而当时来学之士真能知孔子道者实鲜,甚且有去孔子之门而师少正卯之伪学者。故《论语》首章特发其义曰:"学而时习之,不亦说乎?有朋自远方来,不亦乐乎?人不知而不愠,不亦君子乎?"朋来远方,孔子之所乐也,然有慕虚名而不知实德者,则其受教必有逆师废学之弊,而孔子初不以其不知而不愠,此其所以为"诲人不倦"也。

周代学校,分地、分年、分科,而有道有德者又分任学校而教之,其事与今之学校近。孔子教人,则无论何地之有,年齿几何,所学若何,概可施以教育,而未尝稍加限制。故曰:"自行束脩以上,吾未尝无诲焉!"又曰:"有教无类。"《论语》。明其与古之学校异也。然孔子之教学者,实各因其材质,而施以相当之教育,非若后之聚徒讲学者,或抱一宗旨,或定一学科,强人就己,漫然无所区别。故其言曰:"中人以上,可以语上也;中人以下,不可以语上也。"语上知之道,如参、赐之闻一贯;语下愚之道,如互乡童子之"与其进"。以互乡童子与参、赐较,其不类甚矣,然孔子各有所以语之,此其所以为"无类"也。孔子之教,广大如此,殆有尽人物赞天地之量,虽以孟子之贤,已不能及。孟子曰:"得天下英才而教育之,三乐也。"以教育英才为乐,则必以教育不才为不乐。天下不才多而英才少,所贵乎教育者正为此辈不才而设。英才之士自有志识,下学上达,所资于先知先觉者视庸愚为少,使教育限于英才,则中人以下之沦弃者何可胜数?故言教育,必以孔子之教为法。

孔子之教虽以"无类"为主,然其传深邃之学理,造宏伟之学风,则亦有所别择。故曰:“不得中行而与之,必也狂狷乎!狂者进取,狷者有所不为也。”又曰:“乡原,德之贼也。”“恶似而非者,恶莠,恐其乱苗也;恶佞,恐其乱义也;恶利口,恐其乱信也;恶郑声,恐其乱乐也;恶紫,恐其乱朱也;恶乡原,恐其乱德也。”无行不与之中,又必严择士类以为传道之地者,盖教育之用,期使人类日进于文明,而不可徒以目前所造之境地为限。乡原之徒同乎流俗,合乎污世,其愿量所及,不过取容于一世,安能望其特立独行,转移一时之风气?故孔子所深恶痛绝者,惟此一辈似是而非之人。以是知孔子之教人专务进取,非苟焉追逐世好,为一时风气所囿也。

《淮南子》曰:“孔子之通,智过于苌弘,勇服于孟贲,足蹑于郊菟,力招城关,能亦多矣。然而勇力不闻,伎巧不知,专行教道,以成素王。”《主术训》。是以孔子为专尚文教也。然孔子论成人,必曰:“若臧武仲之知,公绰之不欲,卞庄子之勇,冉求之艺,文之以礼乐,亦可以为成人矣。”则孔子之教,初不偏重夫文艺也。孔子自言曰:“我战则克,祭则受福,盖得其道矣!”《礼器》。又曰:“善人教民七年,亦可以即戎矣!”又曰:“以不教民战,是谓弃之。”是孔子于军事教育盖确有所见,而非漠然视为无足轻重之举者可比。特私家教授不能专倡尚武之风,故仍周初觌文匿武宗旨,使人莫测其所为。《史记》称“冉有为季氏将师,与齐战……克之。季康之曰:‘子之于军旅,学之乎?性之乎?’冉有曰:‘学之于孔子。’”此孔子以军事教弟子之确证也。

《记》曰:“孔子射于矍相之圃,盖观者如堵墙。射至于司马,使子路执弓矢出延射,曰:‘贲军之将、亡国之大夫与为人后者不入,其馀皆入。’盖去者半,入者半。又使公罔之裘、序点扬觯而语。公罔之裘扬觯而语曰:‘幼壮孝弟,耆耋好礼,不从流俗,修身以俟死者不？在此位也。'盖去者半，处者半。序点又扬觯而语曰：'好学不倦，好礼不变，旄期称道不乱者不？在此位也。'盖廑有存者。"此盖孔子欲复周官学校选举之意，首以贲军亡国为戒。其以尚武主义昭示学子，使必自奋于"执干戈，卫社稷"之风，亦可概见。然则言教育而不知尚武爱国者，非孔子之徒也。

《晏子春秋》曰："仲尼居处惰倦，廉隅不正，则季次、原宪侍；气郁而疾，志意不通，则仲由、卜商侍；德不盛，行不厚，则颜回、骞、雍侍。"《圣贤群辅录》引《尸子》曰："仲尼志意不立，子路侍；仪服不修，公西华侍；礼不习，子贡侍；辞不辩，宰我侍；亡忽古今，颜回侍；节小物，冉伯牛侍。曰：'吾以夫六子自励也。'"此盖取诸人以为善之法。教育者以其身为人之模范，亦不可傲然自以为足蹈临深为高之讥。即以一长一节言之，"弟子不必不如师，师不必贤于弟子"，师弟之间教学相长，然后有以日臻于敬爱，而无陵忽轻侮之风。今之学校师弟子互相讥伺，弟子务出所长以傲师，师务覆其短以盖弟子，一旦为师者偶露瑕隙，则群弟子若得罪人而攻逐之，曷不观孔门师弟子之谊哉？

孔子之教授法

教育一科，分目至夥，最要者曰教育原理，次则教授、管理、训练诸法。《西洋教育史》所举各国教育家，皆以能创一新说，或立一新法而施之教授管理，确有以成就弟子为贵。吾国固无教育史，经传所记圣哲言论，大抵发明教育原理。于教授之法，极难考见。其可藉以略考当时师弟教学之法者，惟《学记》及《论语》二书。日本汤本武比古著《教授学》，末附《孔子五段教授法》一篇，融会东西圣哲之名言，标举吾国教授之良法，致有可采，今特节取以著于篇。

汤本氏曰：孔子盖冠绝古今，超出东西之一大教育家也。其所发见之真理，不但我东方人研究之为有益，即凡世界教育家，亦在所宜研究。顾自西欧文明东渐以来，有言东方之事者，概轻蔑之。如孔子之世界大教育家，其所发明之真理，亦复置而不论，或知之而耻形诸口。至于欧美教育家所碌碌不足齿数之说，则反奉之为金科玉律焉，庸不可哂欤！

世以大圣大贤称，为亿兆尊崇万世师表者，孔子、释迦、苏格拉第、耶稣是也。之四人之时代，皆生于日本纪元七百年以内，释迦最早，孔子次之，苏格拉第次之，耶稣又次之。释迦七十九岁或云八十岁，在一治人周那家食树菌中毒而死。苏格拉第六十九岁，仰毒于狱。耶稣三十三岁或云二十九岁，被磔于十字架。惟孔子以七十三岁令终。四人皆不自著书，其书一成自门弟子之手，惟孔子则序《易》，删《诗》，序《书》，又自作《春秋》，以其精神主义悉注于此，借鲁史事实以褒善贬恶，垂教万世，所谓“载之空言，不如见诸行事之深切著明也”。故后世读《春秋》，得径窥孔子之精神主义，其他三人则无是焉。抑四人中耶稣、释迦为宗教之鼻祖，而孔子与苏格拉第则是教育家之本色。比较孔子与苏格拉第之思想，则大有发明之事实，今不具论，一言以蔽之，曰：孔子之思想实胜于苏格拉第。自苏氏以来，欧洲教育家所累代相承，始克有今日之教育真理，固于孔子之时实久已发明无遗也。

海尔巴脱派之教育学者，有累千言而不能尽之真理，孔子以数言括之曰：“不愤不启，不悱不发。举一隅不以三隅反，则不复也。”

古注曰:“不愤则不启,不悱则不发。举一隅而示之,不以三隅反,则吾不复。”夫先愤后启,自分二段;先悱后发,亦分二段;举一隅不以三隅反,则吾不复,是又别为一段。今取而分析之,则显然有五段之别:第一段,愤,即预备也;第二段,启,即授与也;第三段,悱,即联合也;第四段,发,即结合也;第五段,三隅反,即应用也。

第一段,愤。朱注曰:“愤者,心求通而未得之意。”皇侃曰:“愤谓学者之心思义未得而愤愤然也。”郑玄曰:“孔子与人言时,必待其人之心愤愤夫然后启。”观于诸注,可知愤也者,自其所未得而亟欲得之,愤愤然不能自禁之意也。孔子亦自谓其为人“发愤忘食”,盖谓心所未得,必欲得之,以至于忘食也。夫欲以知识与生徒,必先使其人有自欲得之愿望,而倾注意志于其事。顾意志者,苟无宗旨则不发动。故必先以大旨指示生徒,是所以愤生徒之第一手段也。其所以愤生徒之第二手段,则在使生徒所有之旧知识于今所将教之题目有类似之关系者,从其人之意识中唤起,而再现之。如斯之旧识名曰类化观念,此观念既现于意识中,则新与之知识,即所谓被类化观念者自易被类化也。被类化观念既易类化,是愉快也。愉快则使生徒益热心于再得,是兴味也。兴味者,心之兴奋也。《学记》曰:“不兴其艺,则不能乐学。”兴者,兴味也,即愤也。海尔巴脱曰:“以其所知识坚固而把持之,且务欲扩充之者,其人即对某事物而有兴味。”盖谓此也。

第二段,启。朱注曰:“启,谓开其意也。”皇侃曰:“启,开也。”盖言开其智也。开其智者,与以所将欲授之观念是也。抑与以新观念者,自有其道,有其法,不可不从。海尔巴脱所谓渐明之理法与精神呼吸之理法,而循序以进,孔子“循循然善诱人”,盖即此也。无论教授何项题目,必不可不总合其根本,而明了以教之,使生徒乐从教师之指导，十分注意于其题目。《学记》曰："今之教者，呻其占毕。"犹言教师以其所略涉猎之教科书立于级前而诵读，教师自未十分了悟，必不能循循然以根本为教导，即不能使生徒乐于从学也。《学记》曰："记问之学，不足以为人师。"记问云者，谓记诵教科书以待生徒之问也。教师非果有所得于心，而仅限于其所知者，何足以为人师？《论语》曰："道听而途说，德之弃也。"以口耳三寸之学而教人者，是伤人者也。《学记》又曰："多其讯言，及于数。"是亦教师之所当警也。凡欲导人而开其智者，必计学者之类，化力而后教授之。教师任其所知，恃其辩舌而猥问生徒，猥语生徒，是大不可。教室与演说场异，非所以炫知识逞辩舌之地也。不此之虑，则必使生徒不能得其教授之要领。故《学记》曰："进而不顾其安。"谓教师任其智辩，以从事于讲学问答，不顾生徒之安否，卒使为生徒者唯闻教师所语，汲汲焉以答其问，而于其学识上无暇感觉兴味也。《学记》曰："使人不用其诚。"言生徒汲汲如此，无自已用力之馀地也。故注入的教授，其有害于生徒之自为心也实甚。《学记》曰："教人不尽其材。"言教师既悖于教授之理，即不可求成效于生徒。故又曰："其施之也悖，其求之也佛。"夫教师不知教授之法，而但责收效于生徒，生徒必厌其所学，憎其师，至以学业为世界第一难事，而不知其有益。故《学记》又曰："夫然，故隐其学而疾其师，苦其难而不知其益也。"

且夫教授生徒，尤有为教师所不可不知者，生徒之偏性也。《学记》曰："学者有四失，教者必知之。人之学也，或失则多，或失则寡，或失则易，或失则止。此四者，心之莫同也。知其心，然后能救其失也。教也者，长善而救其失者也。"按：偏性者，其要有四：曰浓热，曰轻快，曰沉郁，曰冷淡。此所谓"多"即浓热，所谓"寡"即冷淡,所谓"易"即轻快,所谓"止"即沉郁也。此等偏性虽各有其所长,又各有其所短,长其所长,而补救其所短,始称教育。故教师聚多数之生徒同时教授,必于各生徒之偏性一一有所注意,决不可千篇一律,以为教导。且无论有如何偏性,皆可以诱导之而归于正者也。是故《中庸》曰:"或生而知之,或学而知之,或困而知之,及其知之一也。或安而行之,或利而行之,或勉强而行之,及其成功一也。"为教师者,不可由偏性之如何而取舍其人,唯当知其教导之有难易耳。故《学记》曰:"君子知至学之难易,而知其美恶,然后能博喻;能博喻,然后能为师。"故当知生徒进步之难易、美恶,而博喻之,以循循善诱,必不可拘于一辙。故即答同一之问,而亦察生徒之偏性,知其进步之美恶,或精或粗,或直说或曲譬,各如其人以应之。故《学记》又曰:"善待问者如撞钟,叩之以小者则小鸣,叩之以大者则大鸣。待其从容,然后尽其声。"孔子之于此事,即能见之实行者也。其答门人之问"孝"也,若孟懿子,若孟武伯,若子游,若子夏,各因人而异词;其于问"仁"也,亦然。孔子知弟子之偏性,又知其失,而善教之,是孔子之所以为实地大教育家也。此阶段自学者言之,则《中庸》之所谓"博学""审问";自教者言之,则当曰博教、审答也。

第三段,悱。朱注曰:"悱者,口欲言而未能之貌。"谓心虽有欲言之事,而口无可发之词也。盖在第二阶段既与以事物之具体的观念,至于第三阶段当使生徒心中能从其具体的观念而新构成一虚形的观念即概念。夫使生徒自构成一心像,而与教师所授与者不同,故当以如何言词而表出之,彼自不知也。是所以口讷讷而不能言也,所谓悱也。何以使生徒悱?曰:必令以同类事物比较而联合之。《学记》曰:"古之学者比物丑类。"陈注曰:"类者物之所同,丑之为言众也。理有所不显,则比物以明之;物有所不一,则丑类以尽之,然后因理而明道。”其所谓理者,事物之本性也,即概念也。凡得事物之本性,非就一物而能之,必比较同类多物而能之。比较丑类,而取本体之属性,舍不本体属性,即所以构成理法、构成概念之道。生徒能从教师之指导,而构成新理法、新概念于心中,是此阶段之所应为也。《论语》曰:“学而不思则罔。”构成概念,思之第一著也。不问如何多学,如何多得具体的观念,而非善思之以构成概念,则必罔。故康德曰:“无概念之观念,盲目的观念也。”《书·洪范》曰:“思曰睿,睿作圣。”《多方》曰:“惟圣罔念作狂,惟狂克念作圣。”思也者,实贵重之心意作用也。《学记》曰:“时观而弗语,存其心也。”陈注曰:“观而感于心,不言以尽其理。”盖“观而感于心”者,是第二段之事,所谓观察的教授也;“不言以尽其理”,则第三段之事,使之不显于言语,而考究其理也。又《学记》曰:“开而弗达”,是亦“悱”之为义也。“开”者,开发知识,即使之构成概念;“弗达”者,谓未能达之于言语也。此阶段自学者言之,则《中庸》之所谓“慎思”“明辨”;自教者言之,则当曰使之慎思,使之明辨也。

第四段,发。朱注曰:“发,谓达其词” 也,即以言语表出之谓也。盖至是而使生徒以言语表出其心中所构成之概念也。其教授题目为数学,为物理学,则导引生徒,使以言表其规则与定律;为修身科,则使以格言、俚谚表其道义、规则也。而此等规则、定律、格言,宜使之无过不及,精密以表出其概念,故《论语》曰:“辞达而已矣。”盖言之不足,则不足概念;言而既足,则毋多赘也。《学记》曰:“善教者使人继其志。其言也,约而达,微而臧,罕譬而喻,可谓继志矣。”陈注曰:“继志者,能使学者之志与师无间也。”盖即谓生徒能善应教师所需求,构成概念而括其定义,以简词而白之,不待譬喻而言表之也。此阶段盖“慎思”“明辨”之结果,即以有系统、有秩序之言语表出与诸生徒之概念，使因之以确实铭记是也。

以上四段，皆所以达于概念之道，而属于归纳者也。

第五段，三隅反。朱注曰："物之有四隅者，举一可知其三，反者还以相证之义，复再告也。"古注曰："举一隅而示之，不以三隅反，则吾不复。"郑玄曰："说则举一隅以语之，其人不思其类，则不复重教之。"皇侃曰："隅，角也。床有四角，屋有四角，皆曰隅。孔子为教虽待愤悱而后启发，然启发已竟，而此人不识事类，则亦不复教之。譬如屋有四角，已示一角，馀之三角可从类而知，若此人不能以类反识三角，即不复教示也。"观于此，而三隅反之义其为结局应用之事也明已。既以前四段之手法发见事物之原理、原则，则必以此原理、原则应用于同类之他事物。人之所以宜得概念者，为不如此，则一事一物各自学之，将不胜其繁冗也。然若既得概念，而尚不能应用之于他事物，则是徒劳无功。《论语》子贡曰："回也闻一以知十，赐也闻一以知二。"子夏闻"绘事后素"之言而曰："礼后乎"，是皆有应用之才也。凡一旦所已得之真理，必取而演绎应之，是为教授之要诀。教一隅而不能应用于同类之三隅者，钝才也，故孔子不复教之。惟是儿童之意识极分离而孤立，其能以三隅反者，殆难望之，故教师不可不教之以应用。盖应用者，亦是一想象之作用也。工夫也，故非受正当之指导，则亦不能正当，此阶段盖即《中庸》之所谓"笃行"也。

六　艺

《周官》乡大夫之教，考德行，察道艺；州长之教，考德行、道艺，是德行、道艺为学者必修之要目也。孔子之教,亦本周家之成法,故曰:“志于道,据于德,依于仁,游于艺。”道、德、仁、艺,即周官之德行、道艺也。然吾道一贯,惟参得闻,知德者鲜,虽由不免。“躬行君子”,孔子犹自以为“未之有得”。“三月不违”或“日月至”依仁之学,殆不可徒以口耳之学考之,故孔子之所教,“六艺”而已。此指礼、乐、射、御、书、数而言。孔子教“六艺”,皆以身先之,如执御、执射。达巷党人讥孔子“博学而无所成名”,孔子自言执射、执御,犹言孔子教人不专一科。故孔子自任执御也。执礼之类,皆执之以示范于学者也。过宋习礼,见《艺文类聚》引《典略》,即执礼以示学者也。孔子身执之,而又惧其学之仅恃实习不足以行远而传久也,则为学者定“六艺”之书,俾学者习其事而知其义。《汉志》称:“制氏以雅乐声律,世在乐官,颇能纪其铿锵鼓舞,而不能言其义。”盖乐官之所学,止于实习,故其弊如此。此后世以六经为“六艺”之学所由昉也。

周代学校,惟乡校及国中小学教“六艺”,大学所教,则以《诗》《书》《礼》《乐》为四术、四教。其以《易》《春秋》合《诗》《书》《礼》《乐》而六之,则自孔子始。阎若璩曰:“古者乐正崇四术,立四教,顺先王《诗》《书》《礼》《乐》以造士,故孔子亦曰:‘兴于《诗》,立于《礼》,成于《乐》’,又‘子所雅言,《诗》、《书》、执礼’,如是四者而已。至《周易》者,卜筮之繇辞;《春秋》者,侯国之史记,掌于大卜,职于太史,非士子之所肄习。惟孔子晚年喜赞《易》,惧修《春秋》,始合所删之《诗》《书》,所定之《礼》《乐》,而成六经,一名‘六艺’。故曰:言‘六艺’者,折中于夫子。”《四书释地三续》。是孔子以前未尝以《易》《春秋》合四术而教人也。孔子曰:“六艺于治一也,《礼》以节人,《乐》以发和,《书》以道事,《诗》以达意,《易》以神化,《春秋》以义。”《史记·滑稽列传》。此以《诗》《书》《礼》《乐》《易》《春秋》六书为六艺之始。孔子曰:“入其国,其教可知也。其为人也温柔敦厚,《诗》教也;疏通知远,《书》教也;广博易良,《乐》教也;洁静精微,《易》教也;恭俭庄敬,《礼》教也;属辞比事,《春秋》教也。”《礼记·经解》。汉人以此文为《经解》,是以“六艺”为六经之始。六经之教,各有所长,惟孔子发前之觇国者未闻,别为某书之教也。

《史记》曰:“孔子以《诗》《书》《礼》《乐》教,弟子盖三千焉,身通‘六艺’者,七十有二人。”《史记·孔子世家》。是《诗》《书》《礼》《乐》,三千弟子之所同习也;兼通《易》《春秋》者,七十有二人而已。阎若璩曰:“夫子当日之时,教只以正业;正业者,《诗》《书》《礼》《乐》。其能兼通《易》《春秋》者,七十有二子耳。《弟子列传》首引孔子曰:‘受业身通者,七十有七人,皆异能之士也。’若以‘六艺’与《周官》同,则礼、乐、射、御、书、数,司徒以之教万民,保氏以之养国子,岂必异能之士哉?”《四书释地三续》。方观旭曰:“孔子以《诗》《书》《礼》《乐》教弟子,盖尊乐正四术之常法。至及门高业弟子,方授以《易》《春秋》,故身通‘六艺’者仅七十有二人,则《易·象》《春秋》,孔子不轻以教人。”《论语偶记》。二人之言,皆深得史公之意。《庄子》曰:“其在于《诗》《书》《礼》《乐》者,邹鲁之士缙绅先生多能明之。《诗》以道志,《书》以道事,《礼》以道行,《乐》以道和,《易》以道阴阳,《春秋》以道名分。”《天下篇》。始言《诗》《书》《礼》《乐》,后又举六艺之目,盖《诗》《书》《礼》《乐》,邹鲁之士缙绅先生多能明之,此旧法也。合《易》《春秋》为六,自孔子始,故重言之以示区别也。《汉志》曰:“《书》之所起远矣,至孔子纂焉,上断于尧,下讫于秦,凡百篇,而为之序,言其作意。”又曰:“孔子纯取周诗,上采殷,下取鲁,凡三百五篇。”《史记》曰:“孔子之时,周室微而礼乐废,《诗》《书》缺。追迹三代之礼,序《书传》,

上纪唐、虞之际，下至秦缪，编次其事。曰：'夏礼吾能言之，杞不足征也；殷礼吾能言之，宋不足征也。足，则吾能征之矣。'观殷、夏所损益，曰：'后虽百世可知也，以一文一质。周监二代，郁郁乎文哉。吾从周。'故《书传》《礼记》自孔氏。孔子语鲁大师：'乐其可知也。始作翕如，纵之纯如，皦如，绎如也，以成。''吾自卫反鲁，然后乐正，《雅》《颂》各得其所。'古者《诗》三千馀篇，及至孔子，去其重，取可施于礼义，上采契、后稷，中述殷、周之盛，至幽、厉之缺，始于衽席，故曰：'《关雎》之乱以为《风》始，《鹿鸣》为《小雅》始，《文王》为《大雅》始，《清庙》为《颂》始。'三百五篇孔子皆弦歌之，以求合《韶》《武》《雅》《颂》之音。礼乐自此可得而述，以备王道，成'六艺'。"《孔子世家》。曰纂，曰取，曰编次其事，曰去其重，盖皆为教授之用，不能使学者尽取《诗》《书》而诵之，故择其简要者重加编纂，犹今之教者编次教科书，以授学者。迨后孔子所编的教科书盛行于世，而邃古之《诗》《书》寖以失传，故《诗》《书》《礼》《乐》皆成孔子之学，而周初所教之《诗》《书》《礼》《乐》不可考矣。

《易》之为书，按今日各国学术之类别，当属最高之哲学。各国学校，惟文科大学有哲学之科目，其他学校不尽学也。《史记》称"孔子晚而喜《易》"，孔子自言"假我数年，五十以学《易》"，则孔子之学《易》，本后于《礼》《乐》《诗》《书》四术，故其教人亦择其可学者而授之，非等于普通之教科也。《易》有圣人之道四焉，以言才尚其辞，以动者尚其变，以制器者尚其象，以卜筮者尚其占。然孔子之学《易》，则首重诵读。《抱朴子》曰："有古强者云：孔子尝劝我读《易》，云：'此良书也。丘窃好之，韦编三绝，铁挝三折。'"《史记》亦曰："孔子……读《易》，韦编三绝。"他如《淮南子》称"孔子读《易》至损益，未尝不愤然而叹"。《人间训》。《说苑》称"孔子读

《易》,至于损益,则喟然而叹。子夏避席而问”。《敬慎篇》。皆孔子读《易》之证。通神明、类万物之义,举由诵读得之,则后世教人不读书者,安得为孔子之徒哉?

“孔子年七十岁,知图书,作《春秋》。”《公羊传·哀公十四年》疏引《揆命篇》。“始于元,终于麟”,“九月而成”。《春秋元命苞》《演引图》文。“以授游夏之徒,游夏之徒不能改一字。”《公羊传·昭公十二年》疏引《春秋说》。是孔子早年教授生徒,尚未有今世所传孔子所作之《春秋》,而孔子论经已有《春秋》之教者,何也?《春秋》者古书也。“韩宣子……见《易·象》与《鲁春秋》”,申叔时谓“教之《春秋》,而为之耸善而抑恶焉”,《墨子·明鬼篇》称引周之《春秋》、燕之《春秋》、宋之《春秋》、齐之《春秋》,《春秋》亦多矣。孔子之所作,盖合周史记、百二十国宝书,因其文而明其义,亦犹编次历史教科书者因旧有之历史,撷其要而成书耳。《经解》曰:“属辞比事,《春秋》教也。”《春秋》之辞事,必比附连属,乃见其义。今世所传孔子所作之《春秋》,随年编系,其辞事初不相属,疑孔子教授学者特以一辞一事为纲,而其比类相连者咸口授之,以明其义。故“孔子曰:‘吾因其行事,而加乎王心焉。’以为见之空言,不如行事博深切明”。《春秋繁露·俞序篇》。“博深切明”,则其所教必非止于一辞一事可见。又庄子称“仲尼读书,老聃倚灶觚而听之曰:‘是何书也?’曰:‘《春秋》也。’”《艺文类聚》引。是孔子学《春秋》,亦抗声而读,以求熟其辞事,与读《易》之“韦编三绝”盖一辙也。

孔子之学,始于读书,《易》与《春秋》既皆有诵读之证。至于《诗》《书》,尤以诵读为主,故曰:“诵《诗》三百”,又曰:“诵《诗》读《书》,与古人居;读《书》诵《诗》,与古人谋。”《意林》引《尸子》。学孔子之学者,亦以诵读为贵。子夏读书,见《尚书大传》;读诗,见

《韩诗外传》，皆可见孔子教学者诵读之法。《论语》曰："子所雅言，《诗》、《书》、执礼，皆雅言也。"古者五方之民言语不通，齐有齐言，鲁有鲁言，楚有楚言，非先统一语言不能教授，况孔子之弟子自远而至者有三千人，方言土音不能通晓无疑，故孔子以雅言教之。郑康成曰："读先王典法必正言其音。""正言其音"，即正四方之音，使同一读也。焦循曰："'雅'即《尔雅》之'雅'。文王、周公系《易》多用假借、转注，以为引申，孔子以声音训诂赞之，故为雅言。孔子赞《易》，似不同于说《诗》、说《书》、说礼。不知同一声音训诂之所发明。赞《易》与说《诗》、说《书》、说礼同是雅言，非有异也。"《论语补疏》。《汉志》称"古文读应《尔雅》，故解古今语而可知也"。吾国教育之障碍，莫大于语言，有古今语之不同，有各地语之不同，今人以统一语言为教育要事，在孔子时固已知之矣！

四 科

孔子教人，因材而笃，不拘一格。故弟子之可及仕进之门者，分为四科，《论语集解》引郑注："言弟子从我而厄于陈蔡者，皆不及仕进之门，而失其所。"德行、言语、政事、文学，各有所长，疑孔子之教，亦有普通、高等、大学诸阶级。《诗》《书》《礼》《乐》，三千人之所同，普通之学也；兼通"六艺"，七十二子之所同，高等之学也；四科之学仅举十人，则分科大学之意也。或疑四科不及曾子，谓孔子仅举从于陈蔡者为言。按：孔子在陈蔡时，曾子年方十六七，未能毕大学之业，故不可及仕进之门也。今世各国卒业于大学者，得受高等试验，服官从政，故孔子于十子，亦以仕进期之，其他如漆雕开之未信，子张之干禄，皆不与四科之列，则其难可知。而孔子教人，必主于用世，亦可因而推见焉。

学不可以用世，则其学为无益之学，教为无益之教。后世儒者常为世所诟病者，皆坐不知德行为用世之学也。孔子所举德行科之弟子，惟闵、冉未见其设施，颜子则“用之则行，舍之则藏”，与孔子同；仲弓则“可使南面”，是其德行可见于政事也。德行与政事殊科者，德为政之原，事乃行之迹，治德行者，治政事之原理；治政事者，治政治之条目。近世各国法政大学所教诸法，皆条目也；所教诸学，皆原理也。而其最重要者，则有政治道德，与孔子所谓“为政以德”者相合。是孔子所以许颜、闵诸子以德行者，言其德行可施于政事，非许其独善其身也。

孔子教人之德行，无过于“仁”。《论语》论“仁”者，凡五十有八章；“仁”字之见于《论语》者，凡百有五。颜、冉诸子，尤孔子所许为“不违仁”者也。阮元曰：“诠解‘仁’字，不必烦称远引，但举《曾子·制言篇》‘人之相与也，譬如舟车，然相济达也。人非人不济，马非马不走，水非水不流’，及《中庸》篇‘仁者，人也’，郑康成注：‘读如相人偶之人’，数语足以明之矣。春秋时孔门所谓‘仁’也者，以此一人与彼一人相人偶，而尽其敬、礼、忠、恕等事之谓也。相人偶者，谓人之偶之也。凡仁，必于身所行者验之而始见，亦必有二人而仁乃见。若一人闭户斋居，瞑目静坐，虽有德理在心，终不得指为圣门所谓之‘仁’矣。盖士庶人之仁，见于宗族乡党；天子、诸侯、卿大夫之仁，见于国家臣民。同一相人偶之道，是必人与人相偶而仁乃见也。郑君‘相人偶’之注，即曾子‘人非人不济’，《中庸》‘仁者，人也’，《论语》‘己立立人’‘己达达人’之旨。能近取譬，即马走、水流之意。曰近取者，即子夏‘切问近思’之说也。盖孔门诸贤已有'未仁''难并'之论,虑及后世言仁之务为高远矣。孔子答司马牛曰:'仁者,其言也讱。'夫言讱于仁何涉?不知浮薄之人,语言侵暴,侵暴则不能与人相人偶,是不讱即不仁矣,所以木讷近仁也。仲弓问仁,孔子答以'见大宾,承大祭'诸语,似言敬恕之道,于仁无涉。不知天子、诸侯不体群臣,不恤民时,则为政不仁极之。视臣草芥,使民糜烂,家国怨而畔之,亦不过不能与人相人偶而已,秦、隋是也。其馀圣门论'仁',以类推之,五十八章之旨,有相合而无相戾者。"《揅经室集》。明乎仁之待人而见,则知孔门所谓"德行",皆指治人之道,而言如"克己复礼,天下归仁","己所不欲,勿施于人",皆为政者万变不可或离之宗旨。后世以苟且刻薄为政,而以德行无与于政事,其悖于孔子之教育大矣。

孔子教人言语之法甚多,而其要则在去伪辩。《韩诗外传》引孔子之言曰:"夫谈说之术,齐庄以立之,端诚以处之,坚强以持之,辟称以喻之,分以明之,欢忻芬芳以送之,宝之珍之,贵之神之,如是,则说恒无不行矣。夫是之谓能贵其所贵。若夫无类之说,不形之行,不赞之辞,君子慎之。"按:此即《易》"修辞立其诚"之意。言不以诚,虽辩皆伪,故其诛少正卯即以"言伪而辩"为罪。哀公问孔子曰:"寡人欲学小辨,以观于政,其可乎?"子曰:"否,不可……夫小辨破言,小言破义,小义破道。道小不通,通道必简,是故循弦以观于乐,足以辨风矣;《尔雅》以观于古,足以辨言矣;传言以象,反舌皆至,可谓简矣。夫道不简则不行,不行则不乐。夫亦固十棋之变,由不可既也,而况天下之言乎?"《大戴记·小辨篇》。小辨之学,盖即希腊诡辩派之学。吾国公孙龙子等所持"坚白""异同"之说,疑亦等于此派,故孔子以为破言破义。至孔子所持之简道,则有三法:循弦观乐,即古所谓乐语,此由诗乐而来。孔子教伯鱼曰:"不学《诗》,无以言。”又曰:“诵《诗》三百……不能专对。虽多,亦奚以为?”皆以诗乐为言语之根本也。春秋列国交际往来,以诗相赠答,此为学者致用最要之学。孔子所以许子贡以“言语”者,亦以其“可与言《诗》”也。《尔雅》观古,则雅言《诗》、《书》、执礼之法,古代语言、文字、声音、训诂之学,皆属于此。“传言以象,反舌皆至”,则又如今人之学外国语言,亦为致用之实学。知孔子告哀公之语,则知孔子教言语之法矣。

孔子教学者政治之学,亦多不可胜纪,然其要义则在从周,故曰:“周监于二代,郁郁乎文哉!吾从周。”又曰:“如有用我者,吾其为东周乎!”此皆孔子政见以周为主之证。《荀子》曰:“欲观圣王之迹,则于其粲然者矣,后王是也。彼后王者,天下之君也。舍后王而道上古,譬之是犹舍己之君而事人之君也。故曰:欲观千岁,则数今日;欲知亿万,则审一二;欲知上世,则审周道;欲知周道,则审其人,所贵君子。”又曰:“五帝之外无传人,非无贤人也,久故也;五帝之中无传政,非无善政也,久故也;禹汤有传政而不若周之察也,非无善政也,久故也。传者久则论略,近则论详。略则举大,详则举小。”《非相篇》。此孔子政治学之真传。盖政事宜以本朝掌故为主,前代之政既经更革,必有其所不可用者。世之专谈古政,昧于近世之政治者,非孔子之政治学也。

“季康子问孔子曰:‘冉求仁乎?’曰:‘千室之邑,百乘之家,求也可使治其赋。仁则吾不知也。’复问:‘子路仁乎?’孔子对曰:‘如求。’”《史记·仲尼弟子列传》。案:《鲁语》:“季康子欲以田赋,使冉有访诸仲尼,仲尼不对,私于冉有曰:‘求来。女不闻乎?先王制土,籍田以力,而砥其远迩;赋里以入,而量其有无;任力以夫,而议其老幼。于是乎有鳏、寡、孤、疾,有军旅之出则征之,无则已。其岁收,田一井,出稯禾、秉刍、缶米,不是过也。先王以为足。若子季孙欲其法也,则有周公之籍矣。若〔欲〕犯法,则苟而赋,又何访焉!”是孔子教冉求治赋,即以周公之法为准也。

汪中谓《易》《书》《诗》《礼》《春秋》《公》《穀》《论语》皆传自子夏。见《经义知新记》。而子游亦传礼乐之学,以学道教君子、小人,则孔门所谓“文学”,实兼诸科之学,非若后世所谓文词之学也。然孔氏之门,亦自有专门之文学。阮元曰:“古人以简策传事者少,以口舌传事者多;以目治事者少,以口耳治事者多。故同为一言,转相告语,必有愆误,是必寡其词,协其音,以文其言,使人易于记诵,无能增改,且无方言俗语杂于其间,始能达意,始能行远。此孔子于《易》所以著《文言》之篇也。古人歌诗、箴铭、谚语,凡有韵之文,皆此道也。《尔雅·释训》主于训蒙,‘子子孙孙’以下用韵者三十二条,亦此道也。孔子于《乾》《坤》之言,自名曰‘文’,此千古文章之祖也。为文章者,不务协音以成韵,修词以达远,使人易诵易记,而惟以单行之语,纵横恣肆,动辄千言万字,不知此乃古人所谓直言之言,论难之语,非言之有文者也,非孔子之所谓文也。《文言》数百字,几于句句用韵。孔子于此发明乾坤之蕴,诠释四德之名,几费修词之意,冀达意外之言。要使远近易诵,古今易传,公卿学士皆能记诵,以通天地万物,以警国家身心,不但多用韵,抑且多用偶……凡偶皆文也。于物两色相偶而交错之,乃得名曰‘文’,文即象其形也。然则千古之文,莫大于孔子之言《易》。孔子以用韵比偶之法,错综其言,而自名之曰‘文’,何后人之必欲反孔子之道,而自命曰‘文’,且尊之曰‘古’也?”《揅经室集》。按元此言,可见孔门之文学未尝不与后世文人修辞作文相等。诸经既传于游、夏,其必亲受作文之法于孔子可知。而弦歌学道,即以诸经韵语被之管弦,以绵圣门之教泽,亦可由此推见矣。

中国教育史长编[①]

《管子》采辑

凡有地牧民者,务在四时,守在仓廪。国多财则远者来,地辟举则民留处,仓廪实则知礼节,衣食足则知荣辱,上服度则六亲固,四维张则君令行。《牧民第一·国颂》。

何谓四维?一曰礼,二曰义,三曰廉,四曰耻。礼不逾节,义不自进,廉不蔽恶,耻不从枉。故不逾节则上位安,不自进则民无巧诈,不蔽恶则行自全,不从枉则邪事不生。《牧民第一·四维》。

积于不涸之仓者,务五谷也。藏于不竭之府者,养桑麻、育六畜也。《牧民第一·士经》。

务五谷则食足,养桑麻、育六畜则民富。《牧民第一·士经》。

天下不患无财,患无人以分之。《牧民第一·六亲五法》。

凡牧民者,欲民之可御也。欲民之可御,则法不可不审。法者,将立朝庭者也。《权修第三》。

君之所务者五:一曰山泽不救于火,草木不得成,国之贫也。二曰沟渎不遂于隘,障水不安其藏,国之贫也。三曰桑麻不(植)〔殖〕于野,五谷不宜其地,国之贫也。四曰六畜不育于家,瓜瓠荤

---

① 稿藏温州博物馆。

菜百果不备具,国之贫也。五曰工事竞于刻镂,女事繁于文章,国之贫也。故曰:山泽救于火,草木(植)〔殖〕成,国之富也。沟渎遂于隘,障水安其藏,国之富也。桑麻植于野,五谷宜其地,国之富也。六畜育于家,瓜瓠荤菜百果备具,国之富也。工事无刻镂,女事无文章,国之富也。《立政第四·五事》。

正月之朔,百吏在朝,君乃出令布宪于国。五乡之师,五属大夫,皆受宪于太史。大朝之日,五乡之师,五属大夫,皆身习宪于君前。太史既布宪,入籍于太府,宪籍分于君前。五乡之师出朝,遂于乡官,致于乡属,及于游宗,皆受宪。宪既布,乃反致令焉,然后敢就舍。宪未布,令未致,不敢就舍,就舍谓之留令,罪死不赦。五属大夫,皆以行车朝,出朝不敢就舍,遂行。至都之日,遂于庙,致属吏,皆受宪。宪既布,乃发使者,致令以布宪之日,蚤晏之时。宪既布,使者以发,然后敢就舍。宪未布,使者未发,不敢就舍,就舍谓之留令,罪死不赦。宪既布,有不行宪者,谓之不从令,罪死不赦。考宪而有不合于太府之籍者,(侈曰)〔曰侈〕专制,不足曰亏令,罪死不赦。首宪既布,然后可以布宪。《立政第四·首宪》。

相高下,视肥垸,观地宜,明诏期前后,农夫以时均修焉,使五谷桑麻皆安其处,由田之事也。行乡里,视宫室,观树艺,简六畜,以时钧修焉,劝勉百姓,使力作毋偷,怀乐家室,重去乡里,乡师之事也。论百工,审时事,辩功苦,上完利,监壹五乡,以时钧修焉,使刻镂文采毋敢造于乡,工师之事也。《立政第四·省官》。

市者,货之准也。是故百货贱则百利不得,百利不得则百事治,百事治则百用节矣。是故事者生于虑,成于务,失于傲。不虑则不生,不务则不成,不傲则不失。故曰:市者可以知治乱,可以知多寡,而不能为多寡。为之有道。《乘马第五·务市事》。

形势器械未具，犹之不治也。形势器械具，四者备，治矣。不能治其民，而能强其兵者，未之有也。能治其民矣，而不明于为兵之数，犹之不可。不能强其兵，而能必胜敌国者，未之有也。能强其兵，而不明于胜敌国之理，犹之不胜也。《七法第六·四伤》。

根天地之气，寒暑之和，水土之性。人民、鸟兽、草木之生物，虽不甚多，皆均有焉，而未尝变也，谓之则。《七法第六·四伤》。

为兵之数，存乎聚财而财无敌，存乎论工而工无敌，存乎制器而器无敌，存乎选士而士无敌，存乎政教而政教无敌，存乎服习而服习无敌，存乎遍知天下而遍知天下无敌，存乎明于机数而明于机数无敌。故兵未出境，而无故者八。《七法第六·为兵之数》。

故聚天下之精财，论百工之锐器，春秋角试，以练精锐为右。成器不课不用，不试不臧。《七法第六·为兵之数》。

有一体之治，故能出号令，明宪法矣。《七法第六·选陈》。

凡物开静，形生理，常至命。尹①注：凡土正之时，所生之物，但开通安静，则其形自生，既循理之常，则无残尽于所赋之命也。《幼官第八》。

戒审四时以别息，尹注：息，生也。四时生物，各有不同，故须别之。异出入以两易，尹注：出入既异，又并令无差，故曰两易也。明养生以解固，尹注：固，谓护吝也，生既须养，则物不可吝，故曰解固。审取予以总之。尹注：又恐所养过时，故审取与之多少以总统之。《幼官第八》。

定计财胜。尹注：计谋财用，先审定者胜。《幼官第八》。

求天下之精材，论百工之锐器，器成角试否臧。《幼官第八》。

辟田畴，利坛宅，修树艺，劝士民，勉稼穑，修墙屋，此谓厚其生。发伏利，尹注：利人之事积久隐伏者，发而用之。输墆积，修道途，便关市，慎将宿，此谓输之以财。《五辅第十》。

① 指唐代尹知章，其注《管子》是现存最早的注本。

行其田野，视其耕芸，计其农事，而饥饱之国可知也。其耕之不深，芸之不谨，地宜不任，草田多秽，耕者不必肥，荒者不必垸，以人猥〔计〕其野，草田多而辟田少者，虽不水旱，饥国之野也。若是而民寡，则不足以守其地，若是而民众，则国贫民饥；以此遇水旱，则众散而不收。彼民不足以守者，其城不固；民饥者，不可以使战；众散而不收，则国为丘墟。故曰：有地君国，而不务耕芸，寄生之君也。故曰：行其田野，视其耕芸，计其农事，而饥饱之国可知也。《八观第十三》。

行其山泽，观其桑麻，计其六畜之产，而贫富之国可知也。夫山泽广大则草木易多也，壤地肥饶则桑麻易(植)〔殖〕也，荐草多衍则六畜易繁也。山泽虽广，草木毋禁，壤地虽肥，桑麻毋数，荐草虽多，六畜有征，闭货之门也。故曰：时货不遂，金玉虽多，谓之贫国也。故曰：行其山泽，观其桑麻，计其六畜之产，而贫富之国可知也。《八观第十三》。

不法法则事毋常，法不法则令不行。令而不行，则令不法也。法而不行，则修令者不审也。审而不行，则赏罚轻也。重而不行，则赏罚不信也。信而不行，则不以身先之也。故曰：禁胜于身，则令行于民矣。《法法第十六》。

《大度》之书曰："举兵之日，而境内不贫，战而必胜，胜而不死，得地而国不败。"为此四者若何？举兵之日而境内不贫者，计数得也。战而必胜者，法度审也。胜而不死者，教器备利而敌不敢校也。得地而国不败者，因其民(也)。因其民则号制有发也，教器备利则有制也，法度审则有守也，计数得则有明也。治众有数，胜敌有理，察数而知理，审器而识胜，明理而胜敌。定宗庙，遂男女，官四分，则可以定威德，制法仪，出号令，然后可以一众治民。《兵法第十七》。

五教：一曰教其目以形色之旗，二曰教其身以号令之数，三曰教其足以进退之度，四曰教其手以长短之利，五曰教其心以赏罚之诚。五教各习，而士负以勇矣。《兵法第十七》。

法行而不苛，刑廉而不赦，有司宽而不凌，菀浊困滞，皆法度不亡，尹注：（郁）〔菀〕浊谓秽塞不洁清者也，困滞谓疲羸微隐者也，有如此者，皆以法度加之，不令有所失亡也。往行不来，而民游世矣，尹注：其行法度者，但往行而进，不却来而退，而人以此自得行于世也。此为天下也。《中匡第十九》。

桓公曰："定民之居，成民之事奈何？"管子对曰："士农工商，四民者，国之石民也。尹注：四者国之本，犹柱之石也，故曰石也。不可使杂处，杂处则其言哤，其事乱。是故圣王之处士必于闲燕，处农必就田野，处工必就官府，处商必就市井。今夫士，群萃而州处，闲燕，则父与父言义，子与子言孝，其事君者言敬，长者言爱，幼者言弟，旦昔从事于此，以教其子弟。少而习焉，其心安焉，不见异物而迁焉。是故其父兄之教，不肃而成。其子弟之学，不劳而能。夫是，故士之子常为士。今夫农，群萃而州处，审其四时权节，具备其械器，用比耒耜耞芟。及寒，击槁除田，以待时乃耕，深耕均种疾耰，先雨芸耨，以待时雨。时雨既至，挟其枪刈耨镈，以旦暮从事于田野，税衣就功，别苗莠，列疏遬，首戴苎蒲，身服袯襫，沾体涂足，暴其发肤，尽其四支之力，以疾从事于田野。少而习焉，其心安焉，不见异物而迁焉。是故其父兄之教，不肃而成。其子弟之学，不劳而能。是故农之子常为农。朴野而不慝，其秀才之能为士者，则足赖也。故以耕则多粟，以仕则多贤，是以圣王敬畏戚农……今夫工，群萃而州处，相良材，审其四时，辨其功苦，权节其用，论比计制，断器尚完利。相语以事，相示以功，相陈以巧，相高以知事。旦昔从事于此，以教其子弟。少而习焉，其心安焉，不见异物而迁焉。是故其父兄之教，不肃而成。其子弟之学，不劳而能。夫是，故工之子常为工。令夫商，群萃而州处，观凶饥，审国变，察其四时，而监其乡之货，以知其市之贾。负任担荷，服牛辂马，以周四方，料多少，计贵贱，以其所有，易其所无，买贱鬻贵。是以羽旄不求而至，竹箭有馀于国，奇怪时来，珍异物聚。旦昔从事于此，以教其子弟。相语以利，相示以时，相陈以知贾。少而习焉，其心安焉，不见异物而迁焉。是故其父兄之教，不肃而成。其子弟之学，不劳而能。夫是，故商之子常为商。相地而衰其政，则民不移。"《小匡第二十》。

举财长工，以止民用。尹注：工能积财，举而长之，民则慕而不费用矣。《小匡第二十》。

"君若欲正卒伍，修甲兵，则大国亦将正卒伍，修甲兵。君有征战之事，则小国诸侯之臣有守圉之备矣。然则难以速得意于天下。公欲速得意于天下诸侯，则事有所隐，而政有所寓。"公曰："为之奈何？"管子对曰："作内政而寓军令焉。为高子之里，为国子之里，为公里。三分齐国，以为三军。择其贤民，使为里君。乡有行伍卒长，则其制令，且以田猎，因以赏罚，则百姓通于军事矣。"《小匡第二十》。

凡兵主者，必先审知地图。轘辕之险，滥车之水，名山、通谷、经川、陵陆、丘阜之所在，苴草、林木、蒲苇之所茂，道里之远近，城郭之大小，名邑、废邑、困殖之地，必尽知之。地形之出入相错者，尽藏之。然后可以行军袭邑，举错知先后，不失地利，此地图之常也。人之众寡，士之精粗，器之功苦，尽知之，此乃知形者也。知形不如知能，知能不如知意，故主兵必参具者也。主明、相知、将能之谓参具。《地图第二十七》。

眉批：观此则，当时之地图甚详细，几与行军测绘等矣。

器滥恶不利者，以其士予人也。士不可用者，以其将予人也。将不知兵者，以其主予人也。主不积务于兵者，以其国予人也。《参患第二十八》。

道也者，上之所以导民也。是故道德出于君，制令传于相，事业程于官。《君臣上第三十》。

君据法而出令，有司奉命而行事，百姓顺上而成俗，著久而为常，犯俗离教者，众共奸之，则为上者佚矣。《君臣上第三十》。

故君人者上注，臣人者下注。上注者，纪天时，务民力。尹注：上注谓注意于上天，故纪要天时，务全人力也。下注者，发地利，足财用也。尹注：下注谓注意于下地，故发兴地利，足于财用也。《君臣下第三十一》。

四肢六道，身之体也。四正五官，国之体也。四肢不通，六道不达，曰失。四正不正，五官不官，曰乱。《君臣下第三十一》。

珠者，阴之阳也，故胜火；尹注：珠生于水，而有光鉴，故为阴之阳，以向日则火烽，故胜火。玉者，(阳)〔阴〕之阴也，故胜水。尹注：玉之生于山，而藏于(山)〔石〕，故为(阳)〔阴〕之阴，以向月则水流，故胜水。其化如神。《侈靡第三十五》。

物固有形，形固有名，名当谓之圣人。尹注：立名当物，所以称圣。故必知不言(之言，)无为之事，然后知道之纪。尹注：道以不言，无事为纪。殊形异执，不与万物异理，故可以为天下始。《心术上第三十六》。

欲爱吾身，先知吾情。君亲六合，以考内身。以此知象，乃知行情。既知行情，乃知养生。左右前后，周而复所。执仪服象，敬迎来者。今夫来者,必道其道。无迁无衍,命乃长久。和以反中,形性相葆。一以无贰,是谓知道。将欲服之,必一其端而固其所守。责其往来,莫知其时。索之于天,与之为期。不失其期,乃能得之。《白心第三十八》。

地者,万物之本原,诸生之根菀也。《水地第三十九》。

夫法者,所以兴功惧暴也。律者,所以定分止争也。令者,所以令人知事也。法律政令者,吏民规矩绳墨也。夫矩不正,不可以求方。绳不信,不可以求直。法令者,君臣之所共立也。权势者,人主之所独守也。故人主失守则危,臣吏失守则乱。罪决于吏则治,权断于主则威,民信其法则亲。是故明王审法慎权,下上有分。《七臣七主第五十二》。

当春三月,萩室熯造,钻燧易火,杼井易水,所以去兹毒也。《禁藏第五十三》。

夫民之所生,衣与食也。食之所生,水与土也。所以富民有要,食民有率。率三十亩而足于卒岁,岁兼美恶,亩取一石,则人有三十石。果蓏素食当十石,糠秕六畜当十石,则人有五十石。布帛麻丝,旁入奇利,未在其中也。故国有馀藏,民有馀食。《禁藏第五十三》。

凡国都皆有掌养疾。聋盲喑哑,跛躄偏枯握递,不耐自生者,上收而养之。疾,官而衣食之,殊身而后止,此之谓养疾。《入国第五十四》。

目贵明,耳贵聪,心贵智。以天下之目视,则无不见也。以天下之耳听,则无不闻也。以天下之心虑,则无不知也。辐凑并进,则明不塞矣。《九守第五十五·主明》。

桓公曰:"水可扼而使东西南北及高乎?"管仲对曰:"可。夫水之性,以高走下则疾,至于漂石。而下向高,即留而不行,故高其上领瓴之，尺有十分之三，里满四十九者，水可走也。乃迂其道而远之，以势行之。水之性，行至曲必留退，满则后推前。地下则平，行地高即控，杜曲则捣毁，杜曲激则跃，跃则倚，倚则环，环则中，中则涵，涵则塞，塞则移，移则控，(控)〔空〕则水妄行，水妄行则伤人，伤人则困，困则轻法，轻法则难治，难治则不孝，不孝则不臣矣。"《度地第五十七》。

夫管仲之匡天下也，其施七尺，渎田悉徙，五种无不宜，其立后而手实。其木宜蚖蓄与杜松，其草宜楚棘，见是土也，命之曰五施，五七三十五尺而至于泉，呼音中角，其水仓，其民强。赤垆，历强肥，五种无不宜。其麻白，其布黄，其草宜白茅与藋，其木宜赤棠。见是土也，命之曰四施，四七二十八尺而至于泉，呼音中商，其水白而甘，其民寿。黄唐，无宜也，唯宜黍秫也。宜县泽，行廧落，地润数毁，难以立邑置廧。其草宜黍秫与茅，其木宜櫄扰桑。见是土也，命之曰三施，三七二十一尺而至于泉，呼音中宫，其泉黄而糗。流徙，斥埴，宜大菽与麦，其草宜萯雚，其木宜杞。见是土也，命之曰再施，二七十四尺而至于泉，呼音中羽，其泉咸。水流徙，黑埴，宜稻麦，其草宜苹蓨，其木宜白棠。见是土也，命之曰一施，七尺而至于泉，呼音中徵，其水黑而苦。《地员第五十八》。

凡听徵，如负猪豕，觉而骇。凡听羽，如鸣马在野。凡听宫，如牛鸣窌中。凡听商，如离群羊。凡听角，如雉登木以鸣，音疾以清。凡将起五音，凡首，先主一而三之，四开以合九九，以是生黄钟小素之首以成宫。三分而益之以一，为百有八，为徵。不无有，三分而去其乘，适足以是生商。有三分而复于其所，以是成羽。有三分去其乘，适足以是成角。坟延者六施，六七四十二尺而至于泉。陕之芳七施，七七四十九尺而至于泉。祀陕八施，七八五十六尺而至于泉。杜陵九施,七九六十三尺而至于泉。延陵十施,七十尺而至于泉。环陵十一施,七十七尺而至于泉。蔓山十二施,八十四尺而至于泉。付山十三施,九十一尺而至于泉。付山白徒十四施,九十八尺而至于泉。中陵十五施,百五尺而至于泉。青山十六施,百一十二尺而至于泉。青龙之所居,庚泥不可得泉。赤壤埶山十七施,百一十九尺而至于泉,其下清商,不可得泉。陛山白壤十八施,百二十六尺而至于泉,其下骈石,不可得泉。徒山十九施,百三十三尺而至于泉,其下有灰壤,不可得泉。高陵土山二十施,百四十尺而至于泉。山之上命之曰县泉,其地不干,其草如茅与走,其木乃槭,凿之二尺乃至于泉。山之上命曰复吕,其草鱼肠与莸,其木乃柳,凿之三尺而至于泉。山之上命之曰泉英,其草蕲白昌,其木乃杨,凿之五尺而至于泉。山之材,其草兢与蔷,其木乃格,凿之二七十四尺而至于泉。山之侧,其草葍与蒌,其木乃品榆,凿之三七二十一尺而至于泉。凡草土之道,各有谷造。或高或下,各有草土。叶下于攀,攀下于苋,苋下于蒲,蒲下于苇,苇下于雚,雚下于蒌,蒌下于荓,荓下于萧,萧下于薜,薜下于萑,萑下于茅。凡彼草物,有十二衰,各有所归。九州之土,为九十物。每州有常,而物有次。群土之长,是唯五粟。五粟之物,或赤,或青,或白,或黑,或黄。五粟五章。五粟之状,淖而不肕,刚而不觳,不泞车轮,不污手足。其种大重,细重,白茎白秀,无不宜也。五粟之土,若在陵在山,在隫在衍。其阴其阳,尽宜桐柞,莫不秀长。其榆其柳,其檿其桑,其柘其栎,其槐其杨,群木蕃滋,数大条直以长。其泽则多鱼。牧则宜牛羊。其地其樊,俱宜竹箭,藻龟楢檀,五臭生之。薜荔白芷,蘪芜椒连,五臭所校。寡疾难老,士女皆好,其民工巧。其泉黄白,其人夷姤。五粟之土,干而不挌,湛而不泽,无高下,葆泽以处,是谓粟土。

粟土之次曰五沃。五沃之物,或赤,或青,或黄,或白,或黑。五沃五物,各有异则。五沃之状,剽忞橐土,虫易全处。忞剽不白,下乃以泽。其种大苗,细苗,赨茎黑秀箭长。五沃之土,若在丘在山,在陵在冈,若在陬。陵之阳,其左其右,宜彼群木,桐柞枎櫄,及彼白梓,其梅其杏,其桃其李,其秀生茎起。其棘其棠,其槐其杨,其榆其桑,其杞其枋,群木数大,条直以长。其阴则生之楂藜,其阳则安树之五麻。若高若下,不择畴所。其麻大者如箭如苇,大长以美,其细者如藿如蒸,欲有与各,大者不类,小者则治,揣而藏之,若众练丝。五臭畴生,莲与蘼芜,藁本白芷。其泽则多鱼,牧则宜牛羊。其泉白青,其人坚劲,寡有疥骚,终无痟酲。五沃之土,干而不斥,湛而不泽,无高下,葆泽以处,是谓沃土。沃土之次曰五位。五位之物,五色杂英,各有异章。五位之状,不塥不灰,青忞以落及。其种大苇无,细苇无,赨茎白秀。五位之土,若在冈在陵,在隫在衍,在丘在山,皆宜竹箭求黾楢檀。其山之浅,有茏与斥,群木安逐,条长数大。其桑其松,其杞其茸,种木胥容,榆桃柳楝,群药安生,姜与桔梗,小辛大蒙。其山之枭,多桔符榆。其山之末,有箭与苑。其山之旁,有彼黄寅,及彼白昌。山藜苇芒,群药安聚,以圉民殃。其林其漉,其槐其楝,其柞其榖,群木安逐。鸟兽安施,既有麋麃,又且多鹿。其泉青黑,其人轻直,省事少食。无高下,葆泽以处,是谓位土。位土之次曰五蘟。五蘟之状,黑土黑菭,青怵以肥,芬然若灰。其种櫑葛,赨茎黄秀;恚目,其叶若苑。以蓄殖果木,不若三土以十分之二,是谓蘟土。蘟土之次曰五壤,五壤之状,芬然若泽若屯土。其种大水肠,细水肠,赨茎黄秀,以慈忍,水旱无不宜也。蓄殖果木,不若三土,五浮以十分之二,是谓壤土。壤土之次曰五浮。五浮之状,捍然如米,以葆泽,不离不坼,其种忍蘟,忍叶如藿,叶以长狐茸,黄茎黑茎黑秀,其粟大,无不宜也。蓄殖果木,不如三土以十分之二。凡上土三十物,种十二物。中土曰五态。五态之状,廪焉如壏,润湿以处。其种大稷细稷,𥟖茎黄秀,(以)慈忍,水旱细粟如麻。蓄殖果木,不若三土以十分之三。态土之次曰五纑。五纑之状,强力刚坚。其种大邯郸,细邯郸,茎叶如扶櫄,其粟大。蓄殖果木,不若三土以十分之三。纑土之次曰五壏。五壏之状,芬焉若糠以脆。其种大荔,细荔,青茎黄秀。蓄殖果木,不若三土以十分之三。壏土之次曰五剽。五剽之状,华然如芬以脤。其种大秬,细秬,黑茎青秀。蓄殖果木,不若三土以十分之四。剽土之次曰五沙。五沙之状,粟焉如屑尘厉。其种大萯,细萯,白茎青秀,以蔓。蓄殖果木,不如三土以十分之四。沙土之次曰五塥。五塥之状,累然如仆累,不忍水旱。其种大樛杞,细樛杞,黑茎黑秀。蓄殖果木,不若三土以十分之四。凡中土三十物,种十二物。下土曰五犹。五犹之状如粪。其种大华,细华,白茎黑秀。蓄殖果木,不如三土以十分之五。犹土之次曰五弫。五弫之状,如鼠肝。其种青粱,黑茎黑秀。蓄殖果木,不如三土以十分之五。弫土之次曰五殖。五殖之状,甚泽以疏,离坼以臞埆。其种雁膳黑实,朱跗黄实。蓄殖果木,不如三土以十分之六。五殖之次曰五觳。五觳之状,娄娄然,不忍水旱。其种大菽,细菽,多白实。蓄殖果木,不如三土以十分之六。觳土之次曰五凫。五凫之状,坚而不骼。其种陵稻,黑鹅马夫。蓄殖果木,不如三土以十分之七。凫土之次曰五桀。五桀之状,甚咸以苦,其物为下。其种白稻长狭。蓄殖果木,不如三土以十分之七。凡下土三十物,其种十二物。凡土物九十,其种三十六。《地员第五十八》。

先生施教,弟子是则。温恭自虚,所受是极。见善从之,闻义则服。温柔孝悌，毋骄恃力。志毋虚邪，行必正直。游居有常，必就有德。颜色整齐，中心必式。夙兴夜寐，衣带必饬。朝益暮习，小心翼翼。一此不解，是谓学则。《弟子职第五十九》。

眉批：《弟子职》全篇是古小学规则。

教护家事，父母之则也。《形势解第六十四》。

起居时，饮食节，寒暑适，则身利而寿命益。起居不时，饮食不节，寒暑不适，则形体累而寿命损。《形势解第六十四》。

彼壤狭而欲举与大国争者，农夫寒耕暑芸，力归于上，女勤于缉绩徽织，功归于府者，非怨民心，伤民意也。非有积蓄，不可以用人；非有积财，无以劝下。《事语第七十一》。

一女必有一针一刀，若其事立。耕者必有一耒一耜一铫，若其事立。行服连轺辇者必有一斤一锯一锥一凿，若其事立。不尔而成事者，天下无有。《海王第七十二》。

五谷食米，民之司命也。黄金刀币，民之通施也。故善者执其通施，以御其司命，故民力可得而尽也。《国蓄第七十三》。

凡将为国，不通于轻重，不可为笼以守民。不能调通民利，不可以语制为大治。是故万乘之国，有万金之贾。千乘之国，有千金之贾。然者何也？国多失利，则臣不尽其忠，士不尽其死矣。岁有凶穰，故谷有贵贱。令有缓急，故物有轻重。然而人君不能治，故使蓄贾游市，乘民之不给，百倍其本。分地若一，强者能守。分财若一，智者能收。智者有什倍人之功，愚者有不赓本之事。《国蓄第七十三》。

凡轻重之大利，以重射轻，以贱泄平。万物之满虚，随财准平而不变。衡绝则重见。人君知其然。《国蓄第七十三》。

百乘之国，官赋轨符。乘四时之朝夕，御之以轻重之准，然后百乘可及也。千乘之国，封天财之所殖，械器之所出，财物之所生，视岁之满虚而轻重其禄，然后千乘可足也。万乘之国，守岁之满虚，乘民之缓急，正其号令，而御其大准，然后万乘可资也。玉起于禺氏，金起于汝汉，珠起于赤野，东西南北距周七千八百里，水绝壤断，舟车不能通。先王为其途之远，其至之难，故托用于其重，以珠玉为上币，以黄金为中币，以刀布为下币。三币握之则非有补于暖也，食之则非有补于饱也，先王以守财物，以御民事，而平天下也。《国蓄第七十三》。

天以时为权，地以财为权，人以力为权，君以令为权。失天之权，则人地之权亡。《山权数第七十五》

地之东西二万八千里，南北二万六千里。其出水者八千里，受水者八千里。出铜之山四百六十七山，出铁之山三千六百九山。此之所以分壤树谷也。戈矛之所发，刀币之所起也。能者有馀，拙者不足。《地数第七十七》。

昔者，桀霸有天下而用不足，汤有七十里之薄而用有馀。天非独为汤雨菽粟，而地非独为汤出财物也。伊尹善通移轻重、开阖、决塞，通于高下徐疾之策，坐起之费，时也。《地数第七十七》。

上有丹沙者，下有黄金。上有慈石者，下有铜金。上有陵石者，下有铅锡赤铜。上有赭者，下有铁。此山之见荣者也。《地数第七十七》。

桓公曰："衡谓寡人曰：'一农之事，必有一耜、一铫、一镰、一耨、一椎、一铚，然后成为农。一车必有一斤、一锯、一釭、一钻、一凿、一銶、一轲，然后成为车。一女必有一刀、一锥、一箴、一钵，然后(成)为女。请以令断山木，鼓山铁，是可以毋籍而用足。'"管子对曰："不可。今发徒隶而作之，则逃亡而不守。发民，则下疾怨上。边竟有兵，则怀宿怨而不战。未见山铁之利而内败矣，故善者不如与民量其重，计其赢，民得其七，君得其三，有杂之以轻重，守之以高下，若此，则民疾作而为上虏矣。"《轻重乙第八十一》。

清神生心，心生规，规生矩，矩生方，方生正，正生历，历生四时，四时生万物。圣人因而理之，道遍矣。《轻重已第八十五》。

《荀子》采辑

青，取之于蓝，而青于蓝；冰，水为之，而寒于水。木直中绳，𫐓以为轮，其曲中规，虽有槁暴，不复挺者，𫐓使之然也。《劝学篇第一》。

王者之法，等赋，政事，财万物，所以养万民也。《王制篇第九》。

相地而衰政，理道之远近而致贡，通流财物粟米，无有滞留，使相归移也；四海之内若一家。《王制篇第九》。

北海则有走马吠犬焉，然而中国得而畜使之。南海则有羽翮齿革曾青丹干焉，然而中国得而财之。东海则有紫紶鱼盐焉，然而中国得而衣食之。西海则有皮革文旄焉，然而中国得而用之。故泽人足乎木，山人足乎鱼，农夫不斫削不陶冶而足械用，工贾不耕田而足菽粟。故虎豹为猛矣，然君子剥而用之。故天之所覆，地之所载，莫不尽其美致其用，上以饰贤良下以养百姓而安乐之。夫是之谓大神。《王制篇第九》。

相高下，视肥垅，序五种，省农功，谨蓄藏，以时顺修，使农夫朴力而寡能，治田之事也。《王制篇第九》。

顺州里，定廛宅，养六畜，闲树艺，劝教化，趋孝弟，以时顺修，使百姓顺命，安乐处乡，乡师之事也。《王制篇第九》。

论百工，审时事，辨功苦，尚完利，便备用，使雕琢文采不敢专造于家，工师之事也。《王制篇第九》。

修采清，杨①注：修其采清之事，采谓采去其秽，清谓使之清洁，皆谓除道路秽恶也。易道路，谨盗贼，平室律，以时顺修，使宾旅安而货财通，治市之事也。《王制篇第九》。

论礼乐，正身行，广教化，美风俗，兼覆而调一之，辟公之事也。全道德，致隆高，綦文理，一天下，振毫末，使天下莫不顺比从服，天王之事也。《王制篇第九》。

量地而立国，计利而畜民，度人力而授事；使民必胜事，事必出利，利足以生民，皆使衣食百用出入相掩，必时藏馀。《富国篇第十》。

师术有四，而博习不与焉：尊严而惮，可以为师；耆艾而信，可以为师；诵说而不陵不犯，可以为师；知微而论，可以为师：故师术有四，而博习不与焉。水深而回，树落〔则〕粪本，弟子通利则思师。诗曰："无言不仇，无德不报。"此之谓也。《致士篇第十四》。

刑范正，金锡美，工冶巧，火齐得，剖刑而莫邪已！然而不剥脱，不砥厉，则不可以断绳；剥脱之砥厉之，则劙盘盂刎牛马忽然耳。彼国者，亦强国之剖刑已！然而不教诲，不调一，则入不可以守，出不可以战，教诲之，调一之，则兵劲城固，敌国不敢婴也。《强国篇第十六》。

大天而思之，孰与物畜而制之？杨注：尊大天而思慕之，欲其丰富，孰与使物畜积而我裁制之也。从天而颂之，孰与制天命而用之？杨注：颂者美盛德也。从天而美其盛德，岂如制裁天之所命而我用之，谓若曲者为

---

① 指唐代杨倞，是第一个给《荀子》作注的人。

轮,直者为桷,任材而用也。望时而待之,孰与应时而使之?杨注:望时而待,谓若农夫之望岁也,孰与应春生夏长之候,使不失时也。因物而多之,孰与骋能而化之?杨注:因物之自多,不如骋其智能而化之使多也。若后稷之播种然也。思物而物之,孰与理物而勿失之也?杨注:思得万物以为己物,孰与理物皆得其宜,不使有所失丧。愿于物之所以生,孰与有物之所以成?故错人而思天,则失万物之情。《天论篇第十七》。

夫乐者,乐也,人情之所必不免也。故人不能无乐;乐则必发于声音,形于动静;而人之道,声音动静,性术之变尽是矣。故人不能不乐;乐则不能无形;形而不为道,则不能无乱。先王恶其乱也,故制《雅》《颂》之声以道之,使其声足以乐而不流,使其文足以辨而不諰。使其曲直繁省廉肉节奏足以感动人之善心。《乐论篇第二十》。

心枝则无知,倾则不清,贰则疑惑。以赞稽之,万物可兼知也。杨注:枝,旁引如树枝也。赞,助也。稽,考也。以一而不贰之道助考之,则可兼知万物;若博杂,则愈不知也。身尽其故则美,杨注:故,事也。尽不贰之事则身美矣。类不可两也,故知者择一而壹焉。杨注:凡事类皆不可两,故知者精于一道而专一焉,故异端不能蔽也。农精于田而不可以为田师,贾精于市而不可以为贾师,工精于器而不可以为器师。有人也,不能此三技而可使治三官,曰:精于道者也,精于物者也。精于物者以物物,精于道者兼物物。故君子壹于道而以赞稽物。壹于道则正,以赞稽物则察,以正志行察论,则万物官矣。《解蔽篇第二十一》。

凡以知,人之性也;可以知,物之理也。以可以知人之性,求可以知物之理而无所疑止之,则没世穷年不能遍也。杨注:疑止,谓有所不为。穷年,尽其年寿。疑,或为凝。其所以贯理焉虽亿万,已不足以浃万物之变,与愚者若一。学,老身长子而与愚者若一,犹不知错,夫是之谓妄人。故学也者,固学止之也。恶乎止之?曰:止诸至足。曷谓至足?曰:圣也。圣也者,尽伦者也;王也者,尽制者也。杨注:伦,物理也。制,法度也。两尽者,足以为天下极矣。故学者,以圣王为师,案以圣王之制为法,法其法,以求其统类,以务象效其人。向是而务,士也;类是而几,君子也;杨注:几,近也。类圣人而近之,则为君子。士者,修饰之名。君子,有道德之称也。知之,圣人也。杨注:知圣王之道者。《解蔽篇第二十一》。

农精于田而不可以为田师,工贾亦然。《大略篇第二十七》。

附录

一　诗词　联语　文

摸鱼儿·为黄仲弢题吴彩鸾骑虎图[①]

文廷式

1897年

倚苍岩翠藤无路，琅玕芝草谁问？天风忽振疏林外，睹此烟鬟雾鬓。斜日冷。倩白虎，从容远上匡庐顶。松花满径。看银汉回波，石梁飞瀑，一啸万山应。　吾家事，千古风流仙境。何人摹入金粉？箫声可似秦楼凤，甲帐瑶台偕隐。环佩整。羡儿女，痴情也有神仙分。清贫自哂。买十幅云笺，唤谁彩笔，为我写唐韵？

木兰花慢·送黄仲弢前辈解官奉亲赴大梁，即题其《载书泛洛图》[②]

文廷式

春明门外路，看迤逦，接天涯。任当道豺狼，处堂燕雀，起陆龙蛇。莫邪且藏匣底，饱河鱼洛笋即为家。满载英光书画，闲吟嵩少烟霞。　京华聚散等抟沙，世事一长嗟。是楚泽椒兰，齐邱松柏，秦国蒹葭。灵槎，不浮天上，铸玲珑无术教皇娲。他日刘郎重到，元都认取桃花。

---

① 录自汪叔子编《文廷式集》（中华书局，1993年）。

② 录自汪叔子编《文廷式集》（中华书局，1993年）。

仲弢属题龙女图七古①

王仁堪

1884 年

姑射晓策银山鳌,石鲸熛怒翻洪涛。瀛洲有客话桑海,瞥见帝女翔神皋。阳阿发轫三万里,霜鬐倒卷咸池水。不周左转西海期,风引蓬山道如咫。高驼骙骙冲天来,虎豹却迹天门开。九洲瞢暗不可睹,衔烛下视光昭回。被之长剑拥幼艾,云叶承旗玉为轪。回天日月转瑶车,画地江河作衣带。百神奇嶷争前趋,夕戾县圃朝苍梧。出入变化一俄顷,尺渎尽泽枯鳞枯。白虹无端亘北极,要与修罗斗法力。毛女未假神鼍鸣,圆灵险被妖蟆蚀。三百六十蕲灵修,上下遍索心烦忧。雷师丰隆告未具,虙妃娀女纷相求。娀女不可求虙妃,渺何许与我纬繣。翼者谁危立,瑶台但容与。吁嗟乎!投虎或怒烧燕喜,潜虬十万灵渊底。刘累豢尔豢何为?死抱明月鞭不起。

仲弢年丈之官武昌以诗留别依韵奉酬②

王式通

唤月灵妃事渺茫,仙人三度见沧桑。娇莺隔叶声偏脆,瘦马驮

---

① 录自《王苏州遗书》。

② 录自《志盦诗稿》卷一,第 216 页。

花汗亦香。辛苦抟沙能几日，安排种树渐成行。悬知啸咏南楼夜，玉宇高寒念上方。

晓钟仙仗景迷离，三叠琴心人道迟。南淀波光春似梦，东瀛花市雨如丝。看朱成碧真无赖，转绿回黄有后期。怅望江城吹玉笛，一天眉月寄相思。

黄仲弢同年枉过赠诗依韵奉答[①]

王咏霓

1895 年

读书不成学作吏，铅刀美锦轻一试。衙斋寂寞如广文，月课诸生老讲艺。下士闻道亦已晚，文章敢薄雕虫技。长安故人缺音问，瀛舟忽耳高贤至。宵分策蹇亟行露，朝来相见挹爽气。悬榻生尘手拂拭，倒屣出户足忘蹶。安车况侍丈人行，心写平生喜不寐。留宾有约具鸡黍，清暇得陪作象戏。别后征鸿已四更，酒阑扪虱谈时事。去年转战徒丧师，今年行成耻割地。三韩始末奚忍论，拾闻试访甲乙记。杼柚东方室已悬，疮痍满野居无积。兵戎乍解辽阳城，玉帛未归威海卫。和戎岁币病悉索，大农仰屋苦调剂。陇右回羌又揭竿，台南壮士空投袂。补瘠那得医国手，坐使痿痹成疾废。君今瑰玮抱奇质，陈诗太史古六义。胡不待诏金马门，江湖惓惓宁忘世。愿向青云早致身，只手擎天立赤帜。

---

① 此首诗与下首诗均录自王咏霓《函雅堂集》卷十二。

渡洪泽湖至山阳高良涧送漱丈仲弢归浙东六叠前韵

王咏霓

1895 年

洪湖吞淮流，龟山带霜櫖。菱波浩无垠，茨防昔所虑。五坝跨周桥，六飞记宸御。蓄清资敌黄，旧闻徒耳饫。侵晨凌层澜，沫若雪舞絮。鹢首落山阳，鸿毛遇风助。鲁酒薄堪酌，江鱼肥入箸。送公还故林，万卷手待署。有如汉二疏，高尚得嘉誉。去德日以远，疢咎孰予恕。青青松与竹，岁寒盟或庶。脂车悬夕驾，汽船息飙驭。月明雁荡寒，日照龙湫曙。入梦想有因，暂合别胡遽。相望隔千岭，停车在何处？况兹行路难，新洲易成淤。极目数帆樯，劳燕东西去。

征招·仲弢前辈将经洛而南，祖之斜街两浙馆。暗雨冥冥，悄焉欲绝，赋征招一阕送之，并柬子培子封叔衡①

冯　煦

微阴正掩银湾路，将离共寻尊俎。春思已阑珊，又西窗听雨。杜蘅愁不语。任烟际笑桃红舞。丁令心孤，沈郎腰瘦，恁时情

① 录自《蒿盦类稿》卷十。

绪。　去去洛川游，只赢得，春晖百年长驻。杜宇莫催归，问南归何处。海桑知几度。便相见、不堪重数。凭高望，万里乾坤，托醉乡分付。

贺黄仲弢绍箕入翰林[①]

孙衣言

1880 年

籍甚黄童妙少年，巍科今日复登仙。真看一战雄场屋，岂独高名压老泉谓漱兰詹事。近世文章唐末造，吾乡人物宋南迁。萧萧蓬鬓空铅椠，六代维衰望后贤。

送黄仲弢绍箕渡海入都省亲[②]

孙诒燕

北平形势控山河，燕赵由来侠客多。故苑鸣蝉凄玉露，藩王遗垒泣铜驼。清谈夷甫仍挥尘，壮志刘琨孰枕戈？此去蓬莱欣日近，中兴新政问如何？

临岐折柳雨如丝，万里长安赋别离。谢客难忘春草梦，君与季弟叔容甚友爱。狄公已慰白云思。同心唱和琴三叠，执手殷勤酒一卮。京洛征尘衫尚在，明朝又是送君时。

---

① 录自《逊学斋诗续钞》卷四。孙衣言，注见前。

② 录自宋维远主编《瑞安古诗七百首》（中国文史出版社，2008 年）。孙诒燕（1854—1879），字叔芑，号翼参，孙衣言从子。光绪二年（1876）举人，候补内阁中书。

龙女图为黄仲弢编修题[①]

朱铭盘

碣石高悬汉月弯，连峰万骑却东还。何人夜下苍龙背，拾得蓬莱左股山。

送汝乘云谒帝阍，诸天晓色正微茫。西鳞不辨东鳞赤，知受金蛇百道光。

同黄仲韬访戴玉笙不值，因过颐百醉春风馆[②]

陈祖绶

黄子卓卓真佳士，空洞胸中富经史。吐气如虹议论高，少年磊落良足喜。北走燕京东泰岱，饱看无限好山水。为想奚奴背上囊，收尽名胜缩万纸。欲将此情告知己，携手出门到城市。柑酒听鹂人未回，衙斋虚静鸟呼起。元龙楼下偶经过，夕阳照见荆花紫。茶烟著风吹满帘，谁其歌者弹绿绮？挥麈清谈移我情，汪波万顷况复尔！

---

① 录自《桂之华轩诗集》卷三。朱铭盘（1852—1893），字俶侗，原字日新，号曼君，江苏泰兴人。光绪八年（1882）举人。与南通张謇、通州范肯堂、如皋顾延卿、海门周彦升称为江苏五才子。光绪三年（1877）入广东水师提督吴长庆军中，八年，随吴驻军朝鲜。光绪十一年，应黄体芳之聘，襄助《江左校士录》。

② 陈祖绶诗六题均录自《墨宧诗钞》。

饮黄仲韬寓斋

陈祖绶

筵前歌管闹斜阳，消受东风酒瓮香。入室共君话山海，赏花留我醉壶觞。苍烟细草经春长，绿水闲门掩夕凉。唱罢《满江红》一曲，不教欢燕散虚堂。

闻黄仲弢太史南旋兼怀徐班侯户部

陈祖绶

春花才调说韩翃，郎署冯唐老亦名。四十头颅愁蒜发，三年江国问莼羹。恋官半为关门祚，作客从今识世情。燕市酒人云渐散，尊前犹想论纵横。

送黄仲弢叔颂二星使侍莼师回南

陈祖绶

1897 年

雷家剑气贯天青，牛斗中间见使星。三百蛟鱼齐俯首，采衣扶杖渡沧溟。

莼师六十六岁小像，中弢叔颂二星使行装侍立大人命作

陈祖绶

1897 年

龙湫雁荡开云烟，南戒山水雄大千。独钟文福冠天下，一纸足享五百年。使星合璧皖江上，抠衣讲舍同琅嬛。人间几人匠石觉，梦梦世界闪萤爝。齠丱缔交今雪髭，相期九还觅大药。君家传钵在瀛洲，风骨崚峥肉食羞。天骄欲束凤麟识，地舆有比豺虎投。富虱则弱农则朴，奋豫思为雷鼓作。未能蹈海声，金戈犹味乐，登堂宣木铎。逃酒飘然径拂衣，家无十棱将何依？君来我惯迟作答，君去我复愁相思。旌节双双欢绕膝，岁朝归饱海红橘。有此竹林兰玉，轮困而纷郁，飞盏贺君宾出日。

阅己酉《大同报》，见黄中弢提学遗影，怆然赋此

陈祖绶

郭公亭子小山城，曾对离筵诉别情。重集鹤楼花萼盛，相辉龙节玉衡清。哲弟叔颂观察同年同官湖北。春婆富贵虽成梦，文采风流总擅名。未及亲赍磨镜具，长松矫矫望如生。

怀人诗五首之四·黄仲弢学士[①]

陈祖纶

黄鹤楼头月，苍凉闻几秋。词臣衣钵授，文苑姓名留。衮衮尊台省，遥遥望鄂州。南皮推毂后，蒙君曾荐书于张文襄。泪逐大江流。

赠同年黄仲弢编修绍箕[②]

李慈铭

1883年6月17日

今皇三榜启庚辰，同籍同年廿五人。君有才名传世学，我于交谊倍情亲。汗颜李部辞华选，作赋黄滔绝等伦。庚辰朝考第一，今年散馆复第一。报国文章原易事，无双江夏出贞臣。

---

① 录自陈祖纶《息庐诗钞》。陈祖纶（1859—?），字经郛，陈祖绶之弟。

② 录自李慈铭著、刘再华校点《越缦堂诗文集》（上海古籍出版社，2008年）第427页。黄绍箕于光绪九年散馆，得一等第一，授职编修，李慈铭赋诗赠予。

癸未九日偕爽秋携酒，邀同年朱蓉生黄仲弢梁星海三编修沈子培子封兄弟集崇效寺，饯孺初归文昌[1]

李慈铭

1883年10月

今年积潦弥郊坰，愆阳玄月犹骄蒸。强名重九作高会，分曹赌酒吾犹能。爰丝勤吏兼好事，日治官书夜文字。谓我送别兼登临，淋漓诗酒实职志。逍遥潘叟南荒贤，赀郎七十发披肩。一朝掉头欲归去，笑看鸿鹄横秋天。与君同作司徒属，不肯抱关常录录。世人随俗为毁誉，谁向穷途慰歌哭？朱游言事气慨慷，黄香东观俩无双。梁竦英英出南海，吴兴二沈皆瘦狂。白纸坊南崇效寺，传自有唐刘济置。朱楼十丈穿秋空，藏经犹出前朝赐。嘉靖三载苗宫人，手题贝叶《华严》文。是日登藏经阁阅经，内《华严》卷尾有"嘉靖三年七月宫内信女苗氏敬施"字。阇黎贫老失年代，钟鱼过尽楸花春。大雄慈力亦何有，今日一尊落吾手。眼看身世如浮烟，只有青山未衰朽。染须大半事后生，那有虎贲思典型。草木摇落鸟兽怨，雨雪将至天地冥。送君且尽此中酒，时事不须复开口。斜阳肯为吾辈留，旷莽郊原一回首。琼海万里鲸涛程，楼船带甲南交行。祝君安归长子孙，长为王人输税耕。

---

① 录自李慈铭著、刘再华校点《越缦堂诗文集》（上海古籍出版社，2008年）第433—434页。

赠黄绍箕联[1]

李慈铭

1884 年

西垣著作推经法；东浙文章见老成。

永嘉学派继吕、叶；词林尊宿希王、钱。

题姚梅伯燮龙女行雨图四首[2]

道光庚子五月为叶润臣[3]作。题曰："天龙自在珧台女。"

李慈铭

1885 年

平章风月老如何，梅伯尝有小印曰"平章风月重事"。鳀鲎蛟宫变幻多。欲借弄珠神女力，略舒纤腕挽天河。

珍重微波属柳郎，绿绨方寸泪沾裳。只应薄幸人天恨，欲泻银河作断潢。

为恐金鉼误卫公，不教夫婿御青骢。谁知千界花光雨，只在云

① 《越缦堂日记》光绪十年六月二十一条下：书两联赠仲弢云云。

② 《越缦堂日记》光绪十一年二月初四日条"为黄仲弢题龙女行雨图四绝句……"姚燮(1805—1864)，字梅伯，一字复庄，号野桥，又号大梅山民，浙江镇海人。道光十四年(1834)举人。工诗词，善写墨梅及白描人物，写意花卉，无不奇特。有《大梅山馆集》。李慈铭著、刘再华校点《越缦堂诗文集》(上海古籍出版社，2008 年)第 457 页第三首作"谁知十界花光雨"。

③ 叶润臣(1811—1859)，名名沣，号翰源，汉阳人，叶名琛弟。道光丁酉(1837)举人，历官内阁侍读，改浙江候补道。有《敦夙好斋诗》等。

鬒一笑中。

争说青天骑白龙，欲干海水见封禺。须臾一掷莲骁影，多少星辰避电锋。

乙酉东坡生日，同年徐花农编修琪邀同朱桂卿缪筱珊黄仲弢三翰林王弢夫沈子培两部曹及朱虎臣秀才文炳携行厨过寓斋为余寿，招五云郎捧觞，花农桂卿皆有诗，因次东坡除夕寄段屯田诗韵为谢[1]

李慈铭

1886 年

坡老生莪眉，朱霞照天半。我生无充闾，何尝遇元叹！文章殊鸥鸾，鞶帨不足玩。徒有百衲琴，弹之未成散。齐年尽英妙，施嫫强相伴。鸣鹤在九皋，欲以警歇旦。嘉招撰兹辰，芳俎溢几案。雪避桦烛明，香交蜜梅乱。银钩隔坐送，翠袖暗香盥。杯深涴脂易，户小点筹缓。良宵抵金续，清谈若珠贯。科名关道义，乡里起衰懦。慰藉在岁寒，冰谷炽温炭。奚必洛蜀争，弹章交三馆。新诗如美酒，读之不衣暖。回首水仙开，玉齿朝云粲。

① 录自《越缦堂日记》，李慈铭十二月二十七日生日，此诗于光绪十二年（1886）正月初八日补作。

病起柬敦夫弢夫云门子培仲弢五君子三首①

李慈铭

1890 年

强自扶筇起，南荣一晌欢。朝阳能我待，残雪尽人看。裘敝偏知重，帘垂不隔寒。有身应有触，翻羡舍支兰。

无恙庭柯在，相看倍有情。支离如我瘦，偃蹇待春晴。宛尔山林意，欣然鸟雀声。巡檐应有日，莫厌守柴荆。

寂寞同岑友，时时裹饭来。一朝隐机坐，相喜素书开。摩诘灯无尽，尸陀肉未灰。岁寒窗竹在，日日共尊罍。

庚寅十二月二十七日余生日觞，渔笙敦夫介唐弢夫云门子培子封仲弢于杏花香雪斋张烛至夜分始散，作诗纪之②

李慈铭

1891 年 2 月 5 日

古人生日不言寿，老人恶老慕少幼。我年过耆已有三，视荫常忧促钟漏。况复磨蝎临岁除，人事迫促隙过驹。岂惟叹老拨商陆，

---

① 录自李慈铭著，刘再华校点《越缦堂诗文集》（上海古籍出版社，2008 年）第 519—520 页。

② 录自李慈铭著、刘再华校点《越缦堂诗文集》（上海古籍出版社，2008 年）第 599—600 页。

亦且后饮㪺屠苏。闭门却扫绝还往，孝经独诵无生徒。伊川斋肃有故事，敢资口腹残禽鱼。友朋互进强开释，富贵几人见发白？今年灾沴缠尾箕，大祲大疫迭相厄。公本善病天所刑，十旬九假门常扃。精神久已辞诀去，鬼伯日日窥门庭。自秋徂冬战寒热，伏枕喘吁续残息。医巫束手臧获逃，岂料今年有今日。木介不能褐公官，鸺鸣不能折公樊。木介已见前酬李侍郎诗。今年自九月以后，唯旧□鸣，时集金庭树。巫阳不敢致公节，北酆不敢收公魂。耆氏耆妇车载去，今年以疾逝者五十以上至七十为多。惟公紫玉今犹存。虽见黄杨厄闰岁，何尝白纸糊家门。春阳已转花蓓蕾，陋室桃符耀晴采。束脩有羊书有瓻，公今不饮尚何待。家人继进告乃公，客言至理将无同。祭犊终当福盲叟，失马安必祸塞翁。主人闻言笑相许，且遣青猿启蓬户。点灯会客学老坡，竹径茅堂满今雨。凤苞藻耀五翰林，文昌二妙武库森。樊君久辞蓬岛去，黄河黑水调鸣琴。渔笙、敦夫、介唐、仲弢、子封皆官词馆，弢夫、子培官郎署，云门由庶常宰秦中。八公于我皆夙好，此意琼瑶愧难报。新诗美酒聊相温，红烛花摧玉山倒。安得此乐年年俱，白须红颊照坐隅。升平佳事出京辇，又续香山九老图。

辛卯春分，适值花朝，置酒槐市斜街浙馆紫藤精舍，邀陈六舟中丞黄漱兰侍郎陆渔笙冯梦花张子虞杨莘伯吴子修沈子封黄仲弢七翰林袁爽秋王芾卿徐班侯三户部濮樟泉兵部沈子培刑部王旭庄舍人集饮，并饯王可庄修撰出守镇江，樊云门庶常补官陕右，是日大风，叠春字韵四首①

李慈铭

1891 年

小集琴尊撰令辰，百花生日恰中春。天留浙水题襟地，客占瀛洲曳履人。是日坐客通十八人。吴楚不愁乡语隔，是日惟六翁、芾卿、梦花、莘伯籍江苏，云门籍湖北，可庄、旭庄籍闽，闽亦本越地也。东西分据射堂新。莫嫌酒薄盘餐尽，家法鲑单尚未贫。

九衢谁与障红尘？佳节难酬烂漫春。岂有疾风能竟日，自缘平世少醒人。莫愁坱圠遮天易，终放莺花入眼新。只是中年陶写少，隔帘翻羡夏侯贫。

老忝兰台侍从臣，白头旧雨共嬉春。三垣出入方州节，方舟历内外台，比至皖抚，入为京兆尹。九列回翔独坐人。官职下行吾道易，

① 录自李慈铭著、刘再华校点《越缦堂诗文集》（上海古籍出版社，2008 年）第 611 页。又见《越缦堂日记》辛卯二月十二日条下。

六翁、漱翁皆左官，可庄以侍从出守，云门以词馆改令，余以郎中正五品改御史从五品，于古人亦为下迁也。才华中禁注时新。名家乔梓帘棠棣，只愧灶郎葛帔贫。

离筵尊俎暂均茵，琴鹤分颁一道春。江上朱旗迎浙吏，润州，唐浙西节度观察使治所。马前青盖拥秦人。云门为令三政，不易七品阶。状头岂屑通名旧，用宋吕溱事。强项重看布政新。祖帐行觞无翠黛，吾曹相赠是清贫。

为同年黄仲弢编修题康熙乙卯宛陵瞿硎清所绘徐健庵尚书憺园图次卷中潘稼堂韵四首[①]

李慈铭

1892 年

当年绿野傍岩椒，剩迹披图未觉遥。石带云姿常袅袅，竹含风影自萧萧。水声到处能通径，山意随人欲过桥。可似荆公专一壑，淮南丛桂不须招。

玉山佳气似平泉，八百孤寒启阁延。只为子由先执政，不容谢傅竟高眠。笙歌蹋柳风头席，书画穿花郭外船。留得洞庭闲局好，光华长傍五云边。尚书第二次予归时，仁皇帝御书"光焰万丈"额赐之。

① 录自李慈铭著、刘再华校点《越缦堂诗文集》(上海古籍出版社，2008 年)第538—539 页。宛陵瞿硎清指梅清(1624—1697)，徐健庵指徐乾学(1631—1694)，字原一，号健庵。

瞿硎山叟住烟萝，诗法都官入画多。酒满林阴留月酌，楼衔塔影看云过。丹铅顾万传经术，文史潘吴足啸歌。盛事承平谁继者？只容猿鹤守岩阿。

长安昔岁并看花，老我深惭玉倚葭。群纪论交真耐久，香琼射策各名家。东瓯文献由来盛，千顷图书未觉赊。好事不须寒具设，问奇还向借三车。

寄黄仲弢学士绍箕湖北[①]

李　详

汉殿传闻近太清，侍臣晓露浥金茎。丐祠宫观叨恩泽，浪迹江湖识姓名。灵琐欲留淹日暮，疏麻遥折剧含情。东曹西掖应回首，好听君王问长卿。

冒鹤亭广生新刊二黄先生诗即以寄冒[②]

李　详

永嘉二黄擅瓯海，恰是客儿与阿连。池塘春草有神助，梦中得句夸人前。区区不盈卌番纸，玉凋兰萃随风烟。缦庵通书在庚子，先师穗帐期犹悬。余昔以漱兰先生诔寄缦庵转示仲弢。鲜庵解荐绵竹

---

① 录自《学制斋诗钞》卷一。李详(1859—1931)，字审言、愧生，江苏兴化人。光绪三十二年(1906)任江楚编译官书帮总纂，宣统二年(1910)任安庆存古学堂教习。辛亥革命后，寓居上海，与冯煦等共同纂修《江苏通志》。曾任东南大学国文系教授、国民政府大学院特约著述员。著《文心雕龙补注》《学制斋诗集》等。

② 录自《学制斋诗钞》卷四。孙延钊《瑞安五黄先生系年合谱》亦有载。

颂，鄂渚未泛沧浪船。壬寅仲冬仲弢约余赴鄂，余以有馆辞之。蓼绥遗文落吾手，点勘颇亦穷丹铅。陈善馀受陶斋旨，编定仲弢《蓼绥阁遗集》，属余校勘，并商搜葺之法。余以《于湖题襟集》《函雅堂集》《樊山诗集》内皆附有仲弢诗告之。特勒夫子波福字，改后粗觉心便安。原稿"阙特勤"，经某君改"勤"为"勒"。《题李文石明湖秋泛图》"白雪夫子"乃"夫于"之讹。又文中"福"字，本之"福"从衣，是古"副"字，见颜籀《匡谬正俗》，其改"福"为"福"，知其不妥也，又改为"幅"。"小波"，"波"应作"坡"。余俱改正。后世谁知子建定，今人但识横山编。本非长物轻割弃，夺笔宁计王恭钱。张黄楼、陈藏本在何处，冥契神理犹绵绵。冒君盛蒙国士誉，何不聚录穷雕镌。广搜博采都一集，鱼兔既得忘蹄荃。他时二黄齐二陆，吾衰庶及观其全。

挽黄仲弢提学[1]

李　详

瑞安门下旧传衣，秦树嵩云愿两违。休梿报书惭逆旅，壬寅十一月君招余赴湖北以馆蒯氏，谢之。彦龙具悉帐衡闱。阿翁风节难为继，令弟才名近亦希。封禅料无遗稿在，久知养疾似王微。

---

① 录自《学制斋诗钞》卷二。

喜迁莺[1]

汪曾武

1899 年

清华扬历。喜吉报莺迁，讲帷儤直。苏氏文章，柳公风矩，竞说一门三绝。莲炬光分左掖，星宿量移东壁。最难得，是封章依旧，以文以笔。　回忆。花落长安不见春，青眼谁相识。蜡泪涔涔，麈谈娓娓，犹记去年今夕。阮籍猖狂如故，季子形容非昔。尽凝望，问何时许我，重逢杨亿。

五月十四日，得瑞安黄仲弢翰读超迁学士之讯。回忆去年今夕，高斋话别，秉烛倾心，忽忽一年，离思尘积，爰填此解，邮寄贺之。调寄《喜迁莺》。

姚梅伯画龙女图为黄仲弢题[2]乙酉

沈曾植

1885 年

汉上先生箧中物，江夏无双欣得之。六甲五龙今几易，湑槃穷石昔玄思。

---

① 录自上海博物馆图书馆编《冒广生友朋书札》(上海书画出版社，2009 年)第 347 页汪曾武(三)，末句为"录呈瓯隐大词坛拍正。诗舲学填"。汪曾武(？—1956)，字仲虎、蛰云，号趣园，江苏太仓人。1895 年参加会试期间，曾参加公车上书活动。嗣后，在巡警部和内阁法制院任职。民国以后，任北京政府平政院第一庭书记官。新中国成立后，被聘为北京文史研究馆馆员。著《述德小识》《平阳杂识》《历代泉币考略》《趣园味莼词》等。

② 录自钱仲联《沈曾植集校注 · 海日楼诗注卷一》(中华书局，2001 年)。

岂得玄珠从象罔，却乘云气揖鸿蒙。飞腾百变随无定，只堕神光离合中。

直为操蛇向北山，不曾窥首骇人间。云光海气入毫末，翠羽明珠非世颜。

天壤相看有俊民，研云浓拂九州春。刚风一撼雕文佩，要识灵气最后身。

汉宫春[①]

沈曾植

步至栘盦斋中，读潞（河）〔舸〕词。于时槐荫幕庭，离离斜日。徘徊廊树，空谷来风。同至门前，欲望西山不果。归赋此词寄仲弢。

思美人兮，又回风萧瑟，林影参差。蝉声在树凄怨，齐女何时？西山避面，怕愁吟，逗入愁眉。已看到，落霞千里，萧萧暮鸟空枝。

煞是冥鸿云外，尚远音馀响，缭绕琴丝。恒沙世界净愿，恨礼星迟。零笺断墨，报新来，带眼还移。浑未了，黑风白雨，残灯倦客枯棋。

---

① 录自钱仲联《沈曾植集校注·曼陀罗寱词》（中华书局，2001年）。

偕黄仲弢学士游尔雅台[①]

沈凤锵

黄公昨夜尺书来，邀我同登尔雅台。怅望游仙人去后，虫鱼遗简总堪哀。

游汉阳伯牙琴台

沈凤锵

谁道先生不鼓琴，荒台落日倚孤岑。钟期已去知音少，流水高山自古今。

次韵奉和黄仲弢学士三游洞山谷题名兼呈叔颂观察

沈凤锵

平生喜书七佛偈，山谷老人书七佛偈碑壁窠大字，余少时最喜学之。我与涪翁有旧缘。朅来洞口观遗迹，得笔应知在晚年。

笠屐寻碑兴有馀，扪萝缘涧路盘纡。苔书忽见神清字，仿佛建中靖国初。涪翁有建中靖国元年重题，余与仲公遍觅不得，仰视山腰一石，

① 以下三诗均录自温州博物馆藏沈凤锵手稿。沈凤锵（1854—1932），字桐轩，瑞安人。光绪壬午科（1882）举人。为清诰授通议大夫、同知衔湖北宜昌府通判、郧西县知县、光绪壬寅科湖北乡试同考官，驻日海陆军留学生副监督等。有《天籁阁诗集三卷》。

隐隐见“建中靖国”四字，翌日命工往拓，则一没字碑也。

独立苍茫自咏诗，摩围山阁系人思。涪翁别号摩围老人。不须龙象长相护，定有诸天为主持。

仲弢偕令弟叔容手拓三游洞山谷欧公题名①

张之洞

1903 年

赏心无如山水佳，至乐无如兄弟偕。贤兄弟遇奇山水，岂惜踏破双青鞋。下牢关前人鲊瓮，涪翁投荒同气送。可怜凿险姑留题，笔势荒率转飞动。曩阅图经心识之，百年阴闷毡椎稀。永嘉二黄倘再世，秉炬拓壁穷幽微。仲如凤皇长苦饥，叔如鸷鸟甘卑飞。虽胜党籍亦萧瑟，得恣幽讨恒忘归。六一亦有残字迹，案牍颠倒聊苏息。大瓢一酌虾蟆泉，定胜汴京饮泥汁。谅哉游缘须天假，尝闻愚溪慰贤者。我宦江湖空白头，游赏匆匆似走马。祝汝为欧勿为黄，夷陵归来终入政事堂。

为黄仲弢编修绍箕题龙女图②

张　謇

1884 年

浪费真皇一丈文，诸天雷雨事纷纷。人间何限痴龙睡，未觉云

---

① 录自庞坚校点《张之洞诗文集》(上海古籍出版社，2008 年)卷四。

② 录自《张季子诗录》卷五及《张謇日记》“甲申九月二十一日”条。

中别有君。

玉简音书渺洞庭，不曾珍髢怨芳馨。金堂玉室群仙事，自辔苍龙看八溟。

留别仲弢[1]

张 謇

1898 年

拂衣去国亦堪哀，辛苦男儿草莽来。直分儒冠称沟壑，何知人海战风雷？

嵚崎似我归犹得，禄养怜君气益摧。闽县已亡丁沈散，更谁相煦脱嫌猜？

保阳道中遇黄仲弢于逆旅，方知其奉命典试四川，匆匆不能多谈，赠以《濂亭文集》，口占二诗，以道其所欲言者[2]

范当世

1885 年

意外逢君驻使车，三年颜色若为臞。尊亲劳苦能加饭，舍弟忧

---

① 录自《张季子诗录》卷八及《张謇日记》“光绪二十四年五月二十三日”条。

② 录自《范伯子诗文集》(上海古籍出版社，2003 年)。范当世(1854—1905)，原名铸，字无错，后易名当世，字伯子，号肯堂，江苏通州人。与其弟范钟、范铠并称“通州三范”。曾任江宁三江师范学堂总教习等。

伤待废书。首夏沛中余北向,先春淮上彼南图。飘零一聚师门下,南北相望更二吴。

君抚斯文讯武昌,冀州旗鼓亦相当。眼中意态今无右,天下人才讵可量。叔度此行真不易,相如几辈或相望。吾家门外江朝海,为我探源记数行。

从自强学堂移寓吴文节祠黄仲弢杜顾奉诒三首[①]

范　钟

冷麦荒苗一径青,乍从江汉得伶俜。千山酒醒风横笛,八表秋光月在棂。岂有友心招鷟雁[②],未宜无患戏蜻蜓。飘残万籁人天后,隐几萧条只倦听。

寂寂时危念数贤,冥冥生事与孤悬。空疑麟凤嘲三古,坐阅鲲鹏笑大年。径欲垫巾风雨外,不须扬袂海山前。神州亦有浇愁地,袖手逢君意惘然。

东望沧溟意若何,北来秋色送人多。燕歌纵酒无千日,狗曲为儒尚一科。孤馆日斜蜚蝠乱,晚芜云卷断鸿过。登楼赋罢还高枕,记取闲心长薜萝。丙申八月武昌客次。

① 录自《南通范氏诗文世家·范钟卷》。范钟(1859—1913),字仲林,江苏南通人。光绪二十四年(1898)进士。官河南知县。著有《蜂腰馆诗集》。

② 吴闿生评选、寒碧点校《晚清四十家诗钞》(浙江古籍出版社,2006年)作"岂有雄心招鷟雁"。

和黄仲弢内兄题黄山谷三游洞题名原韵[①]

林向藜

客下牢关兄若弟，江山翰墨寄因缘。摩挲此石传佳话，相对清如鹄晚年。

诗中有画画中诗，朗诵微吟寄别思。为想毡椎留拓本，夷陵太守费扶持。

和仲弢黄山谷三游洞题名第二首

林向藜

武步兰亭运肫馀，风流食韵曲回纡。老来深得江山助，想见摩崖绍圣初。

和仲弢内兄题欧阳公三游洞题名原韵

林向藜

公昔驻下牢，借此作东道。今君过三游，游踪合弥巧。山非绝清奇，拟是化工造。涧溪萦沿沚，蘋蘩作蕰藻。洞暗晨似昏，谷深寒常早。同秉烛光游，颇觉秋气燥。访得公题名，狂喜幸存保。忆公来此乡，有母奉粱稻。鸣琴得闲暇，金石恣索考。精审传名家，

① 林向藜诗录自《寄鹤巢诗稿》，温州市图书馆藏手稿。

从残留馀稿。君今一夷陵,负囊酌行潦。□兄捉白云,了弟肩□昊。险境凿幽深,崖壁穷蒐讨。藤萝斩千条,苔藓横一扫。吟咏句清新,又得黄山谷题名,亦有诗。留题墨枯槁。仲弢亦有题名洞中。尚友吟古人,诗酒同怀抱。共订文字交,可消簿书恼。叔容省□督办宜昌,以盐□句。爱之如珍金,护之若文褓。夜昼风霖厌,须发日月老。遗墨留千秋,入山同四皓。不愁岁月恶,但觉溪山好。□□□□□,□□□□祷。此乐也怡怡,兹游岂草草!读罢庐陵文,珍藏永为宝。

追悼黄鲜庵学士内兄

林向藜

1915 年

汪洋叔度汉清流,犹记同游英武洲。痛哭先生成永别,可怜逡死抱穷愁。一囊教育空留史,有《教育史》待梓。万卷蓼绥尚有楼。绥阁藏书甚富。宿草萧萧谁共语,黄公垆下已千秋。

为黄仲弢题姚梅伯所画龙女图[①]

易顺鼎

仕宦作执金吾,不如作龙王。直从海底开明堂,能使百千万亿鳞介皆冠裳。娶妻得阴丽华,不如娶龙女。远胜人间寄皋庑,空对

① 录自王飙校点《琴志楼诗集》(上海古籍出版社,2004 年)卷七。易顺鼎(1858—1920),字实甫,又字中硕,号哭庵,湖南龙阳(今汉寿)人。光绪三年(1877)举人。清末官至广东钦廉道。袁世凯称帝,任代理印铸局长。工诗词。有《四魂集》等。

三五二八姬姜相媚妩。余本洞庭客,但知洞庭君。十年痛哭潇湘春,所思不见潇湘神。湘妃堕泪麻姑笑,生竹生桑两难料。麋裔蛟庭并可伤,龙堂鱼屋还相吊。东海青童蝾窃名,本文白帝蛇称号。伤心只有屈原知,回首空将虞舜叫。眼中忽见云髻一尺高峨峨,乃是灵虚殿中龙女行雨过。扶桑之霞倒映朱颜酡,八瀛为睇目曾波。俯视下界颦秋蛾,天衣十幅生绡拖。散花诸天有维摩,洗兵万国无修罗。九云天下垂,四海水皆立,中有一人美无匹。灵风猎猎兮满旗斜,笑电纷纷兮如箭急。纤手挽天河,不闻花喘息。云鬓风鬟几曾湿。骑龙作蝶海天归,万里无人春寂寂。羞同瑶姬媚楚襄,思偕元妃教轩皇。蚩尤旱魃尔何物,素女为师仪万方。谁能为此图,设想真奇绝。画者镇海姚,诒之汉阳叶。梅伯为叶相国作。苦心貌出牧羊人,海上何如苏属国。相国自称海上苏武。鳌掷鲸呿四十年,沧桑清浅才如瞥。瑞安才子人中豪,丹山雏凤倾词曹。八砖方斫蓬池鲙,一钓终连沧海鳌。快得金题护珠幌,使人对此非非想。露作啼珠烟作魂,月华海水平如掌。瑶台偃蹇求有娀,云汝衣裳可偕往。下土嗟余虮虱臣,敢言写照是前身。愧无钟阜成神骨,犹是泾阳下第人。①

① 下有易顺鼎记"仲弢得诗,复书云:'辱荷赐题,循环雒诵,绮靡荒忽,有骚人之思。刘舍人所谓金相玉式,百世无匹,感佩奚似。'樊山云:'同人多有题咏,皆小诗耳。君独骋妍抽秘,借题发挥,黄仲则、舒铁云望而却走。'又跋云:'野桥此画实不佳,然一时名流,毕萃其上。后为奴辈窃去。某君见之,购还仲弢,今不知若何矣。庚申二月二十九日记。'"

长亭怨慢·黄仲弢伯舅以《潞舸词》属题①

冒广生

1895年

又还作、江湖羁旅。宫烛凄迷，水窗情绪。贝阙琼楼，人间天上渺何许？鹭僝鸥愁，如证我、烟中语。说落到杨花，容易化、漫空飞絮。　　凝伫。望灵修不见，只见白云春暮。觚棱日远，算犹有、梦魂寻路。念别后、玉砌雕栏，总闲煞、东风无主。且分付回波，寄个断肠词去。

冒广生原稿②：

已拚作、江湖倦旅。官烛凄迷，者宵初度。琼楼玉宇，人间天上渺何许？鹭僝鸥愁，谁证我、寒烟语。怕落到杨花，一霎化、漫空飞絮。　　凝伫。望佳人不见，只见白云春暮。觚棱日远，算犹有、梦魂寻路。念别后、玉砌雕栏，总闲煞、东风无主。且分付回波，寄个断肠词去。

右调寄《长亭怨慢》，奉题仲弢三伯《潞舸词》后，即求教正。侄婿冒广生学。

---

① 录自《小三吾亭诗文集》。

② 录自黄绍箕《潞舸词》稿本，《温州历史文献集刊》第二辑（南京大学出版社，2012年）。

《二黄先生集》跋

冒广生

1914 年

广生既哭外舅黄缦庵先生之丧，因取其遗诗以归，与其兄鲜庵所作合而刻之，曰《二黄先生集》，以继《五周先生集》之后。

忆岁甲午，外舅典江南乡试，广生幸出门下，又妻之以女。后十年为甲辰，广生方官商部，时外舅已由编修改道员需次鄂中，而鲜庵先生自鄂来，与子封、爱沧诸君论文，盖一月尝得二十九日相见也。又十年为甲寅，广生来温州，则鲜庵先生先归道山，无几时而外舅亦以忧伤憔悴死矣。人事之变迁与年寿之不可以长久，可为累唏太息，不能已已者也。

国家当承平无事，士舍科目无由进身。其有一家之中，父子兄弟并掇巍科登显仕，则闾里以为荣。广生犹忆丁酉之秋，鲜庵先生出而典湖北乡试也，而外舅亦典福建乡试，輶轩昆季同时出国门，都人士啧啧艳羡，今几日耳。高岸为谷，深谷为陵。王右军云：向之所欣，俯仰之间，已为陈迹。而文章科目，近且为人诟病，此亦足以觇世情之递嬗也。

外舅自武昌归，芒鞋布衣，谢绝外事，故其所作多黍离麦秀之音。鲜庵先生不轻作诗，仅从他处辑录，其至者未必尽得，得者或非作者所愿流传。然而后死之心，则固已尽于是矣。瑞安言诗者多家学，广生所见若季氏之“月泉诗派”、陈氏之《清颍一源集》，并裒然成帙，累然若珠之贯。晚近孙氏琴西太仆、蕖田学士兄弟并负诗名。广生近方编《永嘉诗传》，自唐迄今，略为写定，凡一千六百徐人,诗一万三百首有奇,冀与邦人共谋刊布,是集之出,嚆矢焉耳！甲寅七夕后二日,冒广生跋于瓯隐园之永嘉诗人祠堂。

黄仲弢太史绍箕徐班侯户部定超在十刹海酒楼邀集诸同人,是日各尽欢而散[①]

胡调元

御河春水碧沦涟,把酒凭栏入画然。南海翠华望天上,西山青影落樽前。衣冠谈笑联佳集,乡国科名祝此筵。更约诸公共沉饮,万荷花里纳凉天。

陈墨农祖绶祖纶经敷昆仲两大令招集揖峰亭,同坐有黄仲弢学士绍箕孙仲容比部诒让王雪牧大令岳崧同年项申甫太守崧,予亦与焉,为赋诗以纪

胡调元

危亭出层霄,大江为门户。潮汐自暮朝,云烟互吞吐。九山如排衙,斗柄轩然举。东瓯一弹丸,形势眼中聚。胜游载酒来,主宾雄龙虎。奔鲸驱怒涛,樽前乱飞舞。兴酣觞欲浮,坐久日移午。江心双塔

① 胡调元诗三题录自《补学斋诗抄》,温州市图书馆藏。胡调元(1862—1930),幼名元燮,字榕村,浙江瑞安人。光绪二十年(1894)进士,任江苏金坛、宝山等县知县。工诗文。

铃,临风似对语。此会各东西,送客在南浦。时仲弢学士先还朝。而余与墨农、经敷以服阕均将赴宦行,与斯亭别矣。长揖谢山灵,我亦离乡土。

黄仲弢提学殁于鄂垣,顷以灵榇道沪,余闻信往奠,为赋二律挽之

胡调元

太学先生垫角巾,晚为憔悴外台臣。由京师大学堂监督外放。十年朝局逢多难,四海清流剩几人?异地何堪灵榇遇,故山况又墓阡新。闻将就窆。抚棺一恸君知否?怅触前游倍怆神。

申江回首十三年,一样停舟古渡前。今日山河邈嵇阮,当时乔梓比谈迁。乙未冬,君随先侍郎师由江宁道沪,适余以江南漕务从事于兹,君在此停舟二日,与余游宴甚欢。呜呼!孰料届今十三年,其从前泊舟之所,今即为君停棺处也,风景依依,不禁过车腹痛。东南使节家传盛,先侍郎师任江苏学政最久,其后令弟叔颂太史典试江南,今君又终于湖北提学使任内,一门持节之区皆在东南省界,洵异数也。华夏高名国史编。有旨列入《国史·儒林传》。才尽当为天下恸,岂徒私谊泪潸然!

龙女图为黄仲弢题一首图为姚梅伯作①

袁昶

1884年

姚君拄腹馀一奇,拗洒乃出天人姿。洞庭萧萧风满旗,干山叶

① 录自袁昶《安般簃诗续钞》甲。

秃绀发微。凌波出浴气森霏，神女自著六铢衣。急逢龙背且须鞚，梦云笑电纷掣随。凝妆靓饰曜倒景，惊鸿蹴蹋四周澜。汗青琉璃口脂新，赐水晶殿弓韣下。罥扶桑枝东朝海，宗西戴胜黾发。旸谷昏瑶池有，如赤松无特操，随烟升降将为。荆公诗"赤松复自无特操，上下随烟何慅慅"①。固知墨客偶游戏，托彼荒忽骚歌思。倘令毗邪长老为说最上乘，定复稽首人天师，朱颜玉面终古不可皱。金骨一变天门开阖能为雌，我今亦作荒唐语，苍水使者在何许？四溟毛孔不可摄，波母之山天坼柱。时台北久困兵事，相持不决。东皇虚掷八千骁，玉女投壶瓶复怒。妙画通灵百怪生，锦囊收取黄初平。君家雁宕第几重幔亭，张氏上有群仙迎。且携手，朝真去，洞观三渊收视听。何用腥臊戏赤城，飒然彩伴追娑娵。

昨夜小集酒家，意有所感，赋呈仲弢②

袁昶

1887年

水阅前贤逝不留，存遗按剑璧空投。离筵箭有东南美，浊世金看日夜流。岂少长弓射青海，座客谈西僧棍噶扎拉参战事。终令弊簏卧丹邱。花前判倒荔支绿，万感人闲醉即休。

---

① 王安石《酬王督贤良松泉二诗其一·松》七古中句。

② 录自袁昶《安般簃诗续钞》丁。

春雪微霁，偕蒿隐小山子培仲弢陪李学士谯集天宁寺[①]

袁 昶

1887 年

浮世云海幻，刹宇兀然存。层邱虽数仞，孤耸削昆仑。纵横赤华舍，罫书苍石根。逸兴集群彦，令德出高言。剧谈云泉涌，众壑凑一源。漠漠雾犹渍，西山岚气昏。银粟铺平田，孤烟表远村。塔光漏日脚，雕势投松门。竹偃残雪润，亭虚暝云吞。夕策酒人散，追摹清景扪。归来天宇豁，华月满前轩。

题仲弢所藏跨虎仕女图[②]

袁 昶

1888 年

天风驾泠泠，崟阳云一丝。毛女谁唤起，横吹碧参差。青林瑶阙闲，凌鞚将何之？璆然明月佩，解之欲遗谁？毋乃画工戏，寓兴七发词。玉笙坐两头，后庭青蛾眉。洞房施锦茵，是伏蹶痿机。谁餐礜石散，狎虎相抵巇。又疑参同家，取兑不用离。姹女炼黄芽，妙决容成遗。丹成腾汗漫，金虎骖素威。二说皆幻想，可取摧烧

① 录自袁昶《安般簃诗续钞》丁。

② 录自袁昶《安般簃诗续钞》戊。袁昶《毗邪台山散人日记》记录了作此诗前的一些感想："友人属题仕女跨虎图，久无以应也。作诗须伫境而生，勿强作，时与地相发，情与景相触，词与意相错综伦经，然后诗生焉。予殆汩没于尘劳竿牍久矣，故不妄下笔。"

之。思惟道胜者,见境而不移。白虎为我瑟,苍龙为我篪。摧落诸外道,驯以四威仪。三机方电掣,且须守其雌。偶现华鬘相,萧然出座姿。神藏藕丝也孔,气慑深丛罴。黄子搜秘素,渺然健抽思。中士嗤捉搦殷芸小说,仙真助撣持。吾言亦戏耳,试诘无言师。

以诗问仲弢近业何事[①]

袁昶

1889 年

不独永嘉学,兼喜永嘉禅。永嘉多胜流,清辉被山川。所居涂虽局,尘鞅缺周旋。遥知西窗下,潭思易玄研。道心无磷淄,世事日摧迁。开予社栎槁,真妄两希捐。

仲弢太史初度,以小诗奉侑[②]

袁昶

1891 年

第一番风第一花,雁湖囊取赤城霞。香山乐府香光笔,代嬗光芒有作家。白文公正月二十日生,董文敏以十九日生。

春华秋实久分途,公欲兼通所挟殊。文囿仙心籥东马,史家通例发南狐。

重颖灵根不可倪,本朝地望重刘嵇。诸城锡山。清门谁识崇名

① 录自袁昶《安般簃诗续钞》己。

② 录自袁昶《安般簃诗续钞》辛。

德，不数鸣珂带有犀。

永嘉诸老典刑存，乳穴融成水碧温。刖有至人丹诀在，不随时辈撷卮言。

漱丈自武昌还敬敷，中弢弟典试事竣，乞假侍还有寄[1]

袁　昶

1897 年

从雁南征丈北来，讲堂新辟璨公台。罢持黄鹄仙宫节，还侍白云亲舍怀。想见鲤庭桃李拜，待迎跫谷藿蓬开。将枉顾陶塘，留连旬日，遂遣弁相迎。蟹黄橘绿深卮倒，宛似城西社里陪。

陪致仕纳言黄丈暨仲弢叔颂两星使登小九华宴坐，是晨风日清朗，有表里江山凭眺之胜，薄暮乃归，作诗即题丈六十六岁行看子[2]

袁　昶

1897 年

去年尚书持节过姑孰，山雨滂沛阻移樽。涪翁病蹇楗竹户，敬谢枉驾烟岚昏。似云畸人猿鸟性，无补将略云电屯。壶公方任天

---

① 录自袁昶《于湖小集》卷六。

② 录自袁昶《于湖小集》卷六。

下重，何事来看黄绮园。今年纳言试笠屐德星，随侍双星轩既揽。闽丹沙与楚竹箭，来游撰杖妍冬暄。涪翁邑喜风日霁，群峰献状如儿孙。壁存勤敏襕衫亦宗望，滴翠轩壁间有黄左田①尚书石刻小像。何况黄山黄海亦以公。家疏族论扫衡山云海市务，韩苏犹诧精爽开天门。涪何后恭而前倨，一笑故事山中存。丙申正月十九日南皮督部师道出陶塘，携宾从欲游赭山，大雨滂沱，遂不果往。入山亦视胜缘机契否？人生遇合要作如是观。是日凭栏发深慨，落日野鹘浮图蹲。深杯屡注银凿落，题字待伐苍崖根。江南江北望不极，无数翠栝丹枫村。书生空抱马革志，诸帅谁靖犀毗蕃。丈人颜如紫芝好，国之三老梯几将？乞言仲叔廉谨善事国，一封轺传文衔恩。江山氛昏待洗涤，龙蛇溓杂寖浊烦。方当诏征黄绮用一扫，腐吓鸱雏喧丹邱。黄海之神抚掌作左证，微公无所发我之狂言。

送湖北提学使黄仲弢绍箕东游日本诗四首② 存三首

钱振埙

1906年

校馀天禄杖藜青，内史毹毹腹笥灵。十载蛾眉空妒影，廿年虎

① 黄左田(1750—1841)，名钺，当涂人。乾隆五十五年(1790)进士，官至礼部尚书、军机大臣、户部尚书。诗书画自成一体。谥勤敏。曾建芜湖中江书院，主管徽州紫阳书院、皖西六安书院、安庆敬敷书院等。

② 录自拙编《杨青集》。钱振埙(1864—1931)，一名钱熊埙，字华生，号伯吹，又字祝仙，乐清人，世居永嘉。光绪戊子(1888)举人，1902年赴日本留学。曾任知县、台州教谕、北京两浙学堂经学教授等。

观旧横经。山川日暮开王会,河汉秋高见使星。尚有公门桃李在,过江人物未凋零。

风云莽莽独登台,黄鹤楼空仙不才。南圻上流天堑险,西吞远域霸图开。水经测地嘉鱼出,驿路观风白雉来。揽辔澄清无限感,前途人有着鞭回。

蛟龙怒吼大江寒,万里沧溟弹指看。海国久储唐礼乐,星轺重见汉衣冠。九天风送谈瀛客,三岛花迎珥笔官。我亦仙山曾采药,蓦惊国手总旁观。

送黄仲弢学士提学湖北先发日本①

黄文开

1906 年

星轺东指辇相望,喔喔天鸡促曙光。万里中原隔消息,九州稗海本荒唐。诗书未厄秦皇火,裤褶新更回纥装。忽忆大唐贞观事,八千巾卷贡明堂。

西风重食武昌鱼,夹道争迎谕德车。列郡山川天堑险,渡江人物浪淘馀。伯牙台迥秋花晚,太白楼空夜月初。高会南皮问今昔,未应闲散老尚书。

宾洛游梁学道迟,长安也见曳裾时。愧同侯霸称都讲,赢得孙卿是老师。西北浮云虚俯仰,东南搔首几踟蹰。悠悠江汉休相忆,各有千秋与后期。

① 录自徐世昌《晚晴簃诗汇》卷一百八十二。黄文开,字孝觉,南海人。光绪癸卯(1903)举人,官陆军部郎中。

送宗鲜庵丈提学湖北先发日本[1]

黄式苏

1906年

天门詄荡八扇开，九霄飞下风诏来。文昌夜夜腾辉耀，普放光明照埏垓。吾宗学士万夫特，承明领袖群仙才。妙年作赋传日下，清词丽句千琼瑰。鸣珂曳履云汉上，文采俯睨失邹枚。奇书遍窥石渠秘，一一搜抉穷根荄。插架森森多于笋，挥斥金帛如土坏。中原名士今元礼[2]，翘首龙门何崔嵬。燕许经纶苦未试，荡胸蟠郁生风雷。廿载京国蹋朝鼓，羞随驽蹇斗龙媒。涑水闲散领书局，编摩日日起徘徊。巍峨黉舍公宫左，象胥造士亦舆台。大匠医国自有术，牛刀小割良可嗤。横流滔滔忧未已，两仪错戾天地骇。圣朝兴学广谘諏，云台讨论日移槐。饱铦旧制大更始，妙选词臣司甄裁。江汉尤为国扃钥，帝曰咨汝其往哉。颇忆星轺昔日至，英英桃李手自栽。寓公数载题咏遍，鹦洲晴阁日溯洄。自别沧江忽三载，六街蹀躞走黄埃。夜月婵娟照千里，碧波渺渺大江隈。一朝弭节喜重莅，譬似故乡去复回。神龙卷舒大泽水，绰绰进退尤宏恢。筚路蓝缕张熊楚，坐看檠瓠尽瑰材。嗟余小子百无用，食贫惯啖北山莱。饥来忽索长安米，风雪千里解鞍才。自分击筑歌燕市，忽愧滥竽上齐台。春风嘘人回旸谷，快从杖履相追陪。忽然远别扶桑去，依依颇似失乳孩。明朝挥手各天末，今日一乐且千杯。

---

① 录自黄迁《慎江草堂诗集》。

② 元礼系汉李膺，与太学生首领郭泰交密，反对宦官专权，太学生称为“天下楷模李元礼”，以得其接见者为“登龙门”。

寄怀仲弢先生[①]

黄遵宪

1892年

娓娓清谈玉屑霏，仲宣体弱不胜衣。十年面壁精勤甚，多恐量腰减带围。

同午桥仲弢陶斋观伎[②]

盛　昱

中年哀乐较如何，听雨红楼一刹那。药玉独斟重碧酒，檀槽初按小红歌[③]。二分春色车中面，百首新诗领上罗。顾曲无人指荟生王粲死谓可庄，坠欢渺渺隔山河。

为湖北存古学堂公祭黄仲弢提学文[④]

曹元弼

维光绪三十四年正月某日，存古学堂经学总教马贞榆、曹元

---

① 录自孙延钊《瑞安五黄先生系年合谱》。

② 录自《郁华阁遗集》第二卷。1896年，与端方、黄绍箕小集于陶斋，感怀周銮诒、王仁堪之早逝。

③ 上海博物馆图书馆编《冒广生友朋书札》第26页黄绍箕二亦有载，题为《陶斋观伎有感》。此句作："药玉不胜垂白感，檀槽重按小红歌。"

④ 录自《近代名家集汇刊·复礼堂文集》二（文史哲出版社，1973年）。

弼，史学总教杨守敬，教务长王仁俊暨各教员、管理员率诸生，敬以清酌庶羞之奠，致祭于故提学黄公之灵，曰：

鸣呼！噫嘻！谓天无知，奚其于世衰道微，笃生经师人师，以木铎于天下，兼海外而声施。谓天有知，奚其于千钧一发绝续最急之期，短志士仁人之气，而使莘莘学子失声以哭于斯！鸣呼！世祸烈矣！拨乱反正，天下日夜梦想以几，何五行之沴气使君子道消，而公竟于罹？公之学问，识大识小，囊括靡遗；公之行谊，正学匡时，淡泊明志；公之至诚，折冲远人，强于六师；公之翼教，推明孔氏，日月重离；公之诲人，忠信慈惠，恻怛训词。吾不知日星河岳积几何精华，而始生此纯贤？而又不使之康强期颐，何天心之茫昧，安得直巫咸之下降，借灵均而问之。将修短自有定数，而周公有鬼，孔子来告，亦无可如何？而悲伤眷恋于斯文之在兹。鸣呼！公之学行，公不敢自为，而悉本于先公之贻。及鲜民之痛，惟尽瘁报国，以酬蓼莪之思。忠孝完人，名教轨仪。公之体羸，敦诲不已。楚学之繁，海内无俪。力疾从政，病以不治。以死勤事，百世祀之。况在亲炙，悲何可支，何以报公？敢誓一辞，告于公灵，公其闻知。教者思公，秩叙伦常，是扶是持，崇仁厉义，距诐息邪，惟力是视；学者思公，进德修业，激勇发智，天下自任，先忧后乐，济否扶危。学派渊源，发荣长滋。扬公所孝，保公所忠。公死不死，两庑俎豆。千秋苹蘩，以告来祀。江汉长流，公教永垂。神之格思，鉴此涕洟。鸣呼哀哉！尚飨。

癸卯秋，同年鲜庵学士以三夷陵洞口山谷题名寄赠，文闱之暇，漫成三绝，末首自况又不如也①

梁鼎芬

1903 年

黄三学士为闲客，黄九先生是谪仙。八百年来才识面，山花岩草尚嫣然。

几时笔坠虾蟆碚，东坡作背，蜀音佩，此处书成瘗鹤铭。愁向下牢关外路，声声望帝不堪听。

武昌盐史今无考，张祉文流我所亲。无分挐舟省姑氏，雨窗呜咽赋青神。涪翁既作武昌盐史，会江涨不能下峡，乃挐舟至青神，省见张氏姑。祉字介卿，姑之子也。伯鸾表弟，吾龙氏姑妹子也。姑妹于鼎芬有教诲饮食之恩，今夏不救，伯鸾远来商葬事，麻衣相见，悲不自胜。

题黄仲弢编修龙女行云图②

康有为

仲弢名绍箕，笃行通学，忠诚忧国，即为我上书奔走者。

风鬟雾鬓现天人，下界骑龙转法轮。不嫁娉婷真可惜，空将云

① 录自《节庵先生遗诗》卷五。

② 录自姜义华、张荣华编校《康有为全集》（中国人民大学出版社，2007 年）第十二集《康南海先生诗集》卷之二《汗漫舫诗集》。

雨泣乾坤。

日射金鳞片片开，仙人初出蕊宫来。吸将四大海水尽，洗涤天河无寸埃。

为仲弢题吴彩鸾骑虎图

康有为

天风林外振鸣珂，一啸千峰落叶多。伏虎将军是神女，从容睎发向阳阿。

秦台仙在吹箫暖，唐韵诗成下笔难。红尾凤凰白额虎，一般驾作驽骀看。

上书不达，谣谗高张，沈乙庵黄仲弢皆劝勿谈国事。乃却扫汗漫舫以金石碑版自娱，著《广艺舟双楫》成，浩然有归志

康有为

1888 年

上书惊阙下，闭户隐城南。洗石为僮课，摊碑与客谈。著书销日月，忧国自江潭。日步回廊曲，应从面壁参。

哭前翰林院侍读学士、湖北提学使黄君仲弢[①]

康有为

戊戌出奔，赖公告难，劝吾微服为僧，北走蒙辽。夜宴浙绍会馆，把酒泣诀。今幸更生，皆君起死人而肉白骨也。为服缌衰，东望奠祭，不知其哭之恸也。

凤凰鸣丹霄，五色和其声。老凤扬威彩，雏凤声更清。天台秀东南，永嘉盛才英。吾友黄仲弢，温温玉色莹。明澈神四照，道义为之经。颖敏拔髫龀，博学嘬华精。妙篆披秋竹，华文耀春荣。鹤立露丹顶，蕙芳发妙馨。妙年选词馆，韬荡持文衡。学士老供奉，长才屈短绳。忧国如家事，好士为心旌。扪虱纵高谈，解带即写诚。论学辨晨夕，踏雪登楼城。马江已败后，吾忧国危倾。上书请变法，唐衢众笑诇。君与屠梅君，左右翼我擎。衣怜范叔寒，金分鲍子赢。愧非夷吾才，倍感钟期情。帝阍既隔绝，敝庐乃归耕。数载诣公车，三秋游江宁。烟腻秦淮水，雪压陶然亭。故人重把酒，欢笑若忘形。强学与保国，两会吾为盟。爱国同激昂，比翼并联名。时警胶旅割，伏阙吾哀鸣。先帝实忧民，侧席延尔英。谁新大更始，欲起中国瘧。谬思毗大业，窃用竭忠贞。岂不虑党祸，未忍负圣明。祸水浸尧台，龙漦流夏廷。愚忠受衣带，誓死力救营。是时尔朱焰，风尘宫阙腥。决计幽房州，先谋诛董承。鲰生犹在梦，东市将赴刑。仲弢走告密，一日数书并。时日相伊藤，约吾商国成。君来频相左，吾归视犹轻。仲弢更约宴，卓如促吾行。言曰黄仲弢，忠

① 录自姜义华、张荣华编校《康有为全集》(中国人民大学出版社,2007年)第十二集。

诚君子朋。一时频造请,必有急变争。衔杯浙绍馆,泣语至深更。劝吾夜密走,胡服或为僧。君像拓亿千,电话四鹜惊。地网与天罗,密布难飞腾。北走蒙辽可,南奔凶不亨。时吾任救主,逡巡难遄征。嗣同挥手言,国事赖先生。启超与广仁,力请微服行。圣主吾任救,仲弢言有凭。所居南海馆,是夕前墙崩。嗟言命在天,易服吾未能。去去道津海,恻恻别皇京。轻装夜已深,喔喔群鸡鸣。云黑暗道路,林疏漏飞星。触树疑猛鬼,闻犬惊追兵。车船笛呜呜,天地鸿冥冥。顷刻凌晨曙,金铁飞纵横。大索城门闭,断行铁路停。缇骑三千人,九关虎豹狞。仓皇京津道,缧绁及诸卿。生我者父母,救我者弢兄。誓将结草报,方冀复辟兴。皋夔同赓歌,尧舜庆良朋。岂意武昌鱼,遽骑箕尾灵。绝海吾在瑞,大雪湖海冰。挂剑树无所,衣衰服犹轻。何图浙绍馆,遂为永诀程。倒尽银河水,吾泪犹未盈。翻尽东海波,吾血犹荧荧。来生或有软,冥报庶几征。震震凄予怀,黯黯天地凝。

祭黄仲弢文[①]

康有为

1908年4月19日

惟光绪三十四年三月十九日,谨以葡萄酒、中华馔,设故湖北提学使黄君仲弢吾兄之位,素服哭泣而祭之曰:

呜呼!黑风扇兮日月黑,太阴惨兮天地划。龙蛇战兮血玄黄,帝移座兮星暗墨。尧台囚兮药杵不测,红丸借案兮夺门日追。遍

① 录自姜义华、张荣华编校《康有为全集》(中国人民大学出版社,2007年)第八集。

八纮而张置罗兮羽翼何得，莽山海之万重兮畴能飞越。嗟我何辜兮曰惟变法，惟戊戌八月之朔兮董军夜入于京宅。悲风萧萧而卷沙兮，搅九衢之摵瑟。虞机伏而待张兮，祸水激而待发。圣上居危而眷予兮，诏出上海而走夷貊。尚虑予之迟迟兮，传密诏以敦迫。吾思竭愚忠以救圣主兮，方彷徨而无极。将朝衣尸东市兮，犹昧昧而不识。惟仲弢之见哀兮，三书召吾以夜食。吾时仓黄而寡暇兮，已先辞而复即。梁生言仲弢之忠厚兮，必有故而惕息。乃驱车于东浙馆兮，衔杯酒而哀恻。吾告衣带诏之哀痛兮，相对泣而相扼。乃屏人而告变兮，谓网罗之扁织。拳拳告吾勿过天津兮，述大盗之相杀。令北走胡而东出辽兮，劝吾变易夫僧服。吾虽未韪君言兮，感高义之岳岳。乃轻装而减从兮，天未晓而出郭。过津沽而乘汽舟兮，渡之罘之海角。惟鸿飞于冥冥兮，越日凌晨而难作。闭都门而大搜兮，绝汽车之上落。勒缇骑之三千兮，遍京津而求索。郁柴市之冤云兮，六士血惨而凝碧。罗党狱而钩锢兮，哀忠良之囚黜。惟余万死之幸免兮，实仲弢之肉其骨。嗟生我者父母兮，救我者仲弢之德。感图报于无所兮，惟肺腑其常刻。惟君之通才亮达兮，蕴金玉不粹质。既博闻而守道兮，厉正志而不屈。体熏众香而芬芳兮，发光华之妙吉。岂惟词学之斐美兮，乃心鞠鞠以忧国。虽久于文学侍从兮，惜未骋其所学。当戊子吾上书兮，君奔走而助作。恤哀索米而赠金兮，感深情之欣托。思自强而开会兮，君父子实为振铎。惟十年之久交兮，庶道义之至乐。冀复辟而展才明兮，赞明堂之纬繣。吾犹望执手而举觞兮，少酬救死之恩泽。恨十年沦逋于绝海兮，无由一握。恐党祸之及君兮，不敢通以半札。虽通梦而交魂兮，徒望海云之漠漠。阅邸报而闻病兮，忧忡忡而视矍。何图骑箕尾而上升兮，左右帝而闻天乐。哀痛恻余肝肺兮，怆凄怀而抱恶。乃素服而野哭兮，倾银河之泪落。念起死之执友兮，恧恩丰而报约。望长天之广莫兮，哀亡人之惨虐。奠葡萄酒之芬烈兮，陈甘露之芳酪。惟神无不之兮，其远歆于绝朔。呜呼哀哉！尚飨。

送仲弢归江阴续娶[①]

樊增祥

1884 年

出入承明最少年，无双江夏况翩翩。卧游壮武嫏嬛地，居近容成太玉天。七夕星河窥绮幌，六朝烟岫等归船。秋来频有芝芙蓉，总傍常仪玉镜园。卺期在中秋后四日。

仲弢公子花烛词四首

樊增祥

1884 年

蘼芜山下水盈盈，缣素何劳刖重轻。知否海棠枝上鹊，一生欢喜是新情。《乐府》“东边日出西边雨，道是无情却有情”，皆以“情”作“晴”也。

新题花叶寄红蚕，为道吴中迟玉骖。燕草如丝留不住，一双孔雀向东南。新妇在南皮，君以严命迓至江阴成礼。

轻翾定似花间蕊，亲切当为乐里筝。飞燕比来犹逊色，紫鸾相

① 樊增祥诗分别录自《樊山集》卷二十《染香集》、卷八《水浙集》、卷十五《京辇题襟集》上、卷十六《京辇题襟集》下、卷十九《紫兰堂集》。

和始成声。

翱也韩门早缔姻，才华内里尽知闻。青蛾细捡蟾宫籍，两冠蓬莱只有君。君朝考、散馆俱第一。

姚梅伯天女骑龙行雨图为黄仲弢编修赋

樊增祥

1884 年

出入灵州见玉姿，昆仑西去几经时。紫兰宫里新承敕，赐与飞龙当鹤骑。

慈悲天女貌清扬，手注银河到下方。天上移来香水海，人间看是妙华光。

每从叔度即开颜，座上棱棱识玉山。会见真妻乘汝去，四方上下逐云鬟。时仲弢将婚。

腊月廿三日[①]子培昆季招同叔衡爽秋仲弢陪黄副都丈饮全浙旧馆即席赋呈

樊增祥

1890 年

有美堂中金屈卮，清言名饮各相宜。郎官列宿通三署，爽秋以户部，子培以刑部，俱直译署。台阁生风此一时。司命也同今夕醉，侏儒谁信我曹饥。自怜惯把杯螯手，去学王郎板倒持。

---

① 沈曾植《恪守庐日录》作“腊月二十二日”。

再叠前韵赠仲弢编修

樊增祥

下笔尘埃一点无，翰林车骑最娴都。陂中春水千波映，天际仙云两角孤。莲爱吴侬歌采采，君尝随宦吴中。缶怜秦客唱乌乌。玉堂旧物皆珍异，待入宣和博古图。君收藏甚富。

益州持节据华茵，扬马居然謦欬亲。锦水波澜终古艳，文翁风俗至今醇。驿程西去题金雁，弩矢前驱映璧人。城阙芙蓉皆北向，待君重作蜀江春。

正月廿三日李爱伯师黄漱兰丈子培子封止潜子虞韬父仲弢小集寓斋，酒竟复纵观书画，爱伯赋诗见惠，十九叠韵奉酬

樊增祥

1891年3月3日

长者车来不动尘，蓛蔬斟酌瓮头春。茶琴玉局诗中物，巾拂龙眠画里人。中序霓裳同日咏，东风木笔一时新。斑丝褥上重开卷，金盏兰膏故未贫。

廿五日止潜招同可庄旭庄仲弢子虞子培子封陪爱师漱文饮全浙馆二十叠韵

樊增祥

1891年3月5日

燕九才过未浃旬，花前杖履共婴春。重寻沁水当时第，馆为前明冉附马月张园。同是贞元向上人。茶乳哥窑天下白，鱼羹嫂制古来新。圣湖鰕菜余杭酒，移入宣南亦未贫。

寄仲弢编修

樊增祥

1893年

黄童内门足熙怡，花萼楼前自画眉。妾是珊瑚郎玉树，兄为鹙鹭弟长离。经传北海门成市，砚授东坡父即师。二宋二刘俱侍从，星轺使节会双持。

贺黄仲弢绍箕新婚二联[1]

佚 名

1884 年

日下路三千，宝马香车风送远；江南秋一半，团鸾明镜月同圆。

鸳谱缔清门，羡两家儒雅宗风，有史笔催妆，巾箱赠嫁；鱼轩送使院，愿来岁团圞明月，正手权玉尺，怀[2]抱金铃。

哀 启

黄曾延、黄曾辂、黄曾武

哀启者：先严体弱多病，幼而岐嶷，好深湛之思，自家塾日课外，浏览经史百家，焚膏继晷，恒至夜分乃就寝。随侍先王父侍郎公宦游都下，同学方治科举业，文社集者百馀人，每一艺成，辄冠其曹，耆宿自以为不及。会先王父奉讳归里，先严年未及冠，应童子试，以第一人补博士弟子员，旋食廪饩，为学使丹徒丁公所激赏。先王父再入都，命执贽今相国叔外祖南皮张公门下，于古今学派之流别，中外时局之变迁，覃思精研，所造日益闳远。己卯登贤书，庚辰联捷成进士，入翰林，同榜多惇师硕儒，意气断断不相上下，独与先严交，以文章道义相忻合，始终无闲言。

癸未散馆，一等第一名，授职编修，充本衙门撰文，兼会典馆纂

① 录自拙编《杨青集》及孙延钊《瑞安五黄先生系年合谱》。

② 《杨青集》作“怀”字；《瑞安五黄先生系年合谱》作“悄”字。

修提调供奉，文字凡重要者，悉属先严起草。恭逢万寿盛典，赏加侍讲衔。纂修《会典》，与同官商榷体例，排比整齐，皆手自编定。又以边界交错，销有疏漏辄启纠纷，别设绘图处，准西法实测，尽洗前明官书之陋。书成过半，请奖，以五品坊缺开列在前。是年补授翰林院侍讲，洊升左春坊左庶子、翰林院侍讲学士、侍读学士、充日讲起居注官。三年全书告成，赏加二品衔。丙戌、庚寅、戊戌三充教习庶吉士。乙酉科简放四川乡试副考官，丁酉科简放湖北乡试正考官，所拔皆知名士，天下之士，翕然以宗匠归之。

先严初通籍时，海宇无警，名公巨卿，以儒雅相宏奖。吴县文勤潘公、顺德李侍郎、宗室盛祭酒，倡复古学，以汉儒为宗，皆深器先严。尝谒见湘阴文襄左公于江宁，文襄服膺洛闽，与先严论学，至以"一代伟人"推之。驯至今日，师友渊源，流风衰歇，欧化东来，中学不绝如(线)〔缕〕，海内士大夫往往以保存国粹厚望先严，顾先严不欲效章句之儒，嫥己自守，尝语人曰："不通西学，不足以存中学。"

甲午以后，外患日亟，国家乃变法自强，振兴教育，以先严博涉中西，夙负时望，派充大学堂总办。上自搢绅先生，下迄庶民俊秀，皆以齿入学，先严于教授管理，详定轨则，学者惮其严，未尝不心感其诚，此为中国有学堂之始。然是时朝廷求治太急，偏宕者或创为非学可怪之论，先严乃进呈叔外祖张公所著《劝学篇》，而新旧交哄，疑谤并集，先严坦然处之，治事如平日，论者因噎废食，拟一切罢黜之。先严乃于召对时，力陈兴教劝学之效，渥蒙温谕训勉，浮言乃稍稍息矣。

己亥五月，先王公不豫，星夜归省居丧，哀毁尽礼，乡里叹为纯孝。叔外祖张公以师生姻娅，雅重先严，延主两湖书院讲席。庚子之变，中外汹汹，帷幄密谋，多与先严参决之。

服阕入都，充编书局、译学馆监督，大乱甫定，宵旰忧勤，思得通达时务之才，赞襄新政，凡名秩在先严后者，多不次超擢，而先严清介拔俗，泊然无所营，性情和易，与人无竞。至义所不可，慷慨力争，不为威武屈。译学馆某生为俄兵殴伤，诉之先严，同人以事无諭难之，先严意弗慊，乃召俄教习谕之曰："俄兵伤吾学生，吾为君愧之。如兵官不顾军律，公使不顾国体，吾将译登西报，与文明各国判其曲直，辞退教习，停派留学生。监督权力，吾能任之，今日而后，不复与君共事一堂矣。"教员诣俄使署告之，诘责兵官登门请罪，犯者首服，按治如律。自使馆驻兵以来，行者有戒心，朝士或至被辱不敢校，至是舆论称快，佥以外交才服先严。

丙午(二月)〔四月〕，奉旨补受湖北提学使，学部新章，简授提学使必派赴日本考查学务。先严奉命遄行，同行十馀人，公推先严为代表，东瀛学者久耳先严名，欢迎恐后，贵人达官，优礼款接。至专门博士若井上、加藤、菊池，教育家若辻新次、嘉纳，往复讨论，情契尤洽。尝赴其帝国教育会，会中有倡废孔教者，先严登台争之，洋洋数千言，众莫之屈。回国后，寄赠功牌以为纪念。次年井上、安绎诸博士孔子大祀会之组织，论者谓实自先严发之首尾。居东四月，酬应繁剧，已发咯血旧疾。事竣回国，以年前十月抵鄂，十二月履任，百事草创，审定章程，延接官绅，日无暇晷。湖北为先严讲学旧地，郡人士望风怀想，若将勿及，先严亦以为非周谘博揽，不足以得人才；非开诚布公，不足以通众意。由是士无贵贱，请谒必见，见必尽其情而去。京外直省学务，湖北开办最先，规制宏阔，支费近百万。去岁铜元赢馀内提，入款骤短数十万，学务经费遂成竭蹶。先严首捐廉二千馀金，以为省城初等小学之需。更开办专门实业各学堂。款减于前，而学增于旧。事无巨细必躬亲，常因禀谒要公批答文牍，彻日夜不得休息，一时上下群叹先严经划之难，而精力略尽矣。

六月间，忽患湿温，日夜腹泻四十馀次，会叔外祖张公奉召入觐，清理积牍，并将历年办学情形克期奏报，先严力疾销假，殚精竭虑，不敢告劳，屡蒙叔外祖张公谕令息心静养，先严感激师恩，殊不以为意也。自是以后，食量日减，痰中带血，舌苔发黑，不肯与家人言病状。今制军赵公与先严有旧，脱略形迹，见先严颜色憔悴，步履艰涩，屡以节劳为言，颇宽假之，先严仍晨夕趋公，兢兢不敢失绳尺。寝疾前一二日，犹接见属僚、学生。至冬月初旬，而病遂不支，医者谓心血大亏，投以滋阴之剂，舌苔渐退，咯血亦止。至十五日，手足微冷，气喘不寐，十七日尤剧，改进真武汤，四肢回暖，神气稍定。至廿二日，忽肝风抽掣，气逆益甚，中医束手，相率谢去。乃延东医来治，云肺病过重，服药水日三次，喘息顿平，饮食亦稍进。不孝曾延游学日本，得电后仓卒东归，廿九日到家，入门向视，垂询东瀛事甚悉。犹向藏书家索借旧钞《左传》、宋刻《山谷内集》、唐人写经拓本，亟"思永嘉山水，有萧然物外"之语，不孝等私自庆幸，以为病有转机。惟胸膈痞闷，食物不化，大解日四五次，皆扶掖下床，委顿殊甚。旋于腊月初八日，自以东医无效，改服同邑陈君方，以宣通中焦兼扶正气为治，服后大便渐减，精神较胜。至十五日，心烦口燥，夜卧不宁，仍延东医复诊，云元气益虚，天寒恐有变。然是日以后，先严但略啜参汤，已屏绝药饵矣。垂危梦呓，皆平时公事，语不及家事。浙江铁路商办之议倡于先严，日内竞争正剧，故病中所言学务以外，尤念念路权不置。并自悔性情迂缓，平生著作无所成就。十九日阴寒，终日沉睡，勺饮不入口，二十、廿一两日，伏枕呻吟，时作痰咳。梁节庵年伯来视，力疾起坐，深以久病旷职为恨。是夜虚阳升越，次日肌肉益削，舌蹇声低，呼不孝曾延至榻前,谕以习医科,默无他语。延至二十三日未时,气急痰升,竟弃不孝等而长逝矣,呜呼痛哉!

伏念先严居家孝友,出于天性,官俸所入悉以赒故旧戚族之贫者,身后至于负累。文章道德,为海内外所景仰,生平志在撰述,精于金石文字,目录校雠之学,具有疏证,迄未写定。所作诗古文辞,稿成辄弃去,流播人间,幸有存者。

近年以来,中外学者盛以教育家相推,先严谦让未遑,然心实毅然自任。尝叹泰西专门科学,皆儒者发明之,而教育学尤其导源,中国图籍浩博无涯涘,大议微言散见于传记,惜无达者,提要钩元,理而董之,拟上自三代,下迄宋元明,勒成《中国教育史》,自周以前,属稿甫定,余亦劁缉略备,积卷盈簏,天不假年,赍志以殁。不孝等童騃无状,不能负荷楹书,仰慰先志,斯尤终天负疚,痛不欲生者也,呜呼哀哉!祇以继祖慈、慈亲在堂,先严窀穸未安,不得不苟延残喘,勉卒大事,谨就不孝等所知者,哀述行状,呈乞当代大人先生,垂念故交,锡之铭诔。苫块昏迷,语无伦次,伏维矜鉴。

棘人黄曾延、曾詻、曾武泣血稽颡

湖北提学使黄鲜庵诔[①]

杨模

蒙叟有言,生人二害。虎食其外,病攻其内。洸洸学涂,一夷

① 杨模(1852—1915),字范甫,号蛰庵,无锡人。光绪十一年(1885)拔贡,任直辖州州判。翌年任天津武备学堂汉文教习。光绪十八年南归,后被湖广总督张之洞聘为自强学堂国文教习。二十年考中经济特科举人,二十二年任山西武备学堂监督兼总教习。二十四年在无锡创办俟实学堂。著有《蛰庵文存》。

百巘。环傅迭乘,乃倍蓰之。公起词林,夙秉庭诰。江岳搜深,星云掞藻。荆楚材薮,南皮所造。公承其流,□□风教。昔主湖堂,文化肇张。继膺简命,总揽学纲。受任之初,财政始棘。支派日繁,来源半塞。祁祁学子,仰食于官。东海西海,月轮万千。左枝右梧,彷徨控謦。吁嗟吁嗟,公困生计。宾屦沓至,累牍如毛。梳之剔之,以昕以宵。公昔有言,吾守以拙。觇迹审神,避名崇实。都会宣风,溥逮山僻。程材度支,整齐划一。哲人雅怀,夷清惠和。正志无挠,赍获莫过。居恒仰屋,抚卷太息。精气摧伤,渐缩饮食。病肺而呻,咯血盈壁。犹治官书,签判丹墨。易箦沉绵,呓语吟吚。拳拳学事,不及其私。公之才德,领袖贤英。位跻崇显,缔造文明。胡天不吊,大星遽陨。江汉销声,青莪失荫。我承清海,廿载知交。积泪成河,热血不潮。公灵在天,名在青史。万岁千秋,呜呼已矣!

挽诗十二首

张夫人

五十馀宵病榻旁,晓鸡窗外咽寒霜。愁肠独自煮膏火,莲漏声声恨夜长。

独夜焚香上诉天,欲君白日我黄泉。香荃未肯中情察,珠泪盈盈素帐前。

月华如练夜初长,空馆挑灯泪万行。梦里尚怜忧国病,为君亲手奉茶汤。

官事消磨最可哀,劝君珍士泪琼瑰。良医活国谁能手,岂料苍天不放回。

红豆灯残月色清,二更鼓角断肠声。药炉茶社今犹在,青鸟无人可寄情。

泪洒麻衣两袖寒，玉衡乍转觉春残。庭前竹活君何在，君嗜种竹。天上人间共话难。

风雨凄凄又一朝，摩挲手泽续《离骚》。君曾手疏《离骚》未成。桃花依旧悲人面，君在蓬莱第几霄。

廿年巾栉侍君身，剪烛弹棋感旧尘。借问苍天何太酷，孤鸾何处不伤神。

花市斜街旧寄庐，与君同砚学鸦涂。至今遗墨仍盈箧，谁画人间举案图。

高人偶尔赋闲情，绝妙文章亦有名。此去仙山能少待，愿分剩药住蓬瀛。

堂上慈乌已白头，吴山越水总成愁。豚儿不解桑弧志，我与楹书且小留。

稚子童騃变可怜，为君忏悔学参禅。他年遗迹知珍重，手写《楞严》第几篇？

挽黄仲弢提学

陈三立①

儒服仍能贯九流，扶桑逐队作遨头。雍容尊俎光专对，长养菁莪预大谋。欹枕那忘消反侧，盖棺谁解殉幽忧？相公梦绕甘棠地，应叹才难涕不收。

---

① 陈三立（1852—1937），字伯严，号散原，江西义宁（今修水）人，同光体赣派代表人物。陈宝箴子。光绪十五年（1889）进士，官吏部主事、江西铁道总办。支持变法运动。政变后，与其父同被革职。著《散原精舍诗集》。

挽　联[①]

马贞榆[②]

蓄道德，能文章，早日凤池曾济美；抱虚衷，求实是，即今楚泽遍讴歌。

万隽选[③]

国而忘家，公而忘私，姻娅奚足论，所痛斯文成绝续；文不爱钱，武不惜死，幽冥虽永隔，相期以此报恩知。

王仁东

髫岁早相知，可怜旧侣雕零，剩我频挥垂老泪；沉疴嗟不起，莫慰慈衷哀痛，哭君重触陟冈悲。

王允湜

逢人枉说项斯贤，何期持节遥临，广厦因依惭委吏；友弟直同东坡叟，应识佩刀解赠，铭词郑重读遗诗。

王劭恂[④]

秉节赋皇华，足历重瀛，化雨输传楚水北；遗经留绛账，心丧三载，临风哭送浙潮东。

---

① 录自《黄仲弢先生挽联录》，温州市图书馆藏，补充部分另有注。

② 马贞榆，字觉渠，号季立，顺德人。曾任广雅书院理学分校、两湖书院经学馆馆长。

③ 万隽选，字季海，浙江瑞安人，黄体芳女婿。清末在湖北新军中任职。精印学。

④ 王劭恂（1862—1925），又名圣安，沔阳（今仙桃）人。清举人，曾参与“公车上书”。先后担任经心书院、存古学堂、两湖书院经史教习，长期担任湖北省二中校长。1920 年曾率湖北教育考察团去日本参观。

王孝绳[①]

雪涕对诸孤，恍如吴地穷冬，一事难忘将母恨；缔交今四世，凄绝斜街花市，廿年瀛作隔墙春。鲜公宪台姻世叔大人兴学尽瘁，三楚共仰，闻者莫不同声一哭。绳既哭其私，复悲往事，癸巳冬先循吏公猝终苏州府署，重闱在堂，老幼罔措，忧患之身，弥生感触不自知，其痛之深也。

文若火

拄躬任挽澜障川，功在千秋，天胡不吊；盛德比澄波观海，缘悭一面，我恨来迟。

东京温州全体学生

昔迎活佛，今赋游仙，忆当年侍坐听经，丰采依然，此别空留终古恨；生有荣名，殁留遗爱，知到处闻风洒泪，同声一恸，吾侪况是故乡人。

史锡华

为荆楚储异材，一旦大星沉，斯文竟失中流柱；视寮宷犹弟子，十年遗爱在，此日空增堕泪碑。

田文阶

文教绚湖山，正学启渊源，痛即今三楚云阴，箕星掩彩；政声著中外，既道贯天人，感前此大江春煦，德曜恩光。

左全孝[②]

无遗财贻子孙，天下可法；以一身殉学务，百世犹生。

---

① 王孝绳(1873—1912)，字彦武，号司直，福建侯官人，王仁堪子。善画松竹，颇饶士气。

② 左全孝(1863—1923)，字立达，湖南衡阳人。邑庠生，后从王闿运游学船山书院，恩授贡生。戊戌变法时参与梁启超、熊希龄在衡阳创立的任学会，宣传变法。后留学日本，任日本留学生监督。归国后曾任两江高等实业学堂监督、暨南学堂监督。1917 年与曾帮彦创建衡阳图书馆、成章中学。著有《为己斋文存》二卷、《为己斋尺牍》四卷等。

池源瀚[①]

为乡邦恸哭大师，七载别公，痛赋楚江哀些曲；就国学表章遗稿，九原知我，应怜荒屋著书才。

纪钜维[②]

为天下惜此人，岂独楚邦失祭酒；继永嘉开学派，剧伤教育未终编。

刘中选

绝业振儒林，日接宾客，夜省文书，膏兰竟自煎，稷下大师传劝学；馀荫分戚党，咳唾为恩，眇睐成饰，浮萍更何托？郢中哀诔续招魂。

刘凤章

家学绍南雷，空劳航海求师，环顾中原堪痛哭；大名高北斗，从此韬光潜耀，仰观天象益踟蹰。鲜厂太宗师提学楚北，拔凤章为课员，数月以来，感荷知遇，未可名言。每更阑人静时，语及中外学术派别，今昔时局变迁，辄相与感慨欷嘘而不能已！胡天不吊，速夺元老，四顾苍茫，百感交集，不仅为吾楚悲，尤不仅为私恩泣也！

刘保林

教育得英才，忍抛君子六千，修文天上；风义兼师友，难忘交情廿载，剪烛窗西。

刘洪烈

沟通中外，并兼毅力热诚，教育赖扩张，数载可期人尽学；病入

---

① 录自拙编《杨青集·慈荫山房笔记》。池源瀚，又名池虬，注见前。

② 纪钜维，字香骢，一字伯驹，号悔轩，晚署泊居，河北献县人。同治十二年(1873)拔贡，授内阁中书。精考据，善鉴别书、画，工诗古文辞，旁及绘事。从张之洞游鄂最久，监督学校，多所成就。有《泊居剩稿》。

膏肓，又适事繁款绌，艰难独支拄，一朝竟以道殉身。

刘善涵

来日大难，殉身不见陆沉惨；斯文欲丧，卫道还期后死人。

刘燕翼

学诣括汉宋之全，教育汇中东为一，名贤事业，于此不凡，两世掌文衡，吴□分辉，继述家声来秉节；官京华久崇物望，莅鄂渚咸仰经师，同馆知交，与君最笃，三山羁宦辙，人天遽隔，凋零戚党益伤怀。

吕曾①

教成君子六千人，江汉才多，公留遗泽；同登贤书三十载，云泥分隔，我愧齐年。

权量

有道德，有文章，及门教泽亲承，此生幸见欧阳子；亦淡泊，亦宁静，当代宗风共仰，享年痛比武乡侯。

孙诒让②

弓剑老臣，衣冠前辈，阅世壶中长自在，只梦怀金爵觚棱，所嗟东汉盛仪，未缓须叟重置酒；义嵩孤露，蒲柳先零，拜公床下几何时？又闻道铜驼荆棘，剩有倾江泪涕，无从奔赴一凭馆。

汤寿潜③

谁实与吴山越水为仇，中国且危，吾浙奚论焉！猰貐满地，羖羁上天，后死无可辞，还仗神灵来佑助；我方以涕泪风潮度日，将伯

---

① 吕曾，江西德化人，光绪十八年(1892)进士

② 录自《孙诒让学记》(瑞安文史资料十九辑)。

③ 汤寿潜(1856—1917)，原名震，字蛰先，萧山人。光绪十八年(1892)进士，入翰林院为庶吉士，后授安徽青阳知县。二十九年任两淮盐运使。三十一年任浙江全省铁路公司总理。辛亥革命爆发被推举为浙江军政府都督。

有几，今公又去矣！虎狼入门，蛇蝎在室，前途请少待，不须旦夕便追从。浙路议起，京外诸老强迫见属，戣公前辈同岁主持，尤力智浅力小，正困痎心，而凶问忽至，既哭天下，益哭其私，悯逝自伤情，胡能亡俚语奉挽，伏惟灵鉴。

朱庭佐、叶开寅、苏钟贞

天笃生当代儒宗，蓄道德，能文章，又复御侮具丰裁，底定狂澜，浙水长流遗泽在；帝命作南邦师表，开诚心，布公道，方幸受经聆训诲，重亲化雨，楚江忽痛大星沉。

朱湜

文章行谊，并守家传，昔年亲侍鳣帷，私幸燕台成绝学；芳草晴川，长留教泽，此日追思鹤驭，不堪楚水咽寒流。

陈宝书、夏祖络

属纩哭同声，清气如神，临去比梅花更瘦；渍绵伸私奠，庶羞皆陋，相荐惟水泉之馨。

陈衍[①]

元祐黄山谷；永嘉叶水心。

忧伤人不永年矣；痛逝者行自念也。

陈恩溥

南国失儒宗，千顷波涛今叔度；北堂恋慈母，九原涕泪老文强。

陈葆善[②]

---

① 陈衍（1856—1937），字叔伊，号石遗，侯官人。光绪八年（1882）举人。曾入台湾巡抚刘铭传幕。提倡维新，政变后，应张之洞邀任官报局总编纂。后为学部主事、京师大学堂教习。清亡后，编修《福建通志》。后寓居苏州，与章炳麟、金天翮共倡办国学会，任无锡国学专修学校教授。著《石遗室丛书》等。

② 陈葆善（1861—1916），字栗庵，晚号湫漻斋，浙江瑞安人。与陈虬等人创办利济医院，出任监院兼总理。著《白喉条辨》《月季花谱》等。

数十年德望优隆，方期甄植人伦，为国大昌教育学；四千里间关应召，竟令赞襄含殓，伤心空读素灵书。

陈沣

合古教育成一家言，太史世官，小同经学；失大宗师为天下哭，西连巴蜀，南极潇湘。

陈毓华

如公隽德译鞮惊，既敦于名教，复富于渊源，晦雨孤怀酬世浅；况我沦拓艰虞多，不奖其文章，而标其识趣，江关滞迹负恩深。

何世谦

其起衰似韩退之，其广教似胡翼之，方冀为国储才，天乎夺先生何速；在汉书曰儒林传，在宋史曰道学传，兼能以死勤事，我将顾当代而悲。

我公峻节，在刘元成一字之师，生平能遗大投艰，新学兼资文部省；惟楚儒宗，与陶荆州两任并美，贱末诚感恩知己，夕阳重吊岘山碑。

何苏

历数年劳教楚中，国尔忘身，溯病应从讲学始；阅两月检方肘后，爱莫能助，伤心岂止负恩多。

李元音

朽才爰介弟裁成，于先生叩谒虽疏，熟闻气节文章，有功世教；拙撰辱名公璪饰，在下吏修名未立，每念感恩知己，长郁余怀。

李汝钊

父为名臣，子为名儒，两代英声光简策；病未能看，殓未能视，百年遗憾愧葭莩。

李炎

兼争新旧为完人，坡老不迷日五色；解道聪明相触处，颜渊应让水千波。

李熙、易盛瀚

北面夙承恩，未能酬答涓埃，侍坐遽悲泉路杳；倾身空爱士，赢得萧条旅榇，扁舟冷渡海门归。

沈凤锵

五十年总角旧交，知我最深，爱我最厚；两三月沉疴不起，悲公之志，惜公之才。

宋恕①

瓯骆间金门玉署几人，所嗟安固乡山，未送世英为太尉；江汉上白马素车塞路，犹幸武昌官柳，仍延叔度作清阴。

宋淑信②

丹凤溯家声，累世发祥，争羡鲤庭桃李满；红羊逢岁劫，韶华易逝，剧哀马帐斗山颓。

吴庆坻

定交三十年，文字相榷，道义相劘，夺我良朋，已矣谁与为善；同游五千里，新学萌芽，新政荆棘，抚此危局，奈何公不少留！

垂白有高堂，追思哭寝馀哀，籍湜文章惭老去；汗青待良史，未了匡时伟抱，江湖风雨送悲来。

---

① 录自《杨青集》。宋恕（1862—1910），平阳人，原名存礼，字燕生，后改名恕，字平子，号六斋，晚年改名衡。主张维新变法，学习西方。变法失败后曾东游日本。归后担任山东学务处议员兼文案，代理山东编译局坐办兼编审。

② 宋淑信（1839—1921），字孟芳，河南禹州人。光绪六年（1880）进士。十九年为顺天府乡试考场监视官，二十三年任湖北知府。宣统元年（1909）任德安府同知。三年告老还乡。

吴兆泰①

南雷得理学宗传，更兼经术词章，继武忠端名父子；东观衍生平馀论，悟彻去来梦幻，司文长睿本神仙。

吴绩凝

学综五洲，镕造楚材成大业；名传三管，翼传孔道演殊邻。

杨绍廉、在桐、萧侃

文章道德似庐陵，绝域辅轩，更有凤麟惊海国；经义治事分安定，师门俎豆，纷陈羔雁哭湖州。

杨钟羲②

群飞刺天楚泽，行吟终不起；一言规我西湖，虽好莫题诗。

杨楫

订交二十年前，看裁成杞梓千章，遥向南楼瞻霁月；捧檄六千里外，乍泛到蓬莱一叶，惊从东海听洪涛。

杨觐圭③

百家流别合亚欧，尽入包罗更轺车，问俗东瀛，使节遄归，远继兰陵勤劝学；大楚江山有屈宋，当年文藻正觞咏，搴芳故国，洪钟顿咽，又歌薤露续拓魂。

杨模

---

① 吴兆泰，字星阶，号弦斋，麻城人。光绪二年(1876)进士，阅十年，以编修考授御史。因请停止颐和园工程，罢官。归里后，历主龙泉、经心书院讲席，充湖北学务公所议长。宣统二年卒。作挽联时任湖北学务公所议长。

② 杨钟羲(1865—1940)，原名钟广，戊戌政变后改为钟羲，冠姓杨，字子勤，号梓励，又号雪桥等。世居辽阳。光绪十五年(1889)进士，授翰林院庶吉士，散馆授编修。二十三年任国史馆协修和会典馆图画处协修。二十九年任湖北乡试内监试官。后历任襄阳、江宁、淮安知府。辛亥革命后，蛰居上海，以遗民自隐。

③ 杨觐圭，湖南善化人。光绪十六年(1890)进士，江苏候补道。二十九年出任三江师范学堂首任监督。

艰难响濡公安往;文字因缘我独先。

杨澧枏

仰山斗近三十年,教泽宏敷留蜀楚;效驰驱仅四五月,涓埃未报隔天人。

余朝绅[①]

生平最喜谈瀛,为国家极意培才,一代儒宗,又见孙卿来劝学;魂魄犹应恋鄂,问身后何人纂传,十年史馆,独怜虞集未扬名。

张之洞

青蓝教泽留江汉;生死交情痛纪群。

张云锦

惟公一生学行俱优,青简尚新,天上文星前夜落;与我诸昆交游最早,黄垆重过,宣南旧雨几人存。

张继煦[②]

亲言论丰采,曾无几时何堪忧,患馀生,又向师门一挥泪;就道德文章,自足千古太息事,功未竟,每思遗泽倍伤心。

张预[③]

话旧雨垂卅年,老我流佣,耻回溯纪群风谊;去新春只十日,哭

---

① 余朝绅(1855—1917),字搢敷,号篠璇,乐清人。光绪九年(1883)进士,历任翰林院庶吉士、编修、国史馆纂修、温州府学堂首任总理、温州商会总理等职。《张㭎日记》所录此挽联为:"生平恒喜谈洋,为国家极意培才,一代文宗,再见孙卿来劝学;魂归犹应恋鄂,问身后何人纂传,十年史馆,还怜虞集未扬名。"

② 张继煦(1876—1956),号春霆,湖北枝江人。初入读两湖书院,光绪二十八年(1902)留学日本东京弘文书院师范科。加入同盟会,回国后出任湖北省学务公所实业科长。入民国,历任安徽省教育厅厅长、国立武昌师范大学校长、湖北省通志馆总纂等职。新中国后,历任武汉市和湖北省参事室参事、市人民政府委员等职。

③ 张预(1840—1911),字子虞,号腹庐,室名崇兰堂,钱塘人。光绪九年(1883)进士,改庶吉士,授编修,历官江苏候补道、会试同考官、湖南学政等职。著《北行纪程》《崇兰堂诗存》等。

君残腊，忍重题荆楚书楣。

张彬

淹通负硕望，经师人师，自惭倚树兼葭，难校遗篇传述作；忠实绝他肠，忧国许国，应嘱在旁珠玉，仍持清节补勋名。

酬唱志迁居，五十六言成绝笔；鲜公客冬移入学署，六梅堂主人赠诗，公有和作，自此遂辍吟咏，遗墨宛然，思之凄绝。仔肩担教育，三千年史有传人。公著有《教育史》，未蒇事，溉阳尚书拟为卒成之，俾行于世，呜呼！公可以不朽矣！

赠安仁诔，招屈子魂，毡毳吊英灵，异域同深天下恸；恤任昉孤，表康成里，丝纶蕲旷典，长官不愧古人风。鲜公奉使东瀛，道德文章为彼都所钦仰。士大夫以及妇人会驰函致唁，以为中日文献所关，旅鄂东人均以诗文哀挽。鲜公学问经济夙为次帅所器重，因积劳病殁，特徇鄂中多士之请疏，乞恩恤公义私交，孀孤感泣。

范鸿泰

综汉宋经师授受，迪励人才，家法相承，时雨旧沾安定泽；汇欧美教育源流，恢张学派，文澜忽倒，春风呜咽浙江潮。

范轼[①]

天不慭遗廿年望重清流，惊闻木坏山颓，一代灵光摧鲁殿；我将安仰两世缘深香火，谈到私恩公义，九歌哀韵动江城。

金策先

学海簇风潮，楚江际南北交衢，当诏令新颁，帝命丁鸿为领袖；轺车出蓬岛，艺苑荟东西文物，正规模宏备，天教甲马促蓉城。

金鼎

---

① 范轼，字亦坡，号眉生，湖北黄陂人。光绪二十四年(1898)进士，授兵部主事，历官抚州知府。有《秀蕻园集》。

感怀风节非私谊；放眼江湖少替人。

林大问

爱我逾所生，恨愚诚未至，药石无灵，隅坐床前难乞命；思公尚如在，奈恸哭不闻，山邱永叹，老来堂北最伤心。

林大闾

道德文章，誉满中外，有大名竟无大年，只今翘首问天，福善奚言，零落山邱长恸哭；饮食教诲，义笃舅甥，痛犹子不得犹父，何日恩归庐墓，报恩罔极，凄凉瀛海远招魂。

林世焘

燕许大文章，世称济美，在昔冰衔历晋，玉节常持，羡山斗群尊千顷，高怀钦叔度；邢谭五词翰，君独居先，即今国粹将亡，微言几绝，叹人琴顿渺半生，同调失钟期。

林向藜偕内子

吾公为当代凤麟，海内所恸，何论同怀痛绝，室中人不惜馀年，自诉苍天蕲代死；儿辈愧我家豚犬，渭阳之恩，有逾己子伤哉，门外路敢忘大德？勉期白水誓同心。

林向藜

视予犹弟，视甥犹儿，回首甘苦相同，万里江湖日暮，空留未了魄；积学成仁，积劳成疾，岂料仓皇永诀，卅年风雨夜寒，痛哭不归魂。

开诚布公，君殆诸葛后身，食少事烦同一欢；死生肉骨，我亦山阳恸哭，高父馀业已千秋。①

① 录自《寄鹤巢诗稿》，作于民国四年(1915)。

林纾[①]

江关词赋掩庾子山，当时杯酒长安，名父导君文苑传；永嘉学派绍陈同甫君举，今日扁舟汉上，故人吊汝武昌城。

罗会坦[②]

昌黎伯泰山北斗，学者宗师，何期位返钧天，残腊竟乘黄鹤去；欧阳公道德文章，举世仰望，岂独悲深汉水，及门齐著缟衣来。

易顺鼎

孝孺读书真种子；涪翁阅世老禅师。

周拱藻

随境迁转，我佛所悲，从兹聚晤无期，死生契阔；渐次改良，来者可俟，不谓飘然远引，事变须臾。癸卯春与公别于沪上，公之鄂而藻适鲁，厥后累得公手书有云“随境迁转，我佛所悲”，又“势不能不飘然远引，但望事变稍缓须臾，容我得尽一分心力，以待来者，渐次改良，诚为万幸”等语。公竟往矣，不复相见矣，摩挲故纸，为之恻然！

儒风重东浙，乾淳诸老，幸吾邑尚有传人，至德可师，乡望公与文节并；学案补南雷，宋明以还，为中邦别开宗派，遗书谁定，及门我愧谢山才。

---

① 林纾（1852—1924），字琴南，号畏庐，福建闽县人。光绪八年（1882）举人，官教谕。清末民初文学家，以译西方小说和反对白话文著名于时。后肆力于画，擅山水，师王翚而以己意出之，花鸟得陈文台之传。著《畏庐文集》等。

② 罗会坦（1872—1948），字履平，安徽徽州人。留学日本早稻田大学、东京帝国大学，加入同盟会。回国后任湖北农业学堂监督。1908 年全国留学生会试，钦点内阁中书。1914 年任民国政府教育部主事，兼旅京安徽中学校长。后在浙江省、安徽省教育厅任职。1929 年任歙县教育局长。

柯逢时[①]

世有清名，天心最近魁三象；士皆堕泪，岘首新刊第二碑。

胡调元

儒林清望，皆以窦东皋、朱笥河相推，即兹家学渊源，父作子能承，一代宗风江夏胄；师友平生，殆惟张南皮、端湮阳最契，莫问京华冠盖，人趋公独避，十年憔悴武昌城。

胡铭、吴孟龙

所学括大九洲，博通汉宋，综贯中西，天丧斯文，吾道滋多洪水思；从游阅世八月，分属师生，恩犹父子，吾将安仰，及门长叹泰山颓。

姜思治

为三楚大启文明，方期人类激扬，并力扫亚欧风雨；正一将谬膺提倡，讵料老成凋谢，侧耳听江汉悲歌。

项骧[②]

诸葛君有儒者气象，鞠躬尽瘁，死而后已，考终同五十四年，公亦何憾；欧阳公为当代蓍龟，洁身厌世，天莫之遗，招魂逾三万馀里，我哭其私。

姚汝说

立身重道德文章之谊，风规无上宗师，论绝学热忱，他年当独有千秋，公何遽死；从游自蓬莱壶峤以还，教育亟谋普及，讵山颓木坏，楚士应同声一哭，我犹其私。

---

① 柯逢时（1845—1912），字逊庵，武昌人。光绪九年（1883）进士。改庶吉士，授编修，历官江西布政使，贵州、广西巡抚，督办两湖盐务。1905 年迁户部侍郎，兼湖北商办铁路公司名誉总理。辛亥革命前夕，授浙江巡抚，未赴任。

② 项骧（1879—1944），字渭臣，号微尘，曾就读瑞安方言馆，光绪三十一年（1905）赴美国哥伦比亚大学政治经济科学习，获硕士学位。民国成立后，曾任财政部次长，盐务署长及全国盐务稽核总办等职。

赵尔巽

不自我先,不自我后;生而为英,死而为灵。

高凌霨①

编书史书,问学岛邦,文献仅存,一代推南雷儒术;前规可随,后功难继,弟子称盛,千人哭北海经师。

凌震谟

湖堂无分侍经师,一瓣香心祝南丰,持节重来,幸教枝借鹪鹩,化雨顿看寒素幔;楚译同官有难弟,三游洞名题鲁直,遗诗犹在,应叹风惊鸿雁,他年谁与种红梨。

钱振埙②

鄂云寡色,汉渚不春,泪眼看河山,公竟化鹤归来,万古神伤,一个使星惜天下;海上乘槎,仙山采药,大名悬中外,我亦钓鳌旧侣,十年梦觉,二分明月哭先生。

钱振埙代两淮盐运赵□□

桃李渡江来,春水方生,回忆车笠论交,千里同舟思共济;楚吴各天末,客星忽坠,怕向琴台吊古,十年旧雨已何堪。

唐炬莲③

湖院昔从游,轺节重来,方幸春风依宇下;江流逝不返,寝门空哭,惟遗古谊话平生。

---

① 高凌霨(1868—1939),字泽畲,天津人。光绪二十年(1894)举人。1900年以捐班知府分发湖北候补,受到湖广总督张之洞的器重,以举人身份出任湖北提学使。入民国,曾任财政总长、国务总理。为直系军阀曹锟的同乡、嫡系。

② 拙编《杨青集》所录略有不同:"汉渚"作"汉水","河山"作"山河";"海上"作"沧海","仙山"作"瀛洲"。下联亦录自《杨青集》。

③ 唐炬莲(1864—1922),曾留学日本,考察日本教育制度。后创办湖南旅鄂中学、四川旅鄂中学,曾执教湖北支郡师范学堂。1907年创办湖南南路公立中学堂,任监督。1911年任北京陶氏两级学堂监督。

曹元弼

惟先生懿德大雅，博学为政，仪型海内，施及方外，异域知我国有人，惊叹中朝来麟凤；嗟后死陨涕摧心，感时伤世，远悼周孔，近痛师传，哭寝问苍天何意，忍将厄运促龙蛇。

黄福

学派远绍梨洲，道脉长延，仰五凤楼高，气节词章嗣名父；文旌重莅江夏，德辉亲炙，悼三能心折，风流儒雅失吾宗。

黄嗣东

吾宗竟爽抗南雷，又弱一个；众浊独清濯江汉，谁续九招？

黄绍第

文章道德，中外同推，最怜官事销磨，秉烛著书无岁月；志气清明，去来不昧，安得尘缘解脱，联床听雨到幽冥。鲜兄病中语绍第云："余自坐迂懒，颇思撰述，迄无所成，今已矣，复何言。"兄喜读典，病革犹索观唐人写经，又思永嘉山水，有"不问人事，萧然物外"之语。自蕲速死，不肯服药，侍疾亲人麾令外出。移居新署，与第同和《梁节庵同年见赠原韵》，此诗竟成绝笔矣。

适武威郡妹珩

官舍久因依，如何骨肉乖离，此别竟成终古恨；邮程胡迢递，只有梦魂飞越，我来空抱过期哀。

适扶风郡妹圆

晚景正娱亲，荆树忽枯，重使白头增万恨；大丧如哭父，松萝何托，更谁青眼乞馀光？

侄黄曾荫①

为国忘家，为公忘私，痛半世栖皇，戚日苦多欢日少；如水有

---

① 黄曾荫，字樾庭，黄体正孙。

源，如木有本，溯卅年荫庇，受恩容易报恩难。

侄媳朱篁

侍疾近六旬，料量茶灶药炉，大劫竟难回，回首辛劬随逝水；食贫逾八口，沾溉尺布斗粟，此生何薄命，抚心哀恸失慈云。

萧延平①

日本以武士道为精神，自先生奉命观光，能令东国胶庠重尊孔教；浙学乃王阳明之宗派，忽一旦斯文欲丧，太息南雷师法谁是传人？

梨洲家学继白安，姚江派衍，瀛海槎还，两番持节鄂中，多士莘莘，群奉遗经承北面；勉斋薪传宗朱子，分则师生，谊兼甥舅，一旦修文天上，孤衷落落，难禁老泪洒南皮。

梁鼎芬

维持名教，真当代大师，国事呻吟，扶病来看那忍去；赠答韦弦，是卅年良友，交情生死，此身虽在剧堪惊。鲜盦同年精究艺文之学，今之章实斋也。又撰《楚辞补注》以见志，与芬商榷者屡矣。

注屈宋赋，订郑樵书，所志所学；郁荀卿才，齐葛君命，可痛可伤。前联意有未尽，病中不寐，再得此联，悲夫！岂足知吾鲜厂之万一哉！

程仪洛②

东瓯毓荩臣，忠愤賷身，定有令名垂不朽；西州倾老泪，殷忧感事，岂惟吾党哭其私？

---

① 萧延平，字北承，湖北黄陂人，候选知县，肄业两湖书院，曾任湖北存古学堂监学、武昌医馆馆长。校注《黄帝内经太素》。

② 程仪洛（1841—？），字雨亭，浙江山阴（今绍兴）人。光绪三年（1877）进士，改吏部学习主事。十八年任江南记名道，后升任两淮盐运使。二十八年任广东按察使。三十一年任山西按察使。三十二年，帮办各省土药统税事宜。

程明超[①]

陈良虽死教泽存，正学堂楚产千人，问谁敢倍周公仲尼道；钟期云亡知音绝，伯牙台哀弦一阕，从今莫奏高山流水声。

程颂万[②]

父子兄弟为文章道德之师，劝学挽狂澜，国有斯人天遽夺；荆楚岁时当俎豆馨香以祀，联吟犹昨日，群宜立社户开声。

程道存[③]

官阁从游，辜负诗声许侯喜；宗风未坠，永留儒效溯荀卿。

蒋作藩[④]

公辅之器，名世之才，天何不予大任；为乡里悲，为国家恸，吊者非哭其私。

温州同乡

为吾瓯贤乡先达，为世界大教育家，痛哲萎梁崩，旅寓伤心，江水茫茫生百感；或生平以道义师，或寒畯蒙煦沫爱，抚私恩公谊，关山回首，浙潮滚滚咽千秋。

---

① 程明超（1880—1947），字子端，湖北黄州人。入两湖书院，后留学日本东京弘文书院。光绪二十九年（1903）举人。光绪三十一年，再度留学日本。光绪三十四年应清廷殿试，获一甲第三名，御赐探花，授翰林院编修、大学士。1912 年 1 月，任临时大总统秘书长。1921 年 1 月，任两湖巡阅使公署机要处长。

② 程颂万（1865—1932），字子文，一字鹿川，号十发居士，湖南宁乡人。曾充湖广抚署文案。光绪二十三年（1897），创办私立湖北中西通艺学堂。曾任湖北自强学堂提调，湖北高等工艺学堂监督。著有《程典》《十发庵丛书九种》等。

③ 程道存（1856—1934），初名式穀，后以字行，号纯堪，江西新建人。光绪二十四年（1898）进士，授户部主事，以知府分发湖北，历任汉阳、郧阳、襄阳知府。宣统二年（1910），补德安知府。次年移调荆州，后调任徐海道尹。著有《可乎可不可乎不可轩诗草》。

④ 蒋作藩（1875—1924），字屏侯，号植庵，浙江瑞安人。光绪十九年（1893）举人。曾任两江军事书报社主编。黄岩县知事。著《植庵文稿》四卷。

谢克栋

次司马氏旧闻,历数十年金殿论思,亲侍光仪游日下;以教育史自任,与二三子绛帷讲习,独留残稿在人间。

曾广镕[①]

与眉山父子兄弟,并有千秋,凤麟信许天骄识;数海内经术文章,又弱一个,骚雅同深楚客悲。

蔡念萱[②]

略分言情,忘年论交,是生平未有知己,怆怀成往事,每检箧中遗墨,泪下数行,从兹袮刺安投,牙琴谁听;折东瀛角,作狂澜柱,为近代无上宗师,痛天丧斯文,应与海内有心,同声一哭,岂只瓯云积惨,鄂渚生寒。萱与公世交,而位望夐绝,年辈又后,甚相从以来,知无不言,言无不尽。公虽积劳成疾,犹与萱简札往返无虚日,遗墨今盈箧也。公在东时,某日赴帝国教育会,会中有倡废孔教者,公登台争之,洋洋数万言。回国后,彼国寄赠功牌以为纪念,盖已心折也。至本年井上安绎诸博士遂有孔子大祀会之组织,其事实自公启之,扶危阐微,功在千古矣!

缪纶藻

相待在若远若近之间,公诚知我;所学竟莫究莫殚而逝,人欲问天。

檀玑[③]

朋辈酒垆稀,过眼春明梦馀录;宦游诗卷在,倾心山谷派中人。

---

① 曾广镕(1870—1929),字理初。曾纪鸿子,曾任湖北施鄂道、湖北按察使等职。

② 此联《杨青集》亦有录,稍异:"略分言情,论忘年交,是生平未有知己,怆怀成往事,每检箧中遗墨,泪下数行,从兹袮刺曷投,牙琴谁听;折东瀛角,作狂澜柱,为近代无上宗师,梁栋叹崩摧,与天下有心人,同声一哭,岂只瓯云积惨,鄂渚生寒。"

③ 檀玑,字斗生,安徽望江人,同治十三年(1874)进士。授编修。历任山东乡试副考官、广西主考官、福建学政。官至侍读学士。

瞿光蔚

岳岳风规，高山仰止；滔滔江汉，逝者如斯。

《黄绍箕传》[①]

伍铨萃

黄绍箕，字仲弢，浙江瑞安人。父体芳，兵部左侍郎，降补通政司通政使，忠诚廉直，以风节文章名天下，世所称“瑞安先生”者也。

绍箕少禀家教，又受业阳湖陆尔熙之门，说经论文以外，兼课性理，故言动皆有礼法。比长从今大学士南皮张之洞游讲，求有用之学，于古今学派之流别，中外时局之迁变，潜思精究，智识日益广，事理日益澈。光绪六年成进士，改翰林院庶吉士，散馆钦定一等第一，授编修。时之洞与吴县潘祖荫、顺德李文田倡复古学，以汉儒为宗，每谓绍箕学有心得，如精金良玉自然粹美。湘阴左宗棠服膺洛闽之学，绍箕谒之金陵，讲道穷理，相与论到深处，宗棠称为“一代伟人”。

十年，充本衙门撰文，旋乞假回籍完婚。既还朝，值万寿庆典，赏加侍讲衔。十一年□□□，二十年京察一等，记名以道府用。二十一年三月，请假修墓。二十二年还京，时开会典馆，掌院大学士倚其才，派充提调。绍箕遂排比体例，手自厘定，日不暇给，复以边界交错，稍有疏漏，辄启纠纷，遂别设绘图处，准西法实测，广集才俊，讨论精核。二十三年，充湖北乡试正考官，发策题以汉儒郑康成、宋儒朱子之学为宗，士论翕服。二十四年三月，会典馆成书过

① 国史馆列传。

半，请奖，奉旨遇有五品坊缺，开列在前。四月，授翰林院侍讲。绍箕在翰林日，先后充教习、庶吉士凡三次。六月，以今大学士、前湖广总督张之洞所著《劝学篇》进呈，奉旨饬下各省督抚、学政，广为刊布，实力劝导，以重名教而杜卮言，自是学者皆得所归。旋奉召对，复力陈兴学育才之效，皆荷温谕嘉勉。九月，擢左春坊左庶子。自甲午以来，外患日亟，朝廷变法自强，振兴教育，于京师首开大学堂，作风气之先。朝论以绍箕博雅淹通，夙负时望，十月，奏派大学堂总办。时学务萌芽，科举未废，士夫或茫昧莫知其原。绍箕本中国教法，参考东西洋学制，手定管理教授规则，是为中国有学堂之始。今日海内学校如林，教科成立，皆绍箕首先提倡之力。二十五年二月，迁翰林院侍讲学士，旋奉旨充日讲起居注官；三月，充咸安宫总裁；五月，转翰林院侍读学士；是月，丁父忧回里；七月，会典告成，奉旨赏加二品衔。二十六年服阕，当轴聘为两湖书院监督。讲堂操场，每日亲自督课，寒暑不辍。凡学生言行举动，一范于礼，皆遵守帖服，数年来无罢学之事，亦无干预外事之人。复选优等学生三十人赴日本游学师范，学成回鄂，展转传习，又得教员数千人。鄂受其赐，且及他省，为功至巨。绍箕又以"办学事繁，无荟萃地，则纷然淆乱，事权不一"谋于当轴，特设湖北全省学务处以统汇之，自是十八行省皆仿设矣。

三十年至都，充编书局监督，首定条例，曰："宗旨必归于中正，凡奇邪偏宕之词，概从屏绝。"又曰："教科书不可过于繁多，亦不宜失之漏略。"其言地理科也，曰："须据最新地图，指明现今实地为主，而兵事、漕运及水道迁徙等事，择要载入；至地势、山脉、水道、海岸、道路、气候、物产，此属之天然地理者；疆域、建置、人种、宗教、风俗、制造、商务、交通，此属之政治地理者；至古今郡县沿革，则别为一篇,附之于后,即历史地理也。”其言教育科也,曰:“国之所以成立,必有本原,一国之制度、风俗亦必有相承之习惯,其初皆自教育而来,故东西洋各国皆有教育史,日本所纂《内外教育史》兼述中国支那教育史略,则述而未详,于古圣先贤教育之要义未能发明,亟应自行编纂。俟书成时,令各处师范学堂先讲中国教育史,再讲外国教育史,以次及管理教授法,方为合宜。”而最注重者,尤为乡土志,谓学生幼稚,知识岂能遽求高深,惟乡土之事,见闻习惯,一经指点,皆成学问,引人入胜之法,无逾于此。因撰《乡土志例目》一卷,编历史,则本境地唐虞、夏、商、周时属何州,春秋、战国时属何国,秦汉以降何代属何郡县;编政绩,则述本境官之惠政,约三大端:兴利若何,去害若何,听论若何;编兵事,则本境有何叛党,本境于何代为战地,为险要,为驻兵所;编耆旧,则历代名儒、名臣、功臣、名将、循吏、忠节为本境人者,其事业若何,学问若何;编人类,则户口、氏族、宗教、实业若何;编地理,则本境之里数、方向若何,某山之盘桓,某水之源委在境者若何;编道路,则与本境界域接壤;编物产,则本境之天然产与制造产若何。凡此咨行直省,依例编辑,嗣后各州县成书送局者甚夥,今之纂教科书者咸饷遗于是。

又以近来各学堂学生侈言泰西,沾染习气,因译日本大村仁大郎《儿童矫弊论》以警觉之。(十)〔三十一〕年兼充译书局监督,推广学额,共三百馀名。尝因天寒,学生体操请假,因晓之曰:“体操一科,在中国今日文弱极弊之时,最为重要,吾谋拓操场,经营半载,甫有端绪,方期诸生习苦耐劳,振尚武之精神,强任事之体干,所以期许至远且大,若依然往日文人故态,则所谓新道德、新事业,永无发达之日。”诸生感悟,自是体操无请假者。尝分给《学生训》

一卷,以当面命。又以译学诸生班次不齐,咨商学部择其尤十五人分送英、法、德、俄四国留学,今入各专门大学堂,令已次第毕业回国,成就甚众。与中外教习相处以诚,人咸乐为用。学生不受教者黜之,虽贵游子弟不少宽假。值学生道上为俄兵殴伤,绍箕召俄教习谕之曰:"贵国兵伤吾学生,吾为君愧之。如兵官背军律,公使不顾国体,吾将译登西报,与文明各国判曲直,辞退贵教习,罢遣游学贵国学生。此监督权力所有,吾能任之,今而后不复与君共事一堂矣。"俄教员愧惧,告其使署,俄使知无礼,乃诘责兵官,登门谢过,治犯者如律。其任事勇毅类如此。

三十二年二月,授翰林院侍读学士;四月仍充日讲起居注官;是月有旨授湖北提学使,旋奉遣赴日本考查学务。命下之日,大学士学部尚书荣庆素重绍箕学望,兼长交涉,属同行学使推为领袖。比至日本,通儒名士屣迎恐后,专门博士若井上哲次郎[①]、加藤宏之、菊池大麓[②];教育家若辻新次[③]、嘉纳治五郎[④]往复讨论无虚日。尝赴其帝国教育会,会中有倡废孔教者,绍箕发四问折之,洋洋数千言,莫不惊叹,日本推尊为"仲尼后一人"。回国后,帝国教育会每念绍箕为中国发明教育之初祖,景行不置。公议寄赠徽章一颗,以为纪

---

① 井上哲次郎(1855—1944),号巽轩。生于筑前国(今福冈县)太宰府。日本近代唯心主义哲学的先驱者,日本学院哲学的奠基人。1880年毕业于东京大学哲学科。1884年留学德国,1890年回日本后任东京大学教授,次年获博士学位。曾任文科大学校长、东京学士会会员、日本哲学会会长、贵族院议员等。

② 菊池大麓(1855—1917),日本著名数学家、教育家、政治家。

③ 辻新次,曾任日本帝国教育会会长。

④ 嘉纳治五郎(1860—1938),日本柔道家、教育家,讲道馆、柔道的创始人,人称"柔道之父"。曾任东京高等师范学校校长。

念。逾年井上哲次郎、重野安绎[1]诸博士"孔子大祀会"之设，论者谓自绍箕发之，尊崇孔教及于海外。昔年胶州有毁圣像之事，绍箕抗疏力争，咸称于时。日本国近开"汉学统一会"，欲将适用汉字整齐而统用之，遣伊泽修二诣武昌，礼聘绍箕为会长，辞不可，允为名誉会长而已。日教员以订学券事构辩，绍箕据理直争不少让，教员乞援于领事，欲要挟，领事曰："此事施之他人则可，施之某则不可。某学问道德吾所钦佩，不忍以国际交涉恩之也。"事遂已。

东游凡四月，咯血旧疾复发，势不支。是年十二月到官，绍箕以鄂州昔曾典试湖院，又曾讲学，与此邦人士俨有家人父子之谊，甫视事以学务款绌，首捐廉俸二千馀金为省会初等小学堂经费，续设专门实业各学堂。款减于前，而学增于旧，亲裁文牍，彻旦夜不息，尝语人曰："魄力大，心思细，两种人均不可少。"又诫教员曰："教育是水磨功夫，冀其速化，未有不败者。"又曰："不通西学，不足以存中学。"语其从弟绍第曰："学生轨，则不可不严，然必须有真爱学生之情，乃可以行学堂之法律。"病中阅教员条陈学务说帖，手批蝇头小字数百言，其言曰："权利之说，深中人心，而道德日以沦丧，欲复宋诸儒讲学之风，挽回士习。"又曰："转移学风，看似空言，实乃最要，须有真实精神，贯注方有转机，此吾神明中所深自疚者也。"又曰："今学界多为人诟病，必有宅心正大办事，坚苦之人，或为人排挤，不得行其志，或委曲从事而人不亮其苦心，维持此一等人，必须加意扶掖援引，学务乃渐有生机。"又曰："明年拟开一讲习会，略仿宋明讲学之意，令各教员皆来听讲，此事必须有两人担任，视为身心性命之事，惜吾衰，恐力不逮。总之此事有十分精神，即

---

① 重野安绎(1827—1910)，日本近代汉学大家。著《大日本维新史》《万国史纲目》等。

有十分效验；有一分精神，即有一分效验。”绍箕劬于学务，擘画劳苦，病遂日深，病中治事病与学务相寻，久亦遂忘其病，以三十三年十二月卒于官，年五十四，殁之前数日，形神已枯，呻吟待尽，案头墨沈未干，犹有手批公牍千数百字云。既殁，鄂学堂诸生送殓者数千人，京师及各省学校闻者往往辍食或停课一日以志痛，鄂绅前御史学务公所议长吴兆泰等二百人谓：绍箕学术纯正，课士精勤，汉宋兼通，中西并贯，自到任以来，兴学育才，朝夕不倦，竟以学务陨身，胪陈学行事迹请疏以闻。三十年三月湖广总督赵尔巽具奏儒臣尽瘁，遗爱在人，请宣付史馆立传，以维教化而顺舆情，以为尽瘁学务者劝有诏允之。

绍箕外和内峻，无声色玩好，尤耻为诡随苟且之行。初入翰林，名动都市，与宗室盛昱、福山王懿荣、闽县王仁堪、同邑孙诒让、嘉兴沈曾植、番禺梁鼎芬友善，论治论学，称莫逆。体芳门下如元和曹元弼、娄县张锡恭辈，敬之如自兄，以为不及。性纯孝，事父先意承志，未尝少忤。年四十馀犹待立在旁，如孺子然。母周太夫人多病，朝夕奉汤药不少倦；事庶母董氏、继母陶氏，孝谨如所生。在侍(讲)〔读〕学士任时，忽闻父病，急南归，竟不及见。为文祭告，誓终身不负所学，取毛诗“鲜民之生”句义，更字鲜庵。自是以后无□□进，但留心教育而已。平日于诸子百家靡不窥究，志在撰述艺文，致力二十年，著《汉书艺文志辑略》，于会稽章氏所作微有异同，而精深过之。好屈子书，谓斗南旧疏均列兰莸，虽情有所因，而义嫌未广，休宁戴氏注本，亦未尽赋心，因博采诸家，订为善本。晚年更专研究教育之学，尝谓欲定教育制度，先要研究教育史，中国图籍浩博，大义微言，散于传记，惜无提要钩元者，董而理之，乃发愤搜罗，上自三代下迄元明，名曰《中国教育史》，往往采撷一义，搜拾单词，同辈敛衽，自周以前厘为四卷，属稿甫定。周以后稿如束笋，独推宋儒胡瑗为近代教育家第一，论中肯綮，惊其侪辈，古文奄有水心、士龙、龙川之长，于止斋尤近。骈体文兼宗初唐，不专主汉魏。诗似北宋诸家。绍第搜其稿合刻之，题曰《鲜庵集》若干卷。

《黄绍箕传》[1]

宋慈抱

黄绍箕，字仲弢，号穆琴，通政使体芳子也。少颖异，承家学，未冠游庠，后中顺天府举人，光绪六年成进士，改翰林院庶吉士，散馆钦定一等第一，授编修。时南皮张之洞、吴县潘祖荫、顺德李文田倡复古学，以汉儒为宗。每谓绍箕学有心得，如精金美玉自然粹美。湘阴左宗棠服膺洛闽之学，绍箕谒之金陵，讲道旁理，宗棠奇之。十年充本衙门撰文，俄乞假回籍完姻。既还朝，值万寿庆典，赏加侍读衔。十一年五月充四川乡试副考官，十一月充武英殿纂修官。二十年京察一等，记名以道府用。二十一年三月请假修墓。二十二年还京，时开会典馆，掌院大学士倚其才，派充提调。绍箕遂排比体例，手自厘定。复以边界交道，稍有疏漏，辄启纠纷，别设绘图处，准西法实测，广集才俊计论之。二十三年充湖北乡试正考官，发策题以汉儒郑康成、宋儒朱晦庵之学为宗。二十四年四月授翰林院侍讲，九月擢左春坊左庶子。自甲午以来，外患日亟，朝廷变法自强，振兴教育，于京师首开大学堂，作风气之先。朝论以绍箕淹通负时望，十月，奏派大学堂总办。二十五年二月迁翰林院侍

① 录自《广清碑传集》。

讲学士，是年丁父忧回里。二十六年服阕，当轴聘为两湖书院监督。绍箕又以办学事繁，无荟萃地则纷然不一，谋于大府，设湖北全省学务处以统汇之。三十年至都，充编书局监督，首定条例，曰："宗旨必归于中正，凡奇邪偏宕之词，概从屏绝。"又言："教科书不可过于繁多，亦不宜失之漏略。"以近来各学堂学生侈言泰西，沾染恶习，译日本大村仁太郎《儿童矫弊论》以警之。三十一年兼译书局监督，推广学额三百馀名。学生道上为俄兵殴伤，绍箕召俄教习谕之曰："贵国兵伤吾学生，吾为君愧之。如兵官背法律，公使不顾国体，吾将译登西报，与文明各国判曲直，辞退贵教习，罢遣游学贵国学生。此监督权力所有，吾能任之，不复与君共事一堂矣。"俄教员愧惧，告诸俄使署。俄使知无礼，乃诘责兵官，登门谢，治犯者如律。三十二年二月授翰林院侍读学士，四月仍充日讲起居注官。是月有旨授湖北提学使，并奉遣赴日本考学务。命下之日，大学士学部尚书荣庆素重绍箕学望，兼长交涉，属同行学使推为领袖。比至日本，专门博士若井上哲次郎、加藤宏之、菊池大麓；教育家若辻新次、嘉纳治五郎往复讨论无虚日。尝赴其帝国教育会，会中有倡废孔教者，绍箕发四问折之，洋洋数千言，莫不惊叹。东游凡四月，咯血旧疾发，势不支。是年十二月到官，以鄂州昔曾典试，又曾掌教，与人士有家人父子之谊，首捐廉俸二千馀金，为省会初等小学经费。以三十三年十二月卒于官，年五十四。前数日，形神已枯，犹手批公牍千数百字。既殁，鄂校诸生送殓者数千人，京师及各省学校闻者往往辍食或停课以志痛。三十四年三月，湖广总督赵尔巽具奏儒臣尽瘁，遗爱在人，请宣付史馆立传，有诏允之。

绍箕外和内峻，无声色玩好，尤耻为诡随苟且之行。初入翰林，名动都市，与宗室盛昱、福山王懿荣、闽县王仁堪、嘉兴沈曾植、番禺梁鼎芬、同里孙诒让最友善，论治论学，称盛一时。体芳门下如吴县曹元弼、娄县张锡恭，敬之如兄，自以为不及。性纯孝，事父体芳先意承志，未尝少忤。年四十馀，犹待立于旁，如孺子然。母周氏多病，朝夕奉汤药不少倦；事庶母董、继母陶，孝谨如所生。在侍读学士任时，忽闻父病，急南归，竟不及见，为文祭告，誓终身不负所学，取《毛诗》“鲜民之生”句义，更字鲜庵以见志。平生于诸子百家靡不窥究，见解为常人所莫及。孙诒让著《墨子间诂》成，读者多苦其奥衍。惟绍箕举正十馀事，多精确。潘祖荫得克鼎，孙诒让谓鼎文“扰远能执”一语，谓以“扰”为“柔”，“执”为“迩”，绍箕为举《尚书》“执祖”即“祢祖”以证其议。吴大澂刻《说文古籀补》成，绍箕举失检十许条，繁征博引，金石专家每敛衽推服。国史无畴人传，绍箕上书张之洞，谓“九章七历，萌祇古初，固学士所宜知，非儒流之专务。其为途也，昔简而今繁；其为用也，昔微而今广。区分疆宇，甄录英翘，时势使然，史氏之责也。”之洞嘉焉。晚年治教育之学，谓中国欲定教育制度，须先研究教育史。图籍浩博无涯涘，大义散见于传记，惜无提要钩玄者理而董之。爰著《中国教育史》四卷，自上古迄孔子，本实事求是之旨，多采诸子及古注旧说，间及阎百诗、阮芸台、汪容甫、焦里堂、章实斋诸人绪论，而以西学说附益之，论断精确，考据详核，俾人知教育原理，中西未尝不同。其意甚善也。绍箕卒，子某始刻之。又著有《汉书艺文志辑略》《楚辞补注》，均未成书。文不多作。诗似北宋诸家，举止蕴藉，语有偶量。冒广生尝取与其从弟绍第诗合刻曰《二黄先生集》，然未全。绍第别有传。

论曰：绍箕史馆传稿，伍铨萃所作，称“古文奄有水心、士龙、龙川之长，于止斋尤近。骈体文兼宗初唐，不专主汉魏”。今检绍箕遗文，与铨萃称引不甚似。盖绍箕固以考据自命，不专在文也。然官事消磨，疾病间作，遂不克著书寿世，可不惜哉？

书二黄先生诗后仲弢提学、叔颂观察也①

宋慈抱

宣城箸汉史，文苑列黄童。芒芒千祀后，逸响谁与同。瓯东山水窟，百仞青芙蓉。笃生江夏杰，妙笔敓天工。弱冠膺鹗荐，都门连钱骢。机云及轼辙，倒屣皆王公。东观参史乘，西蜀仰文宗。谁谓簪缨胄，学殖荒厥功。吾乡谭诗派，陈叶最沉雄。阅世七百载，太仆奋孤踪。奇气苦句运，直抗苏黄锋。先生虽后起，瓣香遥相通。鲜庵擅简古，拔地如长松。吉光片羽贵，何必求繁丛。缦庵尤疋丽，夭桃晓露浓。西昆玉溪死，兰茝厕飘蓬。间藉脂粉语，聊抒黍麦忠。一旦灵光圮，麟兮怨道穷。东床有快婿，考据穷鱼虫。谓此老成典，付刊费青铜。清晨展卷读，恍与古人逢。吁嗟吾生晚，陋态谁磨砻。

《近代诗人小传稿·黄绍箕》

汪辟疆

黄绍箕，字仲弢，号鲜庵，浙江瑞安人。光绪庚辰进士，官侍讲。仲弢博学工文辞，善鉴别书画。尤爱才好士。康有为未遇时，绍箕力为延誉。及戊戌政变作，绍箕闻信，奔告有为，遂脱于难。嗣为荣禄所恶，告归。寻起为湖北提学使，卒官。仲弢既少承家学，又为广雅入室弟子，工骈体文，兼精于金石书画目录之学。诗不多作，有作亦

---

① 录自宋慈抱《寥天庐诗钞》，温州市图书馆藏。

不自珍惜，散落殆尽。今所传之《鲜庵遗稿》，吐语蕴藉，卓然雅音。其七言古诗尤兼有庐陵、眉山、道园之胜。虽不隶河北省，而诗学典赡雅正，足为广雅、箕斋张目，故列入河北诗派。

书《蓼绥阁旧本书目》后

杨　嘉

1921 年 1 月 21 日

乡先达黄仲弢提学，嗜蓄雋椠，精于鉴别，游宦所至，与王文敏、盛意园、缪艺风诸同志搜讨甚勤，藏书之处额曰"蓼绥阁"，所庋书约数万卷，与孙氏"玉海楼"、项氏"水仙亭"，称瑞安藏书三大家。林丈若川，提学之妹倩也。今年九月间，命纲检点阁书，分类编目。纲拟详为纪录，纂辑藏书志，庶不负提学好书若渴之苦心，旋以时间忽遽，不暇细检，仅略记其行款印识而已。连日苦雨，杜门无事，因将前所簿录写出，雋刻一百馀种，略为诠次如右，此目之成，廑为嚆矢焉耳。庚申十二月十三日杨宰纲记于宗许楼。

书《鲜庵文辑》后

杨　嘉

1921 年

右《鲜庵文辑》一卷，吾邑黄提学仲弢先生遗文，而嘉所搜集编次也。先生学行宦业大端已详国史本传，今附录于后，俾读其文者得知梗概也。先生著有《汉书艺文志辑略》《重订屈子注》《中国教育史》、俱见本传。《书目部类表》，见《上张南皮书》。诸书以靡盬驰驱，多未终篇，斐然造述，不克写定，礼堂良足惜也。而传末谓《蓼绥阁遗集》若干卷，亦叔颂观察未竟之志也。按：据本传尚有《乡土志例目》一焉，褚礼堂①丈《金石学续录》补有鲜庵金石跋若干焉，近人词录有《潞舸词》，又有《蓼绥阁奕谱》，先生曾与家君言之。以上四种今并未见，不知尚有传本否也？

嘉窃闻吾乡修学之儒，自孙仲容征君外，无及先生者。恨生也晚，不获亲承绪论，思求其遗书，又邈不可得。昔家君客先生幕下，抄存杂文十数首，录入《永嘉续集·内编》，嘉顷复从他处搜得若干首，并为编次如右，抄成一帙，以俟有力者刊布。虽断璧另玑，仅此残剩，而吉光片羽，弥足宝贵。独念先生学识闳通，海内共仰，与孙征君时有"瑞安二仲"之目，孙征君著作等身，流布导域，而先生所存止此，噫斯可哀也夫！岁在重光作噩皋月望日辛酉五月十五日，邑后学杨嘉跋于鞓鄦楼。

跋鲜庵辑后

陈　谧

此余亡友杨君则刚嘉所辑乡先达瑞安黄提学绍箕仲弢先生之作，而余为补录成书者也。则刚好为校雠目录之学，尤自服膺黄氏，昔提学故与宗室盛祭酒昱、长白端尚书方、福山王文敏懿荣、江阴缪太史荃孙、宜都杨舍人守敬、南海梁编修鼎芬，并负时望，治金

① 褚礼堂（1871—1942），原名德义，避宣统讳更名德彝，字松窗、守隅等，号礼堂。浙江余杭人。近代篆刻家、考古家。篆刻初师浙派，后精研秦汉印，所作挺秀苍劲。侧款刻篆文，亦短峭入古，别有风韵。隶书学汉礼器碑，功力最深。著有《金石学续录》《竹人录续》《松窗遗印》等。

石文字，蓄嗜鹢椠。与同县孙征君诒让，学者称二仲先生。余儿时辄喜留意乡邦文献，每侍先君，闻前辈故事，心若夙契，盖不自知也。己未之秋，余始识则刚于吾家绳甫湫漻斋，于是知则刚与余有同嗜焉。则刚此辑，载之曝书随笔，计文一十六首，录目以存，而余未见其书。辛酉春仲，则刚复余杭褚礼堂德彝书云："鲜庵遗著，嘉处仅有杂文二十馀首。"予以知则刚此时所得较富。然亦皆提学不欲流传之什，而则刚尊人志林明经绍廉永嘉续集之所录也。余今辛未家居无事，欲自搜求乡人先达遗著，用力益勤，自清乾嘉以来，诗文杂著，无虑得百馀种。伏案讽诵，癖又作矣。于是有独见晓斋丛书之目，是辑也。则假杨氏传钞本，依则刚所订目，略为删定，去其不可存者，益以他书所得，付之写官。而论学之作，亦惟吴氏《说文古籀补》，岛田氏《古文旧书考》，孙氏《墨子间诂跋》《散氏盘》《静彝释文》数篇而已。固无所自见其立言之大者，博采方闻，有俟理董，而惜则刚之亡久矣，为可痛也。馀都若干首，杀青既竟，敬识数语附于篇。独见晓斋，是余先祖明经公自课之室也。

《黄仲弢先生家书》序[①]

潘承弼

1935 年

贾人携示《黄仲弢先生家书》一册，都九札。后一札尾叶残蠹

① 潘承弼（1907—2003），字良甫，号景郑，别署寄沤，江苏吴县人，潘祖同之孙、祖荫从孙。受业于吴梅、章炳麟，后专研古学。曾任章氏国学讲习会教席，并兼任国学讲习会会刊《制言》主编。抗战中就职于上海合众图书馆。新中国成立后在上海图书馆工作。著有《敝帚存痕》等。

不具。附黏封签，题“酉年安字　寄江苏江阴督学部院”。当是光绪乙酉漱兰先生督学江苏时所得禀字，内容于家常琐屑外，颇涉时事，如言援台二轮被轰沉，及粤西镇南关失守，二刘不和等事，于当时情景，凿凿可据。中法构衅，枢臣畏葸，议和朕兆，约略可征一二焉！先生笃承家学，昆仲腾誉，二黄之目，并世推重，寸缣尺素，弥足珍视耳！爰收诸笈中，藉申景行之私。时乙亥上巳后一日灯下率记。潘承弼。

调寄鹧鸪天

潘承弼

江夏才名说弟昆，二难竞爽业传薪。鸿痕锦字千秋重，细语家常意味真。收拾处，作心珍，散廛还自怅朱门。蓼绥藏箧烟云梦，仲弢先生藏书有《蓼绥阁书目》。萧选而今杳秘文。札中曾述及以二百金购得宋版《文选》，今不知流落何所矣！

调寄鹧鸪天

乙亥上巳后三日　殢柳词人草

二　书信函电[①]

致黄绍箕书三通[②]

于式枚

一

昨晤书衡，知前缄已达，行期不远，亟欲晤谈。啸溪关聘各节即请代订，示悉遵办。日内驻节处所，早晚约在何处可见？祈并示知，以便趋前也。有许多话均俟面谈，一时却写不了。专上
中弢三兄同年

弟枚顿首

二

是日适有万不了之事，非口说不明有难言者，次日能□悦面详。

---

① 本部分书信函电大多录自温州博物馆藏原件，其它出处另有注明。

② 于式枚(1853—1916)，字晦若，广西贺县(今贺州)人。光绪六年(1880)进士，授兵部主事。入李鸿章幕。1896年参加保国会。1906年任广东提学使，次年充出使考察宪政大臣，先后擢任邮传部侍郎、礼部侍郎、学部侍郎、修订法律大臣、国史馆副总裁等。第二、三通两件录自瑞安文物馆藏手迹。

大简循例谨署知。幸□□□□拟作一局，为竟日谈也。先泐布达，〔馀容〕晤罄，敬上

中弢三兄、中冈五弟

弟枚顿首

三

不晤又三日，至念。尚未出城也。薛供士振□前呈字样，蒙□合格，亦曾与远帆先生言之，久未□传，虑有遗漏，兹索书走叩，乞谕知为荷。馀容晤罄，敬上

中弢三兄同年左右

弟枚顿首

致黄绍箕书一通[①]

王秉恩

今日为先君讳日，请假设供。顷承枉过敬辞，容再走谒，并有要言奉陈。明晨得暇否？

刘彬孙暂屈布局，实非所宜，改为委员，非秉恩力所能逮。小帆[②]日内即有信答之。王贵如欲赴粤，可为作书，特去粤已久，未必得力耳。馀容明早面陈，匆复

仲弢星使尊兄大人台安

教弟秉恩顿首，廿二

原函二奉缴。

---

① 王秉恩(1840—1928)，字息存，一作雪岑、雪澄、雪丞、雪城，号茶龛。四川华阳(今双流)人。同治十二年(1873)举人，光绪初官广东按察使。精校勘目录学。曾被张之洞聘至广雅书局刻书，任提调。与缪荃孙交往甚密。辛亥革命后，闲居上海。工书法，隶承汉魏，行似晋人。著《养云馆诗存》，与罗文彬合撰《平黔纪略》。

② 小帆指张曾敭(1852—1920)，字小帆，又字润生、抑仲，号静渊，直隶南皮(今属河北)人，同治七年(1868)进士，历任湖南永顺知府、福建按察使、福建盐法道、广西布政使、山西巡抚、浙江巡抚等职。

致黄绍箕书一通[①]

王树枏

手教诵悉，并回堂矣。人言官书局有新《会典》残书，虽不全，尚可用。署中议官制，亦须参考旧制，公饬吏检察之，无任感盼！

仲弢学士

弟期枏顿首，初八

① 王树枏(1851—1936)，字晋卿，晚号陶庐，河北新城人。光绪十二年(1886)进士，官至新疆布政使。民国期间，任清史馆总纂等职。著名的方志编纂学家。著有《陶庐文集》《诗集》及《陶庐丛刊》等。

致黄绍箕书一通[①]

王闿运

1887 年

仲弢仁兄侍者:

酒楼话别,归客留思。春雪送行,还诗寄意,想重黎已代达区区矣。道路骛驰,未遑授简。仲春抵里,家事仍丛。比及十旬,犹如昨日。想木天昼永,土地花明,良友胜游,日增材德。当今经济果达为难,能养真知,实深企仰。

子培令弟于天津相见,洵为俊上。芾卿周官之学,尚未窥其涯略,他日若成,必付钞刊。谦虽美德,于讲学有妨。晤时均求先致,再当奉启也。闿运还家,又补写《周易》三卷,稍有训故。乡人士近欲并治《尚书》,亦尚未暇应之。蜀士岁有远来者,未说而乐,何其幸耶!老伯福禄弥增,以为颂慰。驿便促发,致未肃笺。先颂

侍安,馀俟续上。

---

① 录自马积高主编《湘绮楼诗文集·笺启卷第五》(岳麓书社,1996 年)。王闿运(1833—1916),字壬秋、壬父,号湘绮,湖南湘潭人。晚清经学家、文学家。

致黄绍箕书八通

王懿荣

一

五少[①]姐尚未复元,家人闻之不胜驰系。药方千万谨慎,吾弟近日亦以少出门为是。涛信可即送去,越缦寿诗即为之,诗言其概,何可庄为之汇书耶?并为我转催前释志文,切切!客来如织,不及多复。此颂

中弢仁弟同年侍福

兄荣顿首

二

各件并兄帖五分,明日足台用矣。自有法门,即如尊旨,各帖具种种好,乃知天下大矣。仿钱詹事书。

① 原稿作"少",疑笔误,应作"小"。

致黄绍箕书八通

复仲弢吾弟同年。

懿荣顿首

三

履历下刻著书，又系经书，未悉其书名在行否，一看便了然矣。此公尚所未悉。《状元策》附上四本。

复颂仲弢仁弟同年状元。

荣顿首

四

归，颠播不堪，当时未及趋陪，又未有便人送信，甚歉歉！然君泥泞奔驰之苦，弟之所洞鉴也，明日又要站讲官班，丑刻初一日解庙点名阅卷，周而复始。书已交陈子久，日内令其来见或到馆会晤，令馆中先知会之。

中弢吾弟同年

名顿首，廿八日晚

五

示达谨悉。越老既排实斋①，推服夹漈②之说，“漈”字于许书，

① 实斋指章学诚(1738—1801)，浙江绍兴人。乾隆四十三年(1778)进士。清代史学理论家和方志学家。著有《文史通义》。

② 指郑樵。

文无可婼假，兄未敢即以臆改，拟请尊书暂空两字，少间当径质诸越老，定所折衷，再行奉闻补书何如？

此复仲弢吾弟同年。

小兄懿荣顿首

六

重刻《庙堂碑》四本，如不阅，请发还，来人持袱便取，并尊本、蒯本统付下一斟，十一日午桥坐上再缴。连日厂市有何见闻，有所得否？

中弢吾弟同年

懿荣顿首

七①

《登州募建会馆启》乞速藻。兄二月初即东下，三月半仍北上也。莼老处事已半年馀，祈作一札代达下忱，倩人刻耳。

此上中弢吾弟同年。费心再谢。

兄制荣顿首

寄下斜街

八

刻在义胜居，即请黄中弢少大人速到早饭。翰林院下斜街。

廉生顿首

① 七、八两件录自瑞安文物馆藏手迹。

致黄绍箕书一通[①]

冯文蔚

示悉，安折系两分皇太后、皇上，不用外封。装匣时在奏折之上，代递苏拉，即托南屋诸君代觅亦可。弟处递折之苏拉姜姓，住东华门内南河沿，其人甚妥靠，如欲驱遣，可由弟处着人往唤。此复敬请

仲弢仁兄大人台安

弟文蔚顿首

叔颂兄前均此请安。

附呈太仓州一函，此件由钱密翁交来，并银票三十金，祈察入。

① 冯文蔚(1841—1896)，字联棠、莲塘，号修庵，浙江湖州人。光绪二年(1876)探花，授编修。历任顺天同考官，河南学政，江南主考官，詹事府少詹事、詹事。光绪二十二年迁内阁学士，署左副都御史。工书法。

致黄绍箕书一通[①]

冯煦

王太夫人寿作何酬应，能附入贱名否？甚感！前呈假之苏碑、乾隆典二册，并以上□，乞察入是荷。此请

仲弢世兄前辈大人韬安

世侍煦顿首

黄大人

① 录自瑞安博物馆藏手迹。

致黄绍箕书十二通

孙诒让

一①

1878 年 11 月 28 日

中弢仁兄大人著席：

客冬还里，获承绪论，奥学鸿笔，冠绝伦辈，钦服何似！春杪匆遽渡海，旋闻大从亦即入都。伏审侍奉康娱，撰述精富，定如心祝。

尊公姻丈清德伟望，表式朝箸。前于邸钞娄诵深议，郑公谏录，寰宇传播，其为(抃)〔忭〕幸，良不可任。比来不审复有何献，内发钞恒苦芰夈，能详录一通寄示，尤所望也。

黄岩林南枝兄来此，闻夏间尊体偶尔违和，旋即康复，想由研校精劬，多劳神思，幸节孟晋以自珍摄，祷甚祷甚！

弟六月间痛遭先慈之变，舋谪丛萃，罪当陨灭。近来凄卧鹌庐，百业屏废，无复掇缉之念，以视执事，仰承庭诰，精挴经帷，非徒雅俗异抱，抑亦茀萘以和矣。

---

① 录自张宪文辑《温州文史资料第五辑·孙诒让遗文辑存》（浙江人民出版社，1990 年）。

兹有仆人王升，河间人，随从家君近廿年矣，人极朴谨，顷因南方水土不服，休假回里，欲以明年夏间趋谒尊公，求赐驱策。想星轺遄迈，用人必多，尚祈趋庭清暇，为请赐录用，无任感盼之至。手此，敬承

侍祉不赐

姻小弟孙诒让顿首，十一月五日

尊公前乞代为请安。

二

1881 年 9 月 17 日

中弢仁兄姻大人史席：

春间文旆荣发，适因事下乡，未获祖送，深用歉仄。嗣晤伯龙、若川诸君，询悉安抵衙斋，并审上侍康颐，潭著渊邃。子政经业，兼奏录略之篇；平子天算，无累词赋之美。斯为兼擅，抑何太谦。令叔密翁到郡，又荷贶札，深纫拳注。

贤俪夫人，早昭懿矩，宜究遐年，何图偶示微疴，奄嗟怛化，惊惋何极！惟希勉节哀抱，上慰高堂，是所深祝。

假款遽荷掷还，谨谨祇领，惟前年代购值，未蒙留下，容俟返缴。

周君晓芙，清才笃学，久在青眷。兹因江宁邓观察裕生之聘，便道渡江，敬谒尊公，并求雅诲。故乡旧雨，可以畅论文史，惜鄙人蜷伏里巷，无由一聆绪论也。手此奉复，顺叩

侍安不儩

姻小弟孙诒让叩头，闰〔七〕月廿四日

尊公姻丈前乞叱名请安。令弟叔镕均此拳拳。

三

1890年10月20日

中弢仁兄姻大人阁下：

前贡两书，亮已次第达览。秋风戒寒，惟摄卫咸宜为祝。

兹有恳者，平阳黄茂才庆澄，学识兼人，勇于任事，前因其业师杨中愚兄考事被累，屡荷鼎力拂刷，感激无似。前年从金稚莲[①]兄治经，于汉宋途径，皆能讨核。嗣至申江，从张经甫[②]谈经世之学，深相投契，经甫延充梅溪书院教习。近治西学，亦有心得。自维乡居岑寂，慨然有远游之志。刻闻许竹筼侍读重使欧洲[③]，而舍妹婿宋燕生亦经张香帅荐充幕僚，渠意欲附骥，一扩闻见，而无由自达。弟与竹筼虽同岁而十年不见，笺牍疏阔，未便辄为荐士之书。再四商酌，拟求老兄代为推挽，倘蒙延纳，同乘槎西渡，则于彼中政学，均可随时咨讨，为益无方，而竹筼兄亦可收指臂之助，斯亦□□□切闻也。弟与渠数年至交，深知其志行大略，谨为贡其私忱，诸祈惠赐提携，幸甚幸甚！倘荷金诺，祈即早贶复音，感同身受。匆匆奉恳，即请

---

① 金稚莲（1849—1913），原名鸣昌，后改名晦，字晦之，号遁斋，浙江瑞安人。教育家。著有《治平述略》等。

② 张经甫（1843—1902），名焕纶，上海人。光绪四年（1878）创办正蒙书院（后改梅溪书院），二十二年（1896）应盛宣怀邀出任南洋公学首任总教习。著有《救时刍言》。

③ 许景澄（1845—1900），原名癸身，字竹筠，浙江嘉兴人。同治七年（1868）进士，改庶吉士，授编修。任驻法、德、奥、荷四国公使，光绪十六年任驻俄、德、奥、荷四国公使。后任工部侍郎、总理衙门大臣兼礼部左侍郎、吏部侍郎、京师大学堂总教习、管学大臣。二十六年七月，许景澄与袁昶等反对对外宣战，被杀于北京。谥文肃。有《许文肃公遗诗》。据此知该函作于光绪十六年（1890）。

闱安不戬

姻小弟诒让顿首，九月七日

前奉求赐录怀米轩宋器款识，便中希早惠寄。拙稿已写定，专候此款识补入写刊也。

寄京都下斜街长椿寺对门信。

四

1892年7月17日

中弢仁兄姻大人侍史：

违教三载，钦溯莫名。中龙诸君旋里，询悉上侍万福，至以为慰。尊公姻丈周辰大庆，优游邸第，兴居安颐，无任欢(拚)〔忭〕。《会典》巨编，闻已十得六七，精博度远迈旧帙，应、胡《汉仪》，欧、苏《宋礼》，非雅裁不足以综厥成也。

弟年来家事多菲[①]，怀抱甚恶，中年哀乐，强自排遣，不足奉陈。《礼疏》亦时有校改，讹文剩义，扫叶复生，殆无已时，如何如何！

伯龙家居，搘撑不易，仍欲觅一西槎差遣，非徒矜壮游，亦冀裨私计，兄能一为嘘植否？

拙刻顷印成颇多，兹交陈玉樨孝廉带上廿册，乞分饷同好。《宋器考》前见潘文勤评阮识，与鄙见略见，惜不及以此编质之。盛祭酒、王编修所弆铜器，及前见某旗友所得周敦，有"扰远能执"四字者，便中乞为致一拓本。李氏宋刻《礼疏》当有绝佳处，惜无从校读，思之徒有哂笑耳。手此陈臆，顺叩

---

① 指光绪十七年十一月，孙诒让正室诸恭人卒，十八年五月，侧室陈孺人卒。故知该函作于光绪十八年(1892)。

侍安不偈

姻小弟诒让顿首，六月廿四日

前属中龙奉求赐书拙箸封面，便中祈擿下为幸。

五

1894年6月17日

中弢仁兄姻大人史席：

久疏笺敬，惟侍奉康娱，述造闳富，定符颂臆！长安近事略有所闻：昆明肄戎，西园渎爵。明光旁筑，驰道属于南山；博望凿空，冠盖溱于裨海。凡兹玮谲，度越前古。吾乡呰窳，亦复日甚。隐儒之狱未已，事袄之俗方滋，杞忧弥深，如何如何！

弟事亲治经，荒陋如故，《礼疏》八十卷已得十之五六，顷立程课，期以三年成之，未识能如愿不。近又写成《〈周官〉贾马干①三家佚注》一卷，放汪②集《国语》三君注例，并为一帙，校马玉函③本增三之一。

前闻尊意欲遍访近儒所辑佚书，未知马本外别有精集本不？

---

① 据《孙衣言孙诒让父子年谱》光绪二十年十月"辑贾逵、马融、干宝《周礼遗说》，成《周礼三家佚注》一卷"，得知贾指贾逵，马指马融，干指干宝。此函亦作于光绪二十年(1894)。

② 汪指汪远孙，字久也，号小米，浙江钱塘人。嘉庆二十一年(1816)举人，官内阁中书。辑有《国语三君注辑存》。

③ 马指马国翰(1794—1857)，字词溪，号竹吾，济南人。清代著名学者、汉学家、藏书家。道光十二年(1832)进士。历任陕西鄜城、石泉、云阳知县。辑《玉函山房辑佚书》。

便中希惠教为幸。刻永嘉谢君文波[①]醵刊《六书故》,已成数卷,惜为写官移改,其行款未为佳本,然多一刻版,亦足广流播,所据底本即慜斋所藏李鼎元[②]本,刓缺甚多,无从核校。兹属渠开具别纸,寄奉清览。春明故家或有旧印精本,元椠不可得,能得明张萱[③]初刻印本便佳。卷首撰人姓名下,有岭南张萱校一行,前曾见之。能为拾补寄示,尤所幸也。轮船遄行,率此陈臆,顺叩

开安不一一

姻小弟孙诒让顿首,五月十四

尊公姻丈前乞代叩起居是幸。

六

1894 年 6 月 29 日

检示至感至感!平阳黄君虞初客秋从倭旋[④],兹复薄游台海,秋间将便道入都应试。渠志趣甚高,夙荷盛眷,到时诸祈赐教。闻竹筼同年刻届瓜期,未审代者何人?虞初仍欲为海外之游,令亲少

① 谢文波(1836—1909),名思泽,号听香居士,永嘉人。著《四声正误》一卷,《因音求字》四卷等。

② 李鼎元(1749—1812),字和叔,号墨庄,四川绵竹人。乾隆四十三年(1778)进士,改翰林院庶吉士,散馆授检讨,改授内阁中书,不久升宗人府主事。嘉庆四年(1799)册封琉球副史,钦赐正一品麟蟒服,出使琉球。乾隆四十九年(1784)李鼎元刊《六书故》。

③ 张萱(约 1553—1636),字孟奇,号九岳,别号西园,广东博罗人。万历十年(1582)举人,由中书舍人官户部郎中,平越知府等。著有《西园闻见录》等。

④ 黄虞初(1863—1904),名庆澄,字源初,一作愚初,号寿昌老人,平阳(今苍南)人。早年师事孙诒让、金晦。光绪十五年(1889),任上海梅溪书院教习。光绪十九年五月至七月间游历日本,撰写《东游日记》。光绪二十年中顺天府举人。后创办《算学报》等。

云侍郎[①]，译署领袖，倘能仰藉鼎力，陶铸一差，俾得光附使槎，一扩闻见，亦不费之盛惠也。兹附渠北上之便，肃此奉恳，顺叩
开安，伏惟荃察不赐

姻小弟孙诒让顿首，五月廿六日

尊公姻丈前乞叱名请安。

七

1895年初

轮船已到，闻后日开行。台端如有要函，须今日交局，明日交去，则后日早方能到郡，时太迫促，往往压搁入下班。此书邮锢习，弟屡试得之也。

顷吴肆又寄到《墨诂》[②]卷四一卷，未及详校，谨先以奉览。此卷内有涉水地数事，文字舛讹，不可理董，强以管见说之，终不敢自信，望赐教为幸。此颂
仲弢仁兄姻大人侍福

弟制诒让顿首，廿一日

---

① 徐用仪(1826—1900)，字吉甫，号筱云，浙江海盐人。咸丰九年(1859)举人。同治元年(1862)为军机章京。次年任总理各国事务衙门行走。光绪三年(1877)为太仆寺少卿，迁大理寺卿。二十年，任军机大臣。甲午战争爆发，徐用仪和李鸿章等为主和派。二十四年再任总理各国事务衙门行走，并任会典馆副总裁。后擢升兵部尚书。二十六年义和团运动时，与立山、联元、许景澄、袁昶在北京被处死。宣统即位，赐谥忠愍。

② 光绪二十年夏，吴门毛冀庭以铅活字排印《墨子间诂》。黄绍箕为之详校，举剩义十馀事，诒让以为多精确。此札落款有"制"字，当是孙诒让在守制期间，孙衣言去世于光绪二十年十月二十日，故此函作于光绪二十年十一月以后。

八

1904 年 5 月 13 日

中弢仁兄姻大人有道：

前贡寸笺，亮尘清览，比维著祉清娱为颂。

文明史[1]已脱稿否？闻采摭极博，兼史部政书、子部儒家之精要，是不刊之作，非徒为教科增一佳册也。

南皮师已回任[2]，闻又有江宁之行，不审有何查办事件？去冬承购小口径枪，惟铅弹尚未寄到。昨接令亲叶芰汀[3]来函，又似已付邮寄，不知耽搁何处，千万乞为查示，以便向索。倘未付寄，并乞早日觅便寄下为盼。

兹有永嘉曾生宗鲁，为弟旧识，年力甚强，志趣极高，毫无少年子弟浮惰柔脆之态。去年在武备学社习兵操，亦极勤敏，自是可造之才。顷已入鄂省兵学堂，伏祈大力惠赐提携，俾得早日脱颖而出，不至沉滞曹伍之中，则感佩为无既矣。

吾乡近况犹旧，芰汀当能详述，兹不覼缕。匆匆奉恳，敬叩台安，伏祈察鉴不备

姻小弟诒让顿首，三月廿八日

① 指黄绍箕著《中国教育史》。
② 指张之洞于光绪三十年(1904)三月回湖广总督任。
③ 指叶芰汀，名群，瑞安人，黄绍箕妹丈林向藜女婿。

九

1904年10月30日

中弢仁兄亲家大人阁下：

昨为王生凝[①]奉致寸笺，亮达典签，辰维兴居颐畅，定协颂忱。顷晤杨子龄兄，知奉到台电，属来京□编撰之役[②]，想见述造闳富，学界得此，当渔猎不穷矣，钦佩何极！

兹有陈生明、池生虬[③]均曾任县学堂历史、修身、国文诸教习，于中西新学均有研究，文笔亦皆雅正有法，教诲学生尤为勤恳。池生前曾奉大教，陈生为仲航[④]兄令郎，家学渊源，夙承雅注。兹因科举已罢，伏处乡里，每苦弇陋，拟于明春北上，面求训诲，属弟先为函达，务祈惠赐陶铸，俾得承乏编校之末，亦大君子宏奖后进之盛意也。匆匆奉恳，恭叩

台安不偁

弟诒让顿首，九月廿二日

---

① 王凝（1883—?），谱名隆绥，名来绥，一名凝，号冰肃，别号潜崖，岁贡生，瑞安人。光绪二十二年（1896）三月，学计馆第一期学员，光绪二十八年转入瑞安普通学堂高级组。光绪三十四年，毕业于浙江高等学堂师范科学部。覆试奏奖师范科举人，授职直隶州知州。民国元年为瑞安县立高等小学校第一任校长，后曾任瑞安县教育局局长。

② 据陈黻宸《致陈侠、陈怀书》（1904年10月）（《陈黻宸集》下册第1086页）：“仲弢坚信杨志龄，以百金聘入编书处，彼将恃为指臂之助。”得知此函作于光绪三十年。

③ 陈明（1873—?），字宗易，原名肇柟，陈虬胞侄。曾任浙江省立第十中学（今温州中学）教师。 池虬（1871—1947），字仲麟，一作仲霖，改名源瀚，号苏翁，瑞安人。民初历署福建平潭等县知县，创办国医国学社，著有《医范》和《倚山阁诗文钞》。

④ 陈仲航（1848—1894），名国桢，字庆常，陈虬兄，原籍乐清，久居瑞安。同治十二年（1873）拔贡。

一〇
1906年2月16日

仲弢仁兄亲家大人有道：

献岁发春，敬维盛德日新，允符心祝。

学部[1]已设，外间皆属望长沙，不意竟以启期[2]主之。闻其宗旨极狭隘拘牵，不脱旗员故习，深可扼腕。

此间自程筱周[3]受代后，继者但坐啸而已。温守则极厌新喜故。弟承乏分处，无能为力，此情内外所同，想吾兄闻之，亦为发深喟也。邑中学务，幸尚顺手，中学高等并立，规模略备，但经费太窘，不免有仰屋之叹耳！

闻台从有图南之意，辇下风气尚阻，所仗贤者提倡维持之，幸少需以待机会何如？

乐清黄仲荃孝廉，清才邃学，冠绝时贤，在分处共事半年，深资襄助，兹将入都拣发，敬希惠赐照拂，或别赐陶铸尤感。匆匆奉恳。恭叩

---

① 1905年12月6日，清政府设立学部，调任荣庆为学部尚书，由熙瑛补授左侍郎，严修署理右侍郎。学部成立后，各省改"学政"为"提学使司"，府、州、县设立"劝学所"。清朝设立学部，标志我国历史上延续一千多年的科举制度结束和近代教育的开始。

② 长沙指张百熙。 启期指荣庆(1859—1917)，字华卿，号实夫。蒙古正黄旗人。军机大臣，历任学部尚书、礼部尚书、协办大学士等职。宣统时为弼德院副院长，旋充顾问大臣。民国后，避居天津。

③ 程筱周指程恩培(1854—？)，字绍周，安徽阜阳人。于光绪三十一年(1905)继童兆蓉出任温处道，十一月间，贺元彬以实授至，程恩培即卸去。此函作于程恩培去职的次年正月二十三日(即1906年2月16日)。

台安,并贺春禧不戬

弟诒让顿首,正月廿三日

去冬,程筱周观察恩培,摄道篆数月,鼓舞振兴,不遗馀力,吾兄想已闻之。此公一去,学界便黯然无色,不审致函上游时,能为一达否? 倘得重莅,其效果必不可量。仲荃兄深知其详,兹略陈之,幸赐留意,以惠乡里,盼切。

一一[①]

1907年9月21日

早晨奉诵惠毕,并南皮师来电,敬悉。师意甚坚,度非口舌所能争。而轻率遵命,又非鄙意所愿,似不如径以衰茶多病,不能远行辞之。实则年来意兴阑珊,凡百灰心,亦必不任鞭策,此乃实情,非设词也。惟屡烦代复,有费清神,私心甚抱不安耳。先以奉复,俟更面陈。恭叩

中弢仁兄亲家大人台安

弟让顿首,(八月)十四

尊意另荐宋芸子[②]任此,似胜鄙人万倍。又或以江苏知县林颐山[③],为黄元同高弟,似亦可备选,请酌之。

---

① 光绪三十三年七月,张之洞奏设存古学堂,电聘孙诒让为总教习。孙诒让在复电后即有手札答黄绍箕,为存古推荐替人。

② 宋芸子(1858—1931),名育仁,四川富顺人。光绪十二年进士,授翰林院检讨,曾任出使英法义比参赞,广西乡试主考,以湖广道记名简放出使大臣等。民国二十年十二月,卒于四川通志局任上。

③ 林颐山,黄以周弟子,曾于1891年—1898年间任南菁书院院长,1898年—1900年间任南菁高等学堂总教习。宣统初聘任礼学馆纂修。著有《经述》三卷及《经解续编》,又有《群经音疏补证》《水经注笺疏》。

一二

梁函阅悉。此事至此,可为痛哭。如何!原函谨先奉缴,即希察收。此复,即颂

侍安

弟制让顿首

致黄绍箕书一通[①]

江逢辰

《宣公奏议》[②]奉上，星师[③]函、李稿附呈。联一、扇一，是逢辰敬请大笔者。又一扇，即录副廖兄也。统希清暇兴到时一挥洒之，趋教时再行称谢，敬询

仲弢先生道安

逢辰启，七月十八日

① 江逢辰(1859—1900)，字雨人，又字孝通，号密庵，惠州人。从梁鼎芬学于丰湖书院、广雅书院。入张之洞幕。曾任教于湖北尊经书院。光绪十一年(1885)中举，光绪十八年进士，任户部主事。有《江孝通遗集》。

② 《陆宣公奏议》，一名《翰苑集》，唐陆贽编，共有二十二卷，卷一至卷十为制诰；卷十一至卷十六为奏草；卷十七至卷二十二为中书奏议。

③ 指梁鼎芬。

致黄绍箕书一通[①]

刘可毅

春明欢悰,夙荷爱迪,惟言笑粿起,问学之涯,略未请益,愧悔何及。会典纷赜,从者综次其目,当自可观。而儳言实繁,东观图缣,又半归割散。临渊求鱼,忽坏其罟,何殊缘木?公家之事,自昔已然。嘉兴子培,深博无涘,行又长者,以器上当之。如行炎歊中纳之丛篠耳,最砭仆疾,惜又去之。癯风元谭,良用寤系。韬夫抑抑,女挐之疾,傥未沉顿。胥庵卓有门户,其铮铮可佩,其愎不可及,其蔼如也尤可亲,窃昵之深。比闻攻云谷者多,当审处之,扶而翼焉为汤益阳,激之使走则张丰润。天既大其资魄,假力予以角距,扩之以闻见,夫岂其然虚此生而已!狂澜将起,殆不可遏,挫之非蹶养之焰也,将顺其美,或冀有成。葆良[②]已出都,叔颂当踵之。萧萧秋风,行役实难,恐无煦意。开封大郡,君子所托,仆至已一月,有尘污人耳。故国之变,灌城为墟,于焉文物衰歇。即河北诸石,求之市氓,无一模之者,他产可知。营营之樊,泽雉百饮,神何能王?聊用相闻耳。

① 录自刘可毅《刘葆真太史文集》卷上。刘可毅(?—1900),原名毓麟,字葆真,江苏武进人。光绪十八年(1892)进士,改庶吉士,授编修。

② 刘树屏(1857—1917),字葆良,江苏武进人。光绪十六年(1890)进士,改庶吉士,授检讨,历官安徽候补道。后曾代理南洋公学监督。

致黄绍箕书一通[①]

朱铭盘

中弢足下：

顷出都门，不复走白。垂发之晨，师驾临送，温言煦煦，若对子弟。学绩陋薄，既乖明教，又无当时之荣，仰慰百一，上眡下眙，无可自解。比以孟夏晦夕始氏所次，中更波涛尘日之苦，又无朋旧欢遇之乐，念彼乡国江湖之美，而处滨海广斥之域，远违英彦文酒之俦，但有老兵对语之日，若斯之类，殆不足为吾贤说矣。

周君彦升[②]天下奇士，校量材业，贤我百倍，身客异部，妇墓见发，此人何愆，乃为神怼。昨氏五言诗三篇，固以情会相违，百志怫郁，周贾所以责愤，孝若所以见诲。今之学人多尚口耳，因利乘便，自致霄汉，闻一知几，辄拟颜回，体中何如，便为秘书。顾我彦升，乃令若此，岂不异哉？

足下俯揽流品，博知世彦，取彼撰录，刊布当世，诚所顶戴。小史

---

① 录自《桂之华轩文集》卷四《与黄侍讲书》。

② 周家禄（1846—1909），字彦升，一字蕙修，晚号奥簃老人，江苏海门人。同治九年（1870）优贡生，官江浦训导，历署丹徒、镇洋、荆溪、奉贤等县训导，后入吴长庆、张之洞幕，又历主湖北武备学堂、南洋公学讲席。

过书,名贯并异,恐遂流衍,见惑来者。谨腾诗牍,寄上左右,幸便抵书勒正,还其藁草。京师霪潦,河决永定,旬月未杀,谷贾腾踊。大夫君子,如何如何!

致黄绍箕书一通[①]

陈庆年

1904 年

弟自到鄂以来,蒙宫保师帅礼遇,极见优异,感激至深。前年京师大学堂,上年南洋公学,及江西大学堂,均损重币,必欲罗致,皆以鄂馆义不可辞,婉言谢去。见在鄂垣,兼有二三馆,岁可二千金,叨窃非分,自知尚明。顷拟往苏,实为地方义务与乡土一学起见,公义所迫,不容自诿,并非于廪饩一层别有奢望。俟到鄂后,将秋季讲课略为料理,即欲离鄂。区区之愚,敬希代达。至为鄂所编历史,必始终其事。续编之稿,当陆续寄印。

……

窃以为教育指归,至令人爱国而极矣。然爱国之理,必先由于知国。知国之源,必先基于知乡。东西教育家谓舆地能养成生徒爱国心。又言:观治历史者之多少,可以验爱国心之多少。其重视此二学如此。然其致力之法,必自乡土地理、乡土历史始。以考察乡土之方法而考察一县,以渐被于全国;以仁爱乡土之思想而仁爱一县,以渐被于全国。知识内充,势力自

① 录自陈登丰《横山先生年谱》"光绪三十年(1904 年)七月条"电子稿,节录。

然外拓。西洋自十八周以来至于今兹,其义益显,未有能易之者也。天下之患,莫患于外势日逼,而内力不发。今之教舆地者,于殊域之山川,列强之局势,移译指画,断而未有已。无已,而言本邦,其于职方之概略,与夫直省之沿革,摭拾构缀,或亦不患其无辞。独至于州县一方之地形,校舍附近之情状,胫腓之所能周,耳目之所能察者,教员无其法,教科无其书,此内力之所以日缩,而国势之所以不振也。弟欲扩张此学,以履勘调查之便,不能不以本省为权舆,依亲疏远近而推,不能不依本乡为张本。适会宫保师帅奏定章程,颇重是学。浭阳来抚吾苏,可成微志。跛者思奋,遂思有所藉手。如吴地之记幸而有成,尚思续辑楚宝,少佐宫保闳业于万一。

致黄绍箕书一通[①]

陈重庆

仲韬仁兄星使姻世大人阁下：

昨辱枉过，病疮不能冠履，有失抠衣，歉然无似！移节八旗会馆，想须略作勾留，若能托芘早得霍然，仍可频频趋晤也。

兹有恳者，鲍典史鼎[②]本饬司榷天门，县令梁君颇与不浃，因与白沙洲局委对调。沙局异常枯瘠，该典史家贫亲老，殊无以为菽水之谋，近为鄙人渐疗沉疴，以私情论亦应为筹一善地。十月有黄陵矶局期满更换，亦系小局，略胜沙洲。素知执事与小舟交谊甚深，拟请于浏阳前为之指索。区区微末，得荷一言九鼎，必克有成。小舟办事勤能，亦必能不负推毂也。手此，奉托，敬请

侍安不戬

姻世弟陈重庆顿首，九月十九

---

① 陈重庆(1845—1928)，字赐卿，一字默斋，号苏叟，室名安默斋，江苏仪征县人。陈彝之子。光绪元年(1875)举人，官至湖北盐法武昌道。晚清书画家，楹联家，诗人。著《默斋诗稿》。

② 鲍鼎，字筱舟，一作小舟，安徽歙县人。清末围棋棋谱编撰家，帮助黄绍箕、蒯光典完成《海昌二妙集》。

致黄绍箕书二通[①]

李文田

一

求借邺架宋椠《文选》一校钞，共四页，乞捡出此三本交下，不敢久留也。卷二十廿四页、卷二十五廿二页、卷四十三三十四五页。

中弢仁兄世大人

世愚弟田顿首

二[②]

敬奉嘉招，分宜趋赴，唯昨受风寒，冷热交作，卧病终日，已于本日午刻具折请假矣。十日后更当治具以酬雅谊也。肃复，敬请

可庄、仲弢仁兄大人钧安

弟田顿首

---

① 李文田（1834—1895），字畬光，号若农、芍农，广东顺德人。咸丰九年（1859）进士，授职编修。放江苏、浙江、四川主考，提督江西、顺天学政。历典文衡，寻命南书房行走，官至礼部右侍郎。善书，书宗北魏，而畅流于隋碑，所临唐碑，亦以隋碑笔意出之。其行篆诸书，自有面目。著有《和林金石录》《元史地名考》《元秘史注》等。

② 此通信录自瑞安博物馆藏手稿。

致黄绍箕书一通[①]

李传元

1900 年 8 月

仲弢前辈大人执事：

途次相逢，快申积愫。郇厨饱饫，齿颊留芬。近维著述清娱，定符心颂！

侍别后附轮舟抵镇江，适与寿平[②]同年相遇，知眷属已先抵扬州，遂买棹前来，室家重聚，奚啻更生。

闻儿辈述及，山左各郡县皆安堵如常，过德州后，非但拳民潜踪，即盗贼亦不敢肆行，皆慰师[③]之功也。寿平眷属抵清江后，其太夫人因途中劳苦，竟致弃养，可为伤惨。

许、袁事已见谕旨，想必确实，未知两家眷属已南归否乎？

子裴尚在沪上。侍因家人有患疡者，在扬尚有数日迟留，宜可

---

① 李传元，字橘农，号訒斋，江苏新阳人。光绪十五年(1889)进士，改庶吉士，授编修，官至浙江提法使。有《净严诗草》。

② 余诚格(1856—1926)，字寿平，号至斋，又字去非，号愧庵，安徽望江人。光绪十五年(1889)进士，翰林院庶吉士。十六年，授翰林院编修。二十一年，主持江西乡试，戊戌政变时，曾因他是康有为登第时座师，一度遭贬。此后历任山东监察御史、广西按察使、湖北布政使、陕西巡抚、湖南巡抚等职。

③ 指袁世凯，时任山东巡抚。

晤谈。子封至今无信，计程已应到汲，其家颇悬悬。未知叔容兄有安报否？尚祈示及。

再，侍等请假折，未知中丞何时入告，亦乞便中一询为叙！都门告假禁例綦严，此番入告后，朱批若何，正未可知也？即请

著安

侍期元顿首

此间消息甚坏，尊处如有所闻，务祈赶及电示。

致黄绍箕书三通[①]

陆润庠

一

仲弢贤弟大人阁下：

前承代作诗赋，感感！今日入直，命拟之件甚多，限期又甚迫，可否仍请捉刀？《万寿圣节赋》一篇，诗七律八首，系宝座后围屏上所用，屏五扇，中扇用赋一，旁四扇，每用七律二。赋诗俱以华丽为主，若多用意即有窒碍。下款有年月，赋中不用年月，亦不用序。后落子臣款，须代皇上口气，逢太后字样俱双抬。计：

中幅 十七行，Δ行六十八字，除上下款四行，只十三行。赋不必太长，大约三四百字，须有三四行到底。

旁幅二 九行，Δ行五十字，除上下款四行，只五行。诗第二首接写，不另起行，至少须有一行到底。

又旁幅二 八行，Δ行四十七字，除上下款四行，只四行。或可

① 陆润庠(1841—1915)，字凤石，别号固叟，谥文端，江苏元和人。同治十三年(1874)状元。历任修撰、乡会试主考官、山东学政，官至吏部尚书、国史馆副总裁、都察院左都御史等。第二、三通录自瑞安文物馆藏手迹。

两行到底,一行到底亦可。

廿六日走领,种费清神,感谢不尽。敬请

开安

小兄润庠顿首

如日内适无暇晷,望即示复,以便另求他人,然不如尊作之最合程式也。

二

1903 年

去冬奉致一函,想邀鉴及。舍弟蕖前以廪生应经济特科[①]未入选,嗣以优贡得知县,分发湖北,虽现有土税文案一差,系柯逊翁[②]所委,于地方终属隔膜,务求格外垂青,为之设法,或于孝帅[③]前揄扬之,感不可喻。

兄庠又启

三

仲弢仁弟大人:

鼎席增绥,履祺笃祜,辅轩瑞霭,孚众望于云霓,綍音宣拜,浓恩于雨露,引瞻吉曜,式洽輏思。兄兼任畿疆,感怀时局。侍金门

---

① 经济特科于光绪二十九年(1903 年 7 月 10 日)在京举行。故此函当作于 1903 年,此时黄绍箕在湖北。

② 指柯逢时。

③ 指张之洞,字孝达。

而珥笔，静对炉香；缅绣纛以凝釐，遥通笺牍。专肃敬贺任喜，顺请台安，惟希雅鉴不备

愚兄陆润庠顿首

致黄绍箕书二通

沈曾植

一[1]

1899年1月23日

穆琴仁兄同年大人左右：

奉别遂再更寒暑，违离之况，覙缕难穷。夏间曾肃寸缄，未奉还云，弥深怅忆。岁云暮矣，风雪凄其，羁旅江湖，徘徊畴昔。七月间因大学堂事，与星海同发一电，谅鉴入。即辰敬惟著祉多宜、潭祺集吉为颂。

清班再转，云路齐骧，远道闻之，至深庆慰。学堂事繁否？会典馆谅仍常到。君立来略述近状，间及一二琐事，意触神驰，辄梦想謦咳不置也。竹賓侍郎、渐西京卿想常相见，文酒燕闲，风味何似？渐西诗兴闻尚佳，差可略洗筝琶耳。叔镛闻寓半截胡同，想即叶编修旧寓。年伯大人近日起居闻极清健，乡人传说，至用慰庆。班侯、弢甫各复如何？北望邈然，不意乙未相送，吴头楚尾之词，今日竟成语谶。不识诸君子对酒围炉，亦尚话及鄙人乎？

---

① 录自许全胜撰《沈曾植年谱长编》（中华书局，2007年）。

弟十月中复回禾一转，料理明春办葬一切应先豫备事宜。去乡日久，期功强近，中外懿戚均寥落无人，仅族中疏远数君相助料理，丙舍去城又远，事无巨细，呼应不灵。现在粗举大纲，明春办事之时，佐理乏人，悬计情形，实深忧惴。禾中葬事风俗不为侈费，然约计所须亦当在千金以上，乡俗生疏，尤更不能节省也。十一月初复至此间，即在节署下榻。抱冰谈兴似减往时，无米之炊，此固最足耗人意气者。昔人称弱国之臣、贫士之妇，何有何无，黾勉求之，先生之谓乎？节盦书院中极忙，前月其郎入塾，请曹叔彦开蒙，自言此十六年来第一称心事。叔彦新著《孝经六艺大道录》，粹然儒言，有关世教，而此间名士多轻之、讪笑之者，汉宋之障，乃至此乎？今日世道之大患在少陵长、贱犯贵，其救之术曰：出则事公卿，入则事父兄。《论语》开章首言学，举世知之；第二章重言孝弟，乃举世忽之。犯上之与作乱相去几何？而有子之言警切如此。夏间尝与叔彦言而太息，谓暇时当以弟字、顺字贯串作一文字，与渠书相为表里，初不料文字未成，而其言已不幸而中也。呜呼！抑吾于此益有味于夫子，亦有恶乎一章七事之指，凛然为百世龟鉴也。

近日朝士猜疑略稍释否？康梁之说，邪说也；其行事，则逆党也。事状昭然，无可掩饰。彼且讳饰其邪逆，觍然自称曰新党。其狡狯之计，不过欲以此名强自解于天下，而又冀污染海内士流，误朝廷而断丧国家之元气。海上妄人沿而称之，都中士大夫亦沿而称之，岂非重堕其术中，而为逆徒之焰乎？彼其伎俩，东人近亦看破，闻有送诸美洲之议。弟尝谓，今日不能莅石厚，未尝不可锢栾盈，此于公法固无碍，惜无深思静气者为此事也。

弟近体疲羸，不能饮食，素冠蕴结，漂泊江干，回首宣南，几成隔世。咯血幸已愈，脾泄则已经三月，药里无灵，只可委心任运，然较夏间固已略陈,陈莲舫所言,或冀其不遽验耳。封弟遂半年有馀无一字见寄,不知渠近状如何?思之至苦,兄若知其涯略,幸望惠示数字。弟月底回扬,明春在禾。如惠书,请由邮局寄上海江海新关文案处张屏之收,转寄不误。此请

撰安不具

腊月十二日,弟制植稽颡

二

《玉堂嘉话》①一册缴上,唐人写经并附去,请查入。昨闻弢甫言阁下复抱雕疴,当复实。然为是假簿例言也。五日馆中去否?此请

仲弢仁兄同年大人撰安

弟植顿首

① 《玉堂嘉话》八卷,王恽撰,其内容一半为金末元初时期的历史,一半为关于前代的史事掌故考证等。王恽(1227—1304),字仲谋,号秋涧,卫州汲县(今河南汲县)人。

致黄绍箕书二通

沈曾桐

一

《礼图》草草检阅一过，略下数签即夹书内，乞再审正。书内讹字尚未校净，如日、月二陈设图之稿字。不能一一举出，似宜属一精细者专核文句一过，方可尽善耳。馀容晤谈，即颂

中弢前辈侍安

侍桐顿首

黄少大人

二

弢夫属拟春帖子词，思得样本一看，尊处有此类书，望假一阅为荷。此上

中弢年老前辈

侍桐顿首

黄少大人

致黄绍箕书一通[①]

汪诒书

1906 年

仲弢老前辈大人阁下：

今日潮热大退，据医者云恐成疟疾，不能侍驾东渡，至为歉恨！洪君展鹏，浙江人，湖南试用知县，书拟令其先行，即用书之船票。一切求推爱照料，感叩感叩。扶病书此，祇请

经安

侍诒书谨启，十三日

① 汪诒书（1864—1940），字颂年，号闲止，湖南长沙人。光绪十八年（1892）进士，任翰林院编修，1902 年任广西学政，1906 署江西提学使，后任山西提学使，署布政使，1913 年任长沙关监督等职。工书。

致黄绍箕书一通[1]

吴品珩

1904 年

敝同乡金雪孙庶常兆丰[2]，嘱弟代求编书局一差，特此函恳阁下成全，可否之处，务希示复。此请

仲弢仁兄大人台安

弟品珩顿首，十一月初八日

---

① 吴品珩(1857—1921)，字佩葱，号逸园，浙江东阳人。光绪十二年(1886)进士，历任外务部郎中，总理各国事务衙门章京，安徽省按察使、布政使等职，辛亥革命后曾任浙江省政务厅长。有《逸园日记》等。

② 金兆丰(1870—1934)，字瑞六，号雪荪，浙江金华人。光绪二十九年(1903)进士，为翰林庶吉士，后授编修。历任京师大学堂提调、京师督学局视学、国子监师范学堂监督、国史馆实录编修、武英殿校对等职。入民国，居家著述。曾应聘修纂《清史稿》。善文辞，工书画。

致黄绍箕书一通[1]

杨　锐

1898 年

仲弢先生大人座下：

敬启者：昨得节盦武昌来电，知子培亦已到鄂，慰甚！电中有重复之句，又有误字，想系学生粗疏之故。

编书之事近日不知如何办法？开馆纂辑，简派重臣，似难做到，请即由尊处复电，定稿交下，当译送君立处发去也。肃此奉布，敬请

尽安

锐顿启，六月十三日

① 杨锐(1857—1898)，字叔峤，四川绵竹人。张之洞弟子，后以举人授内阁中书，1895 年参加强学会。1898 年创立蜀学会，列名保国会。由陈宝箴推荐加四品衔军机章京，参预新政。戊戌政变后与谭嗣同等同时被害，为“戊戌六君子”之一。著有《说经堂诗草》。

致黄绍箕书一通[①]

杨 晨

日昨客次谈及铁路一事,仓猝未得详尽,敢复布其区区。及捧答书,具征闳识,博辨高出时流,而蒙犹有未喻者敢以复之执事,愿有以发其蔀焉。

今时言铁路者,约有数端。曰利转运:考京师岁漕南米二百馀万,自改海运以后,费省而期捷,可谓善法。近复济以轮船,省而又省,捷而又捷,而仍不废沙船与河运者,前人具有深意存焉,若虑一旦有事封海运,道将梗,则自江浙至淮舟行十馀日,铁路又几二千里,轨辙少阻,行辄不利,况又不免有意外之变乎!曰阜财用:夫财用,藉商贾为贸迁,然宇内货财生殖只有此数,恐销路未必因有铁路而增也。且西人所以造路日多,而获利日益者,以交畅于外国也。使吾之力能遍通于域外,则可挹彼以注兹,若仅行于国中,则必此赢而彼绌矣。且西北诸省以道路艰阻,洋货尚未大行,若铁路成,洋货更形便利,是利于外,非利于中也。曰节兵饷:夫国家兵制久有常,经乾隆中年一旦增额六万馀人,其后嘉道同治间屡诏裁汰,所减不过二三万兵,固贵精不贵多。寇难以来,因绿营久不足

---

① 录自杨晨《崵雅堂稿》卷三。

恃，于是变为招募，事平而改行伍者有之，驻防者有之，岂非易聚难散之效乎！比者各省偶有小患，又纷纷请添兵增饷矣。将备多而力分欤，抑驾驭非其人欤，且铁路成后，巡防守护处处须兵，其费大约相等。使果可以节兵，亦当开西北及东三省两边，而东受在所缓也。今说者乃注意于清江一路，谓可分洋舶之大利，不知商人所以乐趋洋舶者，以中轮每不可恃耳。使中轮坚利而无他弊，人情亦何乐趋之。譬之农夫不竭力于田功，而嫉他人之多获，懵矣！

愚谓欲利转运，莫若祛漕运之弊，而仿前代敖仓之法，以资急用，开近圻屯田之利，以备不虞。欲阜财用，莫若垦荒惠商，而精制造，使中国自有之物产能给中国之用。今各省机器船政诸局，岁以巨万购买洋木铜铁，甚至军装炮药，无不来自外洋，漏卮莫大于此，可为太息。欲节兵饷，莫若汰老弱之营兵、畸零之汛卒，缺而不补，增实粮而精练之，扼守险要，有变则应，然此皆其末而非其本也。西富强之本在于多设学院，博求人材，然后利源可以开，制造可以用，兵伍可以精。苟取其成法参酌，而变通之，纲举目张，其要不外乎此。乃今日言洋务者多舍本而效其末，或因以为利而欲望国势之振难矣。狂瞽之论，惟执事财察之。

是后湖督先开学堂，且选派出洋学习，徒縻经费，成党争，酿革命之祸袭。其儿而得其病，竞言变而不知所以变，官民交困，国亦随亡，尚忍言哉！

致黄绍箕书十一通

张之洞

一

1888 年

上月记曾布一椷,未得复书,殊为驰系。昨附贡使寄去新会橙百枚,当已达。此物岭南岁贡,涉春尤佳,如以为可餐,当续致之。

闻尊公请假归里①,约何时可还?示慰为幸。家嫂言上次有书致侄女托买物,未得报,甚念!洞孱躯撦拄,政事毫无进境,文武两闱接踵赶办,益增烦冗。自问于当世大计一无补益,终日无聊。政如考生勉强完场,有何文情文兴?近日粤事愈多棘手矣!人便,草泐数语,敬问

贤伉俪安好

仲弢翰林贤侄婿阁下

洞再拜

---

① 《黄体芳集·年谱》:"光绪十四年五月,典福建乡试正考官……闱事竣……又,乞假三月回乡扫墓。"得知此札作于光绪十四年(1888),张之洞在两广总督任上。

可庄[①]殿撰出都时，寄惠王文靖、钱香树[②]书迹各一。月初电金陵候谢，则轺车已行矣。此科江南发题极佳，三场题[③]无不佳妙。名手如林，闱墨尚未见，不知有用《公羊春秋》说《论语》者否？主司之意当在于此。刻下想还京，晤时望代致谢，报书俟续寄。

洞再拜

再，《共学》《唐棣》两章，自是经师章句，偶未离析，注家遂以当思其“反”为义，其实“反”当读若“平反”“反切”之“反”，“偏反”即后世语“翩翻”，犹“咥其笑矣”“暵其干矣”。孔子读《唐棣》而发“何远”之义，撰记《论语》者，因录诗文于前。《左氏春秋》说所谓“先经以起义，如《才难章》先书舜臣、武臣两事之例也”。注说适与《公羊》“权者反经合道”之语合。故公羊家援此为佳证，藉此以觇学子有无能通《公羊春秋》者，诚是精心妙想。若《论语》本旨似不如分作两章说之，简易而得理也，商之贤者，以为何如？

洞灯下再书

---

① 王仁堪于光绪十四年六月充江南乡试副考官。于七月初四日动身赴南京，八月初一日抵下关，寓妙相庵。初六日赴抚署，入闱。

② 王文靖，即王熙(1628—1703)，字子雍，一字胥廷，号慕斋，宛平人。顺治丁亥(1647)进士，改庶吉士，授编修，官至保和殿大学士，加太子太傅，进少傅。谥文靖。有《王文靖公集》。　钱香树，即钱陈群(1686—1775)，字主敬，号香树，浙江嘉兴人。康熙六十年进士。官至刑部左侍郎，加刑部尚书衔。年八十加太子太傅，卒加太傅，谥文端。善书。著有《香树斋集》。

③ 题一：“子曰：可与共学，未可与适道；可与适道，未可与立；可与立，未可与权。唐棣之华，偏其反而。岂不尔思，室是远而。子曰：未之思也，夫何远之有”(出自《论语》)，题二：“及其广厚，载华岳而不重，振河海而不泄”(出自《中庸》)，题三：“堂高数仞，榱题数尺，我得志弗为也；食前方丈，侍妾数百人，我得志弗为也。般乐饮酒，驱骋田猎，后车千乘，我得志弗为也。在彼者，皆我所不为也”(出自《孟子》)，试四“赋得金罍浮菊催开宴(得鸣字五言八韵)”(出自苏轼《鹿鸣宴》七律)。

二

1893 年 1 月

仲弢贤侄婿阁下：

久未作书，甚念！明年恩科，星轺豫卜，此时计当摩厉以须矣。会典馆事已得几分？舆图到者几省？近见馆文催图，楚省图因求精，故不能速，大约须明年夏间也。新疆边界事如何？

再，帕米尔事，景卢[①]刊图虽失之粗率，然较之崇事[②]相去甚远想已备知。此公在总署尚能知外省情形，知外国情形，力争硬抗者颇多。关涉楚事者即不少不仅周汉[③]一案，为总署多年所罕见。洋务若如此办法，以后尚可望有转机，京师或不能尽知，有洋务省分乃知之耳。他年若得薛、许[④]回华，俱入总署，与此公同心协力，中国

① 景卢，宋代洪迈字，此处借指洪钧(1839—1893)，字陶士，号文卿，江苏吴县人。同治七年状元，任翰林院修撰。后出任湖北学政，主持陕西、山东乡试，并视学江西。光绪七年任内阁学士，官至兵部左侍郎。十五年至十八年任驻俄、德、奥、荷兰四国大臣。光绪十八年，洪钧在国外曾以重金购买了一张俄制中俄边界地图，经校勘刻印后交给朝廷。由于不懂外文，将帕米尔地区许多卡哨画出中国国界。这张绘错的地图被沙俄公使所收集，作为两国边境争端的“证据”，发生帕米尔中俄争界案。因而洪钧遭到官员们的联名弹劾。

② 指崇厚(1826—1893)，字地山，号子谦，又号鹤槎，完颜氏。内务府镶黄旗人。河道总督麟庆之子。道光举人。历官长芦盐运使，兵部、户部、吏部侍郎，三口通商大臣，署直隶总督，奉天将军。光绪四年任出使俄国大臣，擅订《里瓦几亚条约》，失地颇多，下狱定斩监候，输赎银三十万以济军，释归。

③ 周汉，号铁真，湖南宁乡人，寄居长沙。陕西候补道。光绪十七年(1891)因刻诋洋教之书，张之洞于十二月二十日电复总署：“请钧署电致陕甘总督杨(昌濬)迅速奏调该道赴甘差委，到后仍发往新疆军营。”又于光绪十八年正月初九日电复总署，请将周汉发往甘肃，严加管束；致电李鸿章，不必重罪周汉。

④ 薛指薛福成，许指许景澄。

洋务必大改观而中肯矣。薛好极，尤胜。景卢与某公不协，故某公极力毁之，似不宜令景卢败也。都下士大夫恐未能尽知骨里消息但论一节，必力攻景卢不止，故特剀切言之，关系不小也。闻已召毅帅，确否？陶子方①或当量移耶。

此间事体繁而且窘，至年底为尤甚。铁厂②事尚费筹画，此事成否自关乎天，天若欲为中国成此大举，虽北洋不借款，亦尚可徐筹办法。布局③已成，明春可大举纺织，气象颇好。泐此，敬问

侍福并贺

年喜

洞拜手

侄女好

三

1894年初

仲弢贤侄婿阁下：

去腊一椷，想入览。所商拟令大儿④借住尊寓，就近受尊公教督，是否可行？廉老⑤日内东行，城内亦无益也。如足下亦不便为

① 陶子方（1835—1902），名模，字方之，秀水（今嘉兴）人。同治七年（1868）进士，改翰林院庶吉士。初任甘肃文县、皋兰知县，光绪元年（1875）冬任秦州知州。十年署甘肃按察使，次年擢直隶按察使。十四年迁陕西布政使，护理陕西巡抚。十七年迁新疆巡抚，后署陕甘总督。二十六年调两广总督。

② 汉阳铁厂是一个钢铁联合企业，于光绪二十年（1894）正式建成投产，包括炼钢厂、炼铁厂、铸铁厂大小工厂十个、炼炉两座，工人三千，采煤工人一千。

③ 湖北织布局，光绪十八年（1892）在武昌开车，纱锭三万枚，布机一千张，工人两千。

④ 大儿指张权，张之洞长子。

⑤ 廉老指王懿荣。

之评阅，则令其从他师改文，足下但时常劝导激励之，为益亦已多矣。甚至文亦不作，然朝夕有亲友觉察，不致游荡无节，损友缠扰，亦非无益也。

此次为堂上书寄阁揙一纸，如表时尽可裁接申缩也。入春以来，堂上精神兴会当尚如前，望将详细情形示知为慰！

杨范夫[1]才气健爽，现请为西席，并为兼一馆地。

会典馆事近来仍认真否？楚省舆图展限两年，欲其不舛误贻笑耳。他省已有赍上者否？手此，敬颂

侍福，并候

开祉

洞再拜

问侄女好

四

1895 年

昨承尊大人赐颋儿[2]挽联，惶恐悲感，足令地下不朽矣。敬谢！又足下见惠夏峰先生[3]墨宝两巨册、姚文僖[4]联语，真希世之珍也。

---

① 杨范夫指杨模。据黎仁凯等著《张之洞幕府》（中国广播电视出版社，2005 年）载《张之洞幕府人员表》：杨模入幕时间为 1893 年。

② 颋儿指张之洞次子张仁颋，同治十年（1871）唐夫人所生。据胡钧《张文襄公年谱》载：光绪二十年（1894）十月张之洞初署两江，仁颋在武昌八旗会馆迎娶吴大澂之女。次年九月，仁颋至南京，住督署，“夜半径园池，堕水而卒”。

③ 指孙奇逢（1584—1675），字启泰，号钟元，河北容城人。晚居辉县夏峰村，学者称夏峰先生。明万历二十八年（1600 年）举人。入清朝，屡征不起，从祀孔庙。有《夏峰先生集》。

④ 指姚文田（1758—1827），字秋农，浙江归安（今湖州）人。嘉庆四年（1799）状元，历任国子监祭酒、入直南书房、兵部右侍郎、户部左侍郎等。道光元年（1821）充经筵讲官，后擢左都御史、礼部尚书。谥文僖。有《邃雅堂文集》。

谨领拜谢！

何令亮桀已为筹得一位置之所，十月内外必有分晓。

再，陈翰林光宇[①]今晨来，适仆头痛，未得延接。此君素行极为物论所薄，致越缦劾之，江南人皆知之，殊难代为设法。且各处书院皆无空席，亦是实情也。以上两事均望转禀堂上为幸。歉甚！无如何耳。

五[②]

1907 年

方言事一纸奉览，祈察阅妥酌。

仲韬贤友

洞顿首

洞又及

六

大疏疾读一过，佩甚！忠肝卓识，又甚切实，不蒙采纳，惜哉。

洞再拜

① 陈光宇，字玉三，光绪十六年（1890）进士，入翰林。因此前为江宁科考枪手之卓卓者。入翰林后，永不准考差。

② 录自瑞安文物馆藏手迹。

七

手书诵悉,清恙已差,甚慰!习篆习射,俱不劳心,此策绝佳,胜于曾文正饭后围棋矣。以后寄书便笺行书即可。罗纹纸生涩,写者阅者俱不得尽意也。敬贺

麟喜

五侄女均此问好道喜。

仲弢侄婿

洞顿首

近日见闻,幸惠示数行。

八

谢件:有事奉恳,请即携笔墨惠临为幸,拱候拱候!

仲韬世讲

期之洞拜上,初九日辰刻

九

课卷五十本报到,费神,感谢感谢!《蜀书》容检寻奉上,寻驰谢不尽。敬复

仲弢世二兄大人史席

之洞顿首

一〇[1]

手书具悉，论河事极有识，佩甚佩甚！唯责在局诸人，则过矣。口门过宽、料缺、期迫，此智勇俱困之事，非由观望，都下人有谓“挑水坝可不作，以省工，多用土以代料者”，皆不晓河工之言，世间岂有此事哉。豫民为督促买料、运料，至苦不能堪。若今春能塞决，当赖国家福力，非人事所能也。口门太宽、料短、期迫，日进两口，不能再多。

华盖番僧，素稔其本末，已竭力资之，然砚中一滴，岂能养大壑之鱼哉！沈子丰庶常与寒家有世谊，又敬其学问，已力为谋之，为同时数游客所无，但不能丰耳。

邵辑《旧五代史》当付刊，此外，仍望搜访，盼切盼切！

仆在此负疚怀渐，上无可以裨时局，下无以对良友。请觐不许，北归不得。圣恩甚深，驽庸已极。独藩坐困，如何如何！署中托庇，俱平安。手此，草草布颂

仲弢贤侄婿著祺，敬请代叩

堂上双亲万福

问五侄女好，儿女辈附笔

之洞

① 录自俞天舒编《黄绍箕集》。

一一①

日本贵族院议员伊泽君修二在京晤谈，此君于中国文学根柢颇深。因日人有废汉文之说，特立汉字统一会，并拟联东亚诸国儒者维持汉学。谬以鄙人海外知名，公举为该会会长，仆年老学荒，岂能胜此！且现居枢要②，政务殷繁，亦无暇与外国人联络结会，当举足下以代。伊泽君亦甚倾慕，据云拟便道赴武汉考察，藉聆闳议，特为介绍一信，尚希拨冗接见，以副此君愿言之雅。

仲弢侄婿

之洞

① 录自《张之洞全集》，时间误定为光绪三十四年九月二十五日。此函当作于光绪三十三年(1907)。

② 指张之洞于光绪三十三年六月，由协办大学士充体仁阁大学士，七月入京，补授军机大臣，兼管学部。

致黄绍箕电八通

张之洞

一[①]

1898 年

京。温州馆。黄仲韬侍讲:急。叔峤受累可骇。何以牵涉?有馀波否?速覆。拙。佳。

二[②]

1898 年

急。温州馆。黄仲韬侍讲:绥。来电“有”字下、“至”字上共两字有误,再明晰示。此电及各处来往电,务即付丙。真。

---

① 录自茅海建《张之洞与杨锐的关系》,《中华文史论丛》2010 年 4 期。时间为光绪二十四八月初九日,张之洞得知杨锐被捕后,给黄绍箕的电报,嘱查明情况。

② 光绪二十四年八月十二日发。录自茅海建《戊戌政变前后张之洞与京津沪的密电往来》一文。

三①

1898 年

急。京。温州馆。黄仲韬侍讲:绥。前闻日本使改派李盛铎,确否?叔峤恐系为杨崇伊所谮害,望详加考究。黄遵宪实是康党,都人有议者否?均速示。阅过即付丙。咸。

四②

1899 年

急。顷闻请假省亲回浙,想暂不回京。鄙意拟请阁下奉尊大人携全眷来鄂。于、梁、沈旧好皆在此,借可快聚忘忧。即请阁下主讲鄂省自强学堂。如不愿,即请阁下入敝署办笔墨。岁脩均千二百金,川资二百馀。尊大人零用仆当另送。务请转禀,迅速随侍同来,以慰积思,切盼至祷。即电复。佳。

五③

1899 年

闻尊公仙逝,骇痛已极,旧友尽矣。阁下何日抵里?兹汇三百

---

① 光绪二十四年八月十五日发。录自茅海建《戊戌政变前后张之洞与京津沪的密电往来》一文。

② 此电文录自苑书义、孙华峰、李秉新主编《张之洞全集》(河北人民出版社,1998年),光绪二十五年五月初十日(6月17日)丑刻发,题为《致上海义昌成樊委员转交黄仲韬学士》。

③ 此电文录自《张之洞全集》,光绪二十五年五月二十三日(6月30日)巳刻发,题为《致上海义昌成樊托先垫汇三百金并后电转寄温州黄仲韬学士》。

金,以助丧葬。今年能安葬否?祈示。并闻适徐宅令妹亦故,切望阁下勉节哀痛,以承先志。养。

六①

1904 年

蒸电悉。近日风气,士人渐喜新学,顿厌旧学,实有经籍道息之忧。仅恃各学堂经史汉文功课,晷刻有限,所讲太略,文学必不昌。久之,则中国经史文字无师矣。故拟于武昌省城特设存古学堂以保国粹。若以新学为足救危亡,则全鄂救亡之学堂,已二三百所。而保粹之学堂,止此存古一所,于救亡大局何碍?有才有志之士知保粹之义者,尚不乏人,断无虑无人信从也。救时局、存书种两义,并行不悖,日本前事可鉴。鄙意拟奏增章程一条:"向来三年一举优贡,十二年一次拔贡,照旧举行,专考中国经史词章古学。"即所谓并行之道也。务再力劝仲容来鄂,为此堂监督。此堂学生,将来专供各学堂中学、国文数门之师,存此圣脉。切盼。真。

七②

1907 年

到京十馀日,喘息甫定。时局日艰,积习如故,毫无补救,惟有

① 此电文录自《张之洞全集》,光绪三十年六月十二日(7 月 24 日)丑刻发,题为《致瑞安黄仲韬学士(温州电局专送)》。

② 此电文录自《张之洞年谱长编》光绪三十三年八月二十日条,致梁鼎芬与黄绍箕二人。

俟冬春间乞骸骨耳。两公意中如有素知贤才，祈举十数人见示，以待机会。以多为贵，官阶、内外、大小不拘。感祷。号。

八[1]

京。温州馆。翰林黄仲韬：立候回电。春榜有名士熟人？速电示。四川杨锐中否？洞。

① 录自茅海建《张之洞与杨锐的关系》，《中华文史论丛》2010年4期。四月十二日亥刻发，光绪十二年或十五年。

致黄绍箕书一通[①]

张亨嘉

1905 年

仲弢前辈大人左右：

顷奉手教，敬悉一切。大学堂法文学生甚少，专聘一教习不免糜费，惟贵馆课繁，势难兼顾，特当遵谕办理。

抑侍更有请者：豫科德文甚重，新到德教习不谙华语，非有助教不可，中国习德文者比英法为少，函电四出，始由荫午使[②]荐唐日新[③]一人，渠方到京，又有外部差使，已觉竭蹶从事。闻贵馆亦有兼

---

① 张亨嘉（1847—1911），字燮均，又字铁君，福建侯官人。光绪九年（1883）进士，改翰林院庶吉士，授编修。十二年，督湖南学政。十九年，充广西乡试正考官。后入值南书房，升授国子监司业，迁翰林院侍讲，授太常寺少卿、大理寺少卿、二十七年，出督浙江学政。旋回京，仍在南书房行走，并充京师大学堂总监督，补授光禄寺卿，迁都察院左副都御史，升授兵部右侍郎等职。有《张文厚公文集》等。

② 荫午使指荫昌（1859—1928），字午楼，满族正白旗人。早年毕业于同文馆，派赴德国陆军大学学习陆军。回国后，任天津武备学堂翻译教习，升至武备学堂总办。后出任陆军部右侍郎及出使德国大臣，后来又继铁良任陆军部尚书（后为陆军大臣），以及军咨府大臣等职。

③ 唐日新指唐德萱，字日新，湖南芷江人。德国柏林大学堂法律毕业生，曾任外务部翻译官，四品衔分部即补主事等。于光绪三十一年（1905）二月任职京师大学堂德文教习，于宣统元年三月离职。（据《北京大学史料》第一卷第五篇：职教员），由此可知此札作于光绪三十一年（1905）正月（或二月）十六日。

聘之意,恐将来必有顾此失彼之虑,如肯以唐见让,感佩盛情,曷其有极!想范希文曲体人情,或有万一见许之望也。肃泐附渎,祇叩勋安,百唯亮察不定

侍张亨嘉顿首,十六日

毛文达[①]公所藏《醴泉铭》曾在敝斋半月,今年复与借观,仅允两日,已携去矣。劭玉前辈藏本虽稍后,而毡蜡致佳。又邵伯英[②]同年令弟藏本亦不恶,惜昨亦为物主索还。现惟劭公本尚在,又一宋翻本亦略可观。

前辈暇馀十七四五钟,纡轸惠教,敬当煮茗以候也。再颂道祺

嘉再拜

---

① 毛文达指毛昶熙(?—1882),字旭初,河南武陟人。道光二十五年(1845)进士,选庶吉士,授检讨。咸丰五年(1855),迁御史,转给事中。八年,授顺天府丞,同治六年(1867),调户部。七年,擢左都御史,兼署工部尚书。八年,授工部尚书,命在总理各国事务衙门行走。光绪八年(1882),授兵部尚书。赠太子少保,谥文达。

② 邵伯英指邵松年(1848—1923),字伯英,号息盦,江苏常熟人。同治九年(1870)举人,考取内阁中书。光绪九年(1883)进士,选庶吉士,授编修。光绪十七年,任河南学政,有《古缘萃录》等。其弟邵椿年。

致黄绍箕书一通[①]

张 权

鄂电呈览，叔峤处已另送矣。日来有新闻否？敬请

仲弢三哥妹倩道安

权顿首

① 张权(1860/1862—1930)，谱名仁权，字君立，一字柳卿，号圣可，张之洞长子，直隶南皮人。光绪十七年(1891)举人，光绪二十一年入北京强学会。光绪二十四年进士，签分户部任职。

致黄绍箕书一通[①]

张　检

日来忙极倦极，不克抽身走辞，京电已发。深怅！明日准行，年内拟赶到京。康书奉缴，局章奉赠，都门把晤匪遥。唯珍重！

仲韬姊丈左右

弟检敬上

姻伯、伯母大人前请安叩辞。舍妹同候。

① 张检（1864—？），字玉叔，直隶南皮人，张之洞侄。光绪十六年（1890）进士，历任吏部文选司郎中、江西饶州府知府，升巡警道，署按察使。

致黄绍箕书五通

张　謇

一

1885年6月19日

仲弢仁兄同年大人足下：

前此奉谒，直游陶然亭[①]不直。五六日来为觅寓馆，且感热小极，不能出门，顷又仓卒移往内城[②]，去我仲弢益远。涉三千里而来，不获与健者一语，悁邑何如也？

有扇，属粤耆中书[③]索可庄书四分之一，馀须丐足下，并为索伯

---

① 陶然亭位于北京西城区西南隅，为清康熙三十四年（1695年）工部郎中江藻所建，初名江亭。取白居易诗句"更待菊黄家酿熟，与君一醉一陶然"之意。这里自然景色优美，成为文人墨客宴游觞咏之地。

② 据张謇《啬翁自订年谱》载："（光绪十一年）四月，由上海北上……至京，先寓杨梅竹斜街和含会馆，吊问夏厚庵。移寓内城东单牌楼观音寺胡同文昌关帝庙。识黄仲弢绍箕、王可庄仁堪……"

③ 粤耆，指顾儒基（？—1916），字聘耆，通州人。光绪九年（1883）进士，任内阁中书。于民国五年卒，乡谥安节先生。

羲祭酒及题龙女图[①]所见“天上移来香水海”者某君[②]，书以足之。重仲弢所交具一时之俊，以是致倾向之忱，非第以其书，尤非震其为翰林学士也。

附孙亚甫[③]扇乞书。齐钱一枚，并用奉致。伏承当暑多豫不宣。

年小弟张謇顿首，五月初七日[④]

二
1892 年

拙诗四首[⑤]另写，乞呈堂上，殊不足道也。端事若何？仲兄惠览。

謇顿首

---

① 即龙女行雨图，道光庚子（1840）镇海姚梅伯为汉阳叶润臣作，题曰“天龙自在珧台女”。

② 此句出自樊增祥《姚梅伯天女骑龙行雨图为黄仲弢编修赋》之二：“慈悲天女貌清扬，手注银河到下方。天上移来香水海，人间看是妙华光。”由此可知某君即樊增祥。樊增祥，注见前。

③ 孙亚甫（？—1888），名仲平，为孙云锦的次子。光绪十一年与张謇一同北上应顺天府试。亚甫落第。于光绪十四年五月初一卒。

④ 《张謇日记》“（光绪十一年）五月七日：与聘耆、仲弢讯，属书扇，写字”。与此札相合。

⑤ “拙诗四首”指《瑞安黄先生以六十自寿诗见示报罢将归赋诗为献》。据《张謇日记》，此诗作于光绪十八年五月二日。

三

1893年2月5日

仲弢贤兄同年足下：

归卧江滨，百不置意，独于宣南师友，时时梦想及之。读书临事，意有所得，欲一倾怀相证而不可得也。

堂上气体如何？自文恪[①]之丧，吾师又失一老友，举步出门，谁可语者耶？足下坐困于贫，弥复可念。謇今岁所有薄田，因旱减收。八月叔兄权贵溪[②]，虽赙赠前令供差谢客费，所得十之七，而援军可望，危城之中气以一振。九月省兄西行，喜兄甚耐劳苦，理积牍，日以五六计。又令民理不得直者，许原、被并于告期投诉，随以剖决，不复签差，民颇安之。赋入应时，过于比额，以是知州县可为，民可与为治。

溥阁学[③]按临，所至尽闭丁役，诸弊悉绝，待士极宽，惟所取之士有不熟四子书者，又责士不严，未免彼得而此失。

---

① 文恪指祁世长(1825—1892)，山西寿阳人。字子禾，一字子和，号敏斋。祁寯藻子。咸丰十年进士。数任乡试、会试考官，督学直隶、安徽、浙江，历官左都御史、侍讲学士、礼部侍郎、吏部侍郎、工部尚书。

② 张謇《啬翁自订年谱》有载："(光绪十八年)八月，叔兄署知贵溪县。"叔兄，指张詧(1851—1939)，字叔俨，小名长春，晚号退庵，又署退翁，张謇的三兄，人称张三先生。历任江西南昌县帮审、良口厘差、贵溪县知县(1892)、湖北宜昌川盐加厘局坐办、江西东乡知县、江西省学堂正监督等职。后回南通协助张謇办实业及教育。武昌起义爆发后，被公举为南通民政长兼总司令，次年辞职从事实业，创办大有晋、大豫两公司，及南通交易所。

③ 溥阁学指溥良，字玉岑，隶于镶蓝旗。光绪六年(1880)进士，选庶吉士，散馆授编修。曾任广东学政、江苏学政，理藩院左侍郎、户部右侍郎、都察院满左都御史、礼部满尚书、礼部尚书、察哈尔都统等职。

意园师[①]为属荐崇明书院[②]，至今徒有此说，尚无关聘意，亦听之。常熟竟不退，济宁[③]竟不出，台谏说不关紧要事，亦但有楚人，均可叹也。献岁贵溪县试，仍拟一往，当即旋里。岁晚天寒，北望增结，谨寄十六金，聊为吾师一尊之献，尚非贪泉，想不见却。伏承侍奉康胜不具。

年世小弟謇顿首，十二月十九日

夫子年伯大人前叩安。

四

1900 年 8 月 23 日

穆琴道兄如晤：

图记[④]奉到，感佩感佩！北事[⑤]遂已糜烂至此，当事乃绝无吕颐浩、张浚、朱胜非、韩世忠[⑥]其人，可胜悲愤！乘舆既西[⑦]，议结延宕，

① 指盛昱，主持国子监时，张謇为其门生。光绪十八年会试，张謇落第。翁同龢、盛昱写信给溥良（时任江苏学政），求他在江苏为张謇谋得一书院山长职务。

② 瀛洲书院，由知县许惟枚建于乾隆六年（1741），四十六年毁于潮水，六十年知县谢生翘募款重建于城内北街。光绪十九年至二十一年间（1893—1895），张謇任崇明瀛洲书院院长。

③ 指孙毓汶（？—1899），字莱山，号迟盦，谥号文恪，山东济宁人。咸丰六年（1856）进士，历任刑部尚书、兵部尚书等职。中日甲午战争时，与李鸿章等反对抗战，力主签订《马关条约》。光绪二十一年（1895）被免职。

④ 指黄绍箕题《张季子荷锄图》。

⑤ 指义和团运动与八国联军入侵之事。

⑥ 四位皆宋朝名臣名将。《宋史》有传。建炎三年（1129），苗傅、刘正彦兵变，吕颐浩、张浚、朱胜非、韩世忠等起兵勤王，宋高宗得以复辟。张謇在此愤慨当世没有可力挽狂澜的人物。

⑦ 指光绪二十六年七月二十一日，八国联军侵入北京后，慈禧太后及光绪帝出京西逃。《啬翁自订年谱》："闻二十一日两宫西狩。"

民生又须涂炭，惟愿端、刚[①]诸贼留守京师，两宫无恙，合肥早日北上耳。万一变生椒殿，则端、刚之罪益大。南中各帅[②]正宜声罪致讨，稍尽臣节，若惟是拥兵自守，非独负国家，且恐自误耳。

彦升[③]太夫人病，不愿子孙远客。彦升频年为人所挤，亦思舍而他图，而母病，不愿又不能，遂不处馆，惟有仍回湖北苟全性命之一法，欲豫支八闰两月，此事殆非兄力为维持不可。原讯附览，幸即惠答。

广雅负爱士之名，而昵一轻佻反覆无耻可丑之人，致天下之士寒心失望，窃所不解，兄亦正宜慎处耳。

叔容、子封[④]已至鄂否？友林事直厂纱尽阁，万无法想，此亦端、刚之毒也。惟为道珍卫。

謇顿首，七月廿九日

惠答即由局径寄通州大生厂[⑤]。

---

① 端指载漪（1856—1922），清末大臣。爱新觉罗氏，满族。1893 年，授御前大臣，1894 年封端郡王。1900 年初，慈禧太后欲废光绪帝，立其子溥儁为大阿哥。义和团运动中，主持总理各国事务衙门，利用义和团排外，力主慈禧对外宣战。八国联军攻陷北京时，随慈禧太后逃往西安，被任命为军机大臣，不久罢免，被发配新疆。　刚指刚毅（1837—1900），满洲镶蓝旗人。字子良，历任山西、江苏、广东巡抚、军机大臣、工部尚书等。极力反对维新变法。光绪二十四年上谕调补兵部尚书、协办大学士、刑部尚书等职。八国联军入侵西逃时病死途中。

② 指湖广总督张之洞、两江总督刘坤一等。

③ 周家禄（1846—1909），字彦升，江苏海门人。优贡生。官训导。参吴长庆、张之洞幕。工诗文，有《寿恺堂诗编》及《朝鲜乐府》一卷，并传于世。

④ 叔容指黄绍第。　子封指沈曾桐（1853—1921），字同叔，号子封，嘉兴人。沈曾植弟。光绪丙戌（1886）进士，改庶吉士，授编修，历官广东提学使。

⑤ 通州大生厂：光绪二十一年（1895），张謇集资六十万两银子，在通州的唐家闸创办了南通的第一个近代工厂——大生厂，取意于“天地之大道曰生”。

五

名刺字奉上,拟未刻入城,或过我或否?祈示!

穆公

謇顿首

致黄绍箕书一通

张百熙

仲弢仁兄大人阁下：

顷奉手教，并照片三纸，谨悉种切，晤诸公当达此意，即以尊函与阅之。虞君如见访，在家必当接见也。

今日晤张光禄[①]云：大学堂须聘一英文教习。鄙意桑浩德[②]不能教法律，或能授语文，但不识其教授之法何如？如语言文字之教授法尚好，拟即请其到堂授此科学，每月薪水二百元，亦不少也。可否？伏求示覆，以便遵照。如公尚须考校，即请一询邵希兄为荷。手此，敬请

台安，惟察不庄。

弟百熙顿首，初六日

---

① 指张亨嘉，注见前。

② 《北京大学史料·职教员》查无此人，可见此人未曾到北大任职。

致黄绍箕书一通

张　彤

贾厨款早已备齐，该厨自昨晚至刻下仍未来，兹将京松百十五两奉上，请由尊处饬给为荷。此上

中弢老前辈大人

侍彤顿首

致黄绍箕书一通

张佩纶

手示诵悉，弟昨夜自广雅归，不能成寐，清晨始即枕，致误尊约，罪甚罪甚！午刻须候可庄兄来舍改题神主[①]，弟不能出门。已将“独行”一门爵里考清，正拟手钞，适奉来教，即将《通志》及各稿送上。以弟顷颇不适，未能爬搔梳栉矣。偏劳之处，容日走谢也。进书即以前序为表文，总办无须费神，总办必到，满讲官到不到均可，不值注“感冒”，亦不用注“感冒”，可告竹坡前辈。复上

仲韬仁兄大人

弟制佩纶顿首

尊称太谦，不如改之。

① 张佩纶《涧于日记》己卯(1879)“十二月二十二日”条载：“晴，延黄漱兰少詹、再同编修、王可庄修撰祀社，改题先大夫及庶母神主。”此札应作于是日。

致黄绍箕书一通[①]

范 钟

1890 年

去岁在都得亲丈席，趋陪颜色，以慕以惭。非有相如入室之才，窃叨君子过庭之训，遂微太傅自传之业，而牒司农滥厕之名，私独彷徨，用为大恨。倚装一别，匆匆南旋，度岁里门，俟家兄病体略（全）〔痊〕，遂以新正来鄂。五月中得闻叔颂兄馆选消息，欢跃可知。方值四方殚蔽之秋，外辱内忧，棘焉待理，人才日殉于风气，大祸既积，一旦熸然而不复可支。以此忧思，不无叹愤。吾师嘉猷亮节，终始不渝，丰采隐然，天下系望。而伯霜仲雪，继起都声，入秉庭谟，出膺国干，从容盛烈，不其伟哉？若其著述一家，词赋君子，其诚固有，靡得言焉。钟三十之年，依人落拓，今春来鄂，得暇稍可读书，又吾师吾友蔚为都会。而五月以后，主人与南皮颇有龃龉，意将北去，钟亦且自此行也。南皮再四相招，而柴池不可得一面。吾身终不当以饿死，寄颜忍愧，何苦而然？或吾师邂逅因缘，为之留意，亦有其冥冥者为之，非所敢予计也。前属乞廉师寸楷，顷独盈纸写成耳。十月中有友人解饷之京，届时当并名刺字附去。音敬寥阙，五内主臣，幸甚恕之，非所敢望。

---

① 录自《南通范氏诗文世家 · 范钟卷》。

致黄绍箕书一通[①]

杭慎修

1906 年 11 月 24 日

仲韬先生大人有道：

远隔光仪，时殷景慕。旌麾载发，未能趋送，一罄积忱，怅歉无已！

比闻文星莅止，已抵汉皋，风声所树，行见领袖群公，为全国学界大放异采，企颂之私，匪可言喻。

慎以不自度量，妄言贾祸，蒙当轴诸公悯其愚志，逾格矜全，素日同志如建斋诸君护持尤力，方得幸全首领，放归田里，于月朔解抵海宁原籍。维部文系革职，交地方官严行禁锢。省宪及州尊均以“禁锢”为“监禁”，拟置狱中，经本地绅士学生力争，现暂禁吏目署内，以候宪命。查律文：“禁锢”之义均系废弃出身，不准应试出仕及任意迁徙而已，并无“监禁”之事。与文明法律剥夺公权、限制自由之“禁锢”正相符合。即古昔晋人之锢栾盈，西汉之锢党人，其

---

① 杭慎修（1869—1924），又名凤元，字辛斋，别字一苇，浙江海宁人。光绪十六年（1890）入国子监，后考入同文馆。二十三年与严复、夏曾佑等创办《国闻报》。三十一年加入同盟会，办《京话报》《中华报》，因揭露清廷腐败，报纸遭封闭，被捕下刑部狱，解回原籍禁锢。后经全省各界人士营救获释。不久，参加了南社。后任农工研究会会长，主办《农工杂志》。入民国，反对袁世凯称帝，反对曹锟贿选，当选国民党一大代表。

例亦同。部文之不曰“监禁”、特书“禁锢”者,未始非曲予矜全之意。今省宪不察,罪疑惟重,似亦未洽。虽邑绅分别辨晰,而人微言轻,势必无效。维有恳求先生俯赐拯援,速为函达省宪,证明“禁锢”之义,畀免缧绁,得竭其鲁钝,为乡党勉尽义务,不特慎一身一家仰戴高厚已焉。专肃,祇叩

钧安,伏维矜鉴

后学杭慎修稽首,十月初九日

致黄绍箕书一通

林开谟

1895 年 8 月 28 日

仲弢老前辈世大人赐鉴:

别来三月,积思成痗,每读《潞舸词》十阕,辄神游左右久之。亟欲作答,惘惘不知所云。辰维侍奉曼福,著作益宏,慰如所祝!侍《蓬莱峰上》幸步后尘,莫挹汪洋,时萌鄙吝。而春明游谯,自车公去后,畅叙亦稀,回忆趋陪杖履之乐,转增离索,殊可慨也。

台南消息差强人意,所虑者中秋节后海涌渐平,船能拢岸,外援既绝,终恐不支,然较之风闻逃溃者已有霄壤之别。济宁、嘉兴为常熟所排,南海监生亦有岌岌之势。

合肥昨始覆命,闻有新法数条将次举办。恒、同二公复联衔劾之,圣明颇为所动,而根叶太深,未必即行罢斥。时局一误至此,即使新法可行,数年之后亦复废弛,究何益哉!

都下时疫盛行,王巘卿前辈亦染此症而殁,实堪惋惜。老钱入枢密即病,公事糊涂,更不能得力。

旭庄近有诗来,在鄂尚好,日与道羲唱和,惟心境太窄,总未能舒展耳。侍明日南旋,顺道拟赴粤一游。初随春殿之班,便作秋风之客,可笑可笑!

致黄绍箕书一通

附寄朱卷，敬烦转呈夫子大人诲政。闻深秋即拟返棹，或于沪上相遇未可知也。倚装匆匆作此，恕不端楷。敬承

起居，诸祈朗照

世侍生林开谟顿首，初九三鼓

致黄绍箕书三通[①]

周恩煦

一

中弢仁兄世大人史席：

曩安有所陈，辄尘左右，素性躁急，随笔抒写，率不加捡，适献浅瞀，贻笑通人。发函后为之懊悔累日，幸火之毋令他人见也。

阁下邃学雄文，在吾乡则缀轨止斋，而海内同推则以为纪、阮两文达也。况木天清暇，著纂雍容，大集之成，拭目俟之。

弟郁郁居此，贫不能归，而无谓笺答，堆案盈几，久溷众咻，恐复为齐语而不可得。于是彷徨瞻望，又不能不深冀当世纪、阮为之提挈也。上函丈禀乞代呈，若川兄附来之缄并缴。肃此，敬叩
侍福，并候开绥
叔颂兄希代道候

小弟周恩煦顿首

① 周恩煦（？—1902），字晓芙，浙江泰顺人。光绪十一年（1885）拔贡，官江苏直隶州州判。后隐居金陵。有《晚华居遗集》。

二①

吴门暂聚，承教未遑，京洛纡辽，寓书罕贡，升沉之馀既异，离索之感愈深。敬惟阁下珥彤史宬，尝甘禁脔，兰台著作，玉局文章，平视萧曹，抗希南董，才堪涵蓄，福极艳荣！又闻芸馆馀闲，藜辉留照，则复搜罗金石，结契古欢，钩稽绦绳，修明绝业，贤不可测，乃如是邪！

煦会文畤，曩夙俯首于宣城；执别经年，弥倾心于叔度。但借枝之鸟难叶嘤鸣，暴腮之鱼自羞队逐。实惟鄙僿久减飞扬，猥蒙尊大人广为收蓄，默受甄陶，食志既非其人，因材更惭，所使抚躬尘，忝论报心，函复斋先正，前承垂谕，属求崖略，兹得宗涤楼御史②所撰墓表，又丐孙蕖田夫子益以家传本末略具全集，并罗存署待咨摅情先渎。窃按曾氏寻绪洛闽，究心经济，虽说经为汉学家所訾，而论学特于永嘉派为近为揆位置，拟入史编，舍短从长，宜参循吏，阐幽宣滞，总望卓裁，款襟何时，罄臆不尽！

三③

久不见叔度，顷幸得见，又不获从容请益，疏怠奚辞！兄丰才

① 录自《晚华居遗集》卷四，题为《致黄仲韬太史绍箕书》。

② 宗涤楼指宗稷辰（1792—1867），字迪甫（一作涤甫），号涤楼，浙江会稽人。道光元年（1821）举人，主湖南群玉、虎溪、集贤、濂溪书院，九年官内阁中书，后充军机章京，迁起居注主事，再迁户部员外郎。咸丰元年（1851）转御史，五年授山东运河道。主余姚龙山、山阴蕺山书院。著有《躬耻斋文钞·诗钞》。

③ 录自《晚华居遗集》卷四，题为《与仲韬太史论古文书》。

裕德，如深山大泽之涵蓄，浅瞀诚无以窥其际，第观动止，慎静定命，信道之素已非当世士夫所能及。惟俯首敬慕而已。

弟生长穷僻，幼而孤露，无人导之学，少壮智慧尽掷于荒嬉，近则迫家累，情志日蹙，智慧亦日减，于此时而欲攀援作者“强学”执笔，真所谓“蚍蜉撼大树，可笑不自量”者矣。既辱厚爱，敢就臆见所及私布一二于左右，而求教焉！

窃谓古文者，文之最质者也，后世之文非不工也，患在过于求工，而质漓焉。且文之太工于词者，其人多不可恃，如汉之扬雄、相如，唐之子厚，宋之介甫是已。曩时颇喜介甫之构会曲折，蹊径幽纡，足以独擅胜境，久之则病其矫揉造作过甚，反斫丧文之元气，学之不能无单薄之病也。论文必曰“有物有序”，夫原本道德仁义期以载道，有物之上者也；洞达古今政治之得失，以及人事之纤琐，人情之变态，靡不了然于心，了然于口，有物之次者也。其上者言之最质，其次亦不离乎质，又其次则出入经史百家，借以摅其怀抱，写其阅历，而持之有故，言之成理，虽文馀于质，亦未可谓之无物也。至所谓有序，则于柳文取二语焉，曰“未尝敢以昏气出之”“未尝敢以矜气作之”①。系心于利禄而无超旷之识，足以鉴纳万物，于理必有所蔽，于辞亦必有所不达，负才而竞流为愤激其弊，必至于颠倒爱憎、毁誉失实，其吐词亦必不能远鄙倍去昏去矜，要于和平乐易之中见光明俊伟之概，庶几于有序为近，昌黎文号为起八代之衰，然于六朝藻丽之习未能尽除也，可知文以质为难。国朝姚、梅、曾三家皆有取于韩氏、子云、相如同工异曲之说，其文亦颇以华藻为贵，窃以为此三家者皆不逮望溪方氏远甚！凡文与人以可观，不若

① 出自柳宗元《答韦中立论师道书》中句：“未尝敢以昏气出之，惧其昧没而杂也；未尝敢以矜气作之，惧其偃蹇而骄也。”

与人以可用；予人以可用，不若予人以可敬。方氏之文殆予人以可敬者，方氏颇知尚质者也，不然六朝骈俪未始，非文未尝无绝诣，何以独别之为古文哉！窃以世之揣摩声色而修词太工，与泥于格律而用法过密者皆未为尽得也。兄早达官清禁，有通人达士为之左右，于古今政事文章之得失必有以探窥其原委，又能蹈履中和笃于身心之学，其根茂者其实遂振，古文之衰，岂异人任然？兄亦不能不以之自任也。弟于此事无能为役，逞臆论文而顾，敢以直陈者，诚急于就正，以求大雅之驳斥，且恐孤陋，遂湮没无闻，冀如昌黎之于吕医，东坡之于王庠，他日或得挂名于大集，以为荣幸耳！

昨来书述科场事，法纪之弛，匪伊朝夕恐堕废将不止，此诚可为浩叹者也。敬复，即讯

侍祉不宣

致黄绍箕书一通[1]

周家禄

1899 年

彦复来，惊悉夫子大人于五月归道山，不胜惊恸。回忆鄂垣捧袂，如在目前，曾几何时，顿成长别。家禄在师门最为不才，然楩枏樗栎，受培植同，则感恩念旧之情不容不同。私窃以为，我师直声震天下，教泽在士林，清德贻后嗣，其于出处大节，在朝在野之词论风采，皆足追配古人，激厉流俗。今者易名之典未沛于朝章，则私谥之崇责在于后死，谓宜合及门之达者而共议之。家禄愚贱，非其人焉，而窃愿从诸君子之后也。足下纯孝性成，绵啜可念。但古人不以濬冲死孝为合礼，尚望顺变节哀，以尽大事。挽联一悬，不足尽我师盛德之万一，聊抒其哀痛而已。

① 录自《寿恺堂集》卷二十九。

致黄绍箕书三通[①]

费念慈

一

1899年7月19日

中弢前辈世年大人苫次：

前于春间作书，交舍侄彝训携入都，既而不果行，书亦未达。五月之晦于申浦见旭庄丈，始惊闻夫子大人骑箕之讣，相持而哭。先闻榕村言师忽断酒月馀，私衷以为不祥；寻复自解，南中卑湿，高年节饮，未可竟以为忧。孰意甫逾两旬，遽谢宾客。叔彦言：闻疾未革时，预知讳日。与先公同生英死灵，去来有自，非生天成佛所能尽也。

前辈戴星而奔，犹及视敛，同是孤露馀生，不敢以泛语相慰唁。惟念世变之艰，门业之重，互勖道义，交励名节，保此家声，他日见两先人于地下耳。先公尝言：生平以未识吾师为憾，有"将来为我

① 费念慈(1855—1905)，字屺怀，号西蠡，晚号艺风老人，江苏武进人。光绪十五年(1889)进士，改庶吉士，授编修。工书，精鉴赏，兼长山水画。有《归牧集》等。第三通录自瑞安文物馆藏手迹。

求佳传”之语。念慈以年谱未刊成，有所待而师已偕返道山，此终身之隐痛也。

附呈联幛，乞献几筵，临纸哽塞。先公墓志墨本并望鉴入，即承

孝履

年侍制费念慈叩头，六月十二日

二

1901年6月18日

奉讳来，百事都废，而愙斋病日甚，所藏三代器精者多以相畀，蘧园[①]之“颂鼎”“颂敦”诸重器，亦入敝匧，于是三代吉金所获已逾三十。长夏当拓寄中颂同年也。幸先闻，草草具报，即承

侍福

制念慈再拜，五月三日

三

十八日巳刻，幸便衣过廉生前辈斋头小饮，万勿见却。闽县师、伯羲、子培、云门、子封、午樵诸公皆在座也。此上

中弢前辈世年大人

侍念慈顿首，十五

① 借指李鸿裔（1831—1885），字眉生，号香岩，又号苏邻，四川中江人。咸丰元年（1851）举人，官至江苏按察使。罢官后，居苏州。精书法，临抚魏、晋碑铭，无不神形毕肖。工诗古文，晚年好佛，著《苏邻诗集》。

致黄绍箕书一通

项芳兰

送上赵画《陶靖节故事》并宋孝宗《赐岳忠武王敕》二手卷，此但据题签言之，未知确否？即求大笔一题。《岳敕》系"忱诚忠谠"四字，前尚隐约可辨，今为裱工所坏，殊可惜也。

日帖草草塞责，恐不可用，原纸一并奉缴，请即以付刊，毋使弟出丑为幸。手此，即颂

中弢仁兄姻世大人侍安

弟兰顿首

金陵刻经目附缴。

致黄绍箕书一通[①]

赵尔巽

1885 年冬

仲弢仁兄星使大人麾下：

纪至，读定州所发手札，聆悉一切。瞻望匪遥[②]，尤深欣企！

老伯大人尚未到京[③]，尊府平安，可请勿念。新居已定于西单牌楼头条胡同，俟驺从到京再移。

所示城门一节，已托人关照，例外不至多需，亦不能大省耳。大毛缺襟，当为预备。径送松筠庵不误。常熟一函可不投。伯兮此时当高卧，容即持信往商之，馀面罄。即颂

旌安

弟赵尔巽拜复

---

① 赵尔巽（1844—1927），字公骧，号次珊，又号无补，山东蓬莱人。同治十三年（1874）进士，授翰林院编修。历任安徽、陕西按察使，又任甘肃、新疆、山西布政使，后又调任湖南巡抚、户部尚书、盛京将军、湖广总督、四川总督等职。宣统三年（1911）任东三省总督。1912 年任中华民国奉天都督，旋即辞职。主编《清史稿》。

② 光绪十一年五月，黄绍箕任四川乡试副考官。在秋闱后回京，于十一月抵京。

③ 光绪十一年仲冬，黄体芳卸江苏学政任还京。

致黄绍箕书一通[①]

恽毓嘉

昨奉手命，适在谳客，未能裁复，兹先将定兴[②]寿联书奉。拙书奇劣，如何能为方家捉刀，有污大名，滋愧滋愧！馀件亦书就，特未干耳。敬颂

仲弢老前辈大人升安

侍毓嘉叩首，十七日

---

① 录自瑞安文物馆藏手札。恽毓嘉（？—1919），字孟乐，号苏斋，顺天大兴（今属北京）人。光绪十八年（1892）进士。改庶吉士，散馆授编修，官至福建延平知府。著《李氏历代舆地沿革图校勘记》。

② 定兴应指鹿传霖（1836—1910），字润万，又字滋（芝）轩，号迂叟，直隶（今河北）定兴人。同治元年（1862）进士，历任四川布政使、河南巡抚、陕西巡抚、四川总督、两广总督、体仁阁大学士、东阁大学士等职。谥文端。

致黄绍箕书一通

高凌霨

方言批折送请察核，赐卿兄①亦属今日内到尊处面谈矣。敬上

仲弢学使

凌霨，十八辰

① 指陈重庆，字赐卿。

致黄绍箕书一通

徐致靖

日昨失迓，为歉！孙世叔及令亲张君假住敝馆，事属可行，惟尚有同邑京官数人，周立可比部小翁令侄住官菜园上街，余慕周水部，俞紫澜、余厚甫二指挥均住沙土园广育堂①，以上似须往拜，皆本馆值年也。附上一片，知照现住馆之万、朱二位即乐桥同席。至日带交，以便谕令看馆长班知悉。此复，并请

仲弢仁兄世大人开安

弟致靖顿首

① 广育堂，光绪九年（1883），顺天府尹周家楣创办，地址在琉璃厂沙土园胡同，收养十岁以下孤女。

致黄绍箕书一通[①]

黄 兴

1900 年 6 月 19 日

自违师教,未及两月即开战端。以一团匪之变,竟致掣动全局,此诚所不能解所不及料者也!近外人谓为端、刚之阴谋,假攘夷之说,纵匪生事。二人之迹,殆亦近是,今虽戮之,岂足以谢万国哉?

大沽要塞已失,长江节次难防,联合军队日见增派,豆剖瓜分之说,恐见施于今日。回首西瞻,欲东南半壁之持,其惟张师帅与刘岘帅二人乎!刘之精力恐不及师帅。近在钱先生处,略闻师帅电音急召回吴、张各武弁,一面添集兵械,老成深算,已见一斑。

窃谓长江一带,久为匪徒潜踪之所,平日既任其优游,此时必群相响应,非严惩其巨魁,解散其胁从,其为患有不可胜言者。联络各省督抚,肃清内匪,力保外帝,使各国之师不入长江一步,则时事庶有可为。师帅与吾师想早见及此,毋庸刍议者也。

---

① 录自田伏隆主编《忆黄兴》(岳麓书社,1996 年)第 178—179 页汪谦《黄兴留日与上师书》。黄兴(1874—1916),原名轸,号克强,后改名兴,湖南长沙人。1898 年入武昌两湖书院学习,1900 年赴日本考察教育。1902 年赴日留学,入东京弘文书院速成师范科学习。创华兴会,入同盟会。南京临时政府成立,任陆军总长兼参谋总长。

致黄绍箕书一通

昨又频得警报，安徽匪徒窃发，九江、芜湖亦扰乱频闻，广西、云南均有闹教揭竿之事，想荆湘间不日亦有乱耗。干戈满地，风鹤惊天，受业瘴海遥闻，惟有徒挥血涕而已。吾师忠义素著，闻警之下，当不知如何忧愤。近日正学堂功课，讲堂想专倡明大义，以揭发其志气；操场想专练习枪法，以资其胆识。当习打靶之法，日人所谓射的也。初习时不在远，或十五米突、二十米突、四十五米突。的有大小隐现活动之分，射有立、膝、伏之势，近能射的，即远亦不甚差谬。受业入日本射的会，三日即将卒业射完，只馀大生[①]处二门未射，因此处距三十里，往返须一日，未有暇便，故未去射，亦未得卒业证书。书生馀习，一切扫除，常存此亡国亡种之心，则气自愤，天下之事皆可任也。昔罗忠节公[②]讲学罗山，时粤匪未发。忠节常揭厥乱萌，倡明大义，又时率门人王、李、江[③]辈，周罗山修筑营垒之式，指点兵法，后卒统弟子军转战东南，赖以剿平巨寇。古人虽远，吾师其有意乎？

受业身陷海外，不克效力行间，手除贼寇，愧愤交集。又各学校只得小中数区之梗概，于陆军各学校均未得闻，徒凭书籍考查，尤有负吾师之厚意。现同友聘请东人西忒氏教授译文，并寻常酬应语，颇有解悟，差慰慈注。如天之福，少得所学以归国，亦稍慰私愿也。临颍惶惧，不尽欲白。肃此敬请

道安，伏惟垂鉴

受业黄轸谨拜，席地作书，不成字体，五月二十三日

① 一译“大森”。

② 指罗泽南，注见前。

③ 即王鑫、李续宾、江忠源，均为湘军著名将领。

致黄绍箕书一通

黄体芳

1885 年 3 月 1 日

淮、徐试竣,中木、曼君便当辞去,此外惟朱、龚仍旧。兹已添请宁慈包琴生孝廉祖荫己卯乡榜。襄阅试卷,其算学一席,则汝弟书中所说林明经颐山。但各棚非卷多则额多,宾主均格外劳勚耳。

前阅可庄复汝书,方知八月间汝有去电,此是公义,何亦瞒我?嗣后戒之。寄去杨光先所著书上卷一册,元和附生张坚续呈,江阴庠生钱荣国代递。其下卷仍未检得,汝曾携去否?来函须述及。《南宋事略》稿本,据范月槎观察述洪观察函云,不在伊处,亦未审迁转何所。

此间驻防诸君,时得晤谈,且屡以要电见示。张、刘去冬之议,已婉辞之。顷为上海重案专折上闻,原委详另册《清源录》中,阅毕带还为要。白泉姻世讲与汝作伴,甚佳,能留则留之。我二十五日出署。十八日南菁课经,二十日课古。元同先生与二曼上元节后必到,寄生亦日内必来。去岁十一月初八日,蕖田世叔由沪赴松,时已扃试,以不得觌面为怅,随驰书订于试毕时借轮往迓,而世叔将以喜事还家矣。

致黄绍箕书一通

黄遵宪

昨日嘉会，又得一席纵谈，查初白[①]云："座中放论归长悔。"今良朋八九，脱略形迹，既无拘忌，又无懊悔，此亦不可多得之乐也。

《古诗笺》[②]之东坡诗一卷送上，钞毕乞并《魏默深[③]诗草》掷还。

近日方打叠书箱也。纸二幅求赐柱铭，乞于暇时随意挥洒，他日寄我，以为别后相思之资。友人李心莲并嘱代求，此人梁节庵之姻戚也，附告。手上，即请
仲韬先生向安

弟遵宪顿首，十七

---

① 查初白(1650—1727)，初名嗣琏，字夏重。后改名慎行，字悔余，号他山，名其居处为"初白庵"，故又号初白，浙江海宁人。康熙四十二(1703)年赐进士出身，选庶吉士，授翰林院编修。雍正四年，受弟查嗣庭文字狱牵连，合家被逮，慎行放归后，不久去世。

② 《古诗笺》，清王士祯编，于1766年由松江闻人倓作注，刊印成三十二卷，是上海地区早期的古籍选注本。分五言诗十七卷，七言诗十五卷。五言录汉、魏、六朝以下，唐诗仅录陈子昂、张九龄、李白、韦应物、柳宗元五家；七言自古辞以下，八代兼采，但不录"初唐四杰"、元稹、白居易等人作品。

③ 魏默深指魏源(1794—1857)，原名远达，字默深，一字墨生，又字汉士，湖南邵阳人。道光二十五年(1845)进士。曾任知县等职，官至高邮州知州。有《魏源集》。

致黄绍箕书一通[①]

章梫

仲老前辈大鉴：

顷凌菊翁来言，顺治门大街之房定计要用，或无现银，请写一公信交通商银行钱舜卿，与之商说，事无不谐，即不付定银亦可。手此奉闻，祇叩

大安

晚梫顿首，初一日

---

① 章梫（1861—1949），名正耀，字立光，号一山，浙江宁海人。光绪三十年（1904）进士，授翰林院检讨。历任京师大学堂译学馆提调、监督，国史馆协修、纂修，功臣馆总纂，邮传部、交通部传习所监督、北京女子师范校长等职。

致黄绍箕书一通

巢凤翔

足下此次南旋，约计何时赴都？专此，敬请

仲翁仁兄世大人行安

世小弟巢凤翔顿首，十二日

夫子大人前祈叱名请安，并叩谢赏赐对联。

致黄绍箕书二通

袁昶

一

吴柘塘八分，楹帖两幅呈览。

弟昶叩上

仲弢仁兄先生史席

十六夕

并叩老伯大人晚安。

二

新刷印七册，呈佐闳览。连旬怔悸失眠之症时愈时作，但以在宥之理，听其所止以治之。乃山妇又病剧，心必忧醉，昕夕针毡。荆公《妇病》诗云："黄卷藜床虽贫，亦有二物长乖。"①何以自释，况

① 王安石《乙未冬妇子病至春不已》："天旋无穷走日月，青发能禁几回首。儿呻妇叹冬复春，强欲笑歌难发口。黄卷幽寻非贵嗜，藜床稳卧虽贫有。二物长乖亦可怜，一生所得犹多苟。"

状正复尔也。此叩

仲弢仁兄大人早安

弟昶顿首，初五

致黄绍箕书三通

盛昱

一

潘联写就，即由吾弟就近遣人送去为感！

仲弢仁弟

兄昱顿首

二

书价十五金，已交山人五金，馀十金敬缴，祈查收。我辈非东林，乃大为厂骑所困，恨无鹿太公[①]其人一与周旋耳。《榅书隅

① 鹿太公指鹿正，字成宇，明末文学家鹿善继之父，河北定兴人。曾倾家营救杨涟、左光斗，时称鹿太公。大兴江村由于有鹿太公、鹿善继父子的抗争，已成为东林党与天下义士最为倾重的圣地。

录》[①],凤阿[②]自东昌专人来取,云明春将付梓,祈即检交下走,便即寄去。

中弢仁弟

兄昱顿首

三

孙中容至美至美！渠小寓在东表背胡同否？门前有何帖子？即示！

仲弢弟台

昱顿首

---

① 《楹书隅录》是由清末四大藏书楼之一的海源阁主杨绍和撰写的善本解题目录。光绪二十年杨保彝刻本为初刻本。信中提及“明春将付梓”,由此可知此信写作光绪十九年(1893)。

② 凤阿即杨保彝(1852—1910),号凤阿。杨绍和子,山东聊城人。清末古籍、金石、书画收藏家,海源阁第三代主人。同治九年（1870）举人。历官内阁中书、户部员外郎、总理衙门章京、山东通志局会纂,兼任山东优级师范学堂教务长等职。著《海源阁宋元秘本书目》等。

致黄绍箕书一通[①]

曹元弼

仲弢世兄有道，文宗大人阁下：

小别一月，驰思不可，量千里外，维道履万福，为天下学人颂祝。方今扶危济否，发愤自立，莫急兴学，而一或不慎，又适以速天下大乱，抱薪救火，愈甚无益，失之毫厘，谬以千里。二十二行省主持学务，如公之博通万方，深正大本，囊括网罗，折中至当者，盖景星庆云，不能有二。

元弼昔奉教于先师，粗闻大道之要，至理之极。今又得承序左右，以所指示转授诸生，用抒忧世扶教之，愚心何幸如之。到汴后，以盛教高义语家兄，相与叹慕，钦仰不置。豫中客籍高等学堂[②]由家兄董理，举六经大义以教忠孝、遏逆乱。一通文辞，自一话一言必求明白通达，不得以支离镠輵，不可通之新名词于乱雅言。一求事实，凡各科西艺必凭实验精进讲求，不得徒说空理。规模虽未能如鄂省宏远，而宗旨一与大雅相符。

去年曾代陈中丞作记一首，拟检出呈政。元弼所编易、礼、孝

---

① 录自俞天舒编《黄绍箕集》。

② 河南客籍高等学堂，1905年由河南大学堂分立出，校址在开封老府门，由信陵君祠改建。

致黄绍箕书一通

经义三书,在此鸠工缮写,写毕回鄂,就公快谈。越一二日即治江而归,行笈无书。拙刻《通说大义》诸篇,亦已散尽,亟拟抵里后编辑讲义,以备学堂课本。时局艰难,人心陷溺,敦诲劝学,发滔天之待疏瀹,阻饥之待播莳,其敢稍自暇逸,以负南皮枢相与公之殷勤,且自负其夙心耶!

元弼再拜

致黄绍箕书六十四通

梁鼎芬

一

1895 年

两书皆诵悉，周妥诚切，真人才也。陈来函已允，屠亦必允已致书局，二名不必删。康函及章程皆在南皮处。孙件亦然，甚恐陆沈。

穆琴同年

鼎芬顿首

二

1895 年

二函均送南皮，未知何时发也。弟明日赴鄂即回，欲赶及初七送行。一函到沪时收回捐款记写收条，至要至要！

穆琴我兄同年

鼎芬顿首

三

1895 年

长素函当加数纸即发。别纸及件上年丈，请代呈。尚欲得大篆，能慰我否？

穆琴同年

鼎芬顿首

四

1895 年

康函阅毕，即交信局。由兄处发局可也。致大函好，过快！章程内何以不及新说及招集门徒二条，应否列入？又康电奉览。

穆琴我兄同年

鼎芬顿首

诗二本，叶临公大庄[①]所阅与陈公子有异，同并呈。

五

1895 年

长素所苦，与兄相同，有服药否？日间本拟请年丈酒叙，待兄能来乃定期。

鼎芬

① 叶大庄（1844—1898），字临恭，号损轩，福建侯官人。同治十二年（1873）举人，援例为内阁中书，官署松江同知、江苏邳州知州。卒于任。有《玉屏山庄丛书》。

《崇义祠碑》,容生[①]曾赠之否?

六

1895 年

久欲一谈,闻所苦未平,未可奉扰,年丈与名一事,面谈乃细,能见我否?欲来屡止但能下床便得。云书奉阅。昨致康电并呈,请复我。昨书未即答,本欲到谈,以困于卷事未果也。

穆兄

芬顿首

七

1895 年 11 月

长素未刻朱卷。《续艺舟双楫》在书堆寻出,再奉上。今所苦何似,念极!诗评大字是伯严,眉批沈君泽棠[②]也伯愚、仲鲁之师。

中弢同年

鼎芬顿首

① 容生指朱一新(1846—1894),字蓉生,号鼎甫,浙江义乌人。光绪二年进士,翰林院编修,十一年,任湖北乡试副考官。冬,任陕西道监察御史。十五年任广州广雅书院山长。撰有《崇义祠碑》一文,详见《于湖题襟集》文二。

② 沈泽棠(1846—1931),原名泽衡,字芷邻,号忏庵,广东番禺人。同治十二年(1873)举人,官候选知县。有《忏庵词钞》一卷、《忏庵词话》一卷。

八

1896 年

屠电奉阅，阅毕还我寄康。《周礼注疏》学海堂本二部，一在家，一为人假去。今检石印本，有阮答本，不欲借，得毋笑其吝邪？并沐香奉上。

穆琴同年

鼎芬顿首，望日

九

1896 年

先师遗墨奉赠，想所爱也。《管子》并康书送览，日来每视定未定，当诣谈。

穆琴同年

鼎芬顿首

一〇

1896 年 7 月

年丈安到上海，喜极慰极，八月朔侵晓当至汉皋。与君廿九日渡江并办一小照寄京，是夜同觅宿处。近泊船乃及早。先订，复上

主一主人

鼎芬顿首

一一
1896 年 8 月

伯严[1]欲作南皮寿诗，要先看拙稿。我们天机不可泄漏，即以珊瑚笺索诗，因思此回不如合为诗屏六幅，岂不大妙！南皮甚乐。六人曰袁、曰沈、曰陈、曰杨、曰黄、曰梁[2]。屏去功名，从此卜崔巍。袁、陈我办，子培、叔峤南皮甚愿得其诗，兄代请作成寄来迟则交敦若，不必定四首也。二首亦可，后有序语更佳。寄上四纸，楷书大作，二纸交沈、杨，馀一纸备用，都不错漏。请求子培芬款一联。至要至要！

鼎芬顿首

一二
1896 年

昨来问疾，兄往广雅堂，未值为歉！年丈午睡，故未惊寝也。诗二十叶第二次再来奉教，前者交回。

穆琴同年

鼎芬顿首

---

① 伯严指陈三立。

② 袁指袁昶，沈指沈曾植，陈指陈三立，杨指杨锐，黄指黄绍箕，梁指梁鼎芬。

一三

1896 年

此别匆匆，何日到京？廿六日过菱湖与年丈饮，极乐。今日又来苕华室面话，□志同坐。兄所愿闻也。

相片已足分用否？不足再寄。伯希体气如何？记得告我。闻老桧已到天津，此十日内天地异色，不知有何举动也。敬颂

中弢同年伉俪万福

鼎芬顿首，九月朔日

一四

1896 年

山楂糕收到，致谢。年丈先至皖开课[①]，后来住姚家花园水陆街，去督署至近。阅卷笔已敬寄。

主一主人

期芬顿首

一五

1897 年 3 月 29 日

仲斋我师同年左右：

---

① 指黄体芳于光绪二十二年主安徽敬敷书院事。

前月奉诲帖，又得乙盦尺书小照，新年至乐事，已裁笺分答。忽闻蕃弟[1]之变，星夜奔赴，水陆兼程，今始返，一切不及详。痛乱忧郁，无以自解，何以教我。赴请分致，至谢。敬颂

绍安

期鼎芬顿首，二月廿七日

两湖书院三月初可启馆，分教诸君姓氏列后：

经学：（正）陈宗颖、（正）曹元弼曹乃经学大师，不云帮教，但所请有先后耳。

史学：（正）姚晋圻、（帮）陈庆年

天学：（正）华蘅芳，未定

地学：（正）马贞榆、（帮）罗照沧

理学：周楙模，不请

总稽查：蒯光典

监督：梁鼎芬

一六

范吴桥[2]谥文贞，昔年恽布政曾送南皮画幅绝佳，得此可称双玉。明日面，不一一。

蓼绥大师

期鼎芬顿首，十四夕

---

① 梁鼎蕃（1868—1897），一名实，字衍若，又字叔衍。梁鼎芬三弟。（据《梁节庵先生年谱》）

② 范景文（1587—1644），字梦章、思仁，别号质公，河北吴桥人。万历四十一年（1613）进士。历任文选郎中、河南巡抚、工部尚书，东阁大学士等职。南明时赠太傅，谥文贞。清朝赐谥文忠。有《范文贞公文集》。

一七

诗六十叶再以奉教，请并前者为一叠，去时发还勿失。如此下材，恐不能与世间诗人校高下也。

鼎芬顿首

一八

客已请了，酒已买了，菜已定了，惟未定座耳。此事敢劳清神，重烦尊使定在菱湖寺旁八旗馆望湖楼上，如何？笑笑。文诗盼之。鲁云在兄处。

穆琴我兄同年

鼎芬顿首，十九日

一九

第三起已清，今办第四起，已书其一，尚有三条，功德完满，诗亦制成。大稿记携示，白石二语。最所叹赏江生同此，正欲奉告，书来相同。志联奉上，能写成带交至妙。兄径到唐园，不必待我。今夜可见三侍郎，岂不妙哉！

弢兄

芬顿首，廿九日

二〇

屏已写毕，诗已做成，今年第一快事也。顷即渡江，君勿迟迟，致为三侍郎所呵。诗三本奉上。

蓼绥大师

鼎芬顿首，廿九日

二一

礼卿极可念！书奉览。发专数言，有未喻处，不必送桂堂也。

穆公

鼎芬

二二

拉谭兄、江弟各制诗，合吾二人为一屏，兄所许也。

蓼绥我师

鼎芬顿首

二三

令弟爱《出都诗》，今书一箑托寄，俪以《南渡录》，馀三部请分贻同志。雅箑久未报愿，制诗未成也。

鼎芬

二四

《南渡录》二册奉赠，读之气塞。一部请年丈大人，恐增感愤耳。

穆琴志士

鼎芬顿首

二五

《南渡录》非青兕所作，《本传》《艺文志》皆不载，然必是南宋人书，托名幼安以取重耳。

蓡绥阁鉴定

茗华言

二六

木竹二器，杨舍人所属，今奉上。

中弢同年

期鼎芬顿首

二七

今日雅集，不克同君赋诗为怅，容再恳写，奉请

蓼绥阁诗人

期鼎芬顿首

二八

弹雀二丸奉上，酒钱四千发下。卷毕未？纯常[①]节前再到。中弢同年

鼎芬顿首

二九

海城谏止园工。大节觥觥，有人若此，国不亡乎！专告主一至契

鼎芬拜状

三〇

今日始行。李抚部疏已录稿送十桂堂，可索阅之。《辽金元国语解》寻得奉上，明知过时，期不失诺耳。

鼎芬，十二日

赵函二、油纸包一，必妥交。

---

① 纯常指文廷式。

三一

序题赐寿似未合,今始看出,亟商南田,南田大窘。格字已定,无可改。见定改皇上御极之某年为第二行,再添数语续第三行,一切江生面陈条改乃返。

鼎芬

三二

兄归后,我丈起居若何?已请法君否?敬念无已,一纸代上
蔘绥主人

鼎芬顿首

三三

《百花洲赠答诗》奉览。闻甘亚亦有百元,总计已有千金,得乙厂之半。缦厂如何?安叔尚未知数目,亦有函去,此在外。
鲜翁坐下

鼎芬顿首,廿二日

三四

于侍郎搅了两昼夜,文件又一小阜,急待清理。明日对谈,今日未暇。约在何时?先示

鲜翁

芬启

京电文本，五月二日出京。

三五

过叙已愈，喜慰何已。兹奉访恐有烦扰，故未造谒，奉书依期前来。

鲜翁

芬，寒[①]

三六

胡联盼即赐墨篆书尤佳，至迟明日，不安之至。

鲜翁

芬，宥[②]

三七

日来不审尊体何如？苦于课卷，尚未走候。诗稿二十叶奉教，如不厌，可源源而来。皆陈吏部三立所评也。

穆琴同年

鼎芬顿首，九月廿七日

---

① 寒，指十四日。

② 宥，指二十六日。

三八

专人奉问安好，天寒已雪，一切珍重。郑方稳妥，放心服之。

中弢同年

鼎芬顿首

世丈晚安

三九

穆琴同年：

日服郑方，想渐近安好，念极！雪后寒甚，尤宜珍重。专问

通政先生丈

鼎芬再拜，十六日

四〇

函封，书堆中又得二函奉上。皆陈言，君却未睹，于例不合也。故补交。

穆兄

鼎芬顿首

四一

又上四纸，明早校毕复我，行行到底，绝类黄思永所为。不料

圣人奇癖,君乃同之,恨极恨极!江生述尊旨极是,改定赐示。红格不易去,从海上来者。

主一主人

茗华上

四二

方晤。诗稿请削而用之。次序请定。

鲜翁

芬顿首

有闻必告,愿如金人。外一纸两条皆同下也。

四三

此别匆匆,曾几何时,已见桃花矣。日本阔极,大为黄人吐气。惟衮衮诸公不知死活,奈何!京居其某如何,雠书之暇逛海王村否?遐思二王盛周,真如隔世。吾辈安得不老!旧雨于、沈想共。燕市有广东人书画,望代留意。冷者佳。广东好志书并托。京居久闲,奉上龙银百元为购书画之费。哂存至幸。

精卫庵[①]上

晨夕今之球钟也。鼎芬流落已久,欲归不得。鄂学勉强办理,如撑船上滩,决不得止。太夫人以次皆安好,勿念。有新闻助酒,

① 梁鼎芬藏书箱箧,必自为题字雕刻,或称"食鱼斋",或称"栖凤楼",或称"毋暇斋",或称"节庵",或称"精卫庵",或称"寒松馆",或称"葵霜阁",因时因地而异,皆有意义。"精卫"喻其纪劾权要,等于衔石填海。

至盼千万语得一分。匆匆写此。

鲜翁同年

鼎芬顿首,二月初十日

四四

鄂铸银币,中国自来仅见之作。奉上十饼,可以考今。

穆翁

精卫庵上

四五

今局大风作罢,昨曾上书否?至念。

鲜翁

芬,江[①]

四六

昨久谈甚乐,归倦否?至念。顷已炖鸽汤如昨法,专饷午餐。此时如饭,即请由电话告我。请派神行太保运来,即可食也。有热气,到便可食,再炖味减。讲子游氏之学必知之。

鲜翁

芬,篠[②]

① 江,指三日。

② 篠,指十七日。

四七

公昨见精卫庵所藏倪诗大惊,公以为与二沈一程占尽海王村耶。甘肃有张澍[①],云南有袁嘉谷[②],若说钱澧便是钝笔,此种文法似谁,试一论之。天下士未可轻量也。画社拟在初九日。即复。

四八

蒯、汪对局汪让两子,蒯胜。瑶甫扶病来,江夏黄、童,童来黄不来,大是缺典,请速信。半点钟亦好照相。

鲜翁

芬,谏[③]

京电二则,密密:

“某曾为内应,此外援之说所由来也。”

“朝局稍定,查办闻可和,折秘未详,外援如何?”

① 张澍(1776—1847),字百瀹,号介侯,凉州人。二十四岁中进士,选翰林院庶吉士,历任贵州玉屏县知县,代理遵义县知县,代理广顺州知州,四川屏山县知县,代理兴文,大足,铜梁,南溪知县,江西永新县知县,代理临江府通判,泸溪县(今江西资溪)知县等。

② 袁嘉谷(1872—1937),字树五,又字澍圃,晚号屏山居士,云南石屏人。光绪二十九年进士,又中经济特科状元。历任国史馆协修、浙江提学使兼布政使。辛亥革命后回云南,担选参议员,后任云南省立图书馆馆长,执教东陆大学。晓音律,善书法。

③ 谏,指十六日。

四九

会议竟符公所望。圣明在上,使人感泣共起。一切面谈。

鼎芬

五〇

今日欲走候,事冗不得来,专人奉闻起居。

鲜翁安好

鼎芬顿首,十三日

五一

学费事稍缓议不妨。昨书悔不及,累兄劳心。与汉予同此不安。此次勿回信,静养,一切放下。公所示"姓名小录",大索不得,请携底来,至盼至盼!

鲜翁

芬,漾[①]

五二

赵芯荪昨到汉口,同履初往接,今来乃园午饮,奉请惠临一醉。

① 漾,指二十三日。

鲜翁

芬,晦

五三

专人奉迓同车电公所、布局皆不得。来柳亭赋诗,同社同子同候。

鲜厂、缦厂同年

芬致

五四

见报,开仵作学堂,流俗必骇异。公必许之,有好法示我。

此时甫回吃早饭,过时一粒不下咽。山人雨窗独坐,优游书史,何其可羡!

《戴尚书[①]出使九国日记》一册奉赠

斤竹诗翁

精卫,初十日申卯

五五

午桥已回陕,至可念!已电候之,并述兄病。荣二十日到,二

① 戴鸿慈(1853—1910),字光孺,号少怀,广东南海人。光绪二年(1876)进士,授翰林院编修,后历任礼部、户部侍郎,法部尚书,参预政务大臣,礼部尚书,协办大学士,军机大臣等职。1905年,作为五大臣之一,出使美、英、法、德、丹、瑞士、荷、比、意等九国。归国后认为中国只有改革才有出路,主张以立宪政体代替专制政体。

十一日瞿工尚[1]、张都御史得礼左数日，员凤林[2]川藩周倜直繁晤，不允遣戍(下缺)

五六

俞凤仪久候，未知下落。如在省告我，即有事相烦，不必来在署时少。今日学务处有考验学生事二三百人。大约下午两点钟不能毕，而藩臬两点钟正议大比事，必应往谈。狗命一条，拼死而已。章珠垣今日下午两点钟必到。先复

鱼羊山人

鼎芬，十一日

五七[3]

仕学不进，霜雪已盈，瞻望修门，真成隔世，临风怀想，不殚所怀。梅花照颜，书到腊尾，敬颂

蓼绥我师同年春喜

鼎芬顿首，十二月十日

---

① 指瞿鸿禨。

② 员凤林，字悔生，号梧桐，陕西三原人。咸丰七年(1857)进士，授兵部主事。历任贵阳知府、贵东道道员、安徽按察使、山西布政使代理巡抚。光绪二十六年(1900)八国联军入侵，慈禧太后和光绪帝逃到西安，曾往潼关迎接，授四川布政使。第二年调为安徽布政使，未赴任。

③ 录自瑞安文物馆藏手迹。

五八

自闻皖事后，忧心如焚，沉思屡日，应有吾辈下手之处，可以报国。上年与冶亭别，以通书为属，忽忽半年，未曾发也。兹事关键于冶亭甚多，遂于初七日发一函论之，词切直而未尽。函内略云如不以为谬，望先发一覆电文□则得电即再上。计期今明日函可到京，覆电望前后必来。如不诒然，则不必覆也。谨先密闻。（下缺）

五九[1]

叔葆[2]已行，不知信已交否？过叙，今如何，极念。头晕不能出门。叔颂在坐，乞覆数之。

鲜厂三哥安好

鼎芬顿首，十一日

六〇

外四件送览，还院，又一函请饬送。忙极，可笑。

鲜翁

芬，阳[3]

---

① 以下四件录自南国艺术网·中国书画。（2007年上海泓盛春季拍卖）

② 叔葆指伍铨萃，字选青。广东新会人。光绪十八年(1892)进士，散馆授编修。光绪二十七年，充广西副考官。外官至湖北郧阳知府。精通医学，创办广东广汉专门学校，任校长。

③ 阳，指七日。

六一

左生全孝回，敬悉宫保□躬安健，至慰！身尚未全愈。忠孙十八日上学，并闻。

鲜翁

芬，篠

六二

郭楚生，名宝珩[①]。督院文案，住都府堤，门联“官卑食肉僭”者是。

李宝淦[②]，字经宜。是守非令，劝业场对门。

郭、李二字甚阔名号开上，此纸可谓忙里偷闲。

斤竹山人

精卫厂，八月十四日

六三

顷有一新闻，恐未确，未报，明谈。欲得何种，公亦告我。奉上学务处缮书八名，开单送上，请用之。

---

① 郭宝珩(1867—?)，字伯迟，一作百迟，自号百痴生，又号薯厂，扬州人。光绪十七年(1891)举人，三应礼部试，均不第。以大挑教谕改知县，充湖北抚院文案。后充粤汉铁路总局秘书。

② 李宝淦(宝潜)，字经宜，又字经畦、经彝、汉堂，晚号荆遗。优廪贡生，山东补用知州，湖南候补道，署湖南提学使。博学工诗文，著述颇富，有《汉堂诗钞》等。

鲜翁学使

鼎芬顿首,十一日

六四

朱生贵华枢柳溪来电,今日自京斗回,已告聘翁,得凌监学黄冈人莳渡以料理。介厂已派。带一号房两勇,并告夏鼎照料。专布
鲜厂学使同年

鼎芬顿首,廿二日

致黄绍箕书一通[1]

康有为

1888 年

顷颇能自遣不？亡篆之馀，读何书也？庄生所谓“人之生也，与忧俱来”，中年惕哀，正复不免。若未能自解，以《内典》《传灯录》等书破之亦佳，不能遽斥为淫声美色也。

仆尝谓词章如酒能醉人，汉学如饾饤能饱人，宋学如饭能养人，佛学如药能医人。此论公以为然不耶？兄天性笃挚，好善如不及，诚忠臣、孝子之基也。然牵于世网太深，亦少刚拔坚毅之气，务于近时学问议论，名誉太熟而少破弃。凡近养心养气之功，我辈皆然，率由鞭策不紧之故也。

朱子曰：老僧隐深山，草衣、木食数十年，故其出也，俊伟光明。詹詹小儒，那得不出其肘下！盖佛以戒为第一功德，住处能持净戒，则能生诸禅，定寂灭。若智慧人能从其戒，是先有坚定金刚志矣。由是加教，岂不大易？故多负荷之人。若儒教，欲涵濡以《诗》《书》，陶融以《礼》《乐》，靡广以学问，不知托身于名誉、富贵、宫室、妻妾之中，嗜欲繁生，谈何容易？拔而出之，其难成也固矣。所

---

① 录自《康有为全集》（上海古籍出版社，1987 年），题为“与黄仲弢编修书”。

以然者，儒之敷五教在宽，佛之持八戒尚严。今若不由戒定入，而欲剪除荆棘，荡决薮泽，其亦难矣。刘元城、陈了翁诸公于此道颇有得，故能卓卓有立。朱子于此道所得实不浅，不过五十后弃之耳！

公学纯乎儒，仆敢以此说进者，亦所为药笼中之物，非欲公常服之，但借大黄消泻其积滞。亦一谓仆若迟出山数年，修炼精悍，当更有成。今失良友，将来入山，未审若何，故于足下不能无眷眷也。

吾子亦精神未紧，骨髓未坚，由世故太深，无人摩厉之故。抑吾子智者也，不能以常理测之，愿稍破常格，无为含蓄虚隐，而后彼此得尽无隔阂之虑。大约世变不同，今非以出世心，行入世事不得。虽禅者说，正不得以异教论，不然，终为依阿世故之人。非可置于铁轮顶上旋者。非足下达识，不敢竭也。

致黄绍箕书一通[1]

彭谷孙

多日不闻教,企仰企仰!贵阳去后,弟能重来否?乞酌之。手此布恳,敬请

仲弢仁兄年世大人升安

弟彭谷孙顿首

寄校场五条路东。

① 彭谷孙(1867—?),字子嘉,别字及盦,苏州人,彭蕴章孙子。历任广西道、贵州财政监理官、奉天提法司等职。与堂兄彭翼仲主编《启蒙画报》。

致黄绍箕书一通[①]

溥 良

1907 年

鲜庵同年足下：

自别风仪，载更寒暑。思维令德，何日能忘。惟乐育英才，广厉学官。荀卿之游稷下，最为老师卜氏之居。西河疑于夫子，知高朕礼塈、文翁学堂，不足方规模于百一也。弟忝掌秩宗，愧弗克胜。昨岁恭奉明诏，命修典礼。不揆弇陋，粗定章程。入告九重，幸蒙俞允。窃谓颂礼之事，固有司存。如其厘定，以俟君子。夙闻瑞安孙先生仲颂，通经笃实，治礼专家，业已奏闻派充总纂。议礼制度，本圣天子之事。尊德乐道，遇大有为之君，建首善于京师。定太常之因革，斟酌损益，当亦有乐乎此。惟弟猥以职守，不遑造庐。既缺相见之仪，安问交际之道？区区之意，行有未慊，用敢浼公介绍，务为延致。倘得安车就道，惠然肯来，则绍泰礼度，出文阿之裁撰；宣武朝仪，悉刘芳之修正。著于功令，为天下式。不朽盛业，莫过于兹。如以年将耆艾，不耐远涉，亦惟执事致主上敦化励贤之志，移风移俗之心，迎申公以蒲输，见郑君以几杖。冀得强起，勉为条

① 录自曹元忠《笺经室遗集》卷十四。此函为曹元忠代笔。

例。威仪章服,待草创于董钧;裁定刊正,资发起于卢植。岂惟典领条奏,益我实多。且将大有造于国家。于以内抚诸夏,外接百蛮也。焉有公不玉成其事者乎?至于往来京邑,还归乡里,办装之钱,当奉官才。仰承先容,并求将意。白驹皎皎,会闻空谷之音;束帛戋戋,愿劝邱园之驾。凡此琐琐,以渎故人。敬俟德音,无任跂望。

致黄绍箕书一通[①]

蔡元培

日来小极，不克检书。委事辄以一通塞责，率陋恐不中用也。诸希鉴亮，敬上

仲弢年老前辈左右

侍元培拜白

所据皆国朝人经说，皆阮、王两刻[②]所有，故不别录目，并闻。

① 蔡元培(1868—1940)，字鹤卿、孑民，号孑农，绍兴人。光绪十八年(1892)进士，授庶吉士、翰林院编修。后任绍兴中西学堂监督、南洋公学教习。组织中国教育会，任光复会会长，加入同盟会。入民国，任临时政府教育总长、北京大学校长等。

② 指阮元校刻的《学海堂经解》、王先谦校刻的《皇清经解续编》。

致黄绍箕书十七通

端　方

一[①]

1895年6月28日

仲弢大哥世大人如手：

今日奉惠书，欣闻师驾安抵梁园，孺怀极慰！

自款局成，事变种种。俄虽代索辽南，然挟势借给一万万，我尚未有以应也。俄、倭为朝鲜相持，至倭派兵筑垒，我尚无以备也。英人责我以滇界饵法，势其汹汹，我又无以谢也。周督、刘将军有电，刘永福近两获大捷，如果得力，台北疑可复。人谓中倭战事此为结局，吾谓天下大乱，此其见端也。

伯希在此，夜谈书画，填词已就，尚未写出，允必续寄，当代促之。

寄示唐石拓本，而系唐初文字，皆在中中，卅两请为我留之，能省更好。《隋姓前主簿志》，弟未见拓本，或见而忘之，如字体清晰，

① 第一通录自俞天舒编《黄绍箕集》。

二三十金可收。均先求垫款,即日寄还。辇至京师,则请觅便,否则存尊处,弟自能设法搬运也。此外如遇佳品,幸设法为购致,汉魏六朝,斯为上上,但物精价廉,举可代购,无须往返函商也。

吉甫[1]捐赈陕西,张少预见否?于晦若辞合肥南去矣!钟德祥[2]近因出售奏疏,为一宗室崇姓所持,有脏有证,崇姓在都察院控告,因案关言官纳贿,咨交刑部,钟君家奴今在白云司,其事不了,亦异闻也。

河南四会五达之地,见闻颇不落寞否?附寄所得《兰台令史议郎》等字残石一本,乞品次,按碑所称官阀,皆参与前、后《汉书》,其篆法与《韩仁》《郑固》等额相类,决然为后汉时物。《三公》《三阙》而外,篆书殆不多见,是又可宝也。拓上求为考论及之。

出青州府城南二十里,房家锡店文从何日言归?使便幸随时寄我数行,至为盼望,肃请

侍安

如弟端方叩头,闰五月初六日

夫子大人座前万福,伯希属候。

弟现在一切不买,而远闻佳石,犹自心喜,幸大力赞成之。

---

① 吉甫指允升(1858—1931),号素庵。姓多罗特氏,清蒙古镶蓝旗人。光绪八年(1882)举人,历任山西按察使、布政使,陕西布政使、巡抚,江西巡抚,察哈尔都统,陕甘总督等要职。

② 钟德祥(约1840—1905),字西耘,号愚翁,广西宣化(今邕宁)人。光绪二年(1876)进士,选庶吉士,授翰林院编修,江南道监察御史。以刚正敢言著称。曾上疏批评李鸿章,弹劾川督刘秉章,揭露广西厘税过重。后被反诬以参稿胁人索贿,被革职留放军台。期满释放回南宁办团练。著有《集古联词》《宣南集》《征南集》各一卷。

二

此法甚好,已加函交舍枢侄矣。迎冰拉悔翁[1]同行否?

鲜翁

方,阳[2]

三[3]

弊藏最大之权,重秦斤百二十斤,愙斋定为石权,不谬也。秦权殆未有大于此者,拓奉鉴赏,以此赂君,求公早交卷耳。并请将弊轴题下,容百谢不尽。

鲜堪大哥

如弟方顿首

四

朱建卿[4]金文拓本,屺怀欲索观,望捡交去人捧回为幸。日内请过从一谭。此颂

① 指纪钜维,号悔轩。

② 阳,指七日。

③ 三、四两通录自瑞安文物馆藏手札。

④ 朱建卿(1800—1855),名善旂,字大章,浙江平湖人。收藏家朱为弼之子。道光十一年(1831)举人。官国子监助教,并署博士监丞,俸满记名六部主事,武英殿校理。有《敬吾心室彝器款识》。

鲜翁兄长道祺

如弟方顿首，廿一日

五

节诗抄览。闻君向节有所言，节欲来转告，又以病故不得出，明晚幸惠过。

鱼羊山人

方，冬[1]

六

朝鲜线断否不可知，大约非大北公司线。但声明“电报传不到不担责任耳！”吴候调，方北上，中国若真守局外，各路派兵入援，恐于公法不合。查牧来电“学生缓去”。兰孙[2]在日当无防碍，若日打败仗则须躲避矣。文老九送之百元，请吃一顿，当不致大怒而去。

鱼羊山人

方，敬[3]

① 冬，指二日。

② 指黄绍箕长子曾延，字兰孙，此时正留学日本。

③ 敬，指二十四日。

八

1904年

延吉厅恐是增将军①新建，惜原奏记不得矣。新印《东三省铁路图》②奉上一本，图中觅此厅不得，请更细索之。

蓝天蔚③等三生坐法公司船来华，早晚必到。肃请

鱼羊山人新安

如弟方顿首，冬

八

赵渭卿④来，非撤郎裕身不可，说他有讹索情事，又甚懒惰，时不在局。牙厘总办要撤一小小委员，只好照办，或别为设法。特奉闻。

俄日均各添兵，馀无要电。

---

① 增将军指增祺（1851—1919），满洲镶白旗人，伊拉里氏，字瑞堂。曾任齐齐哈尔副都统。光绪二十三年（1897）擢福州将军，充船政大臣，兼署闽浙总督。二十五年调盛京将军。三十三年起相继为宁夏将军、广州将军，后兼署两广总督。宣统三年（1911），为皇族内阁弼德院顾问，旋去职。

② 清光绪三十年（1904）使俄大臣胡惟德所编。

③ 蓝天蔚（1878—1921），字季豪，湖北黄陂人。先后入湖北防营将弁学堂、湖北武备学堂就读。光绪二十八年（1902）赴日本留学，入陆军士官学校工兵科第二期。1904年学成归国，任湖北将弁学堂等校军事教习。1910年，赴日考察，回国后被任为东北第二混成协统领，驻防奉天。辛亥革命后被举为关东革命大都督、北伐军第二军总司令等。

④ 赵渭卿（1855—?），名滨彦，归安人。历工部都水司行走，户部山西司主事，直隶州知州。光绪十五年湖北道员。后任湖北学务处总办。光绪三十二年任两淮盐运使。

发春雀兴如何？能如恰巴尼斯之兴会否？昨夕在江楼伫公至夜分不至，真可谓“临江迟来”矣。

鱼羊山人

方，庚[①]

九

1905年4月27日

鲜盦大哥尊前：

两教具悉，并拜文书长卷之赐。卷为文书至精者，与猛厂并几叹赏，无异在胭脂山半景桓楼中矣。敬谢敬谢！吉甫在京想得常见，能望兄《褒斜道碑》[②]否？谓《大开通》。

邓生玙见过数面，渠意在出洋，已咨派。其父武人而知书，必思得当以位置之。

弟到此将两月[③]，学、兵二者略加整比，尚无大效，此间办事阻殢大多，非如鄂、苏[④]之顺手。弟任事最是热心，然默察近象，似办事与不办事全无皂白之分，且恐办事大多转滋多事之疑，无前猛锐之概，漫参一二分迟回前却之思，亦自不解其何以若此也？

近抱翁与鄙人意见日深，湖南之钱每年送湖北八九十万，膏捐

---

① 庚，指八日。

② 《开通褒斜道刻石》，又称《大开通》，全名《汉鄐君开通褒斜道刻石》。东汉永平六年(63)刻，隶书十六行，行五字至十一字不等。石在陕西褒城北石门溪谷道中，为现存东汉摩崖刻石中之最早者。

③ 光绪三十年十二月初一日(1905年1月6日)，端方受命调任湖南巡抚。

④ 指光绪二十七年四月至三十年四月，端方任湖北巡抚三年。并于光绪二十八年(1902年10月7日)兼署湖广总督。光绪三十年四月至三十年十二月初一日，署理江苏巡抚七个月。

三十馀万,赈粜五十万。弟到此查各局尚存湖北欠款四十万,向来不能痛快解去。同抱电提,遂扫地出门送去。湘官绅颇有怨言,乃抱不以为德,而意见如故,且又加深。于南省事,非徒膜外置之,且处处加以牵制抵制之术。鄙人久溷此邦,不徒于鄙人无益,真于南省无益也。闻左立达在湖北宣言,谓"抱膜视湖南,似朝廷裁了湖广总督,并非裁湖北巡抚"。则近情可想见矣。次山书来,谓"其不为时谅,不为内部所容"。几与鄙人相等,然则次公于内部感情可知,鄙人更可知矣。

东行暂作罢议,不知近日又提起否?

再,八旗学堂从前荫老作管理时,每年领户部二十四万。记是此数,不知的否?今据彭方傅言:年仅支十万。当此振兴教育之日,岂宜尚少于从前?公能言:"于前事增筹经费,多开小学,多送东西洋游学",其功大矣。幸留意速办,至为感叩!老五①总求时时督教,俾有所进,至深感幸!肃请

台安

如弟名顿首,三月廿三日

再,有关涉大局、关涉湖南、关涉鄙人要语,请随时电示,如虑由老五转稍迟,请径电鄙人,费由弟出。请挂另"郯"字:湘致京电,"北京郯";京致湘电,"长沙郯"。晦老久无书来,闷损已极,晤时乞为道意,至叩!

---

① 老五指端绪,字仲纲,或作仲刚,端方弟。满洲正白旗人,官至礼部右参议,宣统三年(1911)改典礼院总务厅厅长。

一〇

中秋节日尚无事，当如命前来。惟诸生奖借过量，真不敢当耳。浙路股，大局所关，自应如命附股，惟拿钱多少方下得去，尚求密示。日来之忙不减王文敏矣！

鱼羊山人左右

方叩，佳[1]

一一

袁君能明后日九钟前到寓，必见之。昨函已发，初七可达。

鱼羊山人

名顿首，即刻

一二

袁观澜[2]孝廉已见，甚切实。瑞澂事已详告鼎臣，令于家报中转述矣。馀晤及。

鱼羊山人

方顿首，初九

① 佳，指九日。

② 袁希涛（1866—1930），字观澜，又名鹤岑，上海宝山人。光绪二十三年（1897）举人。清末民初著名教育家。

一三

叔蕴[1]《调查政治管见》及《教育管见》此件顷始寄来均见过。洞帅十九起程,鄙处已得电,公既闻知,不复送阅矣。

今晚有景东甫[2]之约,九句钟必回。筱禹、汉辅[3]亦来,盍惠顾夜谈。

鱼羊山人

名心顿首

一四

清酒只馀一尊,愧无以佐菊秋佳兴也。石谷画虽承雅意见惠,实不敢领,敬谨璧还。此莲生所谓"老假者",琉璃厂所谓"充期货者",吾无取焉。

鱼羊山人

方叩

---

① 罗振玉(1866—1940),浙江上虞人。初名宝钰,后改名振玉,字式如,又字叔蕴、叔言,号雪堂。十五岁举秀才。光绪二十六年任湖北农务局总监兼农务学堂监督。二十八年任南洋公学虹口分校监督。次年入两广总办岑春煊幕参议学务。三十年任江苏师范学堂监督。宣统元年(1909)补参事官兼京师大学堂农科监督。有《罗雪堂先生全集》。

② 景沣(1852—?),后改名景丰,字东甫,满洲人。历官兵部侍郎、刑部侍郎、总管内务府大臣等。善花卉。能画梅,梁鼎芬有题其画梅诗。谥诚慎。

③ 汉辅,指王崇烈(1870—1919),王懿荣次子。光绪二十年(1894)举人。历任军机处存记补用道,清史馆协修。

一五

徐衡山[①]至今未走,而湘中待之甚急。昨问衡山,据云:“公尚有信令持去,因待信故,遂迟迟。”公务要即刻写信送交,或告以不写信,使之速行,万万不可迁延,致令生心。拜恳拜恳!两悉。

一六[②]

阴雨连绵,雪老之约不得践。闻已移尊弊斋,望仍拨冗早过是望。

鲜堪老兄大人左右

如弟方顿首,望日

必来必至。

一七

今日有何事而竟无暇?〔今日〕下午无论如何忙迫,务请见过,与屺怀作夜谈为望。

鲜堪大哥

如弟名顿首

① 徐衡山,名本麟,宣统末知澧州。

② 十六、十七两通录自陈烈主编《小莽苍苍斋藏清代学者书札》(人民文学出版社,2013 年)。

致黄绍箕书一通[①]

缪荃孙

仲弢仁兄大人阁下：

陈氏[②]《公羊疏》廿册呈缴，乞察入。提调云：如刻成，乞即将刻本送馆，谅可行也。弟翻阅数日，见其中有未疏者，有空白者，或原书未成，或草稿模糊，钞胥脱落，均未可知。刊行一层万不可缓，字多款巨，集赀实难，须乘老伯[③]在苏省任内交付书局刊成，以竟陈世兄[④]奔走数年之志，亦儒林盛事也。

提调又言香涛师在馆日，分纂《韩中丞超列传》，取有官书数册。香师出京，闻交幼樵前辈，并闻幼樵前辈转交吾兄，未知确否？如已撰就，或无暇撰，乞示知。顾君[⑤]《后汉艺文志》，希检全部分钞较捷，顾书前二卷亦平平，不知后数卷若何？手此布达，敬请

著安

弟期荃孙顿首

《公羊疏》采摭极博，然亦无甚心得。公羊家言较多，故门面尚好。廉生见之必又有讥评矣。

---

① 录自瑞安文物馆藏手迹。

② 陈立（1809—1869），撰《公羊义疏》。

③ 指黄体芳，于光绪六年（1880）至光绪十一年（1885）间任江苏学政。

④ 陈汝恭，字子受。陈立之子。

⑤ 顾櫰三，字秋碧，江苏江宁人。撰《补后汉书艺文志》三十一卷。

致黄绍箕书一通[①]

黎荣翰

仲弢我兄大人阁下：

几日未趋候，悬知课业勤劳，不敢过扰。然企慕精书折子，靡日忘怀，即乞裁赐两开，以慰渴想，幸甚！荣行期只缘守候宏和公司各货装箱，许为代带。其股本多属敝本家招呼，故须代办妥当。致耽搁数天，要不出廿日左右也。

又前承示北洋王夔帅[②]复电，种种敬悉，唯念翎枝既须另办。是专奏只在加衔一端，计不如仍旧由直赈捐局办行，同属一处赈务，而办法较捷。

日昨三益捐号已由电呈报天津督署，理合复知执事，并祈函复夔帅致谢费心。弟行抵津门时，亦必亲趋督署拜谢，或尊函修便，附弟顺带亦可也。场后走晤再陈，即叩

元安必一

弟荣翰顿首上，十四日

---

① 黎荣翰，字壁候，广东顺德人。光绪二年（1876）进士，散馆授编修。光绪十一年，任陕西学政。

② 王夔帅指王文韶。

致黄绍箕书一通[①]

潘祖颐

仲弢仁兄世大人阁下：

中东一席，渥蒙俯允，此诚都人士之幸，谨备关书聘敬，伏望鉴存。又附上先集两种，并希察及是荷。肃泐，敬请

道安

世愚弟潘祖颐顿首，即刻

① 潘祖颐(1848—?)，字竹岩，江苏吴县人，潘祖荫堂弟。光绪十八年曾任台州知府。

致黄绍箕书二通

潘祖荫

一

去岁送上黑纸扇一枋并金碟，奉求法篆，务祈检出，即予一挥。千万勿吝珠玉，三日走领。不情之请，幸谅之！为叩
中弢仁兄侍史

荫谨白，十七日

〔黄〕少大人

二

《克钟》二分，即祈转赠仲容，祈为审释第二器之第一字，此上
仲弢太史

荫顿首

致黄绍箕书一通

康

复教具纫，雅意肫挚，届日一准趋陪。惟是日约局仍多，只能顺路而行，到公处约在四钟矣。此时已无他局，可以流连景光，致足乐也。敬请

仲弢仁兄世大人台安

弟康顿首，廿四

致黄绍箕书一通

辉

悬件未识已撰就否？务祈三五日内交下，缘愚卿同年[①]屡来催取，且排字画格及写成后装裱，均须稍有一二日工夫，故不得不及早办理，否则亦不敢琐琐奉渎也。

再，屏十二张，除去衔名三二张，每张或五行廿五字，抬头在内，半行者亦在内。或六行卅字，以文之长短配行之多寡，然总以或五行或六行方能合式，此恳。即请

仲弢仁兄同年大人升安

年小弟辉顿首，十二

① 愚卿指戴彬元（1836—1889），字君仪，号虞卿、渔青，顺天宁河（今属河北）人。光绪六年（1880）进士，选庶吉士，散馆授编修。书法见称于时。

致黄绍箕书一通

珊

示悉，昨晚奉帅谕，今日十钟会同高观察晤英领事，九钟即须过江。军医学堂应如何办法，祈主持一切。说帖稿赐一看，或抄致一分挈珊名附骥上呈，为感！

中弢仁兄同年大人阁下

年愚弟珊顿首，十四

致黄绍箕书二通[①]

桊

一

亦不见好，不过年时尚陈而已，如用祈示之。刻闻游子岱[②]廉访科分是辛亥，未识知道否？刻间诸事业已交按清楚，本拟走谭，则已子初矣。此复，即请

仲弢同年仁兄大人箸安

年小弟桊顿首

近得此印，元时物也，大似符箓，颇有趣味。

二

汉瓦暂留弟处，明日专一小心人持去，面同量宽窄后，即令其

① 桊二通录自瑞安文物馆藏手札。

② 游智开(1816—1899)，字子岱，湖南新化人。咸丰元年(1851)举人，曾任和州知州、直隶永平知府，光绪十一年擢四川按察使、权四川布政使、护理四川总督，后任广东布政使兼署广东巡抚。

持回奉缴也。大约廿三四可以成就,弟催其赶办可也。此上
仲弢仁兄年大人

弟棨顿首

致黄绍箕书一通

蓼

前云之件,依尊议分作两起:一明秋,一明冬。书成,遣送弟处,不必劳驾。幸于溪人无足信,所信者木厂掌柜吏部书办,其索券玄也。

穆君

蓼顿首

致黄绍箕书七通

佚　名

一

1900年8月25日

中弢世老前辈大人左右：

契阔经年，不意顿遭世变。昨抵关中，午桥同年[①]函示尊电，辱以眷累播迁，远劳拳注，感戢五内，非可言宣。

执事借著鄂中[②]，足以隐维时局，沸螗之扰，幸赖畺帅多贤，东南半壁[③]恃以无恐，而大局因以渐有转机。惟议款以剿匪为枢纽，主之者势成骑虎，能否不生一意外之虞，殊无把握。敌虽强而众，

① 指端方，注见前。

② 指1900年春，黄绍箕受张之洞之聘，赴湖北主持两湖书院。

③ 指光绪二十六年(1900)，在清政府与各国宣战后的第六天，张之洞、刘坤一派上海道与各国驻沪领事议定"东南互保"条约，规定：租界归各国共同保护；长江及苏杭各国商民、教士、产业由督宪保护；各国兵轮水手不可登岸，各国派兵轮驶入长江等处，若引起动乱，中国不认赔偿等等。"东南互保"有一定的积极作用，在北方陷入空前战乱的情况下，南方各省保持了相对稳定的局面，经济发展、人民生活未受影响。

犹幸牵制多端,惟德人屠使之仇[①]不易偿恤。俄兵北路、西路势并长驱,非寻常款局可比。目前之强宗骄将,以后之散匪溃兵,收拾残棋,谁肩此任?中朝回望,杞忧曷有已也?

侍一家细弱,本已阖门待命,奉使后勉力摒播,与橘农[②]前辈处同伴出京。因室人有孕,不耐长途,至保定后分路赴栾城县舍亲处暂住,途中已得确信。橘农家报想未详也。使车中辍,不便乞假,承午桥同年竭力绸缪,俾成返辔之计,实可感佩!侍不材之木,无田可归,一身一家,早以破甑。故前函书就,迟迟未寄,半月以来时局又非前比。

两宫到晋,已得确电,随扈何人,尚未知。许、袁、徐、联之事,当轴全无悔祸,尚何言哉!

侍初三日绕道,由汴北行,私愿挈眷取道襄汉,不知能否如愿。倘得假缘相见,亦天常矣。

侍又顿首,八月朔

二

奉呈董香光、查翿山、翁原溪字三件,董、查似真,翁书则伪,请法家鉴定估值,示知件即交回彼人坐候也。两宥。

---

① 指克林德事件。克林德(1853—1900),德国外交官,光绪二十五年(1899)为驻华公使,在义和团运动期间被清军士兵打死,史称克林德事件。此事成为诸列强联手直接大规模出兵镇压义和团的导火线。二十七年七月,清政府签订《辛丑条约》,其中规定:清政府派醇亲王载沣为头等专使大臣,代表中国政府就克林德被杀一事亲赴德国谢罪致歉,并在克林德被害处(东单牌楼)建立碑坊。

② 指李传元。

三

（上缺）劾折津，则枢译二垣皆变色矣！病在表里，联成一气，此举为大塞立路之机，于国事万万无益，且此后联名之局千万不可多举，务求俯采刍论为叩。日前一役，晚已将鄙见诉之于黄岩丈前，非临大敌则怯也。目下除择帅筹饷，他皆皮毛之论耳。闻和事颇有端倪，信否？知名两浑，恕牵。

四

（上缺）示及前节，前途此事并不在心，只用旭庄作一札，言此款已拨浙江则完事矣！敝省振事，兄与此辈为两气，不过话也，盖甚恨之！山东振款不但不敷裕，且所需甚急，处无存者，大可忧也。浙振兄亦为募之，此事虽极之海外亦不分畛域耳，救得一命是一命。

安刻《初学记》[1]二本纳上，此书装璜甚旧，久写恐工人不□致，书眉不一□，□先以九洲书屋本应命。赐书签求速藻，专复

中弢仁弟同年

名顿首

顷送仲饴召对始回。潦草作复，乏不可言。

---

① 安刻《初学记》三十卷，唐徐坚辑著。明嘉靖间锡山安国桂坡馆刻本。

五

比日苦于吏事,自十二日自西至极东,验城三处,十三日晚出朝阳门,夜侍跸路,迎上诣日坛,又幸东岳庙,凡跕道三次,往反庙中六次。次日班侯兄作消寒七集,惫不能到。昨又自极西至极南,验城九处。今日又坐城决事,日夕方能了。云山别墅消寒八集须夜方可赴,希谕伯羲同年,如作夜饮,必当趋赴,否则鉴谅为幸。前在紫藤精舍本约十七日也。此上

仲弢仁世兄同年太史

弟□□顿首,大花朝次日

昨日覆觐,必记名矣。

年伯大人前先道喜为幸。

比只明日有一天暇,十九日极拟赴佩葱兄湖南馆之饮,而是日六科五城在湖广馆团拜,向例吏科为政,而街道作主人,遍请前任五城街道,终日应酬,极为苦事。年伯母寿辰[①]亦恐不能趋叩也。

又拜

六

示悉,菊兄所虑者远,拟稿必周匝,可使外部下台,可杜英人之口。弟刻即赴湖,十一到馆再集议。菊函即交尊纪携回,请便中送修兄阅可也。此复,即颂

---

① 黄绍箕继母陶氏,二月十九日生日。

中弢仁兄世大人台安

弟□顿首,初六

七

东文颇不耐观,汉口有极大者甚精,惜是英制。弟自恨未习洋文,看如不看也。该值若干,乞示。专此奉恳,即请

仲弢学士大人晨安

□顿首,十六日冲

三　黄绍箕年谱

黄氏源流

黄氏之先出自黄帝公孙，至陆终封国曰黄，因以为姓，居江夏口，受其采地，因以为郡。唐时有太尉乾，字秉元者，以才辟为殿中少监，历官福建刺史，乃居福建长溪赤岸。后遭王审知之乱，复自长溪徙浙江瑞安之来暮乡合湖。传八世至宋孝廉陈留县尹凤，字舜仪，于崇宁间再迁瑞安白岩里，始称白岩黄氏。三传至佾，登绍兴乙卯汪应辰榜进士，《邑志·选举》载之。历明迄清初，世有潜德，名业弗彰。康、雍间，有宏韬及其子仕彬，俱庠生。仕彬生诏，太学生。诏生元理，元理生象清，字韶音，号成九，郡禀生。象清生吉人，字履祥，号梧阳，岁贡生，选训导，娶同邑吴氏，则体正（菊渔）、体立（卣芗）、体芳（漱兰）三先生之考妣也。今体芳先生一支流寓于外，馀族居邑城小沙堤。

白岩黄氏世系表

一世凤——二世塍——三世佾——四世德明——五世永宽——六世定——七世本润——八世彩——九世隆顺——十世庆——十一世现——十二世昌——十三世豹——十四世赍——十五世厚——十六世汀——十七世敬——十八世赐——十九世楠——二十世琳——廿一世守烨——廿二世宏韬——廿三世仕彬——廿四世诏——廿五世元理——廿六世象清——廿七世吉人——廿八世体芳——廿九世绍箕——三十世曾延、曾辂、曾武

咸丰四年甲寅(1854)　一岁

正月十二日,谱主出生于瑞安城厢居第。

咸丰五年乙卯(1855)　二岁

五月二十日,谱主从弟绍第出生,二伯父体立之子。

是年,胞妹珩生。

咸丰十年庚申(1860)　七岁

是年,谱主发蒙问学,同时,从父课读。

同治元年壬戌(1862)　九岁

谱主幼而岐嶷,好深湛之思。自家塾日课外,浏览经史百家,焚膏继晷,恒至夜分乃就寝。

同治三年甲子(1864)　十一岁

春,父假满还京,携眷同行。谱主首入京师。

同治八年己巳(1869)　十六岁

六月,祖母吴太淑人八十诞寿。张之洞、陆尔熙、同邑孙衣言等皆有文致祝。

是年,谱主随父归里,为祖母祝八十大寿。

同治九年庚午(1870)　十七岁

八月,父体芳任福建学政。

闰十月二十四日,祖母吴太淑人卒,父体芳卸学政职归里丁忧。

同治十年辛未(1871)　十八岁

谱主应县童子试,以第一名补博士弟子员,旋食廪饩。受知于罗子森(雨樵)大令、费莫裕彰(昭甫)太守。旋与金晦(稚莲)及孙诒燕(翼斋)同入泮,受知于学使丹徒丁绍周(濂甫)太仆,当时瑞庠中有"三君"之目,乡里望若景星庆云。

同治十一年壬申(1872)　十九岁

谱主从张之洞受业(黄曾延、黄曾辂、黄曾武《哀启》),讲求有用之学,于古今学派之流别,中外事局之变迁,潜思精究,知识日益广,事理日益澈。张公每称谱主学有心得,为精金良玉自然粹美。而谱主尝自言,"一日在张公寓斋侍坐,得闻张公与许公振祎论古今法书源流至漏三下"。(《和奉新年伯赠家大人诗原韵》六诗注)

同治十二年癸酉(1873)　二十岁

四月,谱主与绍第家居,与黄岩杨晨(定夫)孝廉同从孙锵鸣荐,为永嘉经制之学,而与孙诒燕为讲友。

谱主乡试荐卷,受知于同考官方泩(春波)明府。

同治十三年甲戌(1874)　二十一岁

十一月十三日,谱主闻母病,随父赶回济南。于十五日抵达济南学署。二十六日,谱主生母周夫人卒于济南学署,年四十一。(黄体芳《致周昭泰书》)

光绪二年丙子(1876)　二十三岁

是年,谱主肄业瑞安诒善祠塾。

光绪三年丁丑(1877)　二十四岁

春,谱主北上赴京,孙诒燕作有《送黄仲弢绍箕渡海入都省亲》七律二首。

四月,谱主肄业于国子监南学,从桂昂(杏村)祭酒、张家骧(子腾)祭酒、良贵(子修)司业、顾元昌(俊叔)助教游。

是年,娶山邑刘祝三(蕖村)孝廉女。

年底,谱主回瑞安,曾与孙诒让交谈。

光绪四年戊寅(1878)　二十五岁

四月二十七日,谱主在温州登轮赴上海。三十日,抵达上海。

五月初六日,谱主在上海写信致陈虬,为陈虬来沪设医馆觅地,并提出行医要义。

十一月五日(11月28日),孙诒让作函致谱主。

是年,在京,常应金台书院课,先后为顺天府尹王榕吉(荫堂)、周楣(少棠)、府丞潘斯濂(莲舫)诸公及王发桂(小山)、张集馨(椒云)、胡家玉(小蘧)诸院长所激赏。

光绪五年己卯(1879)　二十六岁

八月初八日(9月23日),谱主应顺天乡试,点名,入场。初九日(24日),乡试首场,试四书文三篇:“子贡曰:如有博施于民而能济众,何如? 可谓仁乎? 子曰:何事于仁,必也圣乎”;“德为圣人,尊为天子，富有四海之内”；“孔子，圣之时者也”；试帖诗一首“赋得郊原远带新晴色得晴字五言八韵”。初十日（25日），乡试头场毕，出闱。十一日（26日），再入闱。十二日（27日），乡试第二场，试五经五篇：题为“初九：拔茅茹，以其汇征吉”；“安民则惠，黎民怀之”；“如埙如篪，如璋如圭”；“会于萧鱼襄公十有一年”；“升中于天，而凤凰降、龟龙假；飨帝于郊，而风雨节、寒暑时”。十三日（28日），乡试二场毕，出闱。十四日（29日），入第三场。十五日（30日），乡试第三场，试策问五道。十六日（10月1日），乡试第三场毕，出闱。

九月十五日（10月29日），顺天乡试揭榜，谱主中第十九名举人，出徐桐（荫轩）尚书、志和（叔雅）侍郎、殷兆镛（谱经）侍郎、钱宝廉（平甫）侍郎之门，荐主为李肇锡（子嘉）编修。随后应保和殿覆试，题为“宰我、子贡善为说辞”；“赋得播厥百谷得函字五言八韵”。钦定第一等第一名。阅卷师有宗室灵桂（芗生）尚书、万青黎（藕舲）尚书、颜札景廉（俭卿）尚书、董恂（韫卿）尚书、潘祖荫（伯寅）尚书、童华（薇研）总宪、宗室松森（吟涛）侍郎、许庚身（星叔）大理。

十月初三日（11月16日），谱主致函孙锵鸣，告以“秋仲观场，遽尔侥幸，覆试又忝居首”，“自念此时之寸进，皆由昔日之甄陶”。

是年，与番禺梁鼎芬订交。

光绪六年庚辰（1880）　二十七岁

三月八日（4月16日），谱主应会试，是日入闱。九日（17日），会试首场，考“四书”三篇及试帖诗一首，题为：“子曰：吾与回言终日，不违，如愚。退而省其私，亦足以发，回也不愚”；“柔远人，则四方归之，怀诸侯，则天下畏之”；“又尚论古之人，颂其诗，读其书，不知其人可乎？是以论其世也”及“赋得静对琴书百虑清得清字五言八韵”。十日(18 日),会试头场毕,出闱。十一日(19 日),再入闱。十二日(20 日),会试第二场,试“五经”五篇,题为:“圣人养贤以及万民,颐之时大哉矣”;“月之从星,则以风雨”;“其饷伊黍,其笠伊纠”;“秋九月,齐侯、宋公、江人、黄人盟于贯僖公二年”;“黄目,郁气之上尊也”。十三日(21 日),会试第二场毕,缴卷出闱。十四日(22 日),复入闱。十五日(23 日),会试第三场,对策问五道。十六日(24 日),会试第三场毕,出闱。

四月十二日(5 月 20 日),见红录。十三日(21 日),会试发榜,谱主中第六名贡士。正考官:户部尚书景廉(俭卿)。副考官:工部尚书翁同龢(叔平),吏部左侍郎、总理各国事务大臣麟书(素文)、兵部左侍郎许应骙(昌德)。翰林院修撰陆润庠(凤石)为荐卷师。十六日(24 日),赴保和殿复试,试题为“伊尹以割烹要汤”及“赋得日久蓬莱深得深字”。十七日(25 日),复试报至,名列第二等第十四名。阅卷大臣为徐桐(荫轩)尚书、李鸿藻(兰孙)尚书、童华(薇研)总宪、殷兆镛(谱经)侍郎、松森(吟涛)尚书、麟书(素文)侍郎、邵亨豫(汴生)侍郎、锡珍(席卿)侍郎、杨宜振(春宇)侍郎、乌拉喜崇阿(达峰)尚书、孙诒经(子授)侍郎。十八日(26 日),上谕新贡士准殿试。二十一日(29 日),谱主赴殿试对策。二十四日(6 月 1 日)上午,谱主赴乾清门听候小传胪,名列第九名。二十五日(2 日),是日传胪。殿试金榜下,谱主名列第二甲第六名。同榜进士中,与丁立钧、梁鼎芬、王咏霓、于式枚、王颂蔚、李慈铭、沈曾植等人关系甚笃。二十六日(3 日),谱主赴礼部恩荣宴。二十八日(5 日),谱主赴朝考,试题为:“取材于地取法于天论”;“耕藉田疏”;“赋得芳郊花柳遍得芳字”。二十九日(6 日),朝考榜下,谱主名列第一等第一名。

五月七日(6月14日),谱主赴新进士引见。初九日(16日),谱主选庶吉士,充武英殿协修。是月,孙衣言讲学瑞安诒善祠塾,闻谱主以通才掇上第,大喜,简诗为贺:"籍甚黄童妙少年,巍科今日复登仙。真看一战雄场屋,岂独高名压老泉谓漱兰詹事。近世文章唐宋造,吾乡人物宋南迁。萧萧蓬鬓空铅椠,六代维衰望后贤。"

六月四日(7月10日),谱主拜谒翁同龢。十五日(21日),谱主入庶常馆学习。

下半年,荣归故里。

是年,日本已夺琉球,夷为冲绳县。谱主有感而作《庚辰感时事作》诗八首,今仅存二首。

光绪七年辛巳(1881)　二十八岁

春,谱主从瑞安起身赴京。

七月十三日(8月7日),谱主发妻刘氏卒于江阴学署,年仅二十八。

闰七月二十四日(9月17日),孙诒让致谱主书慰勉。书有云:"贤俪夫人,早昭懿矩,宜究遐年,何图偶示微疴,奄嗟怛化,惊惋何极!惟希勉节哀抱,上慰高堂,是所深祝。"

光绪八年壬午(1882)　二十九岁

三月,孙诒让以温州晋至元古砖精拓本一册寄赠谱主,盖当时搜访所新获者。

八月,谱主父体芳连任江苏学政。

九月,父体芳择定江阴水师营协镇、游击两署故址为院址,筹建南菁书院。

秋,谱主南归,先至吴门省亲,于学院中见国史馆查举儒林名人之移会,因上书张之洞。且在江阴学署,助父校士。并谒两江总督左宗棠于金陵，讲道穷理，相与论到深处，左公称为“一代伟人”，盖左公生平服膺洛闽之学者也。

冬，谱主回瑞安。

是年，内兄刘子牧来江阴探望，临别时，谱主作《赠别内兄刘子牧》七古诗一首以赠，序有云：“子牧内兄访予于江阴，晤聚弥月，将有江北之行，出纨素属书，赋此赠别，黯然久之。”

是年，张佩纶为谱主提亲张之渊女。（张佩纶《致黄体芳书》）

是年，安葬黄步骞时，谱主同省抚院道台三品官朱国钧主持葬礼。黄步骞，平阳南湖人，墓在平阳麻步桃江村。谱主作有黄步骞、黄步发墓圹题诗。

光绪九年癸未(1883)　三十岁

正月二十二日(3月1日)，张謇致书谱主。二十三日(2日)，张謇收到谱主来函。（《张謇日记》）

二月二十七日(4月4日)，在京都，谱主往访李慈铭，送上父体芳所赠银二十两。（《越缦堂日记》）。

三月十九日(4月25日)，李慈铭写简约谱主二十一日饮崇效寺。二十一日(27日)，谱主赴约，王彦威、陶浚宣、朱福诜在座，共读青松红杏卷。（《越缦堂日记》）。

四月十八日(5月24日)，庶吉士散馆。题有“六事廉为本赋”；“清风玉树鸣得鸣字五言八韵”。十九日(25日)，谱主得一等第一名，授职编修。阅卷者：景廉、张之万、毕道远、锡珍、奎润、邵亨豫、昆冈、许应骙。

五月初四日(6月8日)，谱主与陈与冏拜见王文韶。（《王文韶日记》）。十三日(17日)，李慈铭为谱主书团扇，并赠诗一首：“今皇三榜启庚辰，同籍同年廿五人。君有才名传世学，我于交谊倍情亲。汗颜李部辞华选，作赋黄滔绝等伦。庚辰朝考第一，今年散馆复第一。报国文章原易事，无双江夏出贞臣。”十五日（19日），谱主往访李慈铭。是月，孙诒让五试礼部，不第。出京时，嘱谱主代索王懿荣许赠之拓本。

六月初三日（7月6日），谱主上父安禀。初四日（7日），谱主接到父亲写于五月二十三日的手谕。十三日（16日），谱主接到父亲写于六月初六日的手谕。十七日（20日），谱主上父亲体芳禀。二十日（23日），谱主为李慈铭席夫人便面书《列女传》，赞、小楷皆精。二十二日（7月25日），李慈铭作书谢谱主。

七月初一日（8月3日），谱主访李慈铭，送去王彦威书札。随后李慈铭作书复谱主。（《越缦堂日记》）

九月初九日（10月9日），谱主与沈曾植、沈曾桐、李慈铭、袁昶、朱一新、梁鼎芬集崇效寺重九登高，并饯潘存归广东文昌。登寺中藏经阁阅经，在静观堂观青松红杏卷。（《越缦堂日记》）。是月，许庚身为杨文莹饯行，招谱主作陪，得观《九成宫》拓片。（十月二十一日《致黄绍第书》）

十月初四日（11月3日），谱主往访李慈铭，言近购得元椠李心传《道命录》，较《知不足斋》本多程荣秀一序，直至二十四金。初六日（5日），李慈铭得谱主父亲江阴学署书并惠银五十两，复函谱主。初十日（9日），李慈铭致函谱主，嘱寄江阴信。十三日（12日），谱主交折差寄上安字十二号安要家言，并各物件。十四日（13日）下午，李慈铭来访谱主，不值。十七日（16日），谱主致书李慈铭，以元椠李心传《道命录》送阅。十九日（11月18日），谱主访荐卷师李肇锡。二十日（19日），谱主以京钱十三千购得《刁遵志》拓片一份。

十月二十一日(11月20日),谱主致函从弟绍第,云及"李子嘉师放贵西道……尚少一竿,欲求父亲大人先为通融",以及自己买旧拓本、旧书籍等情况。是日,一碑估以汉魏庙碑粘本求售,共六册,内有《贾思伯碑》,谱主拟留之,尚未定价也。二十八日(27日),谱主得李慈铭函,送还《道命录》,即作复函。

十一月(12月),谱主又有函致绍第,谈及所购瓦当等事。

光绪十年甲申(1884)　三十一岁

正月二十二日(2月18日),谱主访李慈铭。午后,谱主赴缪荃孙招饮晴漪阁,李慈铭、许景澄、樊增祥、王懿荣、梁鼎芬在座。二十六日(22日),李慈铭来访谱主,不值。

二月初一日(2月27日),谱主致函李慈铭,并赠"元代李字铜押"一方并绝句二首。初三日(29日),谱主作送行诗致李慈铭。初四日(3月1日),谱主访李慈铭谈瓯细被裁一事,并赠广州橙一包,蜜枣、桃脯各一匣。初五日(3月2日),谱主赴珠巢街沈曾植、沈曾桐招饮,李慈铭、许景澄、朱一新、袁昶、杨晨、于式枚在座。初九日(6日),谱主访李慈铭,并赠以瑞安项霁《且瓯集》。十一日(8日),李慈铭作书致谱主,"凡数百言。仲弢才质之美,庚辰同榜中第一,文章学问俱卓然,有老成风,近甚厚予。以予与其仲父卣香比部有交谊,持后生礼甚谨,予辞之不得。其尊人漱兰侍郎亦甚致礼敬,见必称先生,书问亦然,予愧无以称其桥梓意也。念近日都门自北人二张以谏书为捷径,鼓扇浮薄,渐成门户。仲弢丧耦后,南皮两以兄女妻之;而皖人张某者,粤督张树声子也,为二张效奔走,藉以招摇声气,妄议朝局,世以'火逼鼓上蚤'目之。近与仲弢同居又齐人王懿荣者,素附南皮窃浮誉,后以妹妻南皮,益翕热。其父以龙州僻小郡守骤擢成都道,致富巨万,懿荣既入翰林,侈然自满，挥斥万金买骨董书画。昨忽上书争京官津贴事，又请复古本尚书与今本并行，言甚诡诞，人皆传笑。两人者皆素与仲弢习，故作书劝其闭门自守，勿为人所牵引，而痛言浮俗子弟啖名竞进，干豫朝事，不祥莫大，害家凶国皆此辈为之，欲仲弢早绝之，以自立于学，所以效忠告也”。十二日(9日)，李慈铭来访谱主，不值。十五日(12日)，谱主走访李慈铭。(《越缦堂日记》)

五月初九日(6月2日)，谱主访李慈铭。晚诣聚宝堂赴朱一新招饮，李慈铭、王兰、陆学源、沈曾棨等在座。十三日(6日)，李慈铭来访谱主，不值。二十日(13日)，谱主访李慈铭。(《越缦堂日记》)

闰五月初三日(6月25日)，谱主访李慈铭，出示父书及惠银五十两。李慈铭复书谱主，辞馈银。初四日(26日)，谱主再访李慈铭。初五日(27日)，谱主得李慈铭来函，即复书。初六日(28日)，谱主再致函李慈铭。二十一日(7月13日)下午，李慈铭来访谱主，不值。二十九日(21日)，谱主得李慈铭来函，并复书。(《越缦堂日记》)

长夏，谱主以所藏邵懿辰注《四库全书简明目录》一书借与王懿荣，语于王云：“乾嘉老辈往往以明仿宋本，误认为宋椠旧本，又每以宋元牵混，审定不真，近人著录亦多不足据，非亲见原书不可率信。”

六月初一日(7月22日)，谱主访李慈铭。二十一日(8月11日)，李慈铭赠谱主两联：“西垣著作推经法；东浙文章见老成。”“永嘉学派继吕、叶；词林尊宿希王、钱。”二十二日(12日)，谱主得李慈铭来函，即复书。二十三日(13日)，谱主走访李慈铭，因病未见。二十四日(14日)，谱主得李慈铭来函。(《越缦堂日记》)

七月十二日(9月1日),谱主得李慈铭来函,约十六日小饮。谱主即复书。十六日(5日),谱主如期赴约,实乃李慈铭为谱主与樊增祥饯行之宴,朱一新在座。十九日(9月8日),谱主过李慈铭辞行,李慈铭赠以七律两章及书扇,并锦韬一枚、鱼面两匣。谱主又得李慈铭来函,即复书。(《越缦堂日记》)。是月下旬,谱主离京赴江阴完婚。先至南皮张家,迎娶新娘至江阴。樊增祥有《送仲弢归江阴续娶》七绝二首及《仲弢公子花烛词》七绝四首以赠。

八月十九日(10月7日),谱主在江阴学署与南皮张之渊之女成亲。

九月十九日(11月6日),张謇来,与谱主谈。二十日(7日),张謇与谱主话别。二十一日(8日),张謇为谱主所藏姚燮所作龙女图题诗七绝二首。

十月,谱主回京销假到署。

十二月初三日(1885年1月18日),谱主访李慈铭。初八日(23日),谱主过李慈铭夜饮,沈曾植、王先谦、朱一新、缪荃孙同座。二十三日(2月7日),谱主赠馈李慈铭肴馔一品鬲、糕饼四盘。三十日(14日),李慈铭来答拜。

是年始,谱主将所藏龙女行雨图(图为道光庚子五月镇海姚燮梅伯为汉阳叶润臣作,题曰"天龙自在珧台女"),征诗于盛昱(伯羲)、王仁堪(可庄)、王颂蔚(芾卿)、陈与冏(弼宸)、张謇(季直)、周銮诒、朱铭盘、樊增祥、袁昶、李慈铭、沈曾植、易顺鼎、康有为诸人。

光绪十一年乙酉(1885)　三十二岁

元旦(2月15日),谱主入内朝贺,闻援台二轮被轰沉,及粤西镇南关失守,杨亡、潘伤等消息。初五日(19日),谱主访李慈铭。

十二日(26 日),谱主收到父体芳的电谕,即复电。十四日(2 月 28 日),谱主接到江阴家人来电。十五日(3 月 1 日),父体芳有手谕于谱主。月中,谱主接从弟黄绍第沪上手书,知二伯母大人所患颇为可危,据之是乳岩。十七日(3 月 3 日),谱主访李慈铭,并以龙女行雨图乞题。二十三日(9 日),谱主上父亲禀,向父亲转述中法战争的有关消息。二十九日(15 日),谱主收到父体芳上元日所写信札。谱主岳母来家探望其夫人。三十日(3 月 16 日),谱主访沈恩嘉(鹿苹)。

二月初四日(3 月 20 日),李慈铭为谱主所藏龙女行雨图题诗七绝四首。初五日(21 日),谱主上父亲禀,就上元日来谕所提问题一一解答。继续向父亲传达中法战争消息,认为"法之窘实甚于中国",还介绍了去南皮岳母家省亲的详细情况。初六日(3 月 22 日),李慈铭来函,并还龙女行雨图。十三日(3 月 29 日),谱主访李慈铭。十五日(3 月 31 日),谱主上父亲禀,附赋稿一篇。十七日(4 月 2 日),谱主与丙子湖南乡试,丙子、庚辰两会房为一局,共二十人,公请陆尔熙师在财盛馆听戏。十九日(4 月 4 日),早上,张曜来访。是日清明,谱主继母陶氏生日,王仁堪等来拜寿。晚,谱主上父亲禀,提及"谅山又有克复"等事。二十七日(4 月 12 日),李慈铭来函。二十八日(4 月 13 日),谱主复函李慈铭。李慈铭再作函致谱主,言《国朝贡举考略》《国朝馆选爵里谥法考》诸书宜续辑事。

三月初八日(4 月 22 日),谱主赴庚辰同年财盛馆演剧团拜。李慈铭因故不能往,致函谱主。十八日(5 月 2 日),李慈铭作片致谱主。三月,谱主充本衙门撰文。

四月三十日(6 月 12 日),张謇来访,不值。

五月初七日(6月19日),谱主访李慈铭。张謇作函致谱主。十五日(6月27日),李慈铭来函,属谱主向王仁堪询问是否有山西保德州折窝村宋大中祥符三年折太君碑拓本。二十二日(7月4日),谱主简放四川乡试副考官,主考官为沈源深(叔眉)。二十五日(7日),李慈铭赠谱主团扇及诗。谱主过李慈铭辞行。二十七日(9日),张謇来访。二十八日(10日),谱主过翁同龢辞行。

六月初四日,谱主起程赴四川任。赴任路上,游览名胜名迹,留下许多诗篇。行抵河北保定时,途遇通州范当世(肯堂),范氏赋赠《保阳道中遇黄仲弢于逆旅,方知其奉命典试四川,匆匆不能多谈,赠以〈濂亭文集〉,口占二诗,以道其所欲言者》七律二首。抵河北邯郸,访卢生祠,作《过卢生祠作》七律一首。过井陉口,作《井陉口怀淮阴侯》。六月七月间,在山西境内,访介休县郭有道祠,作《介休郭有道先生祠》七律。七月,在陕西境内,访凤岭吴滔王祠,作《凤岭吴滔王祠》七律一首。七月十七日,谱主由北栈过鸡头关,作《行北栈六日过鸡头关赋此》七律二首。七月,经沔县,谒诸葛武侯庙,作《沔县谒诸葛武侯庙》七律二首。

八月中旬,谱主与沈源深主持四川乡试。谱主以范成大《再题青城山》诗"来从井络直西路,上到江源第一峰"之句,试律以次语发题试蜀士。拟作诗中有"脚根千仞立,胸次万流吞"句。

十一月,四川乡试毕后,谱主在回京途中,于河北定州发一函致赵尔巽。赵尔巽复函一封,言及"新居已定于西单牌楼头条胡同"。(赵尔巽来函)二十四日(12月29日),谱主遇张謇(《张謇日记》),走访翁同龢。(《翁同龢日记》)是月,谱主充武英殿纂修。

十二月二日(1886年1月6日),谱主访李慈铭,代父赠银三十金。是日,谱主赴袁昶、沈曾植之招公饯施补华,朱福诜、洪良品、王颂蔚在座。六日晚，谱主赴广和居谳集，袁昶、沈曾植、朱一新、濮子潼、张謇、文廷式在座。十四日，李慈铭写简约谱主十七日宴先贤祠。十五日，李慈铭写简改约先贤祠饮期。十八日，谱主与朱福诜、徐琪、沈普植、王彦威、缪荃孙等人馈赠李慈铭生日烛桃糕面。十九日（1月23日），谱主过李慈铭寓祝寿，王彦威、徐琪、朱福诜、沈曾植、朱文炳、缪荃孙、沈曾棨在座。二十一日，谱主与父体芳同赴李慈铭先贤祠招饮，王彦威、徐树铭、朱一新、徐琪、汪鸣銮在座。二十三日，李慈铭来访，不值。二十四日（1月28日），谱主赠李慈铭蜀中碑拓九通、龙井茗两瓶、戗金髹盒一枚、蜀锦颣禅一张、燕窝两合、蜀缎一匹。李慈铭作书复谢。是月，谱主充国史馆协修官。

是年，谱主收得宋本《资治通鉴》残帙，册中司马光官衔随时改换。

光绪十二年丙戌(1886)　三十三岁

正月初六日，孙锵鸣七十大寿。谱主作《孙止庵侍郎七秩寿序》以贺。初八日（2月11日），谱主过朱福诜，祝其母八十大寿，李慈铭、庞鸿文、庞鸿书、沈曾棨、沈曾植、缪荃孙、徐琪、杨崇伊、徐宝谦、陈其璋在座。是日，谱主访郑孝胥。十七日（20日），张謇来访，不值。二十一日（24日），谱主赴翁同龢之邀，慕荣干、王赓荣、冯文蔚、唐椿森、朱一新、戴彬元、谢隽杭在座。二十八日（3月3日），谱主赴沈曾植约集于寓庐，李文田、朱一新、张謇、文廷式在座。

二月初一日（3月6日），谱主过郑孝胥谈，叹言“当世惟无志者可称识务耳，夫复何言！”十七日（22日），谱主长子曾延（字兰孙）出生。二十二日（27日），谱主参加财盛馆庚辰同年团拜，演三庆部，请翁同龢、麟书两尚书看剧。晚上与朱福诜、杨崇伊、庞鸿书、李慈铭等出钱请双顺和部演“新爨福瑞山灯剧”。二十四日（29日），谱主因长子出生，送李慈铭洗儿果。二十六日（31日），谱主赴缪荃孙招饮，李慈铭、吕耀斗、王兰、袁昶、徐琪、王颂蔚在座。

三月三日（4月6日），郑孝胥入京会试，谱主过郑孝胥，索观文。（《郑孝胥日记》）十一日（14日），谱主过李慈铭。（《越缦堂日记》）十二日（4月15日），郑孝胥会试出闱，谱主与王仁堪、濮子潼等来迎。（《郑孝胥日记》）十五日（18日），李慈铭来函贺谱主得子，赠以束发冠、银环珥、红绿纻丝及糕桃。谱主返以纻丝、环珥。（《越缦堂日记》）二十九日（5月2日），谱主访郑孝胥。（《越缦堂日记》）

春，吴县曹元弼进京会试，与谱主订昆弟交。谱主以新著《尚书今古文篇目考》见示，曹氏称其折衷群言，至为精核。又云：“世兄仲弢前辈，器识宏远，学问精邃，文章渊懿。”谱主曾有函致曹元弼，恭贺其兄曹福元散馆得编修，并请教所作《尚书今古文篇目考》。

四月初八日（5月11日），谱主访郑孝胥。（《郑孝胥日记》）二十七日（30日），李慈铭季弟于四月六日病殁，谱主前往吊唁。（《越缦堂日记》）

五月初二日（6月3日），谱主过李慈铭。（《越缦堂日记》）是月，孙诒绩在京朝考期间，寓谱主顺治门内西单牌楼头条胡同东头路北家。（《孙仲彤日记》）

五月十五日（6月16日），徐定超、余朝绅等邀黄体芳、孙诒绩观戏剧。晚，谱主与黄密之同往观剧，三下钟始归。（《孙仲彤日记》）十八日（19日），谱主充教习庶吉士。二十一日（22日），谱主与孙诒绩谈，言及李经方乃洋人投胎。“中弢言：李伯行初生时，其母梦一深目高鼻者入门而生伯行。时洋人未深入中国，闺中人无从知其形状，后始知为洋人投生。密之言：胡小玉之母梦月入怀而生小玉。投胎之说本确有可凭，二君为祥为恼，异日当必有验也。”（《孙仲彤日记》）二十五日（26日），李慈铭季弟终七之期，谱主与同人往吊，并偕父黄体芳送蓝呢挽幛一轴。（《越缦堂日记》）晚，谱主赴财盛馆观剧，孙诒绩、王彦威、黄密之等在座。（《孙仲彤日记》）二十六日（27日），谱主赴徐致靖招饮，孙诒绩、万康（季乐）、朱起鹏（汝翔）等在座。（《孙仲彤日记》）二十七日（28日），谱主出示姚燮的龙女行雨图给孙诒绩观，“图绘天女跨龙背，右手弄珠，左手攀龙角，云气缭绕，仅露二爪。题曰：天龙自在珧台女。此语不知何出。中弢购自厂肆，遍索名手题咏，内有李莼客、盛伯兮、王可庄、樊云门、朱曼君诸君诗最佳”。（《孙仲彤日记》）

六月初一日（7月2日），谱主通过王彦威向李慈铭求画。（《越缦堂日记》）是日，谱主与孙诒绩、黄密之谈，言及乡人余显廷颇得养生之术、西人测潮汛法等。（《孙仲彤日记》）三日（4日），谱主出示所藏扇、画给孙诒绩观。“中弢出示纨扇，为张子青、翁叔平两先生所书画者，张画甚佳，其公郎亦精丹青。又出一扇，系赵次三尔巽夫人名连城为其细君紫乙老人画者，作水墨树屋，甚淡雅有致，一面绘梅竹数枝，一燕翔舞其间，以丝绣成，彩色分明，视之无痕迹可办，言为江阴一节妇所绣，得李申耆先生女孙秘法，它人不能效也。复出乾隆御画，杂花数种，细笔墨色，上题‘寓其意’三字。王麓台祁真迹属观。图摹摩诘“山中一夜雨，树杪百重泉”诗意。”（《孙仲彤日记》）初五日（6日），谱主与孙诒绩谈，言及黑龙江将军恭镗次子事。（《孙仲彤日记》）初六日（7日），李慈铭为谱主团扇作设色

“浩歌一櫂归何处，家在江南黄叶村”图。(《越缦堂日记》)初七日(8日)，李慈铭为谱主团扇题字。初八日(9日)，李慈铭来函，送还团扇。六月，充本衙门撰文。

七月一日(7月31日)，谱主赴安徽会馆王彦威招饮，黄体芳、黄密之、王仁堪、王仁东、徐定超、孙诒绩等在座。(《孙仲彤日记》)。六日(8月5日)，谱主与孙诒绩、杨晨、黄密之等同至十刹海观荷花，小饮于庆和堂，逦迤至高庙观鹿，积水潭观石兽，皆在安定门旁。(《孙仲彤日记》)八日(8月7日)，谱主赴安徽会馆孙诒绩招饮，黄体芳、王彦威、徐定超、陈浏、黄密之、杨晨等在座。(《孙仲彤日记》)

八月十一日(9月8日)，孙诒绩欲回瑞安，谱主致函赓云，嘱转达许钤身(仲韬)观察在通照应孙氏。(《孙仲彤日记》)十三日，李慈铭来访，不值。(《越缦堂日记》)十九日，张謇写信致谱主。(《张謇日记》)

九月初，谱主阖家移居宣武门外下斜街，与王仁堪卜邻。(王仁堪《留别春明诸友》诗注云：“瑞安师有卜邻之约，丙戌始得僦居对门。”)九月十一日(10月8日)，谱主访李慈铭。(《越缦堂日记》)

十月一日(10月27日)，孙诒绩作函致谱主。(《孙仲彤日记》)四日(30日)，谱主往访李慈铭。(《越缦堂日记》)八日(11月3日)，谱主赴朱子涵招饮，李文田、吴大澂、王仁堪、缪荃孙、李慈铭同座，李文田出示《华岳庙碑》拓本。(《越缦堂日记》)

十一月初十日(12月5日)晚，谱主赴李慈铭招饮宜胜居，郎庆恩(仁谱)、杨晨、徐定超等在座。吃菊花鱼羹甚佳，二更后归。(《越缦堂日记》)十五日(10日)晚，谱主赴杨晨招饮宜胜居，李慈

铭、沈曾植、沈曾桐、袁昶、殷萼庭、徐定超在座。(《越缦堂日记》)

十二月初二日(12月26日)午,谱主赴殷萼庭、徐定超招饮松筠庵,李慈铭、黄体芳、杨晨、郎庆恩等在座。(《越缦堂日记》)初六日(30日)晚,谱主赴袁昶招饮,李慈铭、缪荃孙、王颂蔚、沈曾植在座。(《越缦堂日记》)二十日(1887年1月13日),谱主赴李慈铭招消寒第三集,缪荃孙、王颂蔚、沈曾植、徐琪在座。(《越缦堂日记》)二十四日(17日),谱主招同人于寓所,作消寒第四集,李慈铭、袁昶、王颂蔚、徐琪、缪荃孙、沈曾植在座。(《越缦堂日记》)二十七日(20日),谱主赴越缦堂贺李慈铭生日,鲍临、缪荃孙、沈曾植、徐宝谦、徐琪、王颂蔚、朱福诜、袁昶等在座。谱主与缪荃孙等合馈肴馔两席及桃面桦烛。(《越缦堂日记》)二十九日(1月22日),李慈铭来答谢。(《越缦堂日记》)

年底,谱主有信致孙诒泽,提及呈上许振祎寿孙锵鸣七秩寿幛、寿联等事。

是年,谱主父黄体芳与同乡京官谋建温州新馆于宣武门外教场五条胡同。新馆落成,谱主题楹联:"天上瓯星依北极,古来浙学重东嘉。"

是年,谱主购得乾隆六十年至六十四年时宪书,"盖高宗内禅,宫中仍用乾隆纪年也"。

是年,谱主收到庚辰同年王咏霓(子裳)刑部自德京柏林寄贻论国际时事书。(孙延钊《瑞安五黄先生系年合谱》)

是年,谱主读吴大澂《说文古籀补》初刻本,题跋于后,条举其疏失者十四事。同时金石学家见而叹服。

光绪十三年丁亥(1887)　三十四岁

正月初七日(1月29日)夜,谱主赴王颂蔚招消寒第五集,李慈铭、袁昶、缪荃孙、沈曾植在座。(《越缦堂日记》《袁昶日记》)十三日(2 月 5 日)晚,谱主赴沈曾植招消寒第六集,李慈铭、袁昶等在座。(《越缦堂日记》《袁昶日记》)二十二日(14 日),谱主赴徐琪万福居消寒第七集,李慈铭、袁昶、沈曾植、王颂蔚在座。(《越缦堂日记》)二十四日(16 日),谱主赴李慈铭招饮,王颂蔚、周福清、鲍临、缪荃孙、庞鸿文、庞鸿书、吴讲、沈曾棨、沈曾植、徐定超、郎庆恩、杨晨、徐琪、朱福诜等十九人在座。二十五日(17 日),庚辰同年团拜于嵩云草堂。李慈铭不往,以分资银致谱主。(《越缦堂日记》)

二月一日(2 月 23 日),谱主与同人集酒家饯王闿运,袁昶、沈曾植、王颂蔚在座。(《袁昶日记》)六日(28 日),李慈铭小恙,谱主前往探视并交谈。(《越缦堂日记》)九日(3 月 3 日),谱主赴天宁寺雅集,与李文田、王颂蔚、沈曾植、缪荃孙、袁昶同游。(《袁昶日记》)二十一日(15 日),李慈铭来函,索还先贤祠祝文稿,谱主复之。(《越缦堂日记》)二十八日(22 日),李慈铭来访,不值。(《越缦堂日记》)

三月十一日(4 月 4 日),李慈铭来函约谱主同游畿辅先贤祠,谱主赴约,与李慈铭、沈曾植、王仁东同游。晚与同人饮宜胜居,李慈铭、沈曾植、缪荃孙、王颂蔚在座。(《越缦堂日记》)二十七日(20 日),谱主赴徐定超招饮温州馆,李慈铭、黄体芳、郎仁谱、杨晨等在座。二十八日(21 日),李慈铭来函,谱主复之,并借给李慈铭《文献通考》一册。(《越缦堂日记》)二十九日(22 日),李慈铭来函,还《文献通考》。(《越缦堂日记》)

四月初一日(4 月 23 日),谱主访李慈铭。(《越缦堂日记》)十五日(5 月 7 日),孙诒绩于十四日到京,是日来拜会父亲,谱主与王仁东亦在。(《孙仲彤日记》)十八日(10日),谱主赴崇效寺雅集,李慈铭、袁昶、王颂蔚、沈曾植、沈曾桐、黄体芳、徐宝谦、缪荃孙、缪祐孙在座。(《越缦堂日记》)二十一日(13日),谱主与孙诒绩、杨晨、王仁东同至小土地庙,为孙诒绩觅宅。(《孙仲彤日记》)二十二日(14日),孙诒绩、杨晨来访,陈浏来访。(《孙仲彤日记》)

闰四月二十六日(6月17日),孙诒绩乔迁新居,谱主往贺。(《孙仲彤日记》)

五月二日(6月22日),谱主往访李慈铭,以梅清《憺园图》卷属题,"画用干墨而竹树池台界画精绝,玉山一塔及园中一石尤奇,后有癯山及耦长庚题憺园五律各四首"。(《越缦堂日记》)四日(24日),谱主赴孙诒绩招饮,黄体芳、徐定超、陈子遴、林仁山在座。(《孙仲彤日记》)十三日(7月3日),谱主访李慈铭。(《越缦堂日记》)十九日(9日),李慈铭来访。(《越缦堂日记》)中旬,王闿运有函致谱主。二十二日(7月12日),李慈铭来函约谱主明日往吊朱舜臣。(《越缦堂日记》)是月,薛福成上疏言铁路有百利而无一害,谱主录以寄孙诒让。(《孙衣言孙诒让父子年谱》)

六月十八日(8月7日),谱主访李慈铭,传达父体芳意,邀约二十五日饮。(《越缦堂日记》)二十五日(8月14日),谱主与父招集友人游什刹海,李慈铭、袁昶、沈曾植、缪荃孙、王颂蔚同游。(《越缦堂日记》《袁昶日记》)

七月十日(8月28日),李慈铭来谈。(《越缦堂日记》)

八月初三日(9月19日),李慈铭、王懿荣、王仁堪来访。(《越缦堂日记》)初五日(21日),李慈铭来函,还题画卷。下午,谱主赴广惠寺吊徐子梅之丧,晤李慈铭、沈曾植、王颂蔚、濮子潼。(《越缦堂日记》)十九日(10月5日),谱主往访李慈铭。(《越缦堂日

记》)二十二日(8 日),谱主往访李慈铭。(《越缦堂日记》)

九月十二日(10 月 28 日),谱主往访李慈铭。(《越缦堂日记》)

十月二日(11 月 16 日),谱主见王筠手校李刻函海本《说文解字篆韵谱》,意欲购之,以议值不谐未得,乃移录卷端识语数则于其所藏冯刻本上。于是日书跋于后。(《移录王筠校本〈说文解字篆韵谱识语〉跋》)十五日(29 日)下午,李慈铭来访,不值。(《越缦堂日记》)二十日(12 月 4 日),李慈铭为公祭麟书之母事致函谱主。谱主复之。(《越缦堂日记》)二十五日(9 日),谱主与沈曾植、朱福诜、李慈铭等公祭麟书之母。(《越缦堂日记》)二十八日(12 日),李慈铭来函约谱主后日饮福隆堂。(《越缦堂日记》)三十日(14 日)夜,谱主赴李慈铭福隆堂招饮,缪荃孙、庞鸿文、庞鸿书、杨崇伊、张预、徐琪等在座。(《越缦堂日记》)

十一月初四日(12 月 18 日)夜,谱主赴福隆堂杨崇伊招饮,李慈铭、王咏霓、朱福诜、庞鸿文、庞鸿书、缪荃孙、张预、沈曾植在座。(《越缦堂日记》)九日(23 日)夜,谱主赴福隆堂沈曾植招饮,李慈铭、朱福诜、庞鸿文、杨晨、王咏霓、杨崇伊、徐琪在座。(《越缦堂日记》)二十日(1888 年 1 月 3 日),谱主访李慈铭。(《越缦堂日记》)二十二日(1888 年 1 月 5 日)夜,谱主赴袁昶招集,王颂蔚、易顺鼎、文廷式、沈曾植、刘岳云、冯煦在座。(《袁昶日记》)十一月,谱主充会典馆书上协修官。(《清代官员履历档案全编》)是月,谱主为易顺鼎的《琴台梦语词壹卷》署检(用篆书)。(《哭庵丛书》插图)

十二月九日(1 月 21 日)晚,谱主诣福隆堂赴张预之饮,杨崇伊、徐琪、王咏霓、袁昶、吴讲在座。(《越缦堂日记》)十日(22 日),谱主招同人饮于福隆堂,李慈铭、杨崇伊、王咏霓、朱福诜、沈曾植、张预在座。(《越缦堂日记》)十五日(27日),李慈铭来函约饮期。(《越缦堂日记》)十六日(28日),谱主复李慈铭函。(《越缦堂日记》)十九日(31日)夜,谱主赴李慈铭招饮,黄体芳、殷萼庭、徐定超、王咏霓、杨晨在座。(《越缦堂日记》)二十七日(2月8日),谱主往李慈铭祝寿,与徐琪、袁昶等携厨来祝寿。(《越缦堂日记》)三十日(11日),谱主致函李慈铭,为盛昱乞题画。(《越缦堂日记》)

是年,张謇父亲七十寿诞,谱主作《寿张彭年公七十生辰》七古一首。(张謇编《张氏常乐支谱》)

光绪十四年戊子(1888)　三十五岁

正月初二日(2月13日),李慈铭来函。(《越缦堂日记》)二十一日(3月3日),文廷式赴湖南,谱主与沈曾植、袁昶为其饯行,志钧、王颂蔚、蒯光典、刘岳云、王仁东在座。(《文廷式集·湘行日记》《袁昶日记》)二十七日(9日),谱主赴袁昶、王颂蔚、沈曾植招宴于松筠庵,李文田、黄体芳、李慈铭、王仁堪、冯煦、刘岳云、王咏霓在座。(《袁昶日记》)二十九日(11日)晚,谱主赴王仁堪招饮,李慈铭、王咏霓、沈曾植、杨晨、袁昶、王颂蔚、冯煦、王仁东在座。(《越缦堂日记》《袁昶日记》)

二月十日(3月22日)晚,谱主赴杨崇伊招饮,李慈铭、庞鸿文、庞鸿书、张预、朱琛、檀玑在座。(《越缦堂日记》)十五日(27日),谱主赴李慈铭招饮,额勒精额、盛昱、王仁堪、王仁东、杨晨、袁昶在座。(《越缦堂日记》)二十日(4月1日),谱主赴潘祖荫招饮,盛昱、王懿荣、刘岳云、冯煦、沈曾植等在座。(《潘文勤日记》)二十九日(10日),沈曾植生日,设宴广和居,谱主与李慈铭、袁昶、徐琪在座。(《越缦堂日记》)

三月二十七日(5月7日),李慈铭来函,约谱主小屯村冯园看牡丹。(《越缦堂日记》)二十九日(9日),谱主访缪荃孙。(《艺风老人日记》:"黄仲弢、冯心兰、周兹明、史幼润来……接南皮师广东信,以书局见招。"张之洞《致缪荃孙书》:"闻奉讳,曷胜震悼,目前拟回里否?尊体何如?系念之甚。如能出京,来粤为盼。千万节哀珍卫。匆匆不及多书,馀托仲韬转达。奠敬二十金,已电汇,想荷察入。敬唁筱珊仁弟孝履。之洞顿首。三月十三日。")

四月初四日(5月14日),父柬邀李慈铭明日冯园之饮。谱主访李慈铭。(《越缦堂日记》)五日(15日),谱主赴小屯村冯氏庄园,与黄体芳、李慈铭、袁昶、王彦威、王仁东、沈曾植、王颂蔚同集。(《越缦堂日记》《袁昶日记》)十日(20日),李慈铭来谈。(《越缦堂日记》)十三日(23日),谱主访李慈铭,并赠以墨盒一枚。(《越缦堂日记》)二十一日(31日),谱主访李慈铭。(《越缦堂日记》)二十八日(6月7日),李慈铭夫人去世。二十九日(8日),谱主与同人往李慈铭宅襄敛事。晚,谱主赴濮子潼招集,钱骏祥、王仁堪、沈曾植在座。(《越缦堂日记》《秋灯课诗之屋日记》)三十日(9日),谱主过李慈铭寓吊丧。(《越缦堂日记》)

五月初四日(6月13日),谱主赴李慈铭寓,吊其夫人首七。(《越缦堂日记》)十二日(21日),父体芳任福建乡试正考官。二十三日(7月2日),濮子潼、沈曾植在粤东馆为父黄体芳饯行,谱主作陪。(《秋灯课诗之屋日记》)二十九日(8日),谱主过李慈铭。(《越缦堂日记》)

六月四日(7月12日),李慈铭来函,请谱主明日代为送柬翁同龢。(《越缦堂日记》)五日(13日),李慈铭来函。谱主过李慈铭,与李灏斋同往翁同龢送柬,请其点主。(《越缦堂日记》《翁同龢日记》)初十日(18日),李慈铭夫人六七之期,谱主与王彦威合馈祭菜一席。(《越缦堂日记》)十一日(19日),李慈铭夫人安葬崇效寺,谱主与同人设祭于道。谱主与庞鸿书、杨崇伊、徐琪为点主赞礼。(《越缦堂日记》《翁同龢日记》《秋灯课诗之屋日记》)二十一日(29日),李慈铭来函,并馈以松竹古锦杂佩五事、毳脯两肩。(《越缦堂日记》)二十二日(30日),谱主复李慈铭函。(《越缦堂日记》)二十八日(8月5日),谱主与王彦威、张预设席长椿寺,为李文田、王仁堪饯行,盛昱、沈曾植在座。(《秋灯课诗之屋日记》)

夏,康有为至京应顺天乡试,于谱主寓庐,始见沈曾植,自是订交。

六月底,谱主于厂市以银二百两购得宋刻本《文选》一部。(八月二十六日上父禀)

七月初一日(8月8日),谱主赴长椿寺为李文田、王仁堪饯行,袁昶、王颂蔚、沈曾植、张鼎华、刘岳云、王彦威在座。李慈铭来访,不值。(《袁昶日记》《秋灯课诗之屋日记》《越缦堂日记》)十六日(23日),沈曾植之母六十九寿诞,置宴于粤东新馆,谱主与李慈铭、王彦威等往贺。(《越缦堂日记》)二十二日(29日),缪荃孙来访。(《艺风老人日记》)二十七日(9月3日),谱主得父体芳自福建延平府所发的平安电谕。(八月二十六日上父禀)

七八月间,谱主接待来京乡试的亲戚同乡,应酬颇多。

八月初三日(9月8日),谱主发平安电报给父亲。十一日(9月16日)午后,孙诒绩来谈许久。八月十二日(9月17日)早晨,孙诒绩即卧病发温疹,于十八日寅时病逝。其病危时谱主与徐定超日夜在旁照料。(八月二十六日上父禀)二十五日(9月30日),谱主访李慈铭。(《越缦堂日记》)二十六日(10月1日),谱主上父禀。

八月，谱主为王可庄撰《乡试录后序》。写《善将军祭文》碑文，祭文为御赐。为福楙(幼农)太夫人撰八十寿叙。(八月二十六日上父禀)

九月初二日(10月6日)，谱主与王彦威设席天宁寺，李慈铭父子、徐定超、杨崇伊、沈曾植、吴讲、袁昶在座。(《越缦堂日记》《袁昶日记》《秋灯课诗之屋日记》)初九日(10月13日)，谱主赴安徽馆雅集，鲍临、吴讲、徐宝谦、沈曾植、袁昶、王彦威、徐定超、徐琪、杨崇伊、濮子潼等在座。(《越缦堂日记》《秋灯课诗之屋日记》)十三日(10月17日)，谱主访沈曾植，晤李慈铭、濮子潼。(《越缦堂日记》)十八日(10月22日)，晚过王彦威。(《秋灯课诗之屋日记》)二十三日(10月27日)晚，谱主赴沈曾植招饮广和居，李慈铭、庞鸿书、徐琪在座。(《越缦堂日记》)是月，康有为作万言书，拟上光绪帝，请变法。谱主与沈曾植、屠仁守实赞其事。(《康南海自编年谱》:“……发愤上书万言，极言时危，请及时变法，黄仲弢编修绍箕、沈子培刑部曾植、屠梅君侍御仁守实左右其事。”)是月，谱主上父亲禀，提及张佩纶将为李鸿章女婿、张鼎华去世等消息。

十月初三日(11月6日)，谱主赴吴讲招饮福兴居，李慈铭、鲍临、王彦威、袁昶在座。(《越缦堂日记》)十五日(18日)，谱主赴河东馆，祝刘家立、家荫兄弟母钱太夫人七十寿，李慈铭、沈曾植、王彦威、袁昶等到贺。(《越缦堂日记》)十六日(19日)晚，谱主赴同人雅集，沈曾植、袁昶在座。(《袁昶日记》)十八日(21日)，谱主赴李慈铭邀饮宜胜居，张预、沈曾植、王彦威、傅庆咸在座。(《越缦堂日记》)是月，袁昶来访，观谱主新得龙藏寺旧拓。(《毗邪台山散人日记》)

十一月一日(12月3日)，谱主赴宜胜居王彦威招饮，李慈铭、王颂蔚、王仁东、沈曾植、沈曾桐、徐定超在座。(《越缦堂日记》)十一日(13日)午,谱主赴潘祖荫招饮,叶昌炽、王颂蔚、黄国瑾、李文田、盛昱、王懿荣、王仁堪、冯煦、刘岳云在座。下午,李慈铭来访。(《缘督庐日记》《越缦堂日记》)十五日(17日),谱主往访李慈铭。(《越缦堂日记》)十八日(20日),谱主以所藏旧拓《龙藏寺碑》借黄再同品赏,叶昌炽见之,称其为平生所见第一。(《缘督庐日记》)二十五日(27日),李慈铭来函,约谱主后日夜饮。(《越缦堂日记》)二十七日(29日),谱主赴李慈铭招饮,夏宗彝、王仁堪、王颂蔚、沈曾植、庞鸿书、吴讲在座。(《越缦堂日记》)

十二月一日(1889年1月2日)晚,谱主赴杨崇伊招饮,鲍临、吴讲、王彦威等在座。(《越缦堂日记》)五日(6日),谱主访叶昌炽,论新出《苏慈墓志》为伪刻。(《缘督庐日记》)六日(7日),谱主赴潘祖荫招集,李文田、孙家鼐、黄国瑾、王懿荣、沈曾桐、沈曾植等在座。(《潘文勤日记》)

秋冬之间,张之洞在两广总督任上有函致谱主,并寄新会橙。

冬,康有为上书光绪帝万言不达,谱主与沈曾植皆劝其勿言国事,宜以金石碑版自遣。有为遂日读碑,著《广艺舟双楫》。(《万木草堂诗集》中有《上书不达,谣谗高张,沈乙庵、黄仲弢皆劝勿谈国事。乃却扫汗漫舫以金石碑版自娱,著〈广艺舟双楫〉成,浩然有归志》七律一首)

是年,康有为有函致谱主。

光绪十五年己丑(1889)　三十六岁

正月初一(1月31日),谱主与同仁入太和殿朝贺。(《越缦堂日记》)初六日(2月5日),谱主与盛昱路遇叶昌炽,同赴市楼小酌。(《缘督庐日记》)十二日(11日),谱主生日,李慈铭来贺,馈酒烛桃面。(《越缦堂日记》)十三日(12 日),谱主赴琉璃厂书肆,晤李慈铭、沈曾植、沈曾桐。(《越缦堂日记》)十四日(13 日),谱主往访李慈铭。(《越缦堂日记》)十五日(14 日),谱主招同仁元宵雅集,李慈铭、王彦威、沈曾植、沈曾桐、袁昶在座。(《越缦堂日记》《袁昶日记》)十八日(17 日),谱主赴冯煦招饮江苏会馆,李慈铭、袁昶、沈曾植、沈曾桐、王颂蔚、刘岳云在座。(《越缦堂日记》)二十日(19 日),谱主赴潘祖荫招饮,王懿荣、张度、刘岳云、王颂蔚、黄国瑾、沈曾植、沈曾桐、许玉瑑、李文田、王仁堪、叶昌炽、汪鸣銮、冯煦等在座。饭后与王颂蔚、冯煦、叶昌炽、江标至沈曾植寓所,观所藏《陈茂碑》《高植墓志》等拓本。(《缘督庐日记》《笘誃日记》)二十二日(21 日)晚,谱主赴刘家立雅集,袁昶、沈曾植、王彦威、徐琪在座。(《袁昶日记》)二十四日(23 日),谱主与李慈铭、吴讲、孙诒经、徐用仪、濮子潼、徐琪、沈曾植等同入内谢恩。晚上,谱主赴万福居小集,李慈铭、袁昶、王仁堪、王仁东、沈曾植、沈曾桐、王彦威、徐定超在座。(《越缦堂日记》《袁昶日记》)二十六日(25 日),谱主赴李慈铭寓,与同仁赴内廷观光绪帝大婚礼。(《越缦堂日记》《缘督庐日记》)二十八日(27 日),李慈铭致柬谱主,约二月初二日赴宴。(《越缦堂日记》)二十九日(28 日)晚,谱主过李慈铭谈。(《越缦堂日记》)

二月初二日(3 月 3 日)晚,谱主赴李慈铭寓饮,庞鸿书、杨崇伊、王仁堪、王仁东、刘家立、刘家荫、殷萼庭、徐定超、张预、杨晨、王彦威、濮子潼、吴品珩、沈曾棨、沈曾植、徐琪等在座。(《越缦堂日记》)十三日(14 日),谱主诣老墙根吊唁刘建伯、樾仲兄弟,晤袁昶、李慈铭。(《越缦堂日记》)十四日(15 日),谱主招同仁雅集,文廷式、张謇、王仁东、吴保初、郑孝胥在座。谱主出示《龙藏寺》《隋河东舍利塔》等拓片。(《郑孝胥日记》)十八日(19日),谱主赴王颂蔚之饮,李慈铭、袁昶、沈曾植、沈曾桐、冯煦在座。(《越缦堂日记》)二十日(21日),谱主与陈冕、叶昌炽襄助潘祖荫校《通鉴辑览》。谱主云,以京钱五千文得吴子苾家金器拓本百馀通。(《缘督庐日记》)二十九日(30日),谱主邀同仁至长椿寺雅集,祝盛昱、沈曾植四十岁生日,王懿荣、沈曾桐、陈与冏、王彦威、张华奎、王仁堪、王仁东在座。(《郑孝胥日记》)

二月,谱主因恭办光绪皇帝大婚典礼保奏加侍讲衔。(《清代官员履历档案全编》第五册第六三二页:"因恭办大婚典礼保奏加侍讲衔。")

三月初四日(4月3日),李慈铭致函谱主。晚,谱主访郑孝胥,同观《石鼓》《圣教序》拓片。(《越缦堂日记》《郑孝胥日记》)初九日(8日),李慈铭来访谱主,不值。(《越缦堂日记》)十五日(14日),谱主往访李慈铭。(《越缦堂日记》)十六日(15日),谱主赴王仁堪邀饮,郑孝胥在座。(《郑孝胥日记》)

三四月,谱主致函周珑、周拱藻兄弟。

四月十九日(5月18日),谱主往访李慈铭。(《越缦堂日记》)三十日(29日),谱主赴冯园雅集,李慈铭、王彦威、王仁堪、王仁东、黄绍第、沈曾植同游。(《越缦堂日记》)

五月十日(6月8日),谱主与黄绍第邀善相者——赵冲甫为李慈铭谈相。(《越缦堂日记》)十二日(10日),谱主赴李慈铭招饮,黄绍第、王彦威、陶浚宣等在座。(《越缦堂日记》)二十一日(19日),谱主赴同仁公饯鲍临、王仁堪于长椿寺,李慈铭、王彦威、徐定超、王懿荣、王仁东、冯煦、王颂蔚、袁昶、沈曾植、沈曾桐、叶昌炽在座。(《越缦堂日记》)

六月十五日(7月12日),谱主往访李慈铭。(《越缦堂日记》)二十八日(25日),李慈铭为黄绍第画扇面,题诗,并致函谱主,谱主即复。(《越缦堂日记》)

七月三日(7月30日),谱主往访李慈铭。(《越缦堂日记》)八日(8月4日),谱主与父黄体芳及王仁堪等谋为李慈铭捐试俸,考御史地。李慈铭嘱王彦威转告谱主等打消此议。(《越缦堂日记》)十日(6日),谱主馈李慈铭鲜荔枝一盒。(《越缦堂日记》)

八月十五日(9月9日),谱主往访李慈铭,晡后李慈铭回访。(《越缦堂日记》)二十日(14日),谱主父体芳生日,李慈铭等来贺。(《越缦堂日记》)二十一日(15日),谱主往访李慈铭。(《越缦堂日记》)

九月四日(9月28日),谱主赴王继香招集畿辅先哲祠,李慈铭、潘遹、王彦威、沈曾植、沈曾桐等在座。(《越缦堂日记》《秋灯课诗之屋日记》)七日(10月1日),徐定超母金太恭人六十寿辰,谱主为之篆书寿屏。序为李慈铭撰,屏十二幅,每幅六行,行十四字。书法浑厚遒劲,直追冰斯,时人称其为篆书杰作。十八日(12日),谱主赴陶然亭徐定超招饮,李慈铭、沈曾植、沈曾桐、王仁东、吴品珩等在座。(《越缦堂日记》)二十三日(17日)夜,谱主赴袁昶小集,沈曾植、沈曾桐、张预、缪祐孙、吴品珩、徐定超在座。(《袁昶日记》)二十八日(22日),李慈铭作书致谱主,取浙江官板题名录阅之。(《越缦堂日记》)二十九日(23日),谱主往访李慈铭,言蔡世新所绘王阳明小像长卷为黄国瑾所得。(《越缦堂日记》)

十月一日(10月24日),李慈铭作柬约谱主与父体芳初四日午饮。(《越缦堂日记》)四日(27日)午,谱主赴李慈铭招饮,徐宝谦、王彦威、徐定超、杨晨、吴讲、王继香等在座。(《越缦堂日记》)傍晚，与王彦威、杨晨赴温州会馆夜饭。（《秋灯课诗之屋日记》）五日（28 日）夜，谱主赴陈子遴招饮，王彦威、徐定超等在座。（《秋灯课诗之屋日记》）六日（29 日），潘祖荫六十生日，谱主与同仁往贺。"同敬观慈禧皇太后御绘临宋人刘仲之墨梅大幅、敬临章皇帝著色蒲桃大幅、著色荷花、朱画松树、淡墨山水，凡十馀幅，苍秀雄深，天然葩艳，古今所未有也"。（《越缦堂日记》）十六日（11 月 8 日），谱主过内弟张彬、张白泉寓，贺其迁居，与王彦威同座。（《秋灯课诗之屋日记》）二十二日（14 日），谱主往访王彦威，久谈。（《秋灯课诗之屋日记》）二十五日（17 日），王彦威来谈。（《秋灯课诗之屋日记》）二十六日（18 日），谱主往访李慈铭。（《越缦堂日记》）二十七日（19 日），谱主往访王彦威，不值。王彦威作函致谱主。（《秋灯课诗之屋日记》）是日，谱主作函致李慈铭，言盛昱约十一月初二日饮，并留宿，李慈铭作复辞之。（《越缦堂日记》）二十八日（20 日），谱主作函致李慈铭，仍为初二日饮并宿意园事。李慈铭仍作复推辞。（《越缦堂日记》）二十九日（21 日），谱主往访王彦威。（《秋灯课诗之屋日记》）是月，谱主从文廷式传写得宋薛季宣《地理丛考》残帙，出自《永乐大典》。并作《跋薛季宣〈地理丛考〉后》。后寄示孙诒让。

十一月二日（11 月 24 日），谱主作函致李慈铭，借新调墨合，得李慈铭复。与王彦威同赴李慈铭，夜饭后发归。（《越缦堂日记》《秋灯课诗之屋日记》）三日（25 日），是日考御史。王彦威过谱主处午饭，一同至中左门，候李慈铭考差。（《越缦堂日记》《秋灯课诗之屋日记》）四日（26 日），谱主作函致李慈铭，问考御史事，得李慈铭回复。（《越缦堂日记》）五日（27 日），谱主往访李慈铭。（《越缦堂日记》）六日（28 日），谱主过王彦威。（《秋灯课诗之屋日记》)七日(29 日),谱主过王彦威。(《秋灯课诗之屋日记》)八日(30 日),李慈铭来谈,谱主与父黄体芳、沈曾植在座。(《越缦堂日记》)十六日(12 月 8 日),王彦威来谈,谱主随后回访。(《秋灯课诗之屋日记》)二十一日(13 日),谱主往访王彦威。(《秋灯课诗之屋日记》)二十二日(14 日),谱主往访李慈铭。(《越缦堂日记》)二十三日(15 日),王彦威于畿辅先哲祠招饮,谱主以已应徐桐之招不至。(《秋灯课诗之屋日记》)

十二月二日(12 月 23 日),谱主过郑孝胥谈,同观包世臣对联。(《郑孝胥日记》)七日(28 日),谱主过郑孝胥。(《郑孝胥日记》)八日(29 日)夜,赴刘家立之约,郑孝胥、沈曾植、袁昶、刘家荫在座。(《郑孝胥日记》)九日(30 日),谱主过郑孝胥。(《郑孝胥日记》)十四日(1890 年 1 月 4 日),谱主过郑孝胥。(《郑孝胥日记》)十五日(5 日),谱主赴李慈铭宴集,缪祐孙、王仁堪、王仁东、王彦威、沈曾植、徐琪等在座。(《越缦堂日记》)十七日(7 日),王仁堪为王晋贤饯行,谱主与陈与冏、刘家立、刘家荫、丁立钧等在座。(《郑孝胥日记》)二十二日(12 日),谱主过郑孝胥,借以《王荆川集》,并借走《元太仆》及《跳山石刻》拓片。(《郑孝胥日记》)二十六日(16 日),谱主与徐宝谦、施补华、吴讲、袁昶、张预、徐定超、王颂蔚、王仁堪、王仁东、沈曾植、沈曾桐、缪祐孙、徐琪、濮子潼、王彦威等十八人设宴为李慈铭祝寿,合馈牡丹两盆、碧桃两盆、越酿四坛、巨烛一双、燕席双筵。(《越缦堂日记》)二十七日(17 日),谱主往贺李慈铭六十寿,李慈铭设宴,与施补华、张预、濮子潼、王仁东、沈曾植、王彦威等同饮。(《越缦堂日记》)是月,谱主充会典馆图上帮总纂官。(《清代官员履历档案全编》第五册第六三二页)

是年,谱主收藏《明世宗实录》钞本编年纪事,“略具原委及谕对语,不似今例之仅录起居注、上谕奏章也”。(孙延钊《瑞安五黄先生系年合谱》)是年,谱主得潘咏《宁寿古鉴》稿本。

光绪十六年庚寅(1890)　三十七岁

正月一日(1月21日),袁昶来拜年。(《袁昶日记》)七日(27日),谱主赴黄国瑾之约,与盛昱、瞿鸿禨、王懿荣、李慈铭同观蔡世新所绘王阳明先生小像手卷,“峨冠深衣,坐一木椅,左有童子鞠躬奉书,作趋庭状,旁为树石,皆淡墨为之,极萧澹之致,先生貌清癯而髯”。(《越缦堂日记》)十七日(2月6日),谱主往访郑孝胥。(《郑孝胥日记》)十八日(7日),李慈铭作函致谱主。(《越缦堂日记》)十九日(8日),谱主往访郑孝胥、李慈铭。(《郑孝胥日记》《越缦堂日记》)二十五日(14日)晚,谱主往访郑孝胥。(《郑孝胥日记》)二十六日(15日)下午,谱主赴王彦威之饮,坐有吴讲、濮子潼、许玉瑑、程志和、钱骏祥等。(《越缦堂日记》)

二月初一日(2月19日),得桐城张祖翼贻赠的埃及古墓石椁残片拓本。而后,谱主将此拓本转赠潘祖荫。(张祖翼《石椁残片拓本跋文》、《缘督庐日记》)晚,谱主赴刘家立邀饮义胜居,郑孝胥、顾儒基在座,谱主言及孙诒绩去世之事,卒时才二十四岁,尝以联挽之云:“慈明素有无双誉;辅嗣生才廿四年。”(《郑孝胥日记》)二日(20日),谱主以《明征君碑》嘱郑孝胥题跋。(《郑孝胥日记》)三日(21日),谱主往访李慈铭。(《越缦堂日记》)四日(22日),李慈铭为谱主题梅清所绘《憺园图》毕,即作片致谱主并还图,谱主即回复。(《越缦堂日记》)下午,谱主访郑孝胥,并邀同王仁东观《憺园图》。(《郑孝胥日记》)五日(23日),郑孝胥为谱主题《明征君碑》。(《郑孝胥日记》)

十日(28日),郑孝胥招饮广和居,谱主与沈曾植、沈曾桐、冯煦、王仁堪、王仁东在座。(《郑孝胥日记》)十四日(3月4日),郑孝胥还谱主《王荆公集》。(《郑孝胥日记》)十六日(6日),谱主与沈曾植、沈曾桐同访郑孝胥。(《郑孝胥日记》)十九日(9日),谱主继母生日,郑孝胥、李慈铭等来贺。(《郑孝胥日记》《越缦堂日记》)二十日(10日),谱主与盛昱、王仁堪、袁昶设宴长春寺,为格根祖饯。(《袁昶日记》)二十二日(12日),谱主往访李慈铭。(《越缦堂日记》)二十四日(14日),李慈铭致函谱主约二十九日宴集。“是日为伯羲、子培、莘伯生日也。三君同年同月日生。”(《越缦堂日记》)二十八日(18日),袁昶来访。(《袁昶日记》)二十九日(19日),谱主赴李慈铭招集,祝沈曾植、盛昱、杨崇伊生日,黄国瑾、袁昶、王彦威、王颂蔚、曾之撰、杨崇伊、沈曾植、盛昱共十人在座,同观盛昱带来的《睢阳五老图册》,相约分韵赋诗纪之。(《越缦堂日记》)

闰二月初二日(3月22日),谱主招同人雅集,郑孝胥、朱铭盘、刘可毅在座。(《郑孝胥日记》)初十日(30日),郑孝胥来访。(《郑孝胥日记》)十三日(4月2日),下午赴王仁堪招饮,先晤郑孝胥,后与李慈铭、恽彦彬、曾之撰、杨崇伊、袁昶等同饮。(《越缦堂日记》《郑孝胥日记》)又赴万福居饮,王仁堪、王仁东、郑孝胥等在座。(《郑孝胥日记》)十八日(7日),李慈铭来访。(《越缦堂日记》)二十一日(10日)午后,谱主赴李慈铭招饮,黄绍第、杨晨、张预、徐树铭、徐宝谦、徐琪等在座。(《越缦堂日记》)

三月初三日(4月21日),谱主邀饮同仁于义胜居,郑孝胥、张謇、文廷式、刘树屏在座。(《郑孝胥日记》)十六日(5月4日),谱主设宴于寓,郑孝胥、刘可毅、刘树屏、文廷式、张謇、孙诒让等在座。(《郑孝胥日记》)二十一日(9日)上午,谱主至小屯村冯氏怡园，赴王仁堪、仁东兄弟之招，与父体芳、弟绍第、孙诒让、徐定超、李慈铭同饮。(《越缦堂日记》)是月，谱主为《屈原赋二十五篇》题签，落款为“瑞安黄绍箕谨依汉艺文志署检”。

四月二十日(6月7日)，谱主访王仁堪，郑孝胥、张謇在座。(《郑孝胥日记》)

五月三日，谱主往访李慈铭。(《越缦堂日记》)二十五日(7月11日)，谱主访郑孝胥。(《郑孝胥日记》)二十六日(12日)，缪荃孙来访。(《艺风老人日记》)二十九日(15日)晚，谱主赴王仁堪招饮，缪荃孙、沈曾棨、沈曾植、沈曾樾、黄绍第、郑孝胥在座。(《郑孝胥日记》《艺风老人日记》)是月，二充教习庶吉士。(《清代官员履历档案全编》第五册第六三二页)

六月七日(7月23日)，谱主赴文廷式招饮庆和堂，缪荃孙、蒯光典、黄绍第、沈曾植、江标、曾广均等在座。(《艺风老人日记》《缘督庐日记》)十二日(28日)，谱主往访李慈铭。(《越缦堂日记》)二十四日(8月9日)，谱主往访李慈铭。(《越缦堂日记》)二十七日(12日)，谱主赴冯煦、王颂蔚约江苏馆饮，程秉钊、文廷式、黄绍第、费念慈、缪荃孙在座。(《艺风老人日记》)二十九日(14日)，谱主诣下斜街全浙馆赴殷萼庭之饮，徐定超、吴讲、李慈铭等在座。(《越缦堂日记》)是月，潘祖荫以克鼎及其精拓本出示孙诒让。孙诒让举鼎中“扰远能执”一语，证以《诗》《书》，谓以“扰”为“柔”，“执”为“迩”，为声近假借。谱主见之，则为举《尚书》“执祖”即“祢祖”，以证其义。读“参回”为“縿絅”。(孙诒让《古籀馀论后叙》)

七月十二日(8月27日)，谱主往访李慈铭。(《越缦堂日记》)十六日(31日)，谱主与黄绍第约郑孝胥于长椿寺九莲殿吃斋。(《郑孝胥日记》)二十五日(9月9日)晚，谱主过刘宅谈，郑孝胥、

王仁堪、王仁东、沈曾植在座。(《郑孝胥日记》)

八月十五日(9月28日)下午,谱主往访王仁堪,郑孝胥、刘树屏、刘可毅在座。晚,谱主又访王仁堪,郑孝胥在座。(《郑孝胥日记》)十八日(10月1日),谱主赴同人招饮长椿寺,李慈铭、王仁堪、王仁东、沈曾植、沈曾桐、濮子潼、吴品珩、王彦威、黄体芳、黄绍第、郑孝胥等十七人在座。(《越缦堂日记》《郑孝胥日记》)二十日(3日),谱主父黄体芳生日,郑孝胥、李慈铭等来贺。晚上,谱主作柬邀李慈铭饮。(《郑孝胥日记》《越缦堂日记》)二十一日(4日),诣王彦威招饮,樊增祥、黄绍第、濮子潼、李慈铭等在座。(《越缦堂日记》)二十二日(5日),谱主赴同人招饮,为黄绍第饯行,王仁堪、王仁东、刘家立、刘家荫、沈曾植、沈曾桐、郑孝胥等在座。(《郑孝胥日记》)二十三日(6日),谱主往访李慈铭。(《越缦堂日记》)二十六日(9日),谱主赴王颂蔚约饮义胜居,携带《礼记附记》手稿四册。叶昌炽等在座。(《缘督庐日记》)

九月初七日(10月20日),谱主与丁立钧约同仁陶然亭雅集,郑孝胥、林开谟、沈曾植、沈曾桐、刘家立、刘家荫、冯煦、袁昶、王仁堪在座。(《郑孝胥日记》《袁昶日记》)是日,孙诒让作书致谱主,推荐黄庆澄随许景澄出使欧洲。八日(21日),谱主约同仁陶然亭小饮,樊增祥、黄国瑾、叶昌炽、缪祐孙、王懿荣、王颂蔚、蒯光典、缪荃孙等在座。(《艺风老人日记》)二十日(11月2日),谱主往访李慈铭。(《越缦堂日记》)二十九日(11日),谱主赴李文田之招吃鱼生,龚颍生、王仁堪、刘世安、费念慈、缪荃孙在座。(《艺风老人日记》)

夏秋之间,南通范钟来信。

秋,黄绍箕收得元刊本郭茂倩《乐府诗集》,内有明补版。(孙

延钊《瑞安五黄先生系年合谱》）

十月二日（11月13日），谱主赴缪荃孙招饮，樊增祥、张预、袁昶、沈曾植、叶昌炽、王颂蔚在座。席间缪荃孙出示南宋刊《新唐书》，有季振宜、汪士钟藏书印。又涂祯刊《盐铁论》，即张刻之祖本。又游明本《史记》残本、广东崇德书院本《汉书》、传是楼钞《孝经》，楮墨清朗，与毛钞无异。（《艺风老人日记》《缘督庐日记》）四日（15日），谱主往访李慈铭。（《越缦堂日记》）七日（18日），谱主赴缪祐孙招饮江苏馆，陈宝箴、唐景嵩、钱绍桢、王仁堪、王仁东、缪荃孙在座。（《艺风老人日记》）三十日（12月11日），潘祖荫病逝，年六十一。

十一月二日（12月13日），谱主往吊潘祖荫。（《越缦堂日记》）四日（15日），谱主赴李慈铭邀饮，与父体芳、王仁堪、樊增祥、鲍临、吴讲、沈曾植、蒋其章同饮。是日，张謇写信致谱主。（《越缦堂日记》《张謇日记》）十一日（22日），谱主过李慈铭视其疾，沈曾植、樊增祥、王彦威在座。（《越缦堂日记》）十二日（23日），谱主过李慈铭视疾，并作书致李肇南，请其次日来李寓就诊。（《越缦堂日记》）十三日（24日），谱主过李慈铭视疾，与王彦威、沈曾植、樊增祥留到晚上始回。（《越缦堂日记》）十五日（26日），谱主过李慈铭视疾。（《越缦堂日记》）十六日（27日），谱主过李慈铭视疾。（《越缦堂日记》）十七日（28日），谱主过李慈铭视疾。（《越缦堂日记》）十八日（29日），谱主赠李慈铭西洋牛乳一瓶。（《越缦堂日记》）二十五日（1891年1月5日），谱主至会典馆，遇沈曾植、蒯光典、冯煦等。（《恪守庐日录》）二十七日（7日），李慈铭以《病起柬敦夫弢夫云门子培仲弢五君子》五律三首柬谱主等人。（《越缦堂日记》）是月，谱主补会典馆书上帮总纂官。（《清代官员履历档案

全编》第五册第六二五页)

十二月一日(1月10日),谱主至会典馆,晤沈曾植、唐景崇、蒯光典、冯煦、曾鉴。(《恪守庐日录》)是日,李慈铭作书致谱主,感谢代写潘祖荫、孙诒经二公挽联。谱主得书后即复。(《越缦堂日记》)三日(12日),李慈铭作书致谱主。夜,谱主过李慈铭谈。(《越缦堂日记》)六日(15日),谱主与王仁堪等人会送潘祖荫灵车至龙泉寺。(《缘督庐日记》《恪守庐日录》)谱主访李慈铭。(《越缦堂日记》)十四日(23日),李慈铭作书致谱主,问谱主父疾。谱主访李慈铭。(《越缦堂日记》)十五日(24日),李慈铭命嗣子僧喜来谢谱主父子。并作函致谱主,拟与谱主、沈曾植兄弟合送挽幛给徐琪,以吊其从兄之丧。(《越缦堂日记》)十六日(25日),谱主复函李慈铭,得李慈铭回函。(《越缦堂日记》)十九日(28日),潘祖荫终七,赴龙泉寺礼忏。(《缘督庐日记》)二十二日(31日),谱主赴全浙老馆消寒第三集,沈曾植、沈曾桐、黄体芳、樊增祥、丁立钧、王彦威在座。(《恪守庐日录》)二十五日(2月3日),谱主与同人吊徐琪从兄徐箴甫之丧于法源寺,即访寺中碑石。袁昶、丁立钧、沈曾植、周福清同游。(《恪守庐日录》《袁昶日记》)二十七日(5日),李慈铭生日,谱主往祝,与陆廷黻、鲍临、吴讲、沈曾植、沈曾桐合作一筵为寿。午后,饮于李寓。晚上复饮于杏花香雪斋,谱主与陆廷黻、鲍临、吴讲、王彦威、樊增祥、沈曾植、沈曾桐、李慈铭共九人在座。李慈铭有诗《庚寅十二月二十七日余生日觞,渔笙敦夫介唐弢夫云门子培子封仲弢于杏花香雪斋张烛至夜分始散,作诗纪之》。(《越缦堂日记》)二十九日(7日),谱主访李慈铭。(《越缦堂日记》)

光绪十七年辛卯(1891)　三十八岁

正月三日(2月11日),父体芳招饮,谱主与李慈铭、樊增祥、王彦威、沈曾植、沈曾桐、袁昶、徐定超、王仁东、朱怀新、吴品珩在座。(《越缦堂日记》)七日(15日),谱主赴陆廷黻招饮,为李慈铭补作生日,鲍临、吴讲、王彦威、樊增祥、沈曾植、沈曾桐在座。(《越缦堂日记》)八日(16日),是日值金危危。一时同仁诗咏甚踊跃,谱主亦有诗记其事。《今年正月八日,直金危危,戏效俗例设祭,并纪以诗,用去年可庄赠子培诗韵七首》《越缦丈有祭金危危诗,八叠前韵》《云门前辈有祭金危危诗,九叠前韵》《去年九月七日,子培祭金危危神,未几而其弟子林盐大使在粤有摄事之信,可庄戏以诗贺之。今读越缦丈及得云门前辈诗叙,似未详其缘起,因十叠前韵,聊证明之,他日采本事诗者,或有取焉》。二十日(28日),谱主赴翁同龢招饮,盛昱、王懿荣、郑杲、费念慈、王颂慰等在座。(《翁同龢日记》)二十三日(3月3日),谱主赴樊增祥寓斋雅集,黄体芳、李慈铭、张预、王彦威、沈曾植、沈曾桐、濮子潼在座。(《越缦堂日记》《樊山集·正月廿三日李爱伯师黄漱兰丈子培子封止潜子虞韬父仲弢小集寓斋,酒竟复纵观书画,爱伯赋诗见惠,十九叠韵奉酬》)二十五日(5日),谱主赴濮子潼招饮全浙馆,李慈铭、黄体芳、王仁堪、王仁东、樊增祥、张预、沈曾植、沈曾桐在座。(《越缦堂日记》《樊山集·廿五日止潜招同可庄旭庄仲弢子虞子培子封陪爱师漱丈饮全浙馆二十叠韵》)

二月四日(3月13日),谱主京察一等引见,未记名。(《越缦堂日记》)六日(15日),王颂蔚、冯煦招饮江苏馆,谱主与王仁堪、沈曾植、江标在座。席间谱主言:“近有人以汪容甫旧藏《云麾碑》押于端午桥主事处,得五百金,后有王梦楼跋,极诋容(夫)〔甫〕,至书其字曰“庸夫”,且云玉玲珑馆物皆汪一人稗贩而出。”(《笘誃日记》)八日(17日),谱主赴紫藤精舍雅集,饯樊增祥、王仁堪、蔡右年，李慈铭、沈曾植、濮子潼、吴庆坻、王仁东在座。（《袁昶日记》）九日（18 日）午，谱主赴李文田招饮粤东馆，黄体芳、王懿荣、袁昶、沈曾植、沈曾桐、王颂蔚、费念慈、江标、刘岳云、蒯光典、缪祐孙、叶昌炽在座。（《缘督庐日记》）十二日（21 日），谱主赴全浙馆李慈铭招饮，陈彝、黄体芳、冯煦、王颂蔚、杨崇伊、吴庆坻、袁昶、沈曾植、沈曾桐、王仁堪、王仁东、樊增祥、陆廷黻、张预、徐定超、王彦威、濮子潼在座。谱主出示和金危危日盐字韵诗九首。李慈铭、樊增祥均有诗纪之。（《越缦堂日记》）十九日（28 日），谱主于全浙馆为母祝寿，李慈铭等人来贺，堂内遍悬谱主所藏及所借浙江名宿书画。（《越缦堂日记》）二十日（29 日），李慈铭来函，借观赵孟頫、王蒙、吴镇、柯九思四家画，谱主即作复，以今日有宴客，先送赵孟頫鸥波图来。是日，谱主招同仁全浙馆雅集，出示所藏赵孟頫山水、柯九思竹石、徐渭牡丹等书画，供客人品赏。（《越缦堂日记》《缘督庐日记》）二十一日（30 日），谱主往访李慈铭，并以吴镇山水、柯九思竹石二幅画送阅。（《越缦堂日记》）二十二日（31 日），谱主往访李慈铭。晚饭后又差人送王蒙画给李慈铭，得复。（《越缦堂日记》）二十三日（4 月 1 日），李慈铭来函，以所借观画送还谱主。（《越缦堂日记》）二十九日（7 日），谱主赴宜胜居，与王彦威、杨崇伊、李慈铭畅谈且饮。（《越缦堂日记》）

三月八日（4 月 16 日），谱主往访李慈铭。（《越缦堂日记》）十日（18 日），谱主往访李慈铭，嘱为父体芳撰六十寿序。（《越缦堂日记》）十四日（22 日），谱主赴法源寺公祭黄国瑾，袁昶、王懿荣、沈曾植、沈曾桐、吴庆坻、叶昌炽、江标皆至。（《缘督庐日记》）十九日（27 日），李慈铭来函，托谱主邀潘少彭往李寓诊治，谱主即复。（《越缦堂日记》）二十日（4 月 28 日），谱主请潘少彭拟药方。

(《越缦堂日记》)二十八日(5月6日),谱主赴全浙馆紫藤精舍雅集,坐有陈彝、钱应溥、徐琪、朱福诜、沈曾植、袁昶、濮子潼。(《袁昶日记》)

四月六日(5月13日),谱主赴沈曾植、沈曾桐兄弟招饮下斜街全浙馆,蔡右年、王彦威、袁昶、吴庆坻、吴品珩、李慈铭在座。(《越缦堂日记》)十一日(18日),谱主往访李慈铭,请为父体芳撰六十寿序,并以节略见示。(《越缦堂日记》)十四日(21日),谱主往访李慈铭,并馈食物。(《越缦堂日记》)十五日(22日),谱主与王懿荣、李慈铭等入保和殿一同考差。(《越缦堂日记》)十六日(23日),谱主往访李慈铭。(《越缦堂日记》)十九日(24日)午,谱主诣台州馆赴王彦威招饮,王懿荣、陆廷黻、吴讲、王继香、沈曾桐、李慈铭在座。(《越缦堂日记》)二十日(27日),谱主赴安徽馆庚辰科团拜,翁同龢、麟书、庞鸿文、庞鸿书、朱福诜、王懿荣、徐琪、沈曾植、李慈铭在座。(《越缦堂日记》《翁同龢日记》)四月二十七日(6月3日),谱主往视李慈铭疾。(《越缦堂日记》)二十九日(5日),李慈铭来谈。(《越缦堂日记》)三十日(6日),上谕,准黄体芳开缺致仕。(《越缦堂日记》邸钞)

五月二日(6月8日),谱主作《今年五月初二日,又直金危危,一岁两直,向所罕觏,廉生丈以未及祭为惜,十一叠前韵简之》七律一首。又有《历书于日直金危危,多注云宜祭祀,疑即俗例。所自起,盖建除家所谓神在之日,凡祭皆宜,不必专指祈富言也。今用越缦丈立春日诗意,推广祝词,语涉贪痴,见者当发大噱也》七律一首。五日(11日),谱主往访李慈铭。(《越缦堂日记》)十三日(19日),谱主过李慈铭谈,至夜一更始归。(《越缦堂日记》)十四日(20日),谱主致函李慈铭。(《越缦堂日记》)是日,李慈铭致函王彦威，提及谱主事："老弟以仲弢诗语之谣明告仲弢，众见仲弢颜色顿异，甚觉难堪，皆深怪老弟何以如此，兄闻之亦深为仲弢邑邑，此皆人情所不能免也。仲弢年倍幼于兄，又曾得四川之差，日下隆隆，向上有保举南斋之兆，以视兄之穷途耄齿，生路久绝，何啻霄壤！吾弟亦何忍，不令冰山雪窖中延一丝虚妄之春气，而必令嗒焉若死灰之不复然，亦诚可异矣。仲弢之事亦未必真，吾弟虽明告仲弢，而尚恐令漱翁知之，诚以漱翁方移病致仕，得此更增不快。然兄亦人也，虽位卑身贱，万不敢望漱翁，而年则加长，遇则加穷，境则加迫。老弟思之，兄之一生，岂有一事之如意？一日之及人耶？"(《越缦堂文集》卷五《致王弢甫书》)十七日(23日)，李慈铭致函谱主。(《越缦堂日记》)二十七日(7月3日)，谱主往访李慈铭。(《越缦堂日记》)

六月，谱主充会典馆图上总纂官。(《清代官员履历档案全编》第五册)

七月二日(8月6日)，谱主赴王彦威招饮广和居，李慈铭、吴庆坻、沈曾植等在座。(《越缦堂日记》)十一日(15日)，谱主赴财盛馆全浙同乡团拜会。(《越缦堂日记》)十六日(20日)，沈曾植母韩太夫人生日设席粤东馆，谱主与同仁前往拜寿，李慈铭、沈曾棨、沈曾植、沈曾桐、王彦威、濮子潼、张预、吴庆坻、王仁东在座。(《越缦堂日记》)二十七日(31日)，李慈铭为黄体芳撰写六十寿序讫，"凡千数百言，中以宋之范蜀公为比，蜀公以礼部试第一人登第，以知银台通进司致仕，与漱翁正同，平生大节亦颇相似也"。致函谱主。(《越缦堂日记》)二十八日(9月1日)，谱主往访李慈铭，出示父所作《六十述怀》七律十章。(《越缦堂日记》)

七月，谱主作《汪母关宜人六十寿颂并序》，为汪康年母关宜人六十寿辰祝贺,通过吴鉴转赠汪康年。

八月三日(9 月 5 日),李慈铭来访。(《越缦堂日记》)十日(12日),谱主赴王颂蔚招饮广和居,沈曾桐、蒯光典、叶昌炽、缪荃孙在座。(《艺风老人日记》)十八日(20 日),谱主往访李慈铭。(《越缦堂日记》)十九日(21 日),因次日为父体芳六十大寿,谱主在皮库营四川馆演剧待客。(《越缦堂日记》)二十日(22 日),父黄体芳六十大寿。是日,往访李慈铭。(《越缦堂日记》)二十三日(25日),李慈铭来访,不值。(《越缦堂日记》)二十七日(29 日),缪荃孙来访。(《艺风老人日记》)是日,谱主保送南书房,与王懿荣、张冶秋、陆宝忠、陈冕等于九月初二日入试。(《越缦堂日记》)

九月初二日(10 月 4 日),谱主与陆宝忠、张百熙、王懿荣、陈冕共五人参加南书房考试,题为“弓矢喻政赋以木心正则发矢直为韵”;“登高能赋得能字五言八韵”。取得第四名。(《翁同龢日记》)三日(5 日),李慈铭来函问谱主昨考南书房消息。谱主即作复。(《越缦堂日记》)初四日(6 日),谱主往访李慈铭。(《越缦堂日记》)五日(7 日),午前,李慈铭来访,不值。傍晚,李慈铭作书邀谱主至宜胜居饮,王咏霓、王彦威、鲍临、胡经一、朱福诜等在座。(《越缦堂日记》)十三日(15 日),谱主诣江苏馆,赴王颂蔚招饮,座有李文田、左绍佐、缪祐孙、朱福诜、袁昶、李慈铭。(《越缦堂日记》)二十日(22 日),谱主与父亲招饮友朋于浙江会馆紫藤精舍,王咏霓、袁昶、朱福诜、王彦威、沈曾桐、冯煦、李慈铭在座。(《越缦堂日记》)二十五日(27 日),谱主往访李慈铭。(《越缦堂日记》)二十六日(27 日),谱主为杨模乞李慈铭书团扇。(《越缦堂日记》)二十七日(28 日),李慈铭作书致谱主,并送来为杨模所书诗扇。(《越缦堂日记》)二十九日(30 日)上午,谱主诣龙泉寺,送濮子潼母殡,晤李

慈铭等人。(《越缦堂日记》)月底,好友陈与冏(弼宸)去世,谱主为之写墓志盖。(《郑孝胥日记》《致丁立钧书》)

十月初二日(11月3日),谱主诣龙泉寺吊濮子潼,晤李慈铭等人。(《越缦堂日记》)初五日(6日)夜,谱主赴王咏霓、王彦威邀饮宜胜居,座有袁昶、朱福诜、李慈铭等。(《越缦堂日记》)

十一月七日(12月7日)上午,李慈铭来访。(《越缦堂日记》)十一月二十一日(21日),谱主往访李慈铭。(《越缦堂日记》)

十二月三日(1892年1月2日)夜,谱主赴王颂蔚招集,袁昶、李慈铭、沈曾植、朱福诜在座。(《袁昶日记》《越缦堂日记》)八日(7日),谱主赴袁昶招饮全浙馆,李慈铭、黄体芳、王颂蔚、左绍佐、朱福诜、吴庆坻、沈曾植、沈曾桐在座。(《越缦堂日记》《袁昶日记》)十七日(16日),谱主赴王彦威招饮黄岩馆,李慈铭、黄体芳、朱福诜、沈曾植、徐定超在座。(《越缦堂日记》)十八日(17日),父黄体芳招宴全浙馆,为李慈铭预作生日,并为朱福诜、王彦威作五十寿,谱主与李慈铭、朱福诜、王彦威、袁昶、沈曾植、沈曾桐、朱怀新、吴品珩在座。(《越缦堂日记》)二十二日(21日),谱主与沈曾植、沈曾桐、吴庆坻招饮全浙馆,为李慈铭、朱福诜、王彦威、王仁东作生日。(《越缦堂日记》)二十七日(26日),李慈铭生日,谱主往贺。(《越缦堂日记》)三十日(29日),谱主往访李慈铭。(《越缦堂日记》)

是年,谱主于厂肆购得丹邱道人何白书册——《临怀仁〈集王圣教序〉》,谓"笔意与米海岳绝相近,其源盖出于唐高宗书《李英公碑》"。

光绪十八年壬辰(1892)　三十九岁

正月十二日(2月10日),谱主生日,李慈铭馈赠食物四盒,并有书信。下午李慈铭来访,未晤。(《越缦堂日记》)十三日(11

日)，谱主往访李慈铭，久谈。(《越缦堂日记》)二十九日(27日)，王颂蔚、冯煦招同谱主、黄体芳、李慈铭、王懿荣、李盛铎、费念慈小集。(《袁昶日记》《越缦堂日记》)

二月九日(3月7日)，谱主赴江标招饮，袁昶、沈曾桐、冯煦、刘岳云在座。(《笘誃日记》)十一日(9日)，李慈铭来函约明日晚饮，谱主作函辞饮。(《越缦堂日记》)十三日(11日)，谱主患足疾，李慈铭作函来慰问。(《越缦堂日记》)

三月初一日(3月28日)下午，李慈铭来谈。(《越缦堂日记》)初五日(4月1日)，谱主往访李慈铭。(《越缦堂日记》)是月，充武英殿总纂官。(《清代官员履历档案全编》第五册)

四月十六日(5月12日)，在王懿荣日光室，谱主与盛昱同观何白《临孙过庭〈书谱〉》手卷，并有题记。二十日(16日)，张謇来访。(《张謇日记》)二十八日(24日)，谱主往访张謇。(《张謇日记》)

五月十三日(6月7日)，翁同龢邀饮，看画谈碑，谱主与李慈铭、袁昶、陶浚宣、沈曾植、沈曾桐、费念慈在座。“获观《秘阁十三行》《乐毅论》《画赞》《黄庭》诸拓本，有苏斋翁阁学跋。笔势分行布白，绝似《穆子容》《唐邕》诸石刻，不类世间流传本。又观王麓台侍郎橅黄大痴《富春山图》长卷。又王耕烟橅燕肃《长江万里卷》皆伟观也。又观明拓《砖塔铭》，章法完好，是砖未断裂时整拓也。”(《翁同龢日记》《袁昶日记》)二十一日(15日)，谱主赴冯煦广和居之约，黄绍宪、蒯光典、文廷式、袁宝璜、叶昌炽、缪荃孙在座。(《艺风老人日记》)

六月十三日(7月6日)，谱主过叶昌炽谈，见《百峰山诗石刻》。(《缘督庐日记》)二十四日(17日)，孙诒让作书致谱主。二十九日(22日)，袁昶先公生忌日，谱主与同仁奠醊。(《袁昶日记》)

闰六月九日(8月1日),缪荃孙来访。(《艺风老人日记》)十八日(10日),谱主赴天宁寺,李文田招饮,李慈铭、王懿荣、志锐、王颂蔚、蒯光典、冯煦、陈遹声、沈曾植、沈曾桐、刘岳云、费念慈、叶昌炽、刘世安、文廷式、李盛铎、江标、缪荃孙、缪祐孙在座。(《艺风老人日记》《缘督庐日记》)二十五日(17日),谱主赴沈曾植招饮广和居,沈曾桐、陶浚宣、王咏霓、朱福诜、叶昌炽在座。(《缘督庐日记》)

七月初三日(8月24日),谱主往拜翁同龢。(《翁同龢日记》)十五日(9月5日),谱主赴王咏霓招饮黄岩馆,黄体芳、王颂蔚、沈曾桐、陈延益、王彦威、缪荃孙在座。(《艺风老人日记》)

八月十五日(10月5日),谱主往访李慈铭。(《越缦堂日记》)二十四日(14日),谱主将谢灵运《石门诗刻》两种、孙诒让《古籀拾遗》一册送缪荃孙。(《艺风老人日记》)三十日(20日),谱主赴沈曾植、沈曾桐、袁昶招饮紫藤书屋,黄体芳、李慈铭、王咏霓、吴庆坻、王彦威、王仁东在座。(《袁昶日记》)

九月三日(10月23日),李慈铭致函谱主,并赠茹敦和所著《周易小义》《周易二间记》。(《越缦堂日记》)七日(27日),吴庆坻招饮,谱主与李慈铭、黄体芳、沈曾植、沈曾桐、袁昶、王彦威、王咏霓、徐定超在座,同观曾鲸所绘前明遗老仁和张卿子(遂辰)小像,巾褐俨然,神清以穆,有乾隆中杭人丁敬身、周穆门、杭堇浦诸家题诗。(《越缦堂日记》)十日(30日),谱主赴郑士抡广和居宴集,李慈铭、沈曾植、沈曾桐在座。(《越缦堂日记》)

十月六日(11月24日),父黄体芳招消寒第一集,谱主与沈曾植、沈曾桐在座。(李慈铭《再柬侍郎约为消寒第二集》小注)二十三日(12月11日),赴李慈铭招消寒第二集,谱主与父黄体芳、冯

煦、王彦威、吴庆坻、沈曾植、沈曾桐、徐定超、王仁东在座。(《越缦堂日记》)

十一月四日(12月22日),谱主往访李慈铭。(《越缦堂日记》)九日(27日),缪荃孙来访。(《艺风老人日记》)十六日(1893年1月3日),谱主赴全浙馆同仁宴集,缪荃孙、沈曾植、沈曾桐、文廷式、徐建寅、志锐、李盛铎在座。(《艺风老人日记》)二十日(7日),徐定超招消寒第四集于谱主寓所,李慈铭、黄体芳、冯煦、袁昶、沈曾植、沈曾桐在座。(《越缦堂日记》)

十二月十日(1月27日),谱主往访李慈铭。(《越缦堂日记》)十一日(28日),李慈铭作书致谱主。(《越缦堂日记》)十二日(29日),谱主往吊王彦威父之丧,晤李慈铭、袁昶、徐定超等人。(《越缦堂日记》)十六日(2月2日),袁昶招消寒第六集于谱主寓所,黄体芳、李慈铭等在座。(《袁昶日记》《越缦堂日记》)十九日(2月5日),上午,李慈铭来访,下午谱主往访李慈铭。(《越缦堂日记》)是日,张謇作书致谱主,言及"意园师为属荐崇明书院""叔兄权贵溪""献岁贵溪县试,仍拟一往"等事。二十日(6日),李慈铭作书致谱主,并赠河南百合一合。(《越缦堂日记》)二十一日(7日),谱主往访李慈铭。(《越缦堂日记》)二十二日(8日),李慈铭作书致谱主。(《越缦堂日记》)二十四日(10日),谱主与同仁在寓所为李慈铭作生日,黄体芳、徐定超、王仁东、朱福诜、袁昶、沈曾植、沈曾桐、冯煦、吴庆坻在座。(《越缦堂日记》)二十八日(14日),谱主往访缪荃孙。(《艺风老人日记》)

是年,黄遵宪有《寄怀仲弢先生》七绝一首。

光绪十九年癸巳(1893)　四十岁

正月四日(2月20日),李文田招饮粤东馆,谱主与张荫桓、袁昶、王颂蔚、沈曾植、沈曾桐、冯煦、刘岳云、蒯光典、王懿荣、江标、李盛铎、缪荃孙、缪祐孙、叶昌炽、费念慈在座。(《艺风老人日记》《缘督庐日记》)七日(23日),张謇致函与谱主。(《张謇日记》)八日(24日),谱主赴吴庆坻招消寒第七集,李慈铭、黄体芳、沈曾植、沈曾桐、盛昱、冯煦、袁昶、徐定超在座。(《越缦堂日记》)九日(25日),李慈铭作书致谱主。(《越缦堂日记》)十一日(27日),谱主赴安徽馆宴请李文田、袁昶,沈曾植、沈曾桐、蒯光典、王颂蔚、刘岳云、王懿荣、叶昌炽在座。是日作书致李慈铭。夜,赴李慈铭寓,为谱主四十生日做寿,父体芳、从弟绍第、鲍临、吴庆坻父子等在座。(《缘督庐日记》《袁昶日记》《越缦堂日记》)十二日(28日),是日,谱主四十生日,众友来贺。(《越缦堂日记》)十三日(3月1日)午后,谱主赴缪荃孙招饮,李慈铭、沈曾植、沈曾桐、王颂蔚、庞鸿文、叶昌炽在座。后又往访李慈铭。(《越缦堂日记》《艺风老人日记》《缘督庐日记》)是月,谱主拜书黄绍第所撰《张母林太孺人七十寿序》,为张子蕃母亲七十大寿祝贺。

二月四日(3月21日),袁昶将赴天津,来书致谱主。(《袁昶日记》)十九日(4月5日),是日为谱主继母生日,李慈铭等来拜寿,晤谈。(《越缦堂日记》)二十二日(8日),谱主往访李慈铭。(《越缦堂日记》)二十七日(13日),叶昌炽、李盛铎等招饮江苏馆,谱主辞不至。(《缘督庐日记》)

三月一日(4月16日),谱主赴江标、沈曾桐招饮,观"赵文度左山水卷二、石谷山水卷一、石涛山水卷一、南楼老人山水册一、蒋南沙花卉册子、唐人写经两卷",陈田、陈庆年、丁立钧、缪荃孙、王同愈同席。(《艺风老人日记》)四日(19日),李慈铭作书致谱主,谱主得信后来访。(《越缦堂日记》)六日(21日),谱主与同仁在城西祖帐雅集,到者有黄体芳、李慈铭、缪荃孙、盛昱、沈曾植、叶昌炽、王懿荣、吴庆坻、朱福诜、王颂蔚。(《袁昶日记》中之《致仕前侍郎黄莼隐丈李爱伯侍御缪小珊同年盛伯羲祭酒沈子培秋曹叶缘督黄仲弢吴子修王廉生朱叔基文云谷六太史亲家王蒿隐枢部先后在城西祖帐为平原十日之饮率赋为谢》)九日(24 日),午后,李慈铭来访,不晤。夜,谱主与同仁在全浙馆公饯袁昶,朱福诜、沈曾植、沈曾桐、徐定超、王仁东、缪荃孙、黄体芳在座。(《越缦堂日记》《袁昶日记》)十四日(29 日)夜,谱主往访袁昶,适沈曾植、曾桐送袁昶北齐造像一龛。(《袁昶日记》)二十五日(5 月 10 日),谱主往访李慈铭。(《越缦堂日记》)是月,与贵阳陈田、陈榘,江阴缪荃孙,丹徒丁立钧,嘉兴沈曾桐,元和王同愈等人同赴江标灵鹣阁观赏《光明皇后写经》(日本天平十二年[740 年,唐开元二十八年]五月一日),记于跋中。(《光明皇后写经与东亚史料的开拓》)

四月一日(5 月 16 日),梁鼎芬子龙驹殇。谱主闻讯后,作《挽梁童子学蠡兼慰节庵同年》七绝一首。三日(18 日),谱主过李慈铭夜饮,王继香、沈曾植、吴讲、陈学良等在座。(《越缦堂日记》)七日(22 日),谱主游厂肆,晤缪荃孙。(《艺风老人日记》)九日(24 日),谱主往访李慈铭,赠紫毫笔两枝,意劝李慈铭仍考试差。(《越缦堂日记》)十六日(31 日),李慈铭作书致谱主,送还所赠紫毫笔。(《越缦堂日记》)十七日(6 月 1 日),谱主往访李慈铭。(《越缦堂日记》)二十日(4 日),谱主赴刘树屏招饮广和居,沈曾桐、黄绍第、徐仁铸、缪荃孙在座。(《艺风老人日记》)二十一日(5 日),李慈铭来访,不晤。(《越缦堂日记》)二十九日(13 日),殷蕁庭设饮父亲家,谱主与李慈铭、沈曾植、沈曾桐、庞鸿文、黄绍第在座。(《越缦堂日记》)

五月初四日(6月17日),谱主往访李慈铭。(《越缦堂日记》)五月十二日(25日),往访李慈铭。(《越缦堂日记》)

六月十八日(7月30日),谱主作书致李慈铭,约二十日饮长椿寺。(《越缦堂日记》)二十日(8月1日),父黄体芳招饮长椿寺,谱主与李慈铭、王彦威、杨晨、郑士抡、沈曾植、沈曾桐、王仁东在座。(《越缦堂日记》)二十六日(7日),李慈铭来函约谱主二十八日饮江苏馆。(《越缦堂日记》)二十七日(8日),杨士骧、蒯光典、冯煦招饮安徽馆,谱主与李文田、志锐、费念慈、叶昌炽、李盛铎、江标、刘世安、沈曾桐、刘岳云等同席。(《艺风老人日记》)二十八日(9日),李慈铭招饮江苏馆,谱主与父黄体芳、王彦威、郑士抡、沈曾桐等在座。(《越缦堂日记》)

七月十四日(8月25日),郑士抡招饮黄岩馆,谱主与父黄体芳、徐定超、王彦威、杨晨、李慈铭在座。(《越缦堂日记》)十六日(27日)夜,谱主与李慈铭、吴品珩、吴士鉴、刘家荫同饮。(《越缦堂日记》)

八月二日(9月11日),谱主招同人饮于浙江馆看山楼,盛昱、钱恂、汪大燮、汪大钧、叶尔恺、沈曾植、沈曾桐、孙宝琦、缪荃孙在座。(《艺风老人日记》)三日(12日),李慈铭来访,不值。(《越缦堂日记》)五日(14日),谱主往访李慈铭。(《越缦堂日记》)二十六日(10月5日),谱主赴义胜居雅集,沈曾植、盛昱、王仁东、沈曾桐、丁立钧、刘家立在座。(《缘督庐日记》)

九月初八日(10月17日),谱主次女生。十二日(21日),谱主往访李慈铭。(《越缦堂日记》)

十月三日(11月10日),李慈铭来访。(《越缦堂日记》)十一日(18日),谱主致函叶昌炽。(《缘督庐日记》)谱主往访李慈铭。

(《越缦堂日记》)十二日(19日),谱主赴全浙馆雅集,王仁东、沈曾植、沈曾桐、李文田、柯逢时、王颂蔚、叶昌炽、李慈铭、缪荃孙在座。(《艺风老人日记》《缘督庐日记》)二十日(27日),王仁堪卒于苏州知府任,年四十六。谱主有挽联。

十一月十五日(12月12日),父黄体芳招消寒第一集,李慈铭、盛昱、王继香、沈曾植、沈曾桐、徐定超、林开谟、缪荃孙在座,谱主亦与会。(《艺风老人日记》)

十二月七日(1894年1月13日),谱主赴叶昌炽招饮,黄绍第、李盛铎、王颂蔚、费念慈、缪荃孙等在座。(《艺风老人日记》)十八日(24日),谱主赴鲍临招消寒第三集,盛昱、李慈铭、黄体芳、沈曾植、沈曾桐、丁立钧、王继香、徐定超、缪荃孙在座。(《艺风老人日记》)二十八日(2月3日),缪荃孙还谱主公分(炭敬)。(《艺风老人日记》)

是年,谱主与林旭孝廉相识于京师。林时年甫十九。

是年,樊增祥有《寄仲弢编修》诗。

是年,谱主作《赠中宪大夫忠义潘卿云先生祠记》一文。

是年,谱主应张之洞之嘱,请盛昱销假复出,恳辞。(盛昱年谱)

光绪二十年甲午(1894)　四十一岁

正月十一日,谱主填词第一稿《齐天乐》,有序。二十六日(3月3日),谱主赴沈曾植、沈曾桐约消寒第六集,黄体芳、李慈铭、徐定超、王继香、盛昱、林开谟、丁立钧、鲍临、缪荃孙在座。(《艺风老人日记》)是月,谱主得于谦《填河铁犀铭》拓本。凡八行。第一行"填河铁犀铭"五字。铭六行,文曰:"百炼玄金,镕为真液。变幻灵犀,雄威赫奕。填御堤防,波涛永息。安若泰山,固如磐石。水怪潜形，冯夷敛迹。城府坚完，民无垫溺。雨顺风调，男耕女织。四时循序，百神效职。亿万闾阎，措之衽席。惟天之佑，惟帝之力。尔亦有庸，传之无极。”铭凡六行，铭前一行“填河铁犀铭”五字，末一行“正统十一年岁在丙寅五月吉旦浙人于谦识”十八字。后有道光戊申七月既望刘师陆跋。（吴庆坻《蕉廊脞录》卷六）

二月七日（3 月 13 日），谱主赴消寒第七集，黄体芳、李慈铭、盛昱、沈曾植、沈曾桐、林开谟、缪荃孙在座。（《艺风老人日记》）十六日（22 日），谱主赴盛昱招消寒第八集，黄体芳、黄绍第、鲍临、王继香、沈曾植、沈曾桐、林开谟、缪荃孙在座。（《艺风老人日记》）十九日（25 日），谱主母亲生日，孙宝瑄等来贺。（《忘山庐日记》）是月，谱主京察一等，奉旨记名以道府用。（《清代官员履历档案全编》）

三月二日（4 月 7 日），谱主赴丁立钧、林开谟招浙江馆消寒第九集，黄体芳、李慈铭、沈曾植、沈曾桐、鲍临、盛昱、黄绍第、缪荃孙在座。又赴江苏馆同人雅集，叶昌炽、缪荃孙、王颂蔚、费念慈、江标、沈曾植、吴士鉴、陆树藩、端方、李经畬、李盛铎、刘世安、张孝谦、刘可毅、孙宗翰、孙诒让、文廷式、刘岳云在座。（《艺风老人日记》《缘督庐日记》）三日（8 日），谱主与沈曾植、沈曾桐邀缪荃孙湖广馆观剧。（《艺风老人日记》）二十六日（5 月 1 日），是日翰詹大考，实到二百零八人，赋题：“水火金木土谷以九功之德皆可歌也为韵”；论题：“书贞观政要于屏风”；诗题：“杨柳共春旗一色得林字七言八韵”。（《翁同龢日记》）二十七日（2 日），大考阅卷大臣派定：昆冈、孙毓汶、孙家鼐、陈学棻、志锐、王文锦、李端棻、龙湛霖、徐会沣、梁仲衡。（《翁同龢日记》）二十八日（3 日），派翁同龢、张之万、徐桐为复看大考卷大臣。（《翁同龢日记》）

四月初八日（5 月 12 日），翰詹大考名单公布，谱主列二等四十七名，奉旨照旧供职。（《清代官员履历档案全编》）二十二日（26日），瑞安项崧参加殿试，托谱主照料，谱主以未派差辞。殿试后，在保和殿左门，谱主复遇项崧，嘱其先归。谱主应丁立钧之邀为张謇照料，至弥封所，见洪叔林殿试卷，不见项崧卷，并补书张謇卷中刮而未补之“郡”字。（《项申甫日记》丙申十二月十一日条）

五月三日（6月6日），缪荃孙来访。（《艺风老人日记》）十四日（17日），孙诒让作书致谱主。二十六日（29日），孙诒让再作书致谱主，托黄庆澄赴京乡试时代交。

夏，孙诒让所著《墨子间诂》交苏州毛上珍以聚珍版印行，谱主为之详校一过，举正十馀事，复识跋于后。

六月初四日（7月6日），谱主往访翁同龢。（《翁同龢日记》）二十六日（28日），谱主晤张謇等，谈及北洋舰队被日军突袭之事。（《张謇日记》）二十七日（29日），谱主晤张謇。（《张謇日记》）

七月十七日（8月17日），谱主与张謇谈。（《张謇日记》）是月，康有为以所著《新学伪经考》遭给事中余联沅劾，谱主与同仁电广东学政徐琪营救。（《康南海自编年谱》）

九月五日（10月3日），谱主与张謇、沈曾植、丁立钧谋联络英、德两国。（《张謇日记》）七日（5日），谱主与同仁上奏《请罢斥李鸿章坚持战备折》。九日（7日），谱主与同仁上奏《奏请密连英德以御倭人折》。十五日（13日），谱主过张謇谈时局，沈曾植、丁立钧、沈曾桐在座。（《张謇日记》）十七日（15日），缪荃孙来谈。晚，谱主与张謇、丁立钧过沈曾植，议进兵朝鲜事。（《艺风老人日记》《张謇日记》）二十七日（25日），谱主与同仁上奏《豫阻和议公疏》。（《缘督庐日记》）

秋，谱主致函汪康年，提及请为黄绍第作《江南乡试录后叙》

等事。

十月七日(11月4日),沈曾植、沈曾桐招饮义胜居,谱主与王颂蔚、叶昌炽、丁立钧、费念慈、缪荃孙在座。(《艺风老人日记》《缘督庐日记》)十一日(8日),谱主访缪荃孙。(《艺风老人日记》)后赴王颂蔚招饮广和居,沈曾植、沈曾桐、刘显曾、冯煦、叶昌炽、屠寄、缪荃孙在座。(《缘督庐日记》)十三日(10日),谱主次子曾辂(厚卿)出生。二十二日(19日),谱主访叶昌炽,丁立钧、沈曾桐在座,共议封奏领衔事。(《缘督庐日记》)

十一月初二日(11月28日),谱主与同仁上《劾海军罪帅公疏》,指斥海军提督"敌未来而豫避,敌将至而潜逃",建议"将丁汝昌锁拿来京,交刑部严行治罪"。十一日(12月7日),谱主与同仁上《进呈地营图说公疏》,推荐滇军地营图说。二十四日(20日),李慈铭病卒,年六十六。谱主有挽联:"操尚本无俦,岂徒诗史成编,身系南江文献统;侍游真不再,终是经师多福,生当中国盛强时。"

十二月初二日(12月28日),谱主与同仁上《阻议和遣使公疏》,认为"邪说误国,请奋宸断,收回成命,以全国体"。二十八日(1895年1月23日),张之洞发电京都百川通,代送谱主年敬一百两,黄体芳二百两。(茅海建《张之洞的别敬、礼物与贡品》)是月,谱主充会典馆书上总校官。(《清代官员履历档案全编》第六册第三八六页)

光绪二十一年乙未(1895)　四十二岁

正月八日(2月2日),蒯光典招饮安徽馆,谱主与王颂蔚、冯煦、沈曾植、沈曾桐、文廷式、费念慈、叶昌炽在座。散席后,同游厂肆。(《缘督庐日记》)是月,谱主充会典馆图上帮提调官。(《清代官员履历档案全编》第六册第三八六页)

二月,朝议与日本媾和,谱主先后与同官翰林诸公联名累上条陈，痛论割地赔费之害，并及补救办法，皆留中不报。初七日（3月3日），谱主与丁立钧、陈遹声、沈曾桐、徐世昌、王安澜、检讨阎志廉等上《豫争和款割地公疏》，认为“兵败求成，亏损固不能免；然即以偿费论，国家岂能竭有限之脂膏，填无穷之溪壑？为数过巨，断不能迁就曲从。至于割地之举，则尤有必不可行者”。十四日（3月10日），谱主与丁立钧、丁仁长、陈荣昌、陈遹声、徐世昌、冯煦、检讨阎志廉等上《统筹和战事宜请开廷议公疏》，建议持久抵抗，严密守备，“尔时再议修和，断不至如目前亏损之多”。

三月初六日（3月31日），谱主致函胡宝仁，认为：“东事外误于北洋，内误于政府”，并提及“日内绍箕即拟乞假去官侍奉，暂赴汴梁，以了今年课程。俟秋冬间再图南返”。是月（4月），谱主请假回籍修墓，侍父南归。临行，文廷式、盛昱、沈曾植、沈曾桐、丁立钧、冯煦诸先生各有词赠别，丁立钧复为之图。出都前一日，冯煦招饮两浙馆，并拍照合影留念。

三四月间，谱主在舟上填词十阕，自题副稿曰《潞舸词》。

四月十九日（5月13日），在道口舟中，谱主为自作《潞舸词》题跋。是月，谱主奉父至汴梁，与许振祎河帅相见，以诗唱和，共得七律十六首：《和奉新年伯赠家大人诗原韵》八首、《再次家大人诗韵呈奉新年伯》八首。

闰五月初六日（6月28日），端方作书致谱主：提及“今日奉惠书，欣闻师驾安抵梁园”，“自款局成，事变种种。俄虽代索辽南，然挟势借给一万万，我尚未有以应也”等内容。

六月十七日（8月7日），沈曾植致书谱主。（《沈曾植日记》）

七月初九（8月28日），林开谟作书致谱主。

初秋，谱主奉父至安徽，凤阳守王咏霓邀寓郡斋，谱主作《子裳老丈邀寓郡斋,出日记命观,敬赋长歌》及《王凤阳丈以吏事巡县,联舟泛淮,阻风罗家口,即次其〈龙兴寺宴集〉韵》五古一首。

九月,谱主奉父至金陵。二十一日(11月7日),缪荃孙来访。(《艺风老人日记》)二十三日(9日),谱主赴梁鼎芬招饮,宋育仁、陈三立、况周颐、蒯光典、刘世珩、徐乃昌、王德楷在座。(《艺风老人日记》)。是月,康有为到江宁后,说服张之洞开强学会,谱主奉张之洞命参与上海强学会的创办,同议章程。(《梁节庵先生年谱》)月底,张之洞有信来,为黄体芳赐张仁颋挽联表示感谢,并提及为何亮棨筹得一位置等事。

十月初十日(11月26日),由谱主与梁鼎芬、康有为联名的电报通过两江总督署发出:"诒在京师,与洪右丞、沈子培、杨叔峤诸君开强学会,专讲中国自强之学,朝士集者百数。今来金陵,与南皮言,南皮力主之。顷分设沪局,集天下贤士夫,刊布公启,必欲得公名,以光此举,立候电复。金陵督署绍箕、鼎芬、祖诒。"

十月,梁鼎芬来信:"长素未刻朱卷。《续艺舟双楫》在书堆寻出,再奉上。今所苦何似,念极!诗评大字是伯严,眉批沈君泽棠也伯愚、仲鲁之师。中弢同年。鼎芬顿首。"赠谱主康有为《广艺舟双楫》,适谱主患足疾,为遣怀而读之,随笔订正其舛讹,得七十馀则。并有跋以记其事:"节庵同年以此书见诒时,适患足疾,倚枕读之,愚管所及,随笔识于上方,约七十馀则,聊遣病怀。曩所阅碑拓书评,多省意不具,不能尽也。光绪乙未十月初七日,㫚斋居士黄绍箕记于金陵寓馆。"

十月,上海开强学会于张园,推张之洞主持,梁鼎芬、谱主、康有为、张謇等列名。谱主参与议定《上海强学会章程》及《强学书局章程》。(《啬翁自订年谱》乙未十月)

十月，谱主以《潞舸词》属冒广生题。(《冒鹤亭先生年谱》)

十月二十九日(12月15日)，梁鼎芬发电康有为，表示有关上海强学会的事务，可与谱主联络，由谱主负责上报张之洞。“上海泰安栈康有素：群才荟萃，不烦我，请除名。捐费必寄，日内往鄂，一切函电可由中弢商壶公。节。”

冬，为上海强学会事，梁鼎芬屡来信与谱主商讨：

一

两书皆诵悉，周妥诚切，真人才也。陈来函已允，屠亦必允已致书局，二名不必删。康函及章程皆在南皮处。孙件亦然，甚恐陆沈。穆琴同年。鼎芬顿首。

二

二函均送南皮，未知何时发也。弟明日赴鄂即回，欲赶及初七送行。一函到沪时收回捐款记写收条，至要至要！穆琴我兄同年。鼎芬顿首。

三

康函阅毕，即交信局。由兄处发局可也。致大函好，过快！章程内何以不及新说及招集门徒二条，应否列入？又康电奉览。穆琴我兄同年。鼎芬顿首。

诗二本，叶临公大庄所阅与陈公子有异，同并呈。

四

长素所苦，与兄相同，有服药否？日间本拟请年丈酒叙，待兄能来乃定期。鼎芬。

崇义祠碑，容生曾赠之否？

五

久欲一谈，闻所苦未平，未可奉扰，年丈与名一事，面谈乃细，能见我否？欲来屡止。但能下床便得。云书奉阅。昨致康电并呈，请复我。昨书未即答，本欲到谈，以困于卷事未果也。穆兄。芬顿首。

六

屠电奉阅，阅毕还我寄康。《周礼注疏》学海堂本二部，一在家，一为人假去。今检石印本，有阮答本，不欲借，得毋笑其吝邪？并沐香奉上。穆琴同年。鼎芬顿首，望日。

十一月十六日（12月31日），缪荃孙来访。（《艺风老人日记》）二十一日（1896年1月5日），缪荃孙来辞行。（《艺风老人日记》）二十八日（1月12日），由康有为主持的《强学报》第一号在上海刊行，载《上海强学会章程》：以黄体芳、黄绍第、屠仁守、汪康年、康有为、邹代钧、梁鼎芬、黄遵宪、黄绍箕、左孝同、蒯光典、志钧、张謇、沈瑜庆、乔树枏、龙泽厚等“同人共启”。二十九日（1月13日），谱主致电、致函康有为。

十二月三日（1月17日），《强学报》第二号出版。五日（19日），康有为离沪回粤，为母寿。初八日（22日），谱主侍父乘威靖轮船从南京抵达上海。初九日（23日），谱主在威靖轮船上，写信给康有为，提及《强学报》之事。初十日（24日），在上海，胡调元、宋恕至普济轮上访谱主与父。（宋恕《乙未日记摘要》）十二日（26日），《强学报》停办。是日谱主离沪回家。（《申报》第二版《强学停报》；康有为《致何树龄、徐勤书》：“仲弢云，十二出沪，接信此时想已过。此君通达实心，惜二子不能与之谈，不能自白也。”）中旬，谱主侍父抵瑞安。谱主抵里后，即与孙诒让、黄绍第、项芳兰（申甫，后改名崧）、周拱藻（仲龙）、洪锦标（叔琳）、王恩埴（雪璞）、鲍锦江（稚琴）、杨世环（笑沧）等九人，聚商创办瑞安算学书院。经多方讨论，由孙诒让主稿，九人联名具牍，分向府、县署申请立案。

（院址在县前桥下直街卓公祠。于次年改名学计馆，三月初一日开学，聘请林调梅[和叔]任馆长，功课有数学、物理、化学等）。

是年，谱主作《范西屏、施定庵二先生年表》。

是年，作《和菊潭年伯八秩双寿自寿诗三章原韵》七律三首。

是年冬，孙诒让发起组织兴儒会，撰《兴儒会略例二十一条并叙》，并录示谱主。

光绪二十二年丙申（1896）　四十三岁

一月十六日（2 月 28 日），谱主三女季才出生，后适林开谟三子久都（1895—1969，字叔永，从事海关税务工作。新中国后任福州海关副关长、福建省第二、三届政协委员等）。一月，丁立钧有书致谱主，托郑孝胥转交。（《郑孝胥日记》）

三月，谱主观《董香光真迹书册》并有题跋，定为董其昌中年用意之作。

三月，谱主以曹奎辑刻怀米山房《吉金图》石刻拓本、吴式芬《攈古录》金文新印本赠孙诒让。（孙诒让《吉金图》题记、《攈古录》题记）

三月，谱主应张之洞之招，从瑞赴鄂。（孙诒让《麦鼎拓本跋》）抵上海后，曾遇费念慈。（《艺风堂友朋书札》费念慈一百三十三："审悉顺德师之丧，三月十五到沪……穰卿在沪，中弢亦相遇，适赴鄂也……如弟念慈顿首。四月五日小舟灯下。"）二十九日，孙诒让以新得麦鼎手拓本附考跋寄示谱主，冀其疏谬也。（孙诒让《麦鼎拓本跋》）是月，文廷式到汉口，谱主与梁鼎芬、志钧、顾印愚、纪钜维、张权作琴台讌集。（《文芸阁先生年谱》）

四月，谱主请张之洞书题瑞安"学计馆"三字校牌。

五月十四日（6 月 24 日），谱主有函致汪康年。（《致汪康年

书》二)

六月十三日(7月23日),谱主有函致汪康年,提及"欲于此间兴学会……现已拟一大略章程",并恳代购书籍等事。(《致汪康年书》五)十五日(25日),姚锡光来访。(《姚锡光江鄂日记》)是月,谱主有信致汪康年,言收到《时务报启》。

七月一日(8月9日),《时务报》创刊。设有"论说""恭录谕旨""奏折录要""京外近事""域外报译""西电照译"等栏目。汪康年任报馆总理,梁启超为主笔。

七月十二日(8月20日),姚锡光来访。(《姚锡光江鄂日记》)七月十四日(8月22日),谱主有信致汪康年,提及捐时务报馆等事。七月二十九日(9月6日),缪荃孙来访。是日,谱主与梁鼎芬有合照。(《艺风老人日记》、梁鼎芬《致黄绍箕书》)七月,谱主有信致汪康年,提及收到《时务报》,大喜。

八月,谱主撰《广雅尚书南皮张公寿言》,并代谭继恂作《诰授光武大夫广雅尚书制府六十寿序》,贺张之洞六十大寿。二日(9月8日),谱主到总督府祝张之洞六十大寿,与黄体芳、蒯光典、宋育仁、黄绍第、汪康年、缪荃孙在五福堂同饮。(《艺风老人日记》)三日(9日),谱主到总督府拜寿。后赴恽祖翼招饮,谭献、梁鼎芬、蒯光典、恽祖祁、缪荃孙在座。(《艺风老人日记》)四日(10日),谱主赴梁鼎芬招饮,黄体芳、谭献、蒯光典、黄绍第、缪荃孙在座。(《艺风老人日记》)二十一日(27日),谱主访姚锡光并辞别,云二十五日入都。(《姚锡光江鄂日记》)二十五(31日),谱主离鄂入京。是月,谱主有信致汪康年,提及阎守备及孙诒让捐时务报馆款于月底经上海面交等事。(《致汪康年书》九)

九月初一日(10月7日),梁鼎芬来信致谱主。九月,谱主抵京，销假到署，被派充会典馆提调。凡排比体例，手自厘定，日不暇给。复以边界交错，稍有疏漏，辄起纠纷，遂别设绘图处，用西法实测。（《清代官员履历档案全编》）九月二十一日（10 月 27 日），谱主与王国宾、季厚焘、蔡锡勇、罗丰禄、黄遵宪等访翁同龢。（《翁同龢日记》）

九十月间，谱主有函致父亲，提及“各国大有瓜分中国之势”。（《项申甫日记》丙申十月二十三日）

十二月十一日（1897 年 1 月 13 日），叶昌炽来访，谱主将孙诒让所托《墨子间诂》一部转赠。（《缘督庐日记》）

是年，谱主尝见德国人著《武梁祠画象考》刻本一巨册。

是年，黄体芳归里后，日与乡人士流连诗酒，因而商于王岳崧、胡调元等，拟醵金建造话桑楼于邑之小东门外莲湖左，为觞咏之地，楼下设神龛栗主，供奉邑之历代诗人。于戊戌年开工，己亥年初夏落成。谱主题楹两联。

是年，谱主作有《跋意园所藏〈阙特勤碑〉拓》、《题王幼霞〈秋窗忆远图〉》七古一首、《为陈啸沧丈题戴文节公熙楹帖残幅》七绝一首。

光绪二十三年丁酉（1897）　四十四岁

二月十六日（3 月 18 日），谱主京察一等，奉旨记名以道府用。（《清代官员履历档案全编》）二十日（22 日），张之洞致杨锐电报中，就延聘徐世昌事，嘱杨锐与谱主商酌办理。（张之洞致杨锐电：“京。乔：密。徐菊人太史现想在京，鄂省两湖、经心各书院去腊久已订妥，星海皆知。前电言徐君来必有位置者，谓请至署内，由敝处送脩金耳，并无他席也。望婉商。如不来鄂，亦当每年寄送干脩六百金，似可省跋涉之费。如愿来，亦照此局面。祈与仲韬商酌，速覆。钝。号。”）二十七日（29 日），梁鼎芬函致谱主，开列两湖书院分教诸君姓氏。

四月五日（5 月 6 日），谱主拜访翁同龢，谈《会典》图事。（《翁同龢日记》）二十四日（5 月 25 日），谱主妹出嫁。（《荣庆日记》《栩缘日记》）

六月初四日（7 月 3 日），谱主收到大姨母初三日来电，于晚上复电。五日（4 日），谱主将复电送交电报局。是日张之洞电杨锐，提及谱主考差事，欣喜。（张之洞是日电：“京。乔：徐菊人回京否？何时来鄂？仲韬高取，欣盼。高阳步履渐好否？钝。歌。”）十二日（11 日），谱主出任湖北乡试正考官，熊亦奇为副考官。（《清代职官年表・乡试考官》）十三日（12 日），谱主拜谒翁同龢。（《翁同龢日记》）访蔡元培。（《蔡元培日记》）十九日（18 日），蔡元培按《群经平义》为谱主拟策问。（《蔡元培日记》）离京赴任湖北乡试主考官前，曾入内请辞，光绪帝谕之：“现在百姓困苦已极，皆朕不德所致，然卿辈亦不能辞咎，朝政非更张不可。卿此去，极宜留意抡才，为朕得可用之人。”（《清稗类钞・帝德类・德宗论黄绍箕抡才》）二十五日（24 日），谱主从京师启行赴湖北，夜宿良乡。二十六日（25 日），谱主行抵涿州，夜宿。在涿州作上父亲禀，于二十八日寄安庆敬敷书院。

七月十二日（8 月 9 日），渡黄河，宿荥泽县，作致父亲禀，寄安庆敬敷书院，提及“男前数日偶患腹泻……刻已全愈”，“到汉口约在廿八九日，进省城总在朔日。今日渡黄河，宿荥泽县”，“〔熊〕馀波同年谈论甚相得”等事。月底，抵达汉口。

八月初，抵达武昌。主持湖北乡试，题有：“因民之所利而利之，斯不亦惠而不费乎，择可劳而劳之，又谁怨”（《论语・尧曰》）；

“语小，天下莫能破焉”（《中庸》第十二章中句）；“水由地中行”（《孟子·滕文公下》）等。并手改部分举子之卷。（温州博物馆藏黄绍箕《丁酉典试湖北改墨原稿》）是月，曾有信致袁昶。（《艺风堂友朋书札》袁昶十三：“顷奉到八月初十日手札……年小弟昶顿首，九月十四日。顷得黄漱丈、仲弢书，仲弢已入闱矣。”）

乡试揭榜，共取举人六十一名，副榜九名。（《丁酉科十八省乡试同年全录》）

湖北乡试同年录（共六十一名）：

王葆清、何焜阁、丁保树、陈登庸、张鸣珂、施烓、何世谦、朱楙春、梁柏年、雷沅、胡大华、佘宗裕、余嗣勋、熊良骥、傅守谦、卓奎元、张华藻、王宝书、程必藩、张子南、夏寿康、李耀南、卓宗杰、王劭恂、邱峻、李永贞、方士鏻、邱岱、陈国琪、董善祥、陈邦穀、宝贤、程劭春、张彭龄、赵严葳、汪宝增、郑寿黎、余家均、胡孔福、尤声瑸、李锦沅、胡大崇、陈庆慈、陶梁、范轼、刘赓藻、朱膺爵、李作哲、刘庆庵、叶宝棻、雷以成、水祖培、荣浚、李翥仪、汪炳宸、程文瑛、李家璧、俊明、范熙壬、萧延平、夏先鼎

副榜同年录：

陈应昌、李继昉、余景芳、刘起霈、邱云壑、郭煜、梅庭、何树仁、张国淦

秋闱后，谱主自序《湖北乡试录》。

谱主试竣后，至安庆，随侍父亲归里。途出鸠兹，与徽宁池太广道袁昶等盘桓旬日，荆赭山中有德星聚见之乐。

堂弟绍第亦于闱后乞假回籍展墓。二人道出皖城省亲，照有行装侍立相片，时人记其事：“辎轩昆季同时出国门，都人士啧啧艳羡。”

十一月初九日(12月2日),谱主自安庆启程回家。十四日(12月7日),抵上海,谱主与父、从弟寓虹口义昌成记。十五日(12月8日),谱主往访郑孝胥,不值。(《郑孝胥日记》)十六日(9日),郑孝胥来访谱主,黄绍第在座。(《郑孝胥日记》)在沪期间,谱主与从弟绍第加入上海务农会,乡里友人陈虬、洪炳文、周拱藻、章献猷、郭凤诰、池虬、许金镛、林调梅、陈范、王恩植、杨世环、鲍锦江、洪锦麟、伍恭寅诸君,先后加入上海务农会为会员。下旬,谱主一家乘瓯轮离沪回瑞。(十一月十五日黄绍第《致冒广生书》[《冒广生友朋书札》黄绍第五]:"初到舒州,只拟作十日之留,嗣因襄校课卷,直至初九日自皖启行,又为袁爽秋观察挽留三日,昨日午后始抵申江。仆与家兄侍奉季父寓虹口义昌成记……瓯轮已于昨日开行,在此间尚须羁留十日。")

十二月二日(12月25日),谱主三子曾武生。十二月,回家乡瑞安后,谱主与同里诸同志陈虬、洪炳文、周拱藻、章献猷、郭凤诰、池虬、许金镛、林调梅、陈范、王恩植、杨世环、鲍锦江、洪锦麟、伍恭寅等集资合力,组织瑞安务农支会,订立章程,禀官立案。谱主手撰《瑞安务农支会序》。

是年,文廷式为谱主题吴彩鸾骑虎图,作《摸鱼儿》一阕。

是年,谱主与蒯光典辑《海昌二妙集》刊行。(《中国围棋大事年表》:"光绪二十三年,黄绍箕、蒯光典辑《海昌二妙集》刊行。")

是年,作《题薛慕淮母〈萱闱课读图〉》七律一首。

光绪二十四年戊戌(1898)　四十五岁

正月,山东即墨县文庙孔子像,突被德国兵丁残毁,谱主作《呈请代奏圣像被毁宜速责德使惩办折》,请清政府速与德国使臣严切论理,责令将犯事兵丁赶紧逐出,置之重典。

正月，谱主致函王小朴，邀至卓公祠共商瑞安务农支会事。

初春，谱主与绍第联名致函浙藩司恽祖翼，请转陈浙抚并商鹾使，于温郡盐局近年增解项下拨款补助瑞安学计馆经费。

二月，瑞安务农支会举行首次会员大会，推举谱主为正会长，黄绍第为副会长，孙诒让为研究部长，洪炳文为试验部长兼采访，项芳兰、周拱藻二人为总司收支，许黻宸、陈范、王镜澄、林向藜四人为总司账务，洪锦淮、吴诒寿、戴庆良、杨世环四人为总司种植。会址设县前街卓公祠，东郊神农庙为郊外办事处。

三月，谱主离瑞赴京，途经上海，于十二日（4 月 2 日），赴王仁东约饮一品香，郑孝胥、黄绍第、文廷式、志锐、罗振玉、蒋斧等在座。（《郑孝胥日记》）抵京后，谱主以《会典》成书过半请奖，奉旨遇有五品坊缺，开列在前。（《清代官员履历档案全编》）二十七日（4 月 17 日），保国会在京广东会馆成立，谱主亦参与，并被推举担任常议员兼宣讲员。（《冒鹤亭先生年谱》）

闰三月五日（4 月 25 日），张之洞电张彬，提及将电文内容告之谱主："京。楼：奉旨陛见，闻慈圣意及上意若何？政府有何议论，众人有何议论？速电闻。经手要事太多，似二十日后行。初到京时，西苑门外附近有何处可住？速看定。事毕后；住化石桥宅。我衰病日甚，此行于时局必无益。拟事毕后即告病。权、检、彬同览，并告仲韬、叔乔。壶。歌。"十八日（5 月 8 日），张謇来访。（《张謇日记》）二十三日（5 月 13 日），张之洞致张彬电，并嘱张彬将此电内容告诉谱主与杨锐。谱主获悉电文，即与杨锐、张彬复电张之洞。

张之洞电文：

急。京。楼：昨在沪奉电旨，因沙市事，饬令折回，俟此案办竣,地方安静,再行来京。接鄂电,沙市现已无享,谭已屡奏。我到京于时局无益,回鄂甚愿,沪上有要事,两三天后即回鄂。日来都下系何情形,鉴园病如何?速覆。并告韬、峤诸君。覆电加急字寄沪。壶。宥。

黄绍箕等回电:

电悉,即告韬、峤。既奉旨,祈速回鄂,迟必有□言。回鄂日期速电奏。事毕速请旨,令来京否?势成骑虎,能来方好。法因粤西教案要梧州。德王昨觐见,动静未开。鉴园病痊。韬、峤、楼。宥。

闰三月二十八日(5月18日),张之洞从上海返回武昌之际,发电其侄张彬,因吏部尚书徐桐八十大寿,托谱主撰寿联。(茅海建《张之洞的别敬、礼物与贡品》:张之洞从上海返回武昌之际,发电其侄张彬:“徐相寿,除津南同乡公分寿屏列名外,并送寿联,配礼物四色。联托仲韬撰,觅善书者书,礼物约价二十金以内,切不宜丰。速电覆。”)

四月初九(5月28日),吏部尚书徐桐八十大寿,谱主作《祝荫轩中堂夫子八旬寿》七律二首以贺。十三日(6月1日),谱主大伯母金安人卒,寿八十五。(孙延钊《瑞安五黄先生系年合谱》)。二十七日(6月15日),翁同龢被开缺回籍。(《翁同龢日记》)是月,谱主补授翰林院侍讲。(《清代官员履历档案全编》)是月,张之洞将梁启超与杨锐、黄绍箕等人一并向朝廷荐举,作为可以委以重任的经济特科人选。(《国闻报》,光绪二十四年四月初九日、二十五日。)

五月初二日(6月20日),光绪帝召见康有为后四日,张之洞发电张检,速询谱主、杨锐,问康有为召对的情形。

京。张玉叔:急。速询仲韬、叔峤,康有为召对详情如何?政府诸公赏识否？康与荣有交情否？派在总署，想系章京，上谕系何字样？到总署后是否派充总办？有主持议事之权否？现议变法，所急欲变者何事？张元济用何官？都下诸公、湖南京官有议论否？速覆。壶。沃。（五月初二日巳刻发，《张之洞电稿》光绪二十五年五月至七月，所藏档号：甲182—456。原整理者有误，根据内容，该电发于光绪二十四年。）

五月初，接到继母陶氏从上海来信。初六日（6月24日），谱主致父亲禀，提及“虞山被逐”“徐子静前辈疏请定国是”“《会典》保举请封……现有二缺，而男列第五，恐未能得”等事。八日（26日），谱主与张謇同诣翁同龢。（《张謇日记》《翁同龢日记》）九日（27日），刘绍宽赴京考，夜访谱主，“仲弢先生推尊西学，以为暗合三代之治。且言时文改为策论，仅可以为过峡文字，必须整顿学堂为要。又云康、梁谈及时事，去人不远，惟学术终乖，不可为据云云”。康有为来访谱主。（《厚庄日记》）十日（28日），谱主走访刘绍宽，言“昨江建霞编修标、李木斋侍郎盛铎、张季直殿撰謇、梁卓如孝廉启超，同商新政。梁出学堂章程一册，已粗阅过，呈军机处覆旨。事缘初八上谕，催覆学堂章程，大小军机议无所出，张侍郎荫桓等询及卓如，卓如乃呈此册，甚为喜悦，不日当为具奏矣。又述康有为昨来言，荷圣眷优隆，不能遽去，而实为守旧诸臣所挤，恐不能大有所为，刻已向堂官告辞云云。康之得召见，实张侍郎之力居多，而康颇感激翁常熟，以为实得其力。康前与仲弢先生论学不合，致相争执，此来颇有修好求助之意，仲丈亦识其意。据仲丈之意，似有改变各庙产为学堂之意，又欲设禁烟会，拟立章程。又言东方之事至于主战，实由于合肥之因循误事。合肥管领北洋二十八年，言听计从，而无一兴举，此次出洋而回，并不曾携外国一纸图、一册书,但夸言某国风景之胜、优礼之隆,与京中全不解事之员无异,庸臣误国,咎无可逭”。(《厚庄日记》)十三日(7月1日),翁同龢回籍,谱主等人送行。(《翁同龢日记》)十四日(2日),谱主与汪曾武秉烛夜谈。(《冒广生友朋书札》汪曾武三:“五月十四日,得瑞安黄仲弢翰读超迁学士之讯。回忆去年今夕,高斋话别,秉烛倾心,忽忽一年,离思尘积,爰填此解,邮寄贺之。调寄《喜迁莺》。”)十五日(3日),光绪帝正式下令,批准设立京师大学堂。任命孙家鼐为管理大学堂事务大臣。二十三日(11日),张謇作《留别仲弢》七律一首。(《张謇日记》)二十六日(14日),张之洞发电张检、张权,询问谱主的情况:“京。张玉叔、张君立:急。分何司?即电告。前交邮政局寄《劝学篇》一本,当早接到。有何人见过?议论如何?康、梁近日情形如何?仲韬、叔峤与之异乎?同乎?众论有攻击之者否?即覆。壶。宥。”(五月二十六日辰刻发,《张之洞电稿》光绪二十五年五月至七月,所藏档号:甲182—456)二十九日(17日),孙家鼐上奏,提名谱主为京师大学堂稽查功课提调。(《京师大学堂档案选编》)三十日(18日),谱主与黄绍第、徐定超、俞长霖、王彦威等公请温台处三府同年于全浙会馆。(《厚庄日记》:“午刻黄仲弢侍讲、叔颂太史、殷鹤亭中郎、徐班侯农部同台州京官俞子韶太史长霖、王弢甫彦威……公请温台处三府同年于全浙会馆……张香涛保举十八人,闻黄仲弢侍讲列荐首。又闻侍讲于明日召见,寿富、张亨嘉亦召见。”)是月,谱主三充教习庶吉士。(《清代官员履历档案全编》)是月,浙江巡抚廖寿丰保举翰林院侍讲黄绍箕为“使才”。(六月十八日张元济《致沈曾植书》:“……大学堂开,寿州枉顾,殷殷下问,欲以济充总办。初颇心动,旋知所派提调除仲弢、柳溪外,都不相习……总办、教习暨各提调已载报章,计当见

之……浙抚复保仲弢、夔君、伯茀，堪膺使命，已交署记名矣，近日发电召令入都”；《沈曾植年谱长编》）

六月初一日（7 月 19 日），谱主入对，呈进张之洞著《劝学篇》二十四篇。（许同莘《张文襄公年谱》）初三日（21 日），张之洞电张检、张权，嘱以《劝学篇》百本交谱主：“京。化石桥。张玉叔、张君立：急。折差寄《劝学篇》三百本，以百本交仲韬；百本交叔乔，百本自留，亲友愿看者送之。康气焰如何？黄、乔、杨与康有异同否？户部难当，只可徐作改图。堂官已见否？前电久未覆，闷极。速覆。壶。”（六月初三日戌刻发，《张之洞电稿》光绪三十年六月至七月，所藏档号：甲 182—470）随后谱主取去一百七十馀本。（六月十二日张权致张之洞禀）七日（25 日），光绪帝颁布上谕，称赞《劝学篇》。（《厚庄日记》：……上谕，“本日翰林院奏，侍讲黄绍箕呈进张之洞所著《劝学编》，据呈代奏一折，原书内外各篇，朕详加披览，持论平正通达，于学术、人心大有裨益。著将所备副本四十部，由军机处颁发各省，督抚、学政各一部，俾得广为刊布，实力劝导，以重名教，而杜卮言，钦此”。）八日（26 日），谱主与徐定超、刘绍宽等同游竹林。（《厚庄日记》）十二日（30 日），张权写信致父张之洞，信中提及谱主：“大学堂所派教习，除黄仲弢（黄系提调）、寿伯符外，多不惬人望……寿、黄、朱三人或就或辞，主意尚未定……仲弢闻王大舅言：张荫桓尚不甚妥，阴有退志，经济特科渠亦不保人矣……《劝学篇》……仲弢共取去一百七十馀本。”（茅海建《戊戌变法期间张之洞之子张权，之侄张检、张彬的京中密信》）十三日（7 月 31 日），杨锐作函致谱主。是日，张之洞发电张权转给谱主，查黄遵宪、谭嗣同来京的背景，以及此中康有为的秘密计划：“京。张君立：转韬、峤。急。佳、蒸、真三电未覆。昨有电旨催黄遵宪、谭嗣同迅速来京,系办何事?必康秘谋。速覆。钝。元。”(六月十三日戌刻发,《张之洞电稿》光绪二十五年五月至七月,所藏档号:甲182—456)十四日(8月1日),光绪帝下谕,将冯桂芬所著《校邠庐抗议》刷印,发交部院等衙门签议。谱主对各条一一进行签议,认为“冯桂芬此书,准古揆时,运心至密。惟是时势迁变,弊习日深,就办法观之,则其不可行者似不少;就用意审之,则其可行者又似甚多。往往䌷绎再三,殊难以一言遽决其可否。即臣所见以为可行,其中办法尚有宜别择者,有宜变通者,有宜推广者,故论说不能不稍加详,既逐篇系说,复揭其大旨,标于目录之下,以期简明”。十八日(5日),张荫桓读《劝学篇》,认为是救时良药,并认为西俗婚配数语有误,令汪大燮转告谱主,函令删削。(《张荫桓日记》)十九日(6日),张之洞发电张权转给谱主,让谱主与礼部侍郎唐景崇商议出面保举梁鼎芬:“京。张君立:转仲韬。急。大用有期,欣贺。梁节庵忠悃长才,闲废可惜。请转商唐春卿侍郎,可否切实荐达。节庵近年讲求时务,绝不为迂谬守旧之谈,论事通达,才力敏果,而识趣极为纯正。方今朝廷锐意变法,若用此等人则有变通之利,无悖道之害,实于时局世道有益。徐致靖尚可保人,况名望如春卿?不能不以大臣荐贤之意望之也。但必以通达时务为言乃可。是否可行?速示覆。壶。效。”(六月十九日亥刻发,《张之洞电稿》光绪二十五年五月至七月,所藏档号:甲182—456)二十二日(9日),张权致张之洞信中,提及谱主未回信:“大人与仲弢电,当即送交。是日渠正与其伯母开吊,未及细谈。日来亦尚未得渠回信。”是月,光绪帝有意复古宾师之礼,将开懋勤殿,择康有为、梁启超、谱主等八人待制,燕见赐座,讨论政事。闻者谓为二千年未有之盛举,惜未及开而八月之变作。(《清稗类钞》;盛宣怀《虎坊摭闻》:“……或言李端棻、宋伯鲁皆请开懋勤殿,以康有为、黄遵宪、梁启超等入殿行走。于是传言选入殿行走者十人:康有为、康广仁、李端棻、徐致靖、徐仁镜、黄遵宪、梁启超、黄绍箕、张元济也。”上海图书馆编《上海图书馆藏盛宣怀档案萃编》第177页)

七月初五日(8月21日),协办大学士孙家鼐奏请以李盛铎充当大学堂总办。(《京师大学堂档案选编》)十一日(27日),谱主访林乔椿,并晤郑孝胥、徐仁镜等人。(《郑孝胥日记》)十三日(29日),郑孝胥来访谱主,不值。(《郑孝胥日记》)十九日(9月4日),张之洞电张权,提及谱主拟辞京师大学堂教习之职:“京。张君立。急。叔峤召见奏对如何?有何恩旨?闻仲韬辞教习,允否?许竹筠辞总教习,改派何人?湖南庶常熊希龄奉旨正速来京召见,系何人所保?谭嗣同到京召见否?岑春煊是否康保?康近日有何举动?制度局究竟议定开办否?汝名是否本部堂官已经谘送总署?速明晰覆。壶。效。”二十日(5日),谱主访郑孝胥,久谈。(《郑孝胥日记》)二十一日(6日),郑孝胥与谱主谈。(《郑孝胥日记》:“阴……余语仲弢曰:‘今有数学子,视纲常名教为迂阔,裂冠毁冕,悍然不顾,究其实际,毫无根柢,可笑人也。此曹不能成气候,而兴乱则有馀。君其待之,胥当不幸而言中矣’……林暾谷昨谓余曰:‘仲弢咎我,谓礼部堂官之去,实我于上前讦之。岂有是乎?’暾谷退,余乃哂曰:‘阴若辩解,意实招摇,此之谓矣!’”)是月,因京师大学堂事,沈曾植与梁鼎芬同发一电致谱主。(沈曾植《与黄绍箕书》)

八月五日(9月20日),谱主屡访康有为,均不晤。晚上,折简招饮康有为于浙绍会馆,劝其易装出山东,不要经过天津。(康有为《哭前翰林院侍读学士、湖北提学使黄君仲弢》)六日(21日),慈禧太后下懿旨拿康有为,戊戌政变难作。七日(22日),谱主访郑孝胥。(《郑孝胥日记》)九日(24日)丑时,张之洞发电张权,转谱主:“急。京。张君立:转仲韬。英俄战事又有续电否?宋伯鲁外,有黜革者否?速示。折差寄去绥字密电本,想收到。速覆。报费已告百川送。拙。庚。以后敝处密电署拙字,来电下款署何字?并示。或绥字亦可。”又在获悉杨锐被捕后,发电谱主,要求查明事情的原委。“京。温州馆。黄仲韬侍讲:急。叔峤受累可骇。何以牵涉?有馀波否?速覆。拙。佳。”十二日(27日)子时,张之洞发电给谱主“急。温州馆。黄仲韬侍讲:绥。来电‘有’字下、‘至’字上共两字有误,再明晰示。此电及各处来往电,务即付丙。真。”丑时又发电张检转交张权,问及谱主的情况,是否为懋勤殿所累:“急。张玉叔转交立:叔峤无他虑,有何端倪?想因查无与康往来字据耶?所云信件发还,想并未查封衣物耶?速明晰覆。再,闻有妄人保懋勤殿十员,有仲韬有内,确否?亟系甚。速询覆。黄遵宪有事否?宋伯鲁何以漏网?日来见廉舅否?有何议论?汝与各处来往电报,务即付丙。真。戌。”随即再发电给张检,嘱面告谱主,直接去找王文韶、孙家鼐,说明与康有为的分歧,以免受懋勤殿传闻之累:“急。京。张玉叔:速面告仲韬,可见夔帅及孙相,陈明与康不同道,素诋康学,至要。杨崇伊方得意,恐其诬陷正人也。并嘱其各处函电,务宜付丙,必须格外谨慎。即刻覆。迂。真。”十三日(28日),“戊戌六君子”——谭嗣同、杨深秀、杨锐、林旭、刘光第、康广仁六人被杀于菜市口。十四日(29日),张之洞电张权,告谱主速覆有关英俄消息:“急。京。立:迂。来电及绥电均悉。芝艾同焚,奇冤至痛。到部数日,所闻何供?峤曾劾康,想必供明。何以不理?何以昨日忽催泪?日来英、俄有何消息?并告绥速覆。

绥即韬也。覆电以‘可’字或‘慎’字冠首,不必署于尾。即刻覆。盐。此电即付丙。”十五日(30 日)亥时,张之洞发电谱主:“急。京。温州馆。黄仲韬侍讲:绥。前闻日本使改派李盛铎,确否?叔峤恐系为杨崇伊所谮害,望详加考究。黄遵宪实是康党,都人有议者否?均速示。阅过即付丙。咸。”十八日(10 月 3 日),谱主访林开谟,晤郑孝胥、徐仁镜。(《郑孝胥日记》)二十三日(8 日),谱主访林乔椿,晤郑孝胥、于式枚。(《郑孝胥日记》)是月,谱主被参劾,赖大学士徐桐以百口保谱主,慈禧始意解而得免。

九月,谱主补授左春坊左庶子。(《清代官员履历档案全编》)

十月二十日(12 月 3 日),因原总办李盛铎奉旨派充日本二等侍臣,协办大学士孙家鼐奏请以谱主派充大学堂总办:“现学堂已经开办,总办尚未派人,查有稽察功课提调黄绍箕学问渊深,姿性明达,拟派充大学堂总办。诸遗稽察功课提调,查有翰林院编修李佶元堪以充补,谨附片具奏。”(《清代官员履历档案全编》《京师大学堂档案选编》)

十一月初十日(12 月 22 日),冬至节,谱主在咸安宫官学出题,同事者:景厚(敦甫)、伊克垣(仲平)、秦绶章(佩萼)、陈秉和(梅村)四人。(《澄斋日记》)

十二月十二日(1899 年 1 月 23 日),沈曾植作函致谱主。

是年,谱主以《劝学篇》初印本寄赠孙诒让,诒让阅后有笔记十三条。(《孙衣言孙诒让父子年谱》)

光绪二十五年己亥(1899)　四十六岁

正月二十七日(3 月 8 日),徐定超母寿诞,谱主往祝,晤叶昌炽,告以已辞京师大学堂总办一席。(《缘督庐日记》)二十八日(9 日),叶昌炽来函,辞学堂馆。(《缘督庐日记》)

二月，补授翰林院侍讲学士，充日讲起居注官。（《清代官员履历档案全编》）

三月，充咸安宫总裁。（《清代官员履历档案全编》）

四月，告假省亲。（《清代官员履历档案全编》）

五月，谱主转翰林院侍读学士。（《清代官员履历档案全编》）月初（6月），谱主闻父不豫，请假南归。七日（6月14日），谱主抵上海，因无开往温州的轮船，在上海逗留二日。九日（16日），樊棻（时勋）代借浙洋官轮送谱主回瓯。是日，父黄体芳卒。十日（17日），张之洞致电上海义昌成樊棻，谱主到沪时往晤，请谱主来鄂。再致电上海义昌成樊棻转交谱主，请谱主偕尊大人来鄂。（《张之洞年谱长编》）十二日（19日），谱主抵家。（《厚庄日记》）此时父体芳已逝，谱主星夜南归，竟不及见，为文祭告，誓终身不负所学，辄取《毛诗》"鲜民之生"句义，更字鲜庵。并哭挽联。十四日（21日），汪曾武得悉谱主迁侍读学士，调寄《喜迁莺》一阕以贺："清华扬历。喜吉报莺迁，讲帷儤直。苏氏文章，柳公风矩，竞说一门三绝。莲炬光分左掖，星宿量移东壁。最难得，是封章依旧，以文以笔。　回忆。花落长安不见春，青眼谁相识。蜡泪涔涔，麈谈娓娓，犹记去年今夕。阮籍猖狂如故，季子形容非昔。尽凝望，问何时许我，重逢杨亿。"（《冒广生友朋书札》：汪曾武三）二十三日（30日），张之洞得悉谱主父亲逝世消息，致电上海义昌成樊棻托先垫汇三百金，并电转寄谱主。（《张之洞年谱长编》）

六月十二日（7月19日），费念慈致谱主函，提及"五月之晦于申浦见旭庄丈，始惊闻夫子大人骑箕之讣，相持而哭"，"前辈戴星而奔，犹及视敛，同是孤露馀生，不敢以泛语相慰唁"等语。是月，谱主陶氏外祖母去世。（九月初三日黄绍箕《致冒广生书》）。

七月（8 月），续修《光绪会典》告成，谱主奉旨赏加二品衔。（《清代官员履历档案全编》）月底（9 月初），谱主收到山东济南来书，得知陶外祖母去世消息。（九月初三日黄绍箕《致冒广生书》）

八月八日（9 月 12 日），黄绍第在长春寺为黄体芳发丧，同人来唁。（《缘督庐日记》）是月，沈曾植写唁函致谱主。

九月初（10 月），张之洞遣人来邀谱主赴鄂。初三日（10 月 7 日），谱主作函致冒广生。十四日（18 日），谱主有信同致汪康年、张元济，拟为瑞安学计馆聘请一英文华教习。

十月初二日（11 月 4 日），父黄体芳下葬。（黄绍箕《致冒广生书》）十九日（21 日），江标卒于肺病，年四十。（唐才常《前四品京堂湖南学政江君传》）

十一月十七日（12 月 19 日），谱主致函汪康年、张元济。二十五日（27 日），谱主致函汪康年、张元济，催代延西文教习之事。

十二月十三日（1900 年 1 月 13 日），谱主致函汪康年，请述推荐英文教习姚咏秋大略。二十日（20 日），盛昱卒于京师，年五十。二十四日（24 日），谱主致函汪康年，提及英文教习姚咏秋已与同人议定，明年准时来校教授。

是年，题赠冒广生《冒巢民〈鞠饮倡和诗卷〉》。（《冒鹤亭先生年谱》光绪二十五年秋："是时，江建霞以其藏《冒巢民手书菊饮诗卷》赠与先生。"）

是年，周家禄发来唁函。

是年冬，张元济发来唁函并挽幛。（参十二月二十四日黄绍箕《致汪康年书》"菊兄赐函并幛及书均收到"。）

光绪二十六年庚子（1900）　四十七岁

正月十八日（2 月 17 日），孙诒让与刘绍宽来访，周拱藻在座。

同往飞云阁一游。是日,谱主作函致汪康年,请汪转致英文教习姚咏秋关书、合同等;并请代购《中外日报》等。(《厚庄日记》《致汪康年书》)二十一日(20日),谱主收到去年沈曾植发来唁函。二十五日(24日),汪康年有函致谱主。

二月初二日(3月2日),谱主致函汪康年。二月中下旬,姚咏秋到瑞安,曾赴谱主寓一会,适谱主送眷到温州,只匆匆一面。二十五日(25日),谱主接到汪康年来函。二十六日(26日),谱主又接到汪康年来函。二十七日(27日),谱主致函汪康年,提及英文教习姚咏秋已到瑞安。

春,在瑞安期间,曾有函致蔡念萱,为调解田地问题。

四月初四日(5月2日),谱主有信致赵凤昌,感谢家眷来往上海时给予的照顾,并寄去柑四桶,请其转寄张之洞。四月中旬,谱主离开瑞安,在温州乘轮船往上海。十六日(14日),谱主抵上海,寓虹口义昌成樊棻处。(《张謇日记》)十七日(15日),谱主将孙诒让所托《永嘉丛书》六十册、《易简方》一册、《周书斠注》一册及书信转交金武祥。(《冒鹤亭先生年谱》、孙诒让《与金溎生书》)十八日(16日),张謇来访。谱主与沈曾植同登"大通"船赴武昌(沈曾植赴镇江访丁立钧)。(《张謇日记》)四月二十二日(20日),谱主到湖北。(《郑孝胥日记》)之后在两湖书院任职,商具保结,派遣学生黄轸(后改名黄兴)赴日本考察。(汪谦《黄兴留日与上师书》:"黄兴为革命巨子,初在湖北两湖书院肄业,名轸。黄仲弢学士绍箕为书院监督,轸乃首选,称为高才生,保送出洋留学。南皮张之洞允而未遣,仲弢不敢请,属余催之。南皮笑曰:'仲弢肯出全家保结乎?'余深讶之。仲弢爱才如命,商具保结,始得派遣。初,不知南皮之意何在,未久,京师拳乱作,轸自日本上书。"田伏隆主编《忆

黄兴》)

五月十二日(6月8日),沈曾植从扬州到湖北。(《郑孝胥日记》)十三日(9日),沈曾植嘱谱主与梁鼎芬转致谒见张之洞之意。(五月十三日沈曾植致夫人函[《海日楼家书第七十四函》])十四日(10日),谱主谒见张之洞,郑孝胥、沈曾植在座。夜,谱主邀郑孝胥饭姚园。(《郑孝胥日记》)二十一日(17日),张之洞招饭,谱主与郑孝胥、沈曾植、梁鼎芬在座。(《郑孝胥日记》)二十三日(19日),学生黄轸(即黄兴)在日本作函致谱主,提及:"干戈满地,风鹤惊天,受业瘴海遥闻,惟有徒挥血涕而已。吾师忠义素著,闻警之下,当不知如何忧愤。"(田伏隆主编《忆黄兴》)

夏,谱主题《张季子荷锄图》。

六月五日(7月1日),谱主谒见张之洞,郑孝胥、梁鼎芬在座。(《郑孝胥日记》)十二日(8日),谱主患病。(《郑孝胥日记》)二十日(16日),谱主致郑孝胥简,言及十三日天津大战,聂士成阵亡等事。(《郑孝胥日记》)二十六日(22日),谱主至两湖书院阅学生兵操(计十种:哑铃、打靶、枪体操、日本体操、竿子、浪木、盘杠、枪操、跨裆、骑马),与徐建寅、余肇康、施鹤笙、王秉恩、瞿廷韶等人同午饭。(《栩缘日记》)

七月三日(7月28日),袁昶、许景澄被杀。七月间,李传元有函致谱主。二十九日(8月23日),张謇有函致谱主。

八月一日(8月25日),友人来信,提及八国联军入侵事,两宫西狩等事,"幸赖畺帅多贤,东南半壁恃以无恐,而大局因以渐有转机。惟议款以剿匪为枢纽,主之者势成骑虎,能否不生一意外之虞,殊无把握。敌虽强而众,犹幸牵制多端,惟德人屠使之仇不易偿恤,俄兵北路、西路势并长驱,非寻常款局可比……两宫到晋,已得确电，随扈何人尚未知。”九日（9月2日），谱主诣张之洞，留饭，梁鼎芬、郑孝胥在座。（《郑孝胥日记》）十九日（12日），谱主过郑孝胥谈。是日谱主庶母乘“江宽”轮到汉口，迎养寓中。（《郑孝胥日记》）二十三日（16日），谱主诣张之洞，张之洞将与刘坤一、袁世凯联名请圣驾回銮电奏示谱主。谱主以为不可，但未阻止。（《郑孝胥日记》）

闰八月初二日（9月25日），谱主于张之洞寓忽患眩晕，汗出不止，请吕用宾来诊。（《郑孝胥日记》）初六日（29日），郑孝胥来访，未见。（《郑孝胥日记》）

九月，谱主生病中。（九月二十二日沈曾植致夫人函：“黄叔镛来时似有所图，刻亦无甚就绪。仲弢病眩，至不能举步。”）十三日（11月4日），王仁东有函致谱主。（《郑孝胥日记》：“旭庄与余及仲弢书。”）

十月十八日（12月9日），郑孝胥来探病。（《郑孝胥日记》）

十一月十六日（1901年1月6日），郑孝胥来访。（《郑孝胥日记》）十八日（8日），谱主作信致赵凤昌，请为代购医书。是时谱主寓湖北武昌水陆街姚家花园。

十二月十日（1月29日），慈禧太后发布新政改革上谕：“著军机大臣、大学士、六部九卿、出使各国大臣、各省督抚，各就现在情形，参酌中西政要，举凡朝章国故、吏治民生、学校科举、军政财政，当因当革，当省当并，或取诸人，或求诸己，如何而国势始兴？如何而人才始出？如何而度支始裕？如何而武备始修？各举所知，各抒所见，通限两个月，详悉条议以闻，再由朕上禀慈谟，斟酌尽善，切实施行。”标志着清末新政的开始。二十二日（2月10日），郑孝胥来访，未见。（《郑孝胥日记》）二十八日（16日），郑孝胥来访。

(《郑孝胥日记》)二十九日(17日),郑孝胥来访。(《郑孝胥日记》)

《江楚会奏变法三折》即清末两江总督刘坤一、湖广总督张之洞会衔向清廷上陈的三个奏折。1901年1月,清廷发布变法上谕,刘坤一、张之洞会衔连上三折,奏请变法。第一折提出参考古今,会通文武、育才兴学者四:设立文武学堂;酌改文科;停罢武试;奖励游学。第二折提出中法必应变通整顿者十二:崇节俭;破常格;停捐纳;课官重禄;去书吏;考差役;恤刑狱;改选法;筹八旗生计;裁屯卫;裁绿营;简文法。第三折提出西法必应兼采并用者十一:广派游历;练外国操;广军实;修农政;劝工艺;定矿律、路律、商律及交涉刑律;用银元;行印花税;推行邮政;官收洋药;多译东西各国书籍。

光绪二十七年辛丑(1901)　四十八岁

正月十三日(3月3日),郑孝胥来访,适有客。晚,谱主与郑孝胥同诣张之洞,谈至十二点,谱主倦卧。一点半,广雅始邀入内室,手书小札令查钢药厂情形,四点半乃退。(《郑孝胥日记》)

二月初九日(3月28日),应张之洞邀,谱主与郑孝胥同诣抚署,登山亭眺望。(《郑孝胥日记》)二十四日(4月12日),张謇致函谱主,"属告南皮,以有垦事不能去鄂"。(《张謇日记》)二十六日(14日),谱主谒见张之洞,留饭,与郑孝胥同席。(《郑孝胥日记》)

三月初十日(4月28日)夜,谱主与郑孝胥同诣张之洞,谈至月落乃出。(《郑孝胥日记》)十七日(5月5日)夜,谱主与郑孝胥同诣张之洞,至四鼓乃返局。(《郑孝胥日记》)二十八日(16日),谱主谒张之洞,留饭,与郑孝胥同席。(《郑孝胥日记》)

四月九日(5月26日),谱主谒张之洞,与梁鼎芬、郑孝胥在座。晚,谱主赴梁鼎芬约,郑孝胥、沈曾桐、杨守敬、黄绍第、张权、卞浡昌等在座,同观顾炎武手卷、《停云馆帖》四本。杨守敬出示宋本《玉篇》、元本《广雅》及《本草》各种。(《郑孝胥日记》)十二日(29日),工防营姜思治请饭并看操,谱主与郑孝胥、黄绍第、沈曾桐均往。(《郑孝胥日记》)十六日(6月2日),谱主谒张之洞,留饭,与郑孝胥同席。(《郑孝胥日记》)二十三日(9日),谱主谒张之洞,留饭,与郑孝胥、谢明保同席,观日本近卫与南皮书,条陈东三省敞门通商便宜,使长冈护美来致书,并视新宁。(《郑孝胥日记》)二十九日(15日),谱主访郑孝胥,陈衍、黄绍第、沈曾桐等在座。午后合照留念。(《郑孝胥日记》)

五月初三日(6月18日),费念慈作函致谱主。初八日(23日),谱主谒张之洞,梁鼎芬、郑孝胥在座。晚,谱主访郑孝胥,转交王彦威书信。(《郑孝胥日记》)十二日(27日),谱主谒张之洞,梁鼎芬、郑孝胥在座。(《郑孝胥日记》)十九日(7月4日),郑孝胥来访谱主,一同赴武泰闸。后至两湖书院,郑孝胥、纪钜维等在座。(《郑孝胥日记》)二十七日(12日),张謇抵汉口,过江来访谱主。缪荃孙抵武汉,住纱厂,谱主与王秉恩、梁鼎芬、缪荃孙同晚饭。(《张謇日记》《艺风老人日记》)二十八日(13日),谱主谒张之洞,张謇、沈曾植、缪荃孙、梁鼎芬在座。(《张謇日记》《艺风老人日记》)二十九日(14日),缪荃孙来访。谱主与梁鼎芬招饮,纪钜维、张权、罗振玉、缪荃孙在座。是日,缪荃孙赠谱主《国朝常州词录》。(《艺风老人日记》)三十日(15日),谱主与梁鼎芬约张謇在两湖书院用饭。(《张謇日记》)是月(6月—7月),谱主应乐清黄鼎瑞之请,为其父梦香撰《儒林郎福建直隶州州同黄府君墓表》。

六月一日(7月16日),谱主走访缪荃孙。(《艺风老人日记》)二日(17日),谱主谒张之洞,张謇、沈曾植、梁鼎芬、缪荃孙在座。(《艺风老人日记》)三日(18日),谱主赴王秉恩招饮,张謇、沈曾植、梁鼎芬、缪荃孙在座。(《艺风老人日记》)

五月二十七日,六月初四、五日,《江楚会奏变法三折》在南京拜发,谱主参与拟稿。

《变通政治人才为先遵旨筹议折》《遵旨筹议变法拟整顿中法十二条折》《遵旨筹议变法拟采用西法十一条折》《请筹巨款举行要政片》。由两江总督刘坤一领衔,湖广总督张之洞主稿。刘坤一处由张謇、沈曾植、汤寿潜各拟一稿,然后寄给张之洞,由张之洞结合郑孝胥、梁鼎芬、黄绍箕等人的意见拟出初稿,再互相商议定稿。(《致江宁刘制台等》[《张之洞全集》第10册,第8534页]二月十二日:"尊稿若成,望即见示……此间有郑苏龛、劳玉初、梁节庵、黄仲韬四君,亦可参酌。")

七月十二日(8月25日),端方、郑孝胥来访。(《郑孝胥日记》)十九日(9月1日),谱主谒张之洞,与郑孝胥在抱冰堂吃饭。(《郑孝胥日记》)二十三日(5日),谱主谒张之洞,讨论学堂之事。"余劝将老班各生核给卒业文凭。仲弢言:'两湖书生虽习图算,然不熟,未能适用。'余曰:'学堂之旨,使学问化为技艺,而后可言用也。'南皮颔之。"(《郑孝胥日记》)三十日(12日),谱主谒张之洞,留饭,与端方、郑孝胥同席。(《郑孝胥日记》)

八月初三日(9月15日),谱主在两湖书院用晚饭,与张之洞、郑孝胥、纪钜维同席。(《郑孝胥日记》)七日(19日),谱主谒张之洞,晤郑孝胥。(《郑孝胥日记》)十四日(26日),谱主谒张之洞,告以从端方处得到的消息:"黄星源弹劾张之洞等逆合上意。"(《郑孝

胥日记》)二十四日(10 月 6 日),谱主赴张之洞邀伯牙琴台午饭,郑孝胥、端方、李葆恂在座。(《郑孝胥日记》)

九月初六日(10 月 17 日),谱主谒张之洞,与郑孝胥、钱恂同坐。(《郑孝胥日记》)十三日(24 日),谱主谒张之洞,与郑孝胥、钱恂同见。(《郑孝胥日记》)十六日(27 日),谱主谒张之洞,饭后与张之洞、郑孝胥、钱恂同游梳妆台高阜。(《郑孝胥日记》)二十三日(11 月 3 日),谱主谒张之洞,与郑孝胥、钱恂同见。(《郑孝胥日记》)二十七日(7 日),谱主谒张之洞,与郑孝胥、钱恂同见。(《郑孝胥日记》)三十日(10 日),谱主谒张之洞,与郑孝胥、钱恂同座。(《郑孝胥日记》)

十月七日(11 月 17 日),张之洞邀晚饭,谱主与郑孝胥在座。(《郑孝胥日记》)二十日(30 日)晚,谱主过访郑孝胥。(《郑孝胥日记》)二十一日(12 月 1 日),谱主过郑孝胥。(《郑孝胥日记》)二十五日(5 日),谱主谒张之洞,郑孝胥、费念慈、梁鼎芬同座,同观苏轼楷书《金刚经》,有丁钝丁题诗,梁山舟重书丁诗,及张子青小册画卷。(《郑孝胥日记》)二十八日(8 日),谱主谒张之洞,郑孝胥、费念慈、梁鼎芬同座。饭后,观汉碑数十种。(《郑孝胥日记》)

十一月初二日(12 月 12 日),谱主谒张之洞,与郑孝胥同座,座间,“南皮示电旨:盛宗丞、赫德皆赏太子小保衔;陈璧奏清理吏部案件已讫,并准行善后办法。”(《郑孝胥日记》)初五日(15 日),谱主谒张之洞,与郑孝胥在抱冰堂用饭。张之洞言欲行新政,用郑孝胥、陈璧、张百熙、李盛铎、钱恂及谱主,可成小贞观。(《郑孝胥日记》)初九日(19 日),谱主谒张之洞,留饭,郑孝胥、端方、费念慈同座,观明人赵南星、杨涟、周顺昌手卷。宋本《文中子》极精,又《中庸或问》一种。(《郑孝胥日记》)十二日(22 日),谱主谒张之洞,留饭,郑孝胥、梁鼎芬等同座。(《郑孝胥日记》)十六日(26日),张之洞命谱主与郑孝胥、梁鼎芬赴两湖书院议袁世凯所定大学堂事务。(《郑孝胥日记》)三十日(1902年1月9日),谱主与郑孝胥同谒张之洞。(《郑孝胥日记》)是月,谱主有信致缪荃孙。(《艺风老人日记》)

十二月初一日(1月11日),以备办理新政之用,张之洞胪举人才十二员,其中有谱主。张之洞《胪举人才折》称:"翰林院侍读学士黄绍箕,该员品端学博,沉细不浮,于中西政治纲领、学校规制实能精思博考,而趣向纯正,力辟邪诐之说,洵为今日切于世用之才。"(《张之洞年谱长编》:为推行变法新政,荐举人才十二员:李盛铎、伍廷芳、汪凤藻、胡惟德、黄绍箕、王先谦、樊恭煦、缪荃孙、沈曾植、乔树楠、陈宝琛、曾鉌。)是日,缪荃孙有信寄与谱主。(《艺风老人日记》)初三日(12日),谱主与郑孝胥同谒张之洞。(《郑孝胥日记》)初十日(19日),谱主谒张之洞,郑孝胥、王秉恩、梁鼎芬同座。(《郑孝胥日记》)十四日(23日),谱主与郑孝胥同谒张之洞,"始知有旨召刘岘帅开河后入都陛见,俟刘回任,张即继入"。(《郑孝胥日记》)十七日(26日),谱主与郑孝胥、陈庆年同见张之洞。(《郑孝胥日记》)二十四日(2月2日),谱主邀郑孝胥至两湖书院陪端方,赏秦权拓本。(《郑孝胥日记》)后作《题陶斋所藏秦权》七古一首:"秦廿六年并天下,刻辞金石壹华夏。万事如画明无疑,咸阳宫中鹿化马。百斤量衡书中程,千石铸鐻金销兵。此权当时在何许,王府和钧倘有名。尚书嗜奇勤考释,藏权凡七此盈石。隗林隗状知谁何?太息摩挲相斯迹。"及《题匋斋尚书〈秦权铭〉》一文。二十六日(4日),谱主访郑孝胥。(《郑孝胥日记》)

是年,端方收得陕西宝鸡县斗鸡台新出土古器物,因招集同好共赏,并摄影为玩古之图,与者为谱主、王闿运、梁鼎芬、李葆恂。

是年,永嘉陈祖绶父亲陈啸沧先生卒,谱主挽以联:“桐荫屋庐存,读画吟诗,亲见四朝全盛日;枞阳游宴杳,使车命酒,同为孤露悯哀儿。”

是年,张之洞创设湖北全省学务处,专办教育,遂以黄绍箕为总办。

是年,谱主选两湖书院优等学生三十馀人,遣赴日本游学师范,其后学成回鄂,展转传习,又得教员数千人。

光绪二十八年壬寅(1902)　四十九岁

正月初二日(2月9日)夜,谱主诣张之洞,留饭,与郑孝胥、梁鼎芬同席。“南皮言,英国贺使初已拟定肃王,复改以庆邸之子某将军者。”(《郑孝胥日记》)初六日(13日),谱主诣张之洞,郑孝胥、端方在座。(《郑孝胥日记》)初七日(14日),谱主过郑孝胥,随即登上“美大”船赴上海。(《郑孝胥日记》)十四日(21日),谱主抵达温州,晤温处道童兆蓉,将端方托其所带手谕等转交。(《童温处道公遗书》卷五《覆端午帅》壬寅正月十六日:“元宵前日,黄仲弢学士带到手书,并惠赐种种。”)回瑞安后,谱主从湖北带回《日本小学教育制度》一册、《游学指南》一册赠于各小学教师。(《颇宜茨室日记》正月十七日:“入馆,叶兰坨袖来《日本小学教育制度》一册、《游学指南》一册,系黄仲弢学士自鄂携归分赠各隅蒙学教习者也,嘱余代致之。”)十七日(24日),缪荃孙有信寄与谱主。(《艺风老人日记》)十八日(25日),张棡来访,谈河乡设学堂及蒙学事。(《张棡日记》:“仲勉因要予至小沙巷访黄叔镛太史,时叔镛同仲弢学士新自鄂省回故也。予见叔镛,即与谈河乡设学堂事……叔镛先生亟称善,并嘱予再过仲弢处一酌……转至学前访黄仲弢学士,时在座者孙君季恒、萧君逸陶、项君畦臣。予又与仲弢先生谈及此事,并呈阅章稿。仲弢谓此事极好,但师范学堂四字尚恐名不副实,以现立师范,恐教习师范者一时难选其人,不若浑言改学堂,先提公购买书报为得计耳。予与仲勉均首肯。又与仲弢谈蒙学事,仲弢言:蒙学必须就近指点,即如我瑞蒙学。讲修身伦理事,亦宜讲水心止斋之学,不得泛引古人,方为切近之学。将来经费稍充,当另编蒙学之书也。")二十日(27 日),学计馆与方言馆合并为瑞安普通学堂,推举谱主任首届总理,孙诒让为副总理。由孙诒让主持校务。二十一日(28 日),缪荃孙有信寄与谱主。(《艺风老人日记》)二十三日(3 月 2 日),缪荃孙致电谱主。(《艺风老人日记》)

是月,两江、湖广会设江楚编译局于江宁。延谱主与缪荃孙为总纂,罗振玉为副总纂。(《张之洞年谱长编》)

正月,谱主自鄂归里后,将湖南巡抚端方所藏秦代百二十斤石权精拓本并跋贻孙诒让。(孙诒让《秦权拓本跋》:"辛丑腊月,长白午桥尚书以所藏秦权精拓手跋其后,介黄君仲弢寄贻。寻校累日,则积疑为之涣然。")又出示端方所藏《觚形大魏权》拓本属孙诒让题跋。(孙诒让《秦权拓本跋》:"仲弢又出别拓见示,形制较小,上有大魏两篆甚奇。其边为觚棱,不正圆,亦尚书所藏者……尚书顷又以拓本介仲弢见示,属为审定。")

二月初六日(3 月 15 日),张棡等人来访,谈北乡诸友阻买书事及筑海塘事。谱主谓此事万不可任其阻止,此时不亟举行,河乡恐无振兴之日。(《张棡日记》:"吃过午饭,即同云笙、仲勉至黄仲弢学士处小坐,并诉北乡诸友阻买书事,即将黄宝书信、钱晓麓信呈阅。仲弢谓此事万不可任其阻止,此时不亟举行,河乡恐无振兴之日。予谓北乡如决阻止,此宾兴款只得破除情面,请县尊发谕向典公提,未悉可否?仲弢谓如果为难,只好如此办理,但此系不得已之计,目下须待他们初十日回音后再行酌办可也。予又为谈筑海塘事,仲弢称此事甚善,予前日已同道宪谈及,伊称来月赴瑞阅兵之便,当过海塘一带察看是否完筑情形也。余谓本年筑塘,民情踊跃,不多费钱,惜官场视为具文,不能实心倡办,予等又人微言轻,殊觉力不从心为可恨耳。自仲弢处出,访孙仲容先生不遇,即同诸友乘舟回。")初九日(18日),谱主作《致震轩、云笙、星华、博如、梓园及仲勉表弟书》,劝南北乡绅购置书报。后赴瑞安普通学堂,孙诒让、黄绍第在座,适张㭎来访,又谈及北乡诸友阻买书事及筑海塘事。(《张㭎日记》:"乘钦浩舟上城,至南当一查宾兴……自南当出,即至县前普通学堂孙仲容先生,入堂适见黄仲弢学士、叔镛太史、仲容主政均在座。因与谈北乡顽固之旨甚坚,遍发知单,各书不允,并有信一封,内有'泰山可移,此款断不可支'之句,南北如此不和,将来如何可以办事……仲弢先生谓本日予已有信与诸君,信内言颇直,未知为北乡招怪否?予谓先生一片婆心,河乡应永当铭感,第不悉北乡诸君能顽石点头否……仲弢又与予谈海塘事,县尊甚是留意,当择期来勘,轻车简从,尔河乡诸绅亦当知会他一声为好。")二十日(29日),谱主为学堂事致书瑞安县令盛蔚堂。(《张㭎日记》)是月,谱主曾有书致费念慈,约上巳(三月初三日)在上海晤谈。(《致赵凤昌书》:"前有信致屺怀,约上巳左右到沪晤谈。")

二三月间,谱主致书赵凤昌:"弟本拟即日启行,适为事所绊不果,兹奉电稿一纸,敬请代发。又前有信致屺怀,约上巳左右到沪晤谈,如渠来时并为代谢愆期之过。"

三月初(4月),永嘉陈祖绶、陈祖纶,招同谱主及瑞安项崧、王岳崧、胡调元暨孙诒让,集于郡城揖峰亭。(孙延钊《瑞安五黄先生系年合谱》）十日（4 月 17 日），谱主启程赴湖北，携叶奇颀同行。（《颇宜茨室日记》）中旬，谱主抵沪。十八日（25 日），郑孝胥抵上海，夜访谱主，不值。（《郑孝胥日记》）十九日（26 日），谱主赴刘宣甫、孙葆晋约饮九华楼，郑孝胥、张仲炘、费念慈等在座。（《郑孝胥日记》）二十日（27 日），费念慈招饮，谱主与郑孝胥、黄绍第、文廷式、祝承桂、樊棻、沈兆祉、赵凤昌在座。（《郑孝胥日记》）二十一日（28 日），祝承桂招约，谱主与郑孝胥、费念慈、文廷式、赵凤昌在座，同观苏轼《乞常州居住奏状》卷及仇英画。后与黄绍第同登轮船赴湖北。（《郑孝胥日记》）二十三日（30 日），谱主抵达湖北。缪荃孙来访，随后赴缪荃孙与刘世珩之请，易顺鼎、王仁东、陈三立、志钧、徐乃昌等在座。（《艺风老人日记》）二十四日（5 月 1 日），吴重熹招饮，谱主与张次山、易顺鼎、王仁东、刘世珩、濮文暹、缪荃孙在座。随后缪荃孙来访，交来张之洞信一件及编书四种，译书四种，《藏书纪》一部。（《艺风老人日记》）二十八日（5 日），王同愈来访。（《栩缘日记》）三十日（7 日），谱主赴黄鹤楼梁鼎芬之招，同座有黄绍第、陈庆年、纪钜维、朱克柔、王同愈等。（《栩缘日记》）

三月，孙诒让以《周礼正义》托谱主转质费念慈襄商铸印。（《周礼正义》卷首费念慈识：“光绪壬寅三月，从鲜庵前辈假观，病中校读至《考工》，以目疾未卒业。癸卯二月，樊君时勋，将付铅印，匆匆寄还。”）

四月二十五日（6 月 1 日），谱主与郑孝胥诣见张之洞。（《郑孝胥日记》）

五月初四日（6 月 9 日），谱主与王同愈、纪钜维、王秉恩送出洋师范生登舟，并于一品香饯行。（《栩缘日记》）十日（15 日），谱主与郑孝胥诣见张之洞。（《郑孝胥日记》）十七日（22 日），谱主谒见张之洞,留饭,与郑孝胥、梁鼎芬同座。(《郑孝胥日记》)二十四日(29日),谱主谒见张之洞,与郑孝胥、梁鼎芬同座。(《郑孝胥日记》)

六月初六日(7月10日)晚,谱主诣张之洞,与郑孝胥、沈幼彦同座。是日,缪荃孙接到谱主来信。(《郑孝胥日记》《艺风老人日记》)十五日(19日),王同愈将拟定的课程及教习人数表交谱主。(《栩缘日记》)十九日(23日),缪荃孙接到谱主来信。(《艺风老人日记》)二十三日(27日),谱主谒见张之洞,与郑孝胥、梁鼎芬同座。(《郑孝胥日记》)

七月初七日(8月10日),张之洞约夜谈,谱主与郑孝胥、梁鼎芬在座。(《郑孝胥日记》)十四日(17日),张之洞邀箭道赏月,谱主与郑孝胥、汪凤瀛、黄以霖等在座。谈及"庚子七月在箭道,五鼓,得通州失守之警,余请电告各国保护两宫,限以二十四钟回电"之事。(《郑孝胥日记》)二十九日(9月1日),张謇作信致谱主。(《张謇日记》)

八月初六日(9月7日)夜,谱主与郑孝胥陪张之洞谈。(《郑孝胥日记》)二十日(9月21日)夜,谱主谒见张之洞,与郑孝胥、钱恂在座。(《郑孝胥日记》)

九月四日(10月5日),谱主谒张之洞,与郑孝胥、梁鼎芬在座。"闻新宁病,广雅戏谓座客:'谁能继新宁者,可各举所知,不必以官阶论。'余曰:'莫若肃邸,否则施理卿也。'"(《郑孝胥日记》)九日(10日),张之洞邀黄鹤楼登高,谱主与郑孝胥、梁鼎芬、汪凤瀛等在座。"座间,南皮讽余同至南京,出示南京官场单,使余举所知者,又询下手办法。余对曰:'去宁久,官场中人皆生人,不能举也。江宁习气极重,宫保既至,自令旌旗变色。似宜先理筹防、洋务诸局，次之以财政。安徽道员有许鼎霖者，曾至欧美，素闻其贤。惟许籍江苏，不适于用耳。’黄、梁、汪皆言闻许甚贤。”（《郑孝胥日记》）

十月初三日（11 月 2 日），谱主与郑孝胥侍张之洞登“楚材”轮，赴两江总督任。（《郑孝胥日记》）初六日（5 日）巳刻，张之洞一行抵南京。（《郑孝胥日记》）初七日（6 日），谱主与郑孝胥至吴园，遇沈瑜庆、李宣龚、严璩等人，座谈良久。谱主与郑孝胥步至复成桥而返。（《郑孝胥日记》）八日（7 日），谱主往访缪荃孙。张之洞招陪两主考，谱主与缪荃孙在座。（《艺风老人日记》）九日（8 日），张之洞邀饭，谱主与郑孝胥在座，席间张之洞问策于谱主。是日，张之洞接两江总督印。（《郑孝胥日记》：“南皮邀午饭，坐间言曰：‘吾至江南，欲不办一事，亦不迁就一人，苏堪以为何如？’余对曰：‘公在武昌，十馀年来虽事变有端，而有进无退，殆有万骑奔腾，冲锋陷阵之势。今江南风气甚敝，若能勒马审顾，扼要出奇，则意思优裕而力量转增，此胜著也。’仲弢曰：‘不迁就，须从下手时明示宗旨乃可。’南皮颔之。是日申刻，接两江督印。”）十一日（10 日），谱主移入北院，并访郑孝胥。（《郑孝胥日记》）十二日（11 日），谱主与郑孝胥同访张謇。（《郑孝胥日记》《张謇日记》）十四日（13 日），谱主赴缪荃孙招饮苏晓楼，罗振玉、张謇、沙元炳、徐乃昌、刘世珩在座。（《艺风老人日记》）十七日（16 日），谱主赴刘世珩招饮，张謇、沈瑜庆、王仁东、罗振玉、徐乃昌、缪荃孙在座。（《艺风老人日记》）二十七日（26 日），谱主访缪荃孙，还钱泳《履园丛话》，并借去毕沅《灵岩山人诗集》。（《艺风老人日记》）三十日（29 日），谱主访缪荃孙。（《艺风老人日记》）

十一月一日（11 月 30 日），谱主访缪荃孙，借去《同时尚论录》

《东林本末》《酌中志馀》等书。(《艺风老人日记》)二日(12 月 1 日),张之洞约晚饭,谱主与汪凤瀛、缪荃孙同席。(《艺风老人日记》)三日(2 日),张之洞约晚饭,谱主与蒯光典、缪荃孙同席。(《艺风老人日记》)四日(3 日),谱主谒张之洞,晤郑孝胥(刚到南京)、汪凤瀛等。(《郑孝胥日记》)五日(4 日),谱主赴丁立中约早饭,蒯光典、毕振梅、刘世珩、俞明震、陆厚基、缪荃孙等在座。(《艺风老人日记》)八日(7 日),督署文案公宴谱主,邀郑孝胥作陪。(《郑孝胥日记》)九日(8 日),张权邀谱主与郑孝胥共饭,卞浡昌、黄厚成(黄国瑾之子)等在座。(《郑孝胥日记》)十三日(12 日),谱主准备自南京回武昌。(《郑孝胥日记》:"雨。仲弢归武昌。")十四日(13 日),谱主与端方子搭"江宽"轮回武昌。(《致赵凤昌书》:"十四早偕昆侯端中丞令郎搭'江宽'回鄂。")十五日(14 日),谱主在江宽轮中写信给赵凤昌。(《致赵凤昌书》七)

十二月十七日(1 月 15 日),谱主与陈庆年同访郑孝胥。(《郑孝胥日记》)十八日(16 日),谱主为郑孝胥送行。(《郑孝胥日记》)

是年,瑞安话桑楼易名飞云阁,谱主手为篆书匾额,揭之阁上。并题有两楹联:

江山昭尊俎;薲荇依地藩。按:集许景衡句。

谁家喧社盖朋簪,屋压城头水照檐,风月转相亲,一穷千里目;莫道作楼非急务,翁当运斤儿执锯,江山已陈迹,长负百年心。按:集许景衡、陈傅良、叶适句。

是年,瑞安邑人奉乡哲孙衣言、孙锵鸣栗主崇祀陶山澄江学渊书院,谱主为撰主祭文。

光绪二十九年癸卯(1903)　五十岁

二月十二日(3 月 10 日),谱主谒张之洞,与张謇谈。(《张謇日记》)

二月,谱主送留洋学生至上海。(《海日楼日记》三月一日:"言仲弢送出洋诸生至沪。")谱主在上海逗留期间,曾遇周拱藻。后谱主有手札寄之。(周拱藻《挽黄仲弢联》注文:"癸卯春与公别于沪上,公之鄂而藻适鲁。厥后累得公手书有云'随境迁转,我佛所悲',又'势不能不飘然远引,但望事变稍缓须臾,容我得尽一分心力,以待来者,渐次改良,诚为万幸'等语。公竟往矣,不复相见矣,摩挲故纸,为之恻然!")

二月十七日(3 月 15 日),在上海义昌洋行,谱主晤郑孝胥。(《郑孝胥日记》)十八日(16 日),谱主与赵滨彦一同登"江宽"轮,自上海赴南京,在轮上遇王同愈。(《郑孝胥日记》《栩缘日记》)十九日(17 日),抵南京,谱主与赵滨彦下船。(《栩缘日记》)

三月十八日(4 月 15 日),谱主与端方等在武昌景桓楼同观《清代名贤诗翰卷》,笪重光、陈鹏年、沈宗敬、袁枚、蒋士铨、陈万全、洪亮吉、王芑孙八家诗,留下"同日瑞安黄绍箕观"的观款。是月,谱主岳母七十大寿,作《张母李太淑人七十寿序》以贺。

四月初四日(4 月 30 日),谱主在湖厅宴请濮子潼等人,王同愈陪席。(《栩缘日记》)

五月初八日(6 月 3 日),谱主闻郑孝胥到武汉,往访。(《郑孝胥日记》)是月,谱主作《题赵君举世丈遗墨》七绝二首。

夏,谱主收得朱筠旧藏宋本《风俗通义》,书眉有朱氏校语及印记。

闰五月七日(7 月 1 日),谱主作函致赵凤昌,提及"自来火厂事,极为明切,匋公本有意挽回"及"仌师大约至早须七月出京"

等事。

六月间,孙宝琦上条陈时政,保举人才,所保者有谱主、陈宝琛、杨文莹、樊恭煦、黄遵宪及张元济六人。(孙宝瑄《忘山庐日记》八月二十二日)

七月间,谱主访从弟黄绍第于宜昌。(《题黄山谷三游洞题名》诗序)

八月五日(9 月 25 日),谱主与黄绍第偕至三游洞,于洞内深黑处,得黄庭坚题名石刻,并作《题黄山谷三游洞题名》七绝三首。十六日(10 月 6 日),与绍第再至三游洞,得欧阳修题名石刻,作《题欧阳公三游洞题名》五古一首。是月,黄绍第以两刻拓本合装成幅,谱主与绍第各赋长歌,即以为别。随后,谱主将《题黄山谷三游洞题名》七绝三首寄赠同年梁鼎芬,梁作《癸卯秋,同年鲜庵学士以三夷陵洞口山谷题名寄赠,文闱之暇,漫成三绝,末首自况又不如也》三绝。

十一月十四日(1904 年 1 月 1 日),陈虬卒于瑞安,年五十三,谱主挽以联:“当以文章横行一世;分其馀技足了千人。”

十二月二十三日(2 月 8 日),日俄开战,于是东三省为其战地。二十七日(12 日),清政府宣布“局外中立”,划辽河以东地区为日俄两军“交战区”。谱主得消息后喟然叹曰:“中国可谓局中外立矣,乃自以为局外中立乎!”(《清稗类钞》)

是年,陆润庠有函来,请谱主照顾其弟。

光绪三十年甲辰(1904)　五十一岁

正月十一日(2 月 26 日),谱主宿湖北织布局,张志瑛来访,不遇。(《张志瑛甲辰日记》)十二日(27 日),谱主生日,张志瑛来访,谈贾楚玉所托事。(《张志瑛甲辰日记》)二十二日(3 月 8 日),张志瑛上谱主夹单一件(再启一件,清折一扣)。(《张志瑛甲辰日记》)二十八日(14日),谱主派充京师编书局监督。(《荣庆日记》)是月,谱主起草编纂《中国教育史》,先为《采辑中国教育史长编略例》。

二月十五日(3月31日),张志瑛来访,不遇。(《张志瑛甲辰日记》)十六日(4月1日),张志瑛来访,谱主留饭,与黄绍第同席。(《张志瑛甲辰日记》)十七日(2日),张志瑛来访,不值。(《张志瑛甲辰日记》)二十三日(8日),张志瑛致函谱主。缪荃孙来访。(《张志瑛甲辰日记》《艺风老人日记》)二十四日(9日),谱主到端方处祝寿,晤张之洞、梁鼎芬、李少东、桑铁珊、缪荃孙。(《艺风老人日记》)二十五日(10日),缪荃孙来访。(《艺风老人日记》)二十六日(4月11日),梁鼎芬招饮,谱主与华世芳、黄绍第、黄伯雨、杨模、瞿世玖、缪荃孙在座。(《艺风老人日记》)二十七日(12日),谱主持片来约张志瑛。(《张志瑛甲辰日记》)二十九日(14日),张志瑛来,为谱主夫人诊脉开方,与谱主谈贾楚玉所托事。(《张志瑛甲辰日记》)

上半年,黄绍第来鄂,与谱主合影留念,寄一帧给冒广生。(《冒鹤亭年谱》:“1904年,外舅黄叔颂由编修改道员,需次鄂中,晤其从兄黄仲弢,并摄影以照片一帧寄先生京师。”)

三月二十八日(5月13日),孙诒让作书致谱主,问及“文明史已脱稿否?闻采摭极博,兼史部政书、子部儒家之精要,是不刊之作,非徒为教科增一佳册也”。

四月二十九日(6月12日),张志瑛来织布局禀见谱主,留午饭,与黄绍第、沈凤锵等同席。(《张志瑛甲辰日记》)

五月十九日(7月2日),谱主乘轮回瑞安,张志瑛、任桐等送

行。(《张志瑛甲辰日记》)

六月十二日(7月24日),张之洞致电谱主,由温州专局专送,请谱主劝孙诒让出任湖北存古学堂监督。十四日(26日),谱主赴温处道童兆蓉约饮,项崧、陈祖绶、周仲明、张志瑛在座。周仲明约谱主夜饮下棋。(《张志瑛甲辰日记》)

七月初三日(8月13日),谱主向张志瑛等辞行赴京。(《张志瑛甲辰日记》)是月,陈庆年致书谱主,谈及不久将离开武昌,实非得已,盼代为致意。(《横山乡人年谱》)

九月,谱主到京师,任学务处编书局监督(《清代官员履历档案全编》),手订《条例》,曰:"宗旨必归于中正,凡奇邪偏宕之词,概从屏绝。"又曰:"教科书不可过于繁多,亦不宜失之漏略。"其言地理科,曰:"须据最新地图,指明现今实地为主,而兵事、漕运及水道迁徙等事,择要载入;至地势、山脉、水道、海岸、道路、气候、物产,此属之天然地理者;疆域、建置、人种、宗教、风俗、制造、商务、交通,此属之政治地理者;至古今郡县沿革,则别为一篇,附之于后,即历史地理也。"其言教育科,曰:"国之所以成立,必有本原,一国之制度、风俗亦必有相承之习惯,其初皆自教育而来,故东西洋各国皆有教育史,日本所纂《内外教育史》兼述中国支那教育史略,则述而未详,于古圣先贤教育之要义未能发明,亟应自行编纂。俟书成时,令各处师范学堂先讲中国教育史,再讲外国教育史,以次及管理教授法,方为合宜。"而最注重者,尤为乡土志,谓学生幼稚,知识岂能遽求高深。惟乡土之事,见闻习惯,一经指点,皆成学问,引人入胜之法,无逾于此。因撰《乡土志例目》一卷。(孙延钊《瑞安五黄先生系年合谱》)二十二日(10月30日),孙诒让作函致谱主。二十九日(11月6日),顺天府沈瑜庆邀约,谱主与恽毓鼎、沈曾桐

等交谈竟日。(《澄斋日记》)

十一月初八日(12 月 14 日),吴品珩作书致谱主,为同乡金兆丰在编书局谋差。

年底,谱主致函丹徒陈庆年,请其推荐一通儒为编《中国教育史》之助。

九月来京后,常与沈曾桐、沈瑜庆诸君论文,冒广生亦常在座。(《冒鹤亭年谱》)

是年,有答永嘉张之纲书,讨论"支那""中国"两词之本义,及在公牍行文中两词应用的区别。

是年,日本人嘉纳,以其国井添井井所著《左氏会笺》寄赠,谱主称"其书博观而约取,具有断裁,可称善本"。(《〈古文旧书考〉跋》)

是年,在京《题美人独立图》七绝一首。

光绪三十一年乙巳(1905)　五十二岁

正月初八日(2 月 11 日),瑞安陈黻宸父陈麟书八十大寿,谱主作《贺陈麟书八十寿联》。是月,谱主兼充京师译学馆监督。(《清代官员履历档案全编》)曾手拟《翻译兼润色条例》。任职期间,谱主"与中外教习相处以诚,人咸乐为用"。尝手为《学生训》一卷,分给诸生以当面命。"尝因天寒,学生体操请假,因晓之曰:'体操一科,在中国今日文弱极弊之时'最为重要,吾谋拓操场,经营半载,甫有端绪,方期诸生习苦耐劳,振尚武之精神,强任事之体干,所以期许至远且大,若依然往日文人故态,则所谓新道德、新事业,永无发展之日。'诸生感悟,自是体操无请假者。"一日,学生道上为俄兵殴伤,谱主召俄文教习谕之曰:"贵国兵伤吾学生,吾为君愧之。如兵官背军律,公使不顾国体,吾将译登西报,与文明各国判曲直,辞退贵教习，罢遣游学贵国学生，此监督权力所有，吾能任之，今而后不复与君共事一堂矣。”俄教习愧惧，告其使署，俄使知无礼，乃诘责兵官，登门谢过，治犯者如律。（伍铨萃《黄绍箕传》）

三月二十三日（4 月 27 日），端方有函致谱主，提及“弟到此将两月，学、兵二者略加整比，尚无大效，此间办事阻滞大多，非如鄂、苏之顺手”“近抱翁与鄙人意见日深”等事。是月，谱主致函唐文治，请于轮、电两局拨款接济虞辉祖开办科学仪器馆，以抵制外国仪器的倾销。唐文治转商管理轮电大臣袁世凯，咨覆未能照准。（《茹经先生自订年谱》）

三四月间，沈瑜庆调职广东，谱主作《爱苍廉访将赴岭南赋此赠行兼怀太夷龙州》七古一首。

四月初六日（5 月 9 日），学务大臣孙家鼐等奏黄绍箕堪以接任译学馆监督。（《京师大学堂档案选编》学务大臣片：“再，译学馆监督江苏试用知县朱启钤，现经捐升道员，赴津当差。查该馆学生增多，课程繁密，监督表率全馆，关系重要，非得通晓学务，夙负清望之员不足以资镇服。查有编书局监督翰林院候补侍读学士黄绍箕学优品粹，处事精详，前在湖北办理学堂最为合法，拟请兼管该馆监督事宜，以期得力。除咨请到差外，谨附片具陈，伏乞圣鉴谨奏。”）

四月初八日，谱主与张百熙、张亨嘉、于式枚、荣庆等预祝昆冈赐寿。（《荣庆日记》）

五月，日本学者安井来译学馆教授，以其中表岛田翰氏所著《古文旧书考》四卷携赠，谱主为跋其后。（《〈古文旧书考〉跋》）

六月十五日（7 月 17 日），谱主赴荣庆宴，与徐世昌、庆亲王奕劻、鹿传霖、陈璧宸同席。（《荣庆日记》）二十二日（24 日），京师学务处学务大臣上奏，请将谱主所编《乡土志例目》饬下各省督抚，发交各府厅州县，择士绅中博学能文者，按月考查，依例采录，限一年成书，寄京师编书局删订后，呈处审定，通行教授。（《光绪朝东华录》五三七〇页：学务大臣奏："据编书局监督翰林院候补侍读学士黄绍箕咨称：'查初等小学堂章程：历史、舆地、格致三科，均就乡土编课，用意至为精善。谨遵照定章，编成《例目》，拟恳奏请饬下各省督抚，发交各府厅州县，择士绅中博学能文者，按月考查，依例采录，地近则易详，事分则易举，自奉文日始，限一年成书，由地方官径将清本邮寄京师编书局，一面录副详报本省督抚，庶免转折迟延。并令各省地方官先将本省通志及府厅州县志，邮寄编书局，以资参考。各处乡土志辑稿送到，由局员删润画一，呈请学务大臣审定，通行各省小学堂授课。又各省前次绘送会典馆地图，并需各寄一分，以备编纂之用。如无印本，可照底稿摹绘寄京各等因。'臣等察核各节，均为编辑课本力求翔实起见，谨附片具陈，报闻。"）

六月，以谱主为首呈请，由浙江省绅商自办全浙铁路，公举前署两淮盐运使汤寿潜、候补四五品京堂刘锦藻总理其事。（《光绪朝东华录》光绪三十二年五月十三日[7月4日]：商部奏："臣部于光绪三十一年六月间，接据浙江京官翰林院侍读学士黄绍箕等呈请，'由本省绅商自办全浙铁路，公举前署两淮盐运使汤寿潜，候补四五品京堂刘锦藻总理其事等情'。当由臣部于七月二十六日据呈奏请，奉旨：'汤寿潜著赏给四品卿衔，馀依议，钦此。'嗣经臣部传知该绅等钦遵办理，并令通盘计画，妥订详细章程去后，复据该绅黄绍箕等呈称：'京外绅商函电往复，遵照商律，公同集议，详晰厘订章程十章八十三节，缮具清折，呈请立案。'又准大学士王文韶、刑部尚书葛宝华、户部侍郎陈邦瑞、刑部侍郎沈家本、工部侍郎胡燏棻等函同前因,并称'全浙铁路,旬日间集股二百馀万,目下正在续招。此项章程,由该总理汤寿潜等会同中外官绅士商切实酌拟,经文韶等阅定,应请核准饬遵'各等语。臣等伏查浙江全省铁路,关系交通,至为重要,该省京外绅商和衷商榷,勉力自办,洵属顾全大局,所订路章,大致遵照臣部奏定公司律有限公司办法,于股东、董事、查帐人、办事职员各项权限,分晰至为详审,自足以互联团体,预杜流弊,自应准予立案,谨将该绅等原拟章程,敬缮清单,恭呈御览,如蒙俞允,应由臣等传知该绅等,咨行该省督抚钦遵办理,得旨,如所议行。")

八月二十七日(9 月 25 日),谱主作函致妹夫林向藜之兄莲舫,提及"适其时兼督译馆,事务加繁,嗣又有浙江铁路及学堂诸问题接踵而起"等事。是月,浙江京官武英殿大学士王文韶、刑部尚书葛宝华创设旅京浙学堂,集浙江在京人士投票推选总理与副总理。谱主得票最多为总理,瑞安陈黻宸为副总理。次年旅京浙学堂改为浙江公学,废总理为监督。七月一日,举行开学典礼。(宋恕《陈介石五十寿诗序》[1909 年 8 月 25 日]:"乙巳,浙人议设浙公学于京师,投票公举总理、监督。当是时,自故枢相仁和王文勤公声不列举外,虽书侍皆列举,然卒得最多数者:黄学士绍箕,次则先生,又次则徐御史定超,皆籍温……")

十月二日(10 月 29 日),谱主约恽毓鼎在便宜坊聚会。(《澄斋日记》)十五日(11 月 11 日)午,恽毓鼎招饮,谱主与王维翰、张仁黼等在座。(《澄斋日记》)是月,温处学务分处成立。先是浙江布政使兼省学务处总办宝棻反对设立温处学务分处,于是两府学界联名公电京师学务大臣,温州在京官员集会声援,推谱主、徐定超为代表就近进言,管学大臣张伯熙、孙家鼐认为可权宜办理以顺民情，并电浙江学务处特准分设。

十一月，谱主借到端方藏宋刻本《啸堂集古录》校读，作《〈啸堂集古录〉跋》。

十二月十二日（1906年1月6日），谱主招恽毓鼎赴便宜坊，不赴。（《澄斋日记》）

光绪三十二年丙午（1906）　五十三岁

正月二十三日（2月16日），孙诒让作书致谱主，推荐黄式苏“乐清黄仲荃孝廉，清才邃学，冠绝时贤，在分处共事半年，深资襄助，兹将入都拣发，敬希惠赐照拂”。

春，谱主于厂市购得文徵明《湖亭乡思图》，并作《题文衡山〈湖亭乡思图〉》七绝二首。

春，谱主咨商学部，择译学馆高才生十五人，分送英、法、德、俄四国留学。

二月，谱主补授翰林院侍读学士。（《清代官员履历档案全编》）二月十二日（3月6日），谱主诣麻线胡同吊王文韶长子王稚夔丧，孙宝瑄、孙宝琦、汪康年等在座。谱主有挽联“君胡不可少留，奉杖入朝，将车归里；我复与谁为善，下帷泪洒，披胆神伤”。（《忘山庐日记》《许宝蘅日记》）十九日（13日），谱主继母寿辰，恽毓鼎等来贺。（《澄斋日记》）二十四日（18日），孙宝瑄来访。（《忘山庐日记》）二十五日（19日），谱主与汪康年、汪立元约饮孙宝瑄于嵩云庵。（《忘山庐日记》）

三月十二日（4月5日），孙宝瑄来晤。（《忘山庐日记》）十八日（11日），谱主赴嵩雪庵饮，徐定超、陈黻宸、孙宝瑄、王仪通、章梫、张元济在座。（《忘山庐日记》）二十二日（15日），谱主与钱能训约孙宝瑄于全浙馆。（《忘山庐日记》）是月，谱主与陈黻宸发电，嘱举孙诒让、刘绍宽协办温州府中学堂。谱主与徐定超、陈黻宸共同署名电温,举孙诒让为温州府中学堂正监督,刘绍宽为副监督。(《厚庄日记》)是月,学部堂上集议,汪康年、张元济、罗振玉三人同举谱主、沈曾植、叶尔恺任提学使。(罗振玉《雪堂自述》:"一日堂上集议,相国询众……予意举沈太守曾植、黄学士绍箕、叶编修尔恺。两君皆首肯,愿同举。菊生别增一人,曰汪太史诒书。")

四月一日(4 月 24 日),浙学堂开学。(《许宝蘅日记》)四日(27 日),翰林院引见满汉讲官,绿头牌上,光绪帝朱笔圈出荣光、阿联、谱主、孟庆荣四人。(《澄斋日记》)午后,许宝蘅来拜,未晤。(《许宝蘅日记》)六日(29 日),张百熙六十大寿,谱主有《寿潜斋尚书六十》七律二首以贺。十四日(5 月 7 日),谱主和吴庆坻、陈黻宸、徐定超、汪康年、汪立元等八人为主宴请孙宝琦、宝瑄兄弟、子瑜三人于陶然亭。(《忘山庐日记》)二十日(13 日),据学部奏请,谱主补授湖北提学使司提学使。(《清代官员履历档案全编》)是月,充日讲起居注官。是月,谱主在离别前,作《留别编书局同人》七律一首、《留别译学馆同事诸君》七律一首、《留别译学馆诸生》五律二首。是月,谱主与江宁提学使陈伯陶等人商议成立三日研究会,以便商榷一切,尤其是"筹议整顿学务之大纲"。(《提学使公立三日研究会》,《申报》1906 年 6 月 3 日)

闰四月初二日(5 月 24 日),谱主与其他各省提学使一起至八旗高等学堂参观一切。(《提学使参观学堂》,《大公报》1906 年 5 月 29 日)五日(27 日),谱主与孙宝琦、汪康年等至许宝蘅寓,盖为浙路议事也,请其担任办事之责。(《许宝蘅日记》)十一日(6 月 2 日),谱主、张元济、汪康年、章梫至许宝蘅寓,商议浙江铁路事,邀许宝蘅为坐办,议定明日再集议组织办事处章法。(《许宝蘅日记》)十五日(6日)日中,在浙学堂公饯提学使三人:谱主、吴庆坻、叶尔恺。"俄,总理引三学使登台,学生台下左右行列,乡老向台中坐。先由总理演说今日饯别之意,次学生唱送行之歌,台上奏乐歌毕,由吴学使演说,勉励诸学生,演毕皆下。余兄慕韩复登台演说。每演说毕,众皆鼓掌。晡,复合诸提学及乡老、总理诸人及学生等合映一相,始各散。"(《忘山庐日记》)十九日(10日),谱主与章梫、汪康年、吴庆坻等至许宝蘅寓,商议浙江铁路事。(《许宝蘅日记》)二十二日(6月13日),为浙江铁路股事,谱主与叶尔恺、吴庆坻、汪康年、章梫、汪立元、许宝蘅等做东,约请严小秋、严瀛甫(源丰润)、陈谨斋(正金)、冯润田(恒裕)四君。(《许宝蘅日记》)是月,谱主与其他各省提学使一起考察京师其他学堂。学部安排"提学使等每星期内到学部三次,听讲教育法,此教习为日本人法贵君,约定两月后毕业"。(《提学使入学听讲》,《大公报》1906年6月7日)

五月初六日(6月26日),与吴庆坻、孙宝琦、章梫、汪康年、徐定超至许宝蘅寓议浙江铁路事。(《许宝蘅日记》)初七日(27日),朱光谦、孙宝瑚、孙宝琦、方恭钊、朱彭寿、汪康年、汪立元、陆懋勋、章梫、孙荣枝、徐定超、夏循垲、张端理、许宝蘅等人在积水潭高庙公饯谱主与吴庆坻、叶尔恺三提学使。酒后又议铁路事,许宝蘅以所拟各稿质之谱主等人,皆认可。(《许宝蘅日记》)初十日(7月1日),到许宝蘅寓议铁路事,孙宝琦、章梫、汪立元等在座。(《许宝蘅日记》)谱主等曾函致上海公司,为许宝蘅支薪水五十元。(《许宝蘅日记》)十七日(8日),谱主与徐定超、汪康年至许宝蘅寓,商议湖州府学后海岛公地为耶稣教士韩明德私买霸占事。(《许宝蘅日记》)二十一日(12日),谱主访许宝蘅。(《许宝蘅日记》)二十八日(19日),许宝蘅等至西车站为谱主送行。(《许宝蘅日记》)离京前，谱主恭请圣训。（《奏报湖北提学使到任日期折》：“五月恭请圣训，荷蒙诲谕周详，莫名钦感。”）

得知谱主出使日本后，友人钱振塤作《送湖北提学使黄仲弢绍箕东游日本诗》七律三首。黄文开作《送黄仲弢学士提学湖北先发日本》七律三首。

六月（7月），受学部尚书荣庆委托，谱主被推举为同行诸学使领袖，赴日本考察学务。（《奏报湖北提学使到任日期折》）名单有：湖北提学使黄绍箕、浙江提学使支恒荣、山西提学使锡嘏、湖南提学使吴庆坻、黑龙江提学使张建勋、甘肃提学使陈曾佑、吉林提学使吴鲁、辽宁陈伯陶、江西提学使汪诒书、新疆提学使杜彤、云南提学使叶尔恺、广西提学使李翰芬、陕西提学使刘廷琛。（安东强《旧学与新制——清末提学使东游见闻与认知》）十二日（8月1日），谱主在上海，赴端方约，郑孝胥、张謇、许鼎霖、王仁东在座。（《郑孝胥日记》）十三日（2日），汪诒书作函致谱主，云因病不能出使日本，改派洪展鹏先行。十五日（4日），以谱主为团长的提学使考察团（十三人）从上海吴淞港乘“泼令司”轮东渡日本，同行者有学部右参议林灏深及学部委员五人，另有随员八人。另福建提学使姚文倬、山东提学使连甲、安徽提学使沈曾植稍晚从上海东渡出洋。十六日（5日），轮船入长崎港。十九日（8日），抵神户，登岸住客馆。二十日（9日），谱主等乘火车抵东京，住厚生旅馆。二十一日（10日），使团往公使馆见驻日公使杨枢。二十二日（11日），至日本文部省和外务省，见其大臣及次官，与文部省商定开讲日期。（据8月17日吴庆坻家书，转引自吕顺长《清末中日教育交流之研究——以教育考察记等相关史料为中心》一文。）日方决定自七月初一日起为各提学使“特开讲演会，每日三小时，约一月讲毕”，所定题目为“明治教育沿革，各国比较教育制度，教育行政，教育学说及学校管理法”。（《各省提学使在日本之举动》，《申报》1906 年 9 月 5 日）

另，安东强《旧学与新制——清末提学使东游见闻与认知》一文载：“六月二十六日（8 月 15 日），以谱主为首的十三名提学使及八名随员，即会同驻日公使‘至文部省会晤文部大臣及其次官，商议视察日本教育制度’。”二说并存。

六月二十三日（8 月 12 日）至三十日（19 日），使团游览了东京市内外，酬接学生及各省留学生监督、游历官，同时也与日人往来，参加留学生的欢迎会。月底，谱主与吴庆坻、姚文倬、刘廷琛在赤坂区桧町三番地合租一屋。

七月一日（8 月 20 日），日本文部省“午前九时起，在东京高等商业学校为中国提学使开特别讲演会”，“先由野尻视学官讲日本教育之沿革，继由田所参谋官论欧美教育制度与日本之比较，至一点钟方散会”。谱主等十三名提学使及八名随员均参与听讲。（《日员与提学使讲演教育》，《申报》1906 年 8 月 28 日）

七月一日（8 月 20 日）至七月十三日（9 月 1 日），文部省视学官野尻精一讲“日本兴学之经验”，共分十章，介绍明治维新后日本教育现代化成功的经验和重视教育的效果。课程有“明治以前之教育概要及明治以前政体之要领、明治二十三年小学校令公布以后之小学教育、中学教育、女子教育、专门教育”等。讲所设在东京高等商业学校。（8 月 28 日吴庆坻家书：“在此如当学生，每日六时起，七时赴讲所，坐至十二时始散。耳听手记目观几不暇，除陪有记录生二人，速记生一人外，其所言精要处不能不自记也。”）

七月一日至七月二十日（9 月 8 日），文部省参事官田所美治讲

“各国学制及其变革”，共为十六回，主要介绍了法国、德国、英国的学制及其沿革。

七月七日（8月26日），在驻日公使杨枢等的引导下，谱主拜访同仁会会长大隈重信、东京高等师范学校校长嘉纳治五郎等知名人士。（8月28日吴庆坻家书：“见大隈伯，才辩纵横，议论正大，中朝大官无能及之也，不愧东邦伟人。见嘉纳治五郎，名教育家，言有秩序。此邦人材辈出，宜其骤兴，吾辈真愧汗矣。”）大隈在对日本明治时代的教育发展分为四个时期进行了回顾后，对中国教育的现状谈了自己的看法。（《各省提学使诸氏访问大隈伯》，同仁会会志《同仁》第四卷，1906年9月10日）

七月十五日（9月3日）至七月二十七日（9月15日），文部省参事官松本顺吉讲“日本现行教育制度”，共分十九章，重点介绍了教育行政机构和从幼儿园到帝国大学各类学校的性质和概况：

（1）教育行政机关的组织；（2）幼儿园；（3）小学；（4）师范学校及小学教师的检定；（5）中学；（6）高等女学校；（7）师范学校、中学、高等女子学校之教师资格；（8）实业教育；（9）专门教育；（10）高等学校及帝国大学；（11）盲哑学校；（12）其它学校；（13）学校在征兵及文官任用方面的特权；（14）学位及称号；（15）图书馆；（16）教育学；（17）补习教育；（18）教育博物馆；（19）学事统计。

七月十九日（9月7日）起，休息一周不赴听讲。（9月7日吴庆坻家书：“今日休息一日不往，仲弢也休息一星期不赴听讲，计下月初五讲毕，即须参观学校。”）

七月二十八日（9月16日）至八月初五日（22日），东京高等师范学校教授小泉又一讲“教育方法及学校管理法概要”“各学科的性质及相互关系”。

八月初八日(9月25日),谱主参观本乡区汤岛三丁目的圣堂、教育博物馆及神田区一桥通町的东京高等师范学校附属小学校。初九日(26日),参观本乡区汤岛三丁目的东京高等师范学校附属中学校。十日(27日),参观日本桥区兜町的东京市立常磐寻常、高等小学校。十一日(28日),参观丰多摩郡早稻田的私立早稻田大学。十二日(29日),参观赤坂区青山北町五丁目的东京府师范学校。十四日(10月1日),参观小石川区竹早町的东京府女子师范学校、东京府立第二高等女子学校,小石川区大塚洼町的东京高等师范学校。十五日(2日),参观本乡区汤岛三丁目的女子高等师范学校同附属高等女子学校。十六日(3日),参观牛込区市谷加贺町一丁目的东京府立第四中学,麻布区北日下洼的东京府立第三高等女学校。十七日(4日),参观本乡区向冈弥生町的第一高等学校、第二临时教员养成所。十八日(5日),参观本乡区元富士町的东京帝国大学。二十一日(8日),参观上野公园内西四轩寺迹的东京美术学校、东京音乐学校及帝国图书馆。二十二日(9日),参观小石川区指谷町的东京盲哑学校,小石川白山御殿町的东京帝国大学理科大学附属植物园。二十三日(10日),参观浅草区御藏前片町的东京高等工业学校、工业教员养成所、东京高等工业学校附属工业补修学校,本所区林町的东京府立职工学校。二十四日(11日),参观神田区一桥通町的东京高等商业学校、商业教员养成所,神田区锦町三丁目的东京外国语学校。二十五日(12日),参观赤坂区葵町的私立大仓商业学校,芝区三田的私立庆应义塾大学,麻布区饭仓町三丁目的东京帝国大学理科大学附属天文台。二十六日(13日),参观神田区一桥通町的私立共立女子职业学校,麹町区代官町的中央气象台。二十八日(15日),参观小石川区高田丰川町的私立日本女子大学。二十九日(16日),参观四谷町的宫内省所辖学习院男子部,麴町区永田町的宫内省所辖学习院女子部。

九月一日(10月18日),谱主参观越中岛的递信省所辖商船学院、农商务省所辖水产讲习所。二日(19日),参观麴町区有乐町的东京府厅、东京市政府。是日拜访大隈重信的私邸,大隈专门为一行举行了晚宴。大隈就同仁会的宗旨、同仁会与中国教育的关系发表了讲演。(《大隈伯爵招待清国提学使》,《同仁》第六卷,1906年11月10日)五日(22日),参观荏原群上目黑村的商国大学农科大学。七日(24日),上午参观印刷局,下午参观日本兴业银行。八日(25日),上午参观印刷局抄纸部(王子),下午参观东京邮电局。九日(26日),上午参观日本银行,下午参观东京邮电局电话科电话交换局。十日(27日),参观日本红十字社医院(涩谷)。十二日(29日),上午参观陆军幼年学校,下午参观陆军士官学校。十三日(30日),上午参观横滨税关,下午参观横滨正金银行。十四日(31日),上午参观东京地方法院,下午参观警视厅消防署。十五日(11月1日),参观日本劝业银行。十六日(11月2日),参观巢鸭监狱。(吴庆坻《日本东京各学校参观笔记》,转引自吕顺长《清末中日教育交流之研究——以教育考察记等相关史料为中心》一文。)二十三日(9日),考察事竣。(吴庆坻奏折:"至九月二十三日考察事竣。")二十八日(14日),在东京,谱主偕沈曾植、王式通同往鞠町料理地宫内省所辖之图书寮观内府藏书,典守者罗列精本,请定甲乙,意殊诚恳。"培老谓:'东游以来,惟兹事差强人意。'仲老戏曰:'君勿憙,防岛田明日翻案。'"(《志盦诗稿》卷一《题岛田彦桢皕宋楼藏书源流考》十二首之八

自注）

十月（11 月），谱主东游凡四阅月，以咯血疾发回国到湖北。（《奏报湖北提学使到任日期折》）离东京前夕，谱主写信给岛田翰并题赠班固《西都赋》语，信曰："岛田先生雅鉴：时丙午冬日，将西归，与君同游西京，获见博物馆及藏书家珍籍，因录班孟坚《西都赋》语奉赠。黄绍箕奉并记。"是日与董康同观岛田翰所藏《司马太师温国文正公传家集》，谱主写下"丙午冬日黄绍箕获观"，后钤"黄印绍箕"白文。（韦力《芷兰斋书跋初集》）是月，谱主观宋刊本《史记》，并题跋："岛田先生家藏宋庆元刊本。丙午冬黄绍箕获观。"后钤阴文"黄印绍箕""穆琴"二方。（国家图书馆藏《史记》题跋）

在日本考查期间，谱主收购了许多中国古籍，得其弘化丁未刊影宋本《尚书正义》、元文二年刊本慧琳《一切经音义》、延享二年刊本希麟《续一切经音义》、安政刊本《医心方》，又得《孔子家语》《庄子音义》《唐才子传》《隶续》等书，亦日本刊行者。（孙延钊《瑞安五黄先生系年合谱》）

在日本期间，谱主游览了许多名胜古迹，留下了许多诗篇：《游日光杂诗》二十首、《冒雨游箱根宿塔之泽环翠楼翊晨观小田原学校》、《竹添井井招饮龟清楼即席赋赠》、《题荷田校长游日光诗草》七绝四首、《酬东宫侍讲三岛毅》七律一首、《亚雅音乐会》七绝一首、《芦湖》七绝三首、《雅乐所观乐》七律一首。

十月九日（11 月 24 日），杭慎修作书一通致谱主，"恳求先生俯赐拯援，速为函达省宪，证明'禁锢'之义，畀免缧绁，得竭其鲁钝，为乡党勉尽义务"。十五日（30 日），谱主晤郑孝胥。（《郑孝胥日记》）十六日（12 月 1 日），郑孝胥来谈。（《郑孝胥日记》）

十一月十一日(12月26),郑孝胥投名刺而去。(《郑孝胥日记》)十四日(12月29日),郑孝胥来访。(《郑孝胥日记》)

冬,梁鼎芬上折请建曲阜学堂,请饬下湖广总督张之洞督同湖北提学使黄绍箕,招集天下通经守正之士,尽心经理。(《梁节庵先生年谱》中有《请建曲阜学堂折》:"奏为请建曲阜学堂……湖广督臣张之洞,通经守正,当代儒宗,拟请特旨派令敬谨经画此事,期于早成……现任湖北提学使黄绍箕,受父师之教,学问博洽,此次前往日本考察学堂办法,与日人讲论孔子之学,持议通正,日人折服。黄绍箕回鄂,臣因交替学堂各事,尚未起程北上,与之商榷累日,日望朝廷尊崇提倡,使我中国孔子之教日益广大,远在日本之上,国势自然强盛,人才自然众多。如蒙天恩建造曲阜学堂,拟请饬下张之洞督同黄绍箕招集天下通经守正之士,尽心经理,一切办法,请旨施行。臣有所见,亦随时条上。")

十一月二十二日(1907年1月6日),谕旨张之洞与谱主等筹办曲阜学堂。然翌年七月,张之洞奉召入阁,学堂未及举办。(《光绪朝东华录》:"谕:朕钦奉慈禧端佑康颐昭豫庄诚寿恭钦献崇熙皇太后懿旨:湖北按察使梁鼎芬奏请建曲阜学堂各折片。孔子为万世师表,昨经降旨升为大祀,曲阜圣人之乡,自应建设学堂,以拓宏规而启后进。著张之洞督同湖北提学使黄绍箕等,悉心筹画,妥慎办理。所需经费,即著该督筹办,并颁发帑银十万两,由山东藩库发给。")

十二月八日(1月21日),谱主接篆上任。作《奏报湖北提学使到任日期折》。是月,谱主有《示方言学堂学生》手谕。

是年,为许寅辉撰《客韩笔记》题签。此书为光绪丙午(1906)长沙刊本,线装一册,有黄绍箕题签。

是年,有答日本帝国教育会长书。

是年冬,谱主任湖北提学使后,凡所拟教育规划每贻书于孙诒让,往复商榷。既复以赴日本考察所得资料类纂为巨册寄示孙诒让,又尝书告收藏日本刊本中国古籍数种。(《孙衣言孙诒让父子年谱》)

光绪三十三年丁未(1907)　五十四岁

春,谱主筹设湖北实业专门学堂,开办湖北师范学堂。划分武昌城厢内外地段为二十八学区,凡学区内子弟均归学区内入学。(俞天舒《黄绍箕年谱》)

春,谱主以新得"汉瓦吴砖册拓本"嘱冒广生题记。(《冒鹤亭先生年谱》)

春,湖北文普通中学堂开学,谱主亲莅演说。

是年,天门县高等小学堂发生罢课事情,谱主手为札饬以传谕之。谱主以范鸿泰、权量、陈文哲等所拟工、商中学暨理化讲习所章程,撮举大要,转呈请于督府。拟订《推广商业学堂章程》《开设工业学堂章程》《开设理化讲习所章程》。

二月初六日(3 月 19 日),许宝蘅有信致谱主,并附浙江铁路股票一张。(《许宝蘅日记》)

三月十六日(4 月 28 日),缪荃孙有信致谱主,让缪永贤带去。(《艺风老人日记》)

四月,溥良作函(曹元忠代笔)致谱主,介谱主劝孙诒让入京出任礼学堂总纂一职。

五月,谱主兼任湖北存古学堂提调。

六月,谱主患病,一日腹泻四十馀次。适张之洞奉召入觐,谱主奉命清理文件,将历年办学情形汇次奏报,不敢告劳。(《哀启》)

七月二十日(8月28日),谱主访缪荃孙。(《艺风老人日记》)二十一日(29日),缪荃孙来访,并赠送谱主《国朝事略》《孝经讲义》《敬孚文稿》等书。(《艺风老人日记》)二十三日(31日),谱主赴张之洞招饮于公所,张预、易顺鼎、宋育仁、杨守敬、马贞榆、梁鼎芬、缪荃孙在座。(《艺风老人日记》)三十日(9月7日),谱主赴张之洞招饮于警察学堂之高处,蒯光典、曹元弼、叶德辉、席汇湘、梁鼎芬、缪荃孙在座。(《艺风老人日记》)是月,张之洞聘孙诒让出任湖北存古学堂总教。谱主作函致孙诒让,介绍存古学堂情况。(张之洞《致瑞安孙仲容主政电》光绪三十三年七月二十日巳刻发:"闻礼部奏派足下充礼学馆总纂,计必赴召。鄙人因世衰道微,正学将晦,特于鄂省奏设存古学堂,延聘海内名儒以为师表。足下经术淹贯,著书满家,实为当代通儒之冠。窃欲奉聘来鄂为此堂总教,以惠士林。惟京师现正虚席相待,可否请半年留京,半年住鄂。如礼学馆总辑事繁,或携至鄂办理,或即以三个月住鄂,固亦甚好。堂中尚有协教、分教各员,分任教课,劳剧之事,不以相烦,但望到堂时开导门径,宣示大义,为益已多。此为存绝学、息邪说起见,务希鉴允,天下士林皆受其赐矣。详情另由黄仲韬学使函达。先祈示复,感盼。号。")是月,湖北存古学堂正式开学。(《梁节庵先生年谱》:改勤成学堂为存古学堂,七月开学。)工业、商业中学堂奉准开办,任命姚永楷为湖北师范学堂监督,招生二百七十名。

八月二日(9月9日),谱主访缪荃孙。(《艺风老人日记》)三日(10日),缪荃孙邀约,谱主赴缪公馆与梁鼎芬、蒯光典夜谈。(《艺风老人日记》)四日(11日),谱主与蒯光典、梁鼎芬、汪凤瀛、高佑储、缪荃孙同乘火车,于一点开行,五点到武昌城外织布官局马头上岸,回家晚饭。(《艺风老人日记》)五日(12日),梁鼎芬招饮,谱主与蒯光典、黄绍第、黄厚成、缪荃孙等在座。(《艺风老人日记》)十日(17日),缪荃孙致柬谱主。王秉必、王菊塍(王秉恩弟)招饮,谱主与纪钜维、顾印愚、易顺鼎、梁鼎芬、缪荃孙在座。(《艺风老人日记》)十三日(20日),缪荃孙回南京,谱主为之饯行,并借小轮送过江。(《艺风老人日记》)十四日(21日),孙诒让复函谱主,说明不赴之缘由,并为推荐宋育仁担任存古学堂总教。二十日(27日),张之洞致电梁鼎芬与谱主,望举荐贤才十数人。(《张之洞年谱长编》)二十一日,陈庆年致书端方,提及谱主所言"鲜庵久谓我辈薄有思想,便难在鄂"。

九月三日(10月9日),缪荃孙有信(附条陈)致谱主,托邓时若带去。(《艺风老人日记》)十二日(18日),许宝蘅有电报致谱主。(《许宝蘅日记》)二十五日(31日),谱主过郑孝胥,谈杭甬铁路之事。是日,张之洞作函致谱主,介绍日本伊泽修二来武昌等事。(《郑孝胥日记》)伊泽修二抵武昌后,礼聘谱主任日本"汉学统一会"会长,谱主辞,仍被推为名誉会长。(孙延钊《瑞安五黄先生系年合谱》)

十月(11月),经湖广总督张之洞奏请,谱主开办商业中学堂于武昌东厂口。在"废科举"之后第一次将商科职业教育从普通教育中独立出来,开创了我国商科职业教育之先河。(《湖北商业高等专科学校历史沿革》《湖北经济学院校史》)

冬,新建湖北提学使司公署落成,谱主于十月二十七日移居其中,并作《迁居学署答梁节庵同年》七律一首。

十一月初六日(12月10日),张俊生将赴武昌谒赵尔巽,郑孝胥为之作书致谱主。(《郑孝胥日记》)十五日(19日),谱主患病,手足微冷,气喘不寐。十七日(21日),谱主病加剧,改进真武汤,四肢回暖，神气稍定。二十二日（26 日），谱主忽肝风抽掣，气逆益甚，中医束手，相率谢去。乃延东医来治，云肺病过重。二十九日（1908 年 1 月 2 日），长子黄曾延从日本赶回，谱主询之日本事。病中，谱主犹向藏书家索借旧钞《左传》、宋刻《山谷内集》、唐人写经拓本等。（《哀启》）病中，谱主犹核阅教育界人士条陈学务说帖，手批蝇头小字数百言。其批语云："权利之说，深中人心，而道德日以沦丧，欲复宋明诸儒讲学之风，挽回士习，转移学风，看似空言，实乃要中之要，须有真实精神贯注，方有转机。此鄙人神明中所深自疚者也。今学界多为人诟病……必有用心正大、办事坚苦之人，或为人排挤不得行其志，或委曲从事而人不谅其苦心维持，此一等人必须……竭力扶助，学务乃渐有生机。自明季始拟开一讲习会，略仿宋明讲学之意，令各教员皆来听讲……此事至少必须有两人担任，视为身心性命之事。鄙人自应分任，但恐公事忙，且多病，不能按期必到耳。总之，此事有十分精神必有十分效验，有一分精神必有一分效验。"

十二月八日（1 月 11 日），谱主改服瑞安陈葆善所开药方，服后大便渐减，精神较胜。十五日（18 日），谱主心烦口燥，夜卧不宁，仍延东医复诊，云元气益虚，天寒恐有变。十九日（22 日），终日沉睡，勺饮不入口。二十日（23 日），伏枕呻吟，时作痰咳。二十一日（24 日），梁鼎芬来探病，谱主力疾起坐，深以久病旷职为恨。二十二日（25 日），谱主嘱儿曾延要学医科。二十三日（26 日），谱主与世长辞。（《哀启》）

是年，有日本教员以订学券事构辩，谱主据理直争不少让。教员乞援于领事，欲要挟。领事曰："此事施之他人则可，施之某则不可。某学问道德吾所钦佩，不忍以国际交涉恩之也。"事遂已。（伍

铨萃《黄绍箕传》)

光绪三十四年戊申(1908)

正月二十二日(2月23日),徐定超和沈曾桐在长椿寺为谱主设灵位,凡在都故旧姻戚,皆可行礼。许宝蘅等人来祭。(《忘山庐日记》《许宝蘅日记》)

三月初七日(4月7日),宋恕托孙诒棫送上挽谱主联。(《宋恕戊申日记·函电收发》)十九日(19日),康有为作《祭黄仲弢文》。

五月初一日(5月30日),宋恕收孙诒泽信,代作挽谱主联。初二日(31日),宋恕寄孙诒泽代作挽谱主联。(《宋恕戊申日记·函电收发》)十七日(6月15日),谱主灵榇旋里。(《张棡日记》)二十六日(24日),谱主灵柩进城开吊。(《张棡日记》)

六月初七日(7月5日),郡人为孙诒让、谱主二人开追悼会。(《张棡日记》)十二日(10日),谱主下葬。(《张棡日记》)